Thomas Auchter, Christian Büttner,
Ulrich Schultz-Venrath, Hans-Jürgen Wirth (Hg.)

Der 11. September

»Reihe Psyche und Gesellschaft«
Herausgegeben von Johann August Schülein
und Hans-Jürgen Wirth

Thomas Auchter, Christian Büttner,
Ulrich Schultz-Venrath, Hans-Jürgen Wirth (Hg.)

Der 11. September

Psychoanalytische, psychosoziale und psychohistorische Analysen von Terror und Trauma

Psychosozial-Verlag

Bibliografische Information Der Deutschen Bibliothek
Die Deutsche Bibliothek verzeichnet diese Publikation in der Deutschen Nationalbibliografie; detaillierte bibliografische Daten sind im Internet über <http://dnb.ddb.de> abrufbar.

Goethestr. 29, D-35390 Gießen,
Tel.: 0641/77819, Fax: 0641/77742
e-mail: info@psychosozial-verlag.de
www.psychosozial-verlag.de

Umschlagabbildung: Colorierte digitale Fotografie von Hoboken Pier, 11. September 2001. Copyright 2003 Jerry S. Piven
Umschlaggestaltung: Christof Röhl nach Entwürfen des Ateliers Warminski, Büdingen
Satz: Annika Schmitt
Lektorat: Daniela Bone
ISBN 3-89806-247-3

Inhalt

Vorwort 7

Terrorismus, Krieg und Tod

Martin Altmeyer
Nach dem Terror, vor dem Kreuzzug.
Spekulationen über das Böse und seine Quellen 12

Ludwig Janus:
Psychohistorische Überlegungen zum 11. September in New York 18

Christian Büttner
Mit Gewalt ins Paradies.
Einige psychologische Anmerkungen zu Terror und Terrorismus 40

Hans-Jürgen Wirth
Macht, Narzissmus, Destruktivität.
Individuelle und kollektive Aspekte in der Politik 64

Ulrich Schultz-Venrath und Rolf Haubl
Globalisierung und Terror –
(Un-) bewältigter Neid als Ursprung von Krieg oder Zivilisation? 88

Laura Viviana Strauss, Klaus Röckerath
Die Wirklichkeit sehen. Destruktion und Re-Konstruktion
von Narrativen angesichts der Bilder des 11. September 114

Terrorismus und Terrorist

Thomas Auchter
Angst, Hass und Gewalt. Psychoanalytische Überlegungen
zu den Ursachen und Folgen des Terrors 134

Werner Bohleber
Kollektive Phantasmen, Destruktivität und Terrorismus 164

Jerry S. Piven
Terrorismus als Religionsersatz 184

Shmuel Erlich
Trauma, Terror und Identitätsbildung 219

Johannes Döser
Zur Psychogenese der terroristischen Entschlossenheit 231

Vamik D. Volkan
Die innere Welt des Fundamentalisten/Terroristen.
Der Aufbau mittelöstlicher Selbstmordattentäter 259

Der Terror und seine traumatischen Folgen

Daniel S. Schechter, Susan W. Coates, Elsa First
Beobachtungen von akuten Reaktionen kleiner Kinder
und ihrer Familien auf die Anschläge auf das World Trade Center 268

Christine Anzieu-Premmereur
New York nach dem 11. September 2001 280

Shmuel Erlich
Die Arbeit des Psychoanalytikers in Zeiten des Terrors. Konzeptuelle
Wegkreuzungen: Überlegungen zum psychoanalytischen Raum 302

Nationale und internationale Folgen und Folgerungen aus dem 11. September

Burkhard Brosig und Elmar Brähler
Die Angst vor dem Terror im Spiegel deutscher
Repräsentativerhebungen 318

Elmar Brähler, Horst-Eberhard Richter
Einstellungen zu Juden, Amerikanern und Arabern
und andere politische Einstellungen in Deutschland –
Ergebnisse einer repräsentativen Befragung im Frühjahr 2002 338

Gudrun Brockhaus
Die Reparatur der Ohnmacht – Zur politischen
Psychologie des 11. Septembers 357

Nathan Sznaider
Holocausterinnerung und Terror im globalen Zeitalter 380

Hanna Segal
Hiroshima, der Golfkrieg und der 11. September 390

Horst-Eberhard Richter
Warum Krieg? 400

Autorenverzeichnis 411

Vorwort der Herausgeber

Psychoanalytiker und Psychologen werden im Allgemeinen nicht gefragt, wenn es um Politik, Macht, Terrorismus und Krieg geht. Diese Bereiche beanspruchen Experten militärischer Strategien und Taktiken ebenso für sich wie Politologen und Islamwissenschaftler, Repräsentanten gesellschaftlicher Institutionen und Interessensverbände, Auslandsjournalisten und Fachleute für Diplomatie und Geheimdienste – und, wenn das Kind dann in den Brunnen gefallen ist, allenfalls Historiker.

Das verletzte Kind, die traumatisierten Menschen und die verängstigte Bevölkerung, das allerdings sind Arbeitsbereiche, die man Psychoanalytikern und Psychotherapeuten, Sozialarbeitern und Psychologen, Kinder- und Jugendlichenpsychotherapeuten und ehrenamtlichen Helfern gerne zuweist: Ihnen wird die Aufgabe zuteil, ungeschehen zu machen, was sich nicht ungeschehen machen lässt. Diese Zuschreibungen an die Therapeuten gelten weltweit. Allerdings sehen sich die Angehörigen psychosozialer Berufsgruppen auch selbst bisweilen so: Sie fühlen sich nicht zuständig für so etwas Unanständiges wie Macht, Drohungen mit Gewalt und Terror.

Dabei stellen die Kenntnisse über die psychologischen und sozialen Hintergründe und Folgen von Gewalt, Krieg und Terror eine Ressource dar, über die psychosoziale Berufe in so intimer Weise verfügen, wie kaum eine andere gesellschaftliche Gruppe. Ihre Erfahrungen belegen nachdrücklich, dass die ökonomischen, machtpolitischen und militärischen Erklärungen von Terrorismus und Krieg zu kurz greifen, wenn sie die psychologische Dimension außer Acht lassen. Sowohl bei der Betrachtung der Hintergründe und Folgen des Terrorismus als auch der amerikanischen Reaktion darauf kommt den psychischen Aspekten eine sehr viel größere Bedeutung zu, als die Politik wahrzunehmen bereit ist.

Erst recht gewinnt die psychologische Perspektive an Bedeutung, wenn es um die Frage geht, wie denn humanere Verhältnisse herzustellen seien. Das psychotherapeutische Feld ist einer der wenigen gesellschaftlichen Orte, an denen die Vorstellungen davon, was Menschsein ausmacht, offen besprochen und auf ihre Tragfähigkeit hin untersucht werden können. Die Vision menschlicherer Zustände wird nicht dort geboren, wo es schneller, höher, weiter und besser zugeht, auch nicht dort, wo es schöner und ästhetischer ist und selbst dort nicht, wo es friedlicher und harmonischer zugeht als anderswo, vielmehr entwickelt sich Menschlichkeit im Umgang mit den dunklen Seiten des Lebens, mit Krankheit, Schmerz, Leiden, traumatischen Erfahrungen, Abschied, Trauer und Tod. Eben deshalb ist die Psychotherapie einer der wenigen gesellschaftlichen Erfahrungsbereiche, in denen sich neue zukunftsweisende Vorstellungen des Menschseins entwickeln können.

Die Versuche, eine Brücke zu schlagen zwischen der Politik und dem, was man aus der psychotherapeutischen Praxis oder der Anwendung der Psychoanalyse als Sozialwissenschaft weiß, sind zur Zeit nicht sonderlich populär. Psychoanalytische Aufklärung gerät leicht in Kollision mit den Machtinteressen einzelner Politiker, weil sie deren Verschleierungs- und Verleugnungsstrategien aufdeckt. Aufdeckender Journalismus und Psychoanalyse teilen in diesem Sinne ein gemeinsames Schicksal. Sie können sich nur schwer einer Öffentlichkeit verständlich machen, deren politische Führer ja nicht einfach in die Kategorien »gut« oder »böse« einzuteilen sind, sondern die in gewisser Weise die Ideologiebildungen und Abwehrmuster repräsentieren, welche die Bevölkerung von ihnen erwartet.

Mit den hier gesammelten Texten wollen wir den Lesern weitere Anregungen zu diesen Diskussionsthemen mit auf den Weg geben. Der Anlass ist nach wie vor aktuell: Der 11. September beherrscht bewusst und unbewusst immer noch die Gedanken von Politikern und Bevölkerungen weltweit und nimmt auch in den Medien noch immer einen breiten Raum ein. Er wird sogar benutzt, um eine völlig neue Weltordnung zu begründen. Und der Krieg könnte fast schon wieder salonfähig geworden sein, wäre nicht inzwischen ans Tageslicht gekommen, mit wie viel gefälschten Geheimdienst-Dossiers, Lügen und Tricks der Krieg gegen den Irak begründet wurde.

Was hier im wahrsten Sinne des Wortes »gesammelt« wurde, ist kein in sich geschlossenes, in seinen Teilen aufeinander abgestimmtes Buch, es ist im klassischen Sinne ein Sammelband. Hans-Jürgen Wirth ist im Jahr nach dem 11. September in New York verschiedenen Psychoanalytikerinnen und Psychoanalytikern begegnet, die unmittelbare Zeugen des Terroranschlages waren. Er hat sie um ihre Beiträge als Zeugnisse aus erster Hand gebeten und die Idee zu diesem Band entwickelt. Christian Büttner hat im Zusammenhang mit verschiedenen politisch-psychologischen Veranstaltungen in Deutschland, z. B. der Hanns-Seidel-Stiftung (München), einige Beiträge zusammengetragen, und Thomas Auchter und Ulrich Schultz-Venrath haben die Vorträge, die aus einer Literaturhaus-Veranstaltungsreihe der psychoanalytischen Arbeitsgemeinschaft Köln/Düsseldorf stammen, beigesteuert.

Es entspricht der Notwendigkeit kreativen Nachdenkens und der Singularität von Erfahrungen und Thesen zu einem aus der psychotherapeutischen Perspektive eher atypisches Erlebnisfeld, dass dem Leser abverlangt wird, die Integration der Gedanken in ein Gesamtkonzept von Psychoanalyse und Terrorismus selbst zu versuchen. Die z. T. sehr unterschiedliche theoretische Dichte der Beiträge (zwischen Essay, Erfahrungsbericht und Theoriebildung) verleiht diesem Band den Charakter eines Lesebuches. Die ganz unterschiedliche Herangehensweise der einzelnen Autorinnen und Autoren bietet auch unterschiedlichen Leserinnen und Lesern die Möglichkeit, ihren je eigenen Zugang zu finden:

- ob es sich um die unmittelbare Konfrontation mit der Erfahrung des Terrorismus im Rahmen der therapeutischen Situation oder um Hilfsaktionen für die Opfer von Krieg und Terrorismus handelt,
- ob es um die Ängste in der Bevölkerung vor zukünftigen Terroranschlägen geht oder ob nach den Hintergründen terroristischer Persönlichkeitsprofile gefragt wird,
- ob die heimliche Mittäterschaft der politischen »Opfer« im Mittelpunkt der Auseinandersetzungen steht oder ob es sich um die Schilderung der unmittelbaren Ereignisse am World Trade Center handelt,
- ob es um psychoanalytische Interpretationen der amerikanischen Irak-Politik geht oder die Interpretationen empirischer Daten über die Verbreitung von Ängsten in der deutschen Bevölkerung,

all diese Beschreibungen, Ideen, Thesen und Gedanken gehören dazu, will man zwei Jahre nach dem Anschlag auf das World Trade Center in New York und das Pentagon in Washington – also in einem hoffentlich »heilsamem« Abstand wirklich verstehen,

- was Menschen in Angst und Schrecken versetzt,
- wie man ihnen helfen kann, ihre Fassung wieder zu gewinnen,
- welche Motive Menschen zu terroristischen Tätern werden lässt und
- wie diese individuellen Motive mit lokalen, regionalen oder globalen Massenphänomenen verschränkt sind.

Schließlich sind die Beiträge dieses Bandes neben dem Gesprächsangebot an die Leserinnen und Leser auch als Offerte an die Politik zu verstehen. Der Versuch, die Realität mit anderen als bloß ökonomischen, militärischen und machtpolitischen, sondern eben auch mit innerpsychischen Kategorien wahrzunehmen und zu beschreiben, rückt auch alternative politische Handlungsstrategien ins Blickfeld, deren Praktikabilität zumindest uns plausibler erscheint als das, was seit dem Anschlag auf das World-Trade-Center bisher diskutiert und getan wurde. Die praktisch-therapeutischen Erfahrungen, die Psychoanalytiker im Umgang mit unbewussten Prozessen von Gewalt, Traumatisierung, Destruktivität, Selbstdestruktivität und deren Abwehr in der Wendung der Gewalt gegen Andere gewonnen haben, könnten ein verlässliches Fundament abgeben, um auch die Prozesse kollektiver Gewalt konstruktiv zu bearbeiten. Hier ist allerdings wissenschaftliche und praktisch-politische Kooperation erforderlich, das kann und darf nicht allein Sache der Psychoanalytiker sein.

Thomas Auchter, Christian Büttner, Ulrich Schultz-Venrath und Hans-Jürgen Wirth

Terrorismus, Krieg und Tod

Nach dem Terror, vor dem Kreuzzug

Spekulationen über das Böse und seine Quellen[1]

Martin Altmeyer

Ausgerechnet in ihrem Septemberheft 2001 befasst sich die *PSYCHE* mit der »Psychoanalyse menschlicher Destruktivität«. Das Umschlagmotiv auf dem Deckblatt des Doppelhefts (9/10, 2001), das einige Tage vor dem monströsen Terrorangriff auf die USA erschienen ist, zeigt Francisco de Goyas *Duell mit Knüppeln*. Auf so gespenstische Weise aktuell waren die Zeitschrift für Psychoanalyse und ihre Anwendungen noch nie. Wo alle Welt über das Böse spricht, beschäftigen sich die Autoren wieder einmal mit einer modernen Variation der alten Frage, ob die Aggression des Homo sapiens aus dem Inneren des Trieblebens kommt oder als Reaktion auf Frustration entsteht. Freud hatte bekanntlich 1920, unter dem Eindruck des ersten Weltkriegs, seine Hypothese vom Todestrieb entwickelt und damit für Aufruhr in der psychoanalytischen Welt gesorgt. Die meisten seiner Mitstreiter lehnten dieses dunkle Konzept ab. Sie favorisierten stattdessen die Frustrations-Aggressions-Hypothese, die in der Zunft auch heute noch mehrheitlich Zustimmung findet, freilich in angemessen elaborierter Form. Aggression wird nicht mehr als einfache Reaktion oder Abwehr verstanden, sie entstammt vielmehr komplexen psychosozialen Kontexten: einem frühen Trauma, einer gestörten Mutter-Kind-Beziehung, einer familiären Struktur, einer sozialen Pathologie, einem politischen oder interkulturellen Konflikt. Diese beiden Grundmuster bei der Erklärung menschlicher Destruktivität, trieb- oder frustrationsbedingt, findet man auch in den zeitdiagnostischen Reflexionen über die ebenso fürchterlichen wie furchterregenden Ereignisse des 11. September 2001 – Todestrieb oder Umwelt, Aktion oder Reaktion, innen oder außen. Vom Zwischen ist, hier wie dort, weniger die Rede.

Das Böse ist wieder in der Welt

Wir haben das Böse gesehen, lautete der Tenor in der amerikanischen Öffentlichkeit, und um es zu bannen, wurde das Gute gleich mitbeschworen. Es stehe ein »monumentaler Kampf zwischen Gut und Böse« bevor, predigte kurz entschlossen der Präsident, dem ein paar Tage später in einer weiteren Rede der angekündigte Feldzug zu einem »Kreuzzug« verrutschte. Der Kampf gegen den Weltfeind werde bis zu seiner Auslöschung geführt. Wer immer wieder die Flugzeuge in die Türme des World Trade Centers rasen sieht, wer das flammende Inferno in Manhattan vor Augen hat, wer nicht vergessen kann, wie die Monumentalbauten aus Stahl, Beton und Glas am Ende in sich zusammenstürzen, und wer an die Menschen denkt, die erschlagen und zerstückelt wurden, erstickten und verbrannten in dieser Hölle, der manche durch den Sprung in die Tiefe zu entkommen suchten – wie sollte der nicht das Böse wieder entdecken in diesem von Menschen geplanten Angriff auf andere Menschen, der alles überbietet, was wir außerhalb des Krieges je an Zerstörungswillen erlebt haben?

Aber auch Intellektuelle, die sonst für differenzierte Analysen bekannt sind, machen plötzlich diese Entdeckung. Das »Böse«, behauptet Michael Rutschky in seinem ebenso betitelten Kommentar (*FR*, 15. 9. 01), komme aus dem Dunkeln, habe kein Gesicht, greife heimtückisch von hinten an; es liege jenseits aller Moral, auch der von Rittersagen und Westerngeschichten, bei denen sich die Waffenträger ins Gesicht sehen: Die »Formlosigkeit des Bösen«, seine diffuse Gestalt des feigen Terrors, sie »frisst ... alle Codes und Formen auf«. Ein Krebsgeschwür nannte es der Chefredakteur Europa des *Wall Street Journal* im sonntäglichen Presseklub; es müsse vollständig herausgeschnitten werden, wenn es nicht weitere Metastasen bilden solle. Im Begriff des Schurken und der »Schurkenstaaten« (*rogue states*) schwang noch die Bedeutung des Bösewichts mit, der gewiss böse ist, aber eben auch ein Wicht. Das nun entdeckte Böse ist frei von solchen semantischen Verharmlosungen, es ist das Böse »an sich«, der Geist, der alles zersetzt, der Trieb, der alles zerstört.

Thomas Schmid (*FAZ*, 17. 9. 01), unser Mitkämpfer aus der Revolte gegen die Übel der Welt, der während der 68er-Debatte im Frühjahr dieses Jahres noch im verklärenden Rückblick den intakten demokratischen Rechtsstaat gegen seine revolutionären Feinde verteidigt hatte, stellt ihn heute zur Disposition. Oder wie soll man es verstehen, wenn er den »Freunden des menschenfreundlichen Linksliberalismus« attestiert, »nicht wahrhaben (zu wollen), dass Situationen denkbar und wahrscheinlich sind, die *Grenzen des Zulässigen für einen Moment zu überschreiten*. Sie wollen nicht wahrhaben, dass der gute Satz, nie dürfe *die Freiheit mit Mitteln jenseits des Rechtsstaats verteidigt werden*, zuzeiten einen schalen Beiklang haben kann«. Auch wenn Schmid vor der fundamentalistischen Terror-Falle warnt und gegen den »rechten« Ruf nach dem autoritären Staat anschreibt, der im Namen des Guten alttestamentarische Rache üben und das Böse bekriegen soll – er hält angesichts des gegenwärtigen Notstands die »linke« Befürchtung einer Aushöhlung der demokratischen Freiheiten für eine zivilreligiöse Zwangsvorstellung, die der Wehrhaftigkeit schadet und im Zweifelsfall dem Terror nützt. Der Terror, das ist der anthropologische Kern seiner Auffassung, ist »Teil der Conditio humana, christlich gesprochen: der Erbsünde. Das Böse ist in der Welt, mit und ohne Globalisierung«. Thomas Schmid weiß, welche

Botschaft er schickt, wenn er seinen Kommentar unter die Überschrift »Die offene Gesellschaft und das Böse« stellt und damit den Titel einer Kampfschrift von Karl Popper paraphrasiert, welche freilich »Die offene Gesellschaft und ihre *Feinde*« hieß.

Die Feinde zu Zeiten Poppers waren noch erkennbar und zu lokalisieren, so wie das »Reich des Bösen«, dem Ronald Reagan den finalen Krieg erklärt hatte. Das Böse in der Version des globalen Terrorismus hat kein Gesicht und fordert gerade deshalb zu seiner Dämonisierung heraus. Alle Versuche, den barbarischen Angriff auf die Zivilisation in den Rahmen politischer oder kultureller Konflikte, historischer oder aktueller Auseinandersetzungen zu stellen, liefen auf eine Exkulpierung der Täter hinaus, meinte Josef Joffe, Chefredakteur der liberalen *Zeit* (17. 9. 01); hier sei »das Böse schlechthin« am Werk gewesen, und es habe auch einen Namen: Ibn bin Laden und seine Terrororganisation. So wie im Golfkrieg Sadam Hussein der Satan war und während der Jugoslawienkriege Milosevic dämonisiert wurde, so ist jetzt der saudi-arabische Millionär in die Rolle des Bösen geschlüpft. Dass dieser Teufel in Menschengestalt – ein Geschöpf des amerikanischen Geheimdienstes im Übrigen – einmal gegen das vorherige »Reich des Bösen« eingesetzt worden war, als willkommener Bündnispartner der USA gegen die sowjetische Besatzung in Afghanistan, wer will es heute noch wissen. Auch die Taliban galten damals noch als ehrenwerte Freiheitskämpfer mit exotischem Turban und langem Bart.

Konversionserfahrungen unter Schockeinwirkung

Im Schock der traumatisierenden Bilderflut, im lähmenden Entsetzen über das Ausmaß der Katastrophe, im heiligen Erschrecken über den offenbar grenzenlosen Hass der terroristischen Täter bleibt der distanzierenden Vernunft wenig Raum. Bei dieser affektiven Mischung aus panischer Angst, unfassbarer Trauer und ohnmächtiger Wut arbeitet auch unser Verstand anders als in ruhigen Zeiten, und wir entdecken Einstellungen, die uns vorher fremd waren. Intellektuelle untersuchen öffentlich ihre innere Konfliktlage, befragen ihre Bereitschaft zum emotionalen Mitschwingen und überprüfen ihre Grundüberzeugungen.

Der Germanist und *Stanford*-Professor Hans-Ulrich Gumbrecht, der gerade erst die amerikanische Staatsbürgerschaft angenommen hat, bekennt sich unter der Überschrift »Die Stunde der raren Empfindung« (*FAZ*, 15. 9. 01) zu überwältigenden Gefühlen des Patriotismus, der nationalen Scham und der Rache (»die selbstironisch Wallungen zu nennen ich mir verbieten muss«) und ist nur »wenig beunruhigt ..., aus der in Jahrzehnten eingeübten Selbstdistanz des Intellektuellen herauszutreten«. Er sehnt sich angesichts der tiefen Demütigung seines neuen Vaterlandes nach »potenten Symbolen amerikanischer Jagdbomber« und einer »stahlharten« Antwort des amerikanischen Präsidenten, an dem er bisher die üblichen Zweifel hatte und an dessen Stelle er nun gerne Roosevelt oder Churchill sehen würde. Im Versuch, den Terroranschlag als Folge der Weltmachtpolitik der USA, ihres Supermacht-Gebarens, ihrer fehlenden Friedenspolitik zu verstehen, spürt er »das übliche Lüftlein der liberalen Larmoyanz«, der er sich nun endlich zu entziehen entschlossen hat.

Wie zum Beweis dieses abschätzigen Urteils beschreibt Susan Sontag – in derselben Feuilletonausgabe der *FAZ* – den Mut der Attentäter, denen man angesichts der eigenen Todesbereitschaft Feigheit gerade nicht bescheinigen könne. Ihre scharfe Anklage gegen die patriotische Gleichschaltung der amerikanischen Öffentlichkeit wirkt tatsächlich larmoyant und ihre Einfühlung in den islamistischen Terror als »Konsequenz« der US-Politik beklemmend unangemessen. Aber ihre Diagnose eines Wirklichkeitsverlusts im Schockzustand trifft dennoch, ebenso wie ihre Warnung vor einer »starken« Antwort in einer Situation, in der »Stärke nicht alles ist, was Amerika jetzt zeigen muss«. Charles Simic (*FAZ*, 17. 9. 01), der ihr in diesem Punkt Recht gibt, wirft der politischen Elite seines Landes vor, mit alttestamentarischer Vergeltungsrhetorik »die Rachsucht der Bevölkerung zu stimulieren« und eine Kriegsbereitschaft anzufachen, der weitere Unschuldige zum Opfer fallen werden. Aber was könnte eine angemessene Antwort sein, die weder nach dem Vorbild der *Appeasement*-Politik den Terror ermuntert noch in der Logik der Eskalation das Inferno zum Weltenbrand entfacht?

Niemand hat eine Antwort auf diese Frage, auch wenn es scheint (zumindest zum Zeitpunkt, an dem ich diesen Beitrag schreibe), dass es keinen aus Rache geborenen Vergeltungsschlag geben wird, sondern einen langen, umsichtig geplanten »Feldzug«, wie die US-Regierung nicht müde wird zu beschwören. Aber ein Feldzug gegen was und gegen wen, wenn der Gegner so unbestimmt bleibt und als das Satanische selbst identifiziert ist?

Was ist das Böse und woher kommt es?

Die anspruchsvollste Antwort auf diese Frage hat bisher Hans Magnus Enzensberger versucht (*FAZ*, 18. 9. 01), der schon zu Zeiten des Golfkriegs die verschiedensten Formen der gesellschaftlichen Gewalt seinem sezierenden Blick unterzogen und eine universelle Bürgerkriegsmentalität ausgemacht hatte. Er vermutet im globalisierten Terrorismus eine besondere Erscheinungsform frei flottierender Aggression, die sich nicht nur gegen andere, sondern auch gegen sich selbst richte: die »Wiederkehr des Menschenopfers« auf der Höhe der postmodernen Zivilisation. Die Triebstruktur des terroristischen

Selbstmordattentäters sei wenig unterschieden von der des mordenden Skinheads, des todessüchtigen Junkies, des narzisstisch gestörten Jugendlichen, der im Highschool-shooting das Licht der Öffentlichkeit sucht, um vor laufender Kamera zu sterben. All diesen Handlungen liege eine mörderische Selbstdestruktivität zugrunde, die zur Not auch ohne die höheren Weihen einer Ideologie auskomme. Der paranoide Angriff auf den anderen ziele im Grunde auf die eigene Vernichtung.

Die These, dass es sich bei der terroristischen Gewalt, genauso wie bei der angeblichen »Gewalt ohne Motiv«, um eine triebhafte Tendenz handelt, den eigenen Ruin herbeizuführen, lässt sich kaum widerlegen, wenn man die Sache von ihrem Ende betrachtet. Bei den Attentätern, die die vier Flugzeuge zum Absturz brachten, ist das evident; ebenso bei den palästinensischen Tätern, die in Israel mit Sprengstoffwesten am Körper Kaffeehäuser in die Luft bomben. Dass es auch eine kollektive Neigung zur Selbstzerstörung gibt, die sich hinter der nach außen gerichteten Aggression verbirgt, lässt sich an vielen historischen Beispielen demonstrieren: Nazi-Deutschland unter Hitler, Kambodscha unter dem Pol-Pot-Regime, Irak unter dem von Saddam Hussein, Jugoslawien unter Milosevic. Enzensberger sieht hier einen »Stolz auf den eigenen Untergang« am Werk, den er auch im militanten Islamismus vermutet.

An diesem Punkt aber wird erkennbar, dass seine Analyse auch psychodynamisch zu kurz greift, indem sie bei der Autoaggression, beim Hang zur Selbstvernichtung endet. Wenn es einen *Stolz* auf den finalen Suizid gibt – und es gibt ihn, im Fall der Selbstmordattentäter ist er am triumphalen Jubel im eigenen Lager abzulesen, der auf den heroischen Märtyrer noch im Grab zurückfällt – dann ist die Destruktion mit einer ganz anderen seelischen Qualität legiert: dem Narzissmus. Vor der Selbstvernichtung steht die expansive Vorstellung von der eigenen Größe. Die Welt soll endlich anerkennen, wie großartig die eigene Ideologie, die eigene Religion, die eigene Kultur, die eigene Rasse sind, wie grandios das individuelle oder Kollektivselbst ist – wehe, wenn sie das nicht tut. Und sie soll die narzisstisch aufgeblähte Grandiosität umso dringender würdigen, je mehr eigene Zweifel daran sich bereits gebildet haben. Das in der islamischen Welt offenbar vorherrschende Gefühl, vom Westen erniedrigt und gedemütigt zu werden, ist deshalb so virulent, weil es auf ein Morgenland trifft, in welchem das Abendland längst Einzug gehalten hat. Aus dieser verhängnisvollen Mischung von Selbstzweifel, Kränkung und kompensatorischem Größenwahn ergibt sich nicht bloß die obsessive Vision vom Gottesstaat. Sie speist auch jene fatale Entwicklung, die in den mörderischen und selbstmörderischen Terrorismus führt. Es ist so etwas wie eine in gigantische Dimensionen gesteigerte, kollektive narzisstische Wut, die wir in den terroristischen Manifestationen des Bösen erleben.

Die frei flottierende Aggressivität und Selbstdestruktivität, die ubiquitäre Gewalttätigkeit, die martialische Angriffslust, eine allgemeine Bereitschaft zur Attacke und Gegenattacke, hinter der man die bösartige Dynamik narzisstischer Kränkbarkeit und Wut vermuten kann, sie kommen weder aus den triebhaften Tiefen des Innenlebens noch vom Außen der Frustration, sondern aus dem Zwischen des menschlichen Zusammenlebens in Gruppen und Gesellschaften, zwischen Völkern und Kulturen. Wenn in dieser Richtung die Diagnose des bedrohlich anschwellenden Schreckens zu suchen ist, dann besteht die Therapie in der wechselseitigen Anerkennung, in der Regelung von Nähe und Distanz, in der gerechten Verteilung von Ressourcen und Lebenschancen, in Prozessen der kommunikativen Verständigung über Zustand und Zukunft unserer Welt.

Diese Einsichten werden allerdings nicht verhindern, dass Amerika die seinem nationalen Stolz zugefügte Demütigung wird kompensieren wollen und nach einem Ausgleich für die eigenen Opfer verlangt. Gewiss, die Schuldigen müssen gefunden, vor Gericht gestellt, verurteilt und bestraft werden. Mit jedem unschuldigen Opfer auf der anderen Seite jedoch wird dem Bösen Nachschub verschafft.

Anmerkung

[1] Zuerst erschienen in KOMMUNE. Forum für Politik, Ökonomie, Kultur 10/2001. Abdruck mit freundlicher Genehmigung des Autors.

Psychohistorische Überlegungen zum 11. September in New York

Ludwig Janus

Einleitung

Das Selbstmordattentat von 15 arabischen Männern auf die Zwillingstürme des Welthandelszentrums in New York und das Pentagon in Washington mit Hilfe von gekaperten Passagiermaschinen war im wahrsten Sinne des Wortes weltbewegend. Die Erschütterung über das Leid der Opfer in den Gebäuden und in den Flugzeugen führte die Menschen in einer tiefen Weise zusammen und löste eine länderübergreifende Solidarität und Hilfsbereitschaft aus. Anders als bei anderen terroristischen oder kriegerischen Ereignissen war in diesem Falle die symbolische Qualität des Angriffs auf die Werte der westlichen Welt so deutlich, dass sie auch verstanden wurde und zu einem Zusammenrücken um die Ideale westlicher Kultur führte und eine Neugier auf die zentralen Werte und Anliegen der arabischen Kultur auslöste. Umgekehrt war die arabische Welt herausgefordert, sich in einer neuen Weise auf die Grundlagen ihrer Kultur zu besinnen, insbesondere darauf, ob und in welcher Weise und aus welchen Gründen der Djihadismus wirklich zur arabischen Kultur und zum Islam gehört (vgl. z. B. Hamzawy 2002).

In vielen Äußerungen der ersten Zeit ging es vor allem erst einmal darum, die Ereignisse emotional zu verarbeiten, zu ordnen und erste Gesichtspunkte zu gewinnen (Rowohlt 2001; Knüpfer, Berke 2001). Inzwischen sollte es möglich sein, einigen Überblick über die Hintergründe zu gewinnen, da jetzt der äußere Ablauf der Ereignisse in mancher Hinsicht geklärt ist (Aust, Schnibben 2002). Im Folgenden sollen Aspekte des Interagierens von Konfliktpotentialen der westlichen und der arabischen Welt beschrieben werden, um daraus eine Perspektive für Handlungsmöglichkeiten zu gewinnen.

Osama bin Laden

Trotz anfangs widersprüchlicher Einschätzungen kristallisierte sich schließlich heraus, dass Osama bin Laden mit seiner »Kampffront gegen Kreuzzügler und Juden«, die er 1998 als Dachorganisation verschiedener fundamentalistischer Gruppen zur Bekämpfung der Ungläubigen gegründet hatte, eine Zentralfigur im Hintergrund war und auch mit der von ihm 1988 gegründeten Organisation Al-Qaida die logistische Infrastruktur für die Planung und Durchführung der

Attentate in wesentlichen Teilen bereit gestellt hatte. In seinem Lebensweg, der von der angepassten Lebensweise in einer reichen saudi-arabischen Familie und seiner Tätigkeit im Bauunternehmen des Vaters zum Leiter fundamentalistisch-terroristischer Gruppen führt, kommt eine Modernisierungskrise in der saudi-arabischen Gesellschaft und der arabischen Welt insgesamt zum Ausdruck.

Osama bin Laden wurde 1955 als 17. von 57 Kindern eines sehr erfolgreichen Bauunternehmers und Multimillionärs jemenitischer Abstammung im saudiarabischen Dschidda geboren. Seine Mutter war im Kreise der Frauen des Vaters wenig geachtet. Durch den Tod des Vaters bei einem Flugzeugabsturz wurde er in jungen Jahren zum vielfachen Millionär. Dies gab ihm die Freiheit, sich politisch zu betätigen. Der Einmarsch der sowjetischen Truppen in Afghanistan 1979 förderte die Radikalisierung fundamentalistischer Gruppen. Pakistan organisierte Widerstandsgruppen, die von Saudiarabien finanziert und von den USA mit Waffen beliefert wurden. In der pakistanischen Grenzstadt Peschawar gründete Abdullah Accam, ein Palästinenser aus Jordanien, ein Zentrum fundamentalistischer Lehre und wurde zum einflussreichen Lehrer für Osama bin Laden, der ihn wiederum mit Geld unterstützte und dessen »gottgesandter Engel« er fortan war. Accam machte ihn zu einem Djihad-Schüler. 1988 gründete bin Laden sein eigenes Djihad-Büro und nannte es Al-Qaida, »die Basis« (bei diesen Angaben beziehe ich mich im Wesentlichen auf das 2001 erschienene Buch *Osama bin Laden* von Pohly und Durán).

1989 zogen die sowjetischen Truppen ab. Osama bin Laden kehrte nach Saudi-Arabien zurück, um wieder im Familienbetrieb zu arbeiten. Eine Repolitisierung der Szene bedeutete der Kuwait-Krieg mit ständiger Stationierung amerikanischer Truppen in Saudi-Arabien – für fundamentalistisch orientierte Araber wie bin Laden eine Provokation. Die entscheidende Radikalisierung sollte sich nach seinen eigenen Angaben nach dem Einmarsch der US-Truppen nach Somalia vollzogen haben. Daraufhin ließ bin Laden seine Al-Qaida verkünden: amerikanische Truppen in Saudi-Aarabien, dem Jemen und dem Horn von Afrika seien Zielscheibe für den Djihad. 1993 beteiligt sich ein Al-Qaida-Kommando an einer somalischen Auseinandersetzung mit US-Soldaten, bei der 18 Amerikaner getötet wurden. Ein Anschlag auf das World Trade Center 1993 mit einem Sprengsatz in der Garage misslang. Einigen der Attentäter wurden Verbindungen zu Al-Qaida nachgewiesen. Auf amerikanischen Druck hin wurde Osama bin Laden von Saudi-Arabien die Staatsbürgerschaft entzogen und sein Clan erklärte ihn als nicht länger zur Familie gehörig. Auch den Sudan, wohin er ausgewichen war, musste er 1996 auf Druck der USA verlassen.

Er begab sich nach Afghanistan, wo sich die Taliban-Milizen formierten. 1998 gründete er in der ostafghanischen Stadt Khost die *Internationale Kampffront gegen Juden und Kreuzzügler*. Von zugehörigen Kampfgruppen wurden im tansanischen Dar-es-Salam und dem kenianischen Nairobi gleichzeitig Bombenanschläge auf die US-Botschaften verübt, bei denen über 200 Menschen ihr Leben verloren und tausende verletzt wurden. Im Jahr 2000 wurde im jemenitischen Hafen Aden ein Bombenanschlag auf den US-Zerstörer Cole verübt, bei dem 17 amerikanische Seeleute getötet wurden. Osama bin Laden hat sich seither ganz bei den Taliban engagiert und sich mit deren Führer Mullah Omar auch familiär verbunden.

Der Hintergrund der Attentäter

Die Mehrzahl der Attentäter stammte aus dem südlichen Arabien, dem Ausgangspunkt des Wahabismus, einer fundamentalistischen arabischen Richtung, auf die sich das Königshaus stützt. In Saudi-Arabien ist die Spaltung zwischen mittelalterlich geprägter fundamentalistischer Religion und Staatsform sowie den Einflüssen moderner westlicher Technik und Ökonomie am stärksten zugespitzt. Dieser Widerspruch prägte auch die Familie Osama bin Ladens, die zum einen zutiefst arabisch-patriarchal geprägt durch Dienstbarkeit für das Königshaus groß geworden ist, während zum anderen gleichzeitig einige Mitglieder in den USA beruflich tätig und damit direkt westlichen Einflüssen ausgesetzt sind. Auch Wirth (2002, S. 380) hebt in seiner Analyse das Konfliktpotential der »Doppel-Moral« solcher reicher saudi-arabischer Väter hervor und formuliert die interessante Vermutung, »(...) dass die Söhne aus wirtschaftlich priviligierten Familien teils im bewussten, teils im unbewussten Auftrag der Väter in den heiligen Krieg ziehen, von dem die Väter nur reden und träumen« (Wirth 2002, S. 380). Dazu kommt, dass ein despotisches Königshaus durch aus dem Ölreichtum gewonnene wirtschaftliche Macht die Gesellschaft in mittelalterlich geprägter Abhängigkeit und Stagnation halten kann. Da letztlich der Einfluss der Amerikaner, die über 20% ihres Ölbedarfs aus Saudi-Arabien decken, für diese politische Situation verantwortlich ist, richtet sich der Auflehnungsaffekt gegen sie.

Strukturelemente der arabischen Welt

Die arabischen Gesellschaften sind in weiten Teilen strikt monotheistische, hierarchisch gegliederte und von Männern dominierte Gesellschaften. Die unterschiedlich ausgeprägte Polygamie und die radikale Trennung der Geschlechter führt dazu, dass die Väter für die Kinder fern und wenig erreichbar sind. Sexualität ist stark tabuisiert, Beschneidung bei Männern und Frauen ist verbreitet, wenn auch je nach Region sehr unterschiedlich häufig (Lightfood-Klein 1992). Wir wissen heute aus vielfältigen Untersuchungen, dass diese genitalen Verstümmelungen die Beziehungs- und Indiviuationsmöglichkeiten in bedeutsamer

Weise einschränken, ohne dass in diesem Zusammenhang weiter darauf eingegangen werden kann. Es sei nur als eine wesentliche Folge die »Vermeidung von Intimität« zwischen den Geschlechtern genannt (Goldman 1997, S. 124). Die Frauen haben wenig Rechte, eine kollektive Orientierung ist vorherrschend, Individualität im westlichen Sinne wenig entwickelt. Die Familienstrukturen haben vielfach Clancharakter, die Wirtschaftsform ist zum Teil noch feudal-agrarisch oder nomadisch. Durch die Auswirkungen der westlichen gesellschaftlichen und technisch-wirtschaftlichen Entwicklungen befindet sich die islamische Welt seit 200 Jahren in einer chronischen Entwicklungs- und Modernisierungskrise.

Strukturelemente der westlichen Welt

In den demokratischen Gesellschaften verlieren die monotheistischen Religionen an Bedeutung, bleiben jedoch latent noch sehr wirksam. Die patriarchalen Ordnungen befinden sich in einem Entwicklungsprozess in Richtung Liberalität und Gleichberechtigung, Kirche und Staat sind weitgehend getrennt. Die Wirtschaftsform ist kapitalistisch und technikorientiert. Für die Polarisierung zwischen der arabischen und der westlichen Welt ist bedeutsam, dass es in den USA eine Spaltung zwischen dem Vordergrund einer freiheitlich-demokratischen Ebene und dem Hintergrund einer sektiererischen Religiosität mit fundamentalistischen Zügen gibt. Sehr wenig diskutiert und geklärt ist, in welchem Ausmaß die in den USA verbreitete männliche Beschneidung irrationale Bedrohungsängste fördert (Goldman 1997). Auch die hohe Kaiserschnittrate von bis zu 50% (Verny 1992) birgt als kollektives Element der Primärsozialisation das Potential von irrationalen Bedrohungsgefühlen (Emerson 1997) und entsprechenden Gegenreaktionen, wie sie nach meiner Vermutung bei dem SDI-Programm einen Hintergrund bilden. Die Zerrissenheit der amerikanischen Gesellschaft in ethnische Gruppen birgt ein latentes Gewaltpotential, das dicht unter der Oberfläche spürbar ist. Darum braucht die amerikanische Gesellschaft vielleicht noch mehr als andere Gesellschaften Außenfeinde für ihren inneren Zusammenhalt. Dazu mag beitragen, dass das eigene »Böse« der fast vollständigen Auslöschung der Indianerkulturen und die Ermordung der indianischen Urbevölkerung weitgehend verleugnet ist (Beckenbach 2002).

Politische Konfliktlage

Seit dem 19. Jahrhundert ist die arabische Welt in einen mit mancherlei Kränkungen verbundenen politisch-gesellschaftlichen Rückstand gegenüber Europa und den USA geraten. Teile Nordafrikas gerieten unter französische Oberhoheit, Ägypten und der Vordere Orient wurden englischer Einflussbereich.

Die Niederlage des Osmanischen Reiches und seine Auflösung 1918 besiegelte diese Entwicklung. Arabische Länder versuchten in unterschiedlichem Ausmaße und unterschiedlichem Tempo westliche Modelle einzuführen, am ausgeprägtesten geschah dies in der Türkei.

Die zum Teil willkürliche Machtpolitik des dominierenden Westens war mit einer Kette von Demütigungen verbunden. Dabei war die Vertreibung der Palästinenser aus ihrem angestammten Land im Zusammenhang mit der Gründung des Staates Israels vielleicht die schmerzlichste und »ungerechteste«, insofern hier ein in Europa durch einen destruktiven Nationalismus »unlösbar« gewordenes Integrationsproblem auf Kosten der palästinensischen Bevölkerung »gelöst« wurde, die mit diesen Konflikten nicht das Geringste zu tun hatte. Die innere Entwicklung der arabischen Staaten aus feudalen Strukturen hin zu modernen Gesellschaften wurde durch die Einflussnahme westlicher Politik in vielen Bereichen schwer geschädigt (Danesch 2002). So wurde die demokratisch-sozialistische Entwicklung im Iran unter Mossadeq in den 50er Jahren durch machtpolitisches Eingreifen der USA zerstört, mit all den bekannten destruktiven Folgewirkungen bis heute. Bedeutsam dabei ist, dass die westlichen Staaten und insbesondere die USA zwar innerlich freiheitlich-demokratisch organisiert sind, nach außen aber eine kapitalistisch orientierte kurzsichtige Machtpolitik betreiben, die nicht auf die demokratisch-freiheitlichen Werte hin reflektiert ist. Statt die Entwicklungsprozesse in den arabischen Gesellschaften zu achten und konstruktiv zu begleiten, was durchaus im langfristigen Interesse der USA liegen würde, suchten die USA über die Destabilisierung der arabischen Gesellschaften kurzfristige macht- und wirtschaftspolitische Vorteile zu erreichen (Danesch 2002).

In den arabischen Ländern vollziehen sich die Entwicklungen von feudalen Ordnungen hin zu demokratischen Ordnungen im Prinzip in den gleichen Bahnen, wie dies früher im Westen geschehen ist, wobei im Übergang zwischen Feudalordnung und künftigen freiheitlichen Ordnungen im Moment diktatorische Regime, wie früher in Europa auch, als Übergangsstufen dominieren.

Saudi-Arabien als zentraler Konfliktherd

Das saudi-arabische Königs-Regime kann sich völlig unzeitgemäß und der gesellschaftlichen Entwicklungstendenz nicht angemessen durch ein Zusammenwirken des wahabitischen Fundamentalismus, der Clan-Familienstrukturen, des Ölreichtums und der amerikanischen Wirtschaftsinteressen an der Macht halten, so dass mittelalterlich-theokratische Strukturen mit modernistischen Tendenzen unvermittelt zusammenwirken, woraus ein enormes Gewaltpotential resultiert. Entwicklungen zu individuellen Handlungsstrukturen und Verantwortlichkeiten sind durch das Regime blockiert, so dass die gesellschaftlichen und individuellen Individuationstendenzen beschädigt und verformt werden. Das gewalttätige Potential wurde als Ventil nach außen gelenkt, zum einen früher in die finanzielle Unterstützung des Kampfes gegen die Sowjetunion in Afghanistan und zum anderen später in die Attacken der fundamentalistischen Gruppen gegen Amerika und die »Ungläubigen« insgesamt. Diese gesellschaftliche Gespaltenheit spiegelt sich – wie erwähnt – in der Familie Osama bin Ladens wider, die zum Teil westlich orientiert ist, zum Teil eben in der Person Osama bin Ladens fundamentalistisch.

In seiner Deklaration von 1998 gegen die »Allianz von Kreuzzüglern und Juden« heißt es:

> »Alle Verbrechen und Sünden, die von den Amerikanern begangen wurden, sind eine offene Kriegserklärung an Gott, seinen Propheten und alle Muslime. Es wird bestimmt, dass die persönliche Pflicht jeden Muslims ist, in jedem Land der Welt und wo immer möglich, die Amerikaner und deren Alliierte zu töten«. (Der Spiegel 40/2001, S. 36)

Diese Kriegserklärung macht auch deutlich, dass die Spaltung der Vaterimago in den verehrten Allah und die feindlichen »Kreuzzügler und Juden« in keiner Weise balanciert werden kann. Wie gesagt, stammte die Mehrzahl der Attentäter aus den wahabitischen Kernprovinzen Saudi-Arabiens. Der Grundkonsens in der saudi-arabischen Gesellschaft ist in einer gefährlichen Weise aus der Balance geraten und wird durch die äußeren Machtfaktoren des Zusammenwirkens kapitalistischer Geldmachtpolitik und fundamentalistischen Clanstrukturen künstlich zusammen gehalten, wie ebenso durch das Aggressionsventil eines Krieges gegen »Kreuzzügler und Juden«. Derartig tiefe Konflikte in der Gesellschaftsstruktur treten in Wechselwirkung mit den biologischen Wurzeln menschlicher Beziehungsstrukturen und werden darum in ihrem ganzen Umfang erst zugänglich, wenn diese biologische Ebene in die Betrachtung miteinbezogen wird. Die moderne Soziobiologie hat in die Wechselwirkung zwischen Sozialstruktur und Verhaltensmustern klärende und bedeutsame Einsichten gewonnen. Dieser Aspekt wird im folgenden Abschnitt behandelt.

Die soziobiologische Dimension des Konfliktes zwischen der arabischen und der europäischen Welt

Das Verständnis für das Zusammenwirken von biologisch vorgegebenen Verhaltensmöglichkeiten und Gesellschaftsstrukturen hat durch die moderne Soziobiologie eine neue Ebene gewonnen, die bisher in gesellschaftswissenschaftlichen oder kulturpsychologischen Betrachtungen wenig gewürdigt worden ist. Insbesondere ist hier die Willard-Trivers-Hypothese bedeutsam (Wilson 1979; Blaffer-Hrdy 2001). Der entscheidende Gesichtspunkt ist der, dass weibliche und männliche Fortpflanzungsstrategien grundlegend differieren, indem die weibliche Strategie der Linie einer großen Investition und qualitativen Förderung des Kindes durch eine große Eizelle, Schwangerschaft, Stillen und Kindversorgung für die Fortpflanzung folgt, während die männliche Strategie die Fortpflanzung durch eine große Zahl von kleinen Spermien und deren weite Verbreitung bei geringer Investition in das einzelne Kind sichern will. Wie sich diese »Strategien« aber konkret ausgestalten, hängt von der jeweiligen Gesellschaftstruktur und den gegebenen Ressourcen ab. In egalitären Gesellschaften und bei geringeren Ressourcen hat das zur Folge, dass auch für den Mann das monogame Modell das beste ist, insofern er so die Weitergabe seiner Gene durch die Sorge für das Überleben der Kinder sichert, während er ohne diese Sicherung des Aufwachsens der Kinder und durch ein polygames Verhalten das Überleben der Kinder gefährden würde. In männerdominierten hierarchischen Gesellschaften, in denen die führenden Männer eine sehr gute Ressourcelage haben, ist es von der Strategie der männlichen Gene her sinnvoll, diese über verschiedene Frauen weiter zu geben. Diese Tendenz zeigt sich dann bei den superreichen Männern der Oberschicht solcher Gesellschaften in der Etablierung von Harems. Polygamie und die Einrichtung der Harems erwachsen also aus dieser Sicht aus der biologischen Struktur unter den gegebenen Bedingungen. Mit dem Herauswachsen der arabischen Gesellschaften aus den feudalen und hierarchischen Strukturen relativiert sich die Bedeutung dieses Faktors. Die Harems haben an Bedeutung verloren, wie ebenso die realisierte Polygamie, dies natürlich mehr in den »fortgeschritteneren« arabischen Gesellschaften wie der Türkei und dem Iran im Vergleich zu den noch sehr durch das männerdominierte Clan-System bestimmten Gesellschaften der arabischen Halbinsel.

Bedeutsam ist, dass die arabischen und westlichen Gesellschaften sich also nicht nur sozialisationsbedingt unterscheiden, sondern die unterschiedlichen gesellschaftlichen Strukturen auch ganz andere biologisch verankerte Verhaltensbereitschaften lebensbestimmend werden lassen. Wenn die Polygamie realisiert ist, hat sie tiefgreifende Folgen für die Eltern-Kind-Beziehung, wie dies in der Familie Osama bin Ladens der Fall ist. Allein wegen des inferioren Status der Frauen, insbesondere der Mutter Osama bin Ladens, ist die frühe Mutterbeziehung beeinträchtigt, da eine Frau ohne eigene Individuierungschance auch ihr Kind nicht entsprechend fördern kann. Dazu kommt, dass der machtvolle Vater als reale Person wenig erreichbar ist, so dass es aus der Familienstruktur heraus zur Spaltung des Vaterbildes in eine idealisierte, in der Beziehung zu Allah gesuchte Vaterimago (Lachkhar 2002) und eine negativ besetzte destruktiv-feindliche Vaterimago kommt, wie dies auch exemplarisch bei Osama bin Laden anzunehmen ist. In männerdominierten hierarchischen Gesellschaften mit polygamen Strukturen spielt in der Geschlechterbeziehung Gewalt und Macht eine wesentlich bedeutsamere Rolle als in der eher monogamen Beziehung in egalitären Gesellschaften (Blaffer-Hrdy 2001).

Dieses größere Aggressionspotential in der Geschlechterbeziehung macht es wohl auch nötig, die Mann-Frau-Beziehungen mehr zu reglementieren und durch die männlichen und weiblichen Beschneidungen, die immer noch weit verbreitet sind, überhaupt als Begegnungsfeld einzuschränken. Die Verzerrungen in den frühen Elternbeziehungen und deren traumatische Aspekte (DeMause 2002a) haben ein bedeutsames und die Individualisierungsmöglichkeiten einschränkendes Ausmaß. Beispiel hierfür ist Mohammed Atta, die Führungsperson unter den Attentätern, aus dessen Testament eine tiefe Frauenangst und Frauenverachtung sowie eine hörige Selbstopferungstendenz für die idealisierte Vaterimago hervorgeht. Hierzu einige Zitate:

> »Ich glaube, dass Mohammed Gottes Gesandter ist (...). Ich wünsche, dass meine Familie und jeder, der dies hier liest, den allmächtigen Gott fürchtet und sich nicht durch das Leben ablenken lässt (...). Weder schwangere Frauen noch unreine Personen sollen von mir Abschied nehmen – das lehne ich ab. Frauen sollen nicht für meinen Tod Abbitte leisten (...). Derjenige, der meinen Körper rund um meine Genitalien wäscht, sollte Handschuhe tragen, damit ich dort nicht berührt werde (...) Frauen sollen weder bei der Beerdigung zugegen sein noch irgendwann später sich an meinem Grab einfinden«. (Der Spiegel 40/2001, S. 32)

Weitere Beispiele zum biographischen Hintergrund werden von Bohleber (2002a, S. 714)[1] und DeMause (2002a) angeführt. Die besondere Charakteristik des »Fanatismus-Syndroms«, das diese Attentäter kennzeichnete, wird von Wirth (2002, S. 365 ff.) eindringlich geschildert. Er hebt ein narzisstisch übersteigertes Selbstbild, Bindungslosigkeit, Angst vor der eigenen emotionalen Innenwelt, Reinheitsideen, Abwertung der Frau, abnorme Hingabe an Ideen und ein bestätigendes Milieu als wichtige Faktoren hervor.

Dieses Testament Mohammed Attas, das seine opferbereite Ausrichtung an einer idealisierten Vaterimago beschreibt, weist auf eine weitere Konfliktdynamik hin, die aus den monotheistisch-religiösen Ideologien resultiert. Diese sind, was die Idealisierung des Opfers und des Martyriums angeht, im Orient und im Westen in vielerlei Hinsicht ähnlich, können aber im Islam den besonderen aggressiven Kontext des »heiligen Kriegs« haben. Diese Vorstellungen sind uns im Westen durch die Relativierung der monotheistischen Ideologien im Zuge der Aufklärung fremd geworden, sind aber latent durchaus noch wirksam. Doch ist es heute dank der Aufklärung und der modernen Tiefenpsychologien möglich, die psychologische Ebene von Opfervorstellungen und monotheistischen Ideologien zu reflektieren. Darum soll hier in einem eigenen Abschnitt der psychologische und psychohistorische Hintergrund in einem Exkurs behandelt werden.

Exkurs zur Psychodynamik des Monotheismus

Dieser Exkurs versucht die Wurzeln des zentralen Glaubensmotivs der Selbstopferung für Allah, das die Attentäter bewegte, in der Psychodynamik des Monotheismus zu erschließen. Zur Verdeutlichung des Erlebens der Attentäter sei noch einmal Mohammed Atta zitiert:

> »Wenn die Gläubigen den Kampf gegen die Ungläubigen aufnehmen, werden sich die Gläubigen daran erinnern, dass Gott ihnen beisteht, und dass sie siegen werden (...). Aber diejenigen, die Gott fürchten und ihm folgen und nach seinem Willen handeln, werden am Ende die Richtigen sein (...). Alle westlichen Zivilisationen, die ihre Macht genießen, sind in ihrem Inneren sehr schwach. So habe keine Angst und keine Furcht, wenn du ein Gläubiger bist (...). Entsinne dich, dass Gott die Ungläubigen niederschlagen und besiegen wird (...). Wenn du im Flugzeug bist, sobald du das Flugzeug betrittst, solltest du zu Gott beten, denn jeder, der zu Gott betet, wird gewinnen, denn du tust dies für Gott. Wie der allmächtige Prophet sagt, ist eine Tat für Gott besser als die ganze Welt und alles auf der Welt (...). Wenn das Flugzeug sich bewegt, sobald es sich langsam zu bewegen beginnt (...), bete die Gebete der reisenden Muslime, denn du reist, um Gott zu treffen (...). Du kommst nicht zur Erde zurück und pflanzt die Angst in die Herzen der Ungläubigen, wie Gott sagte, schlag sie hart in das Genick (töte sie), in dem Wissen, dass der Himmel auf dich wartet (...). Am Abend, bevor du deine Tat verübst: 1. Du solltest rezitieren, dass du für Gott stirbst. Rasiere das gesamte überflüssige Haar von deinem Körper, parfümiere deinen Körper und wasche deinen Körper (...). 3. Rezitiere die Verse über Vergebung und das, was Gott für Märtyrer bereithält, denn sie kommen ins Paradies (...). 14. Trage deine beste Kleidung und folge damit dem Beispiel deiner Vorfahren, die vor dem Kampf gute Kleidung trugen (...). Wie Gott sagt, ist es eine gute Angewohnheit, gut rasiert zu sein, und das steht so in seinem Buch«. (Der Spiegel 40/2001, S. 36)

Die folgenden Ausführungen zur Psychodynamik des Monotheismus können notwendigerweise nur unvollständig und spekulativ sein, gründen sich aber auf langjährige psychoanalytische und psychohistorische Beobachtungen seelischer Tiefendynamik. Dabei ist es unumgänglich, etwas weiter auszuholen.

Erst im Gefolge der Aufklärung konnte systematischer psychologisch über Gottesvorstellungen nachgedacht werden. Gleich die ersten grundlegenderen Überlegungen, wie sie Feuerbach (1841) anstellte, erfassten wesentliche Zusammenhänge. Er beschrieb die Gottesvorstellung als eine Projektion von uns selbst oder der eigenen Persönlichkeit. Das bedeutet auch, dass wir uns in unseren Gottesvorstellungen zum Ausdruck bringen, bzw. umgekehrt die Gottesvorstellungen etwas über unser Selbstverständnis aussagen.

Der Beitrag Freuds (1927) betrifft den frühkindlichen Ursprung dieser Projektion. Dabei engte er entsprechend seines kulturellen Kontextes das Verständnis dieser Projektion auf die frühkindlichen Vatergefühle ein. Jung (1940) erweiterte den Blick um die Selbstaspekte und beschrieb die Vorstellung von Jesus als eine Projektion eines archetypischen und letztlich pränatalen Urselbstes. Adler (1933) wiederum arbeitete den kompensatorischen Charakter der Gottesvorstellung heraus. Sie sollte Trost und Schutz für frühkindlich erlittene Ohnmacht sein. Im Sinne von Adler könnte man formulieren, dass die Straf- und Schuldängste vor Gott die Nöte der frühen Sozialisation sehr direkt widerspiegeln und Gottes Allmacht und Güte gleichzeitig davor retten sollen, was nur durch hörige Unterwerfung und Willensaufgabe möglich ist. Rank (1929, S. 83) wiederum sah den Aspekt der Willensprojektion in der Gottesvorstellung, wobei man den Willen in seinem Verständnis als pränatale Urvitalität verstehen kann.

Mit diesen tiefenpsychologischen Konzepten sind frühkindliche Wurzeln der Gottesvorstellung erfasst: bei Freud auf der Kleinkindebene, bei Adler auf der Säuglingsebene, bei Jung und Rank auf der pränatalen Ebene. Letzteren Gesichtspunkt hat neuerdings Sloterdijk (1998, S. 549) in dem Sinne systematisiert, dass der Kern der Gottesbeziehung in der pränatalen Mutterbeziehung wurzelt und daraus seine Eigenart gewinnt. Das bedeutet also, dass die Gottesvorstellung in wesentlichen Aspekten aus der vorsprachlichen Zeit und damit aus dem Sprach-Ich unbekannten Regionen stammt. Dem Erlebens-Ich sind diese Regionen aber als das Ureigenste zutiefst vertraut. Diese Dichotomie zwischen der vorsprachlichen und der sprachlichen Zeit begründet etwas von der Dichotomie menschlicher Identität, die immer zugleich in sprachlicher und vorsprachlicher Erfahrung und den entsprechenden Entwicklungsebenen wurzelt. Dies bedeutet zugleich Schwäche und Stärke, Schwäche, insofern wir uns als Menschen in unseren frühkindlichen Projektionen und Gefühlen verfangen können, und Stärke, insofern wir reale Ohnmacht durch frühkindliche Macht- und Sicherheitsvorstellungen überbrücken können, die uns ein intelligentes Funktionieren auch noch in aussichtslosen Situationen ermöglichen.

Spielten hierbei auf der Ebene der Stammeskulturen wohl magische Praktiken, die Vergewisserung von magischen Kräften und die Versicherung des

Schutzes verschiedener Geister und Götter eine wesentliche Rolle, so kam es wohl auf der Ebene der frühen Hochkulturen im Zusammenhang mit dem enormen wirtschaftlich-technischen Machtzuwachs durch die Erfindung von Ackerbau und Viehzucht während der »neolithischen Revolution« zur Vorstellung von beherrschenden Zentralgöttern als Vorstufen der späteren monotheistischen Gottesvorstellungen. Dieser Machtzuwachs durch die gezieltere Nutzung der Kräfte der Natur ermöglichte die zunehmende Größe und innere Organisierung menschlicher Gesellschaften in den frühen Hochkulturen. Er bestätigte frühkindliche Allmachtsvorstellungen, aktivierte deren Projektion in entsprechenden Gottesvorstellungen und organisierte sich schließlich in den monotheistischen Gottesvorstellungen, die die spätere Geschichte in der orientalischen und westlichen Welt beherrschten.

Hier besteht nun die paradoxe Situation, dass die beachtliche Handlungsfähigkeit und Steuerungsfähigkeit der Mitglieder dieser Gesellschaften nicht als in ihnen selbst begründet erlebt wird, sondern als von dem göttlichen Wesen geliehen, in dessen Dienst sie handeln – daher auch die Unfähigkeit zu einer verantwortlichen Reflektion des eigenen Verhaltens. Dieses Modell einer durch Gottes- oder Königsgefolgschaft zusammen gehaltenen Identität war von den frühen Hochkulturen bis zur Aufklärung das Erfolgsmodell der kulturellen Evolution. Wir wissen heute aus der psychoanalytischen Kulturpsychologie (Erikson 1966; Renggli 1974; Janus 1995; 2002a; DeMause 1996), dass die psycho-sozialen Inszenierungen der Erwachsenen in Wechselwirkung zu den primären Prägungen am Lebensanfang – insbesondere in der Säuglingszeit – stehen. Dabei scheint in den monotheistischen Kulturen das zentrale Element der primären Sozialisation eine »Entmächtigung« des Säuglings, die Entmutigung seines Eigenwillens zu sein, indem der Umgang mit ihm nach äußeren Regelungen ohne Rücksicht auf seine wirklichen Bedürfnisse die Urerfahrung eigener Ohnmacht und die Abhängigkeit von einem machtvollen äußeren Eltern- oder Gruppen-Ich vermittelt, dem man sich nur folgsam unterwerfen kann und bei dem alle Macht liegt. Dabei scheinen frühe Trennungen, die das elementare Nähebedürfnis des Säuglings frustrieren, sowohl in den orientalischen wie in den westlichen Kulturen eine zentrale Rolle zu spielen (Renggli 1974; 1993; 2001). In Bezug auf die arabische Welt beziehe ich mich dabei auf die Aussagen einer ägyptischen Psychotherapeutin, dass den Säuglingen in der arabischen Welt über einen symbiotisch-unabgegrenzten Umgang der »eigene Wille systematisch genommen« werde, wodurch sie bleibend auf ein Gruppen-Ich geprägt würden (vgl. hierzu auch DeMause 2002a). Für Europa und die USA sind die Beobachtungen zu den Beeinträchtigungen der frühen Beziehung in der Geschichte der westlichen Gesellschaften bekannt (DeMause 2000; 2002b; Frenken 2002a; Nyssen u. Janus 2002 u. a.).

In der westlichen Welt wurde dieses Identitätsmodell eines Gruppen-Ichs und die entsprechenden gesellschaftlichen Strukturen nach einem längeren »Prozess der Entdeckung des Individuums« (van Dülmem 1997) mit der Aufklärung und der französischen Revolution nachhaltig verändert. Das Individuum begründete sich nicht mehr in der Projektion seines frühkindlichen Selbstes und seiner frühkindlichen Elterngefühle, sondern immer stärker in sich selbst und seiner eigenen Handlungs- und Verantwortungsfähigkeit. Dieses neue individualistische Modell ermöglichte eine neue Dimension flexibler gesellschaftlicher Handlungsfähigkeit in Wechselwirkung mit den komplexeren pluralistischen Gesellschaften. Psychologie und Tiefenpsychologie wie auch Kunst und Geisteswissenschaft versuchen die Topographie dieser neuen Identität zu beschreiben und zu erfassen. In der erhöhten Selbstreflexivität liegt auch die Chance, andere kulturelle Identitäten wie die arabische tiefer zu verstehen, um den kulturellen Dialog zu ermöglichen, der zu einer balancierten Koevolution beitragen kann. Da die arabische Welt keine mit der Aufklärung vergleichbare innere Entwicklung in ihrer Identitäts- und Gesellschaftstradition gemacht hat, wie der Göttinger Islamforscher Tibi (1994) immer wieder betont hat (vgl. Bolz 2002), gerät sie unter dem Einfluss westlicher Identitätsmodelle in einen Entwicklungsdruck, der unsystematisch und fremdbestimmt ist. Zentral für die arabische Welt wird sein, einen aus ihrer geschichtlichen Tradition selbst bestimmten Entwicklungsweg zu finden, der die Ressourcen hierfür in der eigenen Geschichte einer großen Kultur aktiviert und nutzt. Die Gefahr der augenblicklichen Situation besteht sicher darin, dass entwicklungsblockierende Elemente eines überlebten Monotheismus, wie sie insbesondere in Saudi-Arabien vorherrschend sind, mit überlebten monotheistischen Kräften interagieren, wie sie zum Teil sektiererische Kirchen in den USA bestimmen.

Damit kommen wir zu der Ausgangsfrage nach der Begründung des Selbstopfers in der Psychodynamik des Monotheismus zurück. Wenn die Identitätsstruktur im Monotheismus durch die gesellschaftlich projektiv inszenierte Fixierung an ein pränatales Größen- oder Urselbst charakterisiert ist, dann bedeutet eine Infragestellung und Bedrohung der Gesellschaft eine Infragestellung und Bedrohung dieser Identitätsstruktur, die nur durch die Vernichtung des »Feindes« wiederhergestellt werden kann, um die Illusion eines in der Allmächtigkeit und Heiligkeit symbolisierten pränatalen Heilszustandes wiederherzustellen. Ist der »Feind« übermächtig, wird das gleiche Ziel über das Selbstmordattentat zu erreichen gesucht, das die aussichtlos gewordenene postnatale Existenz im Selbst-Opfer aufhebt. Das Selbst-Opfer soll dabei im Kern, wie jedes Opfer (Janus 2000a, S. 270), die Geburt rückgängig machen, um damit wieder in die »himmlische« primäre Einheit vor der Geburt zurückzukommen.

Dabei legieren sich, wie es für menschliches Verhalten typisch ist, unterschiedliche Ebenen, und zwar die frühestkindliche, wie es gerade beschrieben wurde, mit einer Erwachsenenebene des instinktiven Schutzverhaltens aus dem Primatenerbe: unter Einsatz des eigenen Lebens die eigene Gruppe zu schützen. In diesem Sinne haben diese jungen Männer eine verzweifelte Auflehnung gegen die Gefährdung der arabischen Heimatwelt durch unverantwortete Verwicklungen mit der westlichen Welt zum Ausdruck gebracht. Das gilt auch für Osama bin Laden, der die gefühlsmäßige Wirkung des »verrückten« Widerspruchs in der Person seines Vaters zwischen arabischem Patriarchen und westlichem Geschäftsmann in einem »verrückten« Verzweiflungskampf gegen die westliche Welt auslebt. Man könnte hier von einem Versagen der adoleszenten Containerfunktion (vgl. hierzu Bohleber 2002b) der saudi-arabischen Gesellschaft im Kontext der Modernisierungskrise sprechen. Wenn die nationalen Gesellschaften in ihrer Containerfunktion für die Idealbildung der werdenden Generation versagen, ist die Weltöffentlichkeit in einer neuartigen Weise gefordert, in ihrem Diskurs diese Funktion zu übernehmen, wie dies nach dem 11. September in Ansätzen in internationalen Konferenzen und in Publikationen durchaus geschieht. In ähnlichem Sinne formuliert Wirth: »Der 11. September könnte ein Anlass sein, die Globalisierung der Weltmärkte zu ergänzen durch eine Globalisierung der Ethik und des menschlichen Mitgefühls« (Wirth 2002, S. 391) Gerade in diesem Zusammenhang ist es wichtig, die symbolische Dimension des Terrorangriffs zu sehen.

Die symbolische Aktion im terroristischen Akt

In ganz anderem Ausmaß, als wir dies meist realisieren, fühlt sich nach meinem Eindruck die arabische Welt in ihren zentralen Werten von der westlichen Kultur bedroht, was als Gefühl in der häufigen Wendung zum Ausdruck kommt, der arabischen Welt werde »die Seele geraubt«. In diesem Sinne verstehe ich die Ereignisse am 11. September auch als symbolische Botschaft, dass die Täter der amerikanischen Gesellschaft mitteilen wollen, wie sehr sie sich in ihren zentralen Werten bedroht und destruiert fühlen und deshalb im Gegenzug ein zentrales Symbol der amerikanischen kapitalistischen Handelsmacht zerstören, um so zu vermitteln, wie zerstörerisch für sie die von der amerikanischen Kultur ausgehende Zersetzung ihrer zentralen kulturellen Werte ist. Diese symbolisch-kreative Dimension hatte wohl Stockhausen in seiner umstrittenen Äußerung zum »Kunstwerkcharakter« der Ereignisse des 11. September im Sinn. Dabei sprach er auch den systemsprengenden konstruktiven Aspekt von Gewalt und Kunst an: »Was da geistig geschehen ist, ist dieser Sprung aus der Sicherheit, aus dem Selbstverständlichen, aus dem Leben, das passiert ja auch poco a poco in der Kunst. Oder sie ist nichts« (zitiert nach Maetzler 2001, S. 66). Die hier angesprochene Dimension scheint mir insbesondere für den interkulturellen Dialog bedeutsam zu sein.

Die fundamentalistischen Aspekte der amerikanischen Gesellschaft

Wie schon angedeutet, ist die amerikanische Gesellschaft trotz ihrer demokratisch-freiheitlichen Verfassung innerlich aufgrund ihrer dissoziierten ethnischen Bevölkerungsteile gleichzeitig eine sehr zerrissene Gesellschaft, was beim Aufenthalt in den USA in Städten wie Washington sehr unmittelbar spürbar ist. Es ist dort nicht möglich, abends unbefangen spazieren zu gehen, auch tagsüber ist es gefährlich, in falsche Straßenzüge zu geraten. Allein in der Stadt Washington passieren so viele Morde pro Jahr wie in ganz Deutschland. Ein gewaltbereiter Egoismus ist Tradition in der amerikanischen Gesellschaft und zeigt sich in der ubiquitären Bewaffnung der privaten Haushalte (Moore 2002), wie ebenso in der Gesamtgesellschaft in der rücksichtslosen wirtschaftlichen Machtpolitik, die vor Gewalttaten wie etwa in Chile bei der Unterstützung Pinochets und anderen lateinamerikanischen Ländern nicht zurückschreckt. Der sektiererische Charakter der Religiosität begrenzt meines Erachtens die Wirksamkeit des aufgeklärten öffentlichen Diskurses. Volkan (2002, S. 166) zitiert als Fachmann für protestantischen Fundamentalismus Michael Barken mit der Angabe, 25–35% der Amerikaner seien heutzutage Fundamentalisten. In naiver Weise wird die amerikanische Machtpolitik von religiösen Institutionen unterstützt oder sogar verstärkt, wie dies bei Bush Senior der Fall war, der nach Beginn des Golfkrieges gemeinsam mit dem Prediger Billy Graham betete und hieraus geistlichen Rückhalt für seine militärische Entscheidung zog.

Dieser latente Fundamentalismus in der amerikanischen Gesellschaft interagiert mit dem offenen Fundamentalismus der arabischen Gesellschaften, dem nach Schätzungen von Waldmann (1998, S. 115) 10–15% der Bevölkerung in den arabischen Ländern anhängen, so dass es zu den negativen Eskalationen in den letzten Jahren kommen konnte. Es gibt in der amerikanischen Außenpolitik eine latente Ideologisierung, die den amerikanischen Lebensstil und seine Werte als absolut und in naiver Weise als Gott wohlgefällig nimmt. Hiermit hängt auch die geringe Sensibilität für die besonderen Bedingungen anderer Kulturen zusammen. Deshalb wurde die Demütigungsseite der internationalen Politik gegenüber den arabischen Ländern nicht verstanden und nicht einmal gesehen. In diesem Sinne ist im Westen wenig bewusst, dass 350.000 Palästinenser bei der Gründung des Staates Israel vertrieben wurden, oder – als anderes Beispiel – dass mehr als 500.000 Kinder im Irak als Folge der Sanktionen seit

1990 gestorben sind. Arabische Schätzungen gehen sogar von einer Million gestorbener Kinder aus (Spiegel 12/2002, S. 155). Darüber hinaus ist, wie schon gesagt, die traditionelle arabische Identität und Wertewelt vital durch westliche Werte und Identitätsmodelle bedroht und befindet sich in einem elementaren Transformationsprozess, der notwenigerweise die Individuierungselemente eines »Stirb und Werde« beinhaltet, das aber letztlich nur innerlich ausgetragen werden kann.

Zwischenbemerkung zu methodischen Problemen in der psychoanalytischen Kulturpsychologie

Methodisch scheint es mir bei einer psychodynamischen Diskussion bedeutsam zu sein, die vorgeburtliche und geburtliche Dimension explizit miteinzubeziehen, weil es hier um die Wurzeln menschlicher Identität und Kultur geht sowie um reale Erfahrungen, deren Charakter zutiefst durch die Situation der Eltern und die gegebene Kultur bestimmt ist. Der vorsprachliche Charakter dieser Erfahrungen bedingt, dass sie sich nicht direkt sprachlich ausdrücken, sondern symbolisch und in »unbewussten« Handlungsinszenierungen und Handlungs- und Erlebensdispositionen. Der Mikrokosmos der vorgeburtlichen Erfahrungen ist unsere primäre Hermeneutik (Dowling, persl. Mitteilung), nach der wir den Makrokosmos unserer nachgeburtlichen Welt deuten. Diese Zusammenhänge sind in der Psychoanalyse zwar bekannt (Rank 1924; 1932; Janus 2000a), werden aber aus den verschiedensten Gründen nicht offen, sondern nur metaphorisch benannt. Die Ausklammerung des Realitätshintergrundes unserer »unbewussten Phantasien« schwächt jedoch systematisch die Aussagebedeutung psychoanalytischer Beobachtungen und Schlussbildungen. Ich nehme hier als Beispiel die Ausführungen von Bohleber (2002a) zu den psychodynamischen Hintergründen der Ereignisse des 11. September und des Terrorismus insgesamt. Seine Erklärungsparadigmen sind dabei »unbewusste« Phantasien der Versorgung, der Reinheit und Einheit, wobei der pränatale Hintergrund nicht benannt wird, sodass das Missverständnis entstehen kann, dass es sich scheinbar »nur« um »Phantasmen« handelt und nicht um Abkömmlinge realster Ursprungserfahrung (vgl. hierzu die empirischen Befunde aus der Neurobiologie zur Bedeutung des pränatalen Milieus für die Synapsenbildung und über die Auswirkungen von pränatalem Stress in Janus 2002b). Ebenso werden die Gefährdungen dieser vorgeburtlichen Heilswelt durch geburtliche Urängste des Mangels, der Verunreinigung und der Verlassenheit mit der Aktivierung entsprechender geburtstraumatischer Urwut »nur« als »unbewusst« oder phantasmatisch benannt. Damit besteht aber die Gefahr, dass die anregenden Überlegungen Bohlebers aufgrund des nicht eindeutigen Wirklichkeitsbezuges unverbindlich bleiben.

Psychoanalyse birgt aber mehr – und zwar den Rückbezug auf die lebensgeschichtliche Wirksamkeit aller Erfahrung vom Lebensanfang an. Der Ausschluss der frühesten Lebens- und Erlebensdimension gehört zum Schattenbereich der psychoanalytischen Tradition, der nach einer Aufklärung und Diskussion verlangt (Janus 2000a), wenn Psychoanalyse ihrer psychopolitischen Verantwortung gerecht werden will.

Eine andere methodische Herausforderung für die Psychoanalyse scheint mir die Einbeziehung der psychohistorischen Dimension der gegebenen Identität zu sein. Das betrifft die gesellschaftliche und historische Relativität von Identität. Wenn in der Psychoanalyse etwa die Grundfiguren des Adoleszenzprozesses beschrieben werden, so müsste auch deutlich gemacht werden, dass hier in der Regel Adoleszenzprozesse unserer Zeit und Kultur beschrieben werden und ihr Ablauf in einer anderen Kultur und Zeit völlig anders sein kann. Was hier normativ als pathologisch gekennzeichnet wird, kann unter anderen Bedingungen das normativ Gewollte sein, wie zum Beispiel die normative Ausrichtung an einem Gruppen-Ich in den arabischen Kulturen im Gegensatz zum westlich-individualistischen Ideal. Was etwa Bohleber in seinem kenntnisreichen und klugen Aufsatz *Gewalt in der Adoleszenz – Sackgassen in der Entwicklung* (2002b) als die »adäquate Lösung des Ödipuskonfliktes« charakterisiert, scheint mir in einer arabischen Kultur gar nicht möglich, ohne dass es einen Erkenntnisgewinn bedeuten würde, dies einfach als pathologisch zu charakterisieren. In diesem Zusammenhang kann nur auf die Veröffentlichungen aus der *Deutschen Gesellschaft für psychohistorische Forschung* hingewiesen werden, die sich um die Erfassung der inneren Verbindung von individuellen und kollektiven Motivationen und Identitätsmodellen bemüht (Janus u. Kurth 2000; Frenken u. Rheinheiner 2000; Kurth u. Rheinheimer 2001; Frenken 2002; Hermsen 2002 u. a.).

Handlungsorientierungen

Im Folgenden sollen einige Gesichtspunkte im Umgang mit den Ereignissen des 11. Septembers benannt werden, die den evolutiven kulturellen Dialog ebenso ins Zentrum setzen, wie ein Zurückdrängen des Terrorismus durch Beseitigung oder Verminderung der Ursachen:

1. Förderung des kulturellen Dialogs zwischen der westlichen und der arabischen Welt auf vielen Ebenen mit der Zielsetzung der Entwicklung eines wechselseitigen Verstehens und der Perspektive einer Koevolution. Von entscheidender Bedeutung dabei die Entwicklung von Modellen gewaltfreier Konfliktlösung (vgl. Ottmüller 2003, Haumersen 2003).

2. Polizeiliche Verfolgung terroristischer Täter und ihres Umfeldes im Auftrag der UNO, um die Verantwortlichen vor einen internationalen Gerichtshof stellen zu können.
3. Diskurs in den arabischen Staaten in Richtung auf eine Trennung von Staat und Kirche im Sinne von Tahar ben Jelloun (Jelloun 2001).
4. Diskurs im Westen über den eigenen latenten Fundamentalismus, wie er sich vor allem in der Legitimierung von einseitig machtpolitischen wirtschaftpolitischen Entscheidungen ausdrückt. Es gibt hier eine lange Reihe von kurzschlüssigen und destruktiven machtpolitischen Entscheidungen, die in der Destabilisierung und rücksichtslosen Nutzung islamischer Gesellschaften für die eigenen Zwecke einen scheinbaren Vorteil zur Erreichung kurzfristiger machtpolitischer Ziele sahen, aber in Wirklichkeit zu der heutigen Terrorproblematik entscheidend beigetragen haben (Danesch 2002).
5. Prüfung westlicher Einflüsse auf die arabische Welt in Bezug auf deren mögliche Schädlichkeit und eine die kulturellen Werte der arabischen Kultur zersetzende Wirkung. Das bedeutet auch Lösung von Abhängigkeiten, wie z. B. von den arabischen Öllieferungen. Die arabischen Gesellschaften können ihre Entwicklungslinien nur selbst entwickeln und sollten darum von äußeren Einflüssen wenig darin gestört und behindert werden. Langfristig ist es auch für die USA von Vorteil, in entwickelten arabischen Gesellschaften eigenständige Partner zu haben. Es bietet sich hier also die gleiche Politik konstruktiver Begleitung an, die in Europa nach dem Zweiten Weltkrieg so erfolgreich war.
6. Förderung individueller Entwicklungsmöglichkeiten in den arabischen Gesellschaften.
7. Diskussion der destruktiven Aspekte der monotheistischen Religionen mit ihren Allmachtsansprüchen. Ein Großteil der Kriege waren und sind Religionskriege oder Kriege im Namen pseudoreligiöser Ideologien. Religiösmonotheistische Erziehung entmutigt Individualisierung und fördert submissive Einordnung und Delegation von Verantwortung. Auch das Versagen der Religionsgemeinschaften in der Entwicklung aggressionsfreier Konfliktlösungen etwa in Nordirland oder in Palästina ist eklatant. Die übliche Scheu zu einem offenen Diskurs in diesem Bereich macht sich mitschuldig in der Fortsetzung von Individuationsblockierung und delegierender Unverantwortlichkeit.
8. Zum Prozess der Globalisierung ist ein differenzierter Diskurs zu unterstützen, insbesondere wo er einseitig durch wirtschaftliche Machtinteressen vorangetrieben wird. Die Ereignisse des 11. September hängen mit der Globalisierung in dem Sinne zusammen, dass durch sie einander fremde

Kulturen in einen unvermittelten engsten Kontakt gebracht werden. Da sich die Kulturen bisher zur Wahrung der illusionären Seite ihrer Identität gegen Außeneinflüsse massiv abgeschottet haben, kann dies nur in schmerzlichen initiatischen Schritten erfolgen. Man kann die terroristischen Ereignisse auch als initiatische Krisen auf dem Weg zu einer konstruktiveren Koevolution sehen. Initiatische Krisen müssten aber verstehend begleitet werden und nicht destruktiv kriegerisch beantwortet werden. Ein wichtiges Charakteristikum der bisherigen Kulturevolution war, dass Veränderungen und Umschichtungen in Form von Kriegen abgewickelt wurden. Die Institution des Krieges war das aus heutiger Sicht destruktive Mittel, Änderungsprozesse zu gestalten. Das ungeheure Elend, das mit Kriegen verbunden ist, hat der kriegerischen Auseinandersetzung die Legitimation in bedeutendem Ausmaß entzogen. Aus dieser Sicht ist die militante Reaktion der USA ein Schritt zurück und blockiert konstruktive friedliche Lösungen, die an erster Stelle stehen sollten.

9. Anregend finde ich den Gedanken von Baudrillard, dass wir uns nach dem Ersten und dem Zweiten Weltkrieg sowie dem Kalten Krieg als dritten Krieg nun gegen den Terrorismus in einem Vierten Weltkrieg befinden. Das Positive des Vierten Weltkrieges bestünde darin, dass er sich bis jetzt nur in terroristischen Akten und Gegenakten vollzieht und nicht in ausufernden Kriegshandlungen. Dies mag mit den fehlenden territorialen Interessen und der Ungleichgewichtigkeit der Gegner zu tun haben, da die arabische Welt zu einer effektiven militärischen Aktion nicht in der Lage ist. Aufgabe der Politik ist es, diesen »Krieg« in einen Prozess der Koevulotion und der Balancierung von Ungleichzeitigkeiten in der historischen Entwicklung zu überführen. Ein einseitige Freund-Feind-Strategie kann, wenn man die persönlichen und sozialen Hintergründe der Attentäter (Reuter 2002) betrachtet sowie die psychohistorischen Gesichtspunkte dieses Beitrags in Betracht zieht, kaum eine aussichtsreiche Perspektive sein. Im Gegenteil wäre zu fordern, dass politische Entscheidungen auf das Wissen von psychohistorischen Konfliktsimulationsgruppen zurückgreifen, um der psychosozialen und psychohistorischen Komplexität der gesellschaftspolitischen Wirklichkeit gerecht werden zu können. Sowohl das destruktive Gewaltpotential der politischen Änderungskrise in Jugoslawien wie auch das der Modernisierungskrise der arabischen Welt war absehbar und man hätte über eine Simulation der Konfliktdynamik konstruktive Begleit-, Unterstützungs- und Lösungsstrategien entwickeln können. Die Politik blieb in dieser Hinsicht völlig passiv, weil offenbar hier Arbeits- und Entscheidungsmodelle fehlen. Meines Erachtens ist aber in den psychosozialen Wissenschaften heute das Wissen vorhanden (vgl. z. B. Volkan

1999; Rosenberg 2002 u. a.), um verantwortlichere und konstruktivere Entscheidungen zu treffen, als dies heute geschieht, wo man die Dinge und Konflikte sehenden Auges passiv laufen lässt, bis schließlich eine kriegerische Lösung scheinbar unausweichlich wird.

Ohne Zweifel trifft Sloterdijks psychopolitische Diagnose zu, dass wir »unterwegs zu den Gesellschaften der dünnen Wände« sind (Sloterdijk 1999, S. 995) Sowohl die herkömmlichen nationalstaatlichen Gesellschaften wie die theokratischen oder diktatorischen Gesellschaftsformen der arabischen Welt schaffen die »politisch-kulturelle Häuslichkeit« um den Preis starkwandiger Abschottungen. Die Erosion der Containerfunktion gesellschaftlicher universaler Ideologien im Zusammenhang mit der Globalisierung erfordert neue Modelle für konstruktive Austauschprozesse zwischen den durchlässigeren und dünnwandigeren Gesellschaftsgrenzen. Um noch einmal Sloterdijk zu zitieren:

> »Die eigentliche psychopolitische Herausforderung des globalen Zeitalters (...) besteht darin, die Schwächung der traditionellen ethnischen Container-Immunitäten nicht einfach nur als Formverlust und Dekadenz (...) zu verarbeiten. Was für die Postmoderne wirklich auf dem Spiel steht, sind erfolgreiche Designs von lebbaren Immunverhältnissen: und eben diese können und werden sich gerade in den Gesellschaften der durchlässigen Wände auf vielfältige Weise neu herausbilden – wenn auch, wie seit jeher, nicht bei allen und nicht für jeden«. (Sloterdijk 1999, S. 1003)

Ohne Zweifel wird in diesem Prozess der Selbstverantwortlichkeit und der Selbstsicherung der Individuen ohne Abstützung in mystischen Gesellschaftskörpern sowohl in der westlichen wie auch in der arabischen Welt eine wachsende Bedeutung zu kommen.

Nachbemerkung

Der Beitrag wurde im Wesentlichen im Sommer 2002 geschrieben. Er entwirft eine dialogische Handlungsperspektive, die auch trotz der kriegerischen Entwicklung weiter gültig bleibt.

Anmerkung

[1] Der Artikel von Bohleber (2002a) ist mit freundlicher Genehmigung des Autors auch als Beitrag in diesem Band enthalten.

Literatur

Adler, A.; Jahn, E., & Metzger, W. (1933): Religion und Individualpsychologie. Frankfurt/M. (Fischer), 1975.

Aust, S.; Schnibben, C. (2002) (Hg.): 11. September – Geschichte eines Terrorangriffs. Stuttgart, München (Deutsche Verlagsanstalt).

Beckenbach, N. (2002): Kolossus, die Festung Amerika und das Trauma des 11. September. In: Freie Assoziation 3, S. 341–348.

Blaffer-Hrdy, S. (1999): Mutter Natur. Berlin (Berlin Verlag).

Bohleber, W. (2002a): Kollektive Phantasmen, Destruktivität und Terrorismus. In: Psyche 56, S. 699–720.

Bohleber, W. (2002b): Gewalt in der Adoleszenz – Sackgassen in der Entwicklung. In: Schlösser, A. M.; Gerlach, A. (Hg.): Gewalt und Zivilisation. Gießen (Psychosozial-Verlag).

Bolz, N. (2002): Wie Terroristen die Kritik der liberalen Vernunft schreiben. In: Baecker, D.; Krieg, P.; Simon, F. B. (Hg.): Terror im System – Der 11.September und die Folgen. Heidelberg (Carl Auer).

Danesch, M. (2002): Wer Allahs Wort mißbraucht. Krisenherd islamische Welt. Hamburg (Hoffmann und Campe).

DeMause, L. (1996): Restaging Fetal Traumas in War and Social Violence. In: Int. J. of Prenatal and Perinatal Psychology and Medicine 8, S. 171–212.

DeMause, L. (2000): Was ist Psychohistorie? Gießen (Psychosozial-Verlag).

DeMause, L. (2002a): The Childhood Origins of Terrorism. In: The Journal of Psychohistory 29, S. 340–348.

DeMause, L (2002b): The Emotional Life of Nations. London, New York (Karnac).

Der Spiegel 40 (2001): Hamburg (Spiegelverlag).

Dülmen van, R (1997): Die Entdeckung des Individuums. Frankfurt/M. (Fischer).

Emerson, W. (1997): Geburtstrauma: psychische Auswirkungen geburtshilflicher Eingriffe. In: Janaus, L.; Haibach, S. (Hg.): Seelisches Erleben vor und während der Geburt. Neu-Isenburg (LinguaMed).

Erikson, E. (1966): Kindheit und Gesellschaft. Stuttgart (Klett-Cotta).

Feuerbach, L. (1841): Das Wesen des Christentums. Heidelberg (Lambert Schneider).

Frenken, R. (2002a): »Da fing ich an zu erinnern...«. Gießen (Psychosozial-Verlag).

Frenken, R. (2002b): Die Evolution von Kindheit, Persönlichkeitsstrukturen und Über-Ich in Deutschland – eine Skizze. In: Kurth, W.; Janus, L. (Hg.): Psychohistorie und Persönlichkeitsstruktur. Heidelberg (Mattes).

Frenken, R.; Rheinheimer, M. (2000) (Hg.): Psychohistorie des Erlebens. Kiel (Oetker-Voges).

Freud, S. (1927): Die Zukunft einer Illusion. In: Freud, S.: Studienausgabe Bd. IX. Frankfurt/M. (Fischer), 1974.

Goldman, R. (1997): Circumsicion – the Hidden Trauma. Boston (Vanguard).

Hamzawy, A. (2002): Vom Primat der Verschwörung – in den Debatten arabischer intellektueller steckt ein grosses kritisches Potential. In: Redaktion Jungle World (Hg.): Elfter September Nulleins. Berlin (Verbrecher Verlag).

Haumersen, P. (2003): Rumänien zwischen Europa und dem Orient. Die Bearbeitung interethnischer Spannungen durch konstruktive Konfliktbearbeitung. In:

Ottmüller, U., Kurth, W. (Hg.): Trauma, gesellschaftliche Unbewusstheit und Friedenskompetenz. Heidelberg (Mattes).

Hermsen, E. (2002): »Der innere Gerichtshof«. Die Entwicklung des Gewissens aus religionspsychologischer und psychohistorischer Sicht. In: Kurth, W.; Janus, L. (Hg.): Psychohistorie und Persönlichkeitsstruktur. Heidelberg (Mattes).

Janus, L. (1993): Überlegungen zu Grundpositionen der psychoanalytischen Religionspsychologie. In: Experimenta 1, S. 20–41 (DPG-Arbeitskeis für Psychoanalyse und Kultur).

Janus, L. (1995): Prenatal Psychology, Culture and War. In: The Journal of Psychohistory 22, S. 461–480.

Janus, L. (2000a): Die Psychoanalyse der vorgeburtlichen Lebenszeit und der Geburt. Gießen (Psychosozial-Verlag).

Janus, L. (2000b): Der Seelenraum des Ungeborenen. Düsseldorf (Walter).

Janus, L. (2002a): The Impact of Prenatal Psychology on Society and Culture. In: Journal of Prenatal and Perinatal Psychology and Health 16, S. 237–248.

Janus, L. (2002b) (Hg.): The Significance of the Early Phases of Childhood for Later Life and Society. Unveröffentlichtes Manuskript. Zu beziehen über: Sekretariat der ISPPM, Friedhofweg 52, 69118 Heidelberg.

Janus, L; Kurth, W. (2000) (Hg.): Psychohistorie, Gruppenphantasien und Krieg. Heidelberg (Mattes).

Jelloun ben, T. (2001): Trennt Religion und Politik. In: Rowohlt (Hg.): Dienstag 11. September 2001. Reinbek bei Hamburg (Rowohlt).

Jung, C. G. (1940): Psychologie und Religion. Olten (Walter), 1971.

Knüpfer, U.; Berke, W. (2001) (Hg.): Der 11. September. Essen (Klartext).

Kurth, W.; Rheinheimer, M. (2001) (Hg.): Gruppenfantasien und Gewalt. Heidelberg (Mattes).

Kurth, W.; Janus, L. (2002) (Hg.): Psychohistorie und Persönlichkeitsstruktur. Heidelberg (Mattes).

Lachkar, J. (2002): The Psychological Make-up of a Suicide Bomber. In: The Journal of Psychohistory 26, S. 349–367.

Lightfood-Klein, H. (1996): Das grausame Ritual – sexuelle Verstümmelung afrikanischer Frauen. Frankfurt/M. (Fischer).

Maetzler, K. (2001): Wir sind alle Amerikaner. In: Werkblatt 47, S. 61–69.

Moore, M. (2002): Stupid White Men. München (Piper).

Nyssen, F.; Janus, L. (2002): Psychogenetische Geschichte der Kindheit. Gießen (Psychosozial-Verlag).

Ottmüller, U. (2003): Licht am Ende des Tunnels? Die psychohistorische Entwicklung von Konfliktkompetenz. In: Ottmüller, U., Kurth, W. (Hg.): Trauma, gesellschaftliche Unbewusstheit und Friedenskompetenz. Heidelberg (Mattes).

Pohly, M.; Duran, (2001): Osama bin Laden. Berlin (Ullstein).

Renggli, F. (1974): Angst und Geborgenheit – soziokulturelle Folgen der Mutter-Kind-Beziehung im ersten Lebensjahr. Reinbek bei Hamburg (Rowohlt).

Rank, O. (1924): Das Trauma der Geburt. Gießen (Psychosozial-Verlag), 1998.

Rank, O. (1929): Wahrheit und Wirklichkeit. Leipzig und Wien (Deuticke).

Rank, O. (1932): Kunst und Künstler. Gießen (Psychosozial-Verlag), 2000.

Redaktion Jungle World (2002) (Hg.): Elfter September Nulleins. Berlin (Verbrecher

Verlag).
Renggli, F. (1992): Selbstzerstörung und Verlassenheit. Die Pest als Ausdruck einer Massenpsychose im Mittelalter. Reinbek bei Hamburg (Rowohlt).
Renggli, F. (2001): Der Ursprung der Angst – antike Mythen und das Trauma der Geburt. Düsseldorf (Walter).
Reuter, C. (2002): Mein Leben ist eine Waffe – Selbstmordattentäter – Psychogramm eines Phänomens. München (Bertelsmann).
Rowohlt Verlag (2001): Der 11. September. Reinbek bei Hamburg (Rowohlt).
Rosenberg, M. B. (2002): Gewaltfreie Kommunikation. München (Jungfermann).
Sloterdijk, P. (1998): Sphären I. Frankfurt/M. (Suhrkamp).
Sloterdijk, P. (1999): Sphären II. Frankfurt/M. (Suhrkamp).
Tibi, B. (1994): Die Verschwörung. Das Trauma arabischer Politik. Hamburg (Hoffmann und Campe).
Verny, T. (1997): The Obstetrical Procedures: A Critical Examination of Their Effect on Pregnant Woman and Their Unborn and Newborn Children. In: Pre- and Perinatal Psychology Journal 7, S. 101–113.
Volkan, V. (1999): Das Versagen der Diplomatie. Gießen (Psychosozial-Verlag).
Volkan, V. D. (2002): Religiöser Fundamentalismus und Gewalt. In: Schlösser, A. M.; Gerlach, A. (Hg): Gewalt und Zivilisation. Gießen (Psychosozial-Verlag).
Waldmann, P. (1998): Terrorismus – Provokation der Macht. München (Gerling Akademie).
Wirth, H.-J. (2002): Narzissmus und Macht. Zur Psychoanalyse seelischer Störungen in der Politik. Gießen (Psychosozial-Verlag).
Wilson, E. O. (1979): Biologie als Schicksal. Berlin (Ullstein).

Mit Gewalt ins Paradies

Einige psychologische Anmerkungen zu Terror und Terrorismus

Christian Büttner

Terrorismus gehört – neben dem Amoklauf – zu den am wenigsten verständlichen Gewalttaten von Menschen gegen Menschen. Schon der Versuch, überhaupt einen verstehenden Zugang zum Phänomen Terrorismus aufzubringen, wird von vielen für ethisch fragwürdig gehalten. Der Gebrauch des Wortes »Terrorist« mit seiner normalen Fracht von Hass, Angst und Verdammung schließe zudem – so Eileen MacDonald (1992) – ein angemessenes Urteil über dieses komplexe Thema aus. »Terrorismus« ist ein äußerst vager Begriff, der meist dazu benutzt wird, um primär aus der Opferperspektive die Urheber physischer oder psychischer Gewalt zu bezeichnen. Das eigene aktiv-gewaltsame Handeln wird von den Terroristen eher Kampf (als Terror) genannt. Man handelt als Mitglied einer nationalen Bewegung, das für die Freiheit kämpft, als Kämpfer einer revolutionären Bewegung, das den gesellschaftlichen Umsturz um größerer Gerechtigkeit willen anstrebt, oder als Angehöriger einer staatlichen Organisation, die mit militärischen Mitteln oder verdeckter Gewalt den Willen ihrer Regierung durchzusetzen bestrebt ist. Nun ist auch nicht jeder Einsatz von Gewalt Terror, vielmehr ist dieser Begriff nur angemessen, wenn durch die Gewalttat Angst und Schrecken über diejenigen Menschen hinaus verbreitet wird, die ihre unmittelbaren Opfer sind. Gibt es also *den* Terrorismus? *Die* Terroristen? Wer sind die Opfer? Können auch Terroristen Opfer sein, wie in einem der inzwischen zahlreichen Bin-Laden-Videos behauptet wurde?[1] Wie wird man zu einem Terroristen?

Versuche, die Motive von Terroristen als Phänomene zu verstehen, die sich psychologisch, etwa als bestimmte Charakterdispositionen oder *psychische* Folgen bestimmter lebensgeschichtlicher Ereignisse erklären lassen, haben bisher zu keinen definitiven Erfolgen geführt. Weder die biographischen Analysen noch die theoretischen Konstruktionen nach entwicklungspsychologischen oder familiendynamischen Denkmustern konnten – wenigstens aus der Perspektive der europäisch-amerikanischen Tradition von Psychologie – auch nur Anhaltspunkte dafür nennen, welche Bedingungen im Rahmen einer individuellen Lebensgeschichte in die Karriere eines Terroristen führen. Der Begriff »Karriere« ist hier bewusst gewählt worden, weil er nicht nur die »traurige Berühmtheit« bezeichnet, die manche Terroristen unter Nicht-Terroristen, vor allem bei den Medien, genießen, sondern auch für die Terroristenszene selbst eine wichtige Bedeutung hat (vgl. dazu Reuter 2002, S. 88 ff.).

Terroristen sind in der Darstellung der Medien und der allgemeinen Wahrnehmung häufig zunächst einmal Einzelne, wenngleich sie einen unmittelbaren terroristischen Gruppenhintergrund, aber auch im weiteren Sinne Unterstützung etwa durch Sympathisanten haben. Das macht ein Verständnis der terroristischen Aktionen aus der Perspektive von Psychologie nicht einfach. Es müssen vielfältige Argumentationslinien zusammenkommen, damit man ein einigermaßen übersichtliches Bild psychologischer Motive und ihrer Zusammenhänge zu soziologischen und politischen Motiven erhält. Erst Informationen aus unterschiedlichen historischen und gesellschaftlichen Zusammenhängen können einen Zugang zu der grundsätzlichen Überlegung bieten, warum Menschen gegen Menschen unvorstellbar grausam werden können.

Es reicht wahrscheinlich nicht aus, Terrorismus als gewissermaßen pathologisches Syndrom zu kennzeichnen. Die Hemmschwelle, die den Einzelnen davon abhält, gewalttätig zu werden, liege bei vielen Menschen wesentlich niedriger, als manchen Forschern lieb sei, resümiert Peter Waldmann (1998, S. 156). Und auch der Psychoanalytiker Ernst Federn, der ähnlich wie Bruno Bettelheim seine Erlebnisse im Konzentrationslager durch das psychologische Studium des Lagerterrors verarbeitete, kommt zu dem Schluss, dass Terroristen und Folterer nicht zwangsläufig pathologische Charaktere sein müssen: »Die erschreckende Wahrheit (...) ist die, dass Höß (der Lagerkommandant des Konzentrationslagers Auschwitz, C. B.) kein psychopathisches Ungeheuer und kein schizoider Vernichtungsroboter war, sondern ein realer Mensch, behaftet mit einer Störung der Persönlichkeit, wie sie in jedem zivilisierten Land nicht selten ist (...).« (Federn 2000, S. 86; vgl. auch Bettelheim 1989; Broszat 1981). Diese Wahrheit kann selbstverständlich nicht als Entschuldigung für begangene Untaten herhalten, sie kann aber als Warnung dienen, dass »Normalität« kein Hinderungsgrund ist, zukünftig Grausamkeiten bis hin zu terroristisch-kollektiven Aktionen zu begehen.

Erklärungen psychologischer Art – vor allem wenn sie von Nicht-Psychologen und/oder Pragmatikern in politischen Handlungsfeldern gesucht werden – werden im Alltagsbewusstsein oft monokausal gedacht und als solche erhofft, die zu unmittelbaren Handlungskonsequenzen führen. Wenn dieses oder jenes Merkmal typisch für Terroristen sei, dann müsse man doch dieses oder jenes tun können, um Terrorismus grundsätzlich verhindern oder gar abschaffen zu können. Es ist typisch für viele Präventionsdebatten (ob zu Gewalt, Drogen, Amoklauf oder sonstigen als deviant angesehenen Verhaltensweisen), dass es gerade keine eindeutigen Zusammenhänge zwischen nachweisbaren Lebensereignissen oder -erfahrungen und dem Phänomen gibt, für dessen Präventionsengagement sie herhalten. Je nach psychologischer Schule wird die eine oder andere Hypothese zugrunde gelegt, die sich – logischerweise – deshalb nicht überprüfen lässt, weil ein Präventionskonzept ja gerade das Eintreten des Ereignisses verhindern soll, für das man die Hypothese entwickelt hat.

Psychologische Überlegungen haben in erster Linie die unmittelbaren Beziehungen zwischen Menschen und die in ihnen dabei ablaufenden innerpsychischen Prozesse im Blick. Da es »die Psychologie« nicht gibt, sondern – wie in anderen Wissenschaften auch – viele z.T. miteinander konkurrierende »Schulen«, und da die Beziehungen dieser Psychologien zu den sozialwissenschaftlichen Nachbardisziplinen wie etwa Soziologie oder Politologie auch heutzutage nicht ausgelotet, geschweige denn ausformuliert sind, wird man auf die Erarbeitung einer umfassenden Theorie zu den Phänomenen Terror und Terrorismus noch eine Weile warten müssen. Einige Ergebnisse psychologischer Forschungen und Theoriebildungen können jedoch helfen, interaktionelle Zusammenhänge zu erschließen, die über die unmittelbaren Beziehungen zwischen Menschen hinausgehen.

Die im Zusammenhang mit dem Terroranschlag auf das World-Trade-Center entstandene Verwunderung, dass nicht nur Menschen, die aufgrund ihrer sozialen Lage nichts außer ihrem Leben zu verlieren haben, zu Terroranschlägen fähig sind, bei denen sie gerade dieses mit letzter Konsequenz einsetzen, sondern auch solche, die aufgrund ihres bisherigen Lebensstandards und ihrer technisch-wissenschaftlichen Ausbildung mit den Segnungen eines westlichen Lebensstils durchaus vertraut waren, gibt den Hintergrund dafür ab, den kollektiven Selbstmord von Terroristen in das Zentrum des folgenden Textes zu stellen. Ich werde versuchen, in aller Fragmentiertheit zwei psychologische Komplexe zu beschreiben, die im Zusammenhang mit diesen Aspekten des Terrorismus von Belang sein könnten: frühe lebensgeschichtliche Erfahrungen und adoleszente Gruppenphänomene. Zunächst aber werde ich eine grundsätzliche Voraussetzung für die Grausamkeit kollektiver Gewalt von Menschen gegen Menschen diskutieren, die sowohl bei als legitim angesehenen Gewaltaktionen, etwa von Staaten, als auch als illegitim verstandenen eine conditio sine qua non ist und die terroristische Gewaltakte von Gewalttaten bei Amokläufen unterscheidet: die Gehorsamsbereitschaft.

Gehorsams- und Gewaltbereitschaft

Die Gewaltbereitschaft von Menschen gegen Menschen ist kein Untersuchungsgegenstand im üblichen Sinne: Wer sich über die Zusammenhänge zwischen Tätern, Opfern und sozialen Gemeinschaften klar werden möchte, kann diese wohl kaum als Zuschauer oder Betroffener studieren:

> »Wer über dieses Thema schrieb, musste sich meist auf Berichte von Augenzeugen verlassen oder auf Schilderungen von Gewalttaten, wie sie sich in der Literatur, auf der Bühne und in der Malerei im Überfluss finden. In Wirklichkeit sind solche Szenen so schrecklich, dass niemand sich ihnen freiwillig aussetzen wird, außer er selber unterliege der Perversion der Algolagnie (»Schmerzwollust«, C. B.) oder jener Form des Sadismus, die ihre Befriedigung darin findet, andere leiden zu sehen«. (Federn 2000, S. 80)

In der Geschichte psychologischer Erforschung von Details zu den persönlichen und den sozialpsychologischen Bedingungen der Anwendung brutaler und terroristischer Gewalt hat allerdings in den siebziger Jahren des vorigen Jahrhunderts ein Forschungsansatz Aufsehen erregt, mit dem dieses Dilemma durch eine experimentelle Anordnung gelöst werden sollte: das Milgram-Experiment (vgl. Milgram 1970). Stanley Milgram konnte demonstrieren, dass Menschen »von der Straße« unter den Bedingungen einer bestimmten Autoritätsbeziehung ohne Rücksicht auf moralische und humanitäre Bedenken zu Grausamkeiten fähig sind, die bis zur Entscheidung reichen, einen Menschen systematisch zu quälen und schließlich »seinen Tod billigend in Kauf zu nehmen«. In einem scheinbar harmlosen Lernarrangement sollten die Versuchspersonen eine andere Versuchsperson mit dosierten Elektroschocks »bestrafen«, wenn diese zu einer Lernaufgabe ein falsches Ergebnis nannte. Diese zweite Versuchsperson war eingeweiht und schauspielerte je nach Höhe des (vermeintlichen) Elektroschocks mehr oder weniger starke Schmerzäußerungen – bis hin zur Stille, wenn ein (vermeintlich) letaler Schock verabreicht wurde. Versuchte sich die Versuchsperson zu verweigern, so wurde sie nachdrücklich vom Versuchsleiter aufgefordert, das Lernexperiment zu Ende zu führen. Zahlreiche Versuchspersonen gingen in ihrer Bestrafung für ein falsches Ergebnis tatsächlich bis zur tödlichen Dosis, selbst dann, wenn die zweite (eingeweihte) Versuchsperson unmittelbar neben ihnen saß und sie deren Hand berührten. Diese Ergebnisse betrafen nicht nur Versuchspersonen in Amerika, sie erbrachten in verschiedenen anderen Ländern bei Wiederholungen des Experiments im Wesentlichen die gleichen Ergebnisse.

Milgram wurde – zu Recht – vorgeworfen, er habe die Ethik wissenschaftlicher Forschung dadurch verletzt, dass er seine Versuchpersonen in ein traumatogenes psychisches Dilemma gezwungen habe. Zahlreiche Versuchspersonen seines Experimentes konnten anschließend die Konfrontation mit der Tatsache nicht verkraften, dass sie sich zu solcher Grausamkeit fähig gezeigt hatten. Gerade weil es sich bei dem Milgram-Experiment aber um Versuchspersonen handelte, die auf den ersten Blick über jeden Verdacht einer »schlummernden« Fähigkeit zu grausamstem Handeln erhaben schienen, war der Beweis dafür erbracht worden, dass keine geeignete und trennscharfe Prädiktoren für eine Gewaltdisposition in Persönlichkeitsstrukturen oder für die Bedeutung spezifischer sozialer Umfeldbedingungen eindeutig zu erarbeiten sein würden. Vielmehr muss man davon ausgehen, dass es eine Vielzahl von Lebensumständen und -situationen ist, die einen bis dato normalen, intelligenten und unauffälligen Menschen zum Gewalttäter werden lassen. Die Bereitschaft scheint – so erschreckend das sein mag und offenbar auch anders als bei Amokläufern (vgl. Büttner 2002) – ebenso ubiquitär vorhanden zu sein wie die Angst vor Gewalttaten selbst.

In bisherigen Erfahrungen mit terroristischen Gruppen und in Interviews mit Terroristen wie auch bei anderen Gruppierungen, die zur Gewaltbereitschaft neigen, scheint sich aber zu bestätigen, dass die Gehorsamsbereitschaft in der Tat nicht nur eine wesentliche Voraussetzung der Zughörigkeit zu terroristischen Vereinigungen ist, sondern auch die moralischen und ethischen Barrieren gegen grenzenlose Aggression und Destruktivität bis hin zur Selbstzerstörung obsolet werden lässt. Die Journalistin Eileen MacDonald hat zahlreiche Interviews mit Terroristinnen und Terroristen geführt (vgl. MacDonald 1992), unter anderen eines mit der nordkoreanischen Kim Hyon Hui, die nach »(...) lebenslanger Gehirnwäsche auf Befehl des nordkoreanischen Staates (...)« ein Flugzeug in die Luft sprengte:

»Sie wurde ihr ganzes Leben zu etwas gezwungen, und in ihr war nicht ein Jota Rebellion übrig geblieben, sondern genau das Gegenteil: Sie war eine sehr konservative Frau. Sie interessierte sich nicht für Feminismus, wurde nicht von einem Gefühl für Ungerechtigkeiten angetrieben, noch wollte sie die Gesellschaft, in der sie lebte, umstürzen. Sie gehorchte ganz einfach Befehlen, als sie und ihr Mitagent die Bombe an Bord des Flugzeugs brachte« (ebd., S. 52), die auf dem Weiterflug von Abu Dhabi nach Seoul explodierte und das Flugzeug abstürzen ließ.

Nun kann man vermuten, dass die wenigsten Terroristen einer jahrelangen systematischen Gehirnwäsche wie bei einer geheimdienstlichen Organisation eines totalitären Regimes unterzogen worden sind (wenngleich sie gewissermaßen milderen Formen der Indoktrination ausgesetzt worden sein mögen). Zwei Fragen schließen sich hier an: Kann Gehorsam, der zu einem terroristischen Akt führt, auch durch eine Überzeugung hervorgerufen werden, und was wäre daran so besonders, so außergewöhnlich gegenüber dem Effekt von Destruktion und Todesfolgen wie etwa in kriegerischen Auseinandersetzungen (die ja ebenfalls auf der Grundlage von Überzeugungen geführt werden), dass man es »Terrorismus« nennen müsste? Und zweitens: Kann man etwas »terroristisch« nennen, was nicht von Staats wegen bzw. gerade gegen ihn oder seine Symbole unternommen wird? Hier offenbart sich ein Definitionsproblem, auf das auch MacDonald hingewiesen hat: Das Motiv zu dem grausamen Akt zerstörerischen und selbstzerstörerischen Handelns kann ebenso wie in terroristischen Zirkeln in Demokratien unter dem Gesichtspunkt des Gehorsams geboren worden sein. Auf den nationalsozialistischen Terror, der ja z.T. auch mit der Pflicht zum Gehorsam begründet wurde, habe ich bereits hingewiesen.

Für Menschen, die in Demokratien aufgewachsen sind, scheinen die Zusammenhänge zwischen Gehorsamsbereitschaft und dem, was die Opfer von Grausamkeit erfahren müssen, in ähnlicher Weise zu gelten. Das Massaker von My Lai während des Vietnam-Kriegs ist in dieser Hinsicht gut dokumentiert. Leutnant Calley, der scheinbar grund- und gnadenlos die unbewaffneten Einwohner eines vietnamesischen Dorfes niedergemetzelt hatte und dem seinerzeit der Prozess gemacht worden war, hatte in seinem Handeln »nichts Falsches« gesehen: »Ich war nicht nach My Lai gekommen, um intelligente Menschen zu beseitigen, sondern um eine vage Idee zu vernichten (...) Ich finde es zwar abscheulich, dass die meisten Leute mehr über Kommunismus wissen als ich, aber es ist so. Als ich noch in der Schule war, habe ich mir nie Gedanken darüber gemacht. Ich ging einfach darüber hinweg und betrachtete den Kommunismus so, wie z. B. ein Südstaatler einen Neger sieht: *Es ist böse. Es ist schlecht.* Ich besuchte die Schule in den fünfziger Jahren, und es wurde uns von der Mittelschule an eingehämmert: *›Ham se‹ ist falsch, ›Haben Sie‹ ist richtig; Kommunismus ist schlecht, Demokratie ist gut, eins und eins ist zwei usw* (...) Ich war nur ein einfacher Durchschnittsbursche, das bin ich heute noch. Ich sage mir immer: *Die in Washington sind schlauer als ich* (...)« (vgl. Sack 1972, S. 82). Er wurde für sein Handeln bestraft, weil eine demokratische Gesellschaft es nicht durchgehen lassen kann, dass einzelne ihrer Mitglieder sich auf ihre Naivität oder ihren »guten Glauben« berufen, wenn sie exzessive Gewalt ausüben.

Der Grat zwischen »gut« und »böse« im Erleben der Opfer ist – vergleicht man die Mittel der Zerstörung und ihre Folgen bei terroristischen und bei militärischen Aktionen – sehr schmal. Es ist bezeichnend, dass Eileen MacDonald bei ihren Recherchen in Anti-Terror-Einheiten die Warnung erhält, sich nicht auf der »anderen Seite des Tisches« wiederfinden zu lassen – so, als ob die allzu dichte Beschäftigung mit Terror und Terrorismus »infizierend« wirken könnte. Was aber könnte dies verhindern? Die richtige »Religion« – im Sinne des Wortes »Bindung«?

In der Nachfolge des Milgram-Experiments entstand konsequenterweise die Frage, ob man denn wenigstens Eigenschaften herausfinden könne, die relevant für Gehorsams*verweigerung* seien, die also eine gewisse Immunität gegen

Gewalt und Terror von Menschen gegen Menschen versprechen könnten. Die Ergebnisse der Nachuntersuchungen von Menschen, die an Milgrams Experimenten teilgenommen hatten, lassen vermuten, dass starke Bindungen an eine religiös bzw. moralisch determinierte Gemeinschaft stärker für eine Gehorsambereitschaft sprechen, als deren Fehlen[2], vor allem dann, wenn sie Elemente von Fanatismus beinhalten. Dies ist bei der Frage nach den psychologischen Faktoren von Terrorismus deshalb von Bedeutung, weil einerseits bestimmte Gruppenmerkmale (Bindungsmotive) terroristischer Aktivitäten wesentlich für ein Verständnis des Terrorismus sind. Es zeigt andererseits, dass es wohl eine gewisse Bereitschaft bei Nicht-Terroristen gibt, terroristischen Aktionen »klammheimlich« zuzustimmen[3]. Immerhin enthält ein Terrorakt alle die Elemente, die dem stärksten Aggressionstabu in allen Kulturen unterliegen: Er macht als politische Aktion keinen Sinn, weil mit ihm keine politischen Ziele zu erreichen sind – außer einer Demonstration von individueller Macht durch die Demütigung des Gegners um den Preis der wahrscheinlichen Selbstzerstörung des Terroristen.

Dies wird – in vielen Aspekten durchaus verschieden – in einem Punkt aber bei zahlreichen Terrororganisationen global einheitlich begründet: mit der Versprechung eines wie immer gearteten »Paradieses«. Auf die Bedeutung des Paradieses werde ich später eingehen, zunächst jedoch möchte ich die Bedeutung des unmittelbaren Gruppenhintergrundes diskutieren. Es versteht sich von selbst, dass die Akteure terroristischer Gewalttaten, die ja immer einer Gruppe bedürfen, um Terroraktionen zu planen und effektvoll durchzuführen, offenbar ganz besonders von der Macht der Gruppenleistung fasziniert und in ganz besonderer Weise für den Empfang von Anweisungen der Gruppenleitung anfällig sein müssen. Mit anderen Worten: Was ist es, das die Gruppe oder das »Netz« der Terroristen gegen die Masse der Nicht-Terroristen und die etablierte Macht zusammenhält?

Die Bedeutung der Gruppe auf dem Weg zum Paradies

Die Erkenntnisse, dass Terrorismus ein Gruppenphänomen ist, dass terroristische Gruppen offenbar eine Art Sektencharakter mit einer sehr strengen hierarchischen Befehlsstruktur haben, in ihrer Mitgliedergröße gegenüber den terrorisierten Massen überschaubar sind und dass sie aus einer nationalistischen, ideologischen oder religiösen Opposition heraus ihre internen Bindungen organisieren, lässt vermuten, dass gruppenpsychologische Erkenntnisse hier weiterhelfen könnten. Demnach sind – ganz allgemein – Aktivitäten eines Teils einer Gruppe bzw. einer sozialen Gemeinschaft (Terroristen und Nicht-Terroristen eingeschlossen) nur dann zu verstehen, wenn sie im Zusammenhang mit dem anderen Teil, also ganzheitlich gesehen werden, gerade wenn dieser Teil die Mehrheit darstellt. Jeder Versuch, sich allein auf den einen Teil, etwa auf die Aktivisten, zu beziehen, führt deshalb zu keinem bemerkenswerten Erfolg, weil der andere Teil – gewissermaßen unerkannt – dazu beträgt, dass der Teil, mit dem man sich beschäftigt, weiter und z.T. unerkannt sein »Unwesen« treibt. Aus dem pädagogischen Alltag ist beispielweise bekannt, dass das Entfernen eines Störenfriedes (dessen Aktionen ja ebenfalls als »Terror« empfunden werden können) schnell wieder zu einem neuen »Terroristen« führt, wenn es nicht gelingt, die Lage der Gruppe grundsätzlich zu verändern (wobei die radikalste Lösung – oft aus Hilflosigkeit – in der Auflösung der gesamten Gruppe besteht) (vgl. Büttner 1995). Der nur scheinbar inaktive Teil der Gruppe bringt einen neuen Aktivisten hervor, sei es, dass er ein neues Gruppenmitglied findet, sei es, dass aus den eigenen Reihen der »nächste« dran kommt.

Im Sinne dieses Gruppenphänomens könnte man auch davon sprechen, dass der »böse« Teil der Gruppe im Auftrag des »guten« Teils handelt, wobei »der Auftrag« nicht nur als ein expliziter Vorgang begriffen werden kann, sondern auch als eine stillschweigende bewusste oder unbewusste Übereinstimmung. Die Psycho-Logik dafür liegt auf der Hand: Wenn man die »Untaten« bei den Akteuren sucht, bleiben die »Drahtzieher« unerkannt und »unschuldig«. Damit dies nicht allzu offenkundig wird, »braucht« man bei Terroranschlägen die offenkundigen Jubler – z. B. Fernsehbilder von Sympathisanten der Terroristen[4]. Sie entlasten die soziale Gemeinschaft insofern. als man den Eindruck erwecken kann, nicht weiter suchen zu müssen. Sie demonstrieren, dass das »Böse« außerhalb der Mehrheit lokalisiert ist. Bei der Suche nach »Schuldigen« geht allerdings die Suche nach den Motiven für die gewalttätigen Aktionen, die eine Gruppe dazu bringt, die Lösung ihrer »Not« in solchen Spaltungen zu suchen, verloren.

In diesem Zusammenhang spielt die »Karriere« des Einzelnen in der Gruppe ein wichtige Rolle. Es ist nämlich ganz grundsätzlich für eine Gruppe wichtig, die richtige Frau und den richtigen Mann am richtigen Platz zu wissen. Da sich dies nicht immer automatisch ergibt und die verschiedenen »Plätze« in Gruppen ganz unterschiedliche Valenzen haben (welche wahrscheinlich von dem Stellenwert der die Gruppenmitglieder bindenden Vorstellungen/Ideologien abhängen), ist der Weg des einzelnen in der Gruppe in gewisser Weise ein Lebensentwurf, der dem entspricht, was man in anderen Zusammenhängen Karriere nennt. Gehört zu der Karriere das Merkmal, die Gruppenideologie ganz besonders radikal zu vertreten oder durch besondere Kaltblütigkeit zu »glänzen«, dann braucht es im Gruppengeschehen für den Karrieristen im *Hier-und-Jetzt* um so weniger des realen Aktionismus, je weiter er auf der Karriereleiter aufsteigt. Der Gruppenführer schließlich verkörpert auf der höchsten Stufe so etwas wie eine unantastbare, gewissermaßen entrückte »Heiligkeit«, die gleichwohl mit den Mitteln, wie sie auch bei radikalen Sekten bekannt sind, ihre Macht ständig neu absichern muss. Der Selbstmordattentäter befindet sich nicht nur gegenüber der Gruppe vor der »höchsten« Stufe seiner Karriereleiter, er kann sich darüber hinaus bei der Planung seines Vorhabens auch die perfekte Erfüllung seiner Mission etwa dadurch *phantasieren*, dass er sich in eine transzendentalen Nachbarschaft zum Gruppenziel und der dieses verkörpernden Idealfigur zu begeben beabsichtigt.

Die Bindungen von Sektenmitgliedern, soweit sie während ihrer Adoleszenz zur Sekte gestoßen sind, erweisen sich gegenüber der »Außenwelt« als ähnlich resistent, wie möglicherweise bei terroristischen Gruppierungen. In dieser Altersphase steht nicht nur die Auseinandersetzung mit Ideen und Idealen im Vordergrund, der Bezug zu seinesgleichen kann auch die Kraftquelle bilden, aus der die Energie für die Aktivitäten der Gruppe geschöpft werden. Je »verschwörerischer« diese gegen die Außenwelt der Gruppe gerichtet sind, desto stärker sind die Bindungen zwischen den Gruppenmitgliedern auf den affektiven Anteil bezogen. Sie entziehen sich damit weitgehend einer rationalen Kontrolle und sie sind die Garantie dafür, dass die Gruppenmitglieder gegen die »Verführungen« der Außenwelt gewissermaßen immunisiert bleiben. Es werden zwei Welten gebildet, die durch eine unsichtbare und gefährliche Grenze getrennt sind.

Der Mechanismus der Spaltung in »gut« und »böse« ist eine der Stützen dieser Weltsicht. Jerome M. Post stellt ihn in Anlehnung an die Narzissmustheorie Heinz Kohuts als Resultat einer sehr früh in der Kindheit erworbenen und fixiert gebliebenen »narzisstischen Wunde« heraus: »Menschen mit einem beschädigten Selbstkonzept haben niemals die ›guten‹ und ›bösen‹ Anteile ihres Selbst integrieren können. Diese Aspekte bleiben gespalten in das ›Ich‹ und das ›Nicht-Ich‹« (Post 1998, S. 27; Übersetzung: C. B.). Ich komme später noch einmal darauf zurück.

Die Gruppenbildungen spielen in der Entwicklungsphase der Pubertät/Adoleszenz deshalb eine entscheidende Rolle, weil der Übergang von den Identifikationen aus dem unmittelbaren Lebensumfeld (Eltern, Lehrer) zu einer eigenen Identität u. a. dadurch gekennzeichnet ist, dass die bisherige Bindung an Menschen, etwa Mutter und Vater, in eine Bindung an Ideale, Überzeugungen und Werthaltungen übergeht. Diese normalerweise mit der Hoffnung des Übergangs in eine verantwortungsvolle Haltung gegenüber einer demokratischen Gemeinschaft verbundene Entwicklung kann auch in ihr Gegenteil umschlagen. Dies ist vor allem dann der Fall, wenn konträre und/oder radikale Ideale und Werthaltungen (z. B. antiautoritärer oder außerparlamentarischer Natur) attraktiver erscheinen als die, die eine soziale Gemeinschaft mehrheitlich vorgibt. Es sind zahlreiche Szenarien denkbar, unter welchen Umständen dies zutreffen kann (Vernachlässigung, Ungerechtigkeiten, erlebte Gewalt), und die Varianten jugendlicher Subkultur, in denen dieser Devianzprozess beginnt, weisen eine grenzenlose Vielfalt auf – von politisch begründeten Idealen bis hin zu Satanskulten (vgl. Büttner 2001). Gemeinsam ist solchen Abweichungen in Gruppen, Cliquen und Sekten, dass sich der Selbstwert des einzelnen dem Gruppenideal unterordnet.

Überträgt man solche Zusammenhängen zwischen den Bindungen der einzelnen in Gruppen und den Bedeutungen der einzelnen Gruppenmitgliedern für die Gesamtheit der Dynamik im Gruppengeschehen auf das Verhältnis von Terroristen zu Nicht-Terroristen, dann könnte man vermuten, dass die eine Gruppe in einem mehr oder weniger verdeckten bzw. unbewussten kollektiven Zusammenhang zur anderen steht. Solche Zusammenhänge nachzuweisen bedarf selbstverständlich eingehender systematischer Forschungen. Aber allein schon die in immer wieder neuen Varianten auftauchenden Gerüchte über die Verbindungen zwischen den Terroristen, namentlich Bin Laden, und führenden amerikanischen Persönlichkeiten des Geheimdienstes und der Politik (bis hin zu George W. Bush selbst) wären eine Arbeitshypothese über das »Wie« der Zusammenhänge wert. Und auch die wahlweise Verwendung von Terroristen im Kampf gegen die gemeinsamen »Feinde« auf der einen Seite und die Bekämpfung der Terroristen auf der anderen Seite spricht für den Zusammenhang zwischen denen, die sich für den Terror »hergeben« und denen, die am Terror »unschuldig« bleiben.

Die Verwendung von Begriffen und Metaphern in der menschlichen Kommunikation über terroristische Täter und Ereignisse (etwa die verniedlichende Bezeichnung Bin Ladens als »Superbösewicht« oder die ganzheitliche Interpretation, dass die »Einschläge der Flugmaschinen in das World Trade Center (...) dem Mekka der westlichen Postreligionen« galten (vgl. Schneider 2001, S. 19) ist Beleg dafür, dass solche Zusammenhänge sprachlich und zumeist unbewusst durchaus allgemein bekannt sind und wirken. Medien benutzen sie, um damit möglichst große Wirkungen zu erzielen, ja sie benutzen sie sogar manchmal mit Hilfe fiktionaler (radikaler gesagt: erfundener) Elemente bewusst, wenn in der Realität die Ereignisse dieses nicht hergeben (ich denke hier z. B. an die Bilder der jubelnden Palästinenser, die unmittelbar nach dem Terrorattentat auf das World Trade Center gezeigt wurden, deren Herkunft aber zweifelhaft war). Dies tun sie im Übrigen ebenso bei historischen Prozessen, die nicht weniger gewalttätig sind, aber – zumindest von den westlichen Demokratien – nicht als terroristisch bezeichnet werden: bei Kriegsereignissen (vgl. Büttner 2000).

Die aus der Kleingruppenforschung gewonnenen Erkenntnisse können zusätzliche Brisanz als Massenphänomene bekommen – wenn man sie als Analogien für Massen, Staaten und globale Verhältnisse verwendet[5]. In Massen wirken solche Vorgänge wahrscheinlich deshalb um so mehr, als für den Einzelnen ja kaum überprüfbar ist, ob eine bestimmte Information, die in diesem Sinne z. B. medial eingesetzt wird, überhaupt »wahr« ist. Auf der individuellen Ebene kommen weitere Phänomene hinzu, die verhindern, dass bestimmte hochgradig angstbesetzte Informationen aufgenommen und andere (angstmindernde) dagegen verstärkt wahrgenommen werden: die Verdrängung, die Verleugnung und die Verkehrung ins Gegenteil[6]. Diese als Abwehr bezeichneten Vorgänge sind weitestgehend unbewusst, sie sind rationaler Aufklärung weniger zugänglich als die mediale Beeinflussung der Ängste und Aggressionen, die die Abwehr mobilisieren.

Die Attraktivität der Vorstellungen von »gut« und »böse«

Terroristische Gewaltakte haben einen polarisierenden Effekt bei denjenigen, die nicht ihre unmittelbaren Opfer sind: Auf der einen Seite rufen sie eine Solidarisierung mit den Opfern hervor, wobei der Gewaltakt als »böse« verurteilt wird. Auf der anderen Seite erzeugen sie bei den Gegnern der Opfer Gefühle, die von klammheimlicher Freude bis zu offenem Jubel reichen, wobei der Gewaltakt »gut« geheißen wird. Auf welcher Seite man sich auch immer befindet – kaum jemand ist frei von solchen polarisierten bzw. zwiespältigen psychischen Reflexen auf terroristisches Geschehen. Sie haben als Erfahrungsfolie ihren Ursprung wahrscheinlich in der Entwicklungsphase des Menschen, in der er noch nicht über differenzierende Verarbeitungsformen von Ursachen und Schuld an dem fähig ist, was ihn angreift, kränkt oder schädigt. Die Spaltung der wahrgenommen Welt in »gut« und »böse« gilt als eine Form der Abwehr, die – so die Theorie – es dem ganz kleinen Kind möglich mache, frühe Frustrationen auszuhalten: »Die Spaltung (...) ist eine Abwehrmaßnahme, d.h. das Kind hält an der Illusion einer noch ungeschiedenen Mutter-Kind-Dyade mit einem nur guten Mutterbild und einem nur guten Selbstbild fest, um den tatsächlichen Mangel an erfahrener Zuwendung und einfühlsamer Spiegelung nicht wahrnehmen zu müssen« (Mertens 1988, S. 3 ff.; vgl. auch Kernberg 1988).

Die Polarisierung verweist also auf eine in der psychischen Entwicklung sehr frühe Form der Verarbeitung von Konflikten zwischen inneren Wünschen und äußeren Begrenzungen. Versteht man – wie Aloys Leber – unter Terror »(...) die Anwendung physischer, destruktiver Gewalt, um andere – größere Gruppen, ein ganzes Gemeinwesen – unter Kontrolle und Verfügbarkeit zu bringen, die Opfer zu quälen und zu demütigen (...)« (Leber 1979, S. 37), dann kann bereits in frühester Kindheit die Erfahrung gemacht werden, dass und wie Terror wirkt. Leber stellt in zahlreichen Fallbeispielen der spektakulären Terrorisierung ganzer institutioneller Gemeinschaften durch das entsprechend destruktive Verhalten eines einzelnen Kindes den »heimlichen«, unerkannten Terror gegenüber, mit dem Menschen anderen durch ihr Verhalten, in dem sie z. B. Rücksicht einfordern, ihren Willen aufzwingen. Terror kann in diesem Sinne bereits von Eltern ganz kleiner Kinder erfahren werden, gerade weil letztere sich sprachlich nicht auf der Verstehensebene von Erwachsenen ausdrücken können[7]. Und umgekehrt gehört die Erfahrung bei der Anwendung »terroristischer Mittel« durchaus zur normalen kindlichen Entwicklung.

Die Kehrseite der Welt, die mit terroristischen Mitteln kontrolliert werden soll, ist das »Paradies« der intrauterinen Lebenswelt. Die allgemein menschliche Erfahrung von Kränkung, nach der Geburt nicht mehr uneingeschränkter Mittelpunkt der Welt zu sein, ist wahrscheinlich nur in dem Maße verkraftbar, in dem es eine Einigung zwischen Mutter und Kind gibt, die ihm über diese Kränkung hinweghilft. Da sich in höchst verschiedener Weise weltweit die Realität widriger Lebensverhältnisse dazwischen schiebt, gibt es auch ungemein vielfältige Reaktionen und Entwicklungsverläufe. In ihnen allen könnte das Wissen um und die Hoffnung auf das Paradies enthalten sein, wie es in Religionen, Mythenbildungen und Phantasieprodukten immer wieder beschrieben wird.

In Zukunftsentwürfen von Menschen aller historischer Epochen ist die »Rückkehr ins Paradies« nach dem Tod als die Erfüllung des Lebens angesehen worden. Je aufgeklärter sich eine soziale Gemeinschaft fühlte, desto mehr trat allerdings die Vorstellung in den Vordergrund, man könne mit wissenschaftlicher Anstrengung dem Paradies auf Erden näher kommen oder gar durch biowissenschaftliche und medizinische Künste der Unvorhersagbarkeit und Endgültigkeit des Todes ein Stück weit trotzen. Das Phantasmatische der Paradiesvorstellung ist dabei erhalten geblieben, nicht zuletzt deshalb, weil die früheste Erfahrung von Geborgenheit zwar eine von den meisten Menschen erlebte, dennoch aber eine höchst individuelle geblieben ist.

Gerade weil sie gewissermaßen vorsprachlicher Natur sind, können solche frühen Erfahrungen auch universell wirken. Das (wissenschaftliche) Problem einer Verifizierung der Hypothese, dass solche frühen Motive eine Rolle spielen könnten, besteht darin, von diesen unbewussten Vorgängen in Individuen eine Verbindung zum Geschehen in Gruppen zu ziehen. Noch weitaus schwieriger – wenn nicht gar unmöglich – scheint die Erforschung des Zusammenhanges zwischen Gruppen, Organisationen, Gesellschaften, Nationen und weltweiten Dimensionen psychischer Abhängigkeiten. Abgesehen von den Schwierigkeiten der Erforschung solcher Zusammenhänge, über die nur sehr vage Hypothesen existieren, ist es bisher nicht gelungen, die verschiedenen wissenschaftlichen

Disziplinen wie etwa der Psychologie, der Soziologie, der Ethnologie und der Politikwissenschaften, die zu den verschiedenen Facetten beitragen könnten, zu einer Synthese zu führen. Und schließlich wäre noch zu fragen, wer überhaupt Interesse an der Erforschung solcher Zusammenhänge von Individuum, Gesellschaft und globalen Verhältnissen haben könnte – solange gerade das Nicht-Wissen darum im Sinne propagandistischer Agitation sowohl auf Seiten der Terroristen als auch auf Seiten der Politiker nutzbar ist.

Individuelle Motive?

Wahrscheinlich besteht ein solcher Zusammenhang zwischen unmittelbarer individueller Erlebnisfähigkeit und globalen Verhältnissen am ehesten noch in der persönlichen Interpretation etwa der Nachrichten und ihrer Verarbeitung, der Simplifizierung und der Nutzung unterschiedlich gelernter Wahrnehmungsanalogien. Deutlich wird dies z. B. an Formulierungen, die fremde und eigene Verhältnisse als Charaktereigenschaften einer Gesamtperson, z. B. »die Amerikaner«, beschreiben, von der man sich ein konsistentes Verhalten erwartet. Sie wird nach den dem Individuum vertrauten Beziehungsmustern in ein Verhältnis zu anderen Großgruppen, etwa »den Muslimen« ohne Rücksicht auf Binnendifferenzierungen gesetzt. Meist sind es familiäre Muster, die für die Beschreibung solcher Beziehungsverhältnisse herhalten müssen[8]. Solche Vereinfachungen wirken nicht nur bei den Anhängern der Terroristen, sie sind auch bei den »Feinden« der Terroristen weit verbreitet. Es versteht sich von selbst, dass sie auf beiden Seiten sehr gefährliche Folgen haben können.

Das System der extremistischen Gruppe als Bindeglied zwischen persönlichen Motiven, die mit Paradies, Kampf und Tod verknüpft sind, und den Motiven anderer, zu denen die Abhängigkeitsverhältnisse bestehen, bietet Voraussetzungen für ein »Leben«, das vor allem der Vorbereitung des terroristischen Weges dient. Auf diesem Weg werden Spuren hinterlassen – wie sich im Nachhinein bei den Ermittlungen zu den Terroristen des New Yorker Attentats herausstellte. Auch bei nicht-terroristischen Gruppen existieren Spuren, die ein Nachvollziehen der Psycho-Logik im Verhältnis des Einzelnen zur Gruppe ermöglichen würde. In der nachträglichen Recherche zu Gewalthandlungen werden zunächst allerdings zumeist nur die Spuren und die Motive des/der Täter verfolgt, nicht aber die Zusammenhänge, die zu den »unbeteiligten Zuschauern« oder staatlichen Sicherheitsorganen bestehen könnten. Es scheint absurd, ihnen Verbindungen zu unterstellen, die ihre Rechtschaffenheit anzweifeln lassen könnten. Dennoch zeigt sich – in angemessenem historischen Abstand – so etwas wie eine »Mitschuld«, deren Aufdeckung mitunter gewaltige Energien entgegenstehen (z. B. bei der Debatte um die Entschädigung von Opfern des Nationalsozialismus).

Wie man ganz allgemein nach Katastrophen immer wieder herausfindet, was man vorher hätte beachten müssen und was man hat geschehen lassen, ohne zu intervenieren, so gibt es auch zu den terroristischen Aktivitäten solche Spuren. Nicht dass diese etwas Wesentliches zur Aufklärung von Motiven beitragen könnten, sie zeigen jedoch, dass hinter Terrororganisationen auch hochintelligente Menschen stecken, die ebenso rational Ressourcen verwalten können wie ihre »Feinde« – oft sogar in unerkannter oder heimlicher Zusammenarbeit mit ihnen.

Eines unterscheidet sie allerdings von diesen: die tödliche bzw. selbsttötende Konsequenz der Terrorakte, die in vielen Fällen nicht nur einen Neben-, sondern den Haupteffekt für die Akteure darstellt. Der gewollt suizidale Aspekt ist für westliche Verhältnisse nur schwer zu verstehen. Der Psychoanalytiker Hilgers (2001; vgl. auch Battegay 1996) hat in einem journalistischen Essay auf die Tatsache aufmerksam gemacht, dass

> »(...) bereits jeder einfache Suizid beweist, dass unter gewissen Umständen der eigene Tod wenigstens subjektiv als das kleinere Übel erscheint. Tatsächlich ist der Erhalt des Selbstwerts und die Integrität der Persönlichkeit ein Motiv menschlichen Handelns, das höher wiegen kann als die eigene Existenz. Menschen, die Selbsttötungsversuche unternommen haben, geben bei Befragungen an, sich mehr oder weniger unbewusst doch ein Weiterleben nach dem Tod vorgestellt zu haben. Dies gilt selbst dann, wenn sie nicht gläubig sind: Sie fantasieren sich die Reaktionen ihres trauernden, bestürzten oder beschämten Umfeldes und imaginieren sich selbst dabei in einem Zustand der Ruhe, des Schlafes oder über den Ereignissen schwebend. Ein wirklich totales Ende eigener Existenz kommt in den Schilderungen kaum vor. Die Bestrafung der Überlebenden durch den eigenen Tod wird regelmäßig als gerecht erlebt«. (ebd., S. 25)

Suizidale Lösungsstrategien

Die Tendenz zum Suizid ist in der Pubertät erschreckend häufig zu beobachten. Im Alter zwischen 15 und 25, also noch bevor sie in demokratischen Rechtssystemen voll erwachsen geworden sind (gleichwohl sie ab dem Alter von 18 Jahren als Soldaten ihren Tod der Landesverteidigung weihen dürfen), nehmen sich fast eben so viele Menschen das Leben, wie vergleichsweise in den späteren Lebensphasen danach. Suizide gehören bei Jugendlichen und jungen Erwachsenen – so der Kinder und Jugendpsychiater Hellmuth Braun-Scharm – aufgrund der geringen allgemeinen Mortalität in dieser Altersphase zu den häufigsten Todesursachen:

> »Pubertierende sind in hohem Maße Stimmungsschwankungen unterworfen. Sie haben noch keinen festen Lebensstandpunkt bezogen, sie sind noch nicht in der

> Welt der Erwachsenen integriert, aber doch schon am Ende ihrer Kindheit angelangt. Sie fühlen sich ›zwischen zwei Welten‹, zweifeln häufig an einem Lebenssinn, empfinden die Umwelt als feindselig eingestellt, erleben Problemsituationen in Schule und Elternhaus, erfahren erste Enttäuschungen in Beziehungen zum anderen Geschlecht. Jungen wie Mädchen durchleiden das Stadium des ›Weltschmerzes, schwanken zwischen ›himmelhochjauchzend‹ und ›zu Tode betrübt‹«. (Heuer 1979, S. 29)

Dass der Suizid in den westlichen Industriegesellschaften unter dem Gesichtspunkt und der Logik von (psychischer) Krankheit verstanden wird, macht eine der Schwierigkeiten aus, suizidale Handlungen aus der Perspektive anderer Kulturkreise (etwa Japans Harakiri) angemessen zu verstehen (vgl. Heuer 1979, S. 13 ff.).

Eine der wesentlichen als psychopathologische Ursachen für Selbstmord charakterisiertes Motiv ist die Depression. Dann, wenn nichts mehr zu helfen scheint, dann ist der Selbstmord weniger ein dem Leben-ein-Ende-setzen als viel mehr die Lebenssituation mit allen ihren Facetten zu beenden: »Im Selbstmord wird im Grunde nicht das Autodestruktive angestrebt, nicht das-nicht-mehr-Sein, das Ende der leib-seelischen Existenz, sondern es soll das unerträgliche Leid ein Ende finden« (vgl. Battegay 1996, S. 33).

Manche der suizidalen Motive sind auf das Durchgangsstadium zwischen »Tod und Wiedergeburt« (vgl. Janus 1990, S. 111) in dieser Altersphase bezogen und darin denen der auf die Aufnahme ins Paradies hoffenden Terroristen durchaus ähnlich, wie auch die Entwicklungsphase Pubertät/Adoleszenz verschiedene Aspekte enthält, die denen terroristischer Bandenbildung vergleichbar sind. Zum einen geht es in der Pubertät ganz grundsätzlich um die eigene Existenz, die mit oder gegen die vorhandenen und als Leitbilder erlebten erwachsener Existenzen anderer entwickelt wird. Der eigene Tod hat nicht nur die individuelle, sondern auch die soziale Komponente insofern, als bei der radikalsten »Lösung« individueller Lebensprobleme die Gemeinschaft von Gleichaltrigen eine unterstützende und verführerische Funktion haben kann (gemeinschaftliche Selbstmorde Jugendlicher).

Im Zusammenhang mit der jugendlichen Radikalität gegenüber dem eigenen Lebenswillen kann eine individuelle Haltung entstehen, wie sie Hilger als »Erlösung« charakterisiert. Im eigenen Tod ist das Gruppenideal *und* damit das »Paradies«, die individuelle Gratifikation, erreicht. Es bedarf des Gruppenkontextes, und es bedarf kommunikativer Strukturen, die die Bindungen der Gruppenmitglieder untereinander gegen die Außenwelt immunisieren. Die Herauslösung aus solchen Strukturen ist äußerst schwierig, da es zunächst weder in der individuellen Identität noch in den Außenbeziehungen einen »Anknüpfungspunkt« gibt, der eine andere Bindung aufbauen helfen könnte[9].

Die Kehrseite der depressiven Lebensbewältigung kann in Protestformen bestehen, die durchaus gewalttätigen Charakter annehmen können. Sie sind bei Jugendlichen und Adoleszenten nicht nur häufig, sie haben auch in verschiedenen historischen Epochen den Charakter einer Opposition zu bestehender Herrschaft angenommen[10]. Jugendkulturelle Kreise und adoleszente Bewegungen gelten deshalb nicht zufällig auch als potentielles alterstypisches Entwicklungsumfeld für Terrorismus.

Gemessen an den in der westlichen Welt weit verbreiteten Vorstellungen, den Tod mit der Hoffnung auf das Leben und den Krieg mit der Hoffnung auf den Frieden zu überwinden, muss man davon ausgehen, dass für terroristische Gruppen, ja für radikale Gruppen überhaupt die Vorstellung attraktiv ist, das irdische Jammertal mit der Hoffnung auf das Paradies überwinden zu können. In vielen terroristischen Zielen politischer oder religiöser Natur überwiegen phantasmatische Aspekte über die Welt »danach«. Diese können einem eher naiven Glauben an jenseitige Erlösung, aber auch realitätsverkennenden politischen Phantasien entspringen. Für den terroristischen Kampf bedarf es daher nicht nur einer entsprechenden Ausbildung, es bedarf auch der Einbindung in vorhandene Strukturen, in denen sich andere gewissermaßen der terroristischen Drohungen bedienen, um ihrer eigenen Sache Vorteile zu verschaffen und dabei den Anschein von Unschuld zu erwecken. Zahlreiche Abstufungen eines Gewinnes von terroristischen Aktionen sind denkbar und werden nach terroristischen Anschläge in einem gewissen zeitlichen Abstand auch immer wieder in den Medien – in den westlichen Demokratien interessanter Weise z.T. sehr unterschiedlich – diskutiert.

Was könnte daraus folgen?

Terrorismus ist in erster Linie ein politisches Problem. Die Herausforderungen terroristischer Aktionen treffen vor allem Regierungen oder größere Organisationen, auch wenn sie ganze Bevölkerungen in Angst und Schrecken versetzen. Die Psychologie kann im Hinblick auf ein bestimmtes motivationales Täterprofil und den Erfolg eines Einsatzes politischer Mittel bzw. staatlicher Kräfte (Polizei, Bundesgrenzschutz, Anti-Terror-Einheiten oder gar Militär) nicht besonders viel zum Aufspüren und Dingfestmachen von Terroristen beitragen. Schlussfolgerungen zu psychologischen Zusammenhängen im Hinblick auf die Prävention können sich auf der Ebene des Individuums, vielleicht noch auf der Ebene von Gruppenzusammenhängen oder institutionellen Beziehungen bewegen, und psychologische Aussagen zu den hier diskutierten Motiven des Terrorismus können sich allenfalls in der Beschreibung von psycho-logischen Zusammenhängen und den daraus zu folgernden Interventionen in unmittelbaren Beziehungen als nützlich erweisen. Solche Interventionen sind traditionellerweise psychotherapeutische Maßnahmen oder betreffen – im Zusammenhang mit erziehungswissenschaftlichen Überlegungen – pädagogische Konzepte.

So haben beispielsweise die psychologischen Reflexionen einem Ernst Federn geholfen, über die schlimmsten Demütigungen als Opfer des nationalsozialistischen Terrors hinweg die Selbstachtung zu bewahren. Und sie haben wichtige Erkenntnisse für die Behandlung von extrem traumatisierten Kindern und Jugendlichen gebracht (vgl. z. B. Becker & Nedelmann 1987). Aber auch für die Frage, wie denn die nachwachsenden Generationen in Demokratien gegen Terrorismus immunisiert werden könnten, müssten die Überlegungen zu Gehorsamsbereitschaft, frühen Demütigungen und Phantasien von guter und böser Welt aufgegriffen werden.

Die Empfehlungen von Aloys Leber gehen dahin, den Trennungsstrich zwischen dem Terroristen und den Nicht-Terroristen absolut zu ziehen. Anderenfalls könnten die wachgerufenen Emotionen, die denen des Terroristen entsprächen, außerordentlich gefährlich werden: »Der Terrorist ist nicht allein dadurch gefährlich, daß er uns mit äußerer Gewalt bedroht, sondern weil er bei uns terroristische Tendenzen, die wir nicht wahrhaben dürfen, anspricht« (Leber 1979, S. 48). Das Dilemma bei dieser Empfehlung ist, dass man kaum etwas zur vollständigen Aufklärung beitragen kann, wenn durch Trennungsstriche Tabuzonen markiert werden. Auch dafür gibt es genügend aktuelle Erfahrungen, was die Unerreichbarkeit von Menschen und Motiven betrifft, etwa wenn sie sich ins »Ausland«, also über eine Trennungslinie, abgesetzt haben. Solange Beteiligte an »dunklen Machenschaften« innerhalb ihrer jeweiligen Bezugsgruppen eine wichtige Rolle spielen (und sie noch am Leben sind) werden sich in sozialen Gemeinschaften wahrscheinlich die Wünsche für und gegen Aufklärung die Waage halten.

Die Hoffnung, man könne durch verstärkte Transparenz der personalen und ökonomischen Beziehungen des terroristischen Lagers und eine verbesserte Kontrolle dem »Netz« von Terroristen auf die Spur kommen, wird wahrscheinlich deshalb nicht halten, weil solche Netze eben nicht unabhängig von der *Gesamtheit* sozialer Gemeinschaften existieren können. D.h. es wird immer Profiteure von Gewalt und Grausamkeit geben – sei es die terroristische oder sei es die staatlich legitimierte.

Nicht zuletzt wirken manche Argumente für »Gegenschläge« so wenig überzeugend, weil diese nachweislich Unschuldige treffen würden (und im Fall der amerikanischen Vergeltungsaktion, genannt Krieg in Afghanistan nur durch enorme diplomatische Anstrengungen durchführbar waren und auch in Zukunft immer wieder Legitimationsprobleme hervorrufen werden), wohingegen die Kontrolle der ökonomischen Verstrickungen (Finanztransaktionen und Waffenhandel) das Risiko der Entlarvung von vermeintlicher »Unschuld« von Nicht-Terroristen beinhalten könnte. So wurde in den Nachrichten gar kolportiert, es gäbe ökonomische Verbindungen zwischen »der Bush-Familie« und Bin Laden.

In eine eher traditionelle Richtung weisen die Überlegungen von Micha Hilgers. Wenn die Bedeutung von breiten Sympathisantengruppen für den Terroristentyp, der für das World-Trade-Center-Attentat verantwortlich war, sich als gering herausstellen sollte, sei dies ein bedrohlicher Befund. Sollte aber die dauernde Indoktrination eine wesentliche Grundlage für das Aufrechterhalten terroristischer Motive darstellen, dann könnte ein »(...) entschlossenes Vorgehen der Behörden gegen fundamentalistische Kreise potenzieller Täter (...)« dazu geeignet sein, die motivierende Unterstützung zu entziehen (vgl. Hilgers 2001, S. 25).

Jerome M. Post warnt dagegen vor allzu starker Gewalt gegen Terrorismus. Je stärker die Energie ist, Terrorismus zu bekämpfen und je kleiner die terroristische Gruppe, desto kontraproduktiver ist seiner Meinung die Gegengewalt. Diese kann u.U. dazu führen, die Bedeutung der terroristischen Gruppe und der einzelnen Gruppenmitglieder grandios zu überhöhen und damit als Bestätigung der eigenen Bedeutung zu dienen. Terrorismus sei ein langfristiges Problem. Wenn man die medial orientierte Strategie der Terroristen ins Kalkül ziehe, die darauf aus sei, ihre Macht, ihre Bedeutung und möglicherweise ihren Erfolg zu dokumentieren, dann könnten pädagogisch aufklärerische Strategien zum Erfolg führen. Sie müssten die Romantisierung des Terrorismus aufheben und die Terroristen als das zeigen, was sie wirklich sind. Und damit Terroristen »konvertieren« können, müssen sie, so Jerome M. Post, Hilfestellungen bekommen, die mehr sind als das Abnehmen von Bekenntnissen (vgl. Post 1998, S. 40).

Wie auch immer man die Ambivalenz menschlicher Unvollkommenheit und die »heimliche Lust am Bösen« bewertet, der verständliche Wunsch, sich vor zukünftigen Terroranschlägen zu schützen, ist aus psychologischer Sicht auch der Schutz des Menschen vor seinesgleichen. Insofern kann man all das für gerechtfertigt halten, was präventiv *wirkt*, einerlei wie es sich psychologisch begründet. Das kann bei dem fehlenden Respekt von Eltern gegenüber ihren Kindern anfangen, über die Erfahrungen von Demütigung in den Bildungseinrichtungen weitergehen und bei dem Versuch enden, in einer Gruppierung zu »landen«, deren Bindungsideal die Antihaltung zur sozialen Gemeinschaft darstellt. Aus der Perspektive westlicher Industrienationen lässt sich allerdings nur schwer ein Verständnis für Verhältnisse gewinnen, die den Nährboden für die Selbstmordattentäter darstellen. Die einfache Übertragung der westlichen Psychologie auf orientalische Sozialisation wird kaum zu brauchbaren Analysen führen.

Weil paradiesische »Endzeitphantasien« aber nicht nur bei Terroristen aus dem Umfeld des Islam, sondern auch global bei Nicht-Terroristen weit verbreitet sind, wäre vor Botschaften zu warnen, die suggerieren, Gewalt, Krieg und Terrorismus ein für alle Mal aus der Welt schaffen zu wollen (und zu können; Bush: »Es wird ein langer Kampf«). Eine »paradiesische« Botschaft enthält den gleichen Charakter von Radikalität, wie die aus ihr abgeleiteten Vorstellungen über den Weg dorthin. Sie dient aller Erfahrung nach zur Stärkung dessen, was zu bekämpfen vorgegeben wird, der Kampf gegen den Feind konstituiert ihn zugleich (»Viel Feind, viel Ehr‹«). Die Aufforderung, die als »Böse« Etikettierten zu vernichten, fordert meist deren Gegenposition geradezu heraus, denn das »Paradies« ist letzten Endes nicht etwas objektiv zu Bestimmendes oder gar zu Erreichendes, sondern das, was sich in den Köpfen der Menschen als Reflex auf ihre irdische Existenz als Phantasie herstellt.

Polarisierungen entsprechen nicht nur auf der Ebene der bewussten Kommunikation, sondern auch auf der Ebene vorsprachlich-psychischer Disposition den Befürchtungen von Menschen, die nicht allein, sondern in und mit (der oft geheimen Welt) ihrer Bezugsgruppe die Angst in Aggression umwandeln. Gerade weil es sich um unmittelbare (lokale/regionale) Bezugsgruppen handelt, sind die darin entwickelten Normen und Wertvorstellungen nur bedingt »globalisierungsfähig«. Die Geschichte der internationalen Organisationen zeigt die Schwierigkeiten des Kompromisses zwischen solchen Normen und Wertvorstellungen und zugleich dessen Brüchigkeit. Auch wenn man mit solchen Institutionen wie dem Haager Tribunal oder dem internationalen Gerichtshof schon einen wesentlichen Schritt weiter gekommen zu sein glaubt, wäre es naiv, wollte man glauben machen, dass durch die Herstellung z. B. einer globalen Gerechtigkeit die Ängste vor Terrorismus bei den einen und die terroristischen Vorstellungen bei den anderen ad acta gelegt werden könnten.

Neben den kommunikativen Elementen, die vor allem in den medialen Botschaften zu beachten wären, wird wahrscheinlich alles helfen, was das irdische »Jammertal« einer lebenswerten Realität näher bringt (was nicht mit dem »Paradies« verwechselt werden darf) – aber eben für alle Menschen. Solange die Differenz zwischen Reichtum und Armut Phantasien von Ungerechtigkeit und Hoffnungslosigkeit begünstigt, und so lange Menschen ihresgleichen in Verhältnissen zur Welt bringen müssen, die sie zwingen, diese als »böse« zu erleben, werden die Neuankömmlinge nach (psychischen) Möglichkeiten suchen, ihre Identität und ihren Selbstwert mit den Mitteln zu stabilisieren, die ihnen in ihrer Entwicklung angeboten werden – selbst mit den Mitteln von Gewalt und Terror.

In diesem Zusammenhang spielen vor allem die Lebens- und Wachstumsbedingungen für die nachwachsenden Generationen eine entscheidende Rolle. Wenn es nicht gelingt, trotz aller nationaler, kultureller oder geographischer Unterschiede im globalen Kampf gegen den Terrorismus die Zukunftshoffnungen der Kinder und Jugendlichen im Diesseits zu stärken, wird die Verschiebung dieser Hoffnung auf das Jenseits ihre Attraktivität nicht verlieren. Neben dem Versuch, die Netzwerke terroristischer Vereinigungen zu zerstören, müssten Bedingungen geschaffen werden, Nachwachsenden das Leben in nicht-terroristischen Lebenszusammenhängen so attraktiv zu machen, dass selbstzerstörerische Aktionen keine Alternative mehr darstellen. Bezogen auf die westlichen Sozialisationsbedingungen gehört dazu auch, die bereits in Ansätzen existierenden Ideen zur Stärkung individueller Autonomie bei sozialer Verantwortung in aller Wachstumsabschnitten der Kinder und Jugendlichen zu stärken und außerhalb der westlichen Demokratien mit dem Respekt vor Andersartigkeit nichtdemokratischer Lebenswelten eine Kooperation nicht von der Konvertierung zu demokratischen Verhältnissen allein abhängig zu machen.

Bisher gibt es nur wenig Erfolg in den Versuchen, wenigstens in den westlichen Industriegesellschaften terroristische Gewalt, aber auch andere Gewaltformen in den Griff zu bekommen, die einer sozialen Gemeinschaft nachhaltig schaden. Niemand kann heute sagen, warum es bisher nicht gelungen ist, die durchaus bekannten Zusammenhänge zwischen Armut und Unterdrückung, Depression und Gewalt als friedenserhaltende und befördernde Bedingungen in den Blick zu nehmen. Liegt es daran, dass den Erwachsenen gegenüber den Kindern und den Mächtigen gegenüber den weniger Mächtigen letztlich »das Hemd näher als der Rock« ist? Liegt es an der außerordentlichen Schwierigkeit, die Bedeutung früher Erfahrungen für das spätere Leben plausibel zu machen und diesen Bedeutungen auch gesellschaftlich gerecht zu werden und nicht nur zu hoffen, die Eltern würden es schon richten?

Für das Dilemma zwischen dem Anspruch der Gesellschaft, dass sich die jüngere Generation in die soziale Vorgaben der Älteren (die nicht mit Gehorsam verwechselt werden darf) integriert, und dem Anspruch der Jüngeren, ihr Leben in Selbstbestimmung und Selbstachtung zu leben, gibt es auch im 21. Jahrhundert noch keine befriedigende Lösung. Was auf Seiten der Älteren an Respekt durch die Nachwachsenden erwartet wird, sind sie selbst noch nicht bereit, den Jüngeren zuzugestehen. Der Beitrag westlicher Industriegesellschaften – Erziehung zur Demokratie – muss mit der Bereitstellung aller notwendigen Mittel verbunden sein, um junge Menschen in Ruhe und ohne Druck mit einer positiven Einstellung zur jeweiligen Organisiertheit sozialer Gemeinschaften aufwachsen lassen zu können.

Nicht-Demokratien oder Gesellschaften mit radikaleren Gehorsamsgeboten begünstigen nicht zwangsläufig Terrorismus. Aber auch solche Gesellschaften werden über kurz oder lang darauf angewiesen sein, ihren Umgang mit Kindern und Jugendlichen neu zu überdenken – es sei denn, diese würden ausschließlich als nachwachsende potentielle »Kämpfer im heiligen Krieg« begriffen. Die kulturelle Globalisierung via Medien und Kommunikationstechnologien wird das ihre dazu tun, sich ohne Rücksicht auf geographische, ethnische oder nationale Besonderheiten in die weltweit vorhandenen Werte- und Verhaltenssysteme einzuschleichen und die Botschaft von der Überlegenheit demokratischer Erziehung zu verkünden – wenn in den Demokratien die Bedeutung der Medien nicht grundsätzlich neu überdacht wird.

Hinter die in Folge des WTC-Attentats weltweit wahrgenommene Abhängigkeit der Menschen voneinander kann man nicht mehr zurückgehen. Neben der Balance dieser Abhängigkeit zwischen den Staaten dieser Erde muss in Zukunft auch eine Rolle spielen, wie und welche Hoffnungen die Regierungen den nachwachsenden Generationen vermitteln. Je weniger sie ihnen wert sind und je mehr sie zugleich ihre Zukunftshoffnungen in sie legen, desto mehr werden junge Menschen sich in der Zwickmühle zwischen dem gesellschaftlichen Anspruch und der eigenen Lebenswirklichkeit befinden. Die zunehmende Ökonomisierung von Beziehungen ist kaum geeignet, jungen Menschen, die noch nichts geleistet haben, mit der notwendigen Wertschätzung zu begegnen. Das Attentat auf das WTC könnte in diesem Sinne in der Tat auch darin seinen symbolischen Gehalt haben.

Anmerkungen

1 »Die islamische Nation soll wissen, dass die US-Version von Terrorismus eine Täuschung ist. Erscheint es den Vereinigten Staaten und ihren Verbündeten logisch, jahrelang Unterdrückung, Verfolgung, Plünderung und Blutvergießen zu verursachen, ohne dies Terrorismus zu nennen – aber wenn das Opfer versucht, Gerechtigkeit zu erlangen, wird es als Terrorist beschrieben?« (Quelle: TAZ vom 11.10.2001, S. 3). Die indische Schriftstellerin Arundhati Roy argumentiert unter Bezug auf den amerikanischen Feldzug – bezeichnender Weise mit dem Titel »Grenzenlose Gerechtigkeit« – gegen den Terrorismus ähnlich: Wenn man verlange, Usama Bin Laden auszuliefern, weil er für den Terrorakt vom 11. September 2001 verantwortlich sei, dann müsse man auch um die Auslieferung des Verantwortlichen für die Chemie-Katastrophe in Bhopal bitten, bei der seinerzeit 16.000 Menschen ums Leben kamen. Die Beweise lägen vor (FAZ vom 28.9.2001, S. 51).

[2] vgl. Hampden-Turner 1970, S. 97 ff.; vgl. auch die Auffassung von Erich Fromm: »Um ungehorsam zu sein, muß man den Mut haben, allein zu sein, zu irren und zu sündigen. Die Fähigkeit zum Mut hängt aber vom Entwicklungsstand des Betreffenden ab. Nur wenn ein Mensch sich vom Schoß der Mutter und den Geboten des Vaters befreit hat, nur wenn er sich als Individuum ganz entwickelt und dabei die Fähigkeit erworben hat, selbständig zu denken und zu fühlen, nur dann kann er den Mut aufbringen, zu einer Macht nein zu sagen und ungehorsam zu sein«. (Fromm 1985, S. 14)

[3] vgl. den sehr persönlichen Kommentar von Ute Scheub zur Debatte um die »klammheimliche Freude« »Mescaleros« in der TAZ vom 8.2.2001, S. 11; Aloys Leber zitiert eine Analysandin aus seiner psychotherapeutischen Praxis, die »(...) von den Aktionen der Terroristen sehr betroffen (sei, C. B.), weil sie sehe, daß die offen täten, was sie nur phantasieren könne und mit ihrem ständigen Nörgeln, ihren Wutausbrüchen, ihren Heulszenen im familiären Kreis zu erreichen trachte« (Leber 1979, S. 39).

[4] So wird z. B. die Verhinderung von kriminologischer Aufklärung im Falle des Terroranschlages von 1986 auf die Diskothek »La Belle« durch demokratische Politiker in einem neueren journalistischen Kommentar als ein Konflikt zwischen Justiz und Politik bezeichnet und als eine heimliche Zusammenarbeit – wenn auch aus diplomatischen Gründen – mit dem Umfeld des Terrorismus gewertet (Leyendecker 2002, S. 2).

[5] Die Erforschung von Massenphänomenen ist noch viel weniger entwickelt als die Gruppenforschung. Allerdings ist ihr Gegenstand methodisch kaum fassbar, so dass ich hier auf die Grundüberlegungen von Sigmund Freud rekurriere. Er ist einer der ganz wenigen, die sich überhaupt an das Phänomen »Masse« psychologisch »herangewagt« hat; vgl. Freud, Sigmund: Massenpsychologie und Ichanalyse, GW XIII (1921). Auch die Arbeiten von Manès Sperber (»Individuum und Gemeinschaft«) , Ortega Y Gasset (»Aufstand der Massen«) und Elias Canetti (»Masse und Macht«) haben keine weiteren psychologischen Forschungen oder Überlegungen nach sich gezogen.

[6] So behauptete ein bekannter Terrorismusforscher in einem privaten Fernsehprogramm zwei Tage nach dem Anschlag auf das World-Trade-Center am 11. 9. 2001 allen Ernstes, ein Terroranschlag sei zu unwahrscheinlich, es habe wahrscheinlich ein Fehler in der Flugsicherung vorgelegen.

[7] Vor einiger Zeit hat ein Buch mit dem Titel »Der kleine Tyrann« wahrscheinlich deshalb eine außerordentlich hohe Resonanz gefunden, weil sich viele terrorisiert fühlende Eltern darin wiederfinden konnten; vgl. Prekop, Irina: Der kleine Tyrann. München (Kösel) 1988.

[8] Anlässlich einer hochgradig angstbesetzten Diskussion um die Neutronenbombe haben Ute Volmerg und ich versucht, diese familiären Wahrnehmungsmuster anhand einer öffentlichen Fernsehveranstaltung heraus zu arbeiten; vgl. Büttner & Volmerg 1982, S. 418–440.

[9] Die Bemühungen, rechtsradikale Jugendliche in die »normale« Gesellschaft zurückzuführen, hat genau mit diesem Problem zu kämpfen. Es muss schon

»mehr« sein, was dem ehemaligen Mitglied eines radikalen Zirkels geboten wird, als eine einigermaßen geschützte Lebensumgebung, um eine neue Identität zu entwickeln; vgl. Literatur.

[10] vgl. z. B. die Auseinandersetzungen um den Jugendprotest im demokratischen Staat aus dem Jahr 1971

Literatur

Battegay, R. (1996): Autodestruktion und Lebenstriebe. In: Wenglein, E., Hellwig, A., und Schoof, M (Hg.) (1996): Selbstvernichtung. Psychodynamik und Psychotherapie bei autodestruktivem Verhalten. Göttingen (Vandenhoek & Ruprecht), S. 26–48.

Becker, H., und Nedelmann, C. (Hg.) (1987): Psychoanalytische Sozialarbeit mit psychotischen Kindern und Jugendlichen. psychosozial 32/1987.

Bettelheim, B. (1989): Erziehung zum Überleben. Zur Psychologie der Extremsituation, München (dtv).

Braun-Scharm, H.: Suizidalität bei Kindern und Jugendlichen. Fundstelle: www.jugend-psychiatrie.de/monat7-2000.htm

Broszat, M. (Hg.) (1981): Kommandant in Auschwitz. Autobiographische Aufzeichnungen des Rudolf Höß. München (dtv).

Büttner, C. (1995): Gruppenarbeit. Eine psychoanalytisch-pädagogische Einführung. Mainz (Grünewald).

Büttner, C. (2000): »Krieg« im Fernsehen. Kriegsnachrichten zwischen Werbung und Spielfilm, in: Ingrid Paus–Haase, Dorothee Schnatmeyer, Claudia Wegener (Hg.): Information, Emotion, Sensation. Wenn im Fernsehen die Grenzen zerfließen. Schriften zur Medienpädagogik 30. Bielefeld (Gesellschaft für Medienpädagogik und Kommunikationskultur in der Bundesrepublik Deutschland (GMK) e.V.), S. 114–129.

Büttner, C. (2001): Jugendgewalt und symbolische Selbstinszenierung. Überlegungen zu Befürchtungen von Erwachsenen und den Grenzen von Prävention. In: Schreijäck, T. (2001): Christwerden im Kulturwandel. Analysen, Themen und Optionen für Religionspädagogik und Praktische Theologie. Freiburg (Herder), S. 311–329.

Büttner, C. (2002): Vorbilder der Gewalt. In: Neue Frankfurt Presse vom 10.5.2002.

Büttner, C., und Volmerg, U. (1982): Apocalypse now? Friedenspolitische Argumente in der Bewährungsprobe. Eine sozialpsychologische Analyse. In: Steinweg, R. (Red.) (1982): Die neue Friedensbewegung. Analysen aus der Friedensforschung. Friedensanalysen 16, Frankfurt/M. (suhrkamp).

Federn, E. (2000): Einige klinische Bemerkungen zur Psychopathologie des Völkermordes. In: Kaufhold, R. (Hg.): Ernst Federn – Versuche zur Psychologie des Terrors. Gießen (psychosozial).

Fromm, E. (1985): Über den Ungehorsam. München (dtv).

Hampden-Turner, C. (1970): Radical Man. The Process of Psycho-Social Development. Cambridge (Schenkman).

Heuer, G. (1979): Selbstmord bei Kindern und Jugendlichen. Stuttgart (Klett).

Hilgers, M. (2001): Der eigene Tod als Erlösung. In: Frankfurter Rundschau vom 18.9.2001, S. 25.

Janus, L. (1990): Die Psychoanalyse der vorgeburtlichen Lebenszeit und der Geburt. Pfaffenweiler (Centaurus).

Kernberg, O. F. (1988): Innere Welt und äußere Realität. Anwendung der Objektbeziehungstheorie. München (Internationale Psychoanalyse), S. 3 ff.

Leber, A. (1979): Terror, Teufel und primäre Erfahrung. Psychoanalytische Überlegungen zu einer Form der Sozialisation. In: Kindheit 1/1979.

Leyendecker, H. (2001): Der Ermittler als Störenfried. In: SZ vom 4.10.2001.

MacDonald, E. (1992): »Erschießt zuerst die Frauen«. Stuttgart (Klett-Cotta).

Mertens, W. (1997): Entwicklung der Psychosexualität und der Geschlechtsidentität. Stuttgart (Kohlhammer).

Milgram, S. (1970): Das Milgram-Experiment. Reinbek (Rowohlt).

Post, J. M. (1998): Terrorist Psycho-logic. In: Reich, Walter (Hg.) (1998): Origins of terrorism. Psychologies, Ideologies, Technologies, States of Mind. Washington (Woodrow Wilson Center Press).

Reuter, C. (2002): Mein Leben ist eine Waffe. Selbstmordattentäter – Psychogramm eines Phänomens. Gütersloh (Bertelsmann).

Sack, J. (1972): »Ich war gern in Vietnam«. Leutnant Calley berichtet. Frankfurt (Fischer).

Schneider, M. (2001): Wir sind die Feinde unserer Feinde. Zukunftsverheißung und Menschenopfer: Die religiöse Dimension des Terroranschlag. Frankfurter Rundschau 20.9.2001, S 19.

Waldmann, P. (1998): Terrorismus. Provokation der Macht. Gerling Akademie Verlag.

Macht, Narzissmus, Destruktivität. Individuelle und kollektive Aspekte in der Politik

Hans-Jürgen Wirth

Ist der Terroranschlag vom 11. September Ausdruck des Todestriebes?

Der monströse Anschlag vom 11. September 2001 auf das World-Trade-Center in New York und das Pentagon in Washington hat – so könnte man mit Freud (1930) formulieren – der ganzen Welt wieder einmal vor Augen geführt, wie schwer es »der Menschenart« fällt, dem »menschlichen Aggressions- und Selbstvernichtungstrieb Herr zu werden« (ebd., S. 506). Freuds Hypothese vom Aggressions-, Selbstvernichtungs- und/oder Todestrieb darf allerdings nicht verkürzt als monokausale Interpretation destruktiven Handelns verstanden werden, so als wäre der Terrorakt auf das World-Trade-Center mit dem Hinweis auf die aggressiv-destruktive Triebnatur des Menschen schon »auf den Begriff gebracht«, erklärt oder verstanden (vgl. Ohlmeier 2002).

Vielmehr besteht die theoretische Leistung von Freuds Todestrieb-Hypothese allein darin, darauf zu insistieren, dass die Möglichkeit zur Destruktivität in jedem von uns vorhanden ist. Der Terrorakt vom 11. September 2001 ist keineswegs von »unvorstellbarer« Grausamkeit, wie es in den Kommentaren oft hieß. Vielmehr haben sich zahlreiche kreative Köpfe aus Hollywoods Filmindustrie ein solches Szenario bereits vor Jahren in allen Einzelheiten ausgemalt, und ein Millionen-Publikum hat sich davon unterhalten, faszinieren und erschaudern lassen (vgl. Dauber 2002). Das destruktive Potenzial des Menschen ist ubiquitär: Grundsätzlich ist der Mensch zu jeder Grausamkeit fähig, die sich die menschliche Phantasie ausmalen kann. Wie weit der Einzelne von solchen destruktiven Impulsen bedrängt wird und ob destruktive Phantasien in die Tat umgesetzt werden oder im Reich der Phantasie bleiben, hängt allerdings von vielen weiteren, komplex miteinander verwobenen Bedingungen ab, die unter anderem mit den Begriffen maligner Narzissmus, Größenphantasien, Ohnmachtsgefühle, individuelle und kollektive Traumatisierungen, Fanatismus, Fundamentalismus und paranoide Weltbilder angesprochen sind.

Ereignisse wie der Terroranschlag vom 11. September 2001 sind auch nicht »bestialisch« im ursprünglichen Sinn des Wortes »Bestie« (= wildes Tier, Unmensch), sondern kennzeichnen im Gegenteil die Spezies Mensch. Tiere verfügen über eine instinktgesteuerte Tötungshemmung gegenüber Artgenossen – von wenigen Ausnahmen, die der Arterhaltung dienen, abgesehen. Tiere sind deshalb gar nicht in der Lage, unter ihren Artgenossen ein Massaker anzurichten. Dies bleibt dem Menschen vorbehalten. Die Möglichkeit zum monströsen Verbrechen stellt einen fundamentalen Bestandteil der Conditio humana dar. Die relative Freiheit von instinktgesteuertem Verhalten bringt auf der einen Seite die Möglichkeit zur Freiheit, zur Kreativität, zur freien Willensentscheidung hervor, während die andere Seite der Medaille in der Freiheit besteht, sich auch für das Böse entscheiden zu können. Wenn diese Freiheit zum Bösen nicht bestünde, wäre der Mensch nicht frei. Wir können das eine nicht haben, ohne das andere in Kauf zu nehmen. »Das Böse ist darum das Risiko und der Preis der Freiheit« (Safranski 1997, S. 193). Das bedeutet keine Kapitulation vor dem Bösen. Vielmehr steht der Mensch vor der schwierigen Aufgabe, dem Bösen entgegen zu arbeiten, ohne es jedoch je endgültig aus dem menschlichen Leben verbannen zu können, denn alle Versuche, dies zu tun, bringen unweigerlich selbst wieder Böses hervor, weil sie die Freiheit zerstören.

Freuds pessimistisches Menschenbild, das in seiner Todestriebhypothese zum Ausdruck kommt, verweist auf die Gefahr, dass auch die Opfer destruktiver Gewalt – am 11. September 2001 waren es die Amerikaner – nicht davor gefeit sind, mit ihrer Gegenwehr nun ihrerseits zu einer der »Mächte der Finsternis« (Freud) zu werden. Die Tragik besteht darin, dass der Kampf gegen das Böse selbst wieder Böses gebiert.

Denn »in Wirklichkeit«, so schrieb Freud (1915, S. 331 f.) in *Zeitgemäßes über Krieg und Tod*, »gibt es keine ›Ausrottung‹ des Bösen«. Vielmehr zeige die psychologische Untersuchung, dass »das tiefste Wesen des Menschen in Triebregungen besteht, die elementarer Natur, bei allen Menschen gleichartig sind und auf Befriedigung gewisser ursprünglicher Bedürfnisse zielen« (ebd.). Diese Triebregungen seien »an sich weder gut noch böse« (ebd.).

Tatsächlich ist das Böse – gegenwärtig verkörpert im Terrorismus – eine Hydra: Schlägt man ihr einen Kopf ab, wachsen zehn neue Köpfe nach (vgl. Nitzschke 2001). Entsprechendes gilt auch für die Gegenwehr Amerikas. Greift die legitime und notwendige Gegenwehr selbst zu terroristischen Mitteln und erfolgt sie im Rahmen einer Kreuzzugs-Ideologie, dann wird sie sich selbst die Feinde stetig neu erschaffen, die sie zu bekämpfen vorgibt (vgl. Beckenbach 2002). Eine effektive Strategie gegen den Terrorismus muss auch an den schreienden Ungerechtigkeiten zwischen der Ersten, der Zweiten und der Dritten Welt anknüpfen, will sie langfristig erfolgreich sein.

Das Fanatismus-Syndrom

Terroristen, speziell Selbstmordattentäter, sind Fanatiker. Günter Hole (1995) hebt in seinem Buch *Fanatismus* die »Leidenschaftlichkeit und den »blinden Eifer« des Fanatikers hervor, mit der jener »kompromisslos« und »starr« seine »überwertige Idee« (ebd., S. 37) vertritt. Der Fanatiker zeichnet sich durch eine »Dialog- und Kompromissunfähigkeit« (ebd., S. 39) aus und durch die Überidentifikation mit einem religiösen oder ideologischen Dogma (vgl. Goldberg 2002). Erich Fromm (1961, S. 61) betont ausdrücklich, man dürfe nicht jeden Menschen, der einen »tiefen Glauben« besitze oder sich einer »geistigen oder wissenschaftlichen Überzeugung« verpflichtet fühle, gleich als Fanatiker klassifizieren. Tatsächlich erkenne man den Fanatiker »leichter an gewissen Eigenschaften seiner Persönlichkeit als am Inhalt seiner Überzeugungen« (ebd.). Der Fanatiker habe alle Gefühle für andere Menschen in sich abgetötet und diese auf die Partei oder die Gruppe, deren Ideologie ihm nahe steht, projiziert. Er vergöttert das Kollektiv und die gemeinsame Ideologie, denen er sich selber als Sklave ausgeliefert hat. Die völlige Unterwerfung unter diesen Götzen lässt in ihm eine Leidenschaft entstehen, deren emotionale Qualität Fromm als »kaltes Feuer«, als »brennendes Eis«, als »Leidenschaftlichkeit, die ohne Wärme ist« (ebd.), charakterisiert. Der Fanatiker »handelt, denkt und fühlt im Namen seines Idols« (ebd.) und ist dafür bereit, alles, was ihm sonst noch im Leben wertvoll ist, zu opfern. Beispielsweise bekennt der Palästinenser Nizzar Iyan in einem *Zeit*-Interview (vgl. Schirra 2001), er sehe die höchste Erfüllung darin, dass seine Söhne sich als Selbstmordattentäter im Kampf gegen die Israelis opferten. Als sein 17-jähriger Sohn Ibrahim, den er »zum Töten abgerichtet hat, zum heiligen Killer im Namen Gottes« (ebd., S. 15), tatsächlich bei einem Selbstmord-Attentat ums Leben kommt, sagt der Vater: »Mein Sohn Ibrahim ist tot. Nie war ich glücklicher als in dem Moment, als sie kamen und mir sagten: ›Die Juden haben deinen Sohn getötet.‹« Und auf die Frage des Interviewers: »Aber Sie sind doch sein Vater, es muss Ihnen doch wehtun«, antwortet der Vater ungerührt: »Ich bin ganz ehrlich, ich sage das aus Überzeugung, ich empfinde keine Trauer, ich empfinde Freude, wirkliche Freude, dass das, was wir geglaubt haben, mein Sohn ein Stück weit realisiert hat. Das Leben hat keinen Geschmack, wenn man seine Träume, seine Ziele nicht realisieren kann« (ebd., S. 16).

Für diesen palästinensischen Vater gilt das, was Hole (1995) über den Fanatiker schreibt: Typische Fanatiker »lieben Ideen mehr als Menschen, die Hingabe an Ideen ist abnorm stark, die Hingabe an Menschen jedoch eigenartig blockiert oder gebrochen« (ebd., S. 93). Dem Fanatiker fehlt »die Fähigkeit zur Empathie«, zur »Einfühlung«, zur »Sympathie«, die »prinzipiell Liebesfähigkeit, Offenheit, ein An-Sich-Heranlassen anderer Menschen« (ebd., S. 94) voraussetzt. Der Fanatiker hat seine innere Leere, Depression und Verzweiflung »in einer völligen Unterwerfung unter das Idol und in der gleichzeitigen Vergottung seines eigenen Ich ertränkt, das er zu einem Bestandteil des Idols gemacht hat. (...) Theoretisch gesprochen ist der Fanatiker eine stark narzisstische Persönlichkeit« (Fromm 1961, S. 61).

Mit der Abtötung seiner Empathie, seiner mitmenschlichen Sympathie und seiner libidinösen Bindungen an seine nächsten Angehörigen hat der Fanatiker sich vor allem seiner eigenen Gefühle, die er als die bedrohlichste aller Gefahren fürchtet, entledigt. Der Fanatiker empfindet eine panische Angst vor allen Gefühlen, vor den »unangenehmen« Gefühlen der Reue, der Schuld, der Scham ebenso wie vor den »angenehmen« Gefühlen der Liebe, der Dankbarkeit, des Berührt- und des Gerührtseins, des Zusammengehörigkeitsgefühls. Es handelt sich um eine grundlegende Angst vor der eigenen emotionalen Innenwelt, vor der Tiefe des Gefühlslebens. Sich dieser Welt zu öffnen, bedeutet, sich eine Blöße zu geben, sich berührbar und damit verwundbar zu machen. Insbesondere ist die Liebe überaus gefährlich, da sie immer mit einer Art Selbstverlust, einer Selbstpreisgabe an den anderen, einer Selbsthingabe, einer Auflockerung der Ich-Grenzen, einem Aufgeben von Machtansprüchen und einer emotionalen Abhängigkeit vom geliebten Objekt einhergeht. »Der Fanatismus ist stets das Resultat der Unfähigkeit zu echter Bezogenheit« (ebd.). Die Abhängigkeit vom Anderen und das Ausgeliefertsein an die Eigendynamik der Gefühle wird als die Gefahr schlechthin empfunden. Du sollst keine Gefühle zeigen! Du sollst keine Gefühle haben! Du darfst dich nicht berühren lassen! Du darfst dich keinen Liebesgefühlen hingeben! Du darfst einzig und allein auf die reine Lehre, deine eigene Macht und die Macht deines Führers und deiner Organisation bauen! Du darfst nur den Führer und die heilige Lehre lieben! – so könnte das Motto des Fanatikers lauten.

Diese These wird auch nicht durch die Tatsache widerlegt, dass einige der Terroristen in Deutschland als unauffällige Studenten lebten und zumindest der Terrorist Muhamed Atta eine Freundin hatte, die ihn bei der Polizei als vermisst meldete. Bezeichnend ist jedoch, dass er bereit war, seine Freundin ohne ein Wort des Abschieds zu verlassen und zu seiner tödlichen Mission aufzubrechen, von der er wusste, dass sie mit seinem eigenen Tod enden würde. Es kennzeichnet Fanatiker vom Schlage Attas, dass sie nicht nachempfinden können, »wie andere Menschen unter ihrem Verhalten und dessen Folgen leiden. Ungerührt ist es ihnen so möglich Leid und Schmerz zuzufügen oder in Kauf zu nehmen, ethisch gerechtfertigt und geboten durch die Beglückungsideologie des fanatischen Systems« (ebd., S. 94).

Am Tag der Anschläge auf das World-Trade-Center wurde am Bostoner

Flughafen das nicht rechtzeitig umgeladene Gepäck des Terrorpiloten Muhamed Atta gefunden (vgl. Der Spiegel 40/2001, S. 32–33). Es enthielt u. a. das Testament des Selbstmordattentäters, ein psychologisch aufschlussreiches Dokument, das Attas innere Welt offenbart. Von den 18 Punkten seines Testaments beschäftigen sich allein drei mit seiner Angst vor der Unreinheit der Frauen:

> »5. Weder schwangere Frauen noch unreine Personen sollen von mir Abschied nehmen – das lehne ich ab.
> 6. Frauen sollen nicht für meinen Tod Abbitte leisten. (...)
> 11. Frauen sollen weder bei der Beerdigung zugegen sein noch irgendwann später sich an meinem Grab einfinden«. (ebd.)

Die Angst und Scham (vgl. Stein 2002) vor der Frau – speziell der emanzipierten, der selbstbewussten, der sexuell aktiven Frau – ist nicht nur ein individuelles Merkmal von Atta, sondern ein in der islamischen Welt weit verbreitetes Phänomen. Der Narzissmus der islamischen Männer erfuhr in der traditionell patriarchalisch orientierten Kultur des Islam eine enorme Aufblähung durch die Überhöhung der Männer und die Abwertung der Frauen. Unter dem Einfluss des Westens und seiner egalitären Orientierung fühlen sich viele männliche Muslime in ihrem Selbstwertgefühl gekränkt und suchen Halt im islamistischen Fundamentalismus, der ihnen Selbstbestätigung durch die Erhebung über die Frau und deren Erniedrigung verspricht, so wie dies im System der Taliban besonders drastisch deutlich wird.

Die Angst vor der Verschmelzung mit der Frau und die »Entstehung des Panzers gegen die Frau« hat Klaus Theweleit (1977; 1978) eingehend für den Typus des »soldatischen Mannes« beschrieben. In seiner psychoanalytisch-psychohistorischen Analyse zeigt er auf, welche psychische und psychosomatische Funktion der militärische Kampf für das Ich und für den Körper des soldatischen Mannes hat: Einerseits führt der militärische Drill zur Erzeugung eines »stählernen Leibes«, einer »Körpermaschine«, einer Ernst Jünger'schen »Stahlgestalt« (Theweleit 1978, S. 185), andererseits wird »der Moment der Sprengung des Körperpanzers, des Verschwindens des starren Körper-Ichs (...) ja ersehnt« (ebd., S. 208):

> »›Kaltes Metall‹ sein, keine Gefühle haben und doch zuckend in die Leiber einschlagen – Machtrausch, Grenzüberschreitung. (...) Mit allen Mitteln suchen die angreifenden soldatischen Männer den Übergang, den Ausbruch aus sich selbst. Am intensivsten ist die Erwartung der Sensation, wenn sie schließlich selbst die Bewegung der Kugel übernehmen und als Geschosse aus der Militärmaschine auf die gesuchten Leiber zurasen. (...) Eiskaltes Denken – Wahrneh-

> mung des eigenen Leibes in der Erwartung des Tötungsaktes oder des eigenen Todes. (Ich töte, also bin ich. Ich sterbe, also war ich.)«. (ebd., S. 209-223)

Theweleits Ausführungen lassen sich auch lesen als mögliche Interpretation der psychischen Vorgänge, die sich bei den Terrorpiloten abgespielt haben könnten, allerdings mit der Einschränkung, dass wir über das, was diese Menschen während ihres Todesfluges empfunden haben, kaum etwas sicher wissen. Die Analogie mit Theweleits »soldatischen Männern« bleibt gleichwohl frappierend. Wie Hole (1995) schreibt, zeichnet sich der Fanatiker durch eine »Erstarrung und Rigidität im affektiven Bereich« (ebd., S. 93) aus, die durch »eine gestörte Beziehung zum eigenen Körper« – ja eine »ausgeprägte Körperfeindlichkeit« (ebd.) – ergänzt wird. Körperfeindlichkeit, Reinheitsideale, das Streben nach vollständiger Vergeistigung, die Entwertung der realen Existenz, die überwertige Idee vom Jenseits, der Wunsch, das eigene Leben vollständig einer illusionären Idee zu weihen und schließlich sogar zu opfern, bilden ein Syndrom, das Fanatismen aller Couleur eigen ist.

Auch in dieser Hinsicht weist Attas Testament Übereinstimmungen mit dem von Theweleit beschriebenen Typus des soldatischen Mannes auf: Der Reinheitskult der Nationalsozialisten, die die »Reinheit der arischen Rasse« und die »Reinheit des Blutes« auf ihre Fahnen schrieben, findet seine Entsprechung im Reinheitsideal der islamistischen Fanatiker. Atta schreibt unter Punkt neun seines Testaments:

> »9. Derjenige, der meinen Körper rund um meine Genitalien wäscht, sollte Handschuhe tragen, damit ich dort nicht berührt werde«. (Der Spiegel 40/2001, S. 32)

Und in dem Leitfaden für das Verhalten von Selbstmordattentätern »am Abend bevor du deine Tat verübst« (Der Spiegel 40/2001, S. 38), der ebenfalls in Attas Gepäck gefunden wurde, heißt es:

> »Du sollst rezitieren, dass du für Gott stirbst. Rasiere das gesamte überflüssige Haar von deinem Körper, parfümiere deinen Körper und wasche deinen Körper. (...) Reinige dein Herz von allen schlechten Gefühlen, die du hast, und vergiss alles über dein weltliches Leben«. (ebd., S. 38)

Die Angst vor dem Tod, die Angst vor der Ungeheuerlichkeit des geplanten Verbrechens wird auf die Angst vor dem eigenen Körper verschoben und dort durch Reinlichkeits-Rituale gebannt. Mit Hilfe der rituellen Handlungen wird nicht nur die gesamte Sphäre der Körperlichkeit, sondern auch das gesamte »weltliche Leben« entwirklicht. Mit der peniblen Reinigung des Körpers soll auch das »Herz von allen schlechten Gefühlen«, d. h. von Liebesgefühlen, Mitleid, mitmenschlicher Sympathie, Schuldgefühlen, Gewissensängsten, Todesängsten, Schamgefühlen usw. gereinigt und die Monstrosität des geplanten Massenmordes derealisiert werden. Was schlechterdings unvorstellbar erscheint, wird durch die emotionale Derealisation und Entwirklichung zu einem minuziös planbaren Unternehmen.

Grunberger (1984) hat die Reinheit als ein narzisstisches Ideal beschrieben, das durch die Verleugnung von Triebhaftigkeit, ja die Aufhebung von Körperlichkeit schlechthin, den Zustand narzisstischer Vollkommenheit zu erlangen sucht. Grunberger definiert Reinheit als ein »narzisstisches Ideal von Allmacht und absoluter Souveränität (...), aus dem die Triebdimension völlig ausgeschlossen wird« (ebd., S. 114). Reinheit ist »jedes fleischlichen Elementes entkleidet« (ebd., S. 116); sie ist »triebleer«, gefühlsleer, sogar »materieleer« (ebd.). Indem der Fanatiker die Reinheit zum Ideal erhebt, entfernt er sich von der realen Welt, zu der immer auch der Schmutz, das Unreine, die Exkremente als Teil des Lebens gehören, und weiht sein Dasein einer illusionären reinen Heiligkeit. Um sein Reinheitsideal zu verwirklichen, findet eine Projektion der »nicht in das Selbst integrierten Analität« (Grunberger, Dessuant 1997, S. 272) auf die als unrein phantasierten Außenfeinde statt. In Kriegen, speziell denen, die als »heilige Kriege« (»Dschihad«) bezeichnet werden, sollen das absolut Schmutzige, das Böse, die Ungläubigen vernichtet und im Namen eines »Narzissmus der Reinheit« (ebd.) aus der Welt verbannt werden. Das »Doppelgespann Terror und Reinheit« (Grunberger 1984, S. 119) findet sich bei Robespierre ebenso wie bei den Christen der Kreuzzüge, in Hitlers Rassenlehre und seinem Antisemitismus und schließlich auch bei den islamistischen Fanatikern.

Konsequenterweise verfügte der Terrorist Atta unter Punkt drei seines Testaments das Verbot, über seinen Tod zu trauern:

> »Niemand soll meinetwegen weinen, schreien oder gar seine Kleider zerreißen und sein Gesicht schlagen – das sind törichte Gesten.«

Das Trauerverbot gilt nicht nur für ihn selbst, sondern soll auch für alle anderen gelten. Es liegt hier eine Panzerung gegen die eigene Gefühlswelt vor und gegen die Gefühle anderer Menschen, sowohl derjenigen, die ihm nahe stehen, als auch erst recht der seiner Opfer. Diese seelische Verfassung basiert auf einer kühlen Fassade der Unempfindlichkeit, der Ablehnung, des Hasses und der Verachtung durch die Errichtung der narzisstischen Gegenideale der Macht, der Kontrolle, der Reinheit, der Gefühllosigkeit (vgl. Wurmser 1989). Angebetet wird die Macht als ein Wert an sich. Der Terrorist unterwirft sich der absoluten Macht seiner Gemeinschaft und erlebt dadurch, dass die Terror-Organisation ihn für einen Selbstmord-Anschlag auswählt, eine narzisstische Gratifikation, eine ungeheure Erhöhung seines Grandiositätsgefühls. Das grandiose Selbst des Terroristen, der für die Aufgabe auserwählt wird, die Rolle des heiligen Kriegers zu übernehmen, erlebt dies wie eine Seligsprechung. Es kommt zu einer Verschmelzung von Ich und Ich-Ideal, zu einem Aufgehen des Selbst im grandiosen Selbst, das als unsterblich phantasiert wird, weshalb der eigene reale Tod nicht als Bedrohung, sondern sogar als Erlösung erlebt werden kann. Das mit Hass erfüllte Ressentiment gegen den Feind bildet das psychische Gerüst der paranoid-narzisstischen Charakter-Abwehr, die sich gegen humanitäre Ideale, gegen libidinöse Regungen, gegen Gefühle der Trauer und gegen die Wahrnehmung des Seelenlebens an sich richtet.

Selbstmord-Attentäter stellen sich zur Verfügung. Sie geben sich selber auf und werden zum willenlosen Instrument der Gruppe, für die sie kämpfen. Als solches sind sie sogar bereit, ihr eigenes Leben zu opfern (vgl. Krech 2002). Gleichwohl sind sie nicht gewissenlos, sondern haben ein starres, übermächtiges, ein fanatisches Gewissen. Sie haben von sich die Auffassung, für eine gute und gerechte Sache zu kämpfen. Ihr Gewissen gibt ihnen den Auftrag, für ihren fanatischen Glauben zu sterben (vgl. Hilgers 2001a; 2001b). Es steuert sie eine »rücksichtslose innere Autorität, eine innere Henkerfigur, die ausschließlich nach dem Maßstab von Macht und Ohnmacht, Reinheit und Unreinheit, Willensbehauptung und Schwäche urteilt« (Wurmser 1989, S. 157 f.).

Aber vor allem werden Fanatiker von ihrem Ich-Ideal gesteuert. Ihr Ich-Ideal ist vollständig bestimmt von der fundamentalistischen Ideologie, der sie ihr Leben geweiht haben. So wähnen Islamisten im Gesetz des Koran das absolut Gute und im Lebensstil der westlichen Kultur das absolut Böse verkörpert, das es mit allen Mitteln zu bekämpfen gilt. Ziel ist es, dem Feind möglichst viel Schaden zuzufügen und ihn symbolisch zu verletzten, zu beschädigen, zu erniedrigen. Gelingt dies, erfüllt sich das Ziel der Gruppe. Das eigene Ideal und das Gruppen-Ideal sind in diesem Moment in höchster Übereinstimmung. Und als Lohn für seine Selbstaufopferung winkt dem Attentäter, der sein eigenes Leben opfert, ein Platz im Jenseits.

Der Fanatiker entwickelt ein narzisstisch übersteigertes Selbstbild, so als wolle er sagen: »Ich bin etwas ganz Besonderes, Ungewöhnliches, Einzigartiges. Ich bin eine Lichtgestalt, ein Erlöser. Ich bin mit einer unermesslichen Machtfülle ausgestattet. Die Menschen sollen mich nicht lieben, sondern bewundern oder noch besser mich fürchten. Ich gebe mir keine Blöße, ich zeige keinerlei Gefühl noch Schwäche. Deshalb bin ich auf niemanden angewiesen. Ich habe alles unter Kontrolle und vertraue auf nichts und niemanden außer auf die allein selig machende Idee, der ich mich mit Haut und Haaren verpflichtet habe. Auch wenn ich selbst ein Nichts bin, so bin ich doch Teil einer größeren, göttlichen Macht und kann mich somit auch grandios fühlen.«

Wie wird man Terrorist?

In der islamischen Welt hat sich in den letzten Jahrzehnten das Gefühl aufgebaut, vom Westen, speziell von den USA, erniedrigt und gedemütigt worden zu sein. Ursächliche Bedeutung hat die rücksichtslose Großmachtpolitik der USA, die sich gegenüber anderen Staaten als Hüter der Menschenrechte aufspielen, sich aber gleichwohl nicht scheuen, diktatorische Herrscher und korrupte Regime zu unterstützen, wenn es ihren eigenen Interessen dient. Gleichzeitig musste die islamische Welt erfahren, dass ihre Gesellschaften und ihre Kultur im Rahmen der Globalisierung nicht nur der ökonomisch-militärischen Übermacht der Amerikaner ausgeliefert sind, sondern noch viel mehr der wirtschaftlich-kulturellen Hegemonie des amerikanischen way of life, der die überlieferten islamischen Traditionen und Wertvorstellungen untergräbt. Für die Islamisten stellt der Fundamentalismus ein ideologisches Bollwerk gegen die kulturellen Einflüsse der weltweiten Amerikanisierung dar. Er richtet sich gegen den Westen, aber auch gegen die pro-westlichen Gruppen und Regierungen in den islamischen Ländern selbst.

Bei den Gruppierungen innerhalb der islamischen Welt, die diese narzisstische Kränkung besonders intensiv erleben, haben die Demütigungen eine kollektive narzisstische Wut entfacht, die in ihrer extremen Ausprägung sogar eine Form annehmen kann, die Hans Magnus Enzensberger (in der FAZ vom 18.9.2001) als »Stolz auf den eigenen Untergang« bezeichnet hat. Wie Altmeyer (2001, S. 13) betont, hat Enzensberger damit auf die narzisstischen Wurzeln dieser mörderischen und selbstmörderischen Destruktivität verwiesen. Altmeyer (ebd.) betrachtet den »mörderischen und selbstmörderischen Terrorismus« als eine »in gigantische Dimensionen gesteigerte kollektive narzisstische Wut«.

Menschen, deren gesamtes Leben durch den Einfluss von Gewalt und Hass geprägt wurde, neigen zu der Annahme, dass die gesamte Welt nach dem Muster der Opfer-Täter-Beziehung strukturiert ist und dass es daher vorteilhafter sei, ein Täter und kein Opfer zu sein. Wie aus den Biographien von Kriminellen bekannt ist, die wegen Gewaltverbrechen verurteilt wurden, waren diese in ihrer Kindheit und Jugend häufig selbst Opfer von körperlichen Misshandlungen und sexuellem Missbrauch. Wir wissen einiges über die Selbstmordattentäter unter den Palästinensern. Vor allem die Jugendlichen, die sich für die Selbstmordattentate zur Verfügung stellen, sind von Kindesbeinen an einer permanenten Traumatisierung ausgesetzt (vgl. Akhtar 2002). Sie erfahren ihr ganzes Leben lang extreme Formen von Gewalt, Ohnmacht, Hilflosigkeit und Hoffnungslosigkeit. Das hat sie abstumpfen lassen. Da nicht nur viele Einzelne traumatisiert sind, sondern die kollektive Identität der Gruppe eine kollektive Traumatisierung erfahren hat, verfällt nicht nur der Einzelne dem Fanatismus, sondern der Fanatismus prägt auch die kollektive Identitätsentwicklung der kulturellen Großgruppe (vgl. Volkan 1999). Wenn die späteren Fanatiker nicht schon als Kinder in die terroristische Sekte aufgenommen wurden, bildet die Phase der Adoleszenz besonders gute Voraussetzungen, um eine solche terroristische »Karriere« (Büttner 2001, S. 59) zu beginnen, da der Jugendliche sich aus den familiären Bindungen lösen muss und bei seiner Suche nach neuen kulturellen Idealen und Werten besonders empfänglich ist für die Orientierungsangebote, die ihm radikalisierte Gruppierungen machen. Die virtuelle Biographie eines Fanatikers, den die Großgruppe als ihren mythischen Helden feiert, dient den Adoleszenten als identitätsstiftende Musterbiographie, die ihnen bei der Orientierung behilflich ist. Zugleich gelingt es ihnen durch die Identifikation mit solchen kulturell vorgegebenen Heldengestalten, den notwendigen Anschluss ihrer persönlichen an die soziale und kulturelle Identität zu vollziehen.

Ihnen wird eine Gruppenidentität vermittelt, die den Fanatismus zu einem zentralen Element macht. Dass sie selbst, ihre Familien und ihre Leidensgenossen unablässig Opfer und Zeugen von Gewalt werden, können sie nicht verhindern. Aber sie können die Gefühle von Ohnmacht, Hilflosigkeit und Hoffnungslosigkeit abwehren durch Gegengewalt, durch Fanatismus und durch den festen Glauben an ein ewiges Leben im Jenseits und an den narzisstischen Ruhm, sich für das Kollektiv geopfert zu haben. Der Fanatismus erscheint ihnen in dieser Situation als letzter Rettungsanker. Wie armselig, elend und aussichtslos das eigene Leben auch immer sein mag, die unbedingte Identifikation mit den Idealen der Gruppe entschädigt den Einzelnen für seine Schmach. Der »Gruppennarzißmus« (Fromm 1964, S. 199–223; 1973, S. 179–184) stellt eine wichtige Stütze für das Selbstwertgefühl des Individuums dar und kann im Falle kollektiver Kränkungen zur Quelle von Aggression und Fanatismus werden (vgl. Piven 2002).

Einige der heutigen islamistischen Terroristen und Al Qaida-Kämpfer sind möglicherweise bereits als Kinder in Flüchtlingslagern traumatisiert und dort von verschiedenen Geheimdiensten rekrutiert und in speziellen Koranschulen und Ausbildungscamps großgezogen und ausgebildet worden. Andere werden erst als Jugendliche »zwischen 18 und 28 Jahren, ledig, keine Kinder, ohne familiäre Verpflichtungen« (Hirschmann 2001, S. 12) von den Terror-Organisationen angeworben und in Ausbildungscamps geschult und indoktriniert. »Es ist ein offenes Geheimnis«, dass es sogar »in Gaza und im Westjordenland

Orte gibt, an denen junge Palästinenser von Lehrern in der Disziplin des Selbstmordattentats unterrichtet werden« (Schirra 2001, S. 15). In der klösterlichen Abgeschiedenheit solcher Camps bietet sich die Gemeinschaft als Familienersatz und ihre fanatischen Führer als Eltern-Ersatz-Figuren an, sodass die Kinder und Jugendlichen eine intensive emotionale und intellektuelle Abhängigkeit entwickeln, die sie empfänglich macht für den Fanatismus. Diese Kindersoldaten werden mit einer fundamentalistisch reduzierten Form des Islam geimpft und auf ihre Mission programmiert. Mit Hilfe methodischer Indoktrination werden Fanatiker herangezogen, die Teil einer Sekte sind, aus der sie weder aussteigen wollen noch können. Auf der einen Seite wirkt die Ehre, für die heilige Mission des Opfertodes auserwählt zu sein, als eine ungeheure narzisstische Gratifikation, auf der anderen Seite droht jedem Aspiranten, den Zweifel und Ängste befallen, die Schmach und Verachtung der Gruppe und des Führers – oder Schlimmeres. Alle der meist jugendlichen palästinensischen Selbstmordattentäter (»Schahid«), die sich selbst in die Luft gesprengt haben, werden verehrt als »Gefallene Gottes« (ebd., S. 16). »Das palästinensische Fernsehen sendet Werbespots über ›unsere toten Helden‹, und die Zeitungen bejubeln den ›Befreiungskampf für Palästina‹. Die Bilder der Toten, blutrot, beinahe kitschig, sie werden zusammengefügt zu einer Galerie des Todes« (ebd.). Während dem heiligen Krieger, der sein Leben für die Sekten-Ideologie opfert, versprochen wird, er komme sofort in den Himmel, werden Verräter mit dem unehrenhaften Tod bedroht. Im Laufe des Rekrutierungsprozesses werden die künftigen Selbstmord-Attentäter systematisch extremen psychischen und körperlichen Belastungen ausgesetzt, die an Methoden der Gehirnwäsche, der Folter und der »künstlichen« Traumatisierung erinnern. So berichtet der Palästinenser Eyad Saradsch, der in Gaza ein psychiatrisches Zentrum leitet, die Kandidaten »müssten tagelang schweigend und völlig isoliert in einem Raum sitzen oder 48 Stunden unter der Erde, in einem Grab, neben einer Leiche verbringen« (zit. n. Luczak 2001, S. 89). Unter solchen Extrembelastungen kommt es zu einer Retraumatisierung, die mit intensiven Gefühlen der Angst, der Scham, der narzisstischen Entwertung, der Hilflosigkeit und Ohnmacht verbunden ist. Als Ausweg bietet sich nun die vorbehaltlose Identifikation mit der Gruppe, dem Führer und der Gruppen-Ideologie an. Ergebnis ist ein fanatischer Anhänger, ein heiliger Krieger, der alles »Gute« ausschließlich in der Sekten-Ideologie finden kann und alles »Böse« und Hassenswerte auf den Feind abgespalten hat.

Diese Dynamik gilt besonders für die Menschen, die bereits seit mehreren Generationen unter erbärmlichen Umständen in Flüchtlingslagern leben und durch die tagtägliche Präsenz von Gewalt traumatisiert sind. Doch die Attentäter von New York und Washington waren keine Palästinenser, sondern gut ausgebildete Studenten, u. a. aus den Vereinigten Arabischen

Emiraten. Osama bin Laden stammt aus Saudi Arabien, einem der reichsten Länder der Welt.

Wie Kernberg (2002) ausdrücklich betont, wirkt nicht nur die Gewalt, die man am eigenen Leibe erlebt, traumatisierend, sondern auch die Gewaltakte, deren Zeuge man wird. Wird jemand gezwungen, hilf- und tatenlos zuzuschauen, wie einem nahe stehenden Menschen Gewalt, Unrecht und Erniedrigung angetan wird, so kann dies ebenfalls als Trauma erfahren werden. Die Araber und die Muslime in den arabischen Ländern fühlen sich durch ihre kollektive Identität mit dem Leiden des palästinensischen Volkes verbunden, das sie als Zeugen miterleben. Sie sympathisieren (= mitleiden) mit den Palästinensern und haben einen kollektiven Hass auf Israel und Amerika und zum Teil auch auf die westliche Welt insgesamt entwickelt. Aufgrund ihrer ausgeprägten kollektiven Identität empfinden sich viele Muslime »als Gesamtheit traumatisiert – selbst wenn sie aus gutbürgerlichen Kreisen des relativ gemäßigten Ägypten stammen, wie Muhamed Atta« (Luczak 2001, S. 86). Einzelne Individuen können gerade wegen ihrer privilegierten Stellung eine besonders intensive Verpflichtung empfinden, die Palästinenser in ihrem Kampf gegen Israel und seinen großen Beschützer Amerika zu unterstützen. Es ist sogar denkbar, dass die terroristische Laufbahn im Einzelfall mit einem echten menschlichen Verantwortungs- und Verbundenheitsgefühl beginnt und sich erst im Laufe der Jahre zu einem fanatischen Hass entwickelt. Auch die deutschen Terroristen der RAF waren hoch moralisch motivierte Menschen, die sich vor ihren gewalttätigen Aktionen in verschiedenen Projekten sozial engagierten. Wie ich an anderer Stelle (vgl. Wirth 2001; 2002) ausgeführt habe, waren die RAF-Terroristen »unbewusste Delegierte« (Stierlin 1978) ihrer Eltern und der Eltern-Generation. In gewisser Weise handelten sie nicht aus freien Stücken, sondern im unbewussten Auftrag der Eltern, sie waren eingebunden in einen transgenerationalen Konflikt. Sie holten – allerdings am falschen Objekt und zur falschen Zeit – den Widerstand gegen ein Terror-Regime nach, den die Elterngeneration in der Zeit des Nationalsozialismus versäumt hatte.

Die islamischen Terroristen, die in den heiligen Krieg ziehen, sind häufig in einen ähnlichen Generationszusammenhang eingebunden, der darin besteht, dass die privilegierten und wohlhabenden arabischen Familien einerseits in einem kaum vorstellbaren Öl-Reichtum leben und den Luxus der westlichen Industriegesellschaft genießen, andererseits aber ideologisch den Hass auf den Westen und die Solidarität mit dem palästinensischen Volk vertreten. Diese Doppel-Moral stellt einen schwerwiegenden Konflikt in der Auseinandersetzung zwischen den Generationen dar, der so aufgelöst wird, dass die Söhne aus wirtschaftlich privilegierten Familien teils im bewussten, teils im unbewussten Auftrag der Väter in den heiligen Krieg ziehen, von dem die Väter nur reden und träumen. Tatsächlich sind nach dem 11. September viele Hinweise bekannt geworden, dass die Terrorgruppen, »Dschihadisten«, d. h. »religiös argumentierende Berufsfanatiker« (Hirschmann 2001, S. 14), von zahlreichen islamischen Geschäftsleuten finanziell unterstützt werden, die in Europa und in Amerika erfolgreich ihren Geschäften nachgehen und die sich durch diese Spenden ein reines islamisches Gewissen verschaffen. Auch und gerade in Saudi-Arabien unterstützt die herrschende königliche Groß-Familie zahlreiche islamistische Terror-Organisationen mit erheblichen finanziellen Mitteln, um sich auf diese Weise teils moralisch, teils politisch freizukaufen.

Der 11. September 2001 als kollektives Trauma

Von weitreichender weltpolitischer Bedeutung ist neben der Psychologie der Terroristen auch die psychische Situation der Amerikaner, die am 11. September einer kollektiven Traumatisierung ausgesetzt waren. Ein Trauma ist ein Erlebnis, das von solcher Intensität ist, dass es die seelischen Verarbeitungsmöglichkeiten überschreitet. Mit dem Trauma gehen Gefühle von extremer Angst, häufig Todesangst, Schrecken, Ohnmacht und totaler Hilflosigkeit einher. Dies führt zu einem Zusammenbruch zentraler Ich-Funktionen und zu einer basalen Erschütterung der gesamten Persönlichkeit. Wenn dies gleichzeitig einer großen Gruppe von Menschen widerfährt, spricht man von einem kollektiven Trauma. Ohne Zweifel stellt die Zerstörung des World-Trade-Centers in New York und die teilweise Zerstörung des Pentagons eine kollektive Traumatisierung der amerikanischen Nation dar, die das kollektive Identitätsgefühl der Amerikaner und ihren Gruppennarzissmus zutiefst erschüttert hat (vgl. Twemlow, Sacco 2002). Dies betrifft nicht nur die Menschen, die Angehörige, Freunde und Bekannte verloren haben, sondern das Kollektiv in seiner Gesamtheit.

Die Weltmacht USA wurde durch den terroristischen Angriff auf ihre Metropole und auf das Symbol ihrer wirtschaftlichen und technischen Überlegenheit mit der Erfahrung der Verwundbarkeit, der Endlichkeit des Lebens, der Hilflosigkeit angesichts des »Bösen« konfrontiert. Was so gar nicht ins Weltbild und ins Selbstverständnis Amerikas passt, wurde zur erschreckenden, aber unabweisbaren Realität: Auch die Supermacht Amerika ist verletzbar. Weder die mit modernsten Computern ausgerüsteten Geheimdienste FBI und CIA noch die atomaren Waffen konnten Amerika vor diesem Angriff schützen – vom atomaren Schutzschild ganz zu schweigen.

Die Katastrophe löste eine Welle der Hilfsbereitschaft, der Trauer, der Anteilnahme aus. Doch bleibt die Frage, ob den Amerikanern eine kollektive psychische Verarbeitung des erlittenen Traumas gelungen ist oder gelingen wird. Leider haben sich die Befürchtungen bestätigt, die ich im Dezember 2001 als Schlusskapitel meines Buches *Narzissmus und Macht* (Wirth 2002) wie folgt formuliert habe:

> »Sollte den Amerikanern eine kollektive psychische Verarbeitung des erlittenen Traumas nicht gelingen, besteht die Gefahr, dass sich ein post-traumatisches Belastungs-Syndrom entwickelt, das sich als ständiges Wiedererleben des traumatischen Ereignisses, als gedankliche Fixierung auf das Trauma, als unkontrollierte Panikattacken und als ebenso heftige und abrupte Aggressions-Ausbrüche gegen andere ausdrücken könnte. Die amerikanische Gesellschaft könnte in die Versuchung geraten, das erlittene kollektive Trauma dadurch abzuwehren, dass sie sich auf das Trauma fixiert und es zum zentralen Bezugspunkt der nationalen Identität macht. Als ›gewähltes Trauma‹ (Volkan 1999) wäre es laufend präsent und würde eine ständige Rechtfertigung für die eigenen paranoid-aggressiven Haltungen liefern. Amerika wäre genötigt, unablässig den Beweis seiner militärischen Überlegenheit anzutreten, indem es – mehr oder weniger wahllos – Feinde definiert, aufspürt, verfolgt und vernichtet. Schließlich käme es zur Ausbildung einer nationalistischen Ideologie, die Verfolgungs-, Rache- und Größenphantasien zum Inhalt hat. Diese haben die Funktion, die erlittenen narzisstischen Verletzungen des Selbstwertgefühls wiedergutmachen und die Demütigungen durch Rache auszugleichen. Beauftragt die Gesellschaft einen Führer damit, einen Rachefeldzug zu organisieren, so genießt derjenige Politiker das größte Ansehen, der am fanatischsten die paranoide Ideologie vertritt und am heftigsten verspricht, dass er Rache als ausgleichende Gerechtigkeit üben werde, um das erschütterte grandiose Selbstbild wieder zu festigen«. (Wirth 2002, S. 381 f.)

George W. Bush in göttlicher Mission

Vor dem 11. 9. galt Bush als ein schwacher Präsident. Seine demokratische Legitimation stand auf tönernen Füßen, war er doch eher gezählt als gewählt worden. In Frage stand auch, ob er aus dem Schatten seines Vaters würde heraustreten können. Man konnte täglich in amerikanischen Zeitungen Witze über seine Unfähigkeit zur freien Rede, seine Tollpatschigkeit, seine mangelnde Weltläufigkeit lesen. Dies alles hat sich nach dem 11. September drastisch geändert. Der 11. September hat seiner bis dahin glanzlosen Präsidentschaft einen höheren Sinn verliehen. Seit Bush der zum Letzten entschlossene Kriegsherr ist, wird er in seinem Amt ernst genommen. Bush machte sein persönliches Bedürfnis, endlich ernst genommen zu werden, zur Maxime seiner Politik: die Welt sollte Amerika wieder Ernst nehmen. In den Augen von Bush war

Clinton ein »Weichei«, das dafür verantwortlich war, dass man Amerika in der Welt als Papiertiger verlachte. Die schwache Reaktion Amerikas habe die Terroristen geradezu zu weiteren Aktionen provoziert. In einem Interview sagte Bush: »Die antiseptische Vorstellung, einen Marschflugkörper in das, hm, Zelt von so einem Kerl zu schicken, ist wirklich ein Witz. Ich meine, die Leute fassten das als das impotente Amerika auf ... ein schlappes, wissen Sie, technologisch tüchtiges, aber nicht besonders starkes Land. (...) Da draußen herrscht die Vorstellung von Amerika, (...) dass wir keine Werte haben und dass wir uns, wenn wir angegriffen werden, nicht wehren« (Woodward 2003, S. 54).

Dem narzisstisch kränkenden Bild vom »impotenten Amerika« wollte Bush ein starkes, militärisch potentes Amerika entgegensetzen. Immer entschlossener übernahm er die Rolle als Retter der amerikanischen Ehre und sah darin die Chance seines Lebens, als bedeutender Präsident in die Geschichte einzugehen. Der 11. September wird zum »gewählten Trauma«, das nicht mehr losgelassen werden kann, dem alles geopfert wird. Es gibt keinen anderen Gedanken mehr als Rache und Vergeltung für die erlittene Demütigung. Die passiv erlittene Traumatisierung soll abgewehrt werden, indem man andere zum Opfer eines Traumas macht. Wenn diese Dynamik die politischen und militärischen Entscheidungen Amerikas bestimmt, gewinnt es nur scheinbar seine souveräne Handlungsfähigkeit zurück, vielmehr bleibt es in einer narzisstischen Kollusion mit dem Feind verstrickt. Bushs Entscheidung den Irak-Krieg zu führen, entspringt weniger seinem eigenen autonomen Willen, sondern sie ist unbewusst mitgesteuert von seinem kollusiven Interaktionspartner Osama bin Laden. Die unbewusste Beziehungsdynamik zwischen George W. Bush und Osama bin Laden folgt dem Muster einer narzisstischen Kollusion. Die bis an die Zähne bewaffneten, haushoch überlegenen, aber etwas schwerfälligen Amerikaner sehen sich einem schnellen, heimtückischen und unsichtbaren Feind gegenüber, der mit »unlauteren« Mitteln aus dem Verborgenen heraus operiert. Es ist die Absicht der Terroristen, die Amerikaner mit Terroranschlägen, Drohungen und Videotapes zu einer militärischen Überreaktion zu verleiten. Sie wollen, wo immer es geht, Amerika in einen Krieg hineinziehen. Indem die Amerikaner gegen den erklärten Willen nahezu aller Regierungen und der Weltöffentlichkeit in einen Krieg gegen den Irak ziehen, ihre Verbündeten und Freunde vor den Kopf stoßen, die UNO desavouieren und sich nur ihrem narzisstisch begründeten Rachebedürfnis hingeben, tappen sie genau in die von den Terroristen aufgestellte Beziehungs-Falle.

Mit dem Krieg in Afghanistan wurde das Taliban-Regime beseitigt und die El Qaida-Kämpfer aus ihren Schlupflöchern verjagt. Der Triumph über diesen Sieg war zwar Balsam auf die gekränkte amerikanische Volksseele, wurde aber geschmälert durch die militärische Schwäche des Gegners, die Ungreifbarkeit der Terroristen, vor allem aber durch die Tatsache, dass Osama bin Laden entkommen konnte. Die narzisstische Wunde war durch diese militärische Aktion also noch keineswegs geheilt. Bush suchte einen anderen greifbaren Feind und erinnerte sich sogleich an Saddam Hussein. Bin Laden war nicht zu haben, weder »dead« noch »alive«, also musste Saddam Hussein herhalten. Der schien wenigstens geographisch lokalisierbar zu sein und bot sich auch von seinen Charaktereigenschaften vortrefflich für die Rolle des Schurken an. Die Verschiebung von Osama bin Laden auf Saddam Hussein lag auch deshalb nahe, weil Bush hier noch eine familiäre Rechnung zu begleichen hatte: war es doch Saddam Hussein, der einen fehlgeschlagenen Anschlag auf seinen »Dad« geplant hatte.

Bush ist davon überzeugt, dass seine Präsidentschaft Teil eines göttlichen Plans sei. Der Glaube an die göttliche Vorsehung verleiht ihm Handlungsgewissheit und Schicksalsergebenheit (vgl. Kleine-Brockhoff 2003). »Wir kennen die Wege der Vorsehung nicht, und doch können wir ihr vertrauen«, verkündete Bush in seiner Rede zur Lage der Nation. Der eiserne Frühaufsteher Bush liest allmorgendlich in einem evangelikalen Gebetsbuch, bevor er sich als erste Amtshandlung die »Bedrohungsanalyse« der Geheimdienste vorlegen lässt. Der liebe Gott und der böse Terrorismus sind die Quellen seiner Inspiration. Seine biedere Frömmigkeit ist nicht nur eine private Marotte, sondern bestimmt auch seine Politik. Es gehört zu den Ritualen im Weißen Haus, Kabinettssitzungen mit einem Gebet zu eröffnen. Je näher der Irak-Krieg rückte, desto eindringlicher wurde die Gottesrhetorik in Bushs öffentlichen Reden. Bush handelt »in göttlicher Mission«, wie Der Spiegel (8/2003) formulierte. Sein Schwarz-Weiß-Denken ist das eines fanatischen Abstinenzlers. Die Spaltung in Gut und Böse verleiht ihm Stärke und Kontur. Bush lebt die Charaktereigenschaften aus, die vielen trockenen Alkoholiker eigen sind: Selbstdisziplin, strenge Diät, Sport, ein unerschütterlicher Glaube an den lieben Gott und die strikte Einteilung der Welt in gut und böse. Bush spricht offen über seine frühere, nun glücklich überwundene Neigung zum Alkohol und zu exzessiven Parties: »Sie wissen ja, dass ich ein Alkoholproblem hatte. Wenn alles so weitergelaufen wäre, säße ich jetzt in einer Bar in Texas, anstatt im Oval Office. Es gibt nur einen einzigen Grund, weshalb ich hier im Oval Office bin und nicht in einer Bar: Ich habe zum Glauben gefunden. Ich habe Gott gefunden« (zit. nach Der Spiegel 8/2003, S. 92). Zu seinem 40. Geburtstag habe er seine erste Wiedergeburt erlebt und dem Alkohol und der Partyszene abgeschworen. Der Abwehrmechanismus der Spaltung in die absoluten Gegensätze von gut und böse, von süchtigem Verfallensein und Selbstdisziplin, vom lieben Gott und dem teuflischen Terrorismus, von der Koalition der Willigen und der Achse des Bösen kennzeichnen seine Weltsicht. Zitat Bush: »Dies wird ein monumentaler Kampf zwischen Gut und Böse sein. Aber das Gute wird obsiegen« (Woodward 2002, S. 61).

Nicht nur die Terroristen, sondern auch die amerikanische Führung ist einem Fanatismus verfallen, der sich durch ein narzisstisch übersteigertes Selbstbild auszeichnet, so als wollte Bush sagen: »Amerika ist etwas ganz Besonderes, Ungewöhnliches, Einzigartiges. Es ist God's own country. Amerika ist mit einer unermesslichen Machtfülle ausgestattet. Das ist das Einzige, was wirklich zählt. Die Welt soll uns nicht lieben, sondern bewundern oder noch besser fürchten. Amerika gibt sich keine Blöße mehr, zeigt keinerlei Gefühl noch Schwäche. Es vertraut nur auf seine eigene Stärke. Amerika ist misstrauisch und blickt selbst auf seine Freunde und treuesten Verbündeten mit Herablassung, gar Verachtung herab. Wer nicht mit uns ist, ist gegen uns. Wer nicht für uns ist, den kaufen wir, wer sich nicht kaufen lässt, den schieben wir als irrelevant zur Seite. Amerika ist jedenfalls auf niemanden angewiesen. Amerika hat alles unter Kontrolle und vertraut auf nichts und niemanden außer auf seine eigene militärische und ökonomische Macht. Das ist die allein selig machende Idee, der sich der Präsident der Vereinigten Staaten mit Haut und Haaren verpflichtet hat.«

Schon früh war es Bush wichtig, sich die Bedingungen für den Krieg nicht von den anderen Ländern diktieren zu lassen.»Es kann sein«, sagte er, »dass wir irgend wann als einzige übrig bleiben. Ich habe nichts dagegen. Wir sind Amerika« (Woodward 2002, S. 98).

Kohut (1973, S. 533) verweist darauf, dass »die menschliche Aggression (...) dann am gefährlichsten [ist], wenn sie an die zwei großen absolutistischen psychologischen Konstellationen geknüpft ist: das grandiose Selbst und das archaische allmächtige Objekt.« Wenn das grandiose Selbst in seinem Größenwahn und Fanatismus noch durch die Zustimmung eines archaischen allmächtigen Objektes abgesichert und unterstützt wird, geht jeder Selbstzweifel endgültig verloren. Deshalb begegnet man »der grauenhaftesten Zerstörungsgewalt des Menschen (...) nicht in der Form wilden regressiven und primitiven Verhaltens, sondern in Form ordnungsgemäßer organisierter Handlungen, bei denen die zerstörerische Aggression des Täters mit der absolutistischen Überzeugung von seiner Hingabe an archaische allmächtige Figuren verschmolzen ist« (ebd.).

Die narzisstische Wut zeichnet sich von anderen Formen der Aggression dadurch aus, dass bei ihr die Rachsucht, der unerbittliche innere Zwang, ein erlittenes Unrecht, das als narzisstische Kränkung und Scham erfahren wurde, eine hervorragende Rolle spielt. Es besteht ein »grenzenloser Wunsch nach Abrechnung mit dem Beleidiger« (ebd., S. 536 f.) und die Denkfunktion gerät

»völlig unter die Herrschaft (...) des überwertigen Dranges« (ebd., S. 537).

Genau diese Konstellation liegt sowohl bei den Terroristen als auch bei Saddam Hussein und bei George W. Bush vor, und das macht alle drei so gefährlich für die Welt.

Die Spaltung der Welt in »gut« und »böse« gehört zu den zentralen psychologischen Bedingungen des Terrorismus. Die Terroristen können ihr Über-Ich nur ausschalten, indem sie ihren Gegner dehumanisieren und mit dem absolut Bösen gleichsetzen. Wenn umgekehrt der amerikanische Präsident George W. Bush zum »Kampf des Guten gegen das Böse«, gar zu einem »Kreuzzug gegen das Böse«, aufruft, dann folgt er der gleichen psychischen Spaltung, die zu den Ursachen des Problems gehört – nicht zu seiner Lösung.

Wie sollte man auf den Terrorismus, wie auf das Trauma vom 11. September reagieren?

Der Terrorismus ist primär eine »kommunikative Strategie« (Waldmann 1998, S. 13), deren Ziel die »Provokation der Macht« (ebd.) ist. Terrorismus ist die Macht der Ohnmächtigen. Terroristen sind Fanatiker, die zwar selbst eine kommunikative Strategie im Umgang mit ihren Gegnern und mit der Öffentlichkeit verfolgen, und im Fall des 11. September »die ganze Welt als Resonanzraum« (Waldmann 2001, S. 4) benutzten, die sich selbst jedoch nicht oder nur höchst begrenzt kommunikativ beeinflussen lassen. Ihr Fanatismus und ihre paranoide »Festungsmentalität« schirmt sie ab gegen Versuche der Einflussnahme. So wie sich die »paranoide Festungsfamilie«, die wir aus der Familientherapie her kennen, häufig als »therapieresistent« (Richter 1970, S. 224) erweist, so stoßen diplomatische Initiativen bei fanatischen und paranoiden, politischen und religiösen Gruppen meist an unüberwindbare Grenzen. Mit Fanatikern kann man nicht oder nur höchst begrenzt verhandeln. Wenn man sie bekämpft, steigert das ihre narzisstische Wut ebenso, wie wenn man ihnen entgegenkommt oder versucht, ihre Positionen in Verhandlungen aufzuweichen. Ihre Unfähigkeit zum Kompromiss macht sie politikunfähig.

Diese Einschätzung, die ich ursprünglich in Bezug auf die Terroristen formuliert hatte, haben inzwischen eine erschreckenden Wahrheitsgehalt in Bezug auf die amerikanische Regierung bekommen. »Dass Kritik unter Freunden möglich sein sollte«, wie das Gerhard Schröder und Joschka Fischer formulierten, wird zum frommen Wunsch, wenn der Freund fanatisch verbohrt ist und auf jede Kritik mit narzisstischer Wut reagiert. Sogar der Papst stellt die narzisstische Kränkbarkeit des US-Präsidenten in Rechnung, wenn er in seiner Ermahnung, an den Verhandlungstisch zurückzukehren, den Hinweis einbaute, zu verhandeln sei kein Zeichen von Schwäche. Genau dies ist aber die narzisstische Angst von George W. Bush.

Im Kontakt mit Terroristen gilt es vor allem, die Gegenübertragungsfallen zu vermeiden, die ich unter Bezugnahme auf Kernberg schon ausgeführt habe. Man darf sich weder verleiten lassen, rachsüchtig und wutentbrannt zu reagieren, noch darf man die Bösartigkeit der Terroristen unterschätzen. Auf keinen Fall sollte man sich die Logik des eigenen Handelns von den Terroristen aufzwingen lassen, indem man unbewusst ihr paranoides Weltbild übernimmt und ihr aggressiv-ressentimentgeladenes Interaktionsmuster mitagiert. Auch müssen sich die Opfer der Gewalt davor hüten, sich mit dem Angreifer zu identifizieren. Nehmen die Amerikaner eine solche Identifikation mit dem Aggressor vor, gleichen sie sich dem Fanatismus der Terroristen an und werden ebenfalls partiell zu fanatischen Hassern, die ohne Rücksicht auf Verluste in einen Kampf gegen das Böse ziehen. Auch der amerikanischen Regierung könnte es passieren, dass sie sich in dieser Weise mit den Terroristen identifiziert und auf der gleichen Ebene mit den gleichen Mitteln zurückschlägt (vgl. Waldmann 2002). Die militärischen Maßnahmen würden dann im Grunde nicht mehr einer militärischen Logik folgen, sondern die Funktion einer psychischen Stabilisierung übernehmen. Es würde zurückgeschlagen, nicht weil es den »richtigen« Gegner treffen, sondern weil das narzisstische Gefühl der Unverwundbarkeit wieder hergestellt werden soll. Die sachlich-militärische Funktion der militärischen Maßnahmen träte hinter der psychologischen Bedeutung, die narzisstische Kränkung auszugleichen, zurück.

Welche Antwort Amerika auf den Terrorismus findet, hängt davon ab, wie die Amerikaner mit dem erlittenen Trauma umgehen. George W. Bush nahm die Nachricht von der Katastrophe mit unbewegter Miene auf und ließ keinerlei Irritation erkennen, ganz im Unterschied zu Bill Clinton, der in einem Fernsehinterview direkt nach den Angriffen regelrecht erschüttert wirkte. Die totale Abspaltung bzw. Unterdrückung der spontanen Gefühle ist nun gerade kein Kennzeichen einer gelingenden Trauma-Verarbeitung. Im Gegenteil: Soll ein Trauma überwunden werden, ist es notwendig, dass die Phase der Depression und Trauer durchlebt wird. Sie muss zugelassen, sie darf nicht untergedrückt werden (vgl. van der Kolk 2002). Die Amerikaner müssen versuchen, die Geschehnisse psychisch zu integrieren. Es wird ein längerer Prozess der Verarbeitung notwendig sein, der Amerika – aber auch die Weltöffentlichkeit – Wochen, Monate, wahrscheinlich Jahre beschäftigen wird (vgl. Gold 2002). Es muss – auch öffentlich – über die Trauer, Verzweiflung, Wut und diffuse Ohnmacht gesprochen werden. Bei Bush besteht die

Gefahr, dass er durch einen endlosen Bestrafungs- und Rachefeldzug versuchen könnte, das Trauma abzuwehren.

Die Chance zur Globalisierung des menschlichen Mitgefühls

Momentan sind es allen voran die Amerikaner, die lernen müssen zu begreifen, wie verwundbar sie sind – auch und gerade als Weltmacht. Die USA, die größte ökonomische und militärische Macht, die je in der Geschichte der Menschheit existiert hat, erliegt einer kollektiven narzisstischen Grandiositätsphantasie, wenn sie annimmt, sie sei unsterblich, unverwundbar und nicht auf andere Nationen angewiesen. Tatsächlich ist auch die mächtigste Macht der Welt von anderen Nationen und Staaten abhängig und muss sich darauf einstellen, mit den Unterlegenen am Rande der Welt als Partner zu kommunizieren und zusammenzuarbeiten. So wie das Individuum seine eigene Sterblichkeit akzeptieren muss, stellt sich auch dem Kollektiv die Aufgabe, seine Endlichkeit und Verletzlichkeit anzuerkennen, um eine realistische Weltsicht zu erlangen (vgl. Liechty 2002). Narzisstische Kränkungen sind belastend, schwer akzeptabel, gar traumatisierend, aber sie enthalten immer auch Chancen, etwas über uns selbst und unser Verhältnis zur Welt zu erfahren. Amerika könnte aus den schrecklichen Ereignissen vom 11. September die Einsicht gewinnen, dass es auf seine Selbstvergottung verzichten muss. Die ungeheure ökonomische, militärische, politische und kulturelle Macht, über die Amerika verfügt, steht in einem dialektischen Verhältnis zur Ohnmacht: Je fortgeschrittener die wissenschaftlich-technische Entwicklung vorangeschritten ist, je grandioser sich die Erfolge in der Beherrschung der Natur und des Menschen ausnehmen, um so komplexer – und damit auch anfälliger und verletzbarer – sind auch die gesellschaftlichen Prozesse, die damit einhergehen. Die zunehmende gesellschaftliche Komplexität führt einerseits zu einen Zuwachs an Macht, andererseits aber auch zu einer immer größer werdenden Abhängigkeit der Menschen und der Völker untereinander.

Paul Klees Held mit dem Flügel symbolisiert dieses dialektische Verhältnis von Allmacht und Ohnmacht, welches das menschliche Schicksal auszeichnet. »Im Gegensatz zu göttlichen Wesen« ist Klees Held »mit nur einem Engelsflügel geboren« (Klee 1905, zitiert nach Friedel 1995, S. 280). Er »macht unentwegt Flugversuche. Dabei bricht er Arm und Bein, hält aber trotzdem unter dem Banner seiner Idee aus« (ebd.). Dieser zweifelsohne männliche Held verkörpert den narzisstischen »Allmachts-Ohnmachts-Komplex« (Richter 1979), aus dem er keinen Ausweg findet. Ins Auge sticht der Kontrast zwischen »seiner monumental-feierlichen Haltung« und dem »bereits ruinösen Zustand«

(Klee 1905, zitiert nach Friedel 1995, S. 280), in dem er sich in Wirklichkeit befindet. Diese Figur steht als Sinnbild für eine Welt, die sich selbst ihre Lebensgrundlagen entzieht und ihre Selbstzerstörung in dem illusionären Glauben an die eigene Grandiosität und Macht vollendet.

Natan Sznaider (2001) hat die gesellschaftliche Thematisierung der Terrorangriffe mit der Erinnerungskultur an den Holocaust verglichen: »Der Holocaust steht für den Bruch der Zivilisation in der Moderne und die trennende Linie zur Barbarei« (ebd., S. 28). Die gleiche Funktion könnte auch den Terrorangriffen zukommen. Beides birgt eine zivilisatorische Chance: So wie sich der größte Teil der Menschheit darin einig ist, den Holocaust als einen »Zivilisationsbruch«, als das Menschheits-Verbrechen anzusehen, so könnte die Weltöffentlichkeit auch hinsichtlich der Beurteilung des in New York verübten Verbrechens darin Übereinstimmung erzielen, den 11. September zum Symbol für die Notwendigkeit einer globalen Ethik zu nehmen. Diese würde alle Völker, Nationen und Staaten verpflichten, ein neues kulturübergreifendes Selbstverständnis zu entwickeln, um die Zukunft der gesamten Menschheit zu sichern. Konkret würde das beispielsweise heißen, dass die Einsetzung eines internationalen Gerichtshofs rasch vorangetrieben werden sollte.

Wir leben in der historischen Phase der Globalisierung, in der alle Teile der Welt miteinander verknüpft sind. Überall auf der Welt regt sich Widerstand von denjenigen Teilen der Weltbevölkerung, die sich benachteiligt und unterdrückt fühlen. Die terroristischen Akte sind geboren aus der Ohnmacht, jedoch verknüpft mit mächtigen Gefühlen des Triumphes und der Grandiosität. Im Terrorismus und in seiner Bekämpfung verbindet sich der narzisstische Größenwahn der Ohnmächtigen mit dem selbstgefälligen grandiosen Selbstbild der Mächtigen zu einer unheilvollen Kollusion. Da nicht nur Amerika, sondern die ganze Welt von den Terror-Angriffen getroffen wurde, gilt dies nicht nur für die Regierung der USA, sondern alle Gesellschaften müssen sich eingestehen, dass unsere moderne Zivilisation in ihrer Komplexität enorm verletzbar ist. Die ökonomisch und militärisch mächtigen Gesellschaften sollten deshalb ein großes Interesse an dem entwickeln, was in der Psyche der Abhängigen, der Schwachen, der Armen, der Benachteiligten und der Unterdrückten vor sich geht (vgl. Crutchfield, Wadsworth 2002). Die Mächtigen und Privilegierten der Welt sollten die Solidarität und das Mitgefühl, das Amerika nach den Terror-Anschlägen aus allen Teilen der Welt entgegengebracht wird, als Chance nutzen, um zu zeigen, dass sie wirklich an einer gerechteren Welt interessiert sind. Der 11. September könnte ein Anlass sein, die Globalisierung der Weltmärkte zu ergänzen durch eine Globalisierung der Ethik und des menschlichen Mitgefühls.

Literatur

Akhtar, S. (2002): The Psychodynamic Dimension of Terrorism. In: Covington, C.; Williams, P.; Arundale, J. & Knox, J. (2002): Terrorism and War. London (H. Karnac), S. 87–96.

Altmeyer, M. (2001): Nach dem Terror, vor dem Kreuzzug. Spekulationen über das Böse und seine Quellen. In: Kommune, 19. Jhg., Nr. 10/01, S. 11–15.

Beckenbach, N. (2002): Kolossus, die Festung Amerika und das Trauma des 11. September 2001. In: Freie Assoziation 5 (2002), 3, S. 339–346.

Büttner, C. (2001): Mit Gewalt ins Paradies. Psychologische Anmerkungen zu Terror und Terrorismus. In: HSFK Standpunkte 6/ 2001.

Crutchfield, R. D. & Wadsworth, T. (2002): Armut und Gewalt. In: Heitmeyer, W. & Hagan, J. (Hg.) (2002): Internationales Handbuch der Gewaltforschung. Wiesbaden (Westdeutscher Verlag), S. 83–103.

Dauber, H. (2002): Gedanken zum 1. September 2001. In: Freie Assoziation 5 (2002), 3, S. 321–327.

Freud, S. (1915) Zeitgemäßes über Krieg und Tod. In: GW, Bd. X, S. 323–355.

Freud, S. (1930): Das Unbehagen in der Kultur. In: GW, Bd. XIV. S. 419–506.

Friedel, H. (Hg.) (1995): Der Kampf der Geschlechter. Der neue Mythos in der Kunst 1850–1930. Köln (DuMont).

Fromm, E. (1961): Den Vorrang hat der Mensch! Ein sozialistisches Manifest und Programm. In: GA, Bd. V, S. 19–197.

Fromm, E. (1964): Die Seele des Menschen. Ihre Fähigkeit zum Guten und zum Bösen. In: GA, Bd. II, S. 159–268.

Gold, S. (2002): Die Auswirkungen der schweren Traumatisierung auf das Leben in Organisationen. In: Freie Assoziation 5 (2002), 3, S. 347–351.

Goldberg, C. (2002): Terrorism From a Psychoanalytic Perspective. In: Piven, J. S.; Ziolo, P. & Lawton, H. W. (2002): Terror and Apocalypse. Psychological Undercurrents of History. Volume 2. New York (Writer's Showcase), S. 122–152.

Grunberger, B. (1984): Von der Reinheit. In: Grunberger, B. (1984): Narziß und Anubis. Die Psychoanalyse jenseits der Triebpsychologie. Bd. 2. München–Wien 1988 (Verlag Internationale Psychoanalyse), S. 111–131.

Grunberger, B., Dessuant, P. (1997): Narzissmus, Christentum, Antisemitismus. Eine psychoanalytische Untersuchung. Stuttgart 2000 (Klett-Cotta).

Hilgers, M. (2001a): Kranke Hirne. In: psychosozial 85, 24. Jhg., Heft III, S. 107–108.

Hilgers, M. (2001b): Nationale Scham und ihre Folgen. In: psychosozial 85, 24. Jhg., Heft III, S. 109–111.

Hirschmann, K. (2001): Terrorismus in neuen Dimensionen. Hintergründe und Schlussfolgerungen. In: Aus Politik und Zeitgeschichte, B 51 / 2001, S. 7–15.

Hole, G. (1995): Fanatismus. Der Drang zum Extrem und seine psychologischen Wurzeln. Freiburg (Herder).

Kernberg, O. F. (2002): Affekt, Objekt und Übertragung. Aktuelle Entwicklungen der psychoanalytischen Theorie und Technik. Giessen (Psychosozial-Verlag).

Kleine-Brockhoff, Th. (2003): Den Autopiloten auf Krieg gestellt. ZEIT 6/2003.

Kohut, H. (1973): Überlegungen zum Narzißmus und zur narzisstischen Wut. In: Psyche, 27, S. 513–554.

Krech, V. (2002): Opfer und heiliger Krieg. Gewalt aus religionswissenschaftlicher Sicht. In: Heitmeyer, W. & Hagan, J. (Hg.) (2002): Internationales Handbuch der Gewaltforschung. Wiesbaden (Westdeutscher Verlag), S. 1255–1275.

Liechty, D. (2002): The Idol and the Idolizers: Ernest Becker's Theory of Expanded Transference as a Tool for Historical Criticism and Interpretation. With an Addendum on Transference and Terrorism. In: Piven, J. S.; Ziolo, P. & Lawton, H. W. (2002): Terror and Apocalypse. Psychological Undercurrents of History. Volume 2. New York (Writer's Showcase), S. 268–285.

Luczak, H. (2001): Die Macht, die aus der Ohmmacht kommt. In: Geo Epoche. Das Magazin für Geschichte. Schwerpunktthema: Der 11. September 2001, Nr. 7, S. 86–91.

Nitzschke, B. (2001): »Warum hat keiner von all den Frommen die Psychoanalyse geschaffen...?« Sigmund Freuds transkulturelles Erbe. In: http//www.psychosozial-verlag.de.

Ohlmeier, D. (2002): Psychoanalytische Reflexionen zum Terroranschlag in New York am 11. September 2001. In: Freie Assoziation 5 (2002), 3, S. 328–338.

Piven, J. S. (2002): On the Psychosis (Religion) of Terrorists. In: Piven, J. S.; Ziolo, P. & Lawton, H. W. (2002): Terror and Apocalypse. Psychological Undercurrents of History. Volume 2. New York (Writer's Showcase), S. 153–204.

Richter, H.-E. (1970): Patient Familie. Entstehung, Struktur und Therapie von Konflikten in Ehe und Familie. Reinbek (Rowohlt).

Richter, H.-E. (1979): Der Gotteskomplex. Die Geburt und die Krise des Glaubens an die Allmacht des Menschen. Reinbek (Rowohlt).

Safranski, R. (1997): Das Böse oder Das Drama der Freiheit. München (Hanser).

Schirra, B. (2001): Die Schüler des Terrors. In: Die Zeit Nr. 51 vom 13. 12. 2001, S. 15–18.

Der Spiegel 40/2001.

Der Spiegel 8/2003.

Stein, R. (2002): Evil as Love and as Liberation: The Mind of a Suicidal Religious Terrorist. In: Piven, J. S.; Ziolo, P. & Lawton, H. W. (2002): Terror and Apocalypse. Psychological Undercurrents of History. Volume 2. New York (Writer's Showcase), S. 90–121.

Stierlin, H. (1978): Delegation und Familie. Beiträge zum Heidelberger Familiendynamischen Konzept. Frankfurt a. M. (Suhrkamp).

Sznaider, N. (2001): Holocausterinnerung und Terror im globalen Zeitalter. In: Aus Politik und Zeitgeschichte, B 52–53, S. 23–28.

Theweleit, K. (1977): Männerphantasien. 1. Band. Frauen, Fluten, Körper, Geschichte. Frankfurt a. M. (Roter Stern).

Theweleit, K. (1978): Männerphantasien. 2. Band. Männerkörper. Zur Psychoanalyse des weißen Terrors. Frankfurt a. M. (Roter Stern).

Twemlow, S. W., Sacco, F. C. (2002): Reflections on the making of a terrorist. In: Covington, C.; Williams, P.; Arundale, J. & Knox, J. (2002): Terrorism and War. London (H. Karnac), S. 97–123.

van der Kolk, B. A. (2002): Posttraumatic Therapy in the Age of Neuroscience. In: Psychoanalytic Dialogues 12 (2002), 3, S. 381–392.

Volkan, V. D. (1999): Das Versagen der Diplomatie. Zur Psychoanalyse nationaler,

ethnischer und religiöser Konflikte. Gießen (Psychosozial-Verlag).
Waldmann, P. (1998): Terrorismus. Provokation der Macht. München (Gerling Akademie).
Waldmann, P. (2001): »Das spricht für sich«. Die neue Dimension des Terrorismus: Die Täter benutzen die ganze Welt als Resonanzraum. In: die tageszeitung vom 27. 12. 2001, S. 4.
Waldmann, P. (2002): Was war neu an den Anschlägen des 11. September? In: Journal für Konflikt- und Gewaltforschung 4 (2002), 2, S. 7–15.
Wirth, H.-J. (2001): Versuch, den Umbruch von 68 und das Problem der Gewalt zu verstehen. In: Wirth, H.-J. (Hg.), (2001): Hitlers Enkel – oder Kinder der Demokratie? Die 68er-Generation, die RAF und die Fischer-Debatte. Gießen (Psychosozial-Verlag).
Wirth, H.-J. (2002): Narzissmus und Macht: Zur Psychoanalyse seelischer Störungen in der Politik. Gießen (Psychosozial-Verlag).
Woodward (2003): Bush at war. Amerika im Krieg. München (dva).
Wurmser, L. (1989): Die zerbrochene Wirklichkeit. Psychoanalyse als das Studium von Konflikt und Komplementarität. Berlin (Springer).

Globalisierung und Terror – (Un-)bewältigter Neid als Ursprung von Krieg oder Zivilisation?[1]

Ulrich Schultz-Venrath und Rolf Haubl

Einleitung

Der Angriff auf die beiden Tower des World Trade Centers in New York sowie auf das amerikanische Verteidigungsministerium im Pentagon am 11. September 2001 veranschaulichte auf dramatisch-traurige Weise mit den monatelang in den Himmel ragenden Trümmern eine »neue Weltunordnung« (Tibi 2001b), aber auch eine für die Vereinigten Staaten neue traumatische Leere, einen »Leerraum« (Libeskind 1999, S. 3), den die New Yorker treffend »ground zero« – ein Loch im Ich der westlichen Welt – nannten. Der Angriff auf New York war ein Angriff auf eine Stadt, die wohl nicht ganz zu Unrecht als *die* Stadt der Städte gelten kann. Das ist insofern nicht unbedeutend, als Städte zu besonderen menschlichen Kulturleistungen gerechnet werden. Und es war ein Angriff auf ein Sicherheitsgefühl, wie es außerhalb Amerikas kaum gekannt wurde.

Mit dieser neuen Terrorismus-Qualität, die möglicherweise erst den Auftakt für einen neuen, globalisierten Terrorismus darstellt, wurde eine Auseinandersetzungsqualität zwischen islamischem Fundamentalismus und westlicher Politik realisiert und symbolisiert, welche für die meisten Menschen in den Industrienationen an Heftigkeit und Perfektion trotz der verschiedenen religiösen Terrorismus-Vorboten völlig überraschend kam. Wohl deshalb und nicht zuletzt auch aus der tiefen Verzweiflung und Ohnmacht gegenüber diesen Ereignissen wurde diese Tat von zahlreichen Menschen zunächst als eine Handlung verrückt gewordener Muslime und als Inkarnation des Bösen angesehen. Hinter dem Überraschungseffekt – ein spezifisches Merkmal für Terror – stand eine tiefe Unkenntnis des Islam und seiner jüngeren politischen Entwicklungen sowie das Unverständnis, worauf sich derartig tiefer Hass wohl gründen mochte, der 19 überwiegend akademische Muslime zu einer solchen Grausamkeit mit dem Einsatz ihres eigenen Lebens befähigte. Allein die Logistik eines solchen Unternehmens und die enorme Zahl an Opfern sollten jedoch relativ rasch verdeutlichen, dass es sich um alles andere als einen Ausdruck von Irrationalität oder gar Verrücktheit handelte, wie sie hinter einem solchen Anschlag, den man in Windeseile als Kriegserklärung des religiösen Fundamentalismus bezeichnete, allzu rasch vermutet wurde.

Unter religiösem Fundamentalismus wird wissenschaftlich die Politisierung von Religion verstanden. Religiös begründeten Terrorismus bzw. Fanatismus hat es schon immer gegeben: sei es, dass radikalisierte Christen in den USA als Abtreibungsgegner Attentate auf Gynäkologen verübten, sei es, dass radikalisierte Juden, wie z. B. der Arzt Baruch Goldstein 1994 am Grab des Patriarchen in Hebron, auf Palästinenser schossen oder Shoko Asahara unter dem Banner eines radikalisierten Buddhismus einen Giftgas-Anschlag in der Tokioter U-Bahn verübte (Juergensmeyer 2000). Insofern ist der religiöse Fundamentalismus keineswegs nur ein Phänomen des Islam. Fundamentalisten verfolgen unter selektiver Berufung auf offenbarte Schriften das Ziel, eine als ›göttlich‹ gedeutete Ordnung zu errichten, aber es ist ein Trugschluss zu glauben, Fundamentalisten seien Traditionalisten: »Die Tradition, auf die sich die Fundamentalisten berufen, ist eine erfundene« (Tibi 2001b, S. 98). Sie bedienen sich modernsten technologischen Wissens, um ihre Vorstellungen einer neuen Ordnung auf der Welt durchzusetzen; insofern sind sie durchaus »Modernisten« und »keine Traditionalisten« (ebd., S. 74), auch wenn »ihre Moderne nur eine Halbe ist (...)«, weil sie nur deren instrumentelle Errungenschaften, nicht aber den kulturellen Sinngehalt übernehmen (Tibi 2000, S. 15). Die Tatsache, dass sich dies im Augenblick aber überwiegend am Islam beobachten lässt, hat damit zu tun, dass der Islam im Gegensatz zu den meisten anderen Religionen einen Universalitätsanspruch äußert (ebd., S. 6), der auf den universellen ökonomischen Anspruch der westlichen Zivilisation trifft (Tibi 2001a, S. 11). Dies galt zwar lange Zeit auch für das Christentum, welches aber offensichtlich den Anspruch auf eine für alle Menschen gültige Weltordnung im Sinne einer »Gottesherrschaft« aufgegeben zu haben scheint, während sie aktuell als »Hakimiyyat Allah« vom islamischen Fundamentalismus gefordert wird. Dieser für das Christentum seit dem frühesten Mittelalter äußerst schmerzhafte und blutige, inzwischen mehr als 500 Jahre währende Prozess führte das christliche Abendland in die Säkularisation. Da der Islam später als das Christentum in die Geschichte eintrat, stellt sich die Frage, ob er vielleicht eine ähnliche, aber Zeit versetzte Entwicklung durchläuft.

Für viele Muslime bedeutet Weltfrieden jedoch die Islamisierung der Welt; Weltfrieden kann es nach ihrem Verständnis nur unter dem Banner des Islam geben (Tibi 2001a, S. XXVII). Mithin ist eine Säkularisierung, die eine Trennung von Religion und Politik voraussetzt, nicht in Sicht. Stattdessen herrscht eine tiefe Skepsis gegenüber der rasanten naturwissenschaftlichen Entwicklung, die Gott den Menschen entfremde und sie zu der Größenidee verführe, sich an seine Stelle setzen zu können, was Richter (1979) für das christliche Abendland als »Gotteskomplex« beschrieben hat.

Angesichts der dramatischen Ereignisse am 11. September waren die ersten Gedanken, dass die Spaltung der Welt, die möglicherweise schon vorher wahrgenommen hätte werden können und müssen, nun auch für den letzten Erdenbürger dieser Welt real geworden ist, und dass das Trauma der Globalisierung auf seine Verursacher zurückfällt.[2]

Psychoanalytiker und Gruppenanalytiker wurden von den 11. September-Ereignissen ebenso überrascht und überrollt wie die westliche Welt. Sprachlosigkeit angesichts dieses wahr gewordenen Hollywood-Katastrophenfilms, traumatische Verstörung in Identifikation mit den Opfern, aber auch mit den heroischen, letztlich jedoch ohnmächtigen Feuerwehrleuten, Angst um Freunde und Angehörige in New York, aber auch eine von Ungläubigkeit durchsetzte Faszination betraf alle. Die scheinbar ewige Wiederholung der Fernsehbilder mit den zeitlich versetzt auf die Tower zurasenden Flugzeugen, dem Kerosin-Inferno und dem langsamen, dann tosenden In-Sich-Einstürzen der höchsten Gebäude der Welt glich einem postmodernen medialen Opferritual (Haas 2002, S. 57), welches sich mit vielfältigsten Assoziationen, einem Flashback gleich, in die Gedächtnisse aller Menschen der Welt eingravierte und nur wenig später in Form vermehrt zu registrierender Angststörungen und anderer psychosomatischer Erkrankungen als gruppale posttraumatische Belastungsstörung besonders in den USA in Erscheinung trat. So wurde der 11. September mit seinen klinischen Folgen zum Hauptthema des größten amerikanischen Psychiatrie-Kongresses (APA) im Mai 2003 in San Francisco.

Während sich Psychoanalytiker seit Sigmund Freuds Antwort an Albert Einstein »Warum Krieg?« (Freud 1933b) zwar immer wieder mit den Ursachen und psychosozialen Funktionen kriegerischer Auseinandersetzungen theoretisch auseinandergesetzt haben[3], ist die psychoanalytische Auseinandersetzung mit den verschiedenen Spielarten des Terrorismus und des religiösen Fundamentalismus – von wenigen Ausnahmen bisher abgesehen (z. B. Covington u. a. 2002; Volkan 2000) – erst noch am Anfang. Indessen: Die Konflikte zwischen den Kulturen werden sich durch die Globalisierung[4] verschärfen, weil sich durch die politischen Entwicklungen die Grenzen verschieben und durch die technologischen Erfindungen, wie z. B. das Internet, Videokonferenzen, Radio und Fernsehen viele Grenzen sogar auflösen. Nationale Grenzen, damit aber auch der Nationalstaat, verlieren einerseits ihre psychische Bedeutung, weil sich die Völker tatsächlich rascher und intensiver kennen lernen, andererseits begünstigt der Verlust von identifikatorischen Grenzen die Regressionsgeschwindigkeit in Richtung psychotischer Phänomene, wie sie Gruppen- und Organisationsanalytiker gut kennen. Pointiert ließe sich behaupten, dass die Globalisierung einem westlichen und im Wesentlichen durchaus unbewussten Fundamentalismus entspringt und entspricht, aber als solcher verleugnet wird. So forderten die USA bei ihrer Gründung der »internationalen Allianz gegen den Terror« andere Länder dazu auf, sich an einer nachgerade göttlichen Mission zu beteiligen, um »grenzenlose Gerechtigkeit« (Roy 2001, S. 49) herzustellen. Umso größere Irritationen lösten die europäischen Abgrenzungsstrategien bei den Amerikanern aus, als eine grenzenlose Unterstützung ihrer Pläne abgelehnt wurde.

Zahlreich sind die Psychoanalytiker, die sich immer wieder mit der Bedeutung von Grenzen bezüglich der Persönlichkeitsentwicklung und Entwicklung einer Ich-Struktur auseinander gesetzt haben:

> »Grenzen wiederherzustellen, Beschränkungen wiedereinzuführen, bewohnbare Gebiete, in denen es sich auch leben läßt, festzulegen, sind vordringliche psychische und soziale Aufgaben; Beschränkungen und Grenzen, die gleichzeitig Differenzierung und Austausch zwischen den auf diese Weise abgegrenzten Bereichen (wie die Psyche, das Wissen, die Gesellschaft, die menschliche Natur sie darstellen) ermöglichen«. (Anzieu 1991, S. 19)

Pathogene Züge erhalten Grenzsetzungen, wenn sie wie ein Mauerbau oder eine Betonwand keine Transparenz mehr nach außen und/oder innen zulassen; so scheint ein spezifisches Merkmal fundamentalistischer Bewegungen zu sein, Grenzen in Form der Kleiderordnung, eines speziellen Bartwuchses oder spezieller Sprachformen barrikadenartig – ohne offene Beziehung zur Außenwelt – um sich herum aufzubauen (Volkan 2002, S. 167).

Wie es sich mit Grenzen in anderen Teilen der Welt verhält, ist eine psychohistorisch interessante Frage: Sowohl im Orient als auch in Afrika und Asien ist bezüglich der politischen Grenzen oft zu beobachten, dass nach der Auflösung der ursprünglichen Reiche, z. B. des osmanischen Reiches, überwiegend im 19. und 20. Jahrhundert eine koloniale Grenzziehung stattfand, in deren Rahmen die alten osmanischen Provinzen in die neuen europäischen Kolonien Frankreichs und Großbritanniens eingeschlossen wurden. Aus den bisherigen Kolonien wurden auf der Basis kolonialer Grenzziehung Nationalstaaten gebildet, wofür die willkürliche Grenzziehung zwischen Iran, Irak und Kuwait ein besonders eklatantes Beispiel darstellt. Arabische Beduinen, die überall Wasser und Weide suchen, kannten eigentlich keine Grenzen, außer denen ihres Zeltes, ihrer Oase und ihrer beschränkten Reisemöglichkeiten auf ihren Kamelen. Der Islam hat diese tribale, nicht auf eine ›Grenze‹ bezogene Tradition übernommen. Die Grenzenlosigkeit der universalen, transtribalen islamischen Gemeinde ist genau das Gegenteil zum territorial abgegrenzten Staat, ebenso die islamische Auffassung, dass allein Allah der Souverän ist, was im Widerspruch zur Idee der Volkssouveränität steht (Tibi 2001a, S. 106). Obwohl diese traditionelle Grenzenlosigkeit mit der aktuellen strukturellen Globalisierung durchaus vereinbar wäre, muss der heutige Islam gleichzeitig als die zur Zeit am stärksten fragmentierte Zivilisation unserer Zeit angesehen werden.

»Die Gleichzeitigkeit von struktureller Globalisierung und kultureller Fragmentation« (Tibi 1992, S. 23) lässt sich allerdings nicht nur bei den Beduinen beobachten: Der Amüsierbetrieb des westlichen Fernsehens fördert, skeptisch betrachtet, eine psychische Fragmentation in Form von »psychotische(n) Denkstörungen in allen sozialen Dynamiken der Familie, des Instituts, der Großgruppe, der Gesellschaft«, weil ein Unterhaltungsinteresse an »immer weiter gehenden Grenzverschiebungen der Einfühlung in psychotische Affekte und Konzepte« besteht. Dabei kommt es zu einer »Auflösung der stabilsten Gegensätze wie lebendig oder tot, real oder virtuell, zerstörbar oder unzerstörbar«. Das Fremde erscheint in der Gestalt von fast »unzerstörbaren gruseligen Monsterwesen, die nur vernichten wollen«, weshalb der »Sieg des Guten« auch nur »extrem gewalttätig« erzielt werden kann. »Das alles ist ein Einfühlungs-Thrill ins psychotische Erleben als Tagtraumvergnügen« (Beland 2002, S. 22).

Diese weltweit zu beobachtenden Entgrenzungstendenzen werfen methodisch die zentrale Frage auf, ob und inwieweit sie durch klinische Beobachtungen an schweren, insbesondere narzisstischen Persönlichkeitsstörungen erklären lassen – Störungen, die durch das Fehlen einer integrierten Identität bezüglich der Selbst und Objekt-Repräsentanzen sowie durch das Fehlen innerer Grenzen imponieren? Wo solche Grenzen fehlen, wird Nähe unerträglich. So zeigt sich,

> »dass Kindesmisshandlung und Vergewaltigung in der Ehe auf der Rangliste der Gewalttaten ganz oben stehen, dass bei vielen Mord- und Totschlagsdelikten Täter und Opfer aus dem gleichen Umfeld stammen. Kein Zufall auch, dass die grausamsten ethnischen Verfolgungen sich zwischen benachbarten und eng verwandten Bevölkerungsgruppen ereignen. Freud hat das einmal den ›Narzissmus der kleinen Differenzen‹ genannt: je näher man sich kommt, desto größer wird der Fundus enttäuschter Glückserwartungen, uneingelöster Beziehungsansprüche und verletzter Selbstwertgefühle, bis auf der narzisstischen Ebene die tiefste Kränkung des Selbst in die äußerste Wut auf den Anderen (oder in Autoaggression) umschlägt. Es sind gerade Umstände intimer Verwicklung, nicht solche der Fremdheit, unter denen die Kommunikation entgleist (...), die der bösartigen Gewalt in aller Regel vorausgeht«. (Altmeyer 2002)

Deshalb traf die indische Schriftstellerin Arundhati Roy (2001, S. 49) mit ihrer Formulierung, dass Usama bin Laden das amerikanische Familiengeheimnis und »der dunkle Doppelgänger des amerikanischen Präsidenten« sei, in das Mark der westlichen Medienwelt. Denn Usama bin Laden ist das Ergebnis des Versuchs des CIA 1979, den afghanischen Widerstand gegen die sowjetische Invasion mit dem Ziel zu mobilisieren, um die muslimischen Sowjetrepubliken gegen das kommunistische Regime zum Zwecke der Destabilisierung der Sowjetunion zu unterstützen (Bodansky 2001, S. 8 f.). So klingt es wie der Ruf eines Nachbarn, wenn Präsident Bush in seiner Rede vor dem Kongress ausruft: »Die Bürger Amerikas fragen, warum sie uns hassen. Sie hassen unsere Freiheiten – unsere Religionsfreiheit, unsere Redefreiheit, unsere Freiheit zu wählen, uns zu versammeln und nicht immer einer Meinung zu sein« (zit. n. Roy 2001, S. 50). Was er verschweigt: Dieser Hass beruht nicht zuletzt auf dem Missbrauch Usama bin Ladens und seiner Gefolgsleute für die politischen Interessen der USA auf ihrem Triumphzug, den »Papiertiger UdSSR« zu erlegen (Bodansky 2001, S. 17 f.).

Neid: Umwertung aller Werte

Starke Affekte spielen in kriegerischen Auseinandersetzungen immer eine Rolle Im Folgenden konzentrieren wir uns auf den Neid und seine Varianten, da er uns für das Verständnis der aktuellen politischen Auseinandersetzung zwischen westlicher Welt und islamischem Fundamentalismus von zentraler Bedeutung zu sein scheint und bisher zu wenig beachtet wurde. Dies eröffnet zugleich die Frage, ob nicht grundsätzlich (unbewältigte) maligne Neidkonstellationen fundamentalistische Bewegungen induzieren, die keineswegs auf den Islam beschränkt sind, sondern allen Religionen eigen zu sein scheinen. Historisch traten Fundamentalisten in Erscheinung, wenn wissenschaftlicher Fortschritt mit religiösen Überzeugungen kollidierte: »Das Wort Fundamentalismus wurde de facto in den späten 20er-Jahren in den Vereinigten Staaten geprägt« (Volkan 2002, S. 166), in denen zwei Brüder, Lyman und Milton Stewart, als Ölmagnaten von Union Oil ein kleines Büchlein mit dem Titel »The fundamentals« gesponsert hatten, welches unter anderem den Glauben an die Jungfrauengeburt im Christentum und den Glauben an Wunder hochhielt. Menschen, die nach dieser Lehre lebten, nannte man Fundamentalisten (Volkan 2002, S. 166).

Zu den psychologischen Gründen gewaltsamer Auseinandersetzungen zählen Hass, Gier und Rache, wobei die Rache im jüngsten Irak-Krieg als Folge des 11. Septembers und des nicht gewonnenen Golfkriegs 1991 unbewusst ausagiert wurde. Darauf verweist auch die Überdeterminierung der verschiedenen Kriegsargumente, die allesamt wenig rational klingen und sich, was etwa das Argument der Massenvernichtungswaffen betrifft, bis heute nicht bestätigen ließen. Die Gier hat als übertriebenes, unkontrollierbares und kaum zu befriedigendes Verlangen schon immer, »direkt oder indirekt eine große Rolle als Kriegsmotiv gespielt«, nicht zuletzt »in seiner (psychoanalytisch gesprochen) ›oralen‹ Bedeutung: unersättliches Verlangen nach Nahrungs- und Genußmitteln, finanziellen Mitteln, Reichtümern, Besitzungen (...)« (Mentzos 1993, S. 173), aktuell in Form von Öl. Indessen sind Hass, Gier und Rache meist mit feindselig-schädigendem Neid als ihrem eigentlichen Beweggrund verbunden.

Neid oft als Futter-, Penis-, Gebär-, Bruder-, Geschwister-, Geschlechter-, Sexual- und Sozial-Neid konnotiert, scheint trotz des Kursbuchs über »Die Neidgesellschaft« (Michel 2001) in der sozialpsychologischen und philosophischen Debatte wenig Interesse zu finden (Spillius 1993, S. 1199). So taucht er z. B. weder als Begriff unter den affektpsychologischen Aspekten menschlicher Destruktivität (Krause 2002) noch auf der Magdeburger DGPT-Tagung über »Gewalt und Zivilisation« auf, die kurz nach dem 11.September 2001 stattfand (Schlösser & Gerlach 2002).

Wenn Neid bis heute gesellschaftlich eher verleugnet wird, dann mag das eine Folge einer bis heute noch wirksamen Tabuisierung durch das Christentum sein, welches den Neid zu den sieben Todsünden rechnete und dämonisierte (Haubl 2001, S. 35 ff.). So heißt es im alttestamentarischen Buch der Weisheit (2, 24): »Doch durch den Neid des Teufels kam der Tod in die Welt, / und ihn erfahren alle, die ihm angehören«. Diese Sentenz spielt auf den Mythos der Vertreibung aus dem Paradies an, in welchem der Teufel in Gestalt der Schlange seinen eigenen Neid auf Adam und Eva überträgt, indem er ihnen das neidische Begehren weckt, sein zu wollen wie Gott. Im Neuen Testament setzt sich die Verteufelung des Neides fort. So verurteilen die Briefe des Paulus, des Wortführers der neuen Theologie, den Neid als eine Leidenschaft, die letztlich darauf abziele, Gott die ihm gebührende Anerkennung seiner ›Rechtsordnung‹ (Römer 1,32) zu verweigern (Haubl 1999, S. 18). Infolgedessen trage Neid maßgeblich dazu bei, dass es auf der Welt ungerecht zugehe: Der Neider gefährde den Zusammenhalt der christlichen Gemeinschaft, weil er zu keiner Nächstenliebe fähig sei, sondern dem »Eigennutz« diene, was »Streit«, »Spaltungen« und »Parteiungen«(Galater 5, 19 ff.) herbeiführe. Dafür »verdient [der Neider] den Tod« (Römer 1,32).

Auch Freud (1919h, S. 252) betont diese feindselig-schädigende Seite des Neides:

> »Wer etwas Kostbares und doch Hinfälliges besitzt, fürchtet sich vor dem Neid der anderen, indem er jenen Neid auf sie projiziert, den er im umgekehrten Falle empfunden hätte. Solche Regungen verrät man durch den Blick, auch wenn man

> ihnen den Ausdruck in Worten versagt, und wenn jemand durch auffällige Kennzeichen, besonders unerwünschter Art, vor den anderen hervorsticht, traut man ihm zu, daß sein Neid eine besondere Stärke erreichen und dann auch diese Stärke in Wirkung umsetzen wird.«

Kein Wunder also, wenn Neidlosigkeit als eine christliche Tugend angesehen wurde. Der Querdenker und Philosoph Friedrich Nietzsche vertrat in seiner »Genealogie der Moral« ([1887] 1976) die interessante These, dass das Christentum – und man könnte aus heutiger Sicht gut ergänzen: der Sozialismus als Programm der Neidvermeidung – letztlich aus verdrängtem Neid entstanden sei: Dessen um Nächstenliebe zentriertes Wertsystem sei das Resultat eines »Sklavenaufstand[es] in der Moral« (Nietzsche 1976, S. 263). Die Urchristen hätten sich gegenüber den Römern derart ohnmächtig gefühlt – islamischen Fundamentalisten mag es dem kapitalistischen Westen gegenüber ähnlich ergehen –, dass sie sich nur wehren konnten, indem sie das um Vitalität zentrierte römische Wertsystem verachteten, obwohl sie es eigentlich begehrten. Dieser Konflikt, so Nietzsche, sei durch eine Verdrängung des Neides gelöst worden. Verdrängter Neid aber kehre als Ressentiment wieder. Die Verdrängung lässt den Neid unerkannt überdauern; hinter einer Fassade von Friedfertigkeit verfolgten ressentimentgeladene Personen diejenigen, die sie uneingestanden beneiden, mit Argwohn, Missgunst oder gar Hass und Vernichtungsimpulsen.

Transgenerationeller Neid

Am Anfang war der Neid eine Angelegenheit Gottes, bzw. der Götter. So ist es die Übertretung eines Verbots – bzw. eines negativen Rituals (Haas 2002, S. 251) –, welche die erste Neid-Reaktion Gottes hervorruft. Analog zu den Göttern, welche »noch nicht als moralisch handelnde Wesen gedacht, sondern als Verkörperungen von Naturmächten« (Hartung 2001, S. 76) angesehen wurden, neiden nicht die Menschen den Göttern das ewige Leben, sondern jene den Menschen das Dasein. So müssen die antiken Götter das Glück der Menschen voller Neid verfolgen und zerstören, wenn sie es für maßlos halten. Mit wohl überlegten Opfern mussten sich die Menschen vor dem bösen Blick der Götter hüten, welche »die schöne Jugend, das Glück oder die künstlerische Einmaligkeit der Menschen nicht ertragen konnten« (ebd., S. 76). Insofern ist der Neid der Götter bzw. der Höheren, wie auch der Neid Gottes auf Adam und Eva, der *Ur-Neid*. Das erste Buch Mose mit seiner Schöpfungsgeschichte enthält also bereits ein transgenerationelles Narzissmus-Neid-Problem. Es ist die (phallische) Schlange, welche dann im Mittelalter die Invidia-Personifikationen wohl am häufigsten begleitet (Haubl 2001, S. 116 f.), denn sie hat Eva dazu verführt, Gottesverbot zu missachten, von den Früchten des Apfelbaumes zu essen, der inmitten des Paradieses stand. Mit der Schlange wird der Neid auf die Allmacht Gottes symbolisiert, der zur Verletzung der paradiesisch-fusionären Zustände Gottes führt. Dies hat nicht nur die Verfluchung der Schlange durch Gott, sondern auch erste, erstaunliche Racheimpulse und Bestrafungsaktionen Gottes gegenüber Eva (»ich will dir viel Schmerzen schaffen, wenn du schwanger wirst«) und gegenüber Adam (»verflucht sei der Acker um deinetwillen, mit Kummer sollst du dich darauf nähren dein Leben lang«) einschließlich der Vertreibung aus dem Garten Eden zur Folge.

Transgenerationeller Neid findet sich auch in der Laios-Oedipus-Geschichte, wo Laios beabsichtigt, Oedipus zu töten, weil er die geweissagte vorzeitige Rivalität mit seinem Sohn fürchtet (Blos 1987, S. 430), desgleichen in der Geschichte von Dädalus und Ikarus (von Ranke-Graves 1987, S. 283): Dädalus, der kunstfertigste Athener Baumeister und Bildhauer seiner Zeit, war ebenso kunstreich wie eitel und eifersüchtig.

> »Die Untugend verführte ihn zum Verbrechen und trieb ihn ins Elend. Er hatte einen Schwestersohn, namens Talos, den er unterrichtete und der noch herrlichere Anlagen zeigte als sein Oheim und Meister. Dädalus begann zu fürchten, der Name des Schülers möchte größer werden als der des Lehrers; der Neid übermannte ihn, so daß er den Knaben von Athenes Burg hinabstürzte«. (Schwab 1990, S. 42)

Dies war Anlass für seine Festnahme, Verurteilung und Flucht auf die Insel Kreta, von der er nach anfänglicher Wertschätzung durch König Minos schließlich mit seinem Sohn Ikarus doch erneut fliehen musste: »›Mag mich Minos zu Land und Wasser absperren, die Luft bleibt mir offen! So viel der König vermag, über sie hätte keine Gewalt. Durch die Luft will ich fliehen!‹« (ebd., S. 43). Dädalus passte seinem Sohn und sich selbst Vogelfedern von verschiedenster Größe mit Fäden und Wachs an den Leib an, um schließlich seinen Sohn zu ermahnen, weder zu tief noch zu hoch zu fliegen, um sich nicht zu gefährden.

> »Anfangs ging es gut. Schon waren sie an der Insel Samos zur Linken, bald an den Eilanden Delos und Paros vorbei. Noch mehrere Küsten sahen sie schwinden. Da verließ der Knabe Ikarus den väterlichen Führer und wagte sich in verwegenem Übermute mit seinem Flügelpaar zu höheren Schichten. Die Strafe blieb nicht aus. Die Nachbarschaft der Sonne erweichte mit ihren allzu kräftigen Strahlen das Wachs, das die Fittiche zusammenhielt. Bevor Ikarus es bemerkte, waren die

> Flügel aufgelöst und sanken zu beiden Seiten von den Schultern. Der Unglückliche schwang seine nackten Arme, dann stürzte er in die Tiefe (...) Der ermordete Talos war gerächt«. (ebd., S. 44)

Mythologien und Mythen stellen natürlich die Frage nach dem Sinn der Verbote. »Ohne Tabus und deren hindernde Grenzsetzungen wachsen Neid und Rivalität« (Haas 2002, S. 251). Verlieren sie an Legitimation, will jeder haben, was der andere hat.

Kain und Abel – Bruderneid als Ursprung von Zivilisation

Die für uns relevante Bruder-Neiddynamik lässt sich am Bibeltext herausarbeiten, trotz der Einschränkung, dass der Originaltext nicht zur Verfügung steht und dass wir uns auf hebräische Bibelschriften aus dem Mittelalter beschränken müssen (Haubl 2001, S. 44).

Adam und Evas Söhne werden nach der Vertreibung aus dem Paradies geboren.

»Kain ist der erstgeborene, Abel der zweitgeborene Sohn: ›Adam erkannte Eva, seine Frau; sie wurde schwanger und gebar Kain. Da sagte sie: Ich habe einen Mann vom Herrn erworben (Genauer: ich habe einen Mann erschaffen mit Jhwh [= Gott]).‹ Sie gebar ein zweites Mal, nämlich Abel, seinen Bruder.« Beide sind ein ungleiches Brüderpaar, was in ihren verschiedenen Berufen und damit auch verschiedenen Lebensweisen zum Ausdruck kommt: »Abel wurde Schafhirt und Kain Ackerbauer«. Als erste nach-paradiesische Generation verkörpern Kain und Abel sowohl den historischen Menschen als auch den Neid des Erstgeborenen. »Nach einiger Zeit«, so heißt es, »brachte Kain dem Herrn ein Opfer von den Früchten des Feldes dar; auch Abel brachte eines dar von den Erstlingen seiner Herde und von ihrem Fett. Der Herr schaute [wohlgefällig] auf Abel und sein Opfer, aber auf Kain und sein Opfer schaute er nicht [wohlgefällig].«

Manche werden sich an diesem Punkt der Erzählung an bestimmte Bilder erinnern: Auf dem einen sieht man den Rauch von Abels Opferfeuer steil zum Himmel aufsteigen, auf dem anderen den Rauch von Kains Opferfeuer dagegen in Bodennähe verbleiben – Bilder, die uns im Rahmen unseres Themas unwillkürlich an die schwelenden Ruinen der einst steil gegen den Himmel aufragende Tower denken lassen. In der Bibel steht von den Rauchzeichen kein Wort. Sie sind spätere illustrative Hilfestellungen, die dem Bedürfnis der Gläubigen entgegenkommen, Antwort auf die Frage zu erhalten, woran denn zu sehen war, dass der Herr Abels Opfer annahm und Kains Opfer verwarf. Der biblische Text bleibt diese Antwort schuldig. Und noch beunruhigender:

er schweigt sich auch darüber aus, warum Gott den einen Bruder dem anderen vorzieht!

Dass Kain diese Zurücksetzung nicht unberührt lässt, versteht jeder: »Da überlief es Kain ganz heiß, und sein Blick senkte sich.« Was mag er gefühlt haben? Die beschriebenen Merkmale lassen sich als körperlicher Ausdruck von Beschämung, Wut und Neid ansehen. Da uns der biblische Text nicht erklärt, dass sich Kain etwas habe zuschulden kommen lassen, was seine Zurücksetzung rechtfertigt, erleben wir in Identifikation mit ihm Gottes Urteil als einen empörenden Akt der Willkür.

Und das umso mehr, geht man einem versteckten Hinweis nach: Wenn Kains Opfergabe lediglich als ›Früchte des Feldes‹ beschrieben wird, es von Abels Opfergabe aber heißt, sie bestünde aus den ›Erstlingen seiner Herde‹ [= Lämmern] sowie aus deren ›Fett‹, dann klingt das für Abel nach einem fruchtbareren Ertrag. Folglich würde Gott den erfolgreicheren Bruder auch noch zusätzlich belohnen, obschon der doch durch seinen größeren Erfolg bereits belohnt worden ist. Zudem dürfen wir – zumindest wissen wir es nicht anders – unterstellen, dass Kain sich nicht weniger angestrengt hat als Abel. Folglich würde er doch wohl eher Trost und Ermutigung verdienen. Oder sollen wir bei Kain ein schuldhaftes Versagen mutmaßen, das zwar Gott, aber nicht uns bekannt ist? Vielleicht konkurrieren die Brüder auch um Gottes Wohlgefallen. Und Gott zeichnet lediglich den Sieger in dieser Konkurrenz aus. Aber auch eine solche Lesart bleibt bloße Spekulation. Denkt man jedoch an eine Konkurrenzbeziehung zwischen den beiden Brüdern, dann muss diese nicht zuvor bestanden haben; sie könnte auch erst durch Gottes Ungleichbehandlung – zumindest bei Kain – provoziert worden sein.

Der biblische Text thematisiert nicht, wer warum welchen Erfolg hat – und unter welchen Bedingungen ein Erfolg verdient ist. Er setzt schlichtweg voraus, dass es im Leben der Menschen immer wieder die Ungleichverteilung von Gütern geben wird, ob diese nun im einzelnen gerecht oder ungerecht sein mag. Insofern führt der biblische Text Ungleichverteilung als eine existenzielle Grundsituation ein, an deren Bewältigung sich die Humanität des Menschen erweisen muss.

Für Kain war die Messlatte der Humanität aus verschiedensten Gründen, die allerdings nur spekuliert werden können, zu hoch:

> »Hierauf sagte Kain zu seinem Bruder Abel: ›Gehen wir auf's Feld!‹ Als sie auf dem Feld waren, griff Kain seinen Bruder Abel an und erschlug ihn. Da sprach der Herr zu Kain: ›Wo ist dein Bruder Abel?‹ Er entgegnete: ›Ich weiß es nicht. Bin ich der Hüter meines Bruders?‹.« Sich unwissend zustellen, hilft aber nicht.

»Der Herr sprach: ›Was hast du getan? Das Blut deines Bruders schreit zu mir vom Ackerboden‹«.

Und diese Bluttat hat gravierende Auswirkungen: »›So bist du verflucht, verbannt vom Ackerboden, der seinen Mund aufgesperrt hat, um aus deiner Hand das Blut deines Bruders aufzunehmen. Wenn du den Ackerboden bestellst, wird er dir keinen Ertrag mehr bringen. Rastlos und ruhelos wirst du auf Erden sein‹.« Hier wird weniger auf ein Schuldgefühl verwiesen als auf die anhaltende Vorsicht, die ein Mörder aufbringen muss, um der Gewalt derer zu entgehen, die den Mord rächen wollen. Denn Gewalt zieht Gewalt nach sich, sodass keine Ruhe bleibt, den Acker ertragreich zu bestellen. Wer den Bruder ermordet, wird selbst ohne Brüderlichkeit leben müssen. Kain weiß, dass er von nun an vogelfrei ist. »Kain antwortete dem Herrn: ›Zu groß ist meine Schuld, als dass ich sie tragen könnte. Du hast mich heute vom Ackerland verjagt, und ich muss mich vor deinem Angesicht verbergen; rastlos und ruhelos werde ich auf der Erde sein, und wer mich findet, wird mich erschlagen.‹« Daraufhin versieht Gott Kain mit einem Stigma [= Zeichen], das als Kainsmal sprichwörtlich geworden ist. Meist aber wird es ganz entgegen den Aussagen des biblischen Textes verstanden: als ein Zeichen, das Kain aus der Gemeinschaft der Menschen ausschließt. Im Text aber heißt es anders: »Der Herr aber sprach zu ihm: ›darum soll jeder, der Kain erschlägt, siebenfacher Rache verfallen.‹ Darauf machte der Herr dem Kain ein Zeichen, damit ihn keiner erschlage, der ihn finde«.

Der Brudermörder sollte folglich nicht zu einem Unmenschen erklärt werden. Er sollte als Mensch seinen Mitmenschen ein Symbol der Warnung bleiben, dass Mord zwar unmenschlich, gleichzeitig aber auch in dem Sinne menschlich ist, dass Menschen immer fähig sind, einen Mord zu begehen. Zudem galt es, eine Eskalation der Gewalt zu verhindern. Insofern gemahnte das Kainsmal, auf Rache zu verzichten und sich so zu beherrschen, wie sich bereits Kain seinem Bruder gegenüber hätte beherrschen müssen. Damit wurde erneut ein prinzipieller Gewaltverzicht als notwendige Bedingung von Brüderlichkeit herausgestellt.

Hier könnte die Erzählung enden. Streng genommen endet sie aber nicht an dieser Stelle. Denn der biblische Text weiß noch zu berichten, dass Kain später eine eigene Familie und eine eigene Stadt gründet: »Kain erkannte seine Frau; sie wurde schwanger und gebar Henoch. Kain wurde Gründer einer Stadt und benannte sie nach seinem Sohn Henoch.« So macht Kain von sich reden. Über Abel verliert der Text kein weiteres Wort. Das ist einigermaßen irritierend, zumal – wie eingangs schon gesagt – Stadtgründungen als kulturelle Höchstleistungen gelten dürfen. Soll das so verstanden werden, dass nur ein

Kain, der fähig ist, einen Mord zu begehen, auch die Kraft zu solchen Leistungen hat, während ein Abel zwar folgsam, dafür aber unkreativ bleibt? Damit würde der menschlichen Aggression eine ambivalente Qualität zugeschrieben werden: sie kann Werte schaffen und Werte zerstören; es hängt davon ab, wie Menschen sie gebrauchen.

Als alternative Interpretation bietet sich an: Der Aufbau einer Stadt darf als kulturelle Höchstleistung gelten, weil Städte einen Schutz- und Sicherheitsraum mit Entwicklung des menschlichen Gemeinschaftslebens bieten, in dem nicht nur Verwandte, sondern Fremde so gewaltfrei wie möglich vereint werden. Mithin tritt Kain für das Prinzip ein, das er einst selbst verletzt hat. Diesem Prinzip verdankt er – durch Gottes Zeichen geschützt – auch sein eigenes Leben. Infolgedessen erscheint seine Stadtgründung als ein Akt der Dankbarkeit und Wiedergutmachung, die von der Einsicht in die Notwendigkeit, brüderlich – oder besser, weil allgemeiner: geschwisterlich – zusammenzuleben, getragen ist.

Bekanntlich ist Freuds Kernaussage in *Totem und Tabu*, dass Kulturen sich auf einen Mord gründen, sehr umstritten. Aber nicht nur Mythen wie Kain und Abel, sondern auch die realgeschichtliche Analyse – etwa von Opferritualen – bestätigen, dass Kultur durch »Transformation der Gewalt« (Haas 2002) entsteht.

Im Lichte des biblischen Mythos betrachtet war der Anschlag auf New York ein Anschlag auf den feindlichen Bruder und auf die Stadtkultur, die im Gegensatz zur ländlichen Blut- und Bodenkultur gerade nicht auf der überwiegend inzest-getränkten Brüderlichkeit, sondern auf dem gesetzten positiven Recht, vor dem alle gleich sein sollen, wie auf einem Fundament ruht. »Wem dabei die Rolle von Kain, wem die von Abel zufällt, könnte je nach Perspektive variieren«, denn »im gegenwärtigen Zustand unsicherer Abgrenzung agieren beide Parteien auf einem narzisstischen Niveau von Selbsterhaltung und Zerstörungswut« (Jappe 2003, S. 40).

Spätestens an dieser Stelle muss darauf hingewiesen werden, dass nicht nur Kains Neid, sondern auch Abels Absicht, möglicherweise sogar seine »Lust, Neid zu erregen« (Haubl 2001, S. 159 f.) für die tödliche Auseinandersetzung bedeutend war. Dieses Motiv, dass im Verhältnis von Orient und Okzident psychohistorisch schon immer wirksam gewesen sein dürfte, wurde von Psychoanalyse und Gruppenanalyse noch wenig untersucht. Dabei weisen zahlreiche Sprichwörter auf die Rolle des Beneidet-werden hin, wie z. B.: »Besser beneidet als beklagt«, »Was einem der Neid nachsagt, hört man gern« oder Lichtenbergs (1994, S. 530) hintergründige Formulierung »Hingegen ist mir zu wenig an dem Lob der Leute gelegen, ihr Neid wäre allenfalls das einzige, was mich noch freuen würde«. Vielleicht rührt die Vernachlässigung dieses

Themas daher, das Psychoanalyse und Gruppenanalyse in Konkurrenz mit dem Szientismus eine eigene unbewältigte Neid-Geschichte haben.

Dabei ist materielle Ungleichverteilung nur ein Neiderreger unter anderen. Vielleicht sogar nur ein vordergründiger, da es im biblischen Mythos primär um Anerkennung geht. Insofern greift Fromm (1980, S. 142 f.) zu kurz, wenn er Neid an Privateigentum und die Überwindung des Neides an die Überwindung des Privateigentum bindet:

> »Die prähistorischen Jäger und Ackerbauern hatten keine Gelegenheit, ein leidenschaftliches Besitzstreben oder Neid gegenüber den Besitzenden zu entwickeln, weil es einen privaten Besitz, nach dem man hätte streben können, gar nicht gab, und weil die wirtschaftlichen Unterschiede so geringfügig waren, daß sie kaum Neid erregen konnten. Im Gegenteil war die damalige Lebensweise dazu angetan, die Zusammenarbeit und ein friedliches Miteinanderleben zu fördern.«

Fromms Konzentration auf die ökonomische Neiddimension verkennt, dass es eine Vielzahl von Möglichkeiten für narzisstische Kränkungen gibt, die malignen bzw. destruktiven Neid hervorrufen können.

Wenn man die Geschichte von Kain und Abel gegen den Strich liest und damit die Spaltung in einen eindeutig guten Abel und einen eindeutig bösen Kain aufhebt, liegt der Schluss nahe, das sich Abel durchaus unsolidarisch verhielt, indem er seinem älteren Bruder nicht half, über die Zurücksetzung durch Gott hinwegzukommen. Dadurch erlebt Kain seine Zurücksetzung erst als tiefe Beschämung, weil Abel allein der göttlichen Autorität zugewandt gewesen war. Wenn man aber Abel als gehorsamen, konservativen und gesetzestreuen Stellvertreter Gottes ansieht, wäre seine Tötung ein Stellvertreter-Tod für Gott. Kain dagegen trägt den Stachel seiner Mutter, vom verbotenen Baum die Früchte gegessen zu haben, in sich, um auf diese Weise gegen die Allmacht Gottes zu protestieren, die Gott für sich in sehr drastischer Weise in zahllosen Beispielen immer wieder reklamiert.

Zur Psychodynamik des Neides

Zwar schreibt bereits Augustinus (1958, S. 32) in seinen *Confessiones*: »Hab ich doch mit eigenen Augen einen eifersüchtigen Knaben gesehen: noch konnte er nicht sprechen und schon blickte er bleich vor Neid und Zorn auf seinen Bruder, der mit ihm an der Mutterbrust lag«. Dennoch zählt Neid nicht zu den »Grundaffekten« (Moser & von Zeppelin 1996, S. 72). Vielmehr wird er neben »Empathie, Peinlichkeit, Vulgarität, Stolz, Scham und Schuld« gestellt, das heißt: Er setzt eine »symbolische kognitive Repräsentanz des eigenen Selbst« (Lewis 1992, zit. n. Krause 1998, S. 35) voraus, die sich erst mit dem 18. Monat bildet. Zu diesem Zeitpunkt erfolgen auch die ersten sozialen Vergleiche, die dem Neid zugrunde liegen: »Neid ist selbstreferentiell, das Objekt ist Vergleichsobjekt« (Moser & von Zeppelin 1996, S. 73).

In der jüngeren psychoanalytischen Theorie- und Konzeptbildung wird Neid als ubiquitärer, entwicklungspsychologisch modifizierter (komplexer) Gefühlszustand konzipiert (Boris 1991, S. 115), der nicht leicht zu ertragen ist und deshalb meist verdrängt wird. Wohl deshalb ist die Redewendung »neidisch sind immer nur die anderen«, auch zutreffend. Ein vermittelnder Gefühlszustand in der Verdrängung des Neides ist die Scham. Sie ist es, »die eine dem beneideten Objekt geltende positive Zuwendung generiert. Die affektive Beziehung wird dann durch Bewunderung gekennzeichnet sein« (Moser & von Zeppelin 1996, S. 74). Wird Neid in Bewunderung transformiert, erfährt diese aber eine Entstellung. Die neidische Person vermag die beneidete Person nicht wirklich vorbehaltlos anzuerkennen, weil sie unfähig ist, sich selbst anzuerkennen, da sie ihr Selbst entwertet und wertlos erlebt. Auf Grund dieser Unfähigkeit gelingt es ihr nicht, die beneidete Person für eine Erweiterung der eigenen Entwicklungsmöglichkeiten zu gebrauchen. Etchegoyen & Nemas (2003) haben dies am Beispiel von Salieri, dem Gegenspieler zu Mozart, zeigen können (vgl. auch Haubl 2001, S. 108 ff.).

Klinisch bleibt ein Neidgefühl unauffällig, solange die Hoffnung besteht, irgendwann einmal das begehrte Gut zu bekommen. Probleme größerer Art entstehen erst, wenn diese Hoffnung schwindet. An einem solchen Punkt muss die neidische Person entweder ihr Begehren oder ihre Hoffnung aufgeben. Oder sie sucht nach Kompromissmöglichkeiten, die in dem phantasierten oder – wenn möglich – tatsächlich herbeigeführten Unglück der beneideten Person besteht. Da Schuldgefühle dabei ausbleiben, spricht Spillius (1993, S. 1210) von einem »Neid ohne Reue (impenitent envy)«, der in Anbetracht der Vielzahl ungleich verteilter Güter »zu einem chronischen Zug einer antisozialen Persönlichkeit werden [kann]« (Moser & von Zeppelin 1996, S. 74). Eine solche Persönlichkeit ist ressentimentgeladen, wobei ihr narzisstischer Rückzug nicht darüber hinweg täuschen darf, dass ihre Entwertungstendenz Ausdruck einer phantasierten omnipotenten Kontrolle ist.

Karl Abraham (1920 [1982], S. 80) war der erste Analytiker, der Neid mit der narzisstischen Entwicklung assoziierte: So achtet ein Kind sorgfältig auf seinen Besitz und beobachtet eifersüchtig den Besitz anderer Kinder, hat es weniger, spürt es Feindseligkeit und den Impuls, den größeren Besitz zu rauben. Wirklich einflussreich aber wurde erst die Theorie von Melanie Klein (1952c, S. 134), deren radikaler Blick auf die Psyche des Säuglings Neid und

Gier zusammen denkt: »Neid scheint der oralen Gier unauflöslich innezuwohnen. Meine analytische Arbeit hat mir gezeigt, daß sich der Neid (im Wechsel mit Gefühlen der Liebe und Befriedigung) zunächst gegen die nährende Brust richtet. Zu diesem primären Neid gesellt sich die Eifersucht, sobald die Ödipussituation auftaucht«.

Der wesentliche Unterschied zwischen Gier und Neid besteht für Klein (1957b, S. 290) darin, dass die Gier vor allem die Introjektion, der Neid aber die Projektion begleitet. Wenig später wird Neid als ein oral-sadistischer und anal-sadistischer Ausdruck destruktiver Impulse erklärt, der mit Beginn des Lebens vorhanden sei und eine konstitutionelle Basis habe (ebd., S. 283), womit sie eine psychogenetische Parallele zum animalischen Futterneid als Selbsterhaltungsprinzip zieht.

Darüber hinaus unterscheidet Klein zwischen Neid und Eifersucht. Neid sieht sie entwicklungspsychologisch vor der Eifersucht lokalisiert. Neid setze zwei Personen voraus, wobei die eine begehrte, was die andere hat. Er ist hauptsächlich durch ein überwältigendes Gefühl von Hass charakterisiert, der auch gegen jemanden gerichtet sein könne, der durchaus geliebt wird. Da Neid von Geburt an vorhanden sei, richte er sich zunächst gegen die Brust der Mutter und später gegen die Mutter. Eifersucht dagegen benötige die Repräsentanz von drei Personen, weshalb ihr Auftreten anzeige, dass eine hinreichend gute psychische Entwicklung vonstatten gegangen sei: »Eifersucht basiert auf Liebe und zielt auf den Besitz des Liebesobjekts und/oder die Entfernung des Rivalen« (Segal 1964, S. 40). Maligner bzw. destruktiver Neid dagegen sei die Beibehaltung oder die regressive Wiederbelebung des frühkindlichen mörderischen Hasses (»es darf niemand anderen geben!«), der häufig durch Projektion, Verkennung, fixe Ideen und Wahnformationen abgewehrt wird. Klinisch beinhaltet dieser Neid die unbewusste Vorstellung, das begehrte Gut werde einem willkürlich vorenthalten oder man sei darum beraubt worden. Insofern ist maligner bzw. archaischer Neid ein spezifisch pathogenes Symptom der narzisstischen (oder schizoiden) Persönlichkeitsorganisation und der psychotischen Störung.

Archaischer Neid bleibt gegenüber analytischer Behandlung nicht selten resistent (Shengold 1994, S. 615). Aus demselben Grund ist er die Wurzel negativer therapeutischer Reaktionen (Klein 1957b, S. 296). Die entsprechenden Patienten äußern sich in der klinischen Situation, wenn sie ihren Widerstand nicht überhaupt in Somatisierung ausdrücken, mit den Worten: »Ich will hier keine Heilung kriegen, weil das ein Supererfolg für Sie wäre. Ich kann Ihnen nämlich einfach wegsterben. Dann zeigt sich, daß die Analyse ein Kasperletheater ist« (Hering 1999, S. 750).

Archaischer Neid wird in der Tradition Kleins als ein Ausdruck der paranoid-schizoiden Position und als ein Abkömmling des Todestriebs angesehen (Meyer 1996, S. IX). Es wäre eine sehr interessante und theoretisch verdienstvolle Arbeit für die Zukunft, das von Freud (1920g) vertretene, aber auch sehr umstrittene Todestrieb-Konzept durch das Konzept eines malignen, bzw. destruktiven Neides zu neuem – bindungstheoretischem – Leben zu erwecken, wobei an die Arbeiten von Rosenfeld (1990) zum destruktiven Narzissmus angeschlossen werden könnte. Eine Möglichkeit wäre, den Todestrieb nicht als Gegenentwurf zum Eros, sondern mit den objekt-selbstzerstörerischen Anteilen des archaischen Neides als Charakteristikum einer besonderen pathologischen Organisation anzusehen (Steiner 1993, S. 30). Psychoanalytiker kennen diese pathologischen Organisationen, wenn Patienten unerträglich häufig fast in jeder Sitzung darauf hinweisen, dass die Analyse bei ihnen nichts erreichen könne und letztlich völlig nutzlos sei. Auf diese Weise gelänge auch eine Integration des Neides als eines narzisstischen Gefühlszustandes (Etchegoyen u. a. 1987), der das Leben entwertet: Der Tod wird »weniger als Verlust, sondern als etwas angesehen, der zu ewiger Vereinigung führt, wohingegen das fortgesetzte Leben als Ursache für Trennung gefühlt wird« (Britton 2002, S. 32).

Andererseits muss für den frühen Neid grundsätzlich das Prinzip der narzisstischen Selbstsicherung und Selbsterhaltung angenommen werden: Denn Neid ist auch ein eminent wichtiger Motivationsfaktor und erfüllt eine gleichsam normale restitutive Funktion innerhalb der narzisstischen Homöostase, insbesondere für die schmerzliche Erfahrung, zu kurz gekommen zu sein. Er dient der Kompensation und Wiedergutmachung narzisstischer Mängel und Kränkungen, bis hin zur Reparation eines »falschen Selbst«, kann aber durch ungünstige Umweltkonstellationen schnell zu einem starren Regulationsmechanismus entarten. Dies gilt in besonderer Weise für den archaischen Neid, denn »das beneidete Objekt [zu] zerstören heißt, das beängstigende Erlebnis der Abhängigkeit zu Gunsten der Wiederherstellung der narzißtischen Reinheit aufzulösen« (Hering 1999, S. 751).

Hier ist die Verbindung zum Narzissmus insofern besonders bedeutsam, als die projektive und introjektive Identifikation von Selbst und Objekt als Abwehr gegen das Erkennen und Anerkennen von Selbst und Objekt wirkt:

> »Das Erkennen der Trennung führt unmittelbar zu Gefühlen der Abhängigkeit von einem Objekt und damit unvermeidlich zu Frustrationen. Abhängigkeit erregt jedoch auch Neid, wenn die Güte des Objekts erkannt wird. Aggressivität gegen Objekte erscheint daher unvermeidbar, wenn die narzißtische Position aufgegeben wird«. (Rosenfeld 1971, S. 172)

So kann man klinisch immer wieder beobachten, dass der narzisstische Komplex dem Ödipuskomplex zwar voraus geht, aber auch zur massiven Abwehr gegen den Ödipuskomplex bzw. gegen die Entwicklung einer ödipalen Triangulierung eingesetzt wird. Der Narzissmus oder die narzisstische Persönlichkeitsstörung ist deshalb das »strukturelle« Analogon zum malignen, bzw. archaischen Neid, der die narzisstisch bedürftige Person zwischen Selbstverlust und Objektverlust gefangen hält (Glasser 1992, 1998).

Kollektiver Narzissmus

Der Narzissmus und seine Pathologie ist für die Beurteilung religiös motivierter Gewalt deshalb von Bedeutung, weil es eine Gewalt ist, die im Dienst absoluter und damit unbezweifelbarer Wahrheiten erfolgt, deren Besitz eine grandiose Selbstsicherheit verspricht. So kann die islamische »Gottesherrschaft«, welche in krassem Widerspruch zu jeder demokratisch-säkularen Ordnung und somit zu sämtlichen europäischen Verfassungen steht, die auf dem Ordnungsprinzip der Volkssouveränität basieren, als regressiv-fusionäres Gruppenphänomen verstanden werden, welches insbesondere für junge Erwachsene und Spätadoleszente, wie sie die meisten der Terroristen vom 11. September waren (Bohleber 2002, S. 713)[5], einen besonderen Reiz auszuüben scheint. Interviews mit Vertretern terroristischer Gruppen im Nahen Osten, in Indien, in den USA und Japan (Juergensmeyer 2002) haben ergeben, dass diese völlig unterschiedlichen Gruppen im Wesentlichen dasselbe Weltbild haben: Sie sehen sich alle in einem apokalyptischen Kampf zwischen den durch sie selbst repräsentierten Kräften des absolut Guten und den Kräften des absolut Bösen, die von Fremdgruppen repräsentiert werden. Die Bekämpfung oder gar Vernichtung dieser Fremdgruppen hält die eigene Gruppe zusammen, indem sie deren Mitglieder allesamt narzisstisch aufwertet – vor allem diejenigen, die für den Sieg des Guten ihr Leben geben. Deshalb erleben Selbstmordattentäter ihre Taten als Möglichkeit, grandiose narzisstische Gratifikationen zu erlangen (Reemtsma 2002).

In diesem Zusammenhang werden Zweifel, wie sie die moderne Wissenschaft als Antrieb des Fortschritts in Erkenntnis und Selbsterkenntnis methodisch nutzt, zu einer Bedrohung des narzisstischen Gleichgewichtes, die zum Schweigen gebracht werden müssen. Aus diesem Grund bekämpfen die geistigen Väter des islamischen Fundamentalismus sowie ihre heutigen politischen Aktivisten – ähnlich wie einst Augustinus[6] in seiner Abhandlung »Vom Gottesstaat« – jegliche Wissbegier:

> »Das Streben nach Wissen im Islam ist nicht ein Selbstzweck; es ist nur ein Mittel, um Gott zu verstehen und die Probleme der muslimischen Gemeinschaft lösen

> zu können. Vernunft und Streben nach Wissen haben einen wichtigen Stellenwert in der islamischen Gesellschaft, aber sie sind den Werten und der Ethik des Korans unterworfen. In diesem Bezugsrahmen gehen Vernunft und Offenbarung Hand in Hand. Moderne Wissenschaft dagegen betrachtet Vernunft als übergeordnet«. (Sadr 1984)

Insofern steht im Zentrum der Angriffe muslimischer Fundamentalisten die Idee, dass alles Wissen im Prinzip revidierbar ist.

> »Die Wissenschaften zu entwestlichen heißt, die Wissenschaften von dieser westlichen Idee und von den kartesianischen erkenntnistheoretischen Prinzipien des Zweifels und der Vermutung zu lösen, auf denen wissenschaftliches Wissen basiert. Glaube soll nach fundamentalistischem Verständnis diese Prinzipien ersetzen«. (Tibi 1992, S. 141)

Der religiöse Fundamentalismus ist – phylogenetisch betrachtet – dem narzisstischen Stadium der individuellen Entwicklung vergleichbar. So heißt es in einer fundamentalistischen Schrift:

> »Selbst in Bagatellangelegenheiten kann es keine Übereinstimmung zwischen Islam und Demokratie geben, weil sie sich diametral widersprechen. Dort, wo das politische System der Demokratie und des säkularen Nationalstaates dominiert, gibt es keinen Islam. Dort, wo der Islam vorherrscht, darf es jenes System nicht geben«. (Maududi o. J., zit. n. Tibi 2002, S. 171)

Aus der Sicht dieses inzwischen verstorbenen islamischen Führers »ist die Idee der Herrschaft des Menschen ein Ausdruck von Größenwahn, denn der Mensch ist von Gott geschaffen worden und kann nur von Gott im Rahmen der Hakkimiyyat Allah regiert werden« (Tibi 2001b, S. 95).

Es liegt nahe, dass eine solche Welt von »narzisstischer Spiegelung und Reinheit« (Bohleber 2002, S. 711) mit maximaler Aggression alle und alles verfolgt, was ihrem Absolutheitsanspruch entgegen steht:

> »Denn gemeinsam ist allen diesen Vereinigungen von Terrorkriegern – schon aus Gründen des Selbsterhalts als paranoide Gruppe – der Hass auf alles, was Differenzierung bedeutet, und damit auf die viel beschrieene Moderne. Was sie an der Globalisierung hassen, ist nicht die von den Vertretern des antikolonialistischen Deutungsmusters beklagte Uniformierung der Welt (Stichwort ›McWorld‹), sondern im Gegenteil: ihre zunehmende Vielfalt«. (Reemtsma 2002, S. 4)

Das 1996 abgeschlossene siebenjährige Fundamentalismus-Projekt der »American Academy of Arts and Sciences«, an dem mehr als 100 Wissenschaftler aus aller Welt beteiligt waren (Marty und Appleby 1991–1995), hatte an 14 Fallstudien folgende zentrale Beobachtungen gemacht:

1. Der religiöse Fundamentalismus ist totalitär und anti-pluralistisch, weil er Vorschriften für alle Lebensbereiche erzwingen will; z. B. ist die Forderung nach Tatbiq al-schari'a (Anwendung der Schari'a) der zweitwichtigste Inhalt der neuen Ideologie des islamischen Fundamentalismus.
2. Fundamentalisten sind politische Aktivisten, die sich selbst jedoch als religiöse Gotteskämpfer verstehen.
3. Fundamentalisten sind religiös-schriftgläubig, wenngleich sie sich auf ihre jeweiligen heiligen Texte willkürlich und selektiv, dabei aber ungewollt auf den Kontext der Moderne berufen. In diesem Rahmen werden religiöse Doktrinen zum politischen Programm.
4. Führungspositionen der fundamentalistischen Bewegungen aller Religionen werden bis auf vereinzelte Ausnahmen in der Regel von Männern besetzt. Die Schlüsselposition obliegt einem charismatischen Führer.

All dies sind Merkmale, die uns einen malignen bzw. destruktiven Neid vermuten lassen, der in der Entwertung und letztlich in der Zerstörung dessen gipfelt, was Neid erregt: Pluralität, Demokratie, freiheitliche Religionswahl, aber auch Weiblichkeit. Dabei belegt ein Vergleich mit der analytischen Sozialpsychologie des Antisemitismus und der Fremdenfeindlichkeit (z. B. Simmel [1946] 1993), dass es sich um keine singulären Merkmale handelt. In allen Fällen gibt es eine ursprüngliche Kränkung des Selbstwertgefühls, die als unerträgliche Beschämung durch andere erlebt wird, denen es aufgrund einer vermeintlich ungerechten Bevorzugung besser geht.

Zur Bewältigung des Neides als Zivilisations- und Friedensleistung

Auch wenn kein Mensch als Terrorist auf die Welt kommt, so wird jemand nur »zum Menschen, wenn es (ihm) gelingt, seine gewaltsamen und rohen Gefühlsregungen zu transformieren« (Haas 2002, S. 50). Dabei ist die Bewältigung des archaischen Neides unseres Erachtens eine wesentliche Voraussetzung für die Entwicklung einer Zivilisation, die Konflikte auf friedliche Weise integriert. Bereits Freud (1905d, 1914c, 1925j) hat einen Zusammenhang zwischen Neid und Narzissmus, genauer: zwischen Neid und dem Gewahrwerden einer »narzisstischen Wunde« (1925j, S. 25) hergestellt. Neid-Bewältigung besteht im

Wesentlichen in der Schließung dieser Wunde, bzw. in der Bewältigung eines kollektiven Minderwertigkeitsgefühls.

> »Die Brutstätte des islamischen Fundamentalismus ist das immerwährende islamische Dilemma mit der Moderne gewesen. Zur ersten Begegnung mit der Moderne kam es infolge der schmerzlichen Niederlagen islamischer Heere, welche die Welt des Islam nach Europa ausdehnen wollten. Diese Niederlagen veranlassten muslimische Herrscher, dem Westen nachzueifern, indem sie die europäische Armee importierten. Keine Zivilisation kann jedoch die Aufnahme der Moderne auf die instrumentelle Übernahme der Kriegstechnologie beschränken, die im Westen damals auf industriellen Standard gehoben worden war. Denn die industrielle Kriegsführung zu übernehmen bedeutet, schleichend die Moderne selbst zu übernehmen«. (Tibi 2001b, S. 104)

Für den Islam gilt wohl in aller erster Linie, die Trennung von Religion und Politik analog zur Säkularisierung der westlichen Welt als eine neue Grenze der Entwicklung zu akzeptieren, da auf dem Boden einer Gottesstaat-Ideologie ähnlich wie im Christentum des Mittelalters letztlich nur destruktive narzisstische Gruppenphänomene möglich sind. Für den Westen gilt wohl in aller erster Linie, auf die Alleinherrschaft des Marktes und des Tauschwerts, welche man Globalisierung nennt, zu Gunsten der autonomen Entwicklung islamischer und anderer nicht-westlicher Staaten zu verzichten, um deren ethnische Identität nicht mehr und weiter zu beschädigen, als sie sowieso schon beschädigt ist.

Von der klinischen Erfahrung mit Patienten mit schweren narzisstischen, affektiven und schizoaffektiven Psychopathologien ausgehend, bei denen Neid auf das gute Objekte eine charakteristische Eigenschaft ihrer Persönlichkeit ist, muss man auch im Rahmen der politischen Psychologie des Fundamentalismus annehmen, dass sie ihren Neid mit allen Mitteln unbewusst zu machen und zu halten suchen. Sich ihn bewusst zu machen, würde Fundamentalisten nämlich mit einer panischen Angst vor den Grausamkeiten ihres eigenen Hasses konfrontieren, der sie das entwerten und zerstören lässt, was sie begehren. Und es würde sich womöglich zeigen, dass sie ihren Hass benötigen, um die traumatische Enttäuschung durch ein Objekt vergessen zu machen, mit dem sie identifiziert sind. Denn man kann Neid nicht nur »als Quelle einer primitiven Form von Hass, die eng mit oraler Aggression, Gier und Unersättlichkeit verbunden ist, ansehen«, sondern auch »als eine Komplizierung des Hasses, der aus der Fixierung an ein Trauma entstanden ist« (Kernberg 1997, S. 40).

Ob das Model der Stadtkultur, die den feindselig-schädigenden Neid in einen produktiven Wettbewerb verwandelt, der von allseitiger Toleranz getragen ist, ein Modell für die Welt sein könnte, bleibt abzuwarten. Wir kommen nicht umhin, die aktuelle Terrorismus-Debatte zum Anlass zu nehmen, um über eine zu schaffende Welt-Gesetzgebung nachzudenken, die den Orient und Okzident gleichberechtigt und friedlich vereint.

Anmerkungen

1 Erweiterte Fassung eines Vortrages im Rahmen der Vortragsreihe »Die Stimme der Vernunft ist leise, aber beharrlich« der Psychoanalytischen Arbeitsgemeinschaft Köln-Düsseldorf im Literaturhaus Köln am 13. September 2002

2 Und damit dem Philosophen Sloterdijk heftigst in seiner Formulierung widersprachen, dass es sich bei der Globalisierung »in morphologischer Sicht« nur um »de(n) universalisierte(n) Krieg der Schäume« (Sloterdijk 1998, S. 74) handle.

3 »So paradox es klingt, man muss doch zugestehen, der Krieg wäre kein ungeeignetes Mittel zur Herstellung des ersehnten ›ewigen‹ Friedens, weil er imstande ist, jene großen Einheiten zu schaffen, innerhalb deren eine starke Zentralgewalt weitere Kriege unmöglich macht. Aber er taugt doch nicht dazu, denn die Erfolge der Eroberung sind in der Regel nicht dauerhaft; die neu geschaffenen Einheiten zerfallen wieder, meist infolge des mangelnden Zusammenhalts der gewaltsam geeinigten Teile« (Freud 1933b, S. 18).

4 Auch wenn Begriff und Ausmaß der Globalisierung umstritten bleiben, herrcht Konsens darüber, dass in den modernen Nationalstaaten ein ökonomisch induzierter Prozess der Entgrenzung eingesetzt hat, der die bisherigen nationalstaatlich organisierten Handlungszusammenhänge in Ökonomie, Kultur und Politik bis heute grundlegend veränderte. Unter Globalisierung versteht man die Zunahme internationaler Wirtschaftsbeziehungen und -verflechtungen und das Zusammenwachsen von Märkten für Güter und Dienstleistungen über die Grenzen einzelner Staaten hinaus, wobei internationale Kapitalströme und die Diffusion neuer Technologien eine große Rolle spielen. Globalisierung bedeutet die Intensivierung des Wettbewerbs durch Vergrößerung der Märkte bis hin zum Entstehen globaler Märkte. Neben der seit langem zunehmenden Integration des Welthandels für fertige Produkte kommt es zu einer verstärkten Integration und grenzüberschreitenden Organisation der Produktion und der produktionsnahen Dienstleistungen, die Absatzmärkte werden global, so allerdings auch die Konkurrenzsituation (Lexas Information Network, Internet 2003)

5 Der Artikel von Bohleber (2002) ist mit freundlicher Genehmigung des Autors auch als Beitrag in diesem Buch enthalten.

6 Richter (1979, S. 21) vertrat die These, dass »sich die mittelalterlichen Menschen in ihrer Gotteskindschaft (lange Zeit) sicher gefühlt (hätten)«, weshalb sie darauf verzichten hätten können, »die Welt genau zu erforschen und

ihr Leben zu berechnen«, was sich schließlich in der Prädestinationslehre des Kirchenvaters Augustinus niedergeschlagen habe. Der hatte erklärt, »dass jedes menschliche Schicksal durch göttlichen Ratschluss vollständig vorherbestimmt sei. Es sei nicht Sache des Menschen, sich die göttliche Wahrheit durch Einsicht anzueignen, sondern diese Aneignung müsse durch den Glauben geschehen«, weshalb Augustin vor »Erkenntnis« und »Wissenschaft« warnte.

Literaturverzeichnis

Abraham, K. (1920 [1982]): Äußerungsformen des weiblichen Kastrationskomplexes. In: Cremerius, J. (Hg.): Karl Abraham: Gesammelte Schriften. Band I. Frankfurt a. M. (Fischer Taschenbuch Verlag), S. 78–108.

Altmeyer, M. (2002): Im Glutofen einer globalisierten Intimität. Nähe, Entgrenzung, Vernichtung: ein Paradigmenwechsel im psychoanalytischen Diskurs über das Böse. Frankfurter Rundschau online, 28. 11. 2002.

Anzieu, D. (1991): Das Haut-Ich. Frankfurt a. M. (Suhrkamp).

Augustinus (354–430): Bekenntnisse. Wiesbaden (VMA-Verlag) 1958.

Beland, H. (2002): Das Gespenst »ist wieder da«. Die Subjekte der Gesellschaft im Jenseits des Garnrollenspiels. Vortrag auf der Jahrestagung der DPG »Trennen und Verbinden im psychoanalytischen Prozess« – 09.–12. 5. 2002 in Berlin, DPV-Informationen 33, S. 17–22.

Blos, P. (1987): Freud and the father complex. Psychoanal. St. Child 42, S. 425–441.

Bodansky, Y. (2001): Bin Laden. The man who declared war on America. New York, Toronto, London, Sydney, Auckland (Random House).

Bohleber, W. (2002): Kollektive Phantasmen, Destruktivität und Terrorismus. Psyche – Z Psychoanal 56, S. 699–720.

Boris, H. (1991): Black milk – unconscious envy. J. Contemp. Psychoanal. 27, S. 110–147.

Britton, R. (2002): The eleventh of September massacre. In: Covington, C., Williams, P., Arundale, J., Knox, J. (2002): Terrorism and war. Unconscious dynamics of political violence. London (Karnac), S. 31–33.

Covington, C., Williams, P., Arundale, J., Knox, J. (2002): Terrorism and war. Unconscious dynamics of political violence. London (Karnac).

Die Bibel. Tausend Jahre christlicher Kunst in den Werken Alter Meister (o. J.) Köln (Naumann & Göbel).

Etchegoyen, R. H., Lopez, B. M., Rabih, M. (1987): Envy and how to interpret it. Int. J. Psycho-Anal. 68, S. 49–60.

Etchegoyen, R. H., Nemas, C. R. (2003): Salieri's Dilemma: A counterpoint between envy and appreciation. Int. J. Psycho-Anal. 84, S. 45–58.

Freud, S. (1905d): Drei Abhandlungen zur Sexualtheorie. GW V, 27, S. 33–145.

Freud, S. (1914c): Zur Einführung des Narzissmus. GW X, S. 137–170.

Freud, S. (1919h): Das Unheimliche. GW XII, S. 229–268.

Freud, S. (1920g): Jenseits des Lustprinzips. GW XIII, S. 1–69.

Freud, S. (1925j): Einige psychische Folgen des anatomischen Geschlechtsunterschieds. GW XIV, S. 19–30.

Freud, S. (1933b): Warum Krieg? – Brief an Albert Einstein (Sept. 1932). GW XVI, S. 13–27.

Fromm, E. (1980): Die Kriegsführung der Primitiven. Gesamtausgabe, Band 7. Analytische Sozialpsychologie. Stuttgart (DVA).

Glasser, M. (1992): Problems in the psychoanalysis of certain narcisstic disorders. Int. J. Psycho-Anal. 73, S. 493–503.

Glasser, M. (1998): On violence: a preliminary communication. Int. J. Psycho-Anal. 79, S. 887–902.

Haas, E. Th. (2000): Opferritual und Behälter. Versuch der Rekonstruktion von Totem und Tabu: Weitere Übereinstimmungen im Seelenleben der Wilden und der Neurotiker. Psyche – Z. Psychoanal. 54, S. 1110–1140.

Haas, E. Th. (2002): ... und Freud hatte doch recht. Die Entstehung der Kultur durch Transformation der Gewalt. Gießen (Psychosozial-Verlag).

Hartung, K. (2001): Der Neid und das Soziale. In: Michel, K. M. (2001): Kursbuch 143. Die Neidgesellschaft. Berlin (Rowohlt), S. 65–94.

Haubl, R. (1999): Von der Todsünde zum kreativen Potential. Über destruktive und konstruktive Formen individuellen und kollektiven Neides. Jahrbuch für Gruppenanalyse 4 (1998), S. 17–43.

Haubl, R. (2001): Neidisch sind immer nur die anderen. Über die Unfähigkeit, zufrieden zu sein. München (Beck).

Hering, W. (1999): Neid und Psychose. Psyche – Z. Psychoanal. 53, S. 742–770.

Jappe, G. (2003): Die Stimme der Vernunft ist leise aber beharrlich – Psychoanalytische Erkundungen zum 11. September. Bericht über eine Veranstaltung der psychoanalytischen Arbeitsgemeinschaft Köln-Düsseldorf vom 10. bis 14. September 2002. DPV-Informationen 34, S. 38–40.

Juergensmeyer, M. (2000): Terror in the mind of god. The global rise of religious violence. University of California Press.

Kernberg, O. (1997): Wut und Hass. Über die Bedeutung von Aggression bei Persönlichkeitsstörungen und sexuellen Perversionen. Stuttgart (Klett-Cotta).

Klein, M. (1952c): Theoretische Betrachtungen über das Gefühlsleben des Kindes. In: Cycon, R (Hg.) Melanie Klein. Gesammelte Schriften. Band III. Stuttgart-Bad Cannstatt (frommann-holzbog), S. 105–155.

Klein, M. (1957b): Neid und Dankbarkeit. Eine Untersuchung unbewusster Quellen. In: Cycon, R (Hg.): Melanie Klein. Gesammelte Schriften. Band III. Stuttgart-Bad Cannstatt (frommann-holzbog), S. 279–367.

Krause, R. (1998): Allgemeine Psychoanalytische Krankheitslehre. Band 2: Modelle. Stuttgart, Berlin, Köln (Kohlhammer).

Krause, R. (2002): Affektpsychologische Aspekte menschlicher Destruktivität. In: Schlösser, A.-M., Gerlach, A. (Hg.): Gewalt und Zivilisation. Gießen (Psychosozial-Verlag), S. 47–58

Lewis, M. (1992): Self conscious emotions and the development of the self. In: Shapiro, Th., Emde, R. N. (eds): Affect: Psychoanalytic Perspectives. New York (International University Press), S. 45–73.

Libeskind, D. (1999): trauma/void. In: Bronfen, E., Erdle, B. R., Weigel, S. (Hg.): Trauma. Zwischen Psychoanalyse und kulturellem Deutungsmuster. Röhlau, Köln, Weimar, Wien, S. 3–26.

Lichtenberg, G. Chr. (1994): Sudelbücher, Band 1, hrsg. von Mautner, F. H., Frankfurt a. M. (Insel Taschenbücher).

Marty, M., Appleby, S. (1991–1995): The Fundamentalism Project (American Academy of Arts and Sciences), Bd.1–5, Chicago.
Maududi, Abu al-A'la (o. J.): al islam wa al-madaniyya al-haditha (Der Islam und die moderne Zivilisation). Neudruck, Kairo.
Mentzos, St. (1993): Der Krieg und seine psychosozialen Funktionen. Frankfurt a. M. (Fischer Taschenbuch Verlag).
Meyer, A. E. (1996): Geleitwort zur deutschen Ausgabe von O. F. Kernberg (Hg.): Narzisstische Persönlichkeitsstörungen. Stuttgart, New York (Schattauer).
Michel, K. M. (2001): Kursbuch 143. Die Neidgesellschaft. Berlin (Rowohlt).
Moser, U., von Zeppelin, I. (1996): Die Entwicklung des Affektsystems. Psyche – Z Psychoanal 50, S. 32–84.
Nietzsche, F. ([1887],1976): Zur Genealogie der Moral. Stuttgart (Kröner).
Ranke-Graves, R. von (1987): Griechische Mythologie. Quellen und Deutung. Reinbek bei Hamburg (Rowohlt Taschenbuch Verlag).
Reemtsma, J. P. (2002): Wer ist Caliban? Der Terrorismus und seine Deutungen. Le monde diplomatique – die tageszeitung/WoZ. Dezember, S. 4–5.
Richter, H. E. (1979): Der Gotteskomplex. Die Geburt und die Krise des Glaubens an die Allmacht des Menschen. Reinbek bei Hamburg (Rowohlt).
Rosenfeld, H. (1971): A clinical approach to the psychoanalytic theory of the life and death instincts: An investigation into the aggressive aspects of narcissism. Int. J. Psycho-Anal. 52, S. 169–178.
Rosenfeld, H. (1990): Sackgassen und Deutungen. Therapeutische und antitherapeutische Faktoren bei der psychoanalytischen Behandlung von psychotischen, Borderline- und neurotischen Patienten. München und Wien (Verlag Internationale Psychoanalyse).
Roy, A. (2001): Wut ist der Schlüssel. Ein Kontinent brennt – Warum der Terrorismus nur ein Symptom ist. Frankfurter Allgemeine Zeitung vom 28. 9. 2001, S. 49–51.
Sadr, H. (1984): Science and Islam. Is there a conflict? In: Sardar, Z. (Hg.): The touch of Midas. Science, values and environment in islam and the west. Manchester (Palgrave-Macmillan).
Schlösser, A.-M., Gerlach, A. (2002): Gewalt und Zivilisation. Gießen (Psychosozial-Verlag)
Schwab, G. (1990): Die schönsten Sagen des klassischen Altertums. 18. Aufl., Korneuburg (Loewe).
Segal, H. (1964): Introduction to the work of Melanie Klein. New, enlarged edition. New York (Basis Books).
Shengold, L. (1994): Envy and malignant envy. Psychoanal. Q. 48: 615–640
Simmel, E. (1946 [1993]): Antisemitismus und Massen-Psychopathologie. In: Simmel, E., Hermanns, L. M., Schultz-Venrath, U. (Hg.): Psychoanalyse und ihre Anwendungen. Ausgewählte Schriften. Frankfurt a. M. (Fischer Taschenbuch Verlag), S. 254–288.
Sloterdijk, P. (1998): Sphären I. Blasen. Frankfurt a. M. (Suhrkamp).
Spillius, E. B. (1993): Varieties of envious experience. Int. J. Psycho-Anal. 74, S. 1199–1212.
Steiner, J. (1993): Psychic retreats. Pathological organizations in psychotic, neurotic

and borderline patients. London und New York (Routledge).
Tibi, B. (1992): Islamischer Fundamentalismus, moderne Wissenschaft und Technologie. Frankfurt a. M. (Suhrkamp).
Tibi, B. (2000): Fundamentalismus im Islam. Eine Gefahr für den Weltfrieden? Darmstadt (Wissenschaftliche Buchgesellschaft).
Tibi, B. (2001a): Krieg der Zivilisationen. Politik und Religion zwischen Vernunft und Fundamentalismus. Akt. und erw. 2. Auflage. München (Heyne).
Tibi, B. (2001b): Die neue Weltunordnung. Westliche Dominanz und islamischer Fundamentalismus. 3. akt. Aufl. München (Econ Ullstein List-Verlag).
Volkan, V. D. (2000): Das Versagen der Diplomatie. Zur Psychoanalyse nationaler, ethnischer und religiöser Konflikte. 2. Aufl. Gießen (Psychosozial-Verlag).
Volkan, V. D. (2002): Religiöser Fundamentalismus und Gewalt. In: Schlösser, A.-M., Gerlach, A. (Hg.): Gewalt und Zivilisation. Gießen (Psychosozial-Verlag), S. 165–182.

Die Wirklichkeit sehen

Destruktion und Re-Konstruktion von Narrativen angesichts der Bilder des 11. September[1]

Laura Viviana Strauss und Klaus Röckerath

Einführung

Der Anschlag auf das World Trade Center hat die westliche Welt nachhaltig erschüttert. Dabei geht es nicht nur um eine tiefe Verunsicherung hinsichtlich der Machbarkeit terroristischer Akte, die plötzlich in eine als sicher erlebte Umgebung einbrechen. Auch die Sphäre psychischer Unversehrtheit ist betroffen. Die folgende Arbeit beschäftigt sich mit einem Phänomen, über das viele Menschen nach den Ereignissen des 11. September berichtet haben: Obwohl sie die schrecklichen Bilder im Fernsehen sahen, hatten sie doch den unmittelbaren Eindruck, es handele sich um einen Hollywood-Film. Die vom Nachrichtensprecher verkündete Meldung, es seien zwei Passagierflugzeuge in das World Trade Center gestürzt, schien durch die Bilder für Sekunden jeden Wahrheitsgehaltes beraubt worden zu sein. Wir meinen, dass diese Reaktion nicht nur mit einer Verleugnung im Dienste der Abwehr einer schrecklichen Wahrnehmung zu tun hat, sondern dass vielmehr das Wahrgenommene zunächst in eine Kategorie fällt, die man als »virtuell« bezeichnen könnte. Das impliziert, dass die Bilder fiktiv sind im Sinne von »erdacht, »irreal« im Gegensatz zu »real«. Ein solcher Vorgang kann verstanden werden als Versuch, die psychische Stabilität aufrecht zu erhalten in einer Situation, wo sie durch die Vermischung virtueller (fiktiver) und realer Bereiche bedroht ist. Die Psyche nimmt eine Trennung der Wahrnehmungskategorien vor und erklärt sie als nicht kompatibel. Virtuelle Bilder gehören in die virtuelle Welt des Erdachten, Irrealen, technisch darstellbar und manipulierbar, jedoch nicht *wirklich* machbar oder realisierbar im Kontext unserer realen Welt. Unsere These lautet, dass die virtuelle Realität, wie sie vor allem durch Hollywood geschaffen wird, wenn sie in Realität umgesetzt wird, eine Eigendynamik bekommt, die u. U. schwer beherrschbar ist. Unsere Frage lautet, ob und in wie weit die Sehgewohnheiten in unserer Kultur durch die »Traumfabrik« Hollywood beeinflusst worden sind und darüber hinaus einen Anschlag wie diesen erst denk- und dann auch haben realisierbar werden lassen. Dies insofern, als die Ikonographie zeitgenössischer virtueller Szenarien möglicherweise Realitäten schaffen kann, die ohne vorherige virtuelle Realisation nicht denkbar gewesen wären.

In einem ersten Teil soll kurz auf einige neurobiologische Aspekte des Gehirns und des Wahrnehmungsapparates eingegangen werden. Danach folgt ein psychoanalytischer Versuch, Wahrnehmung und Verarbeitung des Wahrgenommenen in Beziehung zu setzen.

Das Gehirn interpretiert und schafft Wirklichkeit

Wahrnehmung und Entwicklung

Die Entwicklung der Hirnstruktur lässt sich in drei Schritte gliedern (Edelman 1987–1992): einen genetisch gesteuerten, eine Synapsenverstärkung bzw. Kartenbildung durch den Austausch mit der Umgebung, und die Vernetzung der Karten untereinander. Wenn sich im Embryo die Hirnzellen nach einem genetisch gesteuerten Programm zunächst in lose miteinander verbundenen Zellhaufen angeordnet haben, beginnt nach und nach über den Austausch mit der Umwelt durch die Sinnesorgane eine Feinstrukturierung des Nervengeflechts. Dies geschieht ein Leben lang. Durch wiederholte Innervation einzelner Zellenverbindungen kommt es zur Ausbildung spezifischer neuronaler Netze, deren aktuelle Aktivität typisch für die im Augenblick vorherrschende Situation ist, d. h. die durch die Interaktion mit der Umgebung situativ veränderte Aktivität der Netze bildet den aktuellen Zustand des Organismus innerhalb seiner dreidimensionalen Umwelt ab. Diese Aktivitätszustände wiederum erfahren durch nachfolgende Verschaltungen ihre Interpretation. Auf Grund der sich darstellenden Situation erfolgen wiederum Handlungen, mit denen der Organismus auf die Umgebung einwirkt. Das Gehirn ist insofern nicht nur ein Information verarbeitendes System, sondern in hohem Maße ein Organ, das über Wahrnehmung Bedeutung generiert und entsprechend dieser Interpretation seine Umwelt auch gestaltet. Die Struktur dieser neuronalen Netze ist bei jedem Menschen anders; man könnte sagen, in seiner neuronalen Struktur schlägt sich seine Geschichte nieder. Das kann auch gar nicht anders sein, denn jeder Mensch wächst unterschiedlich heran und sieht sich unterschiedlichen Umgebungen und Aufgaben gegenüber. Beim Menschen besteht die Hauptfunktion des Gehirns darin, den Organismus so zu dirigieren, dass er sich innerhalb eines dreidimensionalen Raumes sicher bewegen und kommunizieren kann.[2] Je nach seiner Geschichte wird er dies unterschiedlich erfolgreich bewältigen. Dabei ist festzuhalten, dass die individuelle Geschichte des Organismus für individuelle Interpretationen und entsprechend individuelle Handlungsantworten sorgt. Jeder geht mit Situationen, in die er gerät, anders um. Gleichzeitig findet die Entwicklung aber innerhalb eines bestimmten kulturellen Kontextes statt, durch den die Individuen einer Gemeinschaft miteinander verbunden sind. Innerhalb dieses kulturellen Kontextes bilden sich so Strukturen, die ebenfalls prägend für das Verhalten in dem jeweiligen Kontext sind. Auch diese Muster beeinflussen also die Ausbildung der neuronalen Struktur.

Es ist einer ökonomischen Trägheit des Gehirns zuzuschreiben, dass es Wahrnehmungen in erster Linie auf Bekanntheitsgrade absucht. Je eher es ihm gelingt, etwas als »bekannt« einzustufen, desto eher kann es zu seiner überwiegenden Aktivität, nämlich der Beschäftigung mit sich selbst, zurückkehren. Diese Fähigkeit des Gehirns ist enorm wichtig; ein Beispiel soll das verdeutlichen: Wenn wir jedes Auto, jedes Fahrrad, jeden Fußgänger im Verkehr erst hinsichtlich seiner Details untersuchen müssten, kämen wir kaum vorwärts. Für die Situation »Straßenverkehr« reicht es also, schnell und sicher »Autos«, »Fahrräder« oder »Fußgänger« als kontextspezifisch und als »erwartbar« zu klassifizieren. Es ist in der Regel unerheblich, wie sie im Einzelnen beschaffen sind. Sie stellen »Konzepte«[3] dar, welche eine schnelle Orientierung ermöglichen. Dies erlaubt die Konzentration auf die Fahrbahn vor sich. Der ruhige und konzentrierte bzw. mit mittlerer Aufmerksamkeit versehene Zustand des Gehirns wird allerdings sofort aufgeschreckt, wenn in das bekannte Szenario etwas Unerwartetes eintritt. Das Gehirn muss dann ebenfalls eine Interpretationsleistung vollbringen. Dabei greift es auf seine bisherigen Erfahrungen und die daraus entwickelten Konzepte zurück, um im Idealfall ein beruhigendes »kenne ich schon« zu melden, und sich an die Situation anzupassen. Die Schleuderkurse des ADAC dienen dazu, das Gehirn mit gefährlichen Situationen »vertrauter« zu machen, so dass es im Ernstfall auf die entwickelten Strategien zurückgreifen kann.

Natürlich sind die Kontexte des Bekannten für einen Urwaldbewohner ganz andere. Er lebt buchstäblich in einer anderen Welt, und auf diese Welt ist sein Gehirn eingerichtet.

Es dürfte aus dem bisher Gesagten deutlich geworden sein, dass Gehirne lernen, in einem Kontext wahrzunehmen und zu handeln. Wir erwarten innerhalb der Großstadt keinen Gorilla auf der Fahrbahn. Mit anderen Worten, unsere Wahrnehmung wird von dem beeinflusst und gesteuert, was wir kennen. Wir erkennen nur das, was wir schon kennen. Dinge, für die wir kein Konzept entwickelt haben, müssen wir erst kennenlernen, d. h. uns mit ihnen auseinandersetzen.

Das Gehirn und Hollywood

Die Entwicklung der Film- und Medientechnik bescherte uns über die Jahre Bilder, die in ihrer Irrealität an Träume erinnerten. Dies bezieht sich nicht nur auf die Inhalte, etwa die vielen Melodramen und Liebesgeschichten, die so lebensähnlich, aber eben doch unrealistisch sind. Es gilt vielmehr auch für die Ikonographie der modernen Filmindustrie. Angefangen von den frühen Stummfilmen, den Slapstick-Sequenzen bis hin zu »StarWars« erschlossen die wachsenden technischen Möglichkeiten Aufnahmen, die in der Tat träumerischen Sequenzen in ihrer ganzen Unwirklichkeit immer ähnlicher wurden bzw. sie noch übertrafen. Für die Sehgewohnheiten des Gehirns hieß das, dass es eine neue Kategorie entwickeln musste, um zwischen Wirklichkeit und Fiktion unterscheiden zu können. Bestimmte Bilder, die alltäglicher Erfahrung widersprachen, wurden als »virtuell« klassifiziert. Allerdings sind wir von diesen Bildern ständig umgeben, etwa in der Werbung. Sie gehören inzwischen ebenfalls zu unserer Umwelt und stellen eine eigene Wahrnehmungsklasse dar. Es verwundert uns nicht mehr, wenn in einem Werbefilm ein Auto in eine Pfütze im Asphalt taucht und hundert Meter weiter wieder an die Oberfläche kommt, als habe es einen unterirdischen Tunnel durchquert. Würden wir so etwas träumen, wären wir vielleicht verwundert; im Werbefilm ist es alltäglich.

Katastrophenfilme beschwören ebenfalls Szenarien, die lebensnah, aber in ihrem Ablauf von der Realität geschieden sind. Dies deshalb, weil wir wissen, dass es ein Film ist. Wir erwarten nicht, dass der ausgebrochene Löwe oder das Alien von der Leinwand hinabsteigt. Wir können uns vielmehr entspannt zurücklehnen und uns erschauern lassen: unser Gehirn »weiß«, dass es ein Kinosaal ist, in dem es sich befindet. Es hat von dem, was es wahrnimmt, keine Konsequenzen zu fürchten.

Das Gehirn ist nach bisherigen Erkenntnissen ein geschlossenes System, das ständig aktiv ist und im Wesentlichen damit beschäftigt, den eingehenden Informationen ihren jeweiligen Platz innerhalb des individuellen und kulturbedingten Bedeutungskontextes zuzuweisen. Daraus entwickelt es Handlungsoptionen, die wiederum von dem bisher Gelernten beeinflusst sind. Dabei ist es für das Gehirn primär unwichtig, woher die Reizinformation stammt – ob es eine reale oder virtuelle Wahrnehmung, eine Phantasie oder ein Traum ist.[4] Es werden immer dieselben Module des Wahrnehmungssystems benutzt. Erst in einem zweiten Schritt wird unter Rückgriff auf angeborene und erworbene Kategorien und Konzepte darüber entschieden, wie die Wahrnehmung zu verstehen ist. Das hat eine nicht unwesentliche Konsequenz: Trotz der Unterschiede in Qualität und Beschaffenheit des wahrzunehmenden Objektes ist es primär unklar, ob wir es mit Realität oder Virtualität zu tun haben. Diese Unterscheidung zu treffen, ist natürlich von existentieller Bedeutung. Dabei spielt Erfahrung eine wesentliche Rolle (s. o.). Zu dieser gehört auch die frühe Interaktion mit den primären Objekten.

Die Bildung psychischer Räume

Ähnlich wie das Gehirn Konzepte über seine Innen- und Außenwelt entwirft und dazu unterschiedliche Kategorien benutzt, strukturiert sich die psychische Welt in verschiedenen Räumen. Der Mensch muss wissen, in welchem Raum, welchem Konzept, in welcher Kategorie er sich gerade befindet: Realität, Metapher, Symbol, Traum oder virtuelle Realität. Interessanterweise gehört zu diesen mentalen Räumen auch der Raum für »Unmöglichkeit« – »impossible!«. Um die jeweilige Umgebung erkennen und bewältigen zu können, greift er dabei auf die bisher erworbenen Theorien über die Welt (im umfassenden Sinn) zurück, wie er sie im Laufe seiner Entwicklung gebildet hat. Ein großer Teil dieser Theorien ist unbewusst.

Wie entwickeln sich diese Theorien bzw. psychischen Räume? Mentalisierung als Entwicklungsprozess findet intersubjektiv statt. Die grundsätzlich zunächst ausschließlich körperlichen Reaktionen des Säuglings begreift die Mutter ihrerseits als einen emotionalen Zustand. Schreien oder ein Verzerren der Mimik wird somit z. B. als »Das Baby hat Hunger« verstanden. Wenn die Mutter sich von diesen Signalen emotional bewegen läßt, wenn sie offen für die Wahrnehmung der veränderlichen Befindlichkeiten des Säuglings und aufmerksam für die Empfindungen ist, die diese Wahrnehmungen in ihr auslösen (Reverie), verleiht sie den Reaktionen des Kindes eine Bedeutung. Diese Bedeutung wird dem Säugling helfen, seine Empfindungen in einem Kontext der Konzeptualisierung und Objektivierung zu verstehen und sich auf räumliche und zeitliche Vorgänge umzustellen. Das unangenehme Gefühl im Bauch wird als Hunger erkannt, und Hunger wird als ein subjektiver mentaler Zustand empfunden, unterschieden von den körperlichen Auswirkungen des Hungers (er kann gestillt werden durch die Präsenz der Mutter). Erwartungen und Prädiktionen (Voraussagen) können entstehen. Erst durch die emotionale Interaktion zwischen Mutter und Kind und die gedankliche und bedeutungsgebende Funktion der Mutter wird das Kind in die Lage versetzt, psychische Prozesse zu entwickeln. Die Psychoanalyse benutzt das Container-Contained-Modell, um diese psychischen Vorgänge zu beschreiben, die mittels emotionaler und gedanklicher Kommunikation zwischen Mutter (Container) und Kind (Contained) im Kind die Entstehung von Konzepten über sich selbst und die Welt ermöglichen. Durch diese gedankliche Intervention der Mutter, die in ihrer emotionalen Erfahrung wurzelt, wird der Säugling den durch die Mutter interpretierten gedachten Zustand erkennen, und das Erleben seiner selbst wird sich zunehmend verändern. Er wird etwas über sich selbst lernen, seiner Erfahrung einen psychischen Wert geben und sie in einen konzeptuellen[5] Kontext einordnen und erinnern können. Daraus wird sich die Fähigkeit entwickeln, sich als ein Selbst mit Subjektivität und das Objekt als ein Subjekt zu erfahren. Der Säugling kommt so allmählich in die Lage, Theorien über sich und die Welt zu entwerfen, mit anderen Worten, psychische Räume zu erschaffen, Realität und äußere Welt von psychischen Vorgängen in der inneren Welt zu unterscheiden. Das Subjekt entwickelt den inneren psychischen Raum und lernt, in zwei Welten (Realität und innere Wirklichkeit) zu leben.

Mit anderen Worten: Die Mutter setzt die Existenz einer Psyche in ihrem Säugling voraus und nimmt ihren Säugling in einem psychischen Vorgang wahr. Sie verfügt über eine »Theory of Mind«, eine Vorstellung, die einer psychischen Realität entspricht, und ist in der Lage, bedeutungsvollen Gebrauch von ihren gedanklichen und emotionalen Fähigkeiten zu machen, um den Säugling sinnvoll zu verstehen und mit ihm zu kommunizieren. Durch diese Interaktion entwickelt sich im Säugling das Psychische als solches, sowie das Konzept einer Psyche als eine Entität der Wahrnehmung und als Schauplatz von Prozessen in sich selbst und in Anderen. Die »transformierende« (vgl. Bollas 1989) Aufgabe der Mutter wird von Krejci (1999, S. 61) auch »Definition« genannt.

Diese Sichtweise psychischer Entwicklung macht verständlich, warum Menschen sich in bestimmten Situationen immer wieder gemäß ihren psychischen Konzepten verhalten. Wenn die Psychoanalyse über Wiederholungszwang spricht, bezieht sie sich auf dieses Phänomen. Er entspricht in gewisser Weise dem erwähnten Ökonomieprinzip des Gehirns, sich möglichst auf Bekanntes zu beziehen. Dadurch geschieht es häufig, dass neue Eigenschaften eines Objektes zunächst nicht wahrgenommen, sondern nach bekanntem Muster kategorisiert und eingeordnet werden. Der psychoanalytische Begriff der Übertragung psychischer Figuren der Vergangenheit auf den Analytiker entspricht diesem Modell.

Virtuelle Realität

Zum Begriff »virtuell«

Etymologisch (vgl. Kluge 1989) stammt der Begriff aus dem ähnlich lautenden französischen »virtuel«, der sich aus dem Lateinischen »virtus« = Tüchtigkeit, Kraft, Stärke ableitet. Als solcher ist er verwandt mit dem Lateinischen »vir« = Mann. Dieselbe Wurzel findet sich auch im Begriff des aus dem Italienischen entlehnten »Virtuosen« als Bezeichnung für einen großen Künstler. Besonders diese Konnotation läßt den Begriff des »Virtuellen« als Ausdruck für ein zu schaffendes, nicht oder noch nicht vorhandenes, aber denk- und vorstellbares Etwas erscheinen, das Bezüge zum Kreativen hat. In Abgrenzung zum Begriff

»fiktiv«, der ebenfalls auf ein nicht oder noch nicht real existierendes verweist und auch als eine psychische Kreation verstanden wird, bezieht sich der Terminus »virtuell« in unserer Auffassung jedoch ausschließlich auf Bilder, die durch ein technisches Instrumentarium erzeugt werden, und auf deren Gestaltung wir mittels dieses Instrumentariums Zugriff haben.

Durch diese technischen Mittel entwickelt die virtuelle Welt nicht nur neue, fiktive Gestalten, sondern eine neue, eigenartige Welt, die unsere dreidimensionale Welt von Zeit und Raum, Psyche und Körper auf einem zweidimensionalen Bildschirm darstellt. Der Bediener dieser technischen Mittel bewegt sich in eine »andere Welt« hinein, er wird geradezu hineingesogen. Im Gegensatz zu einem Gemälde, das bereits eine Mentalisierung bzw. Symbolisierung einer Szenerie darstellt, gibt es in der virtuellen Welt nicht mehr den reinen Betrachter – der Zuschauer wird selbst zum Akteur. Indem er dies wird, erfolgt eine Überlagerung bis Verschmelzung mit den Figuren auf dem Schirm, insbesondere dann, wenn er über technische Mittel, wie etwa im Computerspiel, in die Handlung eingreifen kann. Die Unmittelbarkeit des dreidimensionalen Erlebens erzeugt das Gefühl, in einer – virtuellen – Realität zu sein.

Unter »virtuell« wird umgangssprachlich dann im allgemeinen eine Eigenschaft verstanden, die als Gegensatz von »real« eingeführt wird, insofern »real« als »wirklich« im Sinne von »manifest existent« verstanden wird. »Virtuell« ist dann bildhafte Darstellung von möglichen Wirklichkeiten, erzeugt und modifiziert durch technische Mittel. Es entsteht dadurch ein nicht realer Raum, der Elemente der Realität in sich enthält. Im Gegensatz zu Phantasie und Traum, die als psychische kreative Räume ausschließlich privater Natur und Produkte einer Subjektivität sind, hat der virtuelle Raum private und öffentliche Anteile. Zwischen privatem und öffentlichem Bereich entsteht ein Raum, wo die Grenzen von subjektiv und objektiv, privat und öffentlich, Ich und Welt, Realität und Phantasie verwischen. In dieser Welt fehlt die transformierende Präsenz eines persönlichen Austausches. Das oben genannte Container/Contained-Modell kann sich nicht entwickeln. Emotionen können nicht durch einen persönlichen emotionalen Austausch fruchtbar stabilisiert werden. Nur die Erkenntnis, dass es sich um eine virtuelle Welt handelt, hilft zu verstehen, dass die stabilisierende Wirkung, die die virtuelle Welt auf die Emotionen haben kann, eine »irreale«, fiktive ist. In dieser Welt kann das Realitätsprinzip nur dann zugelassen werden, wenn sie als virtuell anerkannt wird. Es kann jedoch schnell wieder ausgeschaltet werden, wenn man die virtuelle Welt für bare Münze nimmt, da in ihr die Charaktere keine Menschen, sondern bloße Figuren sind. In dieser Welt wird der Umgang mit Katastrophen durch technische Mittel »gehandelt«. Das Phänomen des Morphing (auch ein virtuelles Phänomen), wodurch ein Körper sich in einen anderen verwandelt, stellt bildlich die Konfusion dar, die entstehen kann, wenn die virtuelle Welt nicht als solche erkannt wird. »Figuren« und Menschen können sich fließend mischen und verwechseln, ohne sich bewusst zu werden, dass Vermischung statt gefunden hat.

Der Wandel einer Kultur des Wortes zu einer Kultur des Bildes im Rahmen der Entwicklung einer technischen Globalisierung stellt einen psychischen Raum dar, der zur Entwicklung von spezifischen psychischen Strukturen beiträgt. Die virtuelle Realität kann in Zusammenhang gebracht werden mit bestehenden psychischen Phänomenen (Räumen) wie Theater oder Mythenbildung, sogar mit Träumen, jedoch enthält sie etwas Einzigartiges. Wie kein anderer Kontext entspricht der Raum der virtuellen Realität, halb psychisch, halb technisch, dem Charakter einer Ersatzrealität, die man beliebig bedienen kann. Es kommt einem vor, als könne man Realitäten durch technische Mittel unbegrenzt erzeugen. Und gleichzeitig, als könnten Realitäten virtualisiert werden, wie im Beispiel der Bombardierungen im Golf- und Irak-Krieg, bei denen die grünen Punkte im Fernsehen reale Städte darstellten.

Dies kann natürlich im Dienste der Kommunikation und zwischenmenschlicher Beziehungen genutzt werden, es kann aber auch willkürlich im Dienste einer autarken Gratifikation benutzt werden: »Zappen« von einem Sessel aus hängt von einem Menschen alleine ab, und es bedarf keiner Form von menschlicher Interaktion (vgl. Ahumada 2001). Die technischen Entwicklungen im Rahmen der Globalisierung ermöglichen neue und schnellere Wege der Kommunikation auf der einen Seite, führen aber auf der anderen zu dem Paradox, dass der Mensch nicht länger zwingend auf andere, real existierende Menschen angewiesen zu sein scheint. Fühlt ein Mensch sich alleine, kann er z. B. auf die mediale Welt des Internets zurückgreifen und mit anderen Teilnehmern chatten; er kann sich aber auch durch Besuch entsprechender Seiten virtuelle Menschen herbeizaubern und seine Einsamkeit bekämpfen.

Die virtuelle Welt stellt die Existenz einer dritten Welt neben der Realität und der psychischen Welt dar, teils psychisch und in diesem Zusammenhang fiktiv – was nicht heißt, dass sie nicht eine Wirklichkeit hat – teils real, weil die technischen Mittel der äußeren Realität Voraussetzung ihrer Existenz sind. In dieser dritten Welt sind sowohl die psychischen Prinzipien der inneren Welt mit ihren unbewussten primärprozesshaften Verläufen, wo es keine Orientierung zwischen Raum und Zeit gibt, als auch die begrenzenden sekundärprozesshaften logischen Realitätsprinzipien gültig. Die Kontaktschranke zwischen den verschiedenen Welten ist in dieser dritten Welt nicht mehr ganz deutlich.

Virtuelle Welt und Wahrnehmung

Wahrnehmungskonzepte sind kontextabhängig. In Nachrichtensendungen erwarten wir der denkbaren Realität entsprechende Bilder. Werbesendungen oder Hollywood-Kino stimmen uns dagegen auf phantastische, unwirkliche oder unbegrenzt möglich vorstellbare Bilder ein. Die Vermischung beider Kontexte führt zu einer Konfusion, die einen Widerstand in der Wahrnehmung zur Folge hat. Wie kommt eine solche Vermischung zustande? Wir wollen darstellen, wie mittels des psychischen Vorgangs der »reversiblen Perspektive« (Bion 1992) die Rezeption des Anschlags am 11. September durch die Bilder im Fernsehen eine Destruktion und Rekonstruktion von Narrativen in Gang setzte, die einen Zustand von Minderung der Ich-Fähigkeit des Zuschauers zur Folge hatte.

Die Psychoanalyse bedient sich in dieser Beschreibung eines Phänomens, das in der Psychologie zu Beginn des letzten Jahrhunderts (Flügel 1913, zit. in: Schoenhals 2000, S. 49) untersucht worden ist. Das verwendete Modell ist das Bild zweier Gesichter im Profil, das auch als weiße Vase gesehen werden kann, wenn man seine Aufmerksamkeit auf den Raum zwischen den beiden Gesichtern und nicht auf die Gesichter selbst richtet. Wenn man den Fokus der Aufmerksamkeit verschiebt, kann die eine Perspektive in die entgegengesetzte und wieder zur ursprünglichen zurück umkippen: Entweder man sieht zwei Gesichter, die einander ansehen, oder man sieht die Vase. (Schoenhals 2000, S. 49)

Wie kein anderes Medium ist das Fernsehen in der Lage, Bilder aus der realen wie der virtuellen Welt gleichermaßen auf den Bildschirm zu bringen. Dabei ist das Fernsehbild als Kategorie selbst ebenfalls virtuell, selbst wenn es real existierende Objekte zeigt. Je nachdem, ob es sich um einen Dokumentationsfilm, einen Spielfilm, eine Live-Übertragung oder eine Diskussionsrunde handelt, werden die gesehenen Bilder anders kategorisiert. Der Blick auf den Schirm wird instruiert durch den Kontext der Sendung, die man sieht. Das Bild als solches ist zunächst für die Wahrnehmung nicht eindeutig (vgl. Abschnitt zu »Wahrnehmung und Entwicklung«), da es sich um ein Bild im Fernsehen handelt. Erst durch den Kontext, in dem es erscheint, wird es eindeutig. So gilt für eine Nachrichtensendung, dass die gezeigten Bilder Abbildungen von Wirklichkeit sind, denn das ist die Aufgabe der Nachrichten: Fakten der Realität zu liefern. In der Regel wird also das Gesehene nicht in Zweifel gezogen, denn die Autorität des Nachrichtenmagazins verbürgt für die Authentizität. Innerhalb unseres Kulturkreises gibt es eine Vielzahl von Nachrichtensendungen, die von seriös bis sensationslüstern reichen. »Seriös« meint in diesem Falle, dass die Nachrichten ausreichend recherchiert und überprüft sind, so dass man ihnen Glauben schenken kann. Bei der Sensationspresse, einem Zweig der multimedialen Kultur, die es mit Wahrheit und Fälschung nicht so genau nimmt, sind wir im Allgemeinen skeptischer.

Psychisch gesehen gehört letztere in den Zwischenraum von Realität und Phantasie, in dem ein Feld geschaffen wird, das zum Träumen und Phantasieren anregt. Gerade das macht sie so populär.

Innerhalb der »seriösen« Nachrichtenwelt ist dafür kein Platz. Jedoch scheinen die Kombination aus Fernsehbild und Nachrichtentext auch hier für eine Abmilderung der traumatisierenden Kraft einer Schreckensnachricht zu führen. Gerade dadurch, dass die gezeigten Bilder auf dem Schirm erscheinen und als »bereits geschehen« kommentiert werden, uns die darin enthaltene Realität nur mittelbar nahe kommt, wird der Inhalt der Nachricht als solcher gefiltert. Die Toten eines Bombenanschlages im Fernsehen zu sehen kann ängstigen und erschrecken; das Geschehen ist aber bereits Vergangenheit, der Ort in der Regel weit weg, und als solches keine unmittelbare Bedrohung. Unser unmittelbarer Umgebungskontext vermittelt uns einerseits die Sicherheit der eigenen vier Wände, obwohl wir uns andererseits durch die Schreckensnachricht bewusst sind, dass das Gesehene einer stattgefundenen oder stattfindenden Realität entspricht.

Am 11. September 2001 war das anders. Das Bild der Boeing, die in den zweiten Turm des World Trade Centers einschlug, war ein »phantastischer« Anblick, insofern er einem Szenario entsprungen zu sein schien, wie wir es aus Actionfilmen gewohnt sind. Die Grandiosität, mit der sie sich durch den blauen Himmel in den Turm bohrte, die aufflammende grau-rote Glutwolke, die Splitter von Glas, Brocken von Beton und Fetzen von Papier – alles formierte sich zu einem schaurigen Inferno, das Herrn Stockhausen von einem Gesamtkunstwerk sprechen ließ. Die Bilder waren zu phantastisch, als dass sie Platz in einer Nachrichtensendung zu haben schienen.

Dieses »Phantastische« ließ im Gehirn die Kategorie »virtuell« auftauchen, und zwar virtuell nicht nur als Bild im Fernsehen, sondern als Merkmal des Geschehens als solchem. Die Tatsache des doppelten Einschlags verstärkte dabei das Konzept der Gattung »Katastrophenfilm«. Um so verwirrender musste die Stimme des Nachrichtensprechers wirken, der in der Nüchternheit seiner Meldung das Narrativ der Bilder Lügen strafte, das, was man gerade noch als »virtuell« und damit als »nicht wirklich« begriffen hatte. Er widersprach der sinnlichen Wahrnehmung der Fernsehzuschauer, die Nachrichtentext und Bild nicht zu einer begreifbaren Integration bringen konnten. Der Zusammenbruch der Türme sprengte jegliche Vorstellung der erwartbaren Wahrnehmung im Realitätskontext. Als Anschlag konnte das Geschehen erst in einem zweiten Anlauf verstanden werden. Als das erste Flugzeug in den Tower einschlug, konnten die unmittelbar Anwesenden und die Fernsehzuschauer noch das Konzept bzw. Narrativ »Unfall« zur Bewältigung heranziehen. Der Anflug und Einschlag des zweiten Flugzeuges setzte dieses Konzept außer Kraft, weil die bis dahin noch überschaubare Katastrophe sich wiederholte. Was nunmehr entstand, war »Chaos« als Ausdruck für ein unfassbares Geschehen.

In den Bildern des Anschlages liegt eine fatale Paradoxie. Sie scheinen einem Hollywood-Action- oder Katastrophenfilm entsprungen zu sein, sind aber Realität. Nimmt man jetzt die Akteure dazu, so wird deutlich, dass ja in der Tat eine »action« stattfand! Ein Hollywood-Regisseur hätte auf dieselbe Idee wie die Attentäter kommen können.[6]

Interessanterweise findet das Modell der reversiblen Perspektive neurophysiologisch eine Entsprechung in den unterschiedlichen Aufgaben der linken und rechten Hirnhälfte. Während die linke Hirnhälfte im allgemeinen den abstrakten, logischen und sprachlichen Operationen dient, werden in der rechten Hemisphäre eher die räumlichen und gefühlsbetonten Inhalte verarbeitet. Angesichts der Nachrichten am 11. September könnte man mutmaßen, dass die rechte Hirnhälfte nicht glauben wollte, was die linke ihr mitteilte. Es kam quasi zu einem Widerspruch in der Informationsbeurteilung.

Virtuelle Welt und Transformation in die Realität

Kann also die Ikonographie zeitgenössischer virtueller Szenarien Realitäten schaffen, die ohne virtuelle Realisation nicht denkbar gewesen wären, auch nicht für die Attentäter? Hat die Existenz Hollywoods beigetragen zur Bildung spezifischer psychischer Strukturen? Wenn ja, entsprechen sie einer neuen Denkform bzw. Denkmöglichkeit?

Insofern virtuelle Welten ohne Realitätsfolgen sind, d. h. keine Konsequenzen haben, sind sie in hohem Maße befriedigend. Sie führen eben nicht zu emotionalen Konsequenzen, etwa Schuldgefühlen. Sind diese Strukturen also gekennzeichnet durch einen Mangel an emotionaler Dreidimensionalität, d. h. entbehren sie eines Affektrepertoires im Hintergrund, die – im Falle der Umsetzung virtueller Szenarien in Realität – die emotionale Wahrnehmung der realen Konsequenzen mindern?

In der virtuellen Realität von Filmwelten, z. B. Hollywoods Katastrophenfilmen, hat man es mit einem psychischen Raum zu tun, in dem alles passiert und doch nichts passiert ist. Das Wahrgenommene, insofern es als virtuell erkannt wird, führt nicht zu einer emotionalen Besetzung im Sinne von Verantwortlichkeit. Demgegenüber kann die Entwicklung eigener Phantasien, die ebenfalls zunächst fiktiver Natur sind, durchaus schuldhaft erlebt werden. Wenn jemand Todeswünsche gegenüber einem anderen Menschen hat, kann er sich für die damit verbundenen Phantasien und Befriedigungsgefühle schuldig fühlen. Die gewalttätigen Narrative eines Hollywoodfilms werden dagegen nicht mit Schuld besetzt, obwohl sie durchaus kurzlebige Befriedigung erzeugen können. Die als »ichhaft« erlebte Denkfunktion wird an das Narrativ und die Bilder, d. h. die virtuelle Realität abgegeben und in diesem Sinne geschmälert. Man könnte auch sagen, die virtuelle Realität kann ein Angriff auf das Essentielle der Denkfunktion, nämlich des »Ich-haften«, sein. Obwohl jedes Narrativ primär aus dem Ich-haften entsteht, kann die virtuelle Realität das Subjekt von dem Erleben des Ich-haften entkoppeln. Dem Zuschauer wird ein bereits konstruiertes und strukturiertes Narrativ nahegebracht, das gewollte und ungewollte manipulatorische Funktion hat.

Der virtuelle Raum kann ein Raum werden, wo Selbstbemächtigung (Autarkie) und Selbstaneignung herrschen. Eine Welt, in welcher der Knopfdrücker der Alleinherrscher ist.

Omnipotente Mechanismen können, wenn sie dominant werden, zu einer gefährlichen Entwicklung führen. Psychische Strukturen, die von archaischen Mechanismen geprägt sind, nehmen Oberhand. Die Verleugnung der Unterschiede zwischen Leben und Tod in Form von Apokalypse und Wiedergeburt wird übermächtig. Das führt dazu, dass psychische Räume, die von Reflektion bestimmt werden, sich mit psychischen Räumen wie dem virtuellen Raum, wo Omnipotenz und eine autarke Tyrannei dominieren, vermischen. Beispielhaft kann hier das Phänomen angeführt werden, dass ursprünglich für den Computer entwickelte Rollenspiele schließlich von Menschen in die Realität umgesetzt und »live« gespielt werden. Die jeweils subjektive Identität wird zugunsten einer Spielfigur ausgetauscht. Das bedeutet auch, dass die kontextuelle Wahrnehmung sich verändert und andere Handlungsskripte möglich werden: Plötzlich ist es erlaubt und sinnvoll, auf Menschen zu schießen. Die Psychoanalyse spricht hier von einer adhäsiven Identifizierung, die auf Mimikrie und Imitation basiert statt auf Introjektion und Inkorporation, welche zum Aufbau einer wirklichen Identität führen.

In einer Erweiterung dieser Sichtweise könnte man fragen, ob die Umsetzung von Ideologien mit technischen Mitteln einem ähnlichen Muster folgt. Insofern Ideologien auf eine noch nicht verwirklichte Utopie verweisen, verlangen sie zu ihrer Verwirklichung die Übernahme von Rollen bzw. Identifikationen. Sie ähneln einem virtuellen Raum, in den hinein sich eine Gruppe von Menschen entwirft. Ist es durch die Schaffung virtueller Realitäten á la Hollywood einfacher geworden, Ideologien umzusetzen?

Die Erschütterung der Wahrnehmungssicherheit

Psychisch befindet sich der Fernsehzuschauer in einem Zustand, den Fonagy als Stadium des »Pretend mode«, einen »als ob«-Zustand bezeichnet, ein Festhalten an der Vorstellung, dass eine Handlung oder ein beobachteter Vorgang keine Konsequenzen in der Realität hat. Denn dieser Zustand erlaubt, zu reflektieren und mit der inneren Welt zu spielen. Psychoanalyse ist in manchen Aspekten eine »pretend«-Erfahrung, z. B. das bereits erwähnte Phänomen der Übertragung früher Beziehungsmuster vom Patienten auf den Analytiker.

Das Befriedigende am Hollywood-Film liegt in der Sicherheit, im »Pretend mode« bleiben zu können. Obwohl man annehmen sollte, dass der Zuschauer bei Nachrichtensendungen im Fernsehen weniger vom »Pretend mode« beeinflusst ist, erforderte die Wahrnehmung der Bilder des Anschlags im Fernsehen einen nachträglichen Adaptationsprozess. Es schien, als habe sofort eine Kategorisierung in den Raum der »Unmöglichkeit« stattgefunden. Es bedurfte einer Anstrengung, die Meldung des Nachrichtensprechers und die Realität der Konsequenzen in eine kognitive und emotionale Realität umzusetzen. Die automatische Trennung der Kategorien musste überwunden werden. So wurde die Grundannahme, dass virtuelle Bilder virtuell bleiben, am 11. September zutiefst erschüttert. Der scheinbar virtuelle Spielraum wurde als nicht mehr beherrschbar erlebt.

Durch das Wort wurde das virtuelle Narrativ, das ein bildhaftes Narrativ ist, zerstört (dekonstruiert). Ein Narrativ »Realität« konnte zunächst jedoch noch nicht aufgebaut werden. Im Gegenteil wurde dieser Vorgang durch die Wahrnehmung der Bilder erschwert bis verunmöglicht. Das Subjekt kämpfte darum, den »Pretend Mode« beizubehalten, weil es sein inneres Gleichgewicht aufrechterhalten wollte. Der Widerspruch zwischen der als »real« (»wirklich«) verstandenen gesprochenen Nachricht, die in den psychischen Raum der Realität fiel, und der als »virtuell« klassifizierten Wahrnehmung der Bilder schien unauflöslich. Es entstand ein geographisches Chaos in der psychischen Karte, die traumatisierend[7] wirkte. Eine strukturierende Spaltung zwischen Realität und Fiktion wurde aufgehoben, und anstelle von Struktur trat Ambiguität hervor.

Das von Freud beschriebene Gefühl des Unheimlichen, das im Zusammenhang mit animistischen Phänomenen (z. B. wenn Roboter eine Seele bekommen) oder als Ergebnis eines Doppelgänger-Gefühls (z. B. Wiederholung oder Spiegelung in der Realität von etwas, das als einzigartig oder nicht reell, d. h. phantasiert betrachtet wird) auftaucht, entsteht als Ergebnis dieser Konfusion der Welten. In diesem Fall steht das Unheimliche in Zusammenhang mit einer Dehumanisierung von Wirklichkeit. Wirklichkeit wird als virtuell angesehen.

Neuere psychoanalytische Überlegungen befassen sich mit der hindernden Wirkung des psychischen Mechanismus der reversiblen Perspektive auf Kommunikation und Kontakt in zwischenmenschlichen Beziehungen. Durch das Einsetzen der reversiblen Perspektive in zwischenmenschlichen Beziehungen bildet sich ein Schein von Einvernehmen zwischen zwei Menschen, obwohl eine nicht sichtbar grundlegende ganz andere Perspektive zwischen Beiden vorliegt. Das Heimtückische dieses Mechanismus ist, dass die Kommunikation weiter wie Kommunikation aussieht, weiter die gleiche Sprache benutzt wird, und doch die Bedeutung entweder verwechselt oder entkleidet wird (keine Bedeutung). In milder Form findet es statt in der Paradoxie und nicht erkannter Ironie bei manchen kommunikativen Mitteilungen.

Im Fall der Geschehnisse des 11. September setzte beim Zuschauer die reversible Perspektive ein, bedingt durch den terroristischen Anschlag, der in unserer Meinung virtuelle Elemente an sich enthält, die nicht nur in der Darstellbarkeit, sondern auch in der Ausführung des Anschlags enthalten sind (Auswahl der Stunde, Auswahl der Ziele, Logistik des Attentats). Der Zuschauer sah Hollywood-Bilder und hörte Nachrichten, die die Realität spiegelten. Der Nachrichtensprecher berichtete über eine Realität, und die Zuschauer »sahen« in diesen Bildern die Fortsetzung Hollywoods. Sie entkleideten die Nachrichten, vermittelt durch die Stimme des Sprechers, ihrer wirklichen Bedeutung. Die Bedeutung der Bilder war: Es ist Hollywood. Der Zuschauer konnte nicht mit dem vorhandenen Verständnis und der Kategorisierung der inneren Räume zu Recht kommen. Seine drei Welten kamen durcheinander. Das führte zu einem vorübergehenden Zusammenbruch der Kontaktschranke zwischen den Welten. Fragen wie: »Hollywood oder Wirklichkeit?«, »Sind wir im Krieg oder sind wir im Frieden?« stellten sich bei den Zuschauern ein. Der Alltag deutete auf Frieden. Das Hollywood-hafte der Bilder deutete auf Freizeitentspannung. Die Nachrichten berichteten über Krieg und Tod. Die Konturen der inneren Welt und der äußeren Welt vermischten sich, und die virtuelle Welt konnte nicht mehr als nur virtuell betrachtet werden.

Warum haben wir uns, konfrontiert mit der Schwere des Geschehens am 11. September, mit dem Thema der Bilder befasst? Fragen wie »Was ist Terrorismus?«, »Wie entsteht Terrorismus?«, »Welche psychische Strukturen müssen vorhanden sein, damit solche Aktionen statt finden?« oder »Welche psychischen Strukturen unterscheiden oder stellen Parallelen her zwischen Bin Laden und Bush?«, Themen, die sich natürlich aus den Ereignissen entwickelt haben, scheinen akuter zu sein und in Anbetracht der Monstrosität des Geschehens angebrachter.

Wir haben uns trotzdem für diese Zugehensweise entschieden, weil wir denken, dass die Verunsicherung, die durch diese Bilder ausgelöst wurde, eine neue Art von Narrativen entstehen lässt, deren Unheimlichkeit in dem Gedanken zum Ausdruck kommt: Alles was vorgestellt werden kann, alles, was irreal und fiktiv ist, was bisher nur in virtueller Realität technisch machbar und

»angeblich« nicht in die Realität transportierbar schien, kann – wiederum durch technische Mittel – Wirklichkeit werden. Das zerstört das Funktionieren im »Pretend Mode«, denn der virtuelle Raum, dessen Charakteristikum die Nicht-Realität ist, hat seine Unschuld verloren. Es entsteht ein neues Narrativ, nämlich das der Realisierung virtueller Räume. Traumatisch für die Zuschauer war neben der Wahrnehmung des Ausmaßes von Zerstörung und Tod die Entstehung dieses neuen und unheimlichen Narratives in ihnen.[8] Mit anderen Worten: Psychische Unversehrtheit, die wesentlich auf einer klaren Unterscheidbarkeit psychischer Räume beruht, war fortan nicht mehr gewährleistet.

Diese neue Form von Narrativ erschüttert bestehende psychische Strukturen und Reflektionsmöglichkeiten, so dass sich eine Tendenz entwickelt, weiter im »Pretend Mode« bleiben zu wollen. Wenn das Verständnis der Realität sich vermischt mit als Phantasie erlebten Bildern aus der Innenwelt und dem virtuellen Raum, können Zustände entstehen, die eine Grauzone zwischen diesen Bereichen darstellen. Wenn virtuelle Welt Realität werden kann, ist die Existenz dieser virtuellen Welt bedrohlich. Der Gedanke, der sich beim Ansehen der monströsen Bilder vom 11. September einschleicht, ist, dass es sich nur um Fiktion, um virtuelle Realität handeln kann – ein Versuch der Beruhigung. Es entstehen Gedanken wie: Die Menschen sind Puppen, die Flugzeuge Szenen eines Films. Die Stimme des Nachrichten-Moderators wird zunächst nicht ernst genommen. Diese Gedanken sind innerhalb unserer von den virtuellen Medien geprägten Welt nicht pathologisch. Szenen wie die vom 11. September gehören automatisch zuerst in die Kategorie »Katastrophenfilm«. Erst im Nachhinein entwickelt sich eine Abwehr gegen die traumatische und verrückt-machende Wahrnehmung. Diese Abwehr besteht zum Beispiel in der Betrachtung dieses Attentates als ein faszinierendes Kunstwerk, ohne wahrzunehmen, dass das Kunstwerk Hollywood ist und nicht die Attentäter. Das Gefühl von Unechtheit, das beim Anschauen der Bilder entsteht, hängt mit dem Wunsch zusammen, deren traumatisierende Wirkung zu mildern. Die psychische Erfahrung »Alles, was denkbar und vorstellbar ist, ist auch machbar« übersteigt die Grenzen des Aushaltbaren, weil es die Psyche in einen Zustand von Chaos führt.

Genau dieser spezielle Vorgang des Verwischens einer Grenze zwischen virtuellem und realem Raum stellt eine neue Form von (kollektiver) vorübergehender Traumatisierung dar, weil sie die psychische Struktur in ihrer Definition von Phantasie und Realität, Außenwelt und Innenwelt angreift. Normalerweise führt die psychische Entwicklung dazu, dass das Subjekt zunehmend zwischen sich und der Welt, zwischen sich und dem Anderen, zwischen Wachsein und Träumen, zwischen Kino und Wirklichkeit unterscheiden kann. Das erlaubt ihm, sich als ein Subjekt zu erfahren, das sich sicher in verschiedenen, gut unterscheidbaren Räumen bewegen kann. Die Erschütterung der kognitiven Grenzen zwischen Realität und virtuellem Raum, die durch die Geschehnisse am 11. September statt gefunden hat, greift deshalb basische psychische Strukturen an.

Vielleicht hat der Wunsch, die Katastrophe als solche anzunehmen und zu einer psychischen Realität werden zu lassen, dazu geführt, dass die Bilder in diesem Jahr fast gar nicht gezeigt worden sind.

Natürlich ist Hollywood nicht verantwortlich für das Geschehen. Es ist aus der Imagination der Menschen entstanden. Es ist ein kreativer Akt, genau so wie die Technik einer ist. Was in Hollywood dargestellt wird, sind Szenarien, die zunächst aus unserer durch die persönliche Geschichte begrenzten Vorstellungskraft entstanden sind. Die geschaffenen Virtualitäten haben jedoch ihrerseits die Fähigkeit, auf ihre Erzeuger rückzuwirken; sie regen zur Konstruktion neuer virtueller Szenarien an und entwickeln in diesem Sinne ihre eigene Dynamik. Solange Hollywood als ausschließlich virtueller Raum genutzt wurde, blieben die Grenzen zur Realität gewahrt. Die Umsetzung der virtuellen Szenarien in die Realität, wie sie durch tyrannisch-terroristische Strukturen der Psyche am 11. September erfolgt ist, verunmöglichte den Dialog zwischen diesen Räumen. Der Zusammenbruch dieses Dialoges führte zu einer Minderung von Denkprozessen, zur Verunmöglichung von Reflektion. Die ganze Welt wird zu einem virtuellen Raum, wo alles geschieht und nichts geschieht. In ihm werden die Menschen zu Statisten und Puppen in einem Katastrophenfilm.

Das basale Erleben von Sicherheit und Vertrautheit, das das Gehirn durch Rückführung auf Bekanntes erfolgreich suggeriert, und die das psychische Gleichgewicht reguliert, ist eine Illusion. Indem Mutter und Vater die Nöte des Kindes durch emotionales Verständnis konzeptualisieren, verankern sie in ihm die Hoffnung, dass seine Nöte gelindert werden und es in Sicherheit lebt. Die Illusion entsteht also aus der emotional guten Beziehung zwischen Eltern und Kind. Sie ist lebensnotwendig, damit psychisches Leben entstehen und sich potentiell in eine Zukunft hinein entwerfen kann. Die Eltern erschaffen so den Kontext des sicheren Alltags, in dem das Kind erfahren kann, dass es die Welt und das Leben mit Hilfe seiner Gedanken bewältigen kann. Die Geschehnisse des 11. September fanden in diesem Kontext basaler Sicherheit statt. Indem sie die Grenzen der psychischen Räume plötzlich und nachhaltig aufhoben, zerstörten sie die Notwendigkeit illusorischer Sicherheit. Da gerade die Twin Towers für die westliche Welt das Symbol für den sicheren Alltag waren, traf diese Aktion in den Kern der Illusion. Sie am helllichten Tage, zu einer Zeit, da die Normalität des Arbeitstages vorherrscht, getroffen und einstürzen zu sehen, zerstörte die Vorstellung von der Zuverlässigkeit des Alltags.

Anmerkungen

1 Erweiterte Fassung eines Vortrages im Rahmen der Vortragsreihe »Die Stimme der Vernunft ist leise, aber beharrlich« der Psychoanalytischen Arbeitsgemeinschaft Köln-Düsseldorf im Literaturhaus Köln am 11. September 2002

2 Unter Dreidimensionalität verstehen wir hier auch die spezifisch menschlichen Eigenschaften wie Emotionalität, Reflexion, Raum- und Zeiterleben, Repräsentation usw..

3 Der Begriff »Konzept« wird von Edelman zur Charakterisierung einer Kombination von Eigenschaften benutzt, die als sensomotorisches Ensemble (also einer Verbindung sensorischer Qualitäten mit motorischen Antworten) verstanden werden. »Stuhl« z. B. ist ein Konzept, das die Möglichkeit signalisiert, den Körper darauf in sitzende Position zu bringen. D. h., man muss nicht alle Sitzgelegenheiten dieser Erde kennen, um etwas als eine solche zu begreifen: Wir haben ein »Konzept« der Beziehung »Sitzen-Stuhl«.

4 »If we assume that the phase shift observed in these preliminary studies is related to the presence of coherent waves that scan our brain at 40 Hz, we can conclude that consciousness is not a continuous event. Rather it is determined by the simultaneity of activity in the thalamocortical system modulated by the brainstem, and fed – when one is awake, by sensory input and when one is asleep, by circuits that support memories.« (Llinas & Ribary 1992, S. 117)

5 Dieser Begriff ist hier umfassender, aber durchaus in vergleichbarer Weise gebraucht. Es geht ebenfalls um die Orientierung innerhalb einer dreidimensionalen (darauf kann hier nicht weiter eingegangen werden) inneren wie äußeren Umwelt.

6 Es ist interessant, dass nach dem Anschlag Hollywood Regisseure ins Weiße Haus eingeladen wurden, um dabei zu helfen, mögliche Anschlagszenarien zu entwickeln und vorbereitet zu sein.

7 Obwohl der Begriff des »Traumas« leicht inflationär gebraucht werden kann, haben wir uns trotzdem entschlossen, ihn hier zu benutzen. Wir sind der Meinung, dass diese Ereignisse das basale Gefühl von Sicherheit nachhaltig erschüttert haben.

8 Freud hatte die Vorstellung, Trauma sei »ein Erlebnis, welches dem Seelenleben innerhalb kurzer Zeit einen so starken Reizzuwachs bringt, dass die Erledigung oder Aufarbeiten desselben in normal gewohnter Weise missglückt« (Freud 1916/7, S. 284).

Literatur

Ahumada, J. L. (2001): The logics of the mind. London (Karnac).
Bion, W. R. (1998): Elements of psychoanalysis. London (Karnac).
Bollas, Ch. (1998): Forces of Destiny. London (Free Association Books).
Edelman, G. M. (1987): Neural Darwinism: the theory of neuronal group selection.

New York (Basic Books).
Edelman, G. M. (1988): Topobiology: an introduction to molecular biology. New York (Basic Books).
Edelman, G. M. (1989): The remembered present: a biological theory of consciousness. New York (Basic Books).
Edelman, G. M. (1992): Bright air, brilliant fire: on the matter of the mind. Harmondsworth (Penguinbooks).
Fonagy, P., & Target, M. (2000): Playing with reality III. The persistence of dual psychic reality in borderline patients. Journal of Psychoanalysis 81, 5, S. 857.
Freud, S. (1916/7): Vorlesungen zur Einführung in die Psychoanalyse. GW XI. Frankfurt (Fischer).
Kluge, F. (1989): Etymologisches Wörterbuch. Berlin (de Gruyter).
Krejci, E. (1999): Psychogenese im ersten Lebensjahr. Edition Diskord, S. 61.
Llinas, R., & Ribary, R. (1995): Perception as an oneiric-like state modulated by the senses. In: Koch, Ch., & Davis, J. L. (Hg.) (1995): Large-scale neuronal theories of the brain. Cambridge, MA (MIT press), S. 117.
Schoenhals, H. (2000): Reversible Perspektive und das Über-Ich. In: Bion – Aspekte der Rezeption in Deutschland. Edition Diskord, S. 49.

Terrorismus und Terrorist

Angst, Hass und Gewalt

Psychoanalytische Überlegungen zu den Ursachen und Folgen des Terrors[1]

Thomas Auchter

1. Einführende Überlegungen

> »Von dem Wirbel dieser Kriegszeit gepackt, einseitig unterrichtet, ohne Distanz von den großen Veränderungen, die sich bereits vollzogen haben oder zu vollziehen beginnen (...) werden wir selbst irre an der Bedeutung der Eindrücke, die sich uns aufdrängen, und an dem Wert der Urteile, die wir bilden. Es will uns scheinen, als hätte noch niemals ein Ereignis so viel kostbares Gemeingut der Menschheit zerstört, so viele der klarsten Intelligenzen verwirrt. Selbst die Wissenschaft hat ihre leidenschaftslose Unparteilichkeit verloren (...) Der Anthropologe muß den Gegner für minderwertig und degeneriert erklären, der Psychiater die Diagnose seiner Geistes- oder Seelenstörung verkünden. Aber wahrscheinlich empfinden wir das Böse dieser Zeit unmäßig stark und haben kein Recht, es mit dem Bösen anderer Zeiten vergleichen, die wir nicht erlebt haben«.

Dies ist kein Kommentar zum 11. September 2001, sondern ein Gedankengang des Begründers der Psychoanalyse, Sigmund Freud (1915b, S. 324 f.) von vor über 85 Jahren, der Zeit des Ersten Weltkrieges.

Ungeheuerliche Ereignisse wie der Terrorakt vom 11. September oder die nicht enden wollenden Selbstmordattentate im Nahen Osten lösen neben dem von den Urhebern geplanten und beabsichtigten Schrecken und der Verunsicherung vor allem Unverständnis aus: ›Wie kann ein Mensch anderen und sich selber so etwas antun?‹. Entsprechende Massenmedien haben dann ganz schnell Antworten parat: »Terrorbestien« titelt die *BILD*-Zeitung. Wenn wir die Attentäter nicht auf diese Weise ent-menschlichen – sie zur Bestie erklären bedeutet übrigens eine Versündigung an den Tieren, die häufig sehr viel sozialer sind als Menschen! –, dann möchten wir sie wenigstens für geistesgestört oder geisteskrank erklären. Das hätte mindestens zwei Vorteile: Erstens hätte ihre destruktive Gewalt nichts mehr mit uns ›Normalen‹ zu tun und zweitens hätten wir dieses unfassbare und dadurch so beängstigende Phänomen in einem Klischee begreiflich gemacht: *Psychopathen*. So einfach geht es aber nicht, das ist Wunschdenken. Die Frage nach den komplexen Phänomenen von Gewalt und Terror stellt uns allerdings sofort vor eine Aporie. Denn jeglicher Erklärungsversuch bedeutet zugleich eine Reduktion der Komplexität und damit unvermeidlich eine gewaltsame Simplifizierung; wir drohen zu schrecklichen Vereinfachern zu werden. Genauso unmöglich ist es aber, vor der Vielschichtigkeit der Probleme zu kapitulieren, das Nachdenken einzustellen und damit den Verhältnissen ihren freien Lauf zu lassen. Im Bewusstsein der Begrenztheit und Vorläufigkeit unserer Aussagen können wir nur versuchen, aus unterschiedlichen psychoanalytischen Perspektiven einige wenige Pfade und Lichtungen in den Dschungel der Gewalt und des Terrors zu schlagen. Alle Beiträge können immer nur Teilaspekte beleuchten und sind insofern ergänzungsbedürftig. Da die psychoanalytische Sichtweise allein grundsätzlich zu kurz greift, werde ich, wo es mir notwendig erscheint, Ergebnisse aus den Nachbarwissenschaften in meinen Diskurs mit einbeziehen.

Im ersten Teil meines Beitrages möchte ich an einige psychoanalytische Erklärungsversuche für die Phänomene Hass, Aggression und Gewalt erinnern. Darin sind wichtige Wurzeln auch der terroristischen Gewalt zu finden. Im zweiten Teil will ich mich dann speziell mit dem Terrorismus auseinandersetzen. Und im dritten und abschließenden Teil werde ich nach Ansätzen für Auswege aus dem Teufelskreis von Gewalt und Gegengewalt und dem Terror Ausschau halten.

2. Zur Psychoanalyse von Hass und Gewalt

2.1. Zur Dynamik von Hass und Gewalt

Seit es Menschen gibt, gibt es auch Gewalt zwischen ihnen – und das Bemühen, dieses Böse in den Griff zu bekommen und die Gewalt einzugrenzen. Wie Freud (1933b, S. 25) in seinem berühmten Brief an Albert Einstein »Warum Krieg« schreibt, ist Letzteres schlicht aus Selbsterhaltungsgründen so. Sicher nicht ohne Grund steht die Erzählung von Kain und Abel, dem ersten von unzähligen Brudermorden in der Geschichte des Menschen, ziemlich am Anfang der Bibel. Kain erschlägt seinen jüngeren Bruder Abel, weil er sich von Gott Vater nicht hinreichend anerkannt fühlt und eifersüchtig auf seinen von Gott bevorzugten Bruder ist. Er tötet also wegen einer *narzisstischen Kränkung*.

Ödipus wird zum Vatermörder, weil seine Eltern ihn als Säugling verstoßen, ihm die Füße durchstechen und ihn in der Wüste aussetzen lassen, damit er stirbt. Den Beginn der späteren tragischen Gewalttätigkeit von Ödipus bildet also das leibhaftige Erleiden von traumatischer körperlicher und seelischer Gewalt, tödlicher Bedrohung seines Selbst durch seine eigenen Eltern. Und diese narzisstische Verletzung führt – und auch das ist wichtig – auf unbewusstem Wege dazu, dass Ödipus später selbst gewalttätig wird. »Das ist eben der Fluch der bösen Tat, dass sie fortzeugend immer Böses muss gebären«, sagt Friedrich Schiller (1799) in den *Piccolomini. Gewalttäter* sind in aller Regel in irgendeiner Form vormalige *Gewaltopfer.*

Freud (1915b, S. 345) schreibt angesichts des Ersten Weltkrieges: »Noch heute ist das, was unsere Kinder in der Schule als Weltgeschichte lernen, im wesentlich eine Reihe von Völkermorden«.

> »Das gerne verleugnete Stück Wirklichkeit hinter alledem ist, daß der Mensch nicht ein sanftes, liebesbedürftiges Wesen ist, das sich höchstens wenn angegriffen, auch zu verteidigen vermag, sondern daß er zu seinen Triebbegabungen auch einen mächtigen Anteil von Aggressionsneigung rechnen darf. Infolgedessen ist ihm der Nächste nicht nur möglicher Helfer und Sexualobjekt, sondern auch eine Versuchung, seine Aggression an ihm zu befriedigen, seine Arbeitskraft ohne Entschädigung auszunützen, ihn ohne seine Einwilligung sexuell zu gebrauchen, sich in den Besitz seiner Habe zu setzen, ihn zu demütigen, ihm Schmerzen zu bereiten, zu martern und zu töten. *Homo homini lupus*, wer hat nach all den Erfahrungen des Lebens und der Geschichte den Mut, diesen Satz zu bestreiten?«. (Freud 1930a, S. 470 f.)

Freud schreibt dies schon 1930. Und wer wollte seinen Gedanken nach Auschwitz, nach Hiroshima, nach Srebrenica und nach New York überhaupt noch anzweifeln? Der Mensch ist leider eben nicht nur ›edel, hilfreich und gut‹ (Johann Wolfgang von Goethe), sondern ebenso niederträchtig, ausbeuterisch und böse. Einen kleinen Fehler hat Freuds Satz allerdings: »Der Mensch ist nicht des Menschen Wolf, er ist schlimmer« (Bastian 2001, S. 15).

Neben der Vielfalt massiver und offensichtlicher böser Gewalttaten gibt es eine ganze Palette versteckter kleiner Bosheiten, mit denen wir unsere Mitmenschen malträtieren und ihnen das Leben zur Hölle machen können. Der französische Existentialphilosoph Jean-Paul Sartre formuliert entsprechend in seinem Drama »*Bei geschlossenen Türen*« (*Huis clos*): »Also dies ist die Hölle (...) Ihr entsinnt Euch: Schwefel, Scheiterhaufen, Bratrost (...) Ach, ein Witz! Kein Rost erforderlich, die Hölle, das sind die anderen«.

Gewalt kann sich offen und direkt in körperlicher Form äußern, aber auch in verdeckter oder passiver Form. Am eindrucksvollsten ist mir immer in Lebensberichten von Patienten, wenn sie erzählen, dass Vater oder Mutter stundenlang, tagelang, ja wochenlang nicht mit ihnen gesprochen haben und welche seelische Qual dieses *Schweigen* für sie bedeutet hat. Nadejda Mandelstamm (1971) betont – angesichts menschlicher Gräueltaten – : ›Schweigen ist das eigentliche Verbrechen‹.

Gewalt manifestiert sich in einer Tat, einem Handeln, einem Agieren; dabei sind dann Denken und Vernunft, die Fähigkeit zum ›Probehandeln‹, wie Freud (1911b, S. 233) das einmal so schön genannt hat, außer Kraft gesetzt. Wir sprechen in diesem Sinne ja auch vom ›blinden Aktionismus‹. Gewalt greift außerdem die Symbolisierungsfunktion, das Denkvermögen des Menschen an bzw. zerstört es (Grubrich-Simitis 1984; Bohleber 2000, S. 78; Ebrecht 2001, S. 9). Es ist wie bei einem gewaltigen Blitzeinschlag: Alle Sicherungen fliegen heraus, aber auch die Funktionen von empfindlichen Geräten können dadurch beschädigt oder zerstört werden.

Seit den Anfängen der Psychoanalyse um die Jahrhundertwende 1900 haben sich die Psychoanalytiker bis zum heutigen Tage immer wieder mit den verschiedenen Ausformungen von Aggression und Destruktion kritisch auseinandergesetzt. Sie haben Hypothesen über die Psychodynamik der Gewalt und ihre Entwicklung erarbeitet. In unserer therapeutischen Praxis sind wir ja auch täglich mit den Folgen erfahrener privater und öffentlicher Gewalt vor allem in Kindheit und Jugend konfrontiert.

Da das Konzept eines *Todestriebes*, wie es von Freud entworfen und von Melanie Klein weiterentwickelt wurde, für mich einen zu geringen Erklärungswert besitzt, halte ich mich in meinen Überlegungen mehr an andere psychoanalytische Forscher. Sie nehmen eher eine psychosoziale Verursachung von Gewalt in den Blick. »*Man wird schlecht durch Leiden*« schreibt Michael Balint ([1935] 1966, S. 66) programmatisch. Dieser Satz lässt sich übrigens unschwer in sein Gegenteil umkehren: Man wird gut durch hinreichende liebevolle Zuwendung. »Das Kind wurde um die Liebe betrogen, dem Erwachsenen bleibt nur der Hass«, resümiert der Säuglingsforscher und Psychoanalytiker Rene Spitz (1965, S. 311) seine Untersuchungen.

Ich möchte also im Weiteren verdeutlichen, wie Gewalt in Beziehungen *produziert* wird. Dabei liegt mein besonderes Augenmerk auf der Funktion von Aggression im narzisstischen Haushalt des Individuums mit der Unterscheidung zwischen einem gesunden Narzissmus einerseits und einem pathologischen Narzissmus andererseits. Der gesunde Narzissmus (gesundes Selbstgefühl, gesundes Selbstwertgefühl, gesunde Selbstbehauptung) – wir können auch von gesunder Identität sprechen – ist immer und grundsätzlich mit einer gesunden Beziehungsfähigkeit verknüpft. Der *pathologische Narziss mus* (krankhafter Egoismus, krankhafte Selbstbezogenheit, omnipotente Abwehr von Minderwertigkeits- und Ohnmachtsgefühlen) leistet meines Erachtens einen grundlegenden Beitrag zu allem Formen der Gewalt gegen sich selbst und andere.

Bei unserer Betrachtung der aktuellen terroristischen Gewalt dürfen wir allerdings nicht geschichtslos und nicht kontextlos vorgehen. Zerstörerische

Gewalt und Massenmord sind ja geradezu ein Charakteristikum des vergangenen 20. Jahrhunderts. Der polnische Soziologe Zygmunt Baumann stellt die These auf, dass die Shoah, die bürokratische und hochtechnische Vernichtung der Juden durch Deutsche, die »Fabrikation von Leichen«, wie Hannah Arendt (zit. n. Diner 1988, S. 7) das einmal genannt hat, nicht einen »Zivilisations-*bruch*« (Diner 1988) darstellt, sondern dass die Shoah eher ein konsequentes ›Produkt‹ der modernen zivilisatorischen Entwicklung ist. Die mörderischen Gewalttaten gegen Juden und Andere wurden im Wesentlichen nicht von geistesgestörten, sadistischen Gewaltmonstern, sondern ganz ›banal‹ (H. Arendt 1963) von ›ganz normalen‹ Mitmenschen (Goldhagen 1996; Browning 1996) begangen. Die »willigen Vollstrecker«, wie Goldhagen (1996) sie nennt, begingen ihre mörderische Destruktivität aus pflichttreuer Gehorsamsbereitschaft, aus Angst vor der Autorität (Milgram 1974) und aus einer Angst vor dem Verlust der Gruppenzugehörigkeit. Der größte und schnellste effektive Massenmord (etwa 200 000 Tote) mit dem minimalsten technischen Aufwand bei der Ausführung wurde von den Amerikanern durch den Abwurf von nur zwei Atombomben auf Hiroshima und Nagasaki am Ende des Zweiten Weltkrieges begangen.

Eine der anstößigen Ideen, die Freud entwickelt hat, ist die von der Kontinuität zwischen Normalität und Anomalität, vom fließenden Übergang zwischen Gesundheit und Krankheit. Dieser Gedanke erregt Anstoß, weil er es uns unmöglich macht, alle Gewalt und Destruktivität, alles Böse immer nur beim anderen wahrzunehmen (Auchter 1994b).

2.2. Zur Genese von Hass und Gewalt (Entwicklungspsychologische Aspekte)

Freud (1915c, S. 231; 1913i, S. 451) siedelt das Auftreten von Hass in der Entwicklungsgeschichte des Individuums noch vor der Liebe an. Gemeint ist damit, dass Gefühle der Ablehnung früher spürbar werden als das Empfinden von Zuneigung. Denn die positive Zuwendung, Liebe und narzisstische Bestätigung, Bejahung und Anerkennung werden im Frühstadium der menschlichen Entwicklung vom Säugling eher als selbstverständlich erfahren und deshalb nicht bewusst wahr-genommen.

Dagegen löst alles, was das primäre narzisstische Gleichgewicht von Harmonie, Sicherheit und Wohlbefinden eines Menschen stört, alles, was sein Gefühl narzisstischer Unversehrtheit bedroht, Angst aus. Mildere ›Störungen‹ werden allerdings bald Neugier und Interesse des Säuglings wecken. Das durch eine heftigere Störung ausgelöste Angstsignal, das auf eine existentielle Gefährdung des Ich-Selbst hinweist, mobilisiert jedoch reaktiv ein – fast instinktives

– archaisches Ablehnungsgefühl, einen archaischen Hass gegen das Objekt der Störung (›Angstbeißer‹). Wir hassen das, was wir »wenig kennen und verstehen«, schreibt Freud (1915b, S. 329). Unter ›*Objekt*‹ versteht die Psychoanalyse im Gegensatz zum Allgemeinverständnis immer ein belebtes oder unbelebtes Gegenüber des Subjekts.

Das Störende, gegen das sich der archaische Hass richtet, ist ganz am Anfang alles, was nicht ist wie ich, alles ›Nicht-Ich‹, alles Fremde (Freud 1915c, S. 229; 1925h, S. 13; 1926e, S. 223). Und der archaische Hass führt zu dem Bedürfnis, das Störende zu beseitigen, es zu ver-nichten (vgl. Freud 1915a, S. 229 f.), es zu zer-stören (Kernberg 2000, S. 274). Hier liegen die Quellen destruktiver Aggression. In dem eben beschriebenen Sinne besteht also von Lebensbeginn an im Menschen eine »elementare Haßbereitschaft« (Freud 1921, S. 111), ein »Trieb zum Hassen« (Freud 1933b, S. 20). Diese frühe »Haßrelation« stammt »aus dem Ringen des Ich um seine Erhaltung und Behauptung« (Freud 1915a, S. 230). »Der Haß hat seinen Ursprung in den Selbsterhaltungstrieben« (Laplanche u. Pontalis 1972, S. 57).

Für die Lösung des frühen Konflikts mit dem Störenden kann das Kleinkind einen zeitig vorhandenen, archaischen psychischen Ordnungs-Mechanismus benutzen: den Mechanismus der *Spaltung*. Mit seiner Hilfe wird nun seelisch eine primitive, ›digitale‹ Aufteilung der Beziehungswelt in gut und böse vorgenommen. Alles Lustvolle, Befriedigende, Wohltuende wird dabei dem eigenen Selbst zugeordnet. Freud (1915c, S. 228) hat das Produkt davon als »purifiziertes Lust-Ich« bezeichnet. Alles andere, das nicht den primären Narzissmus des Kindes unterstützt, sondern stört, wird dagegen abgespalten und dann mittels eines weiteren archaischen seelischen Mechanismus, der *Projektion*, auf die Nicht-Ich-Welt übertragen. »Das Äußere, das Objekt, das Gehasste wären zu allem Anfang identisch« fasst Freud (1915c, S. 229; 1925h, S. 13, 1926e, S. 223) knapp zusammen. Die Projektion des eigenen Bösen in die Außenwelt führt aber rückwirkend zu einer Bedrohung des Ich-Selbst durch eben dieses ›selbstgemachte‹ (äußere) Böse, und daraus resultiert dann Verfolgungsangst. Die Psychoanalytikerin Melanie Klein hat deshalb von einer *paranoid-schizoiden Position* gesprochen, die so erzeugt wird – schizoid wegen der Spaltung, paranoid wegen der durch die Projektion erzeugten Verfolgungsangst.

Vermutlich kennen die meisten in ihrem persönlichen Umfeld Menschen, die an diesem kindlichen Spaltungs- und Projektionsmechanismus: ›alles Liebe und Gute ist bei nur mir‹ und ›alles Schlechte und Böse ist ausschließlich beim anderen‹ oder ›bei den anderen‹ festhalten. In diesen Mechanismen liegt auch eine wichtige Wurzel der Fremdenfeindlichkeit (Auchter 1990). Und wenn diese sich fanatisch steigert, findet sich darin auch eine psychische Quelle von Gewalt und Terror.

Der Freiburger Psychoanalytiker Johannes Cremerius (1977) hat für die Psychodynamik der Sehnsucht nach einem utopischen, narzisstischen Idealzustand die Metapher vom ›*weißen Zebra*‹ kreiert. Nach Cremerius (1977, S. 1) leidet unser Über-Ich beziehungsweise Ich-Ideal an der »phantastischen Idee vom ungestreiften Zebra« anstelle unserer menschlichen »Zebra-Natur, dem Wechsel heller und dunkler Streifen«. »Aber diese Phantasie vom weißen Zebra ist auch die Quelle einer tiefen Angst. Denn wenn es das gibt, wer bin ich dann mit meinen ach so vielen schwarzen Streifen?« (ebd.). Die Phantasie vom weißen Zebra ist nur aufrechtzuerhalten, wenn ich alles Schwarze von mir auf den anderen, den Fremden übertrage. Er muss als Müll-Container für alles Negative, bei mir selbst Abgelehnte dienen.

Die fatale Verknüpfung von Selbstliebe und Objekthass hatte Freud (1930a, S. 473) zunächst für die Massenpsychologie beschrieben: »Es ist immer möglich, eine größere Menge von Menschen in Liebe an einander zu binden, wenn nur andere für die Äußerung der Aggression übrig bleiben«. Vamik Volkan (1988) spricht vergleichbar vom grundlegenden menschlichen »Bedürfnis, Feinde zu haben und Freunde«. Definierte Feinde zu besitzen, hat eine identitätsstiftende Funktion: ›Viel Feind, viel Ehr‹.

Eine andere Variante der Abwehr von Angst vor dem anderen (Fremden) besteht darin, dass ich dem anderen die Angst einjage, unter der ich selber leide. Der Psychoanalytiker Arno Gruen (2002, S. 157) berichtet von Studien arabischer Psychologen, die palästinensische Intifada-Kinder untersucht haben. Unter dem Titel ›Tagsüber Helden, nachts Bettnässer‹ wird berichtet, dass 60 Prozent von ihnen Angst vor nächtlicher Dunkelheit haben. »Sie sind streitsüchtig, fürchten sich vor allen Neuem, lügen, stehlen, sind aufbrausend, aggressiv, ungehorsam gegenüber ihren Eltern, unruhig, verstört, unbeliebt, leiden unter heftigen Kopfschmerzen, Bettnässen, Appetitlosigkeit, lutschen am Daumen und kauen an den Fingernägeln« (Gruen 2002, S. 157). Dies alles sind nicht Folgen ihres Steinewerfens, sondern Ausdruck der seelischen Ursachen ihres Steinewerfens: sie sind Angstbeißer. Mit ihren (hilflosen) Gewaltaktionen gegen die militärische Übermacht versuchen sie unbewusst ihre tiefen Ängste und Unsicherheiten abzuwehren, zu verdrängen und zu kompensieren. Es kommt zu einer Gefühlsabstumpfung (Lifton 1986). Aber dabei verdrängen sie nicht nur ihre Angstgefühle, sondern auch andere Empfindsamkeiten, Einfühlung und Mitgefühl mit dem ›Feind‹. Für diese ihre Disposition zur Gewalt sind ihre Lebensumstände, die schon von frühester Kindheit an durch Gewalt und Angst geprägt sind, verantwortlich! Spiegelbildlich versuchen die Israelis ihrer Ängste Herr zu werden, indem sie neben ihrer Hochrüstung mit ständig neuen militärischen Gewaltaktionen ebenso wie die Gegenseite ohne Einfühlung, ohne Mitgefühl oder Achtung grundlegender Menschenrechte

(z. B. ›Liquidierung‹ von Gegnern ohne Gerichtsverfahren, Zerstörung von Häusern der Familienangehörigen von Tätern) vorgehen. So wird eine endlose Gewaltspirale aufrechterhalten.

Neben dem Selbsterhaltungsbedürfnis und Individuationsbedürfnis besteht von Lebensbeginn an auch ein – teilweise entgegengesetztes – Bedürfnis nach Zuwendung, Beziehung und Bindung (Bowlby; Fairbain) an einzelne Andere und kleinere und größere Gruppenzugehörigkeiten. Die Befriedigung des Bindungsbedürfnisses verschafft dem Säugling und dem Individuum auch später Sicherheit und Geborgenheit, das sogenannte *Urvertrauen* (Erikson). Das stellt ein wichtiges seelisches Gegengewicht gegen die Empfindungen von Abgelehntsein, Ausgeschlossensein, Isoliertsein, Angst und Hass dar. Im Falle einer gesunden seelischen Entwicklung kommt es zu einer gewissen Ausgewogenheit zwischen Angst und Sicherheit, zwischen Hass und Liebe, vielleicht mit leichter Dominanz der letzteren. »Ein wirklich gesunder Mensch muß«, nach Auffassung von Michael Balint (1966, S. 159), »beides können, lieben und hassen« (vgl. Freud 1933b, S. 20; 1937c, S. 92; 1940a, S. 71 FN; Winnicott 1984, S. 84).

Später im Lauf der seelischen Entwicklung gesellt sich zu dem oben beschriebenen archaischen Hass (primäre Ablehnung) der *sekundäre Hass* als Reaktion auf seelische Verletzungen. Als besonders gravierend werden hier die narzisstischen Kränkungen wie Entwertung, Beschämung und Demütigung erlebt, also alle Verletzungen des Selbstgefühls und Selbstwertgefühls. Der Psychoanalytiker und Selbstpsychologe Heinz Kohut hat den Zusammenhang zwischen narzisstischer Verletzung und daraus resultierender Wut besonders hervorgehoben, indem er sagt, dass »das narzißtisch verwundbare Individuum auf tatsächliche oder erwartete narzißtische Kränkungen (...) mit narzißtischer Wut reagiert« (Kohut 1975, S. 226; vgl. Lichtenberg 1992, S. 56 f.). Herbert Schulz-Gora (2001, S. 58 f.) spricht von der »Not-wendigkeit der Gewalt« zur »›Bewältigung einer narzisstischen Not‹, einer ›Krise in Bezug auf Integrität und Identität‹«.

Da der Säugling sozusagen auf die sofortige und vollständige Befriedigung aller seiner Bedürfnisse und Wünsche pocht, ist er aufgrund der Grenzen und Unvollkommenheit seiner Beziehungspersonen *unvermeidlich* mit Versagungen, Enttäuschungen und damit narzisstischen Kränkungen konfrontiert. Seine reaktiven Wut- und Hassgefühle bringen ihn aber nun in ein Dilemma. Denn seine ver-nichtende, mörderische Wut gegen Mutter und Vater würde ja auch deren Liebe und Zuwendung zu ihm, auf die er dringend angewiesen ist, mit vernichten. Was tun?

Die oben beschriebene, gewissermaßen vertikale Spaltung zwischen Selbst/gut und Objekt/böse ist bezüglich der Eltern im Laufe der Weiterentwicklung nicht aufrechtzuerhalten, da dem Kind zunehmend bewusst wird, dass es von ihrer liebevollen Zuwendung abhängig ist. Hier kommt nun eine zweite Form der Spaltung, eine horizontale Spaltung, zum Tragen. Das Kind erfindet in seiner Phantasie gewissermaßen *zwei* Mütter oder Väter. Der britische Psychoanalytiker Donald W. Winnicott (1965, S. 75, 182) hat sie als *Objekt-Mutter* (oder *-Vater*) einerseits und als *Umwelt-Mutter* (oder *-Vater*) andererseits bezeichnet. Die sogenannte Objekt-Mutter kann nun vom Kind in der Phantasie aggressiv attackiert, zerstört und vernichtet werden. Die Umwelt-Mutter bleibt dagegen – im besten Fall – real lebendig, zuverlässig da, einfühlend und liebevoll. Sie lässt sich nicht wirklich zerstören und *überlebt* alle realen Wutausbrüche und phantasierten grenzenlosen, aggressiven Attacken ihres Kindes. Sicher nicht ohne bisweilen seinen konkreten destruktiven Gewaltaktivitäten auch Grenzen zu setzen! Damit *begrenzt* sie die Gewalt und relativiert sie. Sie hilft durch ihr Überleben ihrem Kind auch bei der so wichtigen Fähigkeit zur Unterscheidung zwischen innerer Phantasie und äußerer Realität. Und sie gewährt durch ihr Überleben ihrem Kind später überdies die Möglichkeit zu einer Wiedergutmachung an diesem eben nicht total vernichteten Objekt. Durch die Möglichkeit zur Wiedergutmachung und damit zur Begrenzung der Destruktivität wird aber für das Kind seine Aggressivität annehmbarer, und sie kann so in sein Ich-Selbst eingebunden und integriert werden.

Ein (reales) Nicht-Überleben des (in der Phantasie) aggressiv attackierten ›guten‹ Objekts verhindert dagegen auch, dass die frühen Spaltungen aufgehoben werden können zugunsten einer Integration beider Mütter zu einer ›Einheitsmutter‹, die sowohl schlecht als auch gut ist. Und es behindert das Kind auch im Aneignen seines ganzen Ichs, das ja ebenfalls immer böse und gut ist. Wir sprechen für dies Aneignung vom Erreichen der Ambivalenz an Stelle der Spaltung oder wiederum bildhaft vom Annehmen der ›Zebranatur‹ des Menschen mit schwarzen und weißen Streifen (Cremerius) statt der weißen Weste, welche die schwarze Seele verbergen soll. Melanie Klein hat diesen Zustand in einer etwas unglücklichen Formulierung als *depressive Position* bezeichnet. Gemeint ist die Fähigkeit zur Verantwortungsübernahme, Fähigkeit zum Empfinden realer Schuld oder, wie Winnicott (1958, S. 264) es nennt, *die Fähigkeit zur Besorgnis* oder *Fähigkeit zum Erbarmen*.

Der frühe (auch) aggressive Dialog zwischen Mutter und Kind oder Vater und Kind kann natürlich misslingen oder entgleisen (Spitz 1982). Zum Beispiel dadurch, dass die Eltern die Aggressivität ihres Kindes *todernst* nehmen, es – und nicht sein Tun – als böse erklären, und sich von ihm emotional zurückziehen. Sie unterscheiden dabei nicht zwischen dem ›bösen‹ Handeln des Kindes und seinem Sein. Oder sie ›bestätigen‹ seine Destruktivität durch eine reaktive maßlose, aggressive Reaktion ihrerseits, sie *›rächen‹* sich (Winnicott 1971, S. 91). Im Erleben ihres Kindes lassen sie sich also von seinen destruktiven Impulsen als notwendige ›gute Objekte‹ vernichten. Auf diese Weise werden die grenzenlosen aggressiv-destruktiven Gewalt-*Phantasien* des Kindes in ihrer Zerstörungskraft bestätigt, sie werden für das Kind zur *Realität.* Die zuvor gegenüber den Eltern geäußerte Aggression wird dem Kind in diesen Fällen also unbearbeitet zurückgegeben. Und so wird das Kind ›böse‹ (gemacht) und damit potentiell gewalttätig.

Der Psychoanalytiker Wilfred Bion hat für das produktive dynamische seelische Geschehen zwischen Eltern und Kind das Konzept des ›*Containing*‹ entwickelt. Die entäußerten aggressiven und destruktiven Impulse und Phantasien des Kindes müssen im positiven Falle vom Objekt (zum Beispiel der Mutter oder dem Vater) ›contained‹, das heißt: angenommen und aufgenommen werden. Ihre Relativierung geschieht dann durch ihre seelische Verarbeitung im Objekt. Bion vergleicht das trefflich mit einem Verdauungsvorgang. Das unverdauliche, vergiftete, unbekömmliche ›Böse‹ des Kindes wird sozusagen im Container der Eltern verarbeitet, entgiftet, verdaulich und bekömmlich gemacht und dann bei passender Gelegenheit dem Kind ›verdaut‹ zurückgegeben. Eine derartige Entgiftung der als totalzerstörerisch phantasierten primären und sekundären aggressiven Impulse durch ein wohltuendes Containing ermöglicht dem Kind die (Wieder)-Aneignung des nun annehmbareren eigenen Bösen. Das bedeutet aber auch, dass es bei diesem Vorgang nicht um eine Beseitigung des Bösen aus dem menschlichen Leben, sondern nur um ein Erträglichmachen gehen kann, welches aber seine Annahme und Aneignung, seine Integration ins Ich-Selbst möglich macht. Durch diese Einbindung der Aggression in die Persönlichkeit lässt sich die Gewalttätigkeit zumindest ein wenig bändigen.

Wichtig ist mir aber, festzuhalten, dass die Mechanismen der *Spaltung*, der *Externalisierung* und der *Projektion* zunächst bei jedem Kind gesunde und normale seelische Techniken der Affektregulation und (Über-)Lebenstechniken sind. Sie sind archaische Formen der individuellen und sozialen seelischen Ordnung und Orientierung. Sie sollen der Minderung von Angst und der Verstärkung von Gefühlen der Sicherheit und des Wohlbefindens (Sandler) dienen. Erst durch ein quantitatives Moment, ein Übermaß oder durch sonstige Unangemessenheiten werden sie pathologisch und zu einer seelischen Voraussetzung von Gewalttaten. Das ist ähnlich wie mit Medikamenten: die angemessene Dosis ist heilsam, die Überdosis wirkt toxisch.

Da die Aggression im öffentlichen Diskurs nur allzu leicht mit destruktiver Gewalt in einen Topf geworfen wird, möchte ich die Begriffe kurz differenzieren (vgl. Auchter 2003). *Aggression* betrachte ich mit Winnicott als eine ursprüngliche, nicht festgelegte Antriebskraft im Sinne einer grundlegenden Aktivität. Erst durch – grundsätzlich unvermeidbare – frustrierende Verlusterfahrungen oder durch – vermeidbare – traumatisierende Gewalterfahrungen wird diese an sich neutrale Wirkkraft, die primäre Aggression sekundär in destruktive Aggression oder Gewaltsamkeit umgewandelt. Man kann hier eine Analogie sehen zu dem archaischen Hass zur Aufrechterhaltung des narzisstischen Urzustandes und dem sekundären Hass als Reaktion auf Kränkungen und Verletzungen.

Der konstruktive Aspekt von Aggression wird nicht selten – auch in der Erziehung – zugunsten einer negativen Betrachtung unterschätzt und vernachlässigt. Gesunde Aggression ist unter anderem ein unumgänglicher Faktor bei der Selbstentwicklung und der Selbstbehauptung und ist auch die Grundlage von Zivilcourage (Schraml 1968). Konstruktive Aggression wird außerdem benötigt angesichts notwendiger Abgrenzungen und Trennungen im Verlaufe der individuellen seelischen Entwicklung.

Wir müssen also grundsätzlich eine *benigne* Destruktion und Aggression im Dienste von Konstruktion und Entwicklung von einer *malignen* Destruktion im Dienste von Hass, Übermächtigung und Grausamkeit unterscheiden. Hinter maligner Gewalt stehen Affekte wie Angst, Wut und Hass (Kernberg 2000) und Machtgefühl (Freud 1924c, S. 376). Dadurch motivierte Gewaltakte zielen auf das Beeinträchtigen, Beschädigen, Zerstören oder Vernichten von belebten und unbelebten Objekten, die Verursachung von Leiden, beziehungsweise das Dominieren und Kontrollieren von Objekten.

Auf Seiten des Opfers ist die Gewalterfahrung mit Empfindungen von Überwältigung, Unterdrückung, Demütigung, Beschämung, Ohnmacht und Hilflosigkeit verknüpft. Bei einer Gewalttat geht es um Macht, Überlegenheit und Unterwerfung durch den Täter. Aber auch wenn, äußerlich betrachtet, ein Gewaltakt Ausdruck von Stärke, Macht und Überlegenheit des Täters zu sein scheint, so ist die Anwendung von Gewalt, psychologisch betrachtet, in der Regel ein Zeichen von innerlicher Schwäche, Angst, Ohnmacht und Unterlegenheit – zum Beispiel auch, wenn Erwachsene Kinder schlagen oder bei sexueller Gewalt gegen Kinder! Jemand, der sich seiner selbst und seiner Sache wirklich sicher ist, benötigt keine Gewalt. Der Terrorismusexperte Peter Waldmann (1998; 2000) argumentiert ähnlich: Letztlich sei Terrorismus nur eine ›Strategie der Schwäche‹. Die unerträglichen Gefühle von Schwachheit, Ohnmacht und Hilflosigkeit sollen mittels gewaltsamer Aktivität in ihr Gegenteil, Übermacht und Allmacht verwandelt und damit psychisch abgewehrt bzw. eliminiert werden. Das erleben wir derzeit im politisch-militärischen Verhalten der Weltmacht USA und auch von Israel, ebenso wie bei den Palästinensern.

3. Zur Psychoanalyse des Terrors und des Terrorismus

3.1. Zur Definition des Begriffsfeldes »Terror«

Ehe wir uns mit der Psyche des Terroristen befassen, ist es zunächst notwendig, dass wir uns darüber verständigen, wovon wir eigentlich sprechen. Die Begriffe ›Terror‹, ›Terrorismus‹ und ›Terrorist‹ haben vor allem seit dem 11. September 2001 Hochkonjunktur. Ihre massenhafte Verbreitung birgt jedoch die Gefahr einer zunehmenden Unschärfe und damit die Möglichkeit zum vielfältigen interessegeleiteten Missbrauch. Man erklärt schlicht die jeweiligen Gegner zu ›Terroristen‹, und im ›Kampf gegen den Terrorismus‹ ist dann grenzenlos alles erlaubt, ohne wahrzunehmen, dass man sich dadurch auf dieselbe menschenverachtende Stufe stellt wie diejenigen, die man zu bekämpfen vorgibt. Ich erinnere beispielhaft an Tschetschenien, Irak, Israel/Palästina.

Der Historiker Walter Laqueur (1982, S. 10 FN) weist in seiner umfangreichen Monographie über den Terrorismus darauf hin, dass man rasch in Schwierigkeiten gerät, wenn man eine »umfassende Definition des Terrorismus sucht. Eine solche Definition gibt es nicht«. Diese Auffassung wird von den meisten Terrorismus-Experten geteilt (vgl. Hoffman 1999; Waldmann 2000). Die Begriffe ›Terror‹ und ›Terrorismus‹ werden in sehr unterschiedlichen, vor allem auch zeitbedingten Kontexten definiert und weisen heutzutage eine Fülle von divergierenden Begriffsbestimmungen auf (vgl. Hoffman 1999; Hirschmann/Gerhards 2000).

»*Terror*« ist ein lateinisches Wort und bedeutet übersetzt ›Angst‹, ›Schrecken‹, ›einschüchternder Eindruck‹, ›schreckender Gegenstand‹, ›Schreckensnachricht‹. Politisch taucht der Begriff »terreur« bzw. »terrorisme« während der französischen Revolution auf und wird vor allem auf die Schreckensherrschaft der Jakobiner 1793/94 angewandt (Pfeifer 1995, S. 1426; vgl. Laqueur 1982, S. 11 f.).

Erst im 20. Jahrhunderts bezeichnet das Wort Terrorismus bzw. Terrorist das Tätigwerden extremistischer Einzeltäter oder Gruppen, die mit gewaltsamen Anschlägen und Attentaten bestimmte staatliche Ordnungen bekämpfen und (mehr oder weniger) bestimmte politische oder ideologische Ziele und/oder Machtansprüche durchzusetzen versuchen (vgl. Schoeck 1969, S. 328; Hoffman 1999, S. 13 ff.).

Für unserem Diskurs möchte ich folgende allgemeine Definition von ›Terror‹ vorschlagen:

Terror ist die geplante, punktuelle oder systematische Erzeugung von Verunsicherung, Angst und Schrecken durch unerwartete, unberechenbare und willkürliche Drohungen oder Akte von zerstörerischer Gewalt gegen

Sachen und/oder Personen, um politische, religiöse oder andere ideologische Ziele zu erreichen.

›Terrorismus‹ ist die Ausübung von Terror. Dabei können wir grundsätzlich einen ›Terror von oben‹ (vgl. hierzu Chomsky 2001; Hoffman 1999, S. 27), eine Gewalt- und Schreckensherrschaft der Mächtigen (z. B. Staatsterror) – darin liegt auch wie erwähnt auch der politische Ursprung des Begriffs in der Französischen Revolution –, und einen ›Terror von unten‹ der Ohnmächtigen oder sich ohnmächtig Fühlenden unterscheiden (vgl. Funke 1977, S. 11). In der Literatur wird häufig allein der Terror durch politisch Ohnmächtige oder Machtlose, Unterdrückte und Verzweifelte (Kasch 1978, S. 54) mit Terrorismus gleichgesetzt (z. B. Hacker 1973, S. 21). Dieser entwickelt sich aus verschiedenen Beweggründen zum Beispiel im Rahmen religiöser Protestbewegungen, politischer Revolutionen oder sozialer Aufstände (Laqueur 1982, S. 13). Der Soziologe Wolfgang Sofsky (1997) beschreibt als ein Beispiel für Terror von oben das Konzentrationslager der Nazis als »Die Ordnung des Terrors«.

Die gewaltsamen Instrumente des Terrors und des Terrorismus wie Verletzung, Beschädigung, Mord und Zerstörung sollen der Erregung von Furcht, der Erzeugung von Unsicherheit, der Einschüchterung und der Druckausübung dienen. Terror ist in erster Linie eine ›psychologische Kriegsführung‹. »Terrorismus (...) ist primär eine Kommunikationsstrategie« (Waldmann in Hirschman/Gerhards 2000, S. 13), er will eine »Botschaft übermitteln« (Hoffman 1999, S. 209).

Bei der Charakterisierung als ›Terror‹ oder ›Terrorist‹ finden wir in der Regel eine erhebliche Diskrepanz zwischen der Selbstwahrnehmung und der Fremdwahrnehmung. Kein Staat wird sich selbst als Terrorstaat und kein Terrorist sich selbst als Terroristen bezeichnen (vgl. Chomsky 2001, S. 11; Hoffman 1999, S. 36). Die terroristische Gewalt wird durch Etikettenschwindel jeweils positiv beschönigend umformuliert. So wird sich der Terrorist selber zum Beispiel eher als ›Freiheitskämpfer‹, ›Kämpfer für Gerechtigkeit‹ oder ›Gotteskrieger‹ erklären. Und die jeweiligen Gegner des (terroristischen) staatlichen Machtapparates werden beispielsweise als ›Staatsfeinde‹, ›Schurken‹, ›Volksverräter‹, ›Konterrevolutionäre‹ oder eben ›Terroristen‹ verteufelt. Die Definitionsmacht über den Begriff nimmt also jeweils das Gegenüber in Anspruch (vgl. Gießmann in Hirschmann/Gerhards 2000, S. 121)!

Der Terror bedroht die Freiheit in zweifacher Weise: Zum einen durch den terroristischen Gewaltakt an sich, bzw. die daraus resultierende Gewaltdrohung beziehungsweise Angst. Zum zweiten aber, und bisweilen schlimmer, durch die institutionellen Reaktionen, die ein Terrorakt hervorruft. Dabei wird im Spannungsfeld zwischen Sicherheitsbedürfnis und Freiheitsanspruch allzu häufig die Freiheit zugunsten der (oft nur vermeintlichen) Sicherheit eingeschränkt, verletzt und beschädigt. Einer der Gründerväter Amerikas, Benjamin Franklin, wies schon vor rund 240 Jahren darauf hin: »Wer die Freiheit aufgibt, um Sicherheit zu gewinnen, wird am Ende beides verlieren« (zit. n. Klingst in: *Die ZEIT* 42/2001).

Die ›Terrorismusfalle‹ oder psychoanalytisch gesprochen die »Gegenübertragungs-falle« (Wirth 2002, S. 384) besteht darin, dass z. B. ein demokratischer Rechtsstaat sich durch terroristische Aktivitäten ›von unten‹ dazu verführen lässt, verfassungsmäßige Freiheitsrechte in einem solchem Maße einzuschränken (vgl. Heintze in Hirschmann/Gerhards 2000, S. 228 f.), dass es im Endeffekt zu einem ›Terror von oben‹ kommt. »In diese ›Schere des Terrors‹ von oben oder/und von unten dürfen wir nicht hineingeraten« schreibt Funke schon 1977 (ebd., S. 10) angesichts des RAF-Terrorismus in Deutschland.

Amnesty International betont in ihrem Jahresbericht im Mai 2002 bezüglich des Anti-Terror-Kampfes, dass Sicherheit keinen Vorrang vor den Menschenrechten haben dürfe, und verweist auf 1200 nach dem 11. September in den USA verhaftete und internierte Menschen und die ohne irgendwelche Rechte Gefangenen in Guantanamo Bay.

Der Bundesaußenminister Fischer warnt anlässlich des Berichts über die Menschenrechtspolitik der Bundesregierung im Juni 2002 vor einem ›Anti-Terror-Rabatt‹ in Form einer Aushebelung von ›Grundwerten und Menschenrechten‹. Die vormalige Präsidentin des Verfassungsgerichts, Jutta Limbach, warnt im Juni 2002 vor einer ›Sammelwut des Staates‹, ausgelöst durch ein ›allgemeines Bedürfnis nach Sicherheit‹. Die parlamentarische Versammlung der OSZE betont, sicher nicht ohne Anlass, in ihrer Schlusserklärung im Juli 2002, dass im Kampf gegen den Terrorismus der ›Schutz der Menschenrechte‹ an erster Stelle stehen müsse. Diese kritischen Reaktionen sind zugleich Beispiele für Chancen, wie der demokratische Staat nicht in die Terrorismusfalle tappen muss.

Auch auf den terroristischen Akt selbst trifft nicht selten die Formulierung vom ›tremendum et fascinosum‹ zu, die in seinem grandiosen, unvorhersehbaren, gewalttätigen und schreckerregenden Charakter wurzelt (vgl. Laqueur 1982, S. 8; Hacker 1973, S. 239). Wir kennen aus der Traumaforschung das irritierende Phänomen, dass in seiner großen Angst und Not das völlig ohnmächtige Opfer einer Gewalttat, zum Beispiel einer Vergewaltigung, sich unbewusst mit dem allmächtig erscheinenden Täter identifiziert und implizit oder explizit seine Nähe und Hilfe sucht. Diese Identifikation mit dem Aggressor (A. Freud) hat unter anderem den unbewussten Beweggrund, dass der Gewalttäter aufgrund seiner Mächtigkeit in dieser Situation dem Opfer als einzig verfügbares Objekt vorkommt, das in der Lage ist, das

Opfer zu retten (Ehlert/Lorke 1988). Natürlich können wir uns außerdem fragen, ob die Faszination von Gewalt und Zerstörung nicht auch in einem Zusammenhang mit unseren zutiefst verborgenen eigenen destruktiven Impulsen steht? Wir sprechen ja auch von einer ›Ästhetik des Grauens‹. Am deutlichsten hat das am 16. September 2001 der Komponist Karlheinz Stockhausen formuliert: »Was da geschehen ist, ist – jetzt müssen Sie alle Ihr Gehirn umstellen – das größte Kunstwerk, das es je gegeben hat (...) Dagegen sind wir gar nichts als Komponisten«.

3.2. Ansätze zur Psychoanalyse des Terroristen, besonders des Selbstmordattentäters

Wichtige Anregungen für meine folgenden Überlegungen verdanke ich den Teilnehmern und Teilnehmerinnen des Workshops der Psychoanalytischen Arbeitsgemeinschaft Köln-Düsseldorf am 1. November 2001 zu den Terroranschlägen und den kollegialen Diskussionen im Vorfeld der Kölner Vortragsreihe zum Thema im September 2002.

Zuerst möchte ich auf ein sprachliches Problem aufmerksam machen. Der Begriff ›*Selbstmordattentäter*‹, der sich mittlerweile eingebürgert hat, impliziert schon eine Wertung, nämlich Mord. Wertfreier und sachlicher wäre es, von ›Suizid‹ oder ›Selbsttötung‹ zu sprechen, die bei diesen Attentaten zumindest billigend in Kauf genommen wird. Da die Formulierung ›Selbstmordattentäter‹ aber in den allgemeinen Sprachschatz übergegangen ist, verwende ich ihn im Folgenden auch.

Die Psychoanalyse hat aus ihrer klinischen Erfahrung verschiedene Hypothesen zum Verständnis des Suizids aufgestellt.

In der klassischen Theorie wird der Suizid als Wendung von Hass und Aggression gegen die eigene Person verstanden – eine reine Aggressionstheorie. Eine Aggression, die aus unterschiedlichen Gründen nicht gegen das Objekt des Hasses gerichtet werden kann, wird gegen das eigene Selbst gelenkt. Dabei können zugleich unbewusste eigene Schuldgefühle, Sühne- und Strafbedürfnisse befriedigt werden.

Die Selbsttötung kann auch Ausfluss eines direkten Selbsthasses sein. Eine Beseitigung verpönter und gehasster Selbstanteile wie z. B. Unvollkommenheiten, Schwächen, Fehler, Unkontrolliertes, Triebimpulse scheint dabei nur über eine Selbstvernichtung möglich.

Die Suizidhandlung kann überdies vorgestellt werden als Voraussetzung für eine Wiedervereinigung mit einer toten Beziehungsperson, als Verschmelzungsphantasie, als Grundlage für einen Neubeginn in einem ›besseren Leben‹ oder einer Wiedergeburt – teleologische Theorien.

Für unseren Zusammenhang am wichtigsten finde ich die Narzissmus-Theorie des Suizids, die der Psychoanalytiker Heinz Henseler (1974) aufgestellt hat: »Die Suizidhandlung ist eine Konfliktlösung. Der Konflikt besteht in der Gefahr, einer vernichtend phantasierten Situation passiv und hilflos ausgeliefert zu sein« (Henseler 1974, S. 89). Die Suizidhandlung ist dann eine unbewusste Abwehr, indem sie dem passiv befürchteten Zustand (vernichtet, getötet zu werden) durch ein kontraphobisches Agieren, ein aktives Handeln (die Selbsttötung) zuvorkommt. In diesem Sinne ist der (gelungene) Suizid ein einmaliger narzisstischer Triumph: einmal Herr über Leben und Tod!

Es gibt nicht *den* Terroristen, so wenig wie es *die* Psychoanalyse gibt. Insofern werde ich sicher nicht ein allgemeingültiges Psychogramm des Terroristen liefern können. Was ich nur anbieten kann, sind vielmehr einige Überlegungen und Hypothesen zu den seelischen Bedingungen, die ein terroristisches Verhalten wahrscheinlicher machen oder begünstigen.

Bei den heutigen Terroristen müssen wir erst einmal grundsätzlich zwischen erstens den ›Führern‹ und Drahtziehern im Hintergrund, zweitens den »Offizieren« (*Spiegel* 48/2001, S. 48) oder »Hirnen« (Aust/Schnibben 2002, S. 167) eines konkreten Attentats und drittens den »einfachen Soldaten« oder »Muskeln«, wie der *Spiegel* sie nennt, unterscheiden. Alle Genannten werden neben vergleichbaren Persönlichkeitsanteilen sicher auch partiell unterschiedliche Motivationen besitzen.

Fangen wir mit den mentalen Gemeinsamkeiten der Terroristen an.

1. Sie eint eine gemeinsame ideologische Überzeugung, im Falle islamistischer Terroristen ein islamischer Fundamentalismus. Sie fühlen sich verwurzelt und aufgehoben in einer von vielen anderen geteilten, absolut festen Grundüberzeugung. Sie verschafft ihnen *Ordnung*, *Orientierung* und *Gemeinschaft*.
2. Sie handeln subjektiv überzeugt im völligen Einklang mit den vom Koran vorgegebenen beziehungsweise von den islamischen Führern bestimmten Werten, Idealen und Gesetzen. Insofern sind sie *fanatisch gewissenhaft* und keineswegs gewissenlos. »Niemals tut man so gut und so vollständig das Böse, als wenn man es guten Gewissens tut«, formulierte der französische Philosoph Blaise Pascal. Die französische Psychoanalytikerin Janine Chasseguet-Smirgel (1981) spricht von der »Krankheit der Idealität«.
3. Sie eint die *unerschütterliche Selbstgewissheit*, dass ausschließlich der Islam, meist im Sinne einer *fundmentalistischen*, *wortwörtlichen* Anwendung des Koran[2], die Lösung aller irdischen Probleme und das ewige Heil erreichen kann. Das ist Ausdruck eines pathologischen Narzissmus, der nicht mehr zu einer kritischen Selbstinfragestellung und Selbstvergewisserung in der Lage ist.

4. Entsprechend ist ihre Welt *manichäisch* aufgespalten in ›Gläubige‹ und ›Ungläubige‹, in ›gut‹ und ›böse‹, in ›schwarz‹ oder ›weiß‹. Wir beobachten eine Dominanz von regressiven Spaltungsmechanismen, und eine Selbstidealisierung bei Fremdabwertung.
5. Sie erleben sich von den ›Ungläubigen‹ – das sind alle Andersdenkenden, Liberalen, westlich Orientierten, Demokraten u. a. – überwältigend bedroht (Paranoia). Aus dieser – paranoiden – Angst erwächst Hass und das Bedürfnis, das Angstmachende zu vernichten. Problematisch ist allerdings, wenn z. B. ›der Westen‹ durch sein reales Verhalten (z. B. Irak-Krieg) der Paranoia eine realistische Unterfütterung anbietet!
6. Die Durchsetzung der eigenen ideologischen Überzeugungen, von denen man absolut überzeugt ist, rechtfertigt jedes Mittel, alle Gewalt: ›Der Zweck heiligt die Mittel‹.
7. Die Idee(ologie) oder das Prinzip hat grundsätzlich Vorrang vor dem Individuum. Der Fanatiker »liebt Ideen mehr als Menschen« (Hole 1995, S. 93).

An dieser Stelle drängt sich die Frage auf, wie viele dieser Punkte auch auf die Gegner der Terroristen zutreffen?

3.2.1. Aspekte der Mentalität eines Selbstmordattentäters

Ein Terrorist, der ein Selbstmordattentat begehen will, muss vor allem zwei innere Hindernisse überwinden: Erstens das Tötungsverbot gegenüber dem oder den Anderen und zweitens das Selbsterhaltungsprinzip. In dem *Terroristenhandbuch*, das im Jahr 2000 gefunden wurde und Bin Ladens Al-Qaida zugeordnet wird, heißt es dementsprechend unter »Eigenschaften von Angehörigen der Organisation«: »Er sollte eine Persönlichkeit haben, die es ihm ermöglicht, Blutvergießen, Mord, Verhaftung, Gefangenschaft auszuhalten – genauso wie die Tötung eines oder aller der Genossen seiner Organisation« (zit. n. Aust/Schnibben 2002, S. 262). Wie sieht eine Persönlichkeitsstruktur aus, die dazu in der Lage ist, und wie kommt jemand dazu?

Diese Mentalität setzt die grundlegenden individuellen Menschenrechte auf Unversehrtheit, Leben, Eigentum, Freiheit und Würde des Einzelnen zugunsten anderer, als ›höher‹ eingestufter Ziele außer Kraft (Heintze 2000, S. 228). Rafael Moses (1986) hat dies als »*Watergate-Syndrom*« beschrieben. Psychisch korrespondiert das mit einer Dehumanisierung des Gegners zum absoluten ›Feind‹, einer Verweigerung jeglicher Empathie (Einfühlung) und Sympathie (Mitleiden). Nicht mehr das vernünftige, rational denkende, abwägende, tolerante und relativierende, vermittelnde Ich besitzt die Herrschaft im Seelenleben, sondern bestimmte Über-Ich-Anteile (ideologische Vorstellungen) und Ich-Ideal-Anteile (Idealvorstellungen). Die schlichte

Mit-Menschlichkeit, die Nächsten-Liebe ist durch eine religiös verbrämte Fernsten-Liebe ersetzt.

Zum Terroristen wird man nicht geboren, sondern ›gemacht‹. Bei der Psychodynamik der Selbstmordattentäter sind zwei Anteile zu unterscheiden: Erstens eine individuelle lebensgeschichtlich begründete *Disposition* und zweitens eine spezielle Ausbildung und *Indoktrination*. Im Gegensatz zu früheren Zeiten, als die Terroristen als Einzelpersonen oder kleine Gruppe operierten, stellt sich der heutige internationale Terrorismus als ›organisierte Kriminalität‹ dar. Osama bin Laden führt seine Al-Qaida wie ein modernes multinationales Unternehmen (er war ja vorher tatsächlich Unternehmensmanager), das mit neuestem technischem und logistischem Know-how ausgestattet ist (Hirschmann 2001). Und zu dieser ›Terrorismusfirma‹ gehören auch entsprechende ›Ausbildungseinrichtungen‹ für terroristische Aktivisten.

3.2.2. Palästinensische Selbstmordattentäter

Die heutigen zumeist adoleszenten oder spätadoleszenten palästinensischen Selbstmordattentäter sind zwischen 1975 und 1985 geboren. Sie sind keineswegs ›die Dummen‹. Auch unter den »Selbstmordattentätern im armen Gaza-Streifen besitzen rund 50 Prozent einen akademischen Abschluss« (W. Berner, zit. n. Albrecht/Etzold/Schuh in *ZEIT* 39/2001).

Sie sind aufgewachsen in Armut, Elend, Einschränkungen, Demütigungen, Angst, Hass und Gewalt. Ihre Sehnsüchte auf bessere Lebensbedingungen sind immer wieder enttäuscht worden, sie besitzen in der Regel keinerlei Perspektive auf Veränderung. Ihr Aufwachsen unter derart narzisstisch traumatisierenden Bedingungen hat bei ihnen zu einer spezifischen Charakterpathologie, nämlich zur Entwicklung eines sogenannten »Falschen Selbst« (Winnicott 1965, 140 ff.) geführt.

Die traumatischen Ängste und Verletzungen, denen sie permanent ausgesetzt sind, lösen als erste Reaktion überlebensnotwendige Anpassungsbemühungen aus. Die anfängliche starke Anpassung führt als Erstes zu einer Gefügigkeit und Bereitschaft, gehorsam auf Befehle zu reagieren. Es kommt zu einer »Automatisierung des Ichs« (Niederland 1968) oder »Roboterisierung« (Meerloo 1969, zit. n. Grubrich-Simitis 1979, S. 991 ff.). Als nächstes wird dann eine Art betonartige innere Schutzmauer errichtet, ein »Armieren des Ichs« (Grubrich-Simitis 1979, S. 998). Der Gewaltpanzer soll vor weiteren seelischen Verletzungen, Kränkungen und Verlusten schützen. Die seelische Verhärtung dabei macht aber wie bei einer Ritterrüstung zugleich immer unflexibler und gefühlloser. Der Charakterpanzer des Falschen Selbst bildet eine feste Oberfläche, eine harte Schale. Diese Oberflächenpersönlichkeit ist abgeschnitten vom lebendigen inneren Kern der Persönlichkeit, der dahinter verborgen bleibt. Sie erinnern sich an die Intifada-Kinder, nachts innen ängstlich und verletzlich, tagsüber nach außen ›groß‹, ›stark‹ und steinewerfend.

Da ihnen die Verbindung zu ihrem lebendigen (menschlichen) Kern verlorengegangen ist, fehlt ihnen auch ein Gefühl für sich selbst, zum Beispiel für den eigenen Schmerz, und deshalb auch für ein Mitgefühl mit einem anderen. An der Stelle dieser menschlichen Empfindungen steht eine bedrohlich erlebte innere Leere (Gruen 2002, S. 140 f.). Gerne lassen sie sich deshalb verführen von (falschen) Versprechungen und ideologischen Verheißungen, welche diesen inneren Leerraum zu füllen anbieten. Kinder mit einer derartigen Prämorbidität werden leicht Opfer von ideologischen Rattenfängern. Das ist nicht nur bei den Palästinenserkindern so! »Die Terroristensuizide sind Ausdruck einer kollektiven narzisstischen Kränkung, die von fanatisierten Einzeltätern ausgeübt wird, die jedoch im Auftrag des Kollektivs handeln« (Wirth 2002, S. 380).

Zur Vollendung einer terroristischen Karriere bedarf es aber dann noch einer entsprechenden gewaltsamen Indoktrination und Umerziehung (Bohleber 2002, S. 716). Es ist kein Zufall, dass sich dafür besonders Jugendliche eignen. In einem Fernsehinterview zeigte Osama Bin Laden die Graphik einer Alterspyramide und erklärte die 15–25jährigen als besonders geeignet für einen Kampf in seinem Djihad. Allerdings sollten wir die Augen nicht davor verschließen, dass in allen Gesellschaften, auch den ›zivilisierten‹ und ›demokratischen‹, die Indoktrination zum Töten des Feindes in der Adoleszenz erfolgt (Kriegsdienst).

Die Adoleszenz bietet sich wegen der gewissermaßen natürlichen Destabilisierung, Irritation, Verunsicherung, überschäumenden Erwartungen und tiefster Hoffnungslosigkeit, gnadenlosem Moralismus und kompromisslosem Idealismus bei der zentralen Suche nach einer Identität (Erikson) besonders gut zu einer Indoktrination an – insbesondere wenn diese Jugendlichen wie eben beschrieben ›vorgeschädigt‹ sind. Das adoleszente Bedürfnis nach Idealen und Idolen zur Abwehr von Unsicherheit und Minderwertigkeitsgefühlen macht Jugendliche so empfänglich für Utopien und Ideologien als Repräsentanzen des Ganzen und Heilen (Auchter 1994a; 2002). Wie wird eine solche Indoktrination oder Gehirnwäsche vollzogen?

Zum Beispiel »werden die Jungen gezwungen [Koran-]Sätze zu lesen, die für sie überhaupt keinen Sinn ergeben« (Volkan 2002, S. 176). Die dadurch künstlich erzeugte geistige Verwirrung wird dann durch die Implantation neuer ›ordnender‹ ideologischer Formeln aufgehoben. »Die zukünftigen Selbstmord-Attentäter [werden] systematisch extremen psychischen und körperlichen Belastungen ausgesetzt, die an Methoden der Gehirnwäsche, der Folter und der ›künstlichen‹ Traumatisierung erinnern« (Wirth 2002, S. 378).

»Die Unterscheidung zwischen Ausbildung und Bestrafung ist dabei oft verwischt, besonders bei Prozeduren, in denen das Gruppenmitglied in extrem kaltes oder heißes Wasser getaucht oder an den Füßen aufgehängt oder tagelang in einer Zelle allein gelassen wird« (Bohleber 2002, S. 716). »Der Palästinenser Eyad Saradsch, der in Gaza ein psychiatrisches Zentrum leitet, berichtet, die Kandidaten müssten tagelang schweigend und völlig isoliert in einem Raum sitzen oder 48 Stunden unter der Erde, in einem Grab, neben einer Leiche verbringen« (Wirth 2002, S. 378). »Ein Zeuge berichtet, dass die Ausbilder bei jeder Trainingseinheit einen ihrer Schüler opferten, indem sie ihn mit einen Sprengstoffgürtel um den Leib mit einem Auto gegen einen Mauer fahren ließen, während die anderen zuschauen mussten. Der grauenvolle Anblick des zerrissenen Kameraden habe ihnen eine Energie der Verzweiflung gegeben« (Bohleber 2002, S. 717[3]). Wahrscheinlich 1999 hält sich der einer der Piloten vom 11. September, Mohammed Atta, in einem solchen Ausbildungslager der Al-Qaida in Kandahar auf (Aust/Schnibben 2002, S. 176).

Die Jugendlichen in Palästina werden von ihren Ursprungsfamilien getrennt und isoliert, sodass die Gruppe bzw. ihre Führer in diese ›Beziehungslücken‹ und ›-löcher‹ hineinkönnen und die innere Leere mit Ideologie aufgefüllt werden kann (Gruen 2002). Zu dieser Ideologie gehört ihre kollektive Idealisierung zu auserwählten Märtyrern. Den Jugendlichen wird in Aussicht gestellt, zu begeistert gefeierten Helden zu werden, allerdings erst nach ihrem Heldentod! Gruen (2002, S. 140) spricht deswegen von der »heldischen Selbstzerstörung«. Damit erhalten diese in der Regel perspektivlosen jungen Menschen eine narzisstisch verlockende Perspektive. Gleichzeitig erhalten sie das Versprechen, dass ihre Familien bis zum Lebensende materiell versorgt werden. Hinzu kommen schließlich noch Verheißungen fürs Jenseits: der sofortige Einzug ins Paradies und für diese jungen Männer die Verfügung über 72 Jungfrauen[4]. Wer auf der Erde keine Perspektive mehr finden kann, der sucht sie vielleicht im Himmel. Diese ideologischen, idealisierten Positionen sind dann so weit entrückt von der Wirklichkeit, dass das alltägliche Leben, das eigene Leben und das Leben anderer demgegenüber keinerlei Wert mehr besitzt und keine Rolle mehr im Denken und Fühlen spielt.

Der Terrorist versucht mit aller Gewalt einen sicheren, angst- und schmerzfreien, perfekten Zustand mit einem Schlag herzustellen. Der Himmel soll ›auf die Erde gebombt‹ werden. Der Terrorist ist der sicheren Überzeugung, dass nur eine gewaltsame Aktion ein ›bombensicheres‹ Erreichen seines Zieles ermöglicht.

Werden, Wachstum, Entwicklung und Übergänge sind aber regelhaft ohne Unsicherheit, Unlust, Angst und Schmerz nicht vorstellbar. Dem Terroristen als Utopisten fehlt die Fähigkeit zum Aufschub, zum Probehandeln, zur Ambiguität oder Ambivalenz, zur Toleranz, zum Respekt vor der Unvollkommenheit, der Schwäche, der Versehrtheit und zum Ertragenkönnen von Hilflosigkeit und Ohnmacht. »Der Utopist hat das Werden satt; er will endlich sein« (Lübbe 1978, S. 98; vgl. Chasseguet-Smirgel 1988, S. 126). Der perfekte Zustand ist lebensfeindlich und tot, denn Leben bedeutet immer Bewegung, Entwicklung und Veränderung. Da der phantasierte *Zustand* aber vollendet ist, muss jede Bewegung verhindert werden. Deshalb muss Leben zerstört werden, damit der vollkommene und angstfreie Zustand erhalten bleibt!

3.2.3. Die Attentäter vom 11. September

Ihre Persönlichkeiten, speziell die der Piloten, stellen uns vor eine besondere Erklärungsschwierigkeit. Sie sind intelligent, gebildet, fleißig, weltzugewandt, stammen aus wohlhabenden arabischen Elternhäusern. Als sogenannte ›Schläfer‹ haben sie jahrelang äußerlich relativ unauffällig als Studenten in Deutschland gelebt und unter Geheimhaltung sorgfältig, organisatorisch geschickt und klug das Verbrechen vom 11. September geplant.

So zeigen auch sie zwei Gesichter. Welches ist ihr ›Wahres Gesicht‹? Fachleute attestieren dem Mohammed Atta, eine »geradezu bizarre Verhaltenskontrolle« (Aust/Schnibben 2002, S. 170); »nur selten seien sein Fanatismus und sein Antiamerikanismus durchgebrochen« (S. 170). »Selbst unter Glaubensbrüdern fällt er bisweilen durch Starrsinn auf« (S. 174), durch »religiöse Strenge« (S. 171). »Atta funktioniert« (S. 172). Die Attentäter leben in einer »Parallelwelt« (S. 175), sie führen ein »doppeltes Leben« (*Der Spiegel* 48, 2001, S. 60). Ein Kommilitone, Martin E., beobachtet bei Atta ein »kulturelles Angstgefühl, die Furcht an den Rand gedrängt zu werden«. Die Gutachter sprechen von »Frustrations- und Hilflosigkeitsgefühlen« (*Der Spiegel* 48, 2001, S. 50) bei ihm.

Hinter ihrer narzisstischen Charakterpanzerung können diese Männer ihre bewussten und unbewussten Ängste, ihr Fremdheitsgefühl, ihren kulturellen Zwiespalt, ihre Identitätsverunsicherung, ihre sexuelle Furcht, ihre Trauer, ihren Schmerz und ihre Verzweiflung verbergen. Genauso aber auch ihre Hassgefühle und ihre Racheimpulse. Die Erstarrung im Panzer ihres Falschen Selbst, der zudem ideologisch verstärkt ist durch einen extremen *Islamismus*, lässt jedes selbstkritische Denkvermögen, jedes Empfindungen für eigene Gefühle, den eigenen Schmerz (Gruen 2002, S. 138) und jedes Mitgefühl für das Opfer verschwinden. Sie funktionieren wie menschliche Kampfmaschinen, wie Roboter auf Befehle, und sie lassen sich als menschliche Bomben einsetzen.

Gerade durch die sichere Medienaufmerksamkeit versprechen Attentate wie das vom 11. September eine grandiose narzisstische Überwindung von Gefühlen der Demütigung, Beschämung und Minderwertigkeit bei den Tätern. Die weltweite traumatische Wirkung wurde von den Terroristen auch dadurch erzielt, dass zwischen dem Einschlag des ersten und des zweiten Flugzeuges 18 Minuten lagen, was vermutlich im Kalkül der Terroristen war. In einer Medienmetropole wie New York reichte diese Zeit aus, damit ab dem zweiten Einschlag Milliarden Zuschauer in aller Welt live »in Echtzeit« (*Der Spiegel* 38, 2001, S. 126) dabei sein konnten. Erst dadurch, dass die Terroristen »die ganze Welt als Resonanzraum« benutzten (Waldmann, zit. n. Wirth 2002, S. 384), bekam der Terrorakt vom 11. September seine weltbewegende Bedeutung. 20 Leuten gelang es am 11. September, mit Hilfe der modernen Medien für mehrere Tage praktisch die gesamte Welt lahmzulegen und horrende Unkosten zu erzeugen. Für geraume Zeit waren die Augen, Ohren und Herzen der ganzen Welt auf diese Menschen gerichtet. Das musste in ihner Vorstellung ein reales Gefühl gewaltiger Großartigkeit auslösen.

Das Attentat vom 11. September hat uns alle einerseits mit einer gewaltigen Hilflosigkeits- und Ohnmachtserfahrung konfrontiert (Richter 2001), andererseits aber auch damit, welche zerstörerische Macht mit relativ geringfügigen Mitteln zu erlangen ist. Dafür gibt es sogar einen Begriff: *Herostratismus*. Herostrat, auf den er zurückgeht, steckte in der Antike den Artemistempel in Ephesus in Brand, wodurch dieser völlig niedergebrannt wurde. Herostrat ist aber bis heute *weltberühmt* geblieben! Ein solches Selbstmordattentat ist also auch der unbewusste Versuch der Realisierung von narzisstischen Größenphantasien zur Abwehr gegenteiliger Gefühle.

4. Ansätze zur Überwindung – oder besser: Eindämmung von Gewalt und Terror

Gerade auch als Mitglied im Verein Aachener Friedenspreis halte ich militärische Gewalt nicht für eine mögliche Lösung des Terrorismusproblems! Sie stellt allerhöchstens eine Symptombekämpfung dar, steht aber in der Gefahr, unbewusst oder bewusst genau das zu produzieren, was sie zu bekämpfen vorgibt.

4.1. Terrorismus als Spiegel?

Die bekannte indische Autorin Arundhati Roy (2002, S. 276), engagierte Kämpferin für die Menschenrechte, schreibt: »Was ist Osama Bin Laden? Er ist das amerikanische Familiengeheimnis. Er ist der dunkle Doppelgänger des amerikanischen Präsidenten. Der brutale Zwilling des angeblich Schönen und Zivilisierten«. Der Tagesschaumoderator Ulrich Wickert griff dies auf: »Bush ist kein Mörder und Terrorist. Aber die Denkstrukturen sind die gleichen«. Sie erinnern sich an den Sturm der öffentlichen Entrüstung, der über Wickert hereinbrach.

Aber könnte es nicht tatsächlich so sein, dass die allgemeine Empörung nach dem 11. September auch etwas damit zu tun hat, dass die Terroristen uns in brutaler Weise einen Spiegel vorgehalten haben? Einen Spiegel, in dem unsere so gerne verdrängten eigenen selbst- und fremdzerstörerischen Tendenzen schlagartig sichtbar gemacht wurden. Sind wir frei davon, die Welt manichäisch in gut und böse aufzuteilen? Denken wir exemplarisch an den amerikanischen Präsidenten George W. Bush und seinen ›Kreuzzug gegen das Böse‹ oder seine ›Achse des Bösen‹. Und sind wir häufig nicht ebenso unkritisch selbstgewiss, dass wir die richtigen Vorstellungen vom Heil der Welt besitzen? Ist der Fundamentalismus tatsächlich nur unter Arabern zu finden?

Gehen wir in unserem Umgang mit Rohstoffen, Energien und Schadstoffen nicht ebenso maßlos, zerstörerisch und menschenverachtend vor wie die Attentäter mit ihrer Mitwelt?

Dient in diesem Sinn der ›Kampf gegen den Terrorismus‹ vielleicht unbewusst auch dem Zerschlagen dieses Spiegels? Entspringt er unserem Bedürfnis, die eigene Gewalttätigkeit (z. B. Verweigerung des Kyoto-Abkommens zur Schadstoffreduzierung in der *globalen* Luft durch die USA, die Verweigerung des Internationalen Gerichtshofes, den Sonderstatus amerikanischer Militärs, die wegen Kriegsverbrechen nicht vor diesen Gerichtshof zitiert werden dürfen) in der Verborgenheit, der Verdrängung, im Un-Bewusstsein zu belassen?

Einer meiner ersten Gedanken am 11. September 2001 war: ›Jetzt konzentrieren sich die Blicke der ganzen Welt auf diese Tausende von Toten in New York und all die jeden Tag zum Beispiel am Hunger Sterbenden (ungefähr 25 000, also etwa zehn mal soviel) geraten völlig aus dem Blick.‹

Stellen die Terroristen nicht auch eine Variante des von dem Soziologen Richard Sennett (1999) beschriebenen modernen »flexiblen Menschen« dar, der fungibel für alle möglichen wirtschaftlichen und politischen Interessen ist? »Vielleicht ist die Zerstörung des Charakters eine unvermeidliche Folge« (Sennett 1999, S. 3)[5]. Auch in dem Motto ›Der Zweck heiligt die Mittel‹ sind die USA ein großes Vorbild (vgl. der Sprachwissenschaftler und Kulturkritiker Noam Chomsky 2001, 2002).

4.2. Ansätze zur Bewältigung des Terrors

Die Schriftstellerin Irene Dische (2002, S. 30 f.) aus New York berichtet von einem TV-Interview nach dem Attentat auf das WTC. Die junge Frau hatte ihren Mann in der höchsten Etage des einen Turmes verloren. Auf die Frage der Journalistin nach einer Botschaft ihres Mannes für das amerikanische Volk blickte die junge Witwe direkt in die Kamera und sagte:

»›Er würde jede Rache ablehnen. Keine Vergeltung. Keine Rache. Er würde mit den Tätern sprechen wollen. Sein Tod kann nicht rückgängig gemacht werden, indem wir das Blut anderer Menschen vergießen‹. Die Journalistin war tief schockiert. ›Wie meinen Sie‹, stotterte sie, ›glauben Sie, dass wir unsere andere Wange hinhalten sollten?‹ Die Witwe wollte nicht streiten, sondern wiederholte ihren Standpunkt: ›Ich weiß, dass er glaubte, ein Gespräch sei fruchtbarer als Gewalt. Wir sollten versuchen, eine Wiederholung dieses Verbrechens zu verhindern, indem wir mit denen, die uns hassen, zu einem gemeinsamen Verständnis kommen‹. Unter all den Wiederholungen auf allen Kanälen tauchte dieses Interview nicht mehr auf. Statt dessen sehen wir Amerikaner, die Flaggen kaufen, die Vergeltung fordern, Rache und Gottes Segen«. (Dische, 2002, S. 30 f.)

Wenn meine Hypothese zutreffend ist, dass die terroristische Gewalt neben anderem vor allem ein unbewusster Versuch ist, eine individuelle und/oder kollektive narzisstische Persönlichkeitsproblematik zu lösen, also in einer Form des pathologischen Narzissmus wurzelt, dann müssen alle Ansätze zu einer Überwindung im Zusammenhang mit der Entwicklung und Förderung eines gesunden Narzissmus gesehen werden.

Millionen, Milliarden von Menschen, dem größten Teil der Menschheit, ist ein Aufwachsen in Freiheit, Recht und Würde verwehrt. 6,2 Milliarden Menschen leben von weniger als 2 Dollar pro Tag. 800 Millionen Menschen leiden Hunger. Täglich sterben weit über 20 000 Menschen wegen der ungleichen und ungerechten Verteilung der Güter in der Welt. Die sogenannten zivilisierten Kulturen importieren ungehemmt die Rohstoffe und exportieren ihren Müll in die Länder der sogenannten ›Dritten Welt‹.

Der Welt-Waffenexport – und Waffen haben keine andere Funktion als zu töten und zu zerstören – betrug im Jahr 2000 40 Mrd. Euro, die Steigung gegenüber 1999 entsprach 8% (1999 ca. 37 Mrd. Euro). Die sog. Entwicklungsländer haben Waffen für 25,4 Mrd. Dollar erworben. Die USA sind an diesem Geschäft mit 18,6 Mrd. Dollar beteiligt, Russland mit 7,7 Mrd., Frankreich 4,1 Mrd., Deutschland mit 1,1 Mrd. Dollar. Die Gesamtausfuhr von Kriegswaffen aus Deutschland betrug 1999 2,8 Mrd. DM. Die globalen Militärausgaben werden 2002 auf 960 Mrd. Euro steigen (4–5% mehr als 2001), die USA werden 353 Mrd. Dollar dafür ausgeben (*Aachener Nachrichten* 28. 05. 02), Deutschland 30 Milliarden. Das *Internationale Konversionszentrum* Bonn (*BICC*) spricht im Jahrbuch 2002 diesbezüglich von einer »Terrordividende«.

Die im Anschluss an den 11. September 2001 schnell formulierte Äußerung, nach diesem Ereignis sei in der Welt nichts mehr wie vorher, hatte nur wenige Tage, höchstens zwei Wochen, Gültigkeit. Zwar war nach einer

Emnid-Umfrage für 98% der Deutschen die Anschlagsserie das wichtigste Ereignis des Jahres 2001, aber heute ist die Welt zur Tagesordnung und zur »Allgegenwart« und Alltäglichkeit der Gewalt (Rauchfleisch 1992) übergegangen. Verunsicherung und Angst sind in die Tiefe des Unbewussten abgedrängt worden bzw. werden mit ständig neuen militärischen Gewaltaktionen in aller Welt dahin ›zurückgebombt‹.

82,4% der Frauen und 76,6% der Männer in Deutschland erklärten, dass sie nach dem 11. September generell mehr Angst hätten. Im November 2001 hatte der Berufsverband der Allgemeinärzte Deutschlands von einer Zunahme der Angsterkrankten berichtet. 50% der Hausärzte berichteten von deutlich mehr Fällen von Ängsten und Depressionen in ihren Praxen (*Aachener Nachrichten* 07. 02. 2002). Nach dem 11. September äußerten 35% – 15% mehr als im April 2001 – die Sorge, in einen militärischen Konflikt verstrickt zu werden. Aber auch die privaten Besorgnisse verstärkten sich nach dem 11. September. Angst vor Einsamkeit äußerten 7,3% mehr (25,5%), 7,1% mehr (41,7%) äußerten Angst, dass ihren Angehörigen etwas zustößt, um 6,4% auf 49,7% stieg die Zahl derjenigen mit Angst, im Alter zum Pflegefall zu werden (*Aachener Nachrichten* 07. 02. 2002). Der Terror hat einen seiner Zwecke erfüllt: Angst einjagen.

Ein wichtiger Beitrag, den wir ›Zivilisierten‹ für die Eindämmung des Nährbodens für Terrorismus leisten könnten, wären Schritte in Richtung einer Beendigung von Ausbeutung und Missbrauch (z. B. Rohstoffe, Kinderprostitution, Abfallablagerung). Sie müssten in die Richtung: ›*Gleiches (Menschen)recht für alle*‹ gehen, das zwar in der Charta der Vereinten Nationen (UN) verankert ist, von dessen Realisierung wir aber meilenweit entfernt sind. Dazu gehört auch der *Minderheitenschutz*. »Terrorismus ist eine Folge der Ungerechtigkeit. Bestünde politische und soziale Gerechtigkeit, gäbe es keinen Terrorismus«, schreibt Walter Laqueur schon 1982 (ebd., S. 11). Eine *absolut* gerechte Gesellschaft ist allerdings eine Utopie, die wiederum den Keim weiterer Gewalt in sich trägt (Waelder 1980, S. 325).

Der polnische Soziologe Zygmunt Bauman (*ZEIT* 39/2001) meint:

> »Derzeit gleicht unser aller Zuhause einem Lagerraum, der bis zur Decke mit Dynamit gefüllt ist. Dynamit das aus dem geballten Leid und Elend verarmter und enterbter Millionen besteht. Es gibt genügend potentielle Terroristen, die mit Streichhölzern bereitstehen. Es ist der wachsende Berg an Dynamit, der uns zu schaffen machen sollte«,

und Baumann resümiert: »Nicht nur der Terrorismus, auch seine Ursache muss bekämpft werden«.

Da das vermeidliche, überflüssige Böse im Wesentlichen in Beziehungen produziert wird, kann und muss hierin auch der Ansatzpunkt für eine Eindämmung des Bösen gesucht werden. Wenn einer Gewalttat in der Regel ein entgleister, abgebrochener oder nie zustande gekommener *Beziehungsdialog* zugrunde liegt, dann kann nicht ein Beziehungsabbruch oder eine Beziehungsverweigerung, sondern nur eine *Aufnahme oder Wiederaufnahme von Beziehung und Dialog* aus dem Teufelskreis von Gewalt und Gegengewalt herausführen. Mit dem Sprechen kann es dann zu einem Wiedergewinn von Probehandeln und Symbolisierungsfunktionen und der ›leisen Stimme des Intellekts‹ (Freud 1927c, S. 377) kommen: »Worte öffnen Fäuste« (Schorlemmer 1992). Der israelische Psychologe Dan Bar-On (2001) beschreibt in seinem Buch *»Die ›Anderen‹ in uns«* den »Dialog als Modell der interkulturellen Begegnung« und vor allem am Beispiel Israel/Palästina dessen »Chancen für eine interkulturelle Konfliktbewältigung«.

Die Annahme von eigener Schwäche und Versehrtheit, von Verletzlichkeit und Verwundbarkeit, der Verzicht auf absolute Sicherheit und die Fähigkeit, die eigene Begrenztheit und den Sterblichkeit zu ertragen, gehören zu einem gesunden Selbstbild. Das vermag dazu beizutragen, dass wir nicht mit Gewalt versuchen, dieses Menschliche zu eliminieren. Wenn wir dennoch versuchen, das Unvollkommene und Schwache des Menschen als lebensunwert zu beseitigen, dann kann das nur in Zerstörung und letztlich *Selbstvernichtung* münden. »Wir können nicht alles Böse und allen Terror zerstören, ohne uns damit selbst zu zerstören, denn sie sind Teil von uns« sagte die Psychoanalytikerin Hanna Segal auf einer Tagung über den Terrorismus im Dezember 2001 in London. Die Akzeptanz unseres eigenen unvermeidbaren Leidens bewahrt uns davor, andere vermeidbar leiden zu machen. Das ist nur über Trauer-Arbeit möglich und durch ein fortgesetztes Überwinden der paranoid-schizoiden Position zugunsten der depressiven Position.

Menschsein ohne oder mit weniger Gewalt bedeutet den radikalen und definitiven Verzicht des Menschen auf jede Gottähnlichkeit. Damit meine ich den a priori zum Scheitern verurteilten Versuch der Realisierung von Wunschphantasien über menschliche Allwissenheit, Unfehlbarkeit und Omnipotenz (Auchter 1987). So wie es der französische Philosoph Albert Camus (1951, S. 248) einmal formulierte: »leben und sterben zu lernen, um Mensch zu sein, sich weigern Gott zu sein«.

Anmerkungen

[1] Erweiterte Fassung eines Vortrages im Rahmen der Vortragsreihe »Die Stimme der Vernunft ist leise, aber beharrlich« der Psychoanalytischen

Arbeitsgemeinschaft Köln-Düsseldorf im Literaturhaus Köln am 10. September 2002

[2] »Der Koran ist nicht interpretierbar, der Koran ist absolut« sagte der eine Flugzeugentführer vom 11. September, Mohammed Atta (Aust/Schnibben 2002, S. 173).

[3] Der Artikel von Bohleber (2002) ist mit freundlicher Genehmigung des Autors auch als Beitrag in diesem Buch enthalten.

[4] Die kritische Koran-Forschung entzaubert mittlerweile die ›Paradiesjungfrauen‹ als Übersetzungsfehler von durch Männerphantasien beseelten Koran-Interpreten. Es handelt sich Wirklichkeit um »weiße, kristallklare Tauben«, typische orientalische Paradiesfrüchte (Lau in *ZEIT* 21/2003, S. 47).

[5] Der englische Originaltitel von Sennetts Buch lautet: *The corrosion of character*.

Literatur

Arendt, H. (1963). Eichmann in Jerusalem. Ein Bericht von der Banalität des Bösen. Reinbek (Rowohlt).

Auchter, T. (1987): »Sich weigern, Gott zu sein«. Zur Psychoanalyse der Friedlosigkeit. In: Psyche 41, S. 641–673.

Auchter, T. (1990): Das eigene Böse und das böse Fremde. Zur Psychoanalyse von Fremdenangst und Fremdenfeindlichkeit. In: Universitas 45, S. 1125–1137.

Auchter, T. (1994a): Aggression als Zeichen von Hoffnung – oder: der entgleiste Dialog. In: Wege zum Menschen 46, S. 53–72.

Auchter, T. (1994b): Das eigene Böse und das böse Fremde. Zur Psychoanalyse der Gewalt. In: Sommer, N. (Hg.) (1994): Überall Hass, Krisen, Kriege und Gewalt. Gründe und Auswege. Berlin (Wichern), S. 27–36.

Auchter, T. (2000): Lebenstrieb nicht Todestrieb. In: Ardjormandi, M.E. u. a. (Hg.) (2000): Jahrbuch für Gruppenanalyse. Heidelberg (Mattes), S. 33–53.

Auchter, T. (2002): Gewalt als Zeichen von Hoffnung? Zur psychoanalytischen Theorie der jugendlichen Gewalt bei D.W. Winnicott. In: Schlösser, A.-M., u. Gerlach, A. (2002): Gewalt und Zivilisation. Gießen (Psychosozial Verlag), S. 595–613.

Auchter, T. (2003): Gewalt und Widerstand. Eine psychoanalytische Perspektive. In: Berliner Theologische Zeitschrift 20. Im Druck.

Aust, S., u. Schnibben, C. (Hg.) (2002): 11. September – Geschichte eines Terrorangriffs. München (DVA).

Balint, M. (1966): Die Urformen der Psychoanalyse und die Technik der Psychoanalyse. Stuttgart (Klett-Cotta).

Bar-On, D. (2001): Die ›Anderen‹ in uns. Dialog als Modell der interkulturellen Konfliktbewältigung. Hamburg (edition Körber-Stiftung).

Bastian, T. (2001): Unorthodoxe Fragen zum Thema Destruktivität. In: Klöpper, M., u. Lindner, R. (2001): Destruktivität. Wurzeln und Gesichter. Göttingen (Vandenhoeck u. Ruprecht)

Baumann, Z. (1980): Dialektik der Ordnung. Die Moderne und der Holocaust.

Hamburg (Europäische Verlagsanstalt).
Bohleber (2000): Die Entwicklung der Traumatheorie in der Psychoanalyse. In: Psyche 54, S. 797–839.
Bohleber, W. (2002): Kollektive Phantasien, Destruktivität und Terrorismus. In: Psyche 56, S. 699–719.
Browning, C. (1996): Ganz normale Männer. Reinbek (Rowohlt).
Camus, A. (1951): Der Mensch in der Revolte. Reinbek (Rowohlt).
Chasseguet-Smirgel, J. (1981): Das Ichideal. Psychoanalytischer Essay über die ›Krankheit der Idealität‹. Frankfurt (Suhrkamp).
Chasseguet-Smirgel, J. (1988): Zwei Bäume im Garten. München/Wien (Verlag Internationale Psychoanalyse).
Chomsky, N. (2001): War against People. Menschenrechte und Schurkenstaaten. Hamburg/Wien (Europa Verlag).
Chomsky, N. (2002): The Attack. Hintergründe und Folgen. Hamburg/Wien (Europa Verlag).
Cremerius, J. (1977): Übertragung und Gegenübertragung bei Patienten mit schwerer Über-Ich-Störung, Vortragsmanuskript.
Diner, D. (1988): Zivilisationsbruch. Denken nach Auschwitz. Frankfurt (Fischer).
Dische, I. (2002): Als wir noch Kinder waren. Eine New Yorker Utopie – mitten in der Katastrophe. In: Dienstag 11. September 2001. Reinbek (Rowohlt).
Ebrecht, A. (2001): »Zeitgemäßes über Krieg und Tod« – Aggression, Gewalt, Krieg. In: Psychosozial 24, S. 5 –13.
Ehlert, M., u. Lorke, B. (1988): Zur Psychodynamik der traumatischen Reaktion. In: Psyche 42, S. 502–532.
Freud, S. (1940): Gesammelte Werke I – XVII. London (Imago). Alle Arbeiten von Freud werden gemäß der ›Werkkonkordanz‹ von I. Meyer-Palmedo u. G. Fichtner (1989) Frankfurt (Fischer) zitiert.
Funke, M. (1977): Terrorismus. Untersuchungen zur Strategie und Struktur revolutionärer Gewaltpolitik. Bundeszentrale für politische Bildung. Bonn.
Goldhagen, D. J. (1996): Hitlers willige Vollstrecker. Berlin (Siedler).
Grün, A. (2002): Der Kampf um die Demokratie. Der Extremismus, die Gewalt und der Terror.
Grubrich-Simitis, I. (1979): Extremtraumatisierung als kumulatives Trauma. In: Psyche 33, S. 991–1023.
Grubrich-Simitis, I. (1984): Vom Konkretismus zur Metaphorik. In: Psyche 38, S. 1–28.
Hacker, F. (1973): Terror. Mythos, Realität, Analyse. Wien/München/Zürich (Molden).
Heintze, H.-J. (2000): Völkerrecht und Terrorismus. In: Hirschmann, K. u. Gerhard, P. (2000), S. 217–240.
Henseler, H. (1974): Narzisstische Krisen. Zur Psychodynamik des Selbstmord. Reinbek (Rowohlt).
Hirschmann, K., u. Gerhard, P. (Hg.) (2000): Terrorismus als weltweites Phänomen Berlin (Berlin Verlag).
Hirschmann, K. (2001): Alte Bekannte, neue Dimensionen: Internationaler Terrorismus im Licht des 11. September. In: Der Mittler-Brief. Informationsdienst zur

Sicherheitspolitik. 16, S. 1–8.
Hoffman, B. (1999): Terrorismus, der unerklärte Krieg. Neue Gefahren politischer Gewalt. Frankfurt (Fischer).
Hole, G. (1995): Fanatismus. Der Drang zum Extrem und seine psychologischen Wurzeln. Freiburg (Herder).
Kasch, (1978): Terror – Bestandteil einer Gesellschaft ohne Gott? In: Geissler, H. (Hg.) (1978): Der Weg in die Gewalt. München (Olzog), S. 52–68.
Kernberg, O. F. (2000): Hass. In: Mertens, W. u. Waldvogel, B. (2000): Handbuch psychoanalytischer Grundbegriffe. Stuttgart (Kohlhammer), S. 274–277.
Kohut, H. (1975): Überlegungen zum Narzissmus und zur narzisstischen Wut. In: Kohut, H. (1975): Die Zukunft der Psychoanalyse. Frankfurt (Suhrkamp), S. 205–251.
Laplanche, J., u. Pontalis, J.-B. (1972): Das Vokabular der Psychoanalyse. Frankfurt (Suhrkamp).
Laqueur, W. (1982): Terrorismus. Frankfurt (Suhrkamp).
Lichtenberg, J. (1992): Hass im Verständnis der Selbstpsychologie, ein motivationssystemischer Ansatz. In: Schöttler, C., u. Kutter, P. (1992): Sexualität und Aggression aus der Sicht der Selbstpsychologie. Frankfurt (Suhrkamp), S. 48–76.
Lifton, R. J. (1986): Der Verlust des Todes. München/Wien (Hanser).
Lübbe, H. (1978): Endstation Terror. Rückblick auf lange Märsche. In: Geißler, H. (Hg.) (1978): Der Weg in die Gewalt. Geistige und gesellschaftliche Ursachen des Terrorismus. München (Olzog), S. 96–108.
Mandelstamm, N. (1971): Hope against hope. London (Collins).
Milgram, S. (1974): Das Milgram-Experiment. Reinbek (Rowohlt).
Moses, R. (1986): ›Watergate‹ als universelles Phänomen. In: Lobner, H. (1986): Psychoanalyse heute. Wien (Orac), S. 185–204.
Niederland, W. G. (1980): Folgen der Verfolgung. Das Überlebenden-Syndrom. Frankfurt (Suhrkamp).
Pfeifer, W. (Hg) (1995): Etymologisches Wörterbuch des Deutschen. München (dtv).
Rauchfleisch, U. (1992): Allgegenwart von Gewalt. Göttingen (Vandenhoeck u. Ruprecht).
Richter, H. E. (2001): Verlorene Illusionen. In: Stuttgarter Zeitung 214, 15. 11. 01, S. 37.
Roy, A. (2002): Die Politik der Macht. München (btb).
Schoeck, H. (1969): Kleines Soziologisches Wörterbuch. Freiburg (Herder).
Schorlemmer, F. (1992): Worte öffnen Fäuste. Die Rückkehr in ein schwieriges Vaterland. München (Kindler).
Schraml, W. (1968): Einführung in die Tiefenpsychologie. Stuttgart (Klett).
Sennett, R. (1999): Der flexible Mensch. Berlin (Berlin Verlag).
Sofsky, W. (1997): Die Ordnung des Terrors: Das Konzentrationslager. Frankfurt (Fischer).
Spitz, R. (1965): Vom Säugling zum Kleinkind. Stuttgart (Klett-Cotta).
Spitz, R. (1982): Vom Dialog. Stuttgart (Klett-Cotta).
Schulz-Gora, H. (2001): Zur Not-Wendigkeit der Gewalt. In: Psychosozial 24, S. 57–69.
Volkan, V. D. (1988): The need to have enemies and allies. Northvale/London (Jason Aronson).
Volkan, V. D. (2002): Religiöser Fundamentalismus und Gewalt. In: Schlösser u.

Gerlach (2002), S. 165–181.

Waelder, R. (1980): Der Gerechtigkeitsbegriff und die Frage nach der vollkommen gerechten Gesellschaft. In: Waelder, R. (1980): Ansichten der Psychoanalyse. Stuttgart (Klett-Cotta), S. 315–337.

Waldmann, P. (1998): Terrorismus. Provokation der Macht München (Akademie Verlag).

Waldmann, P. (2000): Terrorismus als weltweites Phänomen. Eine Einführung. In: Hirschmann, K., u. Gerhard, P. (Hg.) (2000): Terrorismus als weltweites Phänomen. Berlin (Berlin Verlag).

Winnicott, D. W. (1958): Through Paediatrics to Psychoanalysis. Collected Papers. London (Tavistock Publications); Nachdruck: London (Karnac) 1992. Deutsch: Von der Kinderheilkunde zur Psychoanalyse. München (Kindler) 1976.

Winnicott, D. W. (1965): The Maturational Process and the Facilitating Environment. London (Hogarth Press); Nachdruck: London (Karnac 1990). Deutsch: Reifungsprozesse und fördernde Umwelt. München (Kindler) 1974.

Winnicott, D. W. (1971): Playing and Reality. London (Tavistock Publications); Nachdruck: London (Routledge) 1991. Deutsch: Vom Spiel zur Kreativität. Stuttgart (Klett-Cotta) 1973.

Winnicott, D. W. (1984): Deprivation and Delinquency. London (Tavistock Publications). Deutsch: Aggression. Versagen der Umwelt und antisoziale Tendenz. Stuttgart (Klett-Cotta) 1988.

Wirth, H.-J. (2002): Narzissmus und Macht. Zur Psychoanalyse seelischer Störungen in der Politik. Gießen (Psychosozial Verlag).

Kollektive Phantasmen, Destruktivität und Terrorismus[1]

Werner Bohleber

1. Einleitung

Die Ereignisse des 11. September haben ungeheures Leid, Tod und Verletzung über die Opfer gebracht, massive Zerstörungen angerichtet sowie individuelle und kollektive Traumatisierungen hinterlassen. Die Versuche, das Geschehene zu verstehen, rücken die Welt der Täter und einen global agierenden islamistischen Terrorismus in den Vordergrund des Interesses. Es sind Phänomene, mit denen wir uns als Psychoanalytiker bisher kaum befasst haben.[2] Da wir solche Menschen nicht in Behandlung haben, sind wir darauf angewiesen, Material, das uns aus dem Umkreis der Täter zugänglich wird, mit psychoanalytischen Mitteln zu untersuchen, wie etwa Fragmente ihrer Biographien, ihre ideologischen Überzeugungen und vorgebrachten Motive. Bevor wir zu tieferen psychoanalytischen Interpretationen übergehen können, bedarf es zunächst einer Bestandsaufnahme der für uns interessanten Daten ohne vorschnelle Verallgemeinerungen. Ich verstehe meine Überlegungen in diesem Sinne als Erkundungen in einem psychoanalytisch noch kaum vermessenen Gelände.

2. Religiöser Terrorismus

In der Debatte um die Motive der Täter ist vielfach die Bedeutung des ideologisch-religiösen Faktors heruntergespielt worden. Dabei erscheint für eine Tat wie die des 11. Septembers zweierlei notwendig: eine perfekt funktionierende Organisation und eine die Täter-Gruppe stabilisierende Ideologie. Im Gepäck der Terroristen fand sich ein Text, eine religiös begründete Anleitung zur Tat.[3] In ihm wurde das Märtyrertum beschworen und ihre Tat religiös in Konstruktionen und Interpretationen der islamischen Tradition verankert, angetrieben von einer »subversiven politischen und ideologischen Militanz« (Makiya u. Mneimneh 2002). Die Täter agierten gewalttätig und mordend in der Realität und befanden sich gleichzeitig imaginär in einem heilsgeschichtlichen Drama. Wie auch bei anderen terroristischen Gruppen finden wir eine aus unterschiedlichen traditionellen Versatzstücken zusammengebastelte Ideologie vor, deren Logik von den Anhängern in der Regel in indoktrinierenden Gruppendiskussionen verinnerlicht wird und so den Gruppenzusammenhalt sichert.

Die zentrale Rolle, die fanatische ideologische Überzeugungen als Motiv und Inhalt in einer destruktiv phantasmatischen Handlungswelt spielen, wird von vielen Terrorismus-Experten unterbewertet oder vernachlässigt. So stellt der bekannte Terrorismusforscher Walter Laqueur (1998) einerseits fest, dass wir es heutzutage mit einem Erstarken des religiösen und dabei vor allem des islamistischen Terrorismus zu tun haben, aber gleichzeitig schätzt er die motivationale Bedeutung der politisch-religiösen Ideologie gering ein. Als Motive des modernen Terrorismus benennt er vor allem Wut, Hass, Sadismus und die Lust am Töten. So bestreitet Laqueur, dass die algerischen Terroristen gläubige Muslime seien, wenn sie Frauen und Babys töten und deren Bäuche aufschlitzen. Sie sind für ihn krude Sadisten. Dabei hätte schon ein Blick auf die religiösen Verfolgungen in der abendländischen Geschichte genügt, um zu erkennen, wie Religion, Grausamkeit und Töten zusammenwirken. Auch ist es ohne die Annahme von inneren Überzeugungen und eines Glaubenssystems schwer vorstellbar, wie Angreifer so inspiriert werden können, dass sie von vorneherein den eigenen Tod einplanen und bis zum Ende durchhalten.[4]

Der religiöse Fundamentalismus hat sich in den letzten Jahrzehnten in allen großen Weltreligionen ausgebreitet. Sein Protest ist nicht nur religiös, sondern auch eminent politisch. Fundamentalistische Bewegungen wollen die Gesellschaft und die Welt in ihrem Sinne verändern und verstehen sich als Diener und Kämpfer für ihren Gott in einem eschatologischen Drama. Die Grenzen zum Terrorismus sind bei diesen totalitär religiösen Ideologien vielfach fließend. Seit den achtziger Jahren des letzten Jahrhunderts hat sich die Zahl der religiös terroristischen Gruppen sehr stark erhöht. 1995 war ihre Anzahl auf die Hälfte der bis dahin bekannten international tätigen Gruppen angewachsen (Hoffmann 1998). Deren Bedeutung wird auch durch die Tatsache unterstrichen, dass den gravierendsten Terrorakten der neunziger Jahre allesamt religiöse Motive zugrunde lagen. Innerhalb des religiösen Terrorismus spielen die aus dem islamischen Fundamentalismus stammenden Gruppen und Anschläge eine große Rolle. Ihr Anteil an den verübten Gewalttaten ist hoch und aufsehenerregend geworden und wurde durch den 11. September noch einmal in ein besonders grelles Licht getaucht.

Liest man die im Gepäck von Mohammed Atta gefundene Anleitung für den Terrorangriff auf das World Trade Center vor dem Hintergrund der Tat, so fällt eine gespaltene innere Welt auf. Auf der einen Seite steht die massenmörderische Tat, das suizidale Ende in einem riesigen Blow-up, und auf der anderen Seite die Phantasie, unmittelbar danach in den friedlichen narzisstisch-harmonischen Zustand des Paradieses und der Erfüllung aller Wünsche überzugehen, dabei zu Gott zu beten, sich ihm hinzugeben und das Herz von allen schlechten Gefühlen zu reinigen. Dem Attentäter wird versichert: »Der

Himmel lächelt, mein junger Sohn, denn du marschierst zum Himmel« (Aust u. Schnibben 2002, S. 277). Diese Verbindung von narzisstischem Idealzustand und terroristischer massenmörderischer Gewalt bedarf einer erneuten psychoanalytischen Besinnung auf den Zusammenhang von Religion, Reinheit und Gewalt.

Hatte schon Sigmund Freud den Urvatermord mit der kulturellen und religiösen Entwicklung der Menschheit verknüpft, so war es vor allem Theodor Reik, der die innere Verbindung von Religion und Aggression untersucht hat. Nach Reik (1923) liegt die Crux aller Religionen darin, dass sie sich niemals der Macht der Ambivalenz von Gefühlsregungen entledigen können. Deshalb gehöre die unbewusste Feindseligkeit gegen Gott zum eigentlichen Wesen der Religion. Die immer wieder auftauchenden Impulse der Rebellion und Revolution gegen den eigenen Gott und das daraus erwachsende unbewusste Schuldgefühl finden in der Verfolgung der Ungläubigen ihre Befriedigung. Erklärt Reik den religiösen Hass aus der Ambivalenz der Triebregungen und aus der Feindseligkeit gegen einen potenzierten Vatergott, so verankert ihn Grunberger (1988) in dem Gegensatz eines nirwanahaften Narzissmus und der psychosexuellen Entwicklung sowie in einer daraus entstehenden doppelten Mutter-Imago. Von diesen archaischen Imagines werde die eine auf kosmische, panische, apokalyptische Weise empfunden, die andere stelle den Prototyp der Glückseligkeit und der narzisstischen Allmacht dar. Der Glaube wird nach Grunberger aus einem doppelten Abwehrkampf errichtet und ist psychologisch als Reaktionsbildung mit einer zweifachen Funktion zu verstehen. Zum einen gilt es die Realität und die Macht triebhafter Ansprüche einzudämmen, wozu regressiv der Narzissmus in Dienst genommen wird, zum anderen wird durch die Triebabwehr eine enorme Aggression entbunden, die nach außen auf die Ungläubigen projiziert und abgeführt wird. Glaube ist deshalb unausweichlich mit Gewalt verbunden. Grunberger spannt hier einen Rahmen des Verstehens auf, der hilfreich ist, um diejenigen apokalyptischen Zerstörungsphantasmen zu verstehen, deren Ziel in der Erlösung der jeweiligen Gläubigen und dem Sieg ihrer Religion liegt.

Im Folgenden werde ich mich allerdings nicht mit der Religion des Islam im engeren Sinne beschäftigen, sondern möchte auf einer allgemeineren Ebene versuchen, mit psychoanalytischen Mitteln einige Grundzüge der phantasmatischen Welt des islamischen Fundamentalismus zu beschreiben und zu beleuchten. Die Ebene, auf der ich mich bei der Analyse der Phänomene bewege, ist die der Mentalitäten (vgl. Lipowatz 1998). Sie bilden eine Verbindungsinstanz zwischen den unbewussten Phantasien und dem Bewusstsein, zwischen dem Individuellen und dem Kollektiven sowie zwischen der Kultur als Lebensweise und Praxis und der Ideologie. Die

Religion ist dabei von ihrer gesellschaftlichen Funktion her einer Ideologie gleichzusetzen. In diesem Sinne verstehe ich den islamischen Fundamentalismus als eine religiös-politische Ideologie, in deren irrationalem Kern die Lösung privat-individueller und öffentlich-allgemeiner Probleme miteinander verlötet sind (Lorenzer 1984).

3. Religiöse Weltanschauung und Mentalität des islamischen Fundamentalismus

Unter Fundamentalismus verstehen die Sozialwissenschaften Protestbewegungen, die bei aller Unterschiedlichkeit sich darin gleichen, dass sie dramatisch empfundene soziale Umwälzungsprozesse nicht als prinzipiell positive Modernisierung, sondern im Sinne ihrer religiösen Tradition als Verfallsprozesse interpretieren (Riesebrodt 2000). Fundamentalismus darf dennoch nicht als reiner Antimodernismus und bloße Rückkehr zu traditionellen Werten und zu einem vormodernen Zustand missverstanden werden. Er steht vielmehr auf dem Boden der Moderne, eignet sich diese allerdings nur eingeschränkt an.[5] Die technologische Modernisierung wird akzeptiert und instrumentell genutzt, jene Potentiale der Moderne aber, die Prozesse von Demokratisierung, Liberalisierung und Emanzipation in Gang gesetzt haben, werden abgelehnt und bekämpft.[6] Dabei konstruieren sich die fundamentalistischen Bewegungen durch Interpretation der jeweiligen heiligen Texte eine Tradition und eine Vergangenheit, die ihnen zur Auseinandersetzung mit der Gegenwart dienen.

Der fundamentalistisch islamische Protest richtet sich gegen die sozio-politischen Veränderungen, die während der letzten hundert Jahre einen großen Teil der muslimischen Welt betroffen haben.[7] Nach dem Ende der Kolonialherrschaft wurde versucht, säkulare Lebensformen und Teile westlicher Zivilisation zu übernehmen, politisch vor allem den Nationalstaat mit einem dazu gehörigen Nationalismus, um so Anschluss an die Moderne zu bekommen. Aus verschiedenen Gründen war diese Modernisierung nur teilweise erfolgreich[8], erlebte nach der verheerenden Niederlage der arabischen Staaten im Sechs-Tage-Krieg gegen Israel einen beschleunigten Niedergang und wurde von einem wachsenden islamischen Selbstverständnis abgelöst. Islamische Fundamentalisten geißelten nun die Übernahme westlicher Lebens- und Denkformen als tiefgreifende Krise des Islam, als neue Barbarei und Rückfall in die vorislamische Zeit. Ihr Ziel: Religion und Politik wieder zusammenzuführen, die weltlichen Regime abzuschaffen und zu einer ganzheitlich religiöspolitischen Weltanschauung zurückzukehren. An die Stelle des Nationalstaates soll der islamische Gottesstaat und das islamische Recht, die Scharia, treten. Dies wird als dritter Weg verstanden, neben dem westlichen Kapitalismus und dem östlichen Kommunismus, und hat vor allem durch die iranische Revolution 1979 Auftrieb erhalten. Diese islamistisch-fundamentalistische Bewegung bildet heute eine der Hauptströmungen in der muslimischen Welt.

Ich möchte nun die Grundzüge der Vorstellungswelt des radikalen Islamismus etwas ausführlicher darstellen. Da ich kein Spezialist auf diesem Gebiet bin, kann ich nur auf Texte und Quellen zurückgreifen, die mir zugänglich waren[9], und mich auf Analysen von anerkannten Islamwissenschaftlern stützen. Dem deutschen Orientalisten Eberhard Serauky (2000) sind einige geheime Schriften von ägyptischen Terrororganisationen zugänglich geworden, vor allem aus der »Islamischen Gemeinschaft« und der daraus hervorgegangenen radikaleren Splittergruppe »Bewegung Islamischer Heiliger Krieg«. Sie umfassen mehrere tausend Mitglieder, aus denen ein bedeutender Teil der personellen, ideologischen und organisatorischen Unterstützung für Bin Ladens Al Qaida kommt.[10] Serauky hat diese Schriften, die der Selbstverständigung der Gruppen dienten und in denen ihr Weltbild und ihre konkreten politischen Ziele und Aktionen formuliert sind, analysiert. Ich konzentriere mich im Folgenden vor allem auf seine Befunde.

Für die islamistische Bewegung enthält der Islam die Lösung aller Probleme, auch der modernen politischen und sozialen Konflikte. Er ist die einzige Hoffnung, die der ungläubigen Welt noch bleibt. Die Religion des Islam ist in ihren Augen so umfassend, dass sie alles regelt, was die Menschheit betrifft. Er ist für sie nicht nur eine Religion, sondern auch ein praktischer Kodex des Lebens, der alle weltlichen Angelegenheiten umfasst. Nichts darf man davon abtrennen, muss vielmehr in allem streng seinen Regeln folgen. Er regelt die soziale Sphäre, Recht und Ordnung, das Zusammenleben von Mann und Frau, erzeugt ein Gleichgewicht von Körper und Seele und zügelt die animalischen Triebe des Menschen. Der Islam schafft so ein harmonisches Ganzes und eine Balance zwischen den unterschiedlichen Kräften und Tendenzen des Einzelnen und der Gemeinschaft. Kontrastiert wird dieses friedlich ideale Bild durch einen Fanatismus, der mit einem absoluten Wahrheitsanspruch auftritt und keine Kompromisse in Glaubensfragen zulässt. Die Islamisten leiten ihre Stärke aus der Vergangenheit und aus der Frühzeit des Islam her. Damals bestand der Islam nur aus einer kleinen Gruppe Gläubiger und stieg dennoch zu einer weltbeherrschenden Religion auf. Auf dieses »Wunder« setzen die Islamisten erneut. Jetzt wollen sie die Welt von einer moralisch korrupten, von sexueller Anarchie geprägten, materialistischen westlichen Zivilisation befreien. Eines der größten Übel ist für sie die Emanzipation der Frauen. Die Korruption kommt von außen aus dem Westen, der absichtlich die Strukturen und die Moral islamischer Gesellschaften unterminieren und zersetzen will. Als Ziel streben sie einen idealisierten frühislamischen Staat an, den sie als die einzig richtige Umsetzung des Islam bezeichnen, die einzige Gestalt, in der sich der Islam uneingeschränkt verkörpert und der auf den gesamten Gesetzen Allahs beruht.[11] Dieses Ziel wollen die islamistischen Terrorgruppen in gemeinschaftlicher Aktion durch den heiligen Krieg gegen die Ungläubigen verwirklichen. Die Verfolgung richtet sich zuerst gegen die Andersdenkenden im eigenen Land, gegen die modernistischen Formen des Islam und vor allem gegen das weltlich-westliche Denken. Ihr Hass gilt besonders den weltlichen und liberalen Muslimen, die besonders gefährlich sind, weil sie darauf aus sind, in den Köpfen der gläubigen Muslime den Islam zu verdrehen und zu entstellen, letztlich zu zerstören. Das weltliche Prinzip der Trennung von Politik und Religion muss abgeschafft werden. Unter Weltlichkeit verstehen sie vor allem eine Überbewertung des Materiellen, des Konsums, sowie eine Relativierung des Religiösen. Außerhalb der Religion des Islam kann es für sie keine Kultur geben.[12]

So entwickeln sie eine »Konfrontationsstrategie gegen den Westen«, wobei sie in einem Bürgerkrieg zuerst die Macht in Ägypten übernehmen wollen, um dann, mit dieser staatlichen Autorität im Rücken, Krieg gegen den Westen zu führen, wie es ihrer Deutung nach das islamische heilige Recht verlangt. Wenn das Gesetz Allahs erst einmal in allen Teilen der Welt verbreitet ist und die nationalen Grenzen abgeschafft sind, dann entsteht durch einen langen Prozess einer geistigen und gesellschaftlichen Reinigung eine friedliche Welt des Islam, dann leben alle Menschen sicher und genießen ihre islamische religiöse Freiheit, die der Erde wohltut und den Bedürftigen und Armen nutzt. In diesem Prozess sind alle zivilisatorischen Errungenschaften des Westens zu beseitigen, nur seine völlige Auslöschung führt zur Islamisierung der Welt. Ihre Stärke sehen die Anhänger dieser Bewegungen in ihrem Glauben, der nur Sieg oder Selbstopferung und Märtyrertum kennt. Damit hätten schon in der Frühzeit des Islam eine Handvoll Muslime große Reiche erobert. Wenn heute eine halbe Million Muslime ihr Leben nicht für die Allierten opferten, wie im Zweiten Weltkrieg, sondern für den Islam, dann gäbe es keinen christlichen oder heidnischen Imperialismus mehr, der noch auf der Erdoberfläche »herumstolzieren« könne (Qutb 1964, S. 356).

Das hier anklingende Bedrohungspotential gewinnt nach Ansicht aller Terrorismusforscher durch die Existenz von Massenvernichtungswaffen eine neue Dimension. Die Massenproduktion des Nervengases Sarin durch die japanische AUM-Sekte und deren Giftgasangriff auf die Tokioter U-Bahn gilt als ein Auftakt und Ansporn für Nachahmer. Die ägyptischen Terroristen rechnen in ihren Dokumenten mit westlichem Widerstand gegen ihre Strategie und Pläne und erachten es daher als notwendig, im Besitz einer atomaren Abschreckung zu sein. Solche Vorstellungen können nun nicht mehr einfach als Wahnwitz abgetan werden, seit man weiß, dass Bin Laden sich Komponenten atomarer Waffen beschaffen konnte. Verschärft wird das Gefährdungspotential zudem noch durch die mit diesen Vernichtungsphantasien verbundene Opferungsideologie der Selbstmordattentäter.

Nun fallen Ähnlichkeiten dieses islamistischen Fundamentalismus mit dem ethnozentrischen Nationalismus in Deutschland im 19. Jahrhundert und besonders mit dem neuen radikalen Nationalismus nach dem Ersten Weltkrieg auf, die verblüffend sind.[13] Zu erwähnen sind dabei zunächst:

- Der Mythos einer idealen Vorzeit, an die es anzuknüpfen gilt.
- Die Feindschaft gegen den Westen, dessen Prinzipien nicht dem eigenen Wesen entsprechen und die eigenen Werte zersetzen.
- Das Ideal einer homogenen Einheit, das durch die Reinigung von allem Fremden angestrebt wird.
- Der Todeskult, in dem das Opfern für das Vaterland oder die Religion als höchstes Glück erscheint.

Nach 1918 bildeten die Protagonisten des neuen antirepublikanischen Nationalismus in Deutschland eine Generationseinheit der radikalen Rechten. Die Tiefenstruktur ihrer Mentalität (vgl. Breuer 1993, 1995) war durchdrungen von einem Interpretationsmuster der Apokalypse, in dem die Erfahrung des Ersten Weltkriegs weiterwirkte. Gequält von Verlust- und Verfallsängsten, hatten sie auf der Basis einer metaphysischen Einheit des Volkes einen glühenden chiliastischen Glauben an eine Erlösung und Erneuerung entwickelt. Die deutsche Nation wurde zum Träger einer Sendung und bekam die Aufgabe zugedacht, den abendländischen Kulturkreis zu retten, und zwar vor einer Zersetzung durch die westliche Zivilisation und durch das anglo-amerikanische merkantile Verhältnis zur Welt, zum Geist und zum Göttlichen. Demokratie und Pluralismus entsprachen nicht dem deutschen Wesen und wurden abgelehnt. Gegenüber einer materialistischen Einstellung suchte man den unzersetzten Lebensgrund. Die Idealisierung eines ursprünglichen reinen und an bäuerlichen Strukturen orientierten Lebens verband sich mit apokalyptischen Untergangsphantasien, mit einer Idealisierung der Gewalt und der Männlichkeit sowie einer Verachtung des Weiblichen.

Trotz der erstaunlichen Ähnlichkeiten in den Vorstellungswelten dieses radikalen Nationalismus und des islamistischen Fundamentalismus könnte man einem solchen Vergleich entgegenhalten, dass der Nationalismus westlicher Provenienz in den islamischen Staaten nicht die emotionale phantasmatische Potenz wie in Europa entfaltete, sondern dass hier tiefer reichende und ältere religiöse Loyalitäten vorherrschten. So hebt etwa Sudhir Kakar

(1996, S. 295 f.) hervor, dass die Religion dem Konflikt zwischen Gruppen eine größere emotionale Intensität und eine tiefgründiger motivierte Triebkraft verleihe als der ethnische Nationalismus. Kakar übersieht dabei, dass der Nationalismus vielfach das Erbe der Religion angetreten hat und besonders in seiner extremen und totalitären Form den Charakter einer politischen Religion trägt (Bärsch 1998).

Einwenden könnte man auch, dass im islamisch politischen Denken und in dessen klassischen Ordnungsvorstellungen Staat und Nation als Begriffe nicht vorkommen, sondern jenes nur die Umma als die kollektive Einheit der muslimischen Gemeinschaft mit einem Oberhaupt, dem Kalifen, kennt (vgl. Diner 1993). Andere gleichgestellte Gemeinwesen gibt es nicht, sondern nur den dichotomischen Gegensatz des dar al-Islam (»Haus des Friedens«) und des dar al-harb (»Haus des Krieges«), das durch den Dschihad zum Islam bekehrt werden muss. Vor allem nach dem Zusammenbruch des osmanischen Reiches erzwang die politische Wirklichkeit eine Revision islamischer Rechtsvorstellungen und die Legitimierung partikularer Staatenbildungen, die mit dem Konzept der universellen Umma verbunden wurden. Diese Revision greift der Islamismus als ein Instrument des Westens zur Zerstörung des Islam an.

Trotz dieser Unterschiede erscheint es mir sinnvoll, auf der Ebene der psychischen Tiefenstrukturen die Vorstellungswelten des Nationalismus und des politisch-religiösen Islam zu vergleichen. Ähnlich geht auch Benedict Anderson (1988) von einer untergründigen Verbindung aus, wenn er bei seiner Definition der Nation als einer »imagined community« die kulturellen Systeme der »Verwandtschaft« und der »Religion« zugrunde legt.[14]

Ich wende mich nun der intrapsychischen Dimension zu und der Frage, wodurch psychologisch Nationalismus und religiös-politischer Fundamentalismus für Menschen oder für eine Gruppe zu bestimmten Zeiten und in bestimmten gesellschaftlichen Konstellationen so attraktiv werden können. Es geht darum herauszufinden, welche unbewussten Phantasien hierbei ins Spiel kommen. Vorher möchte ich allerdings noch einige allgemeine Bemerkungen zur Psychoanalyse überindividueller Phänomene und gesellschaftlicher Ideologien machen.

Die Psychoanalyse muss die Eigenständigkeit des Sozialen und die Abstraktheit gesellschaftlicher Steuerungsmechanismen und systemisch stabilisierter Handlungszusammenhänge beachten, was aber ihr Vermögen nicht schmälert, die Anziehungskraft, die Ideologien und kollektive Phantasmen ausüben, und die außerordentlich starken Affekte, die damit verbunden sind, auf unbewusste Faktoren zurückzuführen und psychologisch zu erklären. Methodisch und inhaltlich stütze ich mich auf das Konzept der ubiquitären unbewussten Phantasien (vgl. Bendkower 1991). Es sind Phantasien, die von allen Menschen mehr oder weniger geteilt werden. Sie sind deshalb ubiquitär, weil sie mit den Grundtatsachen des Lebens, der Verknüpfung von Körperbedürfnissen mit seelischer Entwicklung und Phantasiebildung zu tun haben, insbesondere mit der psychosexuellen Reifung, der Abhängigkeit von und der Versorgung durch die Mutter, der Rivalität mit den Geschwistern, der Urszene und dem Ödipus-Komplex. Als Abkömmlinge des Unbewussten drängen diese infantilen Phantasien ins Bewusstsein und tauchen damit in der Realität und im sozialen Leben auf. Sie besitzen eine Tendenz zur Externalisierung und heften sich einerseits an die Wahrnehmung und Formung von gesellschaftlichen Ereignissen, Institutionen und kulturellen Wertungsmustern und prägen sie. Andererseits werden sie von außen, also von gesellschaftlichen Agenturen, in Dienst genommen und durch objektive Strukturen, durch Institutionen, Verkehrsformen und Sprachtraditionen geformt und damit kanalisiert.

In einer früheren Arbeit habe ich am Beispiel des deutschen Nationalismus und Antisemitismus die Emotionen und Affekte sowie die damit verbundenen unbewussten Phantasien untersucht, die bei der Vorstellung der Nation in den Köpfen aktiviert werden und die ihre Faszination für Menschen vor allem in gesellschaftlichen Krisensituationen ausmacht, die aber auch massive Aggression und Gewalt auslösen können (Bohleber 1997). Dabei haben sich folgende unbewusste Vorstellungskomplexe als bedeutsam erwiesen:

- Versorgungsphantasien und Geschwisterrivalität
- Reinheit und die Vorstellung vom Anderen
- Einheitsvorstellungen in der Gruppe und Verschmelzungsphantasien

Diese Phantasiesysteme dienen mir im Folgenden heuristisch als Grundlage, um die Tiefendimension der politischen Vorstellungen im islamistischen Fundamentalismus zu untersuchen.

1. Versorgungsphantasien und Geschwisterrivalität

Der Fremde wird hier als Eindringling erlebt, der in eine als rechtmäßiges Eigentum empfundene Sphäre eindringt, den Einheimischen verdrängt, seines Besitzes (unbewusst des Primärobjekts) beraubt und dort als Parasit und Schmarotzer haust. Unbewusst ist dieser Fremde der geschwisterliche Rivale, der die narzisstisch idealisierte Union mit der kollektiven Mutterimago zerstört. Zugehörigkeit und Ausschließung werden hier nicht als ein Problem konkreter politischer Auseinandersetzung begriffen, sondern auf einer Ebene archaischer Aggression als Kampf um den alleinigen Besitz einer Mutter-Imago und der Verschmelzung mit ihr. Diese unbewusste Phantasiewelt erlangt in der Vorstellung eines organisch imaginierten »Volkskörpers« eine besondere emotionale Wucht. Sie scheint aber im Islamismus, dessen mentale politische Welt sich vermutlich vor allem über Familienmetaphern organisiert, die am wenigsten ausgeprägte Phantasie zu sein. Bis jetzt habe ich nur wenige Belege gefunden. So ist zwar davon die Rede, dass die Amerikaner die heilige arabische Halbinsel besetzen und »unser Vermögen aufsaugen und ihre Blockade verhängen«. Oder sie werden beschuldigt, »unseren Besitz zu fressen«. Aber solche Bilder haben nicht die phantasmatische Kraft wie im Antisemitismus, in dem die Juden als alles verzehrendes Ungeziefer imaginiert werden.

2. Reinheit und die Vorstellung vom Anderen

Verglichen mit der Projektion von verbotenen Triebstrebungen auf den Fremden, ist der Zusammenhang der Identität einer Gruppe mit Reinheitsvorstellungen komplexer. Wie Freud (1921c) gezeigt hat, blenden Angehörige der Großgruppe in einer narzisstischen Identifizierung miteinander die individuellen Unterschiede aus. Ihrer Bindung und Identität versichern sie sich dadurch, dass sie so sind wie die andern Gruppenmitglieder. Andersartiges und Fremdes taucht dann als das Verunreinigende auf. Wie Mary Douglas (1966) feststellte, ist Schmutz in einer kulturgeschichtlich alten Definition etwas, was fehl am Platze ist, und somit wird Schmutz als etwas bewertet, das nicht dazu gehören darf, wenn ein Muster oder ein symbolisches System Bestand haben soll. Ungewissheit, Unsicherheit und Ambivalenz können nicht toleriert, sondern müssen als unrein beseitigt werden, um ein homogenes symbolisch konsistentes Universum zu erschaffen.

Rituelle Reinheit spielt im Islam eine große Rolle, und so verwundert es nicht, dass Reinheitsphantasien im Islamismus eine außerordentliche Bedeutung für die eigene Identität haben. In einer großen islamistischen politischen Zeitschrift kann man über das Eindringen westlicher Ideen und Lebensformen folgendes lesen: »Der Islam und die Ungläubigen sind wie frisches klares Wasser und wie Wasser vom Boden der vorstädtischen Abwasserkanäle. Wenn nur ein Tropfen des schmutzigen Wassers in das klare Wasser fällt, so verringert sich die Klarheit. In ähnlicher Weise bedarf es nur eines Tropfens vom Schmutz des Unglaubens, um den Islam im Westen zu kontaminieren« (zit. bei Raban 2002, S. 32). Ähnliche Beispiele dieses Denkens gibt es viele. Neben der Verunreinigung spielen auch Bilder der Vergiftung eine große Rolle. Besonders dem weiblichen Körper wird eine außerordentliche Macht der Verunreinigung, Verführung und Zerstörung zugeschrieben. Er dient auch als Metapher für den Zustand der Gesellschaft, die sich durch verführerische böse Mächte bedroht sieht (Riesebrodt 2000, S. 121).

Ich möchte hier noch etwas ausholen. Psychologisch ist die Wahrnehmung des Anderen bzw. des Fremden und des Eigenen reziprok miteinander verknüpft. Wie schon von René Spitz (1965) beschrieben, ist die Fremdenangst des Kindes nicht eine Folge der Fremdheit dieser Person, sondern Reaktion auf die Wahrnehmung, dass das Gesicht des Fremden nicht mit den Gedächtnisspuren des Gesichts der Mutter übereinstimmt. Somit verweist die Wahrnehmung des Fremden das Kind zurück auf die Mutter und verstärkt die Bindung an sie, vorausgesetzt das Kind fühlt sich in der Beziehung sicher. Dann kann es angstfrei Kontakt aufnehmen und den Fremden erkunden. Die pathologische Form dieser Beziehung sucht dagegen den Fremden auszuschalten und sich seiner selbst in einer narzisstischen Spiegelung in der Mutter zu versichern. Herrscht auf der Gruppenebene eine Homogenitätsphantasie vor, so kommt es zu einer Spiegelung und Selbstvergewisserung in denen, die so sind wie man selbst. Die dennoch vorhandene unvermeidliche Ambivalenz führt zu aggressiver Aufladung von Unterschieden innerhalb der Gruppe, die aber ausgeblendet und nach außen projiziert werden müssen. Eine solche Welt von narzisstischer Spiegelung und Reinheit führt eine massive verfolgende Aggressivität mit sich gegen den Andersartigen, der den inneren Zusammenhalt bedroht. Dieser Narzissmus kann nichts Anderes, Abweichendes neben sich dulden und hat die Tendenz, sich fortschreitend zu radikalisieren. Reinheit ist nur durch Aussonderung zu erlangen. Zugehörigkeit zu einer idealisierten reinen Gemeinschaft und verfolgende Gewalt schaukeln sich auf diese Weise gegenseitig auf. Ostow (1996) spricht in diesem Zusammenhang von »Pogrom-Mentalität«, und Adorno nannte es einen »psychischen Totalitarismus« (1950).

3. Einheitsvorstellungen und Verschmelzungsphantasien

Die neuere psychoanalytische Gruppenforschung hat aufgedeckt, dass die Regression in einer Gruppe oder Masse weit hinter das von Freud beschriebene ödipale Niveau zurückgeht und damit noch andere, tiefer reichende narzisstische Identifizierungen wirksam sind. Indem die Mitglieder regressiv zur Gruppe verschmelzen, wird diese zum illusionären Ersatz für das erste verlorene Objekt, die Mutter der Frühzeit. Die Gruppenphantasie ersetzt das individuelle Ich-Ideal durch ein gemeinsames und erzeugt ein manisches Hochgefühl. Kommt es zur Herrschaft und verbindet sich mit Phantasien eigener Überlegenheit, werden die Realitätsprüfung der Individuen und die Forderungen des eigenen Gewissens außer Kraft gesetzt, während das Selbstgefühl durch die Verschmelzung mit dem nationalen oder dem Gruppenselbst enorm stimuliert wird. Die Frage »wer bin ich?« ist ersetzt durch »zu wem gehöre ich?« Für diese Menschen befindet sich auf der einen Seite die Welt der großen symbiotischen Einheit und auf der anderen Seite, davon abgespalten, die Welt der Rivalität, Konkurrenz und Pluralität.

In den Augen der Muslime besteht die Menschheit aus Kollektiven. Der Islam kennt keine Individuation und keine Bestimmung des Menschen als freies Individuum, wie sie sich in der abendländischen Tradition herausgebildet hat (Tibi 1993). Der Muslim gehört zur Umma als der Gemeinschaft aller Muslime, eine Zugehörigkeit, die ihn definiert und aus der er sich nicht verabschieden kann, vergleichbar mit einer niemals aufkündbaren Stammeszugehörigkeit (S. 42). Nun ist die Gemeinschaft der Umma keineswegs homogen, sondern erfüllt von Uneinigkeit, Streit und Zwietracht. Die Einheit ist eine Phantasievorstellung, die aber um so mehr Macht über die Köpfe erlangt, je mehr die zersetzenden Tendenzen und feindseligen Impulse auf die religiösen und ethnischen Minderheiten im Gebiet des Islam oder auf die Welt der Ungläubigen als Feinde projiziert werden können, die sich gegen sie verschworen haben. So entsteht das Phantasma einer reinen und einheitlichen muslimischen Gemeinschaft. Durch dieses Denken in Kollektiven wird der bedrohliche fremde Andere auch nicht als unabhängige Einzelperson gesehen, sondern er ist ein Agent des Feindes, der die eigene Homogenität zerstören möchte. Dieses Verschwörungsdenken ist in der arabischen Welt weit verbreitet. Die Außenwelt wird darin geradezu dämonisiert und Missstände und Fehler liegen nicht in der eigenen Verantwortung, sondern sind Ergebnis von bösen satanischen Machenschaften vor allem des Westens.

Diese inhärente Verbindung von narzisstischer Reinheits-, Einheits- und Gleichheitsvorstellung mit massiver Gewalt ist zum Verständnis der islamistisch fundamentalistischen Vorstellungswelt von grundlegender Bedeutung.[15] Auch hier finden wir Vorstellungen, die auf der Phantasie eines vorambivalenten narzisstischen Idealzustandes beruhen. Der Andere und der Fremde werden dabei zum Ungläubigen, Eindringling und Störenfried, den man gleichzeitig zur Projektion und Verfolgung benötigt, um den idealen Zustand phantasmatisch aufrecht erhalten zu können. Idealität und Terror sind bekanntlich miteinander verschwistert.[16] Eissler hat davon gesprochen, dass Aggression, Ambivalenz und Narzissmus als einzelne für den Menschen notwendig und unentbehrlich seien. Wenn sie aber gemeinsam auftreten und zusammenwirken, »werden sie zu den apokalyptischen Reitern der Menschheit« (1980, S. 60).

4. Wie wird man Terrorist? Einige psychoanalytische Überlegungen

Die meisten der Terroristen vom 11. September waren junge Erwachsene, teilweise noch Spätadoleszente.[17] Alle führenden Angehörigen der Gruppe studierten oder hatten ein Studium in einem technischen Fach abgeschlossen.

Wie die Ermittlungen zeigten, durchliefen alle in ihrer Spätadoleszenz eine Radikalisierung in ihrer Identitätsbildung und besonders in ihren weltanschaulichen und religiösen Einstellungen, was den Boden für ihren späteren Terrorismus bereitete.

Aus der Behandlung von Jugendlichen, die radikale politische Ideologien vertreten, wissen wir in der Zwischenzeit einiges über deren innere Entwicklung und über die Funktion der Weltanschauung im adoleszenten Prozess.[18]Politische Ideologien eignen sich in besonderer Weise zur Externalisierung von inneren unlösbaren Konflikten des Jugendlichen. Anziehend sind vor allem Ideologien, die ein manichäisches Weltbild haben und ein Freund-Feind-Denken mit eindeutigen Gut- und Böse-Zuschreibungen aufweisen. Diese Weltbilder sind in ihrer Bedeutung für die Entwicklung des Jugendlichen doppeldeutig. Einerseits verhilft die jugendliche Entschiedenheit, Kompromisslosigkeit und das Entweder-Oder-Denken dazu, sich loszureißen und eigene Standpunkte einzunehmen, andererseits besteht die Gefahr, daran fixiert zu bleiben. Dies droht vor allem, wenn massive Hass- und Enttäuschungsgefühle vorhanden sind, die soziale Einbindung nicht funktioniert und der Jugendliche sich entwertet fühlt. Dann liefern politische Ideologien Denk- und Handlungwege, die als Ausweg aus unlösbar erscheinenden Problemen imponieren. Anstatt dass sich der Einzelne selbst daran abarbeitet, definiert nun die Ideologie bzw. die Gruppe, was richtig und was gut oder böse ist. Die Gruppennormen treten an die Stelle eines individualisierten Überichs. Viele dieser adoleszenten Gruppenideologien sind inkonsistent und widersprüchlich und ihre sogenannte »Wahrheit« muss häufig durch gewalttätiges Handeln gesichert werden. Aggressivität und Gewalt können sich noch steigern, wenn unerträgliche schwache, verachtete und hilflose Selbstanteile, Gefühle und Ängste auf das äußere ideologisch verzerrte Objekt projiziert werden und im angegriffenen Opfer zerstört werden sollen. Wird diese Art gewaltsamer Selbstkonstituierung nicht aufgehalten, ist der Adoleszente in Gefahr, den inneren Kontakt mit den projizierten schwachen, hilflos und beschämend erlebten Anteilen vollständig zu verlieren. Die entstehende innere Leere wird dann mit ideologischen Versatzstücken aus politisch oder religiös radikalen Ideologien gefüllt.

Über zwei junge Erwachsene aus dem Umkreis der Al Qaida-Terroristen gibt es ausführlichere biographische Informationen, die diese Zusammenhänge belegen.

1. *Beispiel*: Said Bahaji[19], 26 Jahre alt, wohnte mit Mohammed Atta in Hamburg zusammen und verschwand kurz vor dem Anschlag Richtung Pakistan/Afghanistan. Said hat einen marokkanischen Vater, der 1963 als

Gastarbeiter nach Deutschland gekommen war. Er heiratete eine Deutsche, die in einem Mode-Geschäft eine leitende Stellung innehatte. Ihre Tochter wurde kurz danach geboren und ein Jahr später, 1975, ihr Sohn Said. Der Vater machte Bankrott mit einem eigenen Geschäft, die Mutter beglich die Schulden. Als Said neun Jahre alt war, zog die Familie nach Marokko in die Heimatstadt des Vaters, hatte dort aber keine Zukunft. Die Mutter zog sich in ein inneres Exil zurück. Said wirkte melancholisch, war jedoch ein exzellenter Schüler und entwickelte sich zu einem Computer-Spezialisten und Informatiker. Nach dem Schulabschluss ging er als 20jähriger 1995 nach Deutschland zurück und fing an zu studieren. Er lernte seine große Liebe kennen, eine Deutsch-Brasilianerin. Doch deren Eltern verboten ihrer Tochter die Beziehung und schickten sie in die USA. Diese Zurückweisung sei nach Aussagen seiner Tante das größte Unglück für Said gewesen. Er zog in ein Wohnheim zu anderen arabischen Studenten, wurde religiös und ging regelmäßig in eine Moschee, in der extreme Islamisten verkehrten. Er änderte radikal seine Einstellungen, vor allem auch über Frauen. Er wurde glaubensstreng, vertrat fortan islamistische Ideale und redete davon, dass der Islam die Weltherrschaft übernehmen und die Juden vernichten müsse. In der Zwischenzeit war er mit Mohammed Atta zusammengezogen und verkehrte mit den späteren Terroristen. 1998 heiratete er ein deutsch-islamisches Mädchen, sie bekamen ein gemeinsames Kind. Dann verschwand Said im August 2001.

2. *Beispiel*: Richard Reid[20], 28 Jahre alt, bekannt geworden als der Schuhbomber, der mit Sprengstoff im Schuh ein Flugzeug auf dem Weg von Paris nach Miami in die Luft sprengen wollte. Richards Großvater war aus Jamaika nach London eingewandert. Sein Vater heiratete eine Britin, glitt in die Kleinkriminalität ab und verbrachte mehr als 20 Jahre im Gefängnis. Richards Eltern wurden geschieden, als er elf Jahre alt war. Sobald er konnte, verließ er mit 16 die Schule. Er geriet in ein Milieu von Straßenkriminalität und Autodiebstählen und landete wie sein Vater im Gefängnis; bei einem seiner dortigen Aufenthalte konvertierte er zum Islam. Zunächst nicht extremistisch, schloss er sich doch einer radikalen islamistischen Moschee an. Warnungen vor diesem Extremismus schlug er in den Wind. Der Islam, wie er ihn bis dato kennengelernt hatte, war ihm zu passiv und zu lasch. Für ihn war die extremistische Botschaft des Dschihad, wie sie radikale Prediger verkündeten, die Lösung seiner Probleme. 1999 ging er für mehr als ein Jahr nach Pakistan in eine Koranschule und von dort aus wahrscheinlich in ein Trainingscamp der Al Qaida. Mitte 2001 kehrte er nach London zurück und versuchte dann kurz vor Weihnachten seinen Sprengstoffanschlag zu verüben.

Diese beiden Biographien zeigen auch die unterschiedlichen Herkunftmilieus der späteren Terroristen. Volkan (1997) vermutet bei palästinensischen Selbstmordattentätern und bei anderen Terroristen Traumatisierungen in ihrer Frühgeschichte, die zu einem Bruch in der Identität der jeweiligen Person geführt haben. Inwieweit dies zutreffend ist, muss meines Erachtens offen bleiben.[21]

Eine radikale Ideologie reicht noch nicht aus, um zum Terroristen zu werden. Eine solche Transformation der Persönlichkeit bedarf neben militärischem Training einer gewaltsamen Indoktrination und Umerziehung, die zumeist in Ausbildungslagern oder in isolierten Gruppenmilieus stattfindet. Das Ergebnis ist das Eintauchen in eine »Parallelwelt«, teilweise vorbereitet durch eine Reihe von Initiationsriten.[22] Durch Interviews mit Angehörigen der japanischen AUM Sekte und mit Angehörigen der japanischen terroristischen Vereinten Roten Armee (United Red Army) hat Robert Lifton (1999) diese Prozesse mentaler gewaltsamer Konditionierung untersucht und beschrieben. Diese Gruppen unterliegen einer absoluten Kontrolle, jede Kommunikation wird gesteuert, die Psyche der Mitglieder wird durch ein Ethos der Selbstoffenbarung und der Selbstanklage kontrolliert. Die Realität und ihre Wahrnehmung wird in den Besitz und die Verfügung der Gruppe genommen und im Sinne der Gruppenideale manipuliert und legitimiert, die Reinheit und eine absolute Trennung zwischen rein und unrein, gut und böse fordern. Um diese herzustellen, wird in solchen Gruppen massiv Gewalt ausgeübt und als Reinigungsvorgang gerechtfertigt. Veränderung bedürfe der Katharsis durch Zerstörung des alten Menschen. Die Unterscheidung zwischen Ausbildung und Bestrafung ist dabei oft verwischt, besonders bei Prozeduren, in denen das Gruppenmitglied etwa in extrem kaltes oder heißes Wasser getaucht oder an den Füßen aufgehängt oder tagelang in einer Zelle allein gelassen wird. Durch diese traumatisierende Behandlung brechen die inneren guten Objekte in ihrer Sicherheit gebenden Funktion zusammen, an ihre Stelle tritt als einzig verfügbares Objekt der Führer, der Guru oder die Gruppe als ganze und eine Identifizierung mit den terroristischen Zielen, was allerdings ohne die Verbindung mit der Gruppe wieder brüchig werden kann. Ein Überlebender eines Ausbildungscamps der Bewegung islamischer Dschihad im Libanon berichtete von den dortigen Praktiken (Jacquard 2001, S. 92): Neben einer rudimentären militärischen Ausbildung wurden diese künftigen jugendlichen Täter ständig von einem Imam betreut, der sie spirituell motivieren sollte. Sie lebten die ganze Zeit unter mönchischen Bedingungen, und alle Verbindungen zur Ursprungsfamilie wurden gekappt. Der Zeuge berichtete, dass die Ausbilder bei jeder Trainingseinheit einen ihrer Schüler opferten, indem sie ihn mit einem Sprengstoffgürtel um den Leib in einem Auto gegen eine Mauer fahren ließ, während die anderen zuschauen mussten. Der grauenvolle Anblick des zerrissenen Kameraden habe ihnen eine Energie der Verzweiflung gegeben. Damit erlebten sie genau das, was ihnen selbst widerfahren würde. Um nicht zusammenzubrechen und selbst sofort getötet zu werden, müssen sie sich um so mehr mit den Intentionen der Führer identifizieren, als dem einzigen Objekt, das ihnen in der Situation der Todesangst noch zur Verfügung steht und Sicherheit geben kann. Dem dient dann auch die Vorstellung eines ewigen Lebens im Paradies, das ihnen gepredigt wurde. Durch solche Praktiken wird ein »shared state of aggressive numbing« erzeugt (Lifton 1999), eine Ausrichtung auf die bevorstehende Gewalttat, ein Wegfegen aller Skrupel, die in der Vergangenheit da waren und ein Ausrotten jeden Zweifels und jeder Empathie für die zukünftigen Opfer. Es ist ein Eintauchen in eine Parallelwelt, bei der es keinen »point of return« gibt, insbesondere wenn der erste Mord begangen worden ist, entweder an einem Gruppenmitglied selbst, das für seinen Defätismus oder seine Schwäche bestraft wurde, oder an einem außenstehenden Opfer. Immer wird damit auch die eigene Schwäche, das eigene Zweifeln und das eigene Gewissen, das man in den anderen hinein projiziert hat, umgebracht.

Ich komme zum Schluss. Idealität und Terror sind, wie uns das vergangene Jahrhundert gezeigt hat, nur allzu oft verschwistert. Mit dem Terrorismus zu Beginn des neuen Jahrhunderts sind wir mit einer neuen Form dieses Paares konfrontiert. Ich habe versucht, einige Bereiche dieser psychoanalytisch noch kaum erkundeten Welt des islamistischen Fundamentalismus und Terrorismus zu erhellen. Vieles davon muss vorläufig bleiben, aber wir werden diese Phänomene weiter untersuchen müssen.

Anmerkungen

[1] Vortrag an der Hauptkonferenz der Europäischen Psychoanalytischen Föderation (EPF) in Prag vom 4.-7. April 2002. Zuerst erschienen in *Psyche*, Heft 8/2002, S. 699–720. Abdruck mit freundlicher Genehmigung des Autors.

[2] Eine Ausnahme bilden dabei die Arbeiten von Volkan (1997).

[3] Abgedruckt in Aust u. Schnibben 2002, S. 275–279.

[4] Offe (2001) geht mit seiner Erklärung in dieselbe Richtung, die ich im Folgenden einschlagen werde. Er spricht davon, dass wir es bei den Tätern mit einem Hass zu tun haben, der als Entstehungskontext eine »kollektiv geteilte religiös basierte Glaubensgewissheit« voraussetze. Wie aber der Hass aus diesen Glaubensüberzeugungen entsteht und wie er daraus gespeist wird, kann soziologisch nicht mehr erklärt werden. Um dieses phantasmatisch affektiv-destruktive Bedingungsgefüge zu verstehen, bedarf es eines psychoanalytischen Zugangs.

[5] Tibi (1992) und Klinger (1992) sprechen von einer halbierten oder geteilten Moderne, Riesebrodt (1990) von einem reaktionären Modernismus oder radikalen Traditionalismus.

[6] Nach Riesebrodt (1990) richte sich der Fundamentalismus primär gegen die Auflösung »personalistisch-patriarchalischer Ordnungsvorstellungen und Sozialbeziehungen«.

[7] Im Folgenden stütze ich mich auf Diner (1993), Heine (2001), Kepel (1991), Lewis (1994) und Tibi (2000).

[8] Auf die dadurch hervorgerufene Krise der Lebensverhältnisse und der kulturellen Ordnung, die Auflösung stabilisierender Institutionen sowie die Verwerfungen in den Generationenverhältnissen kann ich hier nicht eingehen, ebenfalls nicht auf die derzeit spürbaren Auswirkungen von Globalisierungsprozessen.

[9] Wie etwa auf eine Schrift des Islamisten Muhammad Qutb (1964).

[10] So war einer ihrer Anführer, Dr. Aiman az-Zawahiri, der zweite Mann hinter Bin Laden.

[11] Nach Serauky wird hier die Phantasie einer Einheitlichkeit des frühislamischen Staats beschworen, die es so nie gab. Die damaligen Streitereien und Bürgerkriege werden ausgeblendet, und es wird die Idee einer Einheit auf die Frühzeit projiziert und dadurch als ein reales, schon einmal verwirklichtes und nun ersehntes Staatsgebilde vorgestellt.

[12] Die von ihnen geplante Abschaffung alles Andersartigen projizieren sie aber auf ihre Hauptfeinde USA und Israel, die in einem Kreuzzug angetreten seien, alle anderen Gesellschaftsformen als die eigenen zu vernichten.

[13] Diese Verwandschaft ist auch Margalit u. Buruma (2002) aufgefallen.

[14] Bielefeld (1998) sieht für die Untersuchung der Nation als Form drei Ebenen als konstitutiv an: die Imagination, die Institution und die Organisation. Ich beschäftige mich lediglich mit der imaginativen Ebene.

[15] Ein Satz aus der deutschen nationalistischen Vorstellungswelt beschreibt diese Mischung von Gleichheit und Gewalt sehr anschaulich: »Und willst du nicht mein Bruder sein, so schlag ich dir den Schädel ein.«

[16] Diese Mischung aus Verschmelzungsphantasien und Gewalt erlangt noch eine besondere Bedeutung in der Todessehnsucht und dem Todeskult des islamischen Märtyrers, die gegen westliche Korruption und Verweichlichung hochgehalten werden. »Die Amerikaner lieben Pepsi-Cola, aber wir lieben den Tod« wird ein afghanischer Taliban-Krieger zitiert (Margalit u. Buruma 2002). Und eine schriftliche Botschaft nach der Zerstörung des amerikanischen Kriegsschiffes ›Cole‹ von Usama bin Laden lässt verlauten: »denn eine Nation kann nicht besiegt werden, solange ihre jungen Menschen bereit sind zu sterben, während ihre jungen Feinde in Schande und Sünde leben, selbst wenn diese Vernichtungswaffen besitzen« (zit. bei Jaquard 2001, S. 308). Der mit der Gewalt verschwisterte Tod wird zum Übergang ins Paradies. Eine Vorstellung, die wir in anderer Form auch im deutschen Nationalismus des

Ersten Weltkriegs finden, z.B. im Todeskult von Langemarck, wenn Tausende junger Deutscher mit den Worten Theodor Körners im Gepäck vom »Opfertod als dem höchsten Glück« in den Tod marschierten (Ich verdanke diesen Fund Margalit u. Buruma 2002). Ernst Jünger hat in Bezug auf die Erfahrung im Ersten Weltkrieg eine Vorstellung formuliert, die unmittelbar auch für die Todesflieger vom 11. September Geltung zu haben scheint: »Es ist eine Raserei ohne Rücksicht und Grenzen, nur den Gewalten der Natur vergleichbar. Da ist der Mensch wie ein brausender Sturm, das tosende Meer und der brüllende Donner. Dann ist er verschmolzen im All, er rast den dunklen Toren des Todes zu wie ein Geschoss dem Ziel. Und schlagen die Wellen purpurn über ihm zusammen, so fehlt ihm längst das Bewusstsein des Übergangs. Es ist als gleite eine Woge ins flutende Meer zurück« (zit. bei Theweleit, Bd. II, S. 214).

[17] In den ägyptischen Terrorgruppen sind nach Serauky 39% 20–24 und 25% 25–29 Jahre alt.

[18] Ausführlicher dazu Bohleber (1992, 2002).

[19] Informationen aus *Der Spiegel* 3/2002.

[20] Informationen aus *Time* vom 25. 2. 2002.

[21] Auf die Situation palästinensischer Selbstmordattentäter und auf die Rolle, die politische und soziale Ausweglosigkeit und Verzweiflung als Motiv neben dem religiösen Fanatismus spielen, kann ich hier nicht näher eingehen.

[22] Der algerische Autor Mohammed Moulessechoul hat unter dem Pseudonym Yasima Khadra (2002) in einem Roman eindrucksvoll beschrieben, wie ein junger Mann zum religiösen Fanatiker und zum Killer der GIA, der bewaffneten Islamischen Gruppen, wird.

Literatur

Adorno, T. W. (1950): Studien zum autoritären Charakter (gekürzt). Frankfurt/M. (Suhrkamp) 1973.

Anderson, B. (1983): Die Erfindung der Nation. Zur Karriere eines folgenreichen Konzepts. Frankfurt/M. (Campus) 1988.

Aust, S., u. C. Schnibben (Hg.) (2002): 11. September. Geschichte eines Terrorangriffs. Stuttgart (DVA).

Bärsch, C.-E. (1998): Die politische Religion des Nationalsozialismus. München (Fink).

Bendkower, J. (1991): Psychoanalyse zwischen Politik und Religion. Frankfurt/M. (Campus).

Bielefeld, U. (1998): Die lange Dauer der Nation. In: Bielefeld, U., u. G. Engel (Hg.): Bilder der Nation. Kulturelle und politische Konstruktionen des Nationalen am Beginn der europäischen Moderne. Hamburg (Hamburger Ed.), S. 401–435.

Bohleber, W. (1992): Nationalismus, Fremdenhaß und Antisemitismus. Psychoanalytische Überlegungen. Psyche – Z Psychoanal 46, S. 689–709.

Bohleber, W. (1997): Die Konstruktion imaginärer Gemeinschaften und das Bild von den Juden – unbewußte Determinanten des Antisemitismus in Deutschland. Psyche – Z Psychoanal 51, S. 570–605.

Bohleber, W. (2002): Gewalt in der Adoleszenz – Sackgassen in der Entwicklung. In: A. Gerlach u. A. M. Schlösser (Hg.): Gewalt und Zivilisation. Erklärungsversuche und Deutungen. Gießen (Psychosozial-Verl.), S. 557–572.

Breuer, S. (1993): Anatomie der konservativen Revolution. Darmstadt (Wiss. Buchgesell.).

Breuer, S. (1995): Ästhetischer Fundamentalismus. Stefan George und der deutsche Antimodernismus. Darmstadt (Wiss. Buchgesell.).

Diner, D. (1993): Weltordnungen. Über Geschichte und Wirkung von Recht und Macht. Frankfurt/M. (Fischer).

Douglas, M. (1966): Reinheit und Gefährdung. Eine Studie zu Vorstellungen von Verunreinigung und Tabu. Berlin (Reimer) 1985.

Eissler, K.R. (1980): Todestrieb, Ambivalenz, Narzißmus. Frankfurt/M. (Fischer) 1992.

Freud, S. (1921c): Massenpsychologie und Ich-Analyse. GW XIII, S. 72–161.

Grunberger, B. (1988): Narziß und Anubis. Die Psychoanalyse jenseits der Triebtheorie, Bd. I. München/Wien (Verl. Intern. Psychoanal.).

Heine, P. (2001): Terror in Allahs Namen. Extremistische Kräfte im Islam. Freiburg (Herder).

Hoffmann, B. (1998): Terrorismus – der unerklärte Krieg. Neue Gefahren politischer Gewalt. Frankfurt/M. (Fischer) 1999.

Jacquard, R. (2001): Die Akte Osama bin Laden. Das geheime Dossier über den meistgesuchten Terroristen der Welt. München (List).

Kakar, S. (1996): Die Gewalt der Frommen. Zur Psychologie religiöser und ethnischer Konflikte. München (C. H. Beck) 1997.

Kepel, G. (1991): Die Rache Gottes. Radikale Moslems, Christen und Juden auf dem Vormarsch. Zürich (Piper) 2001.

Khadra, Y. (1999): Wovon die Wölfe träumen. Berlin (Aufbau) 2002.

Klinger, C. (1992): Faschismus – ein deutscher Fundamentalismus? Merkur 46, S. 782–798.

Laqueur, W. (1998): Die globale Bedrohung. Neue Gefahren des Terrorismus. München (Econ) 2001.

Lewis, B. (1994): Der Atem Allahs. Die islamische Welt und der Westen – Kampf der Kulturen? München (dtv) 1998.

Lifton, R. J. (1999): Destroying the World to Save it. Aum Shinrikyo, Apocalyptic Violence, and the New Global Terrorism. New York (Holt).

Lipowatz, T. (1998): Politik der Psyche. Eine Einführung in die Psychopathologie des Politischen. Wien (Turia + Kant).

Lorenzer, A. (1984): Das Konzil der Buchhalter. Die Zerstörung der Sinnlichkeit. Eine Religionskritik. Frankfurt/M. (Fischer).

Makiya, K., u. H. Mneimneh (2002): Manual for a »raid«. New York Review of Books, 17. Januar.

Margalit, A., u. I. Buruma (2002): Occidentalism. New York Review of Books, 17. Januar. Dt.: I. Buruma u. A. Margalit: »Okzidentalismus« oder Haß auf den Westen. Merkur 56, S. 277–288.

Offe, C. (2001): Die Neudefinition der Sicherheit. Blätter deutsche u. internat. Politik 12, S. 1442–1450.

Ostow, M. (1996): Myth and madness: A report of a psychoanalytic study of antisemitism. Int J Psychoanal 77, S. 15–31.

Qutb, M. (1964): Islam. The Misunderstood Religion.Kuwait (Darul Bayan).

Raban, J. (2002): My holy war. The New Yorker, 4. Februar, S. 28–36.

Reik, T. (1923): Der eigene und der fremde Gott. Zur Psychoanalyse der religiösen Entwicklung. Frankfurt/M. (Suhrkamp).

Riesebrodt, M. (1990): Fundamentalismus als patriarchalische Protestbewegung. Amerikanische Protestanten (1910–28) und iranische Schiiten im Vergleich. Tübingen (Mohr).

Riesebrodt, M. (2000): Die Rückkehr der Religionen. Fundamentalismus und der »Kampf der Kulturen«. München (C. H. Beck).

Serauky, E. (2000): Im Namen Allahs. Der Terrorismus im Nahen Osten. Berlin (Dietz).

Spitz, R. (1965): Vom Säugling zum Kleinkind. Stuttgart (Klett) 1972.

Theweleit, K. (1978): Männerphantasien, Bd. 2. Frankfurt/M. (Roter Stern).

Tibi, B. (1992): Islamischer Fundamentalismus, moderne Wissenschaft und Technologie. Frankfurt/M. (Suhrkamp).

Tibi, B. (1993): Die Verschwörung. Das Trauma arabischer Politik. Hamburg (Hoffmann u. Campe) 1994.

Tibi, B. (2000): Fundamentalismus im Islam. Eine Gefahr für den Weltfrieden? Darmstadt (Wiss. Buchgesell.)

Volkan, V. (1997): Blutsgrenzen. Die historischen Wurzeln und die psychologischen Mechanismen ethnischer Konflikte und ihre Bedeutung bei Friedensverhandlungen. Bern (Scherz) 1999.

Terrorismus als Religionsersatz[1]

Jerry S. Piven

> Unser Terrorismus gegen Amerika ist ein gesegneter Terrorismus.
>
> Osama bin Laden (auf Video)

> Die Krönung dieser Religion ist der Dschihad.
>
> Osama bin Laden (Bergen 2001; dt. 2001, S. 59)

> Siehe, Allah liebt nicht die Übertreter.
>
> Der Koran (2:190)

> Siehe, so ist Allah verzeihend und barmherzig.
>
> Der Koran (2:192)

Religion und Fantasie

Zahlreiche religiöse Führungspersönlichkeiten und Freunde des Islam haben mit uns zusammen an die Öffentlichkeit appelliert, sich nicht zum Hass auf Muslime hinreißen zu lassen, weil ihre Religion keine Religion der Gewalt ist, und weil ihre Religion Mord auch nicht sanktioniert. Der Fehler ist vielfach die Annahme, beim Islam gehe es um Aggression. »Wenn Sie das Leben des Propheten Mohammed studieren – Gott segne ihn und schenke ihm Heil –, werden Sie dem gütigsten Menschen begegnen. Er hätte niemals zugelassen, dass unschuldige Menschen sterben. Niemals.« (Muslimischer Geistlicher Imam Siradsch Wahhadsch, in: Bergen 2001; dt. 2001, S. 117).

Schließlich gehörten die bei den Kreuzzügen angegriffenen muslimischen Kulturen zu den, gemessen an allen Völkern, geistig, spirituell und kulturell am weitesten entwickelten Kulturen. Niemand kann allen Ernstes sagen, der Islam sei in sich eine Religion der Gewalt. 80 Prozent der afghanischen Muslime gehören der sunnitischen Hanafi-Sekte an, der liberalsten und tolerantesten der sunnitischen Schulen (Rashid 2000; dt. 2002, S. 154).

Aber dieselben Christen, die die Kreuzzüge unternahmen, glaubten auch an eine Religion, die angeblich pazifistisch ist und uns befiehlt, auch die andere Wange hinzuhalten. Die Religion (jede Ideologie) ist immer denjenigen dienlich, die sie zur Rechtfertigung ihrer Interessen – und ihrer Fantasien – nutzen wollen. Mit anderen Worten, Terroristen greifen nicht zur Gewalt, weil ihre Religion es ihnen befiehlt. Gleichwohl *kann* man im *Koran* eine Rechtfertigung von Gewalt finden: »Siehe, Allah liebt nicht die Übertreter. Und erschlagt sie, wo immer ihr auf sie stoßt ...« (2:190–191). Aber genauso sind im hebräischen *Tanach* so viele jüdische Geschichten über die rachsüchtige Hand Gottes zu finden. Und in der *Bibel* kann man sogar eine Erklärung für die Rechtmäßigkeit der Sklaverei finden (siehe Epheser 6).

Aber das ist nicht der Punkt. Der Punkt ist, um es noch einmal zu sagen, dass die jeweiligen Anhänger diese Texte jeweils so interpretieren, dass das, was sie tun möchten, geheiligt und für rechtsgültig erklärt wird. Sure 2:191 des *Koran* befiehlt den Gläubigen, nur Angreifer zu erschlagen, die Muslime verfolgen, während sie ausdrücklich davon abzusehen haben, von sich aus als Erste Feindseligkeiten zu entfachen (2:190). Statt zu behaupten, die Religion gebe Anweisungen für Gewalt, müssen Religionen als Fantasiesysteme verstanden werden, die vielfach (aber bei weitem nicht alle) die gewünschten Überzeugungen und Taten mit göttlichem Segen, göttlicher Wahrheit und göttlicher Autorität sanktionieren. Wenn Gott dir befiehlt, Menschen zu ermorden, dann kann es keinen Widerspruch, kein Widerwort und keine Schuldzuweisung geben. Wenn es um die Opposition gegen Weltanschauungen geht, dann ist die Sanktionierung durch Gott die höchste Vollmacht, die jede Tat in *seinem* Namen unwiderruflich rechtfertigt und für rechtens erklärt.

Sich psychologisch auf eine projizierte Fantasievorstellung von einer Gottheit zu stützen, ist eine äußerst befriedigende Position. Man fühlt sich von diesem »Elternersatz« behütet und beschützt, versorgt und geliebt, man erhält Beifall und Zustimmung für die Ausführung seiner Befehle, man fühlt sich von Schuld und Sünde freigesprochen und ob der Opfer und Taten bewundert, mit denen man Gott seine Dankbarkeit zollt und sich gottgefällig verhält. Der gläubige Eiferer fühlt die Befriedigung, von schändlichen Gefühlen, Gefühlen der Selbstverabscheuung, Minderwertigkeit und Bedeutungslosigkeit freigesprochen zu werden, indem er gottgefällig handelt, und er empfindet eine immense Befriedigung bei der Aufgabe, andere zu vernichten und konkurrierende Ideologien auszuschalten. Man kann Rivalen vernichten, Bedrohungen für die Richtigkeit des eigenen Systems eliminieren, den eigenen Gott beschwichtigen, durch gewaltsame Beherrschung anderer den Tod selbst vernichten, Besessenheit und Zorn kanalisieren. Und in der religiösen Gruppe kann man auch das Gefühl, versorgt und behütet zu sein, finden – eine Befriedigung, die fast der Befriedigung gleichkommt, wie man sie durch die mütterliche Fürsorge erfährt, da in der Gruppe durch die Teilhabe an einer kollektiven Verschmelzung das eigene Getrenntsein, die persönliche Isolation aufgehoben wird (Chasseguet-Smirgel 1975; dt. 1987). Und man wird wiederum von Schuld freigesprochen – oder vermeidet eine mögliche Schuldzuweisung –, wenn die Gruppe eine Gewalttat unter der Schirmherrschaft eines Gottes begeht (Freud 1921; Arlow 1964). Auch Religionen, in denen

Mitgefühl und Liebe ein zentrales Element sind, haben in der Geschichte solche Taten sanktioniert, von der Sklaverei in der Antike bis zur Inquisition.

Ebenso wenig ist die Spiritualität unbedingt das Problem. Die Weisheit oder Erleuchtung religiöser Texte hat wenig damit zu tun, wie diese Botschaften je nach Bedarf von Menschen entsprechend ihrer Wünsche angepasst und zurechtgerückt werden. Die Religion ist *kein* spirituelles System, wenn mit dem Begriff »spirituell« ein inneres meditatives Verhältnis zu Menschlichkeit, zur Natur, zu Göttlichkeit, zum Kosmos usw. gemeint ist. Der Begriff »spirituell« hat auch andere Bedeutungen, die etwa den erklärten Gegensatz zu allem Körperlichen implizieren, alles, was sich dem Körper, der Sexualität und der Sterblichkeit entzieht, so dass Sexualität, der Körper und die Natur in der Konsequenz verurteilt oder verschmäht werden und man sich in Fantasien körperloser Reinheit flüchtet. »Spirituell« schließt oft das Bedürfnis oder die Notwendigkeit mit ein, den verschmähten Körper zu bestrafen. Bei dem Begriff »spirituell« ist also Vorsicht geboten, da er mitunter nur ein Euphemismus ist, um etwas zu verbrämen, wohinter oft nichts weiter als eine pathologische Abwehr gegen Sexualität, körperliche Schwäche und Bedürfnisse, die Angst vor Verfall und die panische Angst steckt, von körperlichen Begierden und Wünschen überwältigt zu werden.

Die Religion ist vor allem ein Fantasiesystem, das erfunden wurde, um dem Menschen die Möglichkeit der Verschmelzung mit allmächtigen Kräften zu geben, die die Gemeinschaft wie auch den Einzelnen vor Tod, Plünderung, der panischen Angst vor dem Unbekannten und der Bösartigkeit der Natur schützen, und es dem Menschen ermöglichen, sich in einem vorhersehbaren System von Bedeutungen und Realitäten sicher und geborgen zu fühlen. Ein System, das Regeln liefert, an die man sich halten kann, Verbote, die es einem ermöglichen, das verhängnisvolle Böse oder große Unglück zu meiden, und Rituale, die magisch die Welt verändern, um Ängste und Feindseligkeit zu vertreiben, die Gemeinschaft zu vereinen und die Natur zu kontrollieren (vgl. Freud 1927, 1930; Roheim 1932; La Barre 1970, 1991; Becker 1973; dt. 1981; Gay 1979).

Und eine bedeutende Komponente vieler Religionen ist, wie bereits angedeutet, dass man sowohl durch beschönigende Illusionen als auch durch gewalttätige Akte des Mordes und Opfers dem Tod entgehen kann. Wenn Religion so definiert wird, werden philosophische Meditationen oder Weisheiten (wie beispielsweise Zen) zwangsläufig ausgeschlossen, die keine Wesen im Universum definieren müssen, zu denen man beten oder flehen oder denen man Opfer darbringen kann – irgendetwas, das Metaphern wörtlich auslegt, indem sie als konkrete fühlende Wesen aufs Universum projiziert werden. Ebenso ausgeschlossen werden auch Erfahrungen, die wiederum nicht wörtlich zu verstehen sind, wie beispielsweise eine christliche Theologie, die die

Eucharistiefeier nicht als einen magischen Akt des Verzehrs eines realen Sohns Gottes versteht, sondern als eine metaphorische und psychologische Transformation des Selbst durch den Akt. Ebenfalls ausgeschlossen sein müssen Mythologien (wie etwa die Geschichten von Indra im Hinduismus), die eine wörtliche Auslegung enthüllen, oder Erzählungen, die Wesen oder Einheiten, die angebetet werden können oder an die man glauben kann, fiktionalisieren, aber nicht liefern (wie etwa die Geschichte von (Buddhas) Gautama Shakyamunis Erleuchtung). Im Gegensatz dazu verdeutlichen einige Versionen des Buddhismus unsere Liebe zu Fiktionen, während der Buddhismus an anderer Stelle Frauen dafür verdammt, dass sie Tod und Begierde in die Welt gebracht hätten, und wieder andere buddhistische Versionen befehlen ihren Anhängern, Amidas Name anzurufen, um ins Paradies zu gelangen. Die buddhistischen Versionen, die unsere Liebe zu Illusionen zu erkennen geben, sind keine Religion (sondern sozusagen *negative Theologien*), während letztere im herkömmlichsten und psychologisch regressiven Sinne Religionen sind – das heißt, dass sie sich auf einen wörtlich ausgelegten Glauben stützen, der die Realität im Rahmen des Systems sowohl auf Kosten der Realität als auch der eigenen Individuation einengt und verzerrt (vgl. Ostow 1958; Gay 1979).

Ich mache diese Differenzierungen, weil *nicht* alles, was wir Religion nennen, tatsächlich etwas mit Religion zu tun hat. Aber ein zentrales Merkmal der Religion, das ich von anderen Philosophien, Weisheiten oder Spiritualitäten (im positiven Sinne) unterscheiden möchte, ist die Qualität, dass sie ein System wörtlich ausgelegter Überzeugungen und Glaubensansätze darstellt, das darauf abzielt, Fantasien der Verschmelzung mit Allmacht zu heiligen und zu rechtfertigen, ein Entrinnen vor dem Tod zu gewährleisten, und oft äußerst gewalttätige Handlungen anordnet. Religion kann, wie Jung sagte, eine Abwehr gegen die Erfahrung Gottes darstellen – wobei Jung hier *nicht* ein glückseliges Gefühl der Verschmelzung oder Macht mit einem buchstäblichen Gott meinte (was herkömmlicherweise als religiöse Erfahrung verstanden wird), sondern eine innere Verbindung zur eigenen Psyche. Das heißt, um es noch einmal zu sagen, dass Religion Gewalt lehren kann oder auch nicht, was jedoch verantwortlich für die Gewalt ist, ist die rachsüchtige Fantasie selbst, die entweder eine göttliche Sanktionierung (einen religiösen Präzedenzfall) nutzt, verdreht oder erfindet, um das zu rechtfertigen, was die Fantasie psychologisch *motiviert*.

Die Entstehung von Mord, Frauenfeindlichkeit und Rache

Aber warum sind diese Fantasien so von Wut erfüllt? Wie können Menschen derart abscheuliche Taten vollbringen? Eben diese Fragen habe ich ebenso von Freunden und Bekannten wie von Opfern immer wieder zu hören bekommen.

Politische Antworten können nicht erklären, warum jemand Wut empfindet, die tief genug ist, um Zivilisten auf der anderen Seite eines Ozeans umzubringen. Politische Erklärungen können sicher zur Lösung der Frage beitragen, warum Kulturen sich unterdrückt fühlen, sie können die Härten und die Unterdrückung erklären, die Gefühle des Hasses und der Ungerechtigkeit hervorbringen. Aber Rachsucht, die als Mord zum Ausdruck kommt, und fehlende Empathie, die mit einer derartigen Gewalt einhergeht, gehen *nicht* allein auf politische Ungerechtigkeiten zurück. Die gewalttätige Abweichung von Empathie ist das typische pathologische Merkmal der terroristischen Mentalität. Ein derartiger Mangel an Empathie geht auf eine wesentlich frühere Erfahrung zurück und setzt nicht nur Unterdrückung, Verarmung, Elend oder Leid voraus. Der Mangel an Empathie ist auf eine wiederholte und konsistente Vernachlässigung und brutale Behandlung in der Kindheit zurückzuführen (Kohut 1971; dt. 1995, 1972; Athens 1992; Kernberg 1992; dt. 1997; Gilligan 1996; Goldberg 1996).

Unterdrückte Menschen können ihre Kinder lieben – sie können in der Tat ein gesteigertes Gefühl der Empathie und Bruderschaft mit den Unterdrückten entwickeln, wie es in der *Passah-Haggadah* gelehrt wird. Wie Sue Grand schreibt: »In Erwartung des Untergangs zu leben, heißt Augenblicke ungewöhnlicher Menschlichkeit zu erleben...« (2000, S. 89). Dies ist kein bezeichnendes Merkmal terroristischer Emotionen. Terroristen haben Empathie für ihre eigene Viktimisierung, die Tatsache, dass sie zu Opfern gemacht wurden, und sie protestieren gegen die Grausamkeit, die gegen ihr eigenes Volk ausgeübt wird, wobei sie gleichzeitig ihr eigenes Volk jedoch selbst brutal behandeln und eine fehlende greifbare empathische Respektierung des Rechtes anderer, zu leben, zu erkennen geben. Dies mag, wie ich gleich erklären werde, eine gewisse Ähnlichkeit mit Empathie haben, in Wirklichkeit handelt es sich dabei jedoch um einen pathologischen Komplex und stellt *letztlich* das genaue Gegenteil von echter Empathie dar. Um keine Missverständnisse aufkommen zu lassen – empathische Menschen lassen sich nicht dazu hinreißen, Frauen und Kinder bösartig zu misshandeln oder Gräueltaten an ihrem eigenen Volk zu verüben. Sie gelangen nicht zu der Überzeugung, dass andere kein Recht auf Leben hätten. Terroristen empfinden nichts (außer Wut, Angst und Abscheu) für die Frauen, die sie bestrafen und ermorden, nichts für die Kinder, die sie vernachlässigen und misshandeln, überhaupt nichts für ihre Opfer, was offenkundig (ontologisch und psychologisch) als soziopathisch zu bezeichnen ist. Eine bei Terroristen derart gärende Feindseligkeit schließt aufrichtige Empathie aus, und genau dies ist das Problem.

Fehlende Empathie kann nur auf Vernachlässigung und emotionale Verletzung zurückzuführen sein. Die Empathie des Kindes für andere – sie als getrennte Menschen mit ebenso legitimen Bedürfnissen wie seine eigenen anzuerkennen, sich mit ihnen identifizieren und ihren Schmerz erfahren zu können – eine solche Empathie kann sich weder entwickeln, wenn dem Kind eine empathische elterliche Fürsorge vorenthalten wird, noch wenn diejenigen, die *das Kind umsorgen sollten*, es versäumen, sich um seine Bedürfnisse zu kümmern, noch wenn das, was dem Kind seitens der Eltern zuteil wird, verletzend und kränkend ist, oder wenn diejenigen, die sich um das Kind kümmern bzw. nicht kümmern, es mit körperlicher und psychischer Gewaltanwendung brutal behandeln (Kohut 1971; dt. 1995).

Im vorgenannten Fall kann das Kind nicht das Vertrauen und die Fürsorge, die psychologischen Eindrücke einer nährenden Mutter internalisieren, die ihm voller Wohlwollen die Brust gibt, ihm eine Quelle der Sicherheit und Liebe ist, und die es immer beschützen wird (Freud 1905; Erikson 1950; dt. 1966; Winnicott 1965; dt. 1984). Die Konsequenzen sind nicht nur fehlende Liebe, sondern auch Wut und Zorn. Dem Kind werden all jene emotionalen Einflüsse vorenthalten, die es befähigen, an anderen Freude zu haben, ihnen zu vertrauen, sie zu lieben und ihnen ein Gefühl der Fürsorge entgegenzubringen. Anstelle dessen entwickelt es Misstrauen, ein Vakuum an liebevollen, vertrauensvollen Gefühlen und eine gewaltige Feindseligkeit gegenüber denjenigen, die sich nicht um sein Wohl gekümmert und ihm alles vorenthalten haben. Das fehlende mentale Bild von der nährenden Brust ist die böse vorenthaltende, vernachlässigende Brust, das sich in Wut auf Mütter, Frauen, Fürsorger, reale und symbolische Quellen und Bilder der Liebe und Großzügigkeit übersetzt. Die Erfahrungen von Vernachlässigung und Trennung schärfen ihm eine katastrophale Angst ein, vernichtet oder getötet zu werden (Rheingold 1967; Mahler 1968; Loewald 1975; dt. 1986). Trennung wird nicht als eine Quelle des Abenteuers empfunden, sondern als Verlassenwerden, als panische Angst vor dem Tod, als das Gefühl, einer teilnahmslosen Umwelt ausgesetzt zu sein, die das Kind schreien und sterben lässt. Bösartige Wut und Frauenfeindlichkeit sind in der Regel die Konsequenzen einer von Vernachlässigung geprägten mütterlichen Fürsorge.

Frauenfeindlichkeit scheint in der Geschichte allgegenwärtig zu sein, allerdings in unterschiedlichem *Maße*. Ein entscheidendes Mittel, die Psychopathologie eines Individuums oder einer Kultur zu identifizieren, ist, seine bzw. ihre Vorstellung von Frauen zu untersuchen. Werden Frauen respektiert und bewundert, oder werden sie verachtet und getadelt? Inwieweit kann ein Individuum oder eine Kultur Frauen problemlos als intellektuell und sexuell gleichberechtigt bzw. gleichwertig (vielleicht überlegen) erleben? Oder inwieweit besteht das Bedürfnis, Frauen zu misshandeln, sie herabzusetzen, ihre Sexualität und ihre Körper als böse abzulehnen, ihre Stärken als heimtückisch oder dämonisch darzustellen? Inwieweit werden Frauen gefürchtet und verachtet? Und schließlich, inwieweit werden Frauen als Menschen gesehen und empfunden, und inwieweit ist das Frauenbild ein Produkt der Fantasie und wird durch Fantasien verzerrt? Ob sie zu Medusen oder Engeln stilisiert werden, die eine wie die andere Fantasie reflektiert die Unfähigkeit, Frauen so zu erfahren, wie sie sind. Sowohl die Abwertung als auch die Idealisierung stellen eine Abwehr dar, die Person als Ganzes zu erfahren. Frauen insgesamt in medusen- oder engelhafte Aspekte aufzuspalten, ist ein extrem primitives Mittel, das Selbst vor Vernichtung und Tod zu schützen. Wenn Männer Frauen dämonisieren und sie als Menschenfresserinnen, Sukkuben, minderwertige und unreine Wesen erleben, die bestraft werden müssen, so können wir mit Sicherheit davon ausgehen, dass das Individuum mit einem derart verzerrten Frauenbild unter massiven psychischen Störungen leidet. Diese Fantasien und Verzerrungen sind Symptome einer schweren Psychopathologie.

Im Nahen Osten und in der arabischen Welt ist bei vielen Kulturen auf dem Kontinuum frauenfeindlicher Pathologie ein höchst gestörtes Verhältnis zu Frauen zu verzeichnen, insbesondere wenn es um Misshandlungen und Missbrauch geht. Wie El Saadawi (1980; dt. 1991) schreibt, wird kleinen Mädchen praktisch vom Augenblick der Geburt an das Gefühl eingeschärft, minderwertig, unerwünscht und unvollkommen zu sein. Sie sind in der Welt nicht willkommen. Depression, Traurigkeit und gewalttätige Misshandlungen der Mutter können bei der Geburt eines Mädchens die Folge sein. Von dem Augenblick der Entwicklung an, in dem das Mädchen zu krabbeln beginnt oder auf eigenen Füßen steht, wird ihm beigebracht, dass seine Geschlechtsorgane etwas Furchterregendes sind.

Bei der Erziehung und Ausbildung, die ein Mädchen in der arabischen Gesellschaft erhält, schreibt El Saadawi (1980; dt. 1991), handele es sich um eine Reihe anhaltender Warnungen vor Dingen, die vermeintlich schädlich, verboten, beschämend oder durch die Religion untersagt sind. Dem Mädchen werde somit beigebracht, seine eigenen Begierden zu unterdrücken, sich authentischer, ursprünglicher Wünsche zu entledigen, die mit seinem eigenen Selbst verbunden sind, und das so entstehende Vakuum mit den Wünschen anderer zu füllen. Die Erziehung und Ausbildung von Mädchen werde somit in einen langsamen Prozess der Vernichtung, ein allmähliches Ersticken seiner eigenen Persönlichkeit und seines Geistes verwandelt, so dass nur die äußere Hülle, der Körper intakt bleibe, eine leblose Form von Muskeln und Knochen und Blut, die sich wie eine aufgeblasene Gummipuppe bewege.

Es sei ein Mädchen, schreibt El Saadawi (1980; dt. 1991), das seine Persönlichkeit verloren habe, seine Fähigkeit eigenständig zu denken und seinen eigenen Verstand zu benutzen. Mädchen würden häufig von ihren eigenen

Familien sexuell belästigt und dann wegen der Dinge, die ihnen zugefügt wurden, beschuldigt, beschämt, bestraft oder gar vergiftet oder hingerichtet. Es sei eine bekannte Tatsache, klagt Saadawi, dass junge Mädchen in ihrer Gesellschaft oft verschiedenen Formen der Vergewaltigung ausgesetzt seien.

Verstümmelungen der Genitalien wie Klitorisbeschneidung und Zunähen der Schamlippen sind in der arabischen Welt weit verbreitet:

Die Praxis, Mädchen zu beschneiden, erklärt El Saadawi (1980; dt. 1991), sei in einer Reihe von arabischen Länder wie Ägypten, dem Sudan, Jemen und einigen der Golfstaaten nach wie vor gang und gäbe. Die Bedeutung, die in diesen Gesellschaften der Jungfräulichkeit und einem intakten Jungfernhäutchen beigemessen werde, sei der Grund, für die immer noch weit verbreitete Praxis der Beschneidung von Frauen.

Diese Operationen werden, wie El Saadawi (1980; dt. 1991) beschreibt, mit verrosteten Instrumenten oder gezackten Glasscherben durchgeführt. Die Klitoris werde als schmutzig, ekelerregend oder bösartig angesehen und die Klitorisbeschneidung entsprechend als ein säubernder oder reinigender Akt. Die durchschnittliche Frau werde praktisch in die Sklaverei geboren, erklärte die Präsidentin der pakistanischen Frauenkommission, sie führe ein Leben der Schinderei und gerate bei ihrem Tod unterschiedslos in Vergessenheit. Die Taliban behandeln Frauen bösartig und kasteiend, sie werden in allem gehemmt und sehr unterdrückt, ihre Kleidung und ihre Bewegung, ihre intellektuelle, sexuelle und emotionale Freiheit werden kontrolliert. Angesichts minimaler Verletzungen kleidungsspezifischer Verbote, wenn aus Versehen beispielsweise ein Knöchel zu sehen ist, werden sie sogar getötet (Rashid 2000; dt. 2002). Die Einstellung der Taliban zu Frauen ist von einer tief greifenden Verachtung geprägt, die sich aus einer massiven emotionalen Verletzung und Vernachlässigung im frühkindlichen Leben heraus entwickelt. Dieser Hass klingt auch bei Bin Laden an – eine seiner Hauptzielpersonen war die Premierministerin Pakistans, Benazir Bhutto, die erste Frau, die als Repräsentantin an der Spitze einer modernen muslimischen Nation stand (Bergen 2001; dt. 2001, S. 81).

Diejenigen, die Frauen verachten, haben eine panische Angst vor Frauen und müssen an ihnen ihre Rachsucht ausagieren, im Sinne der Verlagerung (Übertragung) der Wut, die sie gegenüber ihren Müttern empfinden. Frauenfeindlichkeit schließt folglich zugleich die Wut aufgrund der Erfahrung von Vernachlässigung und Ablehnung mit ein, so dass der Frauenfeind Frauen auch verachtet, weil sie ihm keine Liebe geben, und schließlich sich selbst, weil er Liebe *braucht*. Frauen sind gleichzeitig medusenhafte Kastriererinnen und verführerische Sirenen, die verabscheuenswert sind, weil sie Männer fortwährend erregen, ihnen Liebe aber vorenthalten. Die Folge ist, dass der Frauenfeind dann auf sich selbst wütend ist, weil er das braucht, was er im Grunde verachtet, und weil er sein eigenes Bedürfnis nach Liebe und seine Abhängigkeit von solch verabscheuenswerten Kreaturen als ekelhafte Schwäche betrachtet (vgl. Gruen 1987; dt. 1996). Intimität mit Frauen wird somit fast unmöglich, da der Frauenfeind sich zwar nach Geschlechtsverkehr sehnt, das Objekt seiner Abhängigkeit jedoch hasst und ebenso seine eigene Schwäche, dass er das Objekt für seine Befriedigung braucht, und da er auch die Vagina hasst, die ihn über den Verlust der Ich-Grenzen, der beim Orgasmus auftritt, mit Kastration und Hilflosigkeit bedroht. Sexuelle und emotionale Verschmelzung sind mit dem Tod *assoziiert*, da sie den Betreffenden verwundbar machen, entblößen und ihn mit dem gefährlichen und kastrierenden Weiblichen vereinigen. Der Frauenfeind muss schnell zur Ejakulation kommen, um im kastrierenden Strudel der weiblichen Sexualität eine physische und psychische Katastrophe zu vermeiden. Und sein Penis wird zu einer penetrierenden Waffe, die nach dem Geschlechtsverkehr mit etwas so Ekelhaftem und Tödlichem gereinigt werden muss. Mit der Kasteiung von Frauen bestraft der Frauenfeind seine eigene erbärmliche und damit verabscheuenswürdige Begierde und Verwundbarkeit, das Objekt, das Selbst-Verabscheuung, Zurückweisung und Unzulänglichkeit symbolisiert.

Kontrolle, Bestrafung und Abscheu stehen proportional Angst, Ablehnung, Demütigung und archaischen Gefühlen der Vernachlässigung gegenüber. Niemand, der eine nährende Brust internalisiert hat, trachtet danach, Frauen zu verletzen, ihnen Gewalt anzutun und sie herabzuwürdigen, ihren Intellekt oder ihre Sexualität zu kasteien. Und diejenigen, die Frauen in den Schmutz ziehen und besudeln, leiden unter schweren Störungen und toxischen Internalisierungen. Im Unterschied dazu haben diejenigen, die liebevolle Beziehungen zu ihren Müttern internalisiert haben, keine Angst oder Abscheu vor Frauen und auch kein psychotisches Bedürfnis, Frauen zu verletzen, ihnen Gewalt anzutun und sie verächtlich zu behandeln.

Die Konsequenz daraus ist allerdings, dass die Frauen, die so misshandelt werden, ihrerseits ebenfalls schwerwiegende Pathologien entwickeln und, genau wie die Männer, unfähig zu Empathie sind. Die meisten Mütter, schreibt El Saadawi (1980; dt. 1991), litten unter Hunger, Deprivation und unter einem Zustand der Erschöpfung, so dass sie körperlich nicht in der Lage seien, ihre Babys zu ernähren oder sich auch nur um sie zu kümmern. Aber ohne Milch trockneten ihre Brüste aus, ohne jede Erfüllung der Grundbedürfnisse des Lebens schwinde ihre Liebe. Da ihnen alles vorenthalten werde, würden sie ihre Fähigkeit verlieren, zu geben. Durch die Jahre schwerer Feld- und Hausarbeit bis auf die Knochen ausgezehrt, schwinde ihre Jugend binnen Jahren, zurück bliebe ein gebrochener Körper und eine ausgetrocknete Seele – ein nutzloses vergessenes Wesen, dessen Los es sei, beiseite geschoben zu werden.

Zu berücksichtigen sind auch die Folgen der brutalen Behandlung im Sinne ihrer eigenen Identifikation mit dem System, das ihre Störung grundlegend verursacht. El Saadawi (1980; dt. 1991) erinnert sich an das fröhliche Lächeln ihrer Mutter und das zufriedene Gespräch, das sie führte, während ihre Tochter in der Blutlache ihrer Klitorisbeschneidung lag. Während viele Frauen ihr Leid klar erkennen (wie sollten sie nicht!), beteiligen sich andere an der Gewalt und erhalten dafür ein gewisses Maß an Beifall und Wertschätzung, dass sie sich an die ethischen Auflagen halten. Zu berücksichtigen ist ebenso die unbewusste Aggression, die in diesen Akten zum Ausdruck kommt, die geleugnete Feindseligkeit, die Mütter an ihren eigenen Töchtern ausagieren (Rheingold 1964; Lopez-Corvo 1997). In Zusammenhang mit den brutal behandelten und genital verstümmelten Frauen zieht El Saadawi (1980; dt. 1991) den Schluss, dass die meisten dieser Frauen, wenn nicht alle, später als Ergebnis dessen Opfer sexueller oder mentaler Verzerrungen werden. Um es anders zu formulieren, für solche Opfer ist es angesichts einer solchen Gewalt praktisch unmöglich, nicht schwerwiegend traumatisiert und emotional verstümmelt zu werden, eines Martyriums, das intensive Gefühle der Scham und Wut einflößt, der Angst, in einer nicht enden wollenden, sich immer weiter ausbreitenden Blutlache zu verbluten, des Schocks des absoluten Verrats, der Verderbtheit des eigenen Körpers, der Tatsache, tief greifend verletzt, überfallen, überwältigt, erstickt und vergewaltigt zu werden, der Ausmerzung des Lebens (Accad in Ransohoff 2001, S. 160). Die Frau, die es schafft, ohne psychische Narben und ohne eigene feindselige Konflikte aus einer derartigen Brutalität (und entsprechenden Umständen) herauszukommen und ihr zu entfliehen, ist so selten wie der Junge, der inmitten dieser frauenfeindlichen, feindseligen Gesellschaft aufwächst, ohne ein gewalttätiger Aggressor zu werden. Die Mütter seien selbst so erschöpft und so sehr Opfer, beklagt El Saadawi (1980; dt. 1991), dass sie keine emotional fürsorgliche Beziehung mit dem Kind pflegen könnten, das infolgedessen sowohl vernachlässigt werde als auch ihrem eigenen emotionalen Chaos ausgesetzt sei.

Somit sind es sowohl die Mütter als auch die Väter, die Frauenfeinde erzeugen. El Saadawi (1989; dt. 1991) ist der Ansicht, dass Männer ebenso Opfer einer Gesellschaft seien, die die Geschlechter trennt und die Sexualität als Sünde und Schande betrachtet. In diesem Sinne sind Männer, die ein verzerrtes Frauenbild schaffen und Frauen zu Dämonen erklären, so sehr verletzt worden, dass Frauen in ihrer Vorstellung *inhärent* als böse gesehen werden (Kohut 1977; dt. 1981). Sie haben ein verzerrtes Frauenbild, aber sie können nicht anders, weil sie psychologisch fehlernährt wurden, und das Ausmaß an Frauenfeindlichkeit wird zum Indikator für die Psychopathologie des Kindes und seiner Kultur.

Wem ist hier die Schuld zu geben? Wenn ich über missbräuchliche elterliche Fürsorge und Erziehung, über Vernachlässigung und toxische Einflüsse schreibe, setze ich das allgemeine Verständnis voraus, wonach Menschen weitestgehend das Produkt der Kultur sind, die sie nährt oder vernachlässigt. Das heißt, dass die misshandelnde, bösartige Mutter, die ihr Kind zerstört, ihm die Misshandlungen und geistigen Störungen angedeihen lässt, die sie selbst durch diejenigen erfahren hat, von denen sie selbst unterdrückt wurde. Der Mutter die Schuld zu geben, hieße, den Männern die Schuld zu geben, die sie misshandelt haben, was wiederum hieße, den Müttern die Schuld zu geben, die sie geboren haben, *ad infinitum*. Ein Elternteil oder eine Generation isoliert zu betrachten, ist nur in Ausnahmefällen möglich, und wenn man den gesellschaftlichen Komplex der Gewalt erkennt, so schließt dies per se aus, dass einem Elternteil oder Geschlecht die Schuld zugewiesen werden kann. Der Punkt ist, dass die Kultur ein endloser Kreislauf bösartiger elterlicher Erziehung und generationsübergreifender Misshandlungen wird.

Bisher habe ich eine von Vernachlässigung geprägte elterliche Erziehung und die dürftigen nährenden oder fürsorglichen Internalisierungen hervorgehoben. Im Falle einer zusätzlichen physischen und psychischen Misshandlung wird das pathologische Szenario nur noch weiter kompliziert. Neben der fehlenden positiven Fürsorglichkeit, der fehlenden Internalisierung positiver Strukturen und der nicht vorhandenen Entwicklung einer stabilen emotional-kognitiven Persönlichkeit, gibt es die feindseligen Gefühle und Bilder, die dem Kind von den Personen, die um es herum sind, aufgezwungen und einflößt werden (Kernberg 1992; dt. 1997). Die Mutter oder der Vater, die bzw. der das Kind wütend anschaut, es schlägt, es beschimpft, es anschreit, weil es weint oder kein Mann ist – diese Verhaltensweisen können unendlich schädigend für das Kind sein. Das Kind internalisiert Wut, Feindseligkeit gegenüber denjenigen, die um es herum sind, es wird traumatisiert und in einer Weise in Angst und Schrecken versetzt, die es nicht verarbeiten oder begreifen kann. Athens (1992) beschreibt dies als die »Phase des Kriegszustands der Sozialisation zur Gewalt«.

Das Kind wird durch Vernachlässigung und Verletzung, fehlende positive Strukturen und das überreichliche Vorhandensein feindseliger Strukturen nicht nur wütend, in Angst und Schrecken versetzt und verstümmelt. Das Kind kommt in Wirklichkeit dahin, sich mit der Gewalt und der Feindseligkeit seiner Umwelt zu identifizieren. Die einzige Quelle der Stärke für ein Kind sind seine Versorger oder Fürsorger. Sollten diese bösartig sein, so kommt es dahin, dass es sich auf diese Grausamkeit verlässt, um in seiner Umwelt zurechtzukommen und sie zu beherrschen. Diese Gewalt ist aus seiner Sicht seine einzige Quelle der Stärke, sein einziges Mittel zum Überleben, seine einzige Möglichkeit, seinen passiven, hilflosen Opferstatus in eine aktive, nicht hilflose Dominanz zu verwandeln. Und es wird bestrebt sein, andere zu dominieren, sowohl um seine Hilflosigkeit als auch seinen Opferstatus zu leugnen, um die aggressive Macht und Stärke zu spüren, wenn es die Herrschaft über Unsicherheit und Tod gewinnt, und um an der Gesellschaft, von der es umgeben ist, zu partizipieren, die diese Gewalt zu einer Ethik der Männlichkeit, Härte und des gerechten Zorns über diejenigen erhoben hat, die es unterdrückt haben.

Der Junge wird in eine Gesellschaft gewalttätiger, hasserfüllter Menschen eingeführt und aufgenommen, deren einzige Quelle des Selbstwertgefühls die Partizipation an der gewalttätigen Aggression der Gruppe ist. Indem er sich so verhält wie sein Vater oder Bruder, hat der Junge die einzige Verbindung zu denjenigen hergestellt, die ihn nicht lieben wollten, und unterdessen die einzige Möglichkeit gefunden, irgendeine Form der Anerkennung und Zustimmung zu finden. Und seine Feindseligkeit gegenüber seinem bösartigen, misshandelnden Vater hat er schließlich durch die Feindseligkeit gegenüber einem externen Feind ersetzt, da er die Wut auf den Vater nicht zum Ausdruck bringen kann, den er jetzt als psychische Unterstützung (sowohl innerhalb der Gemeinschaft als auch ideologisch) braucht, und weil der Vater ihn noch immer brutal behandeln kann. Folglich bringt er seine Wut gegenüber einem bösen Feind zum Ausdruck, der den Vater und die unterdrückende Autorität ersetzt. Auch wenn er sich als Opfer fühlt (und möglicherweise tatsächlich von seiner eigenen Gesellschaft wie auch von einem Feind, der seine Kultur dezimiert, in einer entsetzlichen Weise zum Opfer gemacht wird), wird der Feind zum *Sündenbock* erklärt (Durkheim 1912; dt. 1981; Freud 1921; Moscovici 1988; Volkan 1988). Feinde werden entmenschlicht, selbst als Unterdrücker ausgemacht, die völlig zerstört werden müssen, um das *Böse* auszurotten. Wie Ernest Becker (1975) feststellt, sind die meisten Gewalttaten in der Geschichte begangen worden, um das Böse *auszumerzen*. Das heißt, dass das Böse eher als ein symbolischer Ersatz denn als ein rationaler Prozess verstanden werden muss.

Der Terrorist fügt anderen in Wirklichkeit sowohl das zu, was ihm selbst zugefügt worden ist, als auch das, was er seinem Vater (und seiner Mutter) zufügen möchte. Er muss nicht unbedingt exakt die gleichen Misshandlungen wiederholen, die ihm massenweise zugefügt wurden, aber er ist bestrebt, andere zu bestrafen, zu verletzen und sich für seine Gefühle zu rächen, dass er verletzt, misshandelt, bestraft und zum Opfer gemacht wurde. Die Wut entspricht proportional den vielfältigen Quellen und der Intensität der Misshandlung, Gewalt, Vernachlässigung, Demütigung und bösartigen inneren Strukturen, die von ihm Besitz ergriffen haben, ein Besitzergreifen – im dämonischen und psychologischen Sinne. Er wird von den internalisierten geistigen Bildern beherrscht – den feindseligen Gesichtern, niederschmetternden

Fäusten, den Waffen, die die Herrschaft über ihn ausübten. Sie agieren als Geister und als Geist von Verstorbenen, die sich durch ihn bewegen, und er spricht mit ihren Stimmen, obgleich er sich vorstellt, es seien seine eigenen.

Internalisierte Bilder und Strukturen (Psychoanalytiker bezeichnen solche Personen als »Objekte« oder »Teilobjekte«) haben ihre eigene Dynamik und sind keineswegs reine Spekulation. Es sind oft viele Personen in uns. Schizophreniekranke sind überzeugt, dass andere oder Gott von ihnen Besitz ergriffen haben. Personen mit der umstrittenen Diagnose einer multiplen Persönlichkeitsstörung (oder dissoziativen Identitätsstörung) werden von internalisierten Anderen, wechselnden Persönlichkeitsstrukturen beherrscht, die als Reaktion auf jene Stimmen und Situationen zum Vorschein kommen. Personen, die von Dämonen beherrscht werden, Personen, die in Zungen reden oder Geister kanalisieren, geben eine symbolische Repräsentanz internalisierter bösartiger Objektbeziehungen wieder. Die Bosheit verändert sich, ebenso wie der Einfluss der Stimme, abhängig von der psychische Stabilität und Reife der emotionalen Strukturen. Diejenigen, die bereits von früh auf gnadenlos misshandelt und brutal behandelt wurden, diejenigen, die ohne offen erkennbare Desintegration und Dysfunktion überleben, haben ein zunehmendes Potenzial, zu Mördern zu werden (Gilligan 1996; Goldberg 1996).

Ihre Rachsucht ist, um es noch einmal zu sagen, ein Spiegel der Brutalität, die ihnen widerfahren ist, und der Identifikation mit jener Aggression als einziges Mittel der Stärke und des Überlebens. Dabei fehlt ihnen menschliche Empathie, und sie sind von einer immensen Feindseligkeit gegenüber dem misshandelnden Elternteil, dem vernachlässigenden Elternteil und schließlich dem schwachen, hilflosen Selbst geprägt, das sie vor lauter Scham und Erniedrigung ermorden möchten. Nicht nur mangelnde Sorge um menschliches Leben, sondern bösartiger Hass auf die Lebenden, auf die Glücklichen, auf alles, was blüht und gedeiht und sich freut, und Abscheu vor Hilflosigkeit nötigen sie, ihre Wut in »etwas« zu entladen, das ihre Wut »auffängt« und als Strafe und aus Rache leiden und zerstört werden muss.

Vergöttlichung, Wahnsinn und Überleben

Die Identifikation mit dem Kindheitsbild (internalisierten Charakter) des Vaters und der Autorität wird zu einer unabänderlich rachsüchtigen und scheinheiligen Rechtfertigung erhoben und vergöttlicht. Die Vergöttlichung bedeutet nicht nur, dass das, was unendlich wichtig wird, validiert und verehrt wird, dahinter steht auch das Maß, mit dem die Autorität des Vaters das Kind dominiert hat, und das Maß, in dem das Bild des Vaters hochgehalten werden muss, um zu vermeiden, dass er durch die unbewusste Wut des Terroristen getötet wird (ein Mensch würde durch eine derartige Wut getötet werden – die Vergöttlichung lässt den Vater immun gegenüber dem Tod werden).

Die Vergöttlichung ist somit zum Teil eine Reaktion auf das Bedürfnis, die Autorität zu heiligen und zu rechtfertigen, wie auch auf das Bedürfnis, sicherzustellen, dass der Vater nicht durch die eigene Wut getötet wird, das heißt, dass er unverwundbar sein muss. Seinen Willen auszuagieren, gewährleistet darüber hinaus auch, dass die eigene Wut nicht die Vergeltung Gottes heraufbeschwört. Lass deine Wut an Feinden statt an dem Vater aus, und du wirst ihm nicht nur gefallen und Freude bereiten, sondern er wird dich auch nicht dafür töten, dass du ihn hasst. Der Hass ist natürlich wiederum unbewusst und wird auf den Feind verlagert. Terrorismus so zu verstehen, heißt zu erkennen, wie pathologisch und wie bedauernswert Menschen folglich sind, die so brutal behandelt worden sind, dass sie so voller Rachegefühle und so unempathisch sind, dass sie zwanghaft Ersatzpersonen hassen und ermorden, die, tief in ihrem Innern, ihre Eltern und Cousins waren. Sie morden in Wirklichkeit, um ihre eigene Selbstverachtung zu verdrängen, dass sie sich einer brutalen Autorität unterworfen haben (Gruen 1987, dt. 1996).

Das heißt nicht, dass Terroristen keine Liebe für irgendjemanden haben – im Gegenteil. Sie lieben ihre Freunde, ihre Familie, ihr Land und Gott tief und leidenschaftlich. Diese Liebe ist jedoch damit erkauft, dass ein tiefer Hass auf ebenjene Figuren verlagert und an deren Feinden ausgelassen wird. Andernfalls wäre der Hass überwältigend und ebenso wenig auszuhalten wie zu tolerieren. Es käme zu einem völligen psychischen Zusammenbruch, wenn sie ihre wahren Gefühle bewusst erfahren würden. Somit wird Empathie für andere völlig ausgeschlossen (muss ausgeschlossen werden). Man sagt:

> »Die Tatsache, dass ich so brutal behandelt worden bin, macht mich wütend, und ich möchte dich ermorden. Aber wenn ich das tue, werde ich allein sein und nicht geliebt. Ich kann dich nur lieben, wenn ich meinen überwältigenden Hass gegen dich verberge und ihn auf jemand anderen projiziere. Dann kann ich dich als Bruder und als Opfer lieben, ein Opfer genau wie ich es bin. Dich zu lieben, ist dann ein Weg, um dagegen zu protestieren, dass ich selbst zum Opfer gemacht wurde, indem ich dich schütze. Statt dich werde ich dann andere hassen, und zwar im gleichen Verhältnis wie ich dich dafür hasse, dass du mich so brutal behandelt hast.«

Dies ist eine sinnbildliche Darstellung des psychotischen paranoiden Prozesses, und er findet als Gruppenfantasie seinen Widerhall (Meissner 1978, 1988).

Ich bezeichne diesen Prozess als psychotisch, weil ein derartiger Mangel an Empathie und eine derartig bösartige Wut, zusammen mit derart verzerrten und paranoiden Verlagerungen eine massive Deformation in der Persönlichkeitsentwicklung und im Realitätsbezug darstellen (Gruen 1987; dt. 1996). Psychotisch ist nicht gleichzusetzen mit einem begeistert schwärmenden psychisch erkrankten Patienten in einer Nervenklinik. Wenn Arendt (1963; dt. 1964) und Lifton (1986; dt. 1998) uns mit ihren Untersuchungen über Mörder wie Eichmann und die Nazi-Ärzte irgendetwas gezeigt haben, dann, dass irregeführte, boshafte, sadistische, völkermörderische Henker und Vollstrecker eine Distanz zu den entsetzlichen Elementen ihrer Grausamkeit haben können und diese quasi dissoziativ abgespalten haben, dass sie ihre Gewalttaten, die Liquidation von Menschen und die Folter kühl und sachlich, selbstsicher, fröhlich saturiert und mit heiterer Gelassenheit beschreiben können (oder sogar bereuen, dass sie ihre Träume von einer vollständigen völkermörderischen Säuberung nicht erfüllen konnten). Man kann ein ruhiger Psychotiker sein, ebenso wie man lächeln und dabei ein Schurke sein kann (vgl. Hoffman 1998; dt. 1999; Shakespeare 1601). Es gibt keinen Grund, ein stilles dissoziiertes Lächeln angesichts der starken Freude über den Tod mit psychischer Gesundheit zu verwechseln. In einem gesellschaftlichen System, das um ähnlich widerhallende Fantasien herum organisiert ist, kann eine Psychose vorübergehend und funktionell *funktional* sein (vgl. Hitschmann 1949; Gruen 1987).

Viele soziale Strukturen und religiöse Fantasien können eine Abwehr gegen psychotische Regression, Fragmentierung, Chaos und Anomie darstellen (Kaufman 1939; Jaques 1955; Spiro 1978; La Barre 1991). Derart intensive paranoide und rachsüchtige Weltanschauungen sind ein Ausdruck psychotischer Verletzungen sowie einer psychotischen Realitätsverzerrung und dienen als Versuch des *Wiederaufbaus und Überlebens* angesichts nahezu überwältigender Erfahrungen an brutaler Behandlung, Hilflosigkeit und Verzweiflung (Arlow und Brenner 1964; Eigen 1986; Lifton 1986; dt. 1998). Jüngste Untersuchungen über »Terror-Management« stellen eine wechselseitige Beziehung zwischen Gewalt sowie der Verteidigung von Weltanschauungen und Todesangst her (Solomon u. a. 2001). Die Identifikation mit Wut und Gewalt ist das Mittel des psychologischen Überlebens (Gruen 1987; dt. 1996).

Es ist allerdings sehr fraglich, ob eine ganze Gesellschaft als psychotisch angesehen werden kann. Fromm sprach vom »gesellschaftlich ausgeprägten Defekt« (1955; dt. 1960, S. 15), und ich habe aufgezeigt, wie übermäßige Vernachlässigung und Brutalität das Kind psychisch verletzen, maligne psychische Strukturen schaffen, gutartige Strukturen bei dem Kind verkümmern lassen und die Entwicklung einer stabilen oder reifen Persönlichkeit hemmen können. Im Falle der Kulturen, bei denen es an der Tagesordnung ist, sich gegenseitig brutal zu behandeln, die eigenen Bürger zu ermorden, Frauen und Kinder zu schikanieren, zu Opfern zu machen und hinzurichten (wie es bei den

Taliban zu beobachten ist), kann davon ausgegangen werden, dass sie an kulturell massiv ausgeprägten psychischen Verletzungen leiden. Gleichwohl führen nicht *alle* Bürger diese Taten aus und *nicht* alle sind Terroristen.

Die Situation wird komplizierter, wenn wir über die rachsüchtige Gruppe oder Kultur sprechen. Wenn wir von Terroristen als einer ausgewählten oder extremen Minderheit sprechen, kann man sie leicht als die psychotische Anomalie der Kultur isolieren und gesondert betrachten. In vielen Kulturen ist Brutalität jedoch die Norm, und in dem Fall müssen wir fragen, inwieweit Terroristen repräsentativ für eine Kultur sind oder eine anomale Abweichung darstellen. Jene, die Flugzeuge in Wolkenkratzer fliegen, sind eine Minderheit, aber diejenigen, die paranoid, mordgierig und versessen darauf sind, den Feind zu vernichten, stellen *keine* Abweichung von der Norm, *keine* Ausnahmen dar. Massengewalt, Mord und Jubel über verstümmelte Opfer sind so alltäglich, dass sie *banal* sind, wie Hannah Arendt (1963; dt. 1964) schrieb.

Ob wir über Nazis sprechen, Türken, die an den Armeniern Völkermord begingen, Japaner, die in der Manschurei und in Nanjing vergewaltigt und gemordet haben, über Gräueltaten im Kosovo oder über rachsüchtige Muslime, die nach dem Dschihad schreien, wir sprechen hier von Gruppen, die nur zu oft repräsentativ für eine Kultur sind, und *nicht* von ein paar seltenen, vereinzelten Individuen oder anomalen Fanatikern. Sie mögen Extremisten sein, aber sie sind gleichzeitig auch so banal, in der Geschichte eine so gärende Erscheinung, dass es falsch wäre, sie als bloße Randerscheinungen zu betrachten. Psychotischer Mord ist keine einmütige, aber auch mitnichten eine periphere Sache. Ihn als peripher zu sehen, käme einer Verleugnung gleich – einer Verleugnung der absoluten Häufigkeit, mit der Kulturen der Massengewalt erlegen sind. Es sind, wie Ernest Becker (1973; dt. 1981) sagte, die so genannten normalen Menschen, die den Planeten verwüstet haben – die so genannten, weil sie ihrer Kultur normal *erscheinen*, Normalität kann jedoch unglaublich brutal, frauenfeindlich, sogar wahnhaft sein. Unter gewöhnlichen Bedingungen sind die meisten Menschen nicht psychotisch, aber weit mehr als wir zugeben möchten, werden früh in ihrem Leben durch brutale Behandlung oder Vergewaltigung in eine Psychose hineinkatapultiert oder in eine psychotische Regression oder einen Wahn als psychologisches Mittel des *Überlebens* und gar der *Erfüllung*.

Das Ausmaß, in dem Gewalt eine Frage des psychischen Überlebens oder der emotionalen Erfüllung sein kann, ist ein entscheidender feiner Unterschied. Der ägyptische Kämpfer Scheich Abd ur-Rahman, »der durch Diabetes als Kleinkind erblindet war, weinte, als er in der Ferne Artilleriegranaten herunterkrachen hörte, und beklagte den Umstand, dass er seinen wahr gewordenen Traum vom *dschihad* nicht sehen konnte« (Bergen 2001; dt. 2001, S. 73). Auch wenn Terroraktionen so dargestellt werden, als würde damit ein Unrecht wieder gutgemacht, offenbaren die Worte der Terroristen selbst doch oft eine intensive Freude am Akt des Tötens. In Beschreibungen ihrer Gewalttaten kommt eine ausgesprochen orgastische Befriedigung zum Ausdruck. Vor dem Hintergrund seiner Interviews mit Terroristen schreibt der Psychiater Gustav Morf:

> »Die sexuelle Bedeutung ist manchmal verblüffend. Für einige ist es wie ein Orgasmus, wenn eine Bombe hochgeht (...) Einer erzählte mir, er fühlte sich jedes Mal ›befreit‹, wenn er eine Bombe explodieren hörte. Einige andere erzählten mir, sie würden eine Bombe legen, sich dann auf einen Balkon setzen und horchen. Wenn sie hochging, war es eine große Befriedigung.« (McKnight 1974, S. 149)

Dies verdeutlicht eine weitere beunruhigende Komponente der Psychologie des Terrorismus und der Massengewalt – dass es nicht nur darum geht, Befehle zu befolgen, dass es nicht nur eine Frage des Kontrollverlustes ist oder dass unbändige Wut von ihnen Besitz ergriffen hat. Die rachsüchtige Fantasie wird in einer sexuellen Entladung inszeniert, einer euphorischen Bezwingung der eigenen Feinde und der Ideologien, die die Wahrheit der eigenen heiligen Überzeugungen und Glaubensansätze bedrohen, einer euphorischen Bezwingung von Hilflosigkeit, Demütigung und Tod. Sadismus absorbiert die Angst vor dem Tod (Becker 1975, S. 113). Anderen die Gedärme zu zertreten, kann ein ekstatischer Triumph über die Sterblichkeit selbst sein, und eine solche Ekstase kann orgastisch so erfüllend sein, dass sie verführerisch und zur Sucht wird. Menschen können durch Gewalt *aufblühen*, die als Mittel benutzt wird, um Wutgefühle, Demütigung, Hilflosigkeit, Impotenz und die panische Angst vor dem Tod zu überwinden. Wie Hitler sagte, die Freude am Töten bringt Menschen zusammen (Bormann 1953).

Dies ist eine weitere schaurige Bestätigung von Robert Jay Liftons (1986; dt. 1998) Einschätzung der Nazi-Ärzte. Gewöhnliche Menschen können im Sinne eines erfüllenden sinnlichen Triumphes über den Tod zur Gewalt verführt werden, und dies mag in der Tat eine Überlebensstrategie für diejenigen sein, die durch ihre Gesellschaft brutal behandelt oder durch die beklagenswerte Gewalt in ihrem Umfeld brutalisiert wurden. Nur zu bereitwillig entwickeln gewöhnliche Menschen eine Sucht zu völkermörderischer Aggression und partizipieren an deren banalen Rechtmäßigkeit, dissoziieren die Sträflichkeit dessen und genießen sogar die blutige Herrschaft und Macht. Wie Becker schreibt: »Menschen vergießen Blut, weil es ihr Herz erfreut und ihren Organismus mit einem Gefühl vitaler Macht und Stärke erfüllt... « (1975, S. 102). Niemand befahl den Japanern, in Nanjing Kleinkinder niederzumetzeln oder Frauen zu vergewaltigen. Niemand verlangte von den Türken, schwangere Frauen zu töten und ihre ungeborenen Babys zu zerhacken (Kalayjian u. a. 1996). Wenn Terroristen die wenigen Anomalen sind (obgleich sie sich charakterlich erheblich voneinander unterscheiden), sollten wir sie nicht in dem Glauben zu Ungeheuern stilisieren, wir seien eine ganz andere und zivilisierte Spezies. Auch »normale« Menschen haben sich zu völkermörderischem Verhalten verführen lassen, und all diejenigen unter uns, die Glück hatten, sind nicht von frühester Kindheit an psychisch so gefoltert worden, dass sie unter gewöhnlichen Bedingungen durch Rache aufblühen.

Nach den Erkenntnissen von Becker (1973, dt. 1981; 1975) und Lifton (1986, dt. 1998; 1988; 1990; 1999, dt. 2000) können psychotische Gewalt, völkermörderisches Verhalten und »Normalität« enger beieinander liegen als wir uns vorstellen möchten (vgl. Gruen 1987; dt. 1996). Fakt ist, dass Gewalt und Vernachlässigung im Kleinkindalter Individuen für psychopathische Gewalt disponiert, während Fürsorglichkeit in der Regel die Entwicklung einer liebevollen und empathischen Persönlichkeit ermöglicht; die Geschichte demonstriert jedoch weiterhin, wie verführerisch ekstatische Gewalt auch für den »gewöhnlichen« Menschen sein kann. Wie Tiger (1996, S. 96) meint: »Unmenschlichkeit kann allmenschlich sein.« Becker (1975, S. 141) pflichtet dem bei:

> »(...) nicht nur schwache oder mechanisch veranlagte oder pathologische oder ›primitive und urgewaltige‹ Typen entwickeln Aggression und greifen an, sondern auch fette, lustige Typen – Menschen, die in der Kindheit Fürsorge und Liebe im Überfluss genossen haben! Der Mann, der die Atombombe abwarf, ist der warmherzige, freundliche Junge von nebenan, der in der Nachbarschaft aufwuchs. (...) der Mensch greift nicht nur aus Frustration und Angst heraus an, sondern auch aus Spaß, aus der Hülle und Fülle des Lebens heraus, aus Liebe am Leben. Menschen töten freizügig aus der absoluten Freude des heroischen Triumphes über das Böse heraus.«

Durch die Komplexitäten dieser Phänomene werden verschiedene schwer definierbare Fragen aufgeworfen: Unter welchen Bedingungen können »gewöhnliche« und »zivilisierte« Menschen ungebändigter Aggression erliegen? Unter welchen Bedingungen widerstehen Individuen einer derart verführerischen Gewalt? Wie verderbt ist die eigene Gesellschaft, wie viel Misshandlung und Trauma sind notwendig, dass Individuen Gewalt *brauchen*, um Wut zu verlagern, um die panische Angst vor dem Tod auszuhalten, und um psychisch zu überleben? Mit anderen Worten, wie fördert und nährt eine Gesellschaft ein derart bösartiges Verhalten?

Ich habe über Religion als Ausdruck der kulturellen Fantasie und über den Einfluss der Gruppe gesprochen. Da wir es in diesen Fällen mit einem inhärent gesellschaftlichen Einfluss zu tun haben, stellt sich die Frage, inwieweit das emotionale Muster als ein Ergebnis von Verletzungen in der Kindheit oder als Ergebnis der gesellschaftlichen Struktur zu verstehen ist, da die gesellschaftliche Struktur einen inhärent starken Einfluss auf die geistige Gesundheit der Gruppe hat. Gruppensituationen haben es an sich, die Regression zu archaischeren psychischen Zuständen zu fördern, in denen Individuation, Urteilsvermögen, rationales Denken und ethische Empfindungen weitaus chaotischer und rudimentärer sind (Freud 1921; Bion 1955; Becker 1973; dt. 1981). Die Gruppe neigt immer zur Regression in Fantasien, und in der Gruppensituation ist wirklich derjenige die Ausnahme, der rational ist, insbesondere dann, wenn die gesellschaftliche Struktur so angelegt ist, dass sie darauf abzielt, die Gruppe aggressiv oder religiös zu verschmelzen (Ostow 1958). Dies ist nicht nur eine Konsequenz der Gruppe, sondern von vornherein ein Motiv der Gruppenbildung. Die Gruppenfantasie mag regressiv sein, aber dies ist oft genau das Ergebnis, das gewollt ist, wenn sich die kollektive Verschmelzung intensiviert und sich die Fantasie konkretisiert. Somit reflektiert die Gruppe sowohl den pathologischen Zustand ihrer Bestandteile, aus denen sie sich zusammensetzt, als dass sie es den Einzelnen auch erlaubt, die Fantasie durch kollektive Verstärkung zu validieren.

Sind sie nun psychotisch oder willentlich in einen nahezu psychotischen Zustand regrediert? Wie wäre der psychische Zustand des Terroristen ohne die kollektive Verstärkung? Ich vermute, der Einzelne würde sich weniger belastet, validiert, mutig, geheiligt und gerechtfertigt und von Eifer erfüllt fühlen und würde sich als Individuum Gefühlen der Verzweiflung und Hilflosigkeit ausgesetzt fühlen, die sich durch die Gruppe auf magische Weise verflüchtigen (vgl. Ostow 1972). Der Einzelne würde sich weitaus weniger geschützt, weitaus verwundbarer fühlen, und er würde die fehlende Bestärkung feindseliger Fantasien fühlen, die die Gruppe im liefert. In der Konsequenz könnte der Einzelne in panischer Angst fragmentieren oder zum fanatischen Apologeten seiner bedrohten Weltanschauung werden, da die Weltanschauung eine schützende Fantasie ist. Eine psychotische Desintegration wird im Allgemeinen durch manische Kompensation abgewendet, wenn ein solches Individuum von der Gruppe abgesondert wird – mit anderen Worten, die emotionale Verstärkung dessen, was jetzt durch seine Isolation bedroht wird. Die Gruppe ermutigt zu primitiveren und euphorischeren aggressiven Emotionen, aber die Sicherheit in der Gruppe und die gesellschaftliche Validierung der Fantasie schützen den Einzelnen in Wirklichkeit vor dem Gefühl, anderen ausgesetzt und verwundbar zu sein. Das Verhalten und der Eifer der Gruppe können somit als wahnsinnig und fanatisch gesehen werden, aber durch die kollektive Verschmelzung und Unterstützung wird der Einzelne vor der Fragmentierung bewahrt.

Würde die als Kind erlittene Verletzung ohne die Verstärkung des Fantasiesystems durch die Gruppe genügen? Ich würde davon ausgehen, dass der Einzelne ohne kollektive Unterstützung, ungeachtet ihres regressiven Einflusses, vielleicht noch weniger stabil wäre, und wahrscheinlich nicht einmal das nötige emotionale Rüstzeug hätte, um Hilflosigkeit, Wut und bösartigen Einfluss in Aggression umzuwandeln, da es keine gewalttätige Unterstützungsquelle gäbe, mit der sich identifizieren und aus der er Stärke beziehen könnte. Das Überleben basiert auf dieser Identifikation, die für ihn den Unterschied zwischen einem zur Funktionsunfähigkeit führenden psychotisch gespaltenen Zusammenbruch und einer gezielten psychotischen Rachsucht ausmacht. Deshalb stellt das soziale System, wie zuvor bereits erwähnt, eine Abwehr gegen eine Psychose dar, auch wenn es gleichzeitig eine psychotische Geistesstörung und Verletzung repräsentiert. In einem gewissen Sinne stellt die Paranoia selbst als Psychose einen Erfolg gegenüber einer schizophrenen Funktionsunfähigkeit dar. Paradoxerweise *repräsentiert* die Religion die Psychopathologie, aber sie stellt auch eine Abwehr gegen den kräftezehrenden, schwächenden Wahnsinn, gegen Vernichtung und Tod dar (vgl. Kaufman 1939; Jaques 1955; Leverenz 1975; Green 1969).

Masochismus und eschatologische Fantasien von Wiedergeburt

Ich habe argumentiert, dass die religiöse Sprache der Terroristen es ihnen erlaubt, ihre gewalttätigen Fantasien und Handlungen zu heiligen und zu rechtfertigen. Wenn wir Terroristen als psychotisch paranoid beschreiben, dürfen wir eine zentrale Komponente des Fantasiesystems nicht vergessen: die masochistische Entfaltung selbstverletzender Verhaltensweisen. Paranoide Personen orchestrieren oft die Bedingungen, durch die sie zum Opfer gemacht werden. Sie laden andere dazu ein und veranlassen sie, sie zu schikanieren und zum Opfer zu machen, so dass sie den Beweis dafür haben, dass anderen tatsächlich die Schuld zu geben ist. Dies ermöglicht es der paranoiden Person, die Fantasie zu verstärken, dass sie zum Opfer gemacht wurde, während andere die Bösen sind (Meissner 1978; Moses und Hrushovski 1994).

Nach den Angriffen auf das World Trade Center erhielten wir von Osama bin Laden eine aufgezeichnete Botschaft, worin er erklärte, dass Vergeltungsmaßnahmen mit weiterer Rache beantwortet würden. Diese Botschaft wurde jedoch aufgezeichnet, ehe Amerika Afghanistan zu bombardieren begann. Mit anderen Worten, bin Laden arrangierte einen Angriff in dem Wissen, dass die Vereinigten Staaten Vergeltung üben würden, so dass unsere Vergeltungsmaßnahmen der Beweis dafür sein würden, dass wir die Bösen sind, und dies würde wiederum die Rechtfertigung seines Racheaktes sein. Er plante einen Angriff, von dem er wusste, dass er seinem Volk Unheil, Zerstörung und Vernichtung bringen würde; statt die logische Reihenfolge zu sehen, benutzte er unsere Vergeltungsmaßnahme als Beweis dafür, dass wir hätten vernichtet werden sollen – als sei die amerikanische Vergeltung unangemessen, seine Vergeltung jedoch gerechtfertigt, obwohl er das Ganze initiiert hatte. Wäre dies nur eine Strategie, um einen Krieg zu beginnen, könnten wir sagen, er habe sich der gleiche Methode wie Lincoln oder Roosevelt bedient (wie manche argumentiert haben). Er verhält sich jedoch so, als sei er das ewige Opfer, was die Massenauslöschung des Westens rechtfertige.

Das masochistische Element ist nicht zu unterschätzen. Masochismus kann vieles bedeuten, hier besteht das Motiv jedoch darin, das Selbst dadurch zu rechtfertigen und zu heiligen, dass es zum Opfer gemacht wird. Und indem man dem Anderen als dem Bösen die Schuld zuschreibt, wird die Schuld *vom* Selbst nicht nur verlagert. Es ermöglicht es einem auch, *sich selbst* zu bestrafen und zu ermorden, so dass man von dem Elternteil – oder in diesem Fall von Gott – geliebt werden kann. Während des Krieges mit Russland »pflegten die Araber im offenen Gelände weiße Zelte aufzustellen, um sowjetisches Geschützfeuer anzulocken: Sie hofften auf einen Märtyrertod«. Ein Reporter erlebte, dass ein Mann weinte, weil er einen Luftangriff *überlebt* hatte. Ein Muslim, der beim Dschihad ums Leben kommt, ist ein *Schahid*, ein Märtyrer, der direkt ins Paradies eingeht (Bergen 2001; dt. 2001, S. 24). Das Paradies ist die Fantasievorstellung von Unsterblichkeit durch Vereinigung mit dem allmächtigen Objekt (Elternteil). Man ist willens und bereit, für die Unsterblichkeit und ewige Wiedervereinigung zu sterben. Als Mansoor al-Barakati infolge der Verwundungen, die er durch eine Explosion erlitten hatte, im Sterben lag, flehte er um den Tod und rief: »Ich habe von diesem weltlichen Leben die Nase voll. Ich liebe Gott aufrichtig.« Und nachdem er schließlich gestorben war, ging nach Aussage eines Zeugen, wie Bergen schreibt, »von der Leiche ein herrlicher Duft aus, wie ich ihn mein Leben lang noch nicht wahrgenommen habe« (Bergen 2001; dt. 2001, S. 79). Die Todesfantasie ist so verführerisch, dass eine Leiche zu einer Geruchshalluzination der Glückseligkeit gerät. Der mittelalterliche muslimische Gelehrte Taqi ud-Din ibn Taimija, der oft von bin Laden zitiert wird, schreibt: »Der Tod des Märtyrers für die Einigung aller Menschen unter Gott und seinem Wort ist der glücklichste, beste, leichteste und tugendhafteste aller Tode« (Bergen 2001; dt. 2001, S. 59). Im Koran heißt es: »Und wähnet nicht die in Allahs Weg Gefallenen für tot; nein, lebend bei ihrem Herrn werden sie versorgt: Freudig über das, was Allah von Seiner Huld ihnen gab, und von Freude erfüllt über die hinter ihnen (...) Von Freude erfüllt über die Gnaden von Allah und Huld (...)« (3:169–171).

Diese Fantasie von Tod und Wiedergeburt geht auf eine apokalyptische Mythologie zurück. Auf der theologischen Ebene möchte der Terrorist sterben und im Paradies wiedergeboren werden, aber er wünscht sich auch die apokalyptische Vernichtung und die Schaffung des Paradieses auf Erden. Wie Ricoeur in seinem Buch *Symbolik des Bösen* schreibt: »Durch die Verneinung bestätigt sich die Ordnung aufs neue« (1967, dt. 1988, S. 53).

> »(...) man [kann] sagen, dass sich auf diesen ersten mythologischen ›Typ‹ des Bösen jede konsequente Theologie des heiligen Krieges gründet; nach dieser Theologie ist der Feind böse, der Krieg ist seine Züchtigung, und böse Menschen gibt es, weil es zuerst das Böse gibt und dann die Ordnung; letztlich ist das Böse kein Unfall, der eine frühere Ordnung verstört, es gehört konstitutionell zur Gründung der Ordnung«. (Ricoeur 1967; dt. 1988, S. 226)

Unzählige Beispiele veranschaulichen die apokalyptischen Wiedergeburtsfantasien von Terroristen. Jede apokalyptische Rache schließt eine Ekpyrosis, einen Weltbrand, mit ein, eine mythische kataklystische Zerstörung und Wiedergeburt durch Feuer. Wie N. O. Brown feststellt, ist der Dschihad eine eschatologische Realität: »Nach der islamischen Zeitvorstellung befinden wir uns immer in den letzten Tagen« (1990, S. 84).

Diese Vorstellung ist nicht auf islamische Apokalyptiker beschränkt. Auch jüdische und christliche Fanatiker sprechen von Erlösung und Wiedergeburt. Rabbi Meir Kahane schrieb von der »endgültigen Erlösung«, die durch Vernichtung der Araber erlangt würde, und die berüchtigte »Tempelberg«-Operation zielte darauf ab, »den Weg für die Wiedererrichtung eines dritten jüdischen Tempels freizumachen, und damit die Rückkehr des Messias zu ermöglichen«. Das Ziel der Terroristen war die völlige Auslöschung der arabischen Feinde Israels und die Errichtung eines neuen »Königreichs Israel« (Hoffman 1998; dt. 2001, S. 133f.). Das Massaker von 1994 bei der Höhle der Patriarchen war ebenso ein Versuch, den Kataklysmus und die Rückkehr des Messias hervorzurufen. In diesem Fall eröffnete Dr. Baruch Goldstein mit einem M-16 Sturmgewehr das Feuer auf muslimische Gläubige, die zum Freitagsgebet in der Ibrahim-(Abraham-)Moschee versammelt waren, tötete 29 Personen und verwunderte 150, bevor die schockierten Gläubigen ihn überwältigen konnten und zu Tode prügelten. Goldstein sah sein Massaker in der mythischen Tradition Mordechais, eines Juden, der im 5. Jahrhundert v. Chr. lebte und sein Volk von seinem Erzversklaver König

Haman befreite (Hoffman 1998; dt. 2001, S. 135). In Amerika suchen die christlichen Anhänger der weißen Suprematisten ebenfalls durch Mord und Massaker, durch eine radikale rassische und religiöse Säuberung die Erlösung. Verschiedene Gruppen paranoider Milizen glauben an eine kommende Apokalype, sie brauchen Blut, um sich »durch Blut reinzuwaschen«, und sie sprechen von ihrem »heiligen Krieg« (Hoffman 1998; dt. 2001, S. 138–147). Einer der Organisatoren einer Milizgruppe erklärte von der Kanzel herab: »Sehr bald wird man uns auffordern zu töten, aber wir werden mit Liebe in unserem Herzen töten, weil Gott auf unserer Seite steht« (Hoffman 1998; dt. 2001, S. 147). In einer Broschüre mit dem Titel *This is Aryan Nations* (Dies ist das arische Volk) heißt es:

> »Wir glauben, dass es einen Tag der Abrechnung geben wird. Der Usurpator wird dann hinweggefegt werden durch die schreckliche Macht des Volkes Jahwes, wenn dieses zu seinen Wurzeln und seiner besonderen Bestimmung zurückkehrt«. (Hoffman 1998; dt. 2001, S. 149)

Eine derartige Rhetorik dreht sich um Begriffe wie den »rassischen und religiösen Entscheidungskampf« und »den letzten Holocaust« (Hoffman 1998; dt. 2001, S. 150, 154).

Trotz divergenter Religionen und Kulturen ist die Fantasie von der apokalyptischen Zerstörung und Wiedergeburt ein zentrales psychologisches Merkmal, das die terroristische Agenda definiert. Wenn man fragt, warum apokalyptische Fantasien so entscheidend für den Terrorismus sind, müssen Fantasien von Mord, universaler Zerstörung und Vernichtung und der Wiedergeburt, die aus der Asche des Kataklysmus hervorgeht, analysiert werden. Wie ich argumentiert habe, gehen solche Fantasien auf eine unerträgliche Wut und Demütigung zurück, die in Visionen, die Welt zu zerstören, übersetzt werden, den Wunsch nach Tod und Wiedervereinigung mit geliebten Menschen, die in einer theologischen und heroischen Doktrin verankert ist (vgl. Ostow 1986, 1988). Selbstmord schließt fast unterschiedslos die Fantasie von Wiedergeburt und Wiedervereinigung mit geliebten Objekten ein, von denen man sich im Stich gelassen oder vernachlässigt fühlte (Maltsberger und Buie 1980; Socarides 1988), während die theologische Dimension einen infantilen, hilflosen und demütigenden Wunsch in eine heroische, kosmologisch gerechtfertigte Tat unerschütterlicher Tugendhaftigkeit und Kraft verwandelt.

Osama bin Laden hat erklärt, dass er vernichtet werden möchte, damit er Allah begegnen könne. Seine Fantasie der Verschmelzung mit seinem Vater – die auf das Bild von einem göttlichen Wohltäter verlagert wird – verlangt, dass er bestraft und getötet wird, weil er so durchdringende Gefühle der Schlechtigkeit und Selbstverabscheuung hat, und nur durch Bestrafung kann ihm vergeben werden und kann er von seinem Vater geliebt werden (vgl. Bunker 1951). Der Freudsche Todestrieb ist der Wunsch, durch Sterben mit dem Elternteil zu verschmelzen, da Leben eine feindselige und zutiefst bedauernswerte Trennung von der elterlichen Verschmelzung bedeutet. »(...) der ›Märtyrer‹ [erwirbt] das Recht, in den Himmel einzutreten und sich selbst von allem Schmerz und Leid dieser Welt zu befreien« (Hoffman 1998; dt. 2001, S. 129). Indem er sich selbst bestraft und das Böse externalisiert, läutert er sich und spricht sich frei, und alles, um sich seiner Selbstverabscheuung zu entledigen, damit er letztlich die Liebe seines Vaters gewinnen kann – der im realen Leben ebenso unempathisch, lieblos, unfürsorglich und in seinem Verhalten herabwürdigend wie die Väter war, die eine terroristische Kultur durch patriarchalischer Misshandlung und Wut prägen. Wir sollten uns nicht dazu verleiten lassen zu glauben, die Erbschaft von Bargeld sei mit liebevoller elterlicher Fürsorge gleichzusetzen.

Darüber hinaus muss die Wut auf den Westen als eine Verlagerung des Zorns auf seinen Vater verstanden werden. Keine Frage, dass es nicht auch andere Gründe für die Feindseligkeit gegenüber Amerika gibt, aber dass die Vereinigten Staaten durch seine Reaktivität, seinen Hass und seine Abscheu zu derart mythischen und dämonischen Dimensionen hochstilisiert wurden, muss ebenso in diesem Prozess kosmischer Schmähung verstanden werden wie die Dynamiken der Übertragung und der Fantasie. Das Böse ist *symbolisch*, wenn es zu kosmischen Größenordnungen hochstilisiert wird, die dem Anderen die Rolle des Erzungläubigen zuweisen (vgl. Ricoeur 1967; dt. 1988). Die theologisch fanatische Sprache und die paranoide Wahnhaftigkeit der Fantasie zeugen von dem intrapsychischen Konflikt, der auf die äußere Welt projiziert wird (Glass 1985; Volkan 1988). Im Prozess der Fantasievorstellung vom Tod und der glückseligen Wiedervereinigung mit dem Vater im Paradies muss alles, was an Wut und Giften das Idealbild vom allgütigen Vater belastet, abgelassen, entfernt und gereinigt werden. Der Hass auf den misshandelnden Vater muss verdrängt und verlagert werden, und somit werden die Vereinigten Staaten zum Bösen. Das christliche Böse – jeder manichäische Feind von einer entsetzlichen Dimension – ist die gleiche Fantasie, das auf die Notwendigkeit zurückgeht, Wut auf den Vater und auf Gott abzuspalten, der gütig und rein sein muss und der sich auch nicht wegen unerlaubter Gefühle zur Rachsucht gegen seinen Sohn verleiten lassen darf (vgl. Fauteux 1981).

Deshalb musste bin Laden wiederum einen Feind erfinden, um seinen Vater lieben zu können und von ihm geliebt zu werden. Es ist keine bloße Freudsche Sophisterei, die Zerstörung der Zwillingstürme als eine augenscheinliche Kastration des Vaters zu sehen, die von seinem eigenen Vater auf den erfundenen Feind verlagert wurde. Die Verletzung des zweifachen Phallussymbols bedeutete gleichzeitig die Zerstörung konkurrierender Unsterblichkeitsprojekte, die Auslöschung ewiger Monumente, die dem Tod die Stirn boten, und die Kastration einer nationalen Erektion, die ihn an seine Selbstverabscheuung, Bedeutungslosigkeit und Impotenz erinnerte (vgl. Arlow 1965). Gewaltige phallische, in den Himmel ragende Türme strahlen eine narzisstische Selbstverherrlichung in die Welt hinaus aus, und dies ist eine unerträgliche Beleidigung für diejenigen, die pathologisch neidisch auf Wohlstand und Selbstbewusstsein sind und die der Arroganz des Wohlstands und des Selbstbewusstseins feindselig gegenüberstehen – eine Einladung für eine von Ressentiments erfüllte, bösartige Vergeltung (Berke 1988).

Dieser letzte Punkt über die Vernichtung seiner Selbstverabscheuung kompliziert die Analyse der terroristischen Persönlichkeit und darf nicht unterschätzt werden, wenn man zu einem Verständnis von Masochismus und Paranoia gelangen will. Die psychotische, paranoide Person lebt in einem Komplex, der sich um narzisstische Demütigung, Wut, Bedürftigkeit und das intensive Bedürfnis dreht, den Vater, die Mutter sowohl als verwerfliche als auch zurückweisende erotische Frau, und das verwundbare Selbst sowie das sexuelle Selbst zu vernichten. Die strafende paranoide Person ergeht sich in ihrer Fantasie von ihrer gottgegebenen Rechtschaffenheit. Wenn sie das, was unterdrückerisch, häretisch, ungläubig ist, bestrafen, ausmerzen oder kastrieren muss, muss ihr angesichts einer solchen Grandiosität schmerzlich ihr Gefühl der Endlichkeit und Begrenztheit bewusst sein. Die göttliche Sanktionierung erweitert *seine eigene* kärgliche Existenz bis zum Punkt der unwiderruflichen Omnipotenz und Moralität, und die Fantasie von einem Gott ist folglich *nicht nur* eine Projektion des eigenen Vaters auf das Universum. Es ist eine *narzisstische* Aufblähung eines größenwahnsinnigen Ausmaßes. Man beantwortet die brutale Demütigung, Viktimisierung und Hilflosigkeit in der Kindheit, indem man selbst der rachsüchtige, unverwundbare Gott wird (vgl. Arlow 1951; Atwood 1978; Meissner 1990, 1991).

Als das Opfer von Vernachlässigung, Misshandlung und Demütigung verhöhnt der Terrorist dann jedoch das, was schwach und hilflos ist, und versucht, sein *eigenes* verachtenswertes Selbstbild zu eliminieren. In seiner Fantasie muss er sich seine Gottheit als Gegenmittel zu einer derart verachtenswerten Schwäche und Selbstverabscheuung vorstellen, und er wird der Austeiler der göttlichen Rache gegen *sich selbst*, die er sowohl an sich als auch an anderen ausübt. Das heißt, dass jene Peiniger und unterdrückerischen Anderen, die bestraft werden, zu Substituten für den Vater werden, der (wie bereits erwähnt) den kleinen zerbrechlichen Jungen zum Opfer machte, aber auch sein schwaches und verwundbares Selbst, das eben deswegen verachtet wird, weil es schwach und gedemütigt ist. Man wird ein rachsüchtiger Gott, um das verhasste schwache und verachtenswerte *Selbst* zu bestrafen (vgl. Bakan 1971).

Der Terrorist identifiziert sich mit der Aggression derjenigen, die ihn zum Opfer gemacht haben, und bezieht Kraft und Stärke aus ihrer Gewalt, auch wenn sie sich brutal gegen ihn gerichtet hat.

Seine Rache ist somit mannigfaltiger Natur. Er bestraft sein verachtenswertes Selbst, alles, was als schwach und passiv wahrgenommen wird, und er setzt die Schwachen und Hilflosen mit dem Weiblichen gleich – so dass er alles verachtet, was als weibisch oder unmännlich *wahrgenommen* wird, einschließlich Kinder und Frauen und jeden, der sich nach Liebe sehnt – die bestraft werden müssen, um seine eigenen nachhallenden Erinnerungen an Schwäche abzutöten. So nimmt er eine dekadente Kultur wie die Vereinigten Staaten ins Visier, weil sie weich, sinnlich, sexuell, verwöhnt, feminin und mütterlich ist, auch wenn ihr grandioses Phallussymbol den unterdrückerischen Vater repräsentiert, der kastriert werden muss, und die symbolische Unsterblichkeit, die ihn ausschließt und die Wahrheit seiner eigenen grandiosen Fantasien bedroht. Das Böse sind Vater und Mutter, der brutale Patriarch, die kannibalische nicht-fürsorgliche Mutter, das erotische und bedrohliche Weibliche, das sexuelle Selbst, das Weibische und Unmännliche und ebenso das von Begehren und Begierde erfüllte Selbst. Unterdessen orchestriert er, wie angedeutet, die Vernichtung seines eigenen Volkes, da er ein zwanghaftes Bedürfnis hat, das gleiche verachtete Selbst zu bestrafen.

Das Selbst, das kastriert und beschämt wurde, muss neben dem Selbst, das Liebe braucht und somit schwach und bedürftig ist, vernichtet werden. Diese minderwertigen Selbsts müssen in feindseliger Selbstverabscheuung vernichtet werden, folglich vernichtet er seine Kultur und projiziert gleichzeitig sündige Eigenschaften auf jene verachtenswerten sinnlichen Menschen, die ihre dekadente zügellose Lüsternheit ausleben (Gruen 1987; dt. 1996). Alles, was ihn an seine eigenen unerfüllten Wünsche erinnert, die bestraft und aus ihm herausgeprügelt wurden, sind aufreizende Symbole der brutalen Behandlung und Ablehnung, die er erfahren hat, und seiner eigenen Bedürftigkeit. Der Terrorist tötet aus Rache gegen diejenigen, die ihn ursprünglich abgewiesen und zum Opfer gemacht haben, gegen sein eigenes verabscheuenswürdiges hilfloses Selbst und gegen sein eigenes verachtenswertes Bedürfnis nach Liebe.

Fazit

Die Frage, die sich für uns stellt, ist, ob wir mit jemandem *Mitleid* haben können, der zu einer solchen Gewalt fähig ist. Ich habe diesen Artikel nicht geschrieben, um die Vorstellung zu konkretisieren, Muslime seien böse – weit gefehlt. Es war nicht der islamische Prophet Mohammed, sondern der fromme christliche heilige Thomas von Aquin (1273, Frage 94, Artikel 1), der schrieb:

»Ut beatitudo sanctorum eis magis complaceat, et de ea uberiores gratias Deo agant, datur eis ut poenam impiorrum perfecte intueantur« – damit die Glückseligkeit der Heiligen für sie noch entzückender sein kann, und damit sie Gott dafür noch überschwänglicher danken können, wird es ihnen gewährt, unverblümt die Bestrafung der Verdammten zu sehen. – Entzücken durch den Todeskampf anderer. Unsere eigene theologische Tradition hat nur zu oft ihre Freude am Leiden unserer Feinde, und ich möchte warnend darauf hinweisen, dass wir uns dieser besonders schleichenden Psychopathologie bewusst sein müssen.

Ich habe ebenso wenig behauptet, Afghanen seien böse, sondern vielmehr, dass ein gewisser Teil ihrer Gesellschaft in einem solchen Maße brutal behandelt und brutalisiert worden ist, dass eine mörderische Wut von ihnen Besitz ergriffen hat und ihnen empathische Strukturen fehlen. In Wirklichkeit hoffe ich, dass Mitgefühl für diejenigen überwiegen wird, denen Liebe derart vorenthalten wurde. Jenseits von politischen Strategien (da ich nicht sagen kann, was wir tun *sollten*) bestand mein Interesse und Anliegen darin, es Lesern und Leserinnen zu ermöglichen, Terroristen als geschlagene, misshandelte Kinder zu sehen, die in den Wahnsinn genötigt wurden, und nicht als Ungeheuer. Was muss ein Mensch an Leid ertragen haben, um so kaltblütig zu töten, so sehr zu hassen? Diese Analyse trifft in unterschiedlichem Maße auf viele misshandelte, missbrauchte und psychisch geschädigte Menschen auf der ganzen Welt zu, die soweit gekommen sind, dass sie gestört genug sind, um ungeheure Gewalttaten zu begehen, und wenn meine Botschaft klar ist, dann sollten wir uns fragen, wie viel von unserem psychologischen Rüstzeug ebenfalls von Wut und unempathischer Gleichgültigkeit gegenüber dem Leben durchtränkt ist und durch unsere eigenen Fantasien und rationalen Erklärungen gerechtfertigt wird.

Vielleicht haben wir diese Gewalt in einem psychologischen Sinne auch herausgefordert. Auch wenn ich mitnichten den USA die Schuld zuweise, so ist es doch eine gewichtige Frage, inwieweit die amerikanische Politik auch so konzipiert und darauf ausgerichtet war, dass sie bin Laden zu Neid und Wut anstachelte, so dass wir einen Feind haben, so dass wir auch eine böse dämonische Bedrohung haben, die das Volk zusammenschweißt und es uns ermöglicht, unsere Wut und Angst zu verlagern. Ich behaupte nicht, dass dies immer eine bewusste Entscheidung gewesen sein muss. Wir müssen jedoch auch immer fragen, in welchem Maße wir Feinde herausfordern und animieren, unsere Fantasien auch zu erfüllen. Ich meine nicht, dass die Unterstützung Israels bin Laden aufgehetzt hat – das stimmt in einem gewissen Sinne, es wäre jedoch müßig zu argumentieren, die Unterstützung Israels rechtfertige die Ermordung von 6.000 amerikanischen Zivilisten. Die Frage ist, inwieweit auch wir einen Feind als Sündenbock brauchen, um unsere Fantasien zu erfüllen, und inwieweit wir seine

Vergeltung herausgefordert haben, um die Fantasie von unserem Gutsein und unserer moralischen Souveränität aufrechtzuerhalten.

Auch wir haben unsere Fiktionen und unsere mörderischen Neigungen, die durch Mythen und eine Propaganda der Selbstgerechtigkeit maskiert werden. Wir hatten unsere Sklaven, unsere Hexenprozesse, unsere hinterhältige Ausbeutung der Indianer, und wenn wir uns auch stets um Fortschritte und Verbesserungen bemühen, so sind wir über unsere Brutalität jedoch noch nicht hinausgewachsen. Demokratie ist ein von Mitgefühl getragenes und humanes politisches System, aber unser gegenwärtiger Präsident möchte Militärtribunale haben, die hinter verschlossenen Türen tagen und deren Jury sich aus Soldaten zusammensetzt (die per Definition *inhärent* voreingenommen sein müssen, da sie Angehörige einer Armee sind, die sich der Aufgabe verschrieben hat, den Feind zu eliminieren), und die mit der Vollmacht ausgestattet sind, mutmaßliche Terroristen ohne die Möglichkeit hinzurichten, Berufung einzulegen. Dies ist verfassungswidrig, faschistisch und *krank*. Das System sollte von seiner Zielsetzung her human sein und Machtmissbrauch verhindern, was jedoch *blüht und gedeiht* sind Fanatismus und Bosheit.

Was die Menschen angeht, ignoriert Amerika weitgehend die Konsequenzen und Nachwirkungen des Atombombenabwurfs in Japan (Lifton 1995). Selten reden wir über die Millionen Deutsche, die nach dem Krieg verhungert sind. Meist sind wir darauf bedacht, möglichst nichts über die Hunderttausende irakischer Kinder zu erfahren, die nach unserem Militärangriff vor einigen Jahren verhungert oder durch Krankheiten gestorben sind. Wir können auf der humanen Ebene nicht erklären, dass jeder, der getötet wurde, es verdiente zu sterben. Wenn Menschen mitunter als tragische Konsequenz unvermeidbarer militärischer Aktionen sterben, so wird die Realität des Gräuels nicht durch ein Leugnen dessen eliminiert, auch wenn es uns hilft, die Fiktion moralischer Reinheit aufrechtzuerhalten. Wie viel Tod eine tragische Konsequenz ist, und wie viel unsere verschleierte, rational erklärte Aggression ist, ist etwas, das wir in seiner Komplexität berücksichtigen müssen – nicht als Anklage gegen die Demokratie oder als Mittel, die amerikanische Geschichte zu bestrafen –, sondern um mit unserer eigenen individuellen wie auch gesellschaftlichen Irrationalität, unseren Illusionen und unserer Gewalt zu Rande zu kommen. Insbesondere wenn diese Phänomene mitunter verführerisch und angenehm sind, uns das Gefühl ermöglichen, rechtschaffen zu sein, Avatars demokratischer Freiheit zu sein, das Böse zu zerschlagen und zu vertreiben, wenn wir heimlich den Tod besiegen, indem wir ihn anderen zufügen.

Die amerikanische Paranoia nach dem 11. September zeigt, wie leicht Menschen in paranoide Gewalttätigkeiten hineinrutschen können – so wie amerikanische Bürger anschließend Muslime und arabisch aussehende

Menschen als Zielscheibe ihrer Vergeltung ins Visier genommen haben. Ich hatte eine Frau lateinamerikanischer Herkunft bei mir in der Beratung, die aus einem der Türme entkommen war, nur Augenblicke, ehe er in sich zusammenstürzte. Sie litt unter schweren posttraumatischen Stresssymptomen und weinte unkontrolliert, aus Angst und aus Trauer um die Opfer. Einen Tag, nachdem sie davongekommen war, ließ ein Mann aus Rache gegen den Terrorismus seinen Hund auf sie los, weil sie wie jemand aussah, der aus dem Nahen Osten kam. Wir haben nicht unter Brutalität und einem allgegenwärtigen Krieg gelebt, dennoch sind wir zweifellos fast von jetzt auf gleich in einen feindseligen, rachsüchtigen, deliriösen Zustand regrediert. Diese Paranoia und Feindseligkeit wurde durch politische Reden und die Bilder, die in den Medien übertragen wurden, nur noch weiter angeheizt, durch die selbstgerechte Rhetorik und bildlichen Vorstellungen von einer gerechtfertigten Rache und völligen Auslöschung des Feindes. Viele waren mitfühlend, widerstanden der Verlockung der Gewalt. Viele arbeiteten unermüdlich, um anderen zu helfen. Und dennoch verbreiteten sich die bildlichen Vorstellungen von Rache im ganzen Land, und dies vereinte viele von uns in einem trauten und sentimentalen patriotischen Hass.

Hames Hillman (1979, 1983) schreibt von Heldenmythen, die nicht unbedingt Mut, sondern Angst und Wut offenbaren: »Aggression, Gewalt, Macht, Sadismus – stehen mitnichten im Schatten; das ist das ganze westliche Ego!« (1983, S. 11). Wir haben eine kulturelle Mythologie, die auf der Grundlage einer genugtuenden Rache blüht und gedeiht, auch wenn wir uns weigern, sie als solche anzuerkennen: »Wenn man herrscht und mitten in dieser Herrschaft steckt, hat man nicht das Gefühl, in einer *Fantasie* von Herrschaft zu leben« (1983, S. 11). Wir haben greifbare Feinde in der äußeren Welt, aber wir erfinden auch Feinde, als Fantasien, die unserer eigenen Imagination als Mittel entspringen, um unsere eigenen panischen Ängste auszulöschen. Unsere eigene Paranoia hat tragische Konsequenzen, genau so wie die psychotischen und paranoiden Fantasien von Terroristen Mord verlangen, statt sich ihre eigene Hilflosigkeit, Schwäche, die komplexen plündernden Gefühle infantiler Wut und das Bedürfnis nach Liebe einzugestehen. Dschihad heißt zum einen »heiliger Krieg«, im tieferen Sinne bedeutet Dschihad zum anderen jedoch Kampf, der psychologische Kampf gegen sich selbst und gegen die eigenen Dämonen. Der Heilige Krieg verwechselt die inneren Feinde mit äußeren Feinden und verwüstet in der Konsequenz die Welt. Wenn wir nicht mit ihrer Paranoia wetteifern und ihre Gewalt übertreffen wollen, müssen wir auch uns selbst kennen. Wir können jede Analyse von Terroristen, jede Erklärung, Überzeugung und politische Strategie als ein (zum Teil zumindest) Bekenntnis unserer eigenen Fantasien, unserer irrationalen Reaktion auf Trauma, Terror und Tod lesen und verstehen. Im Idealfall gelangen wir zu Schlussfolgerungen, die uns tiefsinniger werden lassen, statt unsere paranoiden Fantasien zu verstärken. Ich hoffe, die Leser und Leserinnen haben etwas über den Terrorismus gelernt, über den paranoiden Prozess, das immense Leid, das ursächlich mit Gewalt verbunden ist – und haben es mit Selbsterkenntnis und Mitgefühl gelernt.

Anmerkung

1 Zuerst erschienen unter dem Titel »On the Psychosis (Religion) of Terrorists« in: Piven, J. S., Ziolo, P., Lawton, H. (2002): Terror and Apocalypse. Psychological Undercurrents of History. Volume II. New York (Writer's Showcase), S. 153–204. Übersetzung aus dem Amerikanischen von Anni Pott. Abdruck mit freundlicher Genehmigung des Autors.

Literatur

Allport, G. W. (1954/1958): The Nature of Prejudice. New York (Anchor).

Aquinas, T. (1273/1956): Summa Theologiae, III, Supplementum. Italy (Marietti).

Arendt, H. (1963/1994): Eichmann in Jerusalem: A Report on the Banality of Evil. New York (Penguin). Dt.: Eichmann in Jerusalem. 1964.

Arlow, J. A. (1951): The Consecration of the Prophet. In: Psychoanalytic Quarterly 20, S. 374–397.

Arlow, J. A. (1964): The Madonna's Conception Through the Ear. In: Psychoanalytic Study of Society 3, S. 13–25.

Arlow, J. A.; Brenner, C. (1964): Psychoanalytic Concepts and the Structural Theory. New York (International Universities Press).

Ash, T. G. (2001): Are There Good Terrorists? In: New York Review of Books 48 (19), November 29, 2001, S. 30–5.

Athens, L. (1992): The Creation of Dangerous Violent Criminals. Urbana (University of Illinois Press).

Atwood, G. E. (1978): On the Origins and Dynamics of Messianic Salvation Fantasies. In: International Review of Psychoanalysis 33, S. 85–96.

Bakan, D. (1971): Slaughter of the Innocents. San Francisco (Jossey-Bass).

Becker, E. (1973/1975): The Denial of Death. New York (The Free Press). Dt.: Dynamik des Todes. Die Überwindung der Todesfurcht. 1981.

Becker, E. (1975/1976): Escape From Evil. New York (The Free Press).

Beers, W. (1992): Women and Sacrifice. Detroit (Wayne).

Bergen, P. L. (2001): Holy War, Inc.: Inside the World of Osama bin Laden. New York (The Free Press). Dt.: Heiliger Krieg Inc. Osama bin Ladens Terrornetz. 2001.

Berke, J. H. (1988): The Tyranny of Malice: Exploring the Dark Side of Character and Culture. New York (Summit).

Bormann, M. (1953): Hitler's Table Talk (1941–1944). London (Weidenfeld & Nicholson).

Bowlby, J. (1969): Attachment. New York (Basic).
Bowlby, J. (1973): Separation. New York (Basic).
Bunker, H. A. (1951): Psychoanalysis and the Study of Religion. In: Roheim, G. (Hg.): Psychoanalysis and the Social Sciences. New York (International Universities Press).
Brown, N. O. (1959/1985): Life Against Death. New Hampshire (Wesleyan).
Brown, N. O. (1991): Apocalypse And/Or Metamorphosis. Berkeley (University of California Press).
Carus, P. (1900/1991): The Devil. La Salle (Open Court).
Chasseguet-Smirgel, J. (1975): The Ego Ideal. New York (Norton). Dt.: Das Ichideal. 1987.
De Beauvoir, S. (1949/1989): The Second Sex. New York (Vintage).
deMause, L. (2000): War as Righteous Rape and Purification. In: Journal of Psychohistory 27(4), S. 356–445.
Dundes, A. (1976): A Psychoanalytic Study of the Bullroarer. In: Man 11, S. 220–238.
Dundes, A. (1986): The Flood: A Male Myth of Creation. In: Journal of Psychoanalytic Anthropology 9, S. 359–372.
Eigen, M. (1986): The Psychotic Core. Northvale (Jason Aronson).
Eliade, M. (1963/1975): Myth and Reality. New York (Harper).
El Saadawi, N. (1980): The Hidden Face of Eve: Women in the Arab World. London (Zed Books). Dt.: Tschador. 1991.
Fauteux, A. (1981): »Good/Bad« Splitting in the Religious Experience. In: American Journal of Psychoanalysis 41, S. 261–267.
Freud, S. (1886–1939): The Standard Edition of the Complete Works of Sigmund Freud. New York (Norton), 1953.
Fromm, E. (1941): Escape From Freedom. New York (Rinehart & Company).
Fromm, E. (1955): The Sane Society. New York (Rinehart & Company). Dt.: Wege aus einer kranken Gesellschaft. 1960.
Fromm, E. (1964): The Heart of Man. New York (Harper & Row).
Fromm, E. (1973): The Anatomy of Human Destructiveness. New York (Holt, Rinehart and Winston).
Gay, V. (1979): Against Wholeness: The Ego's Complicity in Religion. In: Journal of the American Academy of Religion 47, S. 107–120.
Gilligan, J. (1996): Violence. New York (Vintage).
Glass, J. M. (1985): Delusion: Internal Dimensions of Political Life. (University of Chicago Press).
Goldberg, C. (1996): Speaking With the Devil: Exploring Senseless Acts of Evil. New York (Penguin), 1997.
Goldberg, C. (2000): The Evil We Do: The Psychoanalysis of Destructive People. New York (Prometheus).
Grand, S. (2000): The Reproduction of Evil: A Clinical and Cultural Perspective. Hillsdale, New Jersey (The Analytic Press).
Greene, J. C. (1969): A »Madman« Searches For a Less Divided Self. In: Contemporary Psychoanalysis 6, S. 58–75.
Gruen, A. (1987/1992): The Insanity of Normality. Realism As Sickness: Toward Understanding Human Destructiveness. New York (Grove Weidenfeld). Dt.:

Der Wahnsinn der Normalität. 1996.
Hays, H. R. (1964): The Dangerous Sex. New York (Putnam).
Hillman, J. (1979): The Dream and the Underworld. New York (Harper).
Hillman, J. (1983): Inter Views. New York (Harper Colophon).
Hitschmann, E. (1949): Swedenborg's Paranoia. In: American Imago 6, S. 45–50.
Hoffman, B. (1998): Inside Terrorism. New York (Columbia University Press). Dt.: Terrorismus – Der unerklärte Krieg. 2001.
Horney, K. (1926/1967): The Flight from Womanhood: The Masculinity Complex in Women as Viewed by Men and Women. In: Feminine Psychology. New York (Norton), 1973, S. 54–70.
Horney, K. (1930/1967): The Distrust Between the Sexes. In: Feminine Psychology. New York: Norton, 1973, S. 107–118.
Horney, K. (1932/1967): The Dread of Woman: Observations on a Specific Difference in the Dread Felt by Men and by Women Respectively for the Opposite Sex. In: Feminine Psychology. New York (Norton), 1973, S. 133–146.
Horney, K. (1933/1967): The Denial of the Vagina: A Contribution to the Problem of the Genital Anxieties Specific to Women. In: Feminine Psychology. New York (Norton), 1973, S. 147–162.
Jaques, E. (1955): Social Systems As a Defense Against Persecutory and Depressive Anxiety. In: Klein, M.; Heimann, P.; Kyrle, R. E. (Hg.): New Directions in Psycho-Analysis. London (Maresfield).
Kalayjian, A.; Shahinian, D.; Gergerian, E.; Saraydarian, L. (1996): Coping With the Ottoman Turkish Genocide: An Exploration of the Experience of Armenian Survivors. In: Journal of Traumatic Stress 9 (1), S. 87–89.
Kaufman, M. R. (1939): Religious Delusions in Schizophrenia. In: International Journal of Psychoanalysis 20, S. 363–376.
Kernberg, O. F. (1992): Aggression in Personality Disorders and Perversions. New Haven (Yale University Press). Dt.: Wut und Hass. Über die Bedeutung von Aggression bei Persönlichkeitsstörungen und sexuellen Perversionen. 1997.
Klein, M. et al. (Hg.) (1955/1977): New Directions in Psycho-Analysis. London (Maresfield).
Kohut, H. (1971): The Analysis of the Self. New York (International Universities Press). Dt.: Narzissmus: Eine Theorie der psychoanalytischen Behandlung narzisstischer Persönlichkeitsstörungen. 1995.
Kohut, H. (1972): Thoughts on Narcissism and Narcissistic Rage. In: Psychoanalytic Study of the Child 27, S. 360–400.
Kohut, H. (1977/1993): The Restoration of the Self. Madison (International Universities Press). Dt.: Die Heilung des Selbst. 1981.
La Barre, W. (1970): The Ghost Dance: The Origins of Religion. New York (Doubleday).
La Barre, W. (1991): Shadow of Childhood: Neoteny and the Biology of Religion. Norman (University of Oklahoma Press).
Laqueur, W. (1977): Terrorism. London (Weidenfeld & Nicholson).
Laqueur, W. (1987): The Age of Terrorism. Boston (Little, Brown, & Co).
Laqueur, W. (1987): Reflections on Terrorism. In: Laqueur, W.; Alexander, Y. (Hg.): The Terrorism Reader: The Essential Sourcebook on Political Violence Both Past

and Present. Updated and Expanded Edition. New York (Meridian).
Lederer, W. (1968): The Fear of Women. New York (Harcourt).
Leverenz, D. (1975): Shared Fantasy in Puritan Sermons. In: American Imago 32, S. 264–287.
Lifton, R. J. (1964): On Death and Death Symbolism: The Hiroshima Disaster. In: Wyschogrod, E. (Hg.) (1973): The Phenomenon of Death: Faces of Mortality. New York (Harper & Row).
Lifton, R. J. (1979/1996): The Broken Connection. Washington, DC (American Psychiatric Press).
Lifton, R. J. (1986/2000): The Nazi Doctors: A Study in the Psychology of Evil. New York (Basic). Dt.: Ärzte im Dritten Reich. 1998.
Lifton, R. J. (1988): Life Unworthy of Life: Nazi Racial Views. In: Braham, R. L. (Hg.): The Psychological Perspectives of the Holocaust and of its Aftermath. New York (Social Science Monographs), S. 1–11.
Lifton, R. J.; Markusen, E. (1990): The Genocidal Mentality: Nazi Holocaust and Nuclear Threat. New York (Basic).
Lifton, R. J.; Mitchell, G. (1995): Hiroshima in America: Fifty Years of Denial. New York (Putnam).
Lifton, R. J. (1999/2000): Destroying the World to Save It: Aum Shinrikyo, Apocalyptic Violence, and the New Global Terrorism. New York (Henry Holt).
Lightfoot-Klein, H. (1989): Prisoners of Ritual. New York (Haworth).
Loewald, H. (1975): Papers on Psychoanalysis. New Haven, CT: (Yale University Press). Dt.: Psychoanalyse: Aufsätze aus den Jahren 1951-1979. 1986.
Lopez-Corvo, R. (1997): God is a Woman. Northvale (Aronson).
Mahler, M. (1968): On Human Symbiosis and the Vicissitudes of Individuation. In: Mahler, M. (1979/1994): Separation-Individuation. Northvale (Jason Aronson).
Mahler, M. (1979/1994): Separation-Individuation. Northvale (Jason Aronson).
Maltsberger, J. T.; Buie, D. H. Jr. (1980): The Devices of Suicide: Revenge, Riddance, and Rebirth. In: Maltsberger, J. T.; Goldblatt, M. J. (1996): Essential Papers on Suicide. New York (NYU Press), S. 397–416.
May, R. (1972): Power and Innocence. New York (Norton).
McKnight, G. (1974): The Mind of the Terrorist. London (Joseph).
Meissner, W. W. (1978): The Paranoid Process. Northvale (Jason Aronson).
Meissner, W. W. (1988): The Cult Phenomenon and the Paranoid Process. In: Psychoanalytic Study of Society 12, S. 69–95.
Meissner, W. W. (1990): Jewish Messianism and the Cultic Process. In: Psychoanalytic Study of Society 15, S. 347–370.
Meissner, W. W. (1991): The Phenomenology of Religious Psychopathology. In: Bulletin of the Menninger Clinic 55, S. 281–298.
Monick, E. (1991): Castration and Male Rage. Toronto (Inner City Books).
Moscovici, S. (1988/1996): The Invention of Society. Cambridge (Polity Press).
Moses-Hrushovski, R. (1994): Deployment. Northvale (Jason Aronson).
Neumann, E. (1994): Fear of the Feminine. Princeton (Princeton U. Press).
Nietzsche, F. (1889): Der Antichrist. Berlin (Walter De Gruyter).
Ogden, T. H. (1989/1992): The Primitive Edge of Experience. Northvale (Jason Aronson).

Ostow, M. (1958): The Nature of Religious Controls. In: American Psychologist 13, S. 571–574.

Ostow, M. (1972): Religion and Morality: A Psychoanalytic View. In: Post, S. (Hg.): Moral Values and the Superego Concept in Psychoanalysis. New York (International Universities Press).

Ostow, M. (1986): Archetypes of Apocalypse in Dreams and Fantasies, and in Religious Scripture. In: American Imago 43, S. 307–334.

Ostow, M. (1988): Apocalyptic Thinking in Mental Illness and Social Disorder. In: Psychoanalysis and Contemporary Thought 11, S. 285–97.

Pickthall, M. M.; Trans. (C. 632/1999): The Glorious Qur'an. Elmhurst (Tahrike Tarsile Qur'an, Inc).

Piven, J. (1999): Object Splitting and Separation-Individuation Phenomena in the Derogation of Women. In: Tapestry: The Journal of Historical Motivations and the Social Fabric, June 1999.

Piven, J. (2000): Psychosexual Violence and the Pathology of Woman As Death Symbol. In: Tapestry: The Journal of Historical Motivations and the Social Fabric, June 2000.

Piven, J. (2001): Death, Repression, Narcissism, Misogyny. In: Psychoanalytic Review (In Press).

Piven, J.; Lawton, H. (Hg.) (2001): Psychological Undercurrents of History. New York (Authors Choice Press).

Rank, O. (1939/1941): Beyond Psychology. New York (Dover).

Ransohoff, R. (2001): Fear and Envy: Why Men Need To Dominate and Control Women. New York (Painted Leaf Press).

Rashid, A. (2000/2001): Taliban: Militant Islam, Oil, and Fundamentalism in Central Asia. New Haven (Yale). Dt.: Taliban. Afghanistans Gotteskrieger und der Dschihad. 2002.

Rheingold, J. C. (1964): The Fear of Being a Woman. New York (Grune & Stratton).

Rheingold, J. C. (1967): The Mother, Anxiety, and Death. Boston (Little, Brown and Company).

Ricoeur, P. (1967): The Symbolism of Evil. Boston (Beacon), 1969. Dt.: Symbolik des Bösen. 1988.

Rodwell, J. M., Trans. (C. 632/1909/2000): The Koran. Vermont (Tuttle).

Roheim, G. (1932): Animism and Religion. In: Psychoanalytic Quarterly 6, S. 59–112.

Schmid, A. (1984): Political Terrorism: A Research Guide. New Brunswick, NJ (Transaction).

Schmid, A. et. al. (1988): Political Terrorism: A New Guide to Actors, Authors, Concepts, Data Bases, Theories, and Literature. New Brunswick, NJ (Transaction).

Searles, H. F. (1961): Collected Papers on Schizophrenia and Related Subjects. Madison (International Universities Press).

Seligman, M. E. (1975): Helplessness: On Depression, Development, and Death. New York: Charles Scribner's Sons.

Shapiro, D. (1965): Neurotic Styles. New York (Basic).

Socarides, C. (1988): The Preoedipal Origin and Psychoanalytic Therapy of Sexual Perversions. New York (International Universities Press).

Spiro, M. E. (1978): Religious Systems as Culturally Constituted Defense Mechanisms. In: Kilborne, B.; Langness, L. L. (Hg.): Culture and Human Nature. Chicago (University of Chicago Press).

Strozier, C. B.; Flynn, M. (Hg.) (1996): Trauma and Self. Maryland (Rowman & Littlefield).

Tejirian, E. J. (1990): Sexuality and the Devil. New York (Routledge).

Tiger, L. (1996). Robert Jay Lifton and Biology: The Doctor is in – Knock Twice. In: Strozier, C.; Flynn, M. (Hg.): Trauma and Self. Maryland (Rowman & Littlefield).

Yalom, I. D. (1980): Existential Psychotherapy. New York (Basic).

Zilboorg, G. (1943): The Fear of Death. In: Psychoanalytic Quarterly 12, S. 465–474.

Trauma, Terror und Identitätsbildung[1]

Shmuel Erlich

Was macht einen Menschen fähig, solch abscheuliche Taten zu begehen, wie sie am 11. September geschahen? Diese Frage birgt eine schmerzliche Sorge in sich: Wenn wir keine scharfen Trennstriche ziehen können, wie können wir dann sicher sein, dass der Mensch, der neben uns im Büro oder Supermarkt steht, mit uns im Bus oder in der U-Bahn sitzt, oder neben uns lebt, kein Terrorist ist? Zudem: Wie können wir ohne gut fundierte Kenntnisse über die Entwicklung terroristischer Denkweisen dazu beitragen, Präventivmaßnahmen zu entwickeln, die die Wahrscheinlichkeit verringern, dass ein junger Mensch zum Terroristen wird? Dabei hat diese Sorge nicht nur den Hintergrund, den Terroristen im Anderen zu erkennen. Sie hat genau so viel mit Unsicherheit und Furcht angesichts unserer eigenen terroristischen Anteile zu tun. In diesem Sinne repräsentiert sie nicht nur die Angst vor der Macht unseres Unbewussten, sondern stellt eine Frage der persönlichen Identität dar: Wie können wir sicher sein, dass wir niemals zu einer solchen Person werden können? Dies erinnert stark an die Sorgen, die ich bei Jugendlichen nach dem Selbstmord eines Klassenkameraden beobachtet habe. Die lauernde Frage in solchen Umständen, oft laut ausgesprochen, ist: Könnte ich der nächste sein? Woher weiß ich, dass es mir nicht plötzlich passiert? Bei dem Versuch, diese Sorgen psychoanalytisch zu prüfen und Antworten zu finden, müssen wir der adoleszenten Entwicklung besonderen Raum einräumen. Nicht nur, weil Jugendliche zu den von Terror und Gewalt am stärksten Betroffenen gehören, und nicht nur, weil Jugendliche zu denjenigen gehören, die gegenwärtig Terror und Selbstmordanschläge begehen. Wir müssen uns mit Jugendlichen befassen, weil die entwicklungsbedingten Veränderungen in dieser Lebensphase für das Verstehen von Terrorismus von größter Bedeutung sind.

Es ist aufschlussreich, dass der Begriff »Terrorismus« in die Psychoanalyse mit Ferenczis (1933) Ausdruck »der Terrorismus des Leidens« eingebracht wurde. Ferenczi beschrieb eine Beziehung, in der der Erwachsene (der Elternteil) für das Kind unerreichbar ist, es jedoch kontrolliert, indem er eine narzisstische, maßlose, masochistische, sich beschwerende und leidende Haltung einnimmt. Ein mögliches Ergebnis ist die frühzeitige Übernahme der Rolle eines erwachsenen Versorgers durch das Kind, die durch Identifikation mit dem Aggressor bedingt wurde. »Terrorismus« bezieht sich hier auf die Vernichtung und Missachtung der realen Bedürfnisse und der Existenz des Anderen. Ferenczi folgert, dass die traumatisierte Kindheit solch eines sadomasochistischen

Erwachsenen die Kernursache für das Terrorisieren des Kindes ist, was zu einer endlosen Kette schlechter exogener Behandlung durch die Umwelt führen würde. Winnicott sieht eine ähnliche Verbindung zwischen Delinquenz und frühen Entbehrungen. Rizzuto (1990) hat festgestellt, dass die heute vorherrschende Gewalt und der systematische Terrorismus durch Nationen und individuelle Gruppen Winnicotts Beobachtungen über die Verbindung zwischen emotionalen Entbehrungen und Delinquenz zu einer wichtigen Gedankenquelle für Menschen machen, die daran interessiert sind, Präventivarbeit mit gefährdeten Kindern zu leisten. Ein weitverbreiteter psychoanalytischer Standpunkt wird in diesen Formulierungen klar ausgedrückt: schlechte Behandlung, Delinquenz und Missachtung anderer haben ihren Ursprung in mangelhaften oder traumatogenischen frühen Objektbeziehungen. Während diese Formel jedoch auf einige individuelle Terroristen mit Sicherheit zutrifft, ist sie nicht für alle Fälle ausreichend oder auch nur relevant. Ihr Defizit liegt insbesondere in ihrer Missachtung der adoleszenten Entwicklung und Dynamik und deren Wechselbeziehungen mit kulturellen und ideologischen Faktoren, welche zusammen eine Hauptrolle beim Phänomen Terrorismus in seiner derzeitigen Form einnehmen.

Der Anarchismus der studentischen Aufstände in den späten 60er Jahren und die Serie terroristischer Aktivitäten, die in den 70er Jahren folgten (insbesondere in Deutschland und im Nahen Osten), gaben Anlass zu einem neuen psychoanalytischen Verständnis. Zusätzlich zu der Perspektive von Objektbeziehungen wurde das Bedürfnis anerkannt, paradiesische Seligkeit und Perfektion zu erfahren. Greenacre (1970) sah diesen jugendlichen Wunsch nach einem Utopie-Staat als eine *Todes- und Wiedergeburtsfantasie*, die nach außen übertragen und an der Gesellschaft ausgelebt wird. Dahinter steht der ewige utopische Traum von einer perfekten Welt. Diese Gedanken werden von Ostow (1986) in seiner Beschreibung der machtvollen sozialen Tendenz zu einer apokalyptischen Erfahrung aufgegriffen, welche durch eine Anfangsphase wilder Zerstörung gekennzeichnet ist, der dann eine Phase messianischer Wiedergeburt folgt. Diese Dimension ist außerordentlich wichtig, aber leidet unter der starren Beschränkung, solche Tendenzen ausschließlich als etiologische Erklärung in einem regressiven und möglicherweise psychotischen Muster zu verwenden.

Der Versuch, »den Terroristen« als verwirrten, emotional gestörten, verarmten und geistig kranken Menschen darzustellen, ist irreführend und grundlegend falsch. Viele Selbstmordattentäter sind junge Menschen, deren Alter zwischen fünfzehn Jahren und Anfang zwanzig liegt. Auch einige junge Teenager sind dazu benutzt worden. Kürzlich entschied sich ein vierzehnjähriger Junge im letzten Augenblick um, während sein Freund ihren Plan ausführte und sich in die Luft jagte. Vier Jungen im Alter von 14 wurden vor kurzem bei dem Versuch getötet, in eine israelische Siedlung einzudringen. Junge Mädchen tun ihr Bestes, um bei diesem Rennen nicht abgehängt zu werden. Unter den Palästinensern herrscht aufrichtige Sorge über die wachsende Anzahl Jugendlicher, die, sei es im Auftrag ihrer Familien oder auf eigene Faust, Selbstmord-Missionen ausführen. Manchmal erhascht man einen Blick auf die Familien, während diese ihren Tod betrauern. So schwierig und oberflächlich es auch ist, dies zu beurteilen, der Eindruck, der entsteht, ist nicht der benachteiligender und liebloser Familien oder benachteiligter, ungeliebter Kinder. Gewöhnlich werden wahre Trauer und Kummer offenbar, oft vermischt mit Stolz. Eine wichtige Folge ist der soziale sowie der bedeutende finanzielle Beistand, der diesen Familien zuteil wird. Sie richten die traditionelle Trauerhütte ein, die Familie und Freunde besuchen, um ihre Aufwartung zu machen, ihre Unterstützung zu zeigen und den schmerzlichen Verlust mit der Familie zu teilen. Der Heldentod ihres Sohnes wird als nobles Opfer und Erreichen des Märtyrer-Status angesehen und hat die offene Billigung der Gemeinschaft.

Um diese jungen Menschen zu verstehen, müssen wir mehrere Faktoren in Betracht ziehen. Einige sind kulturell bedingt, andere spezifisch für die adoleszente Entwicklung. Jugendliche und junge Erwachsene müssen Triebe, Objektbeziehungen und intersubjektive Erfahrungen integrieren. Mein Verständnis davon, woraus diese Integration besteht und was sie erfordert, habe ich in einem theoretischen Modell der *Verarbeitung von Erfahrungen* durch *Vermittlung zweier separater Modalitäten* formuliert. Im Folgenden präsentiere ich die wichtigsten Untermauerungen dieses Modells, um seine Implikationen für Verwandtheit und Identitätsformation zu untersuchen.

Erlebnismodalitäten

Im konzeptuellen Rahmen entwickelte ich die Dimensionen *Verschmelzung* und *Getrenntheit* aus parallelen und komplementären inneren Schienen, oder Modalitäten, durch welche Erfahrung konstant verarbeitet und organisiert wird (Erlich u. Blatt 1985; Erlich 1988, 1990, 1991, 1993, 1995, 1996, 1998). Was von beiden Modalitäten verarbeitet wird, ist die erlebte Verwandtheit von Subjekt und Objekt, die die Spanne von Objektbeziehungen umfasst. Diese Modalitäten, oder Dimensionen, sind angeboren, werden jedoch in einem beträchtlichen Ausmaße sozial geformt und beeinflusst. Sie verarbeiten, assimilieren und strukturieren subjektives Erleben kontinuierlich und ohne Ende, größtenteils außerhalb von Bewusstsein und Willenskontrolle. Die Qualität von Subjekt-Objekt-Verwandtheit, wie sie von diesen zwei Modalitäten verarbeitet wird, wird in sehr verschiedenen Arten von Erleben reflektiert, die ich kurz beschreiben werde.

In der ersten Modalität werden das Subjekt und das Andere als separat und klar abgegrenzt erlebt. Sie sind daher funktionell und instrumental verwandt: die Beziehung zwischen ihnen ist instrumental, dominiert von Zweck und Absicht, von Kausalität, Ausrichtung und Chronologie. Es ist auch die Modalität, in der instinktgebundene Triebe und Konflikte erlebt werden. Die zentrale Frage hier könnte formuliert werden als »Wer tut wem etwas?«, weswegen ich diese Modalität Modalität des Handelns und Tuns (*Doing*) genannt habe. Zeit, die temporale Dimension, in der dieser Modus von Verwandtheit stattfindet, wird als linear, chronologisch und realistisch erlebt, wie auch alle anderen Komponenten, die gute Realitätstests ausmachen. Das Denken ist adaptiv ausgerichtet und betont objektive, logisch-wissenschaftliche Ziele und Methoden. Die generelle Tendenz ist zielgesteuert und visiert die Effizienz von Funktion, Aufgabe und Leistung an. Grenzen sind ausnehmend wichtig in dieser Modalität: die Getrenntheit, Deutlichkeit und Verwandtheit von Subjekt und Objekt finden alle ihren Ausdruck in der Klarheit, Schärfe, Stärke und Flexibilität der Grenzen, die sie voneinander trennen.

In der zweiten Modalität bezieht sich das fundamentale Erleben auf die Fusion, Identität und Verschmelzung von Subjekt und Objekt. Grenzen existieren hier nur insofern, als sie *sowohl* Subjekt *als auch* Objekt umfassen und beinhalten, in relativer Verschmelzung und Einheit belassen, wobei sie die ständige Kontinuität des Erlebens erlauben und sicherstellen. Zeit, Ort und andere Dimensionen werden auf drastisch veränderte Art wahrgenommen (z. B. als Varietäten nicht-linearer Zeit oder multidimensionalen, grenzenlosen Raumes).

Das Denken ist *nicht* auf Realitätsprüfungen, Präzision und Objektivität ausgerichtet. Im Gegenteil, die führende Tendenz in dieser Modalität ist Subjektivität: die Erlaubnis, dass das Subjekt sich selbst völlig als andauernde Einheit wahrnimmt, die mit ontologischer Kontinuität und Sicherheit einhergeht, und die in Zusammenhang und Einheit mit dem Anderen existiert. Das zentrale Erleben ist das des *Seins* (*Being*; daher der Name) in Verschmelzung, Zusammensein, und des *Inter-Seins* (*Inter-Being*). In der westlichen Gedankenwelt stellt man sich das *Sein* üblicherweise als Attribut mit einem Subjekt im Singular vor. Wie ich es sehe, ist das Erleben des *Sein* niemals singularisch – es schließt immer Subjekt und Objekt mit ein und umfasst deshalb das Inter-Sein. Diese erlebende Modalität verursacht oder unterstützt keine Konflikte oder Triebbedürfnisse und –wünsche. Sie enthält nur Erfahrungen des Seins vs. Nicht-Seins, mit den übereinstimmenden Bedürfnissen, Wünschen, Ansprüchen und Ängsten (Erlich & Blatt 1985; Erlich 1990). [2]

Die Terminologie des Seins und Tuns hat ihre Ursprünge und Parallelen in Winnicotts Arbeit (vgl. v. a. 1971, S. 76–100); es gibt jedoch signifikante und fundamentale Unterschiede zwischen seiner Konzeption und meiner. Diese Unterschiede können in einigen Hauptpunkten zusammengefasst werden: (1) Winnicott betrachtete das *Sein* als die erforderliche Entwicklung, die dem *Tun* vorausgeht; ich tue dies nicht. (2) In der Perspektive Winnicotts (und der meisten psychoanalytischen Autoren) sind das *Tun*/die Getrenntheit bei der Geburt noch nicht präsent und entwickeln sich aus dem *Sein*. Ich sehe das *Sein* und das *Tun* als parallele, komplementäre Modalitäten, die von Anfang an präsent und interaktiv sind. Mit wenigen Ausnahmen gewinnt zu jedem Zeitpunkt nur einer dieser zwei Modi die Vorherrschaft über den anderen. Andererseits werden im Laufe der Entwicklung die Permutationen ihrer Komplementarität, Überschneidungen und Vermischungen zunehmend feiner und frei zur Symbolisierung. (3) Obwohl wir beide in diesen Modalitäten verschiedene Aspekte der Verwandtheit sehen, betrachte ich das *Sein/Tun* als viel allgemeinere, umfassendere, und inhärente psychologische Modi, die sich auf die Funktion und Adaption (des Ich) auswirken. (4) Winnicott verband das *Sein* mit Weiblichkeit und das *Tun* mit Männlichkeit (Guntrip hat diese Unterscheidung erweitert und mit dem Mütterlichen/Väterlichen zugeschrieben: 1969, S. 258). Ich sehe das *Sein/Tun* nicht als wesenhaft geschlechtsabhängig an, sondern als entlang geschlechtsbezogener Linien ablaufend und selektiver kultureller Verstärkung unterworfen.

Ein weiterer Punkt muss zu dieser kurzen Darstellung noch hinzugefügt werden. Im entwicklungspsychologischen Sinne sehe ich beide dieser Modalitäten von Beginn des Lebens als präsent und wirksam an. Es gibt zunehmend Hinweise, dass bereits das Neugeborene von Anfang an *sowohl* mit einer feinen, scharf differenzierten Kapazität zur Beurteilung der Realität ausgestattet ist und lebt, die auf der dem Kind inhärenten Getrenntheit von seiner Mutter aufbaut, als auch mit einer Kapazität für die Verschmelzung und Fusion mit ihr:

> »Säuglinge beginnen von Geburt an (...) Selbstorganisationsprozesse wahrzunehmen. Säuglinge erleben niemals eine Phase völliger Undifferenziertheit zwischen dem Selbst und dem Anderen. Weder zu Anfang noch in irgendeiner späteren Phase des Säuglingsalters gibt es Verwechslungen von Selbst und Nichtselbst. Säuglinge sind auch von Beginn an in der Lage, auf äußere soziale Vorgänge selektiv zu reagieren, und machen niemals eine Phase durch, die dem Autismus vergleichbar wäre. (...) Die Erfahrungen des Einsseins werden so als Gelingen einer aktiven Organisation des Zusammenseins mit dem Anderen aufgefaßt und nicht als eine passive Unfähigkeit, zwischen dem Selbst und dem Anderen zu unterscheiden.« (Stern 1985, S. 23 f.)

Auf ähnliche Weise funktionieren auch Mütter in *beiden* Modalitäten. Was für die mütterliche Abstimmung auf das Kind von höchster Bedeutung ist, ist nicht die Bereitschaft der Mutter, eine symbiotische Verschmelzung mit dem Kind einzugehen (Mahler u. a. 1975) oder sich an reiner *Seins*-Verwandtschaft zu beteiligen (Winnicott 1971). Es liegt vielmehr in ihrer Kapazität, ihre Gangart zu ändern und sich flexibel der Modalität anzupassen, die das Kind zu diesem Zeitpunkt erlebt und benötigt, welche entweder die des *Seins* und der Einheit oder die der Getrenntheit und des *Tuns* ist. Mutter und Kind haben mit der Zeit zunehmend feine Abstufungen und Kombinationen des *Seins/Tuns* gemeinsam. Was dabei wirklich zählt, ist die *erlebte Güte der Abstimmung* (*goodness of fit*) zwischen ihnen. Diese gegenseitige Abstimmung aufeinander besitzt nachweisbare Charakteristika der Rhythmizität und und Synchronität entlang einer zeitlichen Dimension (Feldman 1993; Feldman u. a. 1997). Auf ähnliche Weise werden Patient und Analytiker ständig mit dem Problem konfrontiert, die *beste erlebte Anpassung* miteinander zu finden, zu festigen, oder aber auch daran zu scheitern (Erlich 1990; 1991; 1995). Der Analytiker/Therapeut fungiert gleichzeitig und auf paradoxe Weise in *beiden* erlebten Modi. Im Getrenntheit-*Tun*-Modus erlebt er sich selbst und den Patient funktionell und tut etwas an dem Patienten (d. h. behandelt ihn). Die Handlungen des Therapeuten haben direkte Auswirkungen auf den Patienten. Ein Musterbeispiel für diesen vom *Tun* dominierten Modus in der analytischen Situation ist die Interpretation. Wenn der Patient in dieser Modalität ist, ist er auf ähnliche Weise an einem *Tun*-Modus beteiligt: er leistet Widerstand, verteidigt sich, kämpft, widersetzt sich, internalisiert, usw. Andererseits ist der Analytiker (und auch der Patient) ebenfalls in einem nicht-funktionellen, Being-Modus präsent. Dieser wird üblicherweise als Holding, Containing, etc. bezeichnet. Er wird vielleicht am besten durch die *psychoanalytische Situation* veranschaulicht, die vom Analytiker als physische, psychologische und pseudonormative Situation eingerichtet, angeboten und mühevoll aufrechterhalten wird. Die psychoanalytische Situation, typischerweise unterbewertet und als bloßer Schauplatz für die wahre Arbeit und Effektivität der Interpretation angesehen, ist ein Vehikel und ein Ausdruck des *Sein*-Modus und trägt wesentlich zu den potenziellen und tatsächlichen heilenden Effekten von Psychoanalyse und Psychotherapie bei (Erlich 1995).

Erlebnisdimensionen und Identität

Ich werde nun untersuchen, wie sich dieses Konzept mit unseren Vorstellungen über die Adoleszenz und Identitätsbildung zusammenführen lässt. Mit dem Eintritt in die Phase der Adoleszenz stellt sich den Jugendlichen die Aufgabe, eine erfolgreiche Vermischung und Integration der zwei Erlebnis-Modalitäten zu entwickeln (Erlich 1990; 1993). Identitätsbildung findet nur dann statt, wenn das Individuum sich selbst so erlebt, dass es eine spezifische Rolle in einer bestimmten Gesellschaft und Kultur ist *und* tut (z. B. *ist* jemand ein Lehrer; zugleich ist dies das, was er *tut*). Im adoleszenten Erleben muss die Erfahrung, mit der einen oder anderen Einheit verschmolzen zu sein, mit der Fähigkeit kombiniert werden, sich davon abgegrenzt und getrennt zu fühlen, im Sinne von instrumentalen Zielen und libidinösen und aggressiven Wünschen. Eine vollständige Antwort auf die Frage »Wer bin ich?« erfordert viel mehr als nur die Modalität der gefestigten Trennung von Selbst und Objekt, von Trieb und Konflikt, und die Feinheiten intellektueller Differenzierung. Ebenso kann sie nicht einzig von der Fusion und Verschmelzung mit einem Objekt oder psychischen Zustand kommen, und der Geborgenheit, Sicherheit und Substanz, die eine solche Einheit dem Selbst als einem Wesen, das der kontinuierlichen Existenz fähig ist, bietet. Beide Modalitäten müssen gegenwärtig und ausreichend gut integriert sein, um die Identität eines Menschen angemessen zu festigen.

Die erfolgreiche Integration von Getrenntheit und Verschmelzung ermöglicht es dem Jugendlichen, sich selbst als vollständig vereint, mit einer bestimmten Rolle in der Gesellschaft, zu erleben, während er sich zur gleichen Zeit voll mit dem Erwerb und der Meisterung der funktionellen, technischen, faktischen oder mechanischen Fertigkeiten beschäftigt, welche diese verlangt. Wo eine solche Integration der zwei Modalitäten nicht vollzogen werden kann, begegnen uns zahlreiche Formen und Ausdrucksweisen von Ungleichgewicht, so zum Beispiel freudloses technisches oder intellektuelles Vertiefen oder vordringliches Streben nach spiritueller Nahrung und Weltferne. Das entscheidende Element ist immer das Scheitern daran, die zwei Modalitäten zu integrieren, und die Hervorhebung einer auf Kosten der anderen.

In schweren Fällen kann die Unfähigkeit, in der Rolle zu sein, sich mit ihr zu verbinden und zu verschmelzen, so überwältigend sein, dass sie einen Defensiv-Rückzug hervorruft. Der Jugendliche weigert sich, die Rolle auszufüllen (zu »tun«), sogar als äußeres Maß, weil dies das Ausmaß seines Nicht-Seins, seine innere Leere und Taubheit aufdecken könnte, was er nicht riskieren kann. Der Jugendliche, der unter dieser Art und diesem Ausmaß von *Sein*-Störung leidet, zeigt gewöhnlich diverse andere Anzeichen von Schwierigkeiten, sich sozial einzugliedern. Diese können verschiedenste Formen annehmen, die von einer Unfähigkeit, sich mit den Werten und Normen seiner Gesellschaft zu identifizieren, bis zu offen antisozialem Verhalten reichen können, oder zu sozialem Rückzug und Isolation, wie in schizoiden Persönlichkeiten und schizophrenen Störungen. Dies sind einige Beispiele dafür, wie Identität, Verwandtheit und die Erlebnisdimensionen untereinander verbunden sind.

Wenn wir über Hamlets Dilemma hinausgehen, können wir den Übergang des Jugendlichen in die Welt der Erwachsenen als abhängig von der gleichzeitigen Akzeptanz und Internalisierung zweier widersprüchlicher Möglichkeiten sehen: Sein oder Nichtsein, sowie Tun oder Nichttun. Die einzige Lösung aus diesem Paradox ist durch die Erfahrung, dass Sein Tun ist, und Tun Sein. Nachdem dieses Paradox internalisiert worden ist, bereichert es sowohl das Selbst als auch die Identität und festigt reifere und integrativere Formen von Sein/Tun. Seine Ablehnung jedoch führt zu enormer narzisstischer Sensibilität um die Grenzen und Endlichkeit des Selbst, die in Tod und Selbstmord gipfelt (Erlich 1978; 1990).

Bisher habe ich umrissen, warum die Integration zweier Erlebnis-Modalitäten innerhalb einer sozialen Rolle fundamental für eine erfolgreiche Identitätsbildung ist. Eine soziale Rolle ist eine spezifische Komponente der Zugehörigkeit zu einer Gesellschaft. Sie wird weiter ausbalanciert, abgefasst, gestützt und angetrieben durch den ebenso wichtigen Beitrag von Werten und Ideologien. Werte und Ideologien sind nicht nur vom gesellschaftlichen Standpunkt her unentbehrlich. Sie sind der Lebensstoff, durch den ein Individuum sich als zugehörig empfindet – vereint mit einer Gemeinschaft, die es hält, beinhaltet und in einem sozialen Boden und seiner Nahrung verwurzelt, ohne welche es abgetrennt, isoliert, entfremdet, verletzlich und nicht-existent ist. Ideologie und Werte, Glaube und Überzeugungen sind der Klebstoff, der die individuelle Psyche mit einem größeren Wesen oder Geschöpf verbindet, genauso unbedingt nötig für die eigene Existenz wie interpersonelle Liebe und Intimität. Wie Freud es ausdrückte: Für das Ich bedeutet leben das gleiche wie geliebt werden – vom Über-Ich (1923, S. 58). Ohne die Erfahrung des Einsseins mit den inneren Repräsentationen von Werten und Ideologien – mit den Ideologien des Über-Ichs (Freud 1933, S. 67), ist das Leben, oder Sein, unmöglich.

Für den Jugendlichen und jungen Erwachsenen ist dieses Bedürfnis, in etwas Größerem als dem eigenen Selbst aufzugehen, entscheidend. In der frühen Adoleszenz ist es oft eine angebetete Persönlichkeit, in die man investiert und mit der man verschmilzt. Später wird dies abstrakter und kann eine Überzeugung, eine Ideologie, eine Religion oder jegliche Vorstellung sein, die das Versprechen eines idealisierten Zustandes in sich birgt. Im Gegensatz zu der westlichen Konzeption, in der ein deutlich umrissenes und autonomes Subjekt eine ihm extern vorgelegte Idee auswählt und übernimmt, funktioniert die Psyche junger Menschen im Allgemeinen, und von Selbstmordattentätern im Besonderen, anders. Eine Idee (eine Ideologie, religiöse Überzeugung, philanthropische Sache, usw.) ist nichts Externes, das übernommen werden muss. Sie ist der innere Modus der Selbstwirklichung – des Tuns, was man ist, und Seins, was man tut. Das Selbst, das Leben und die Existenz sind bedeutungslos, wenn nicht gar erfüllt von dieser lebensspendenden Kraft. Eine endlose Ansammlung von Möglichkeiten, die von der dominanten Kultur oder Gegenkultur eröffnet werden, verlockt dazu, übernommen zu werden. Es ist dort, wo diese ideologischen Ziele versagen, gewöhnlich wegen der individuellen oder der familiären Psychopathologie, dass Menschen Zuflucht zu anderen Mitteln nehmen, welche von Drogen bis zu Sex, von Selbstmord bis zu Selbstverstümmelung reichen. Die Antriebskraft hinter diesen Manifestationen ist immer die gleiche: das Bedürfnis, komplett in etwas einzutauchen, um sich selbst in neuer Form wiederzugewinnen, in der man mit einem Wesen, das größer ist als das Selbst, vereint worden ist. Dies ist jedoch nicht regressiv. Es handelt sich um ein progressives, entwicklungsbedingtes adoleszentes Bedürfnis, dessen Rückstände und Auswirkungen auch später fortbestehen.

Die Form, die dieses Bedürfnis annimmt, variiert ungeheuer, weniger entlang individueller psychopathologischer Linien als vielmehr entlang bereits bestehender kultureller Muster. Hier besteht eine entscheidende Überkreuzung von intrapsychischer Entwicklung mit der tatsächlichen Realität in der Repräsentation durch kulturelle Ziele und Erwartungen, die als Werte und Ideale übermittelt und zugänglich gemacht werden. Diese Ideologien sind der Klebstoff, der bindet und Verbindungen herstellt – mit der eigenen Familie, sozialen Gruppe und Geschichte; aber auch mit dem eigenen Selbst, Körper und Identität. Ohne sie ist der Mensch dazu verurteilt, zu welken und sich leer und losgelöst zu fühlen.

Es ist wichtig, die Ideologien zu studieren und artikulieren, die den Terrorismus tatsächlich unterstreichen. Religion spielt eindeutig eine Hauptrolle, vor allem religiöser Fundamentalismus (Bohleber 2002; auch als Beitrag in diesem Buch). Jede Religion bietet die Aussicht auf Zusammenwachsen durch Vereinigung mit einem Sein, das größer ist als das Selbst, bzw. einer Gruppe oder einem höchsten Wesen, und dies macht ihre Attraktivität aus. Wie eine solche Vereinigung jedoch erreicht oder ausgeführt werden kann, ist von einer Religion zur anderen und auch innerhalb einer Religion unterschiedlich und der jeweiligen Interpretation unterworfen. Von den zahlreichen Faktoren, die diese Vereinigung beeinflussen, ist wahrscheinlich die Einstellung dem Tod gegenüber der wichtigste. Diese Einstellung beinhaltet und formt die Sicht des Lebens nach dem Tode, was auf die Wahrnehmung der Realität, die von den anderen Mitgliedern dieser Religion geteilt wird, grundlegende Auswirkungen hat. Im Islam zum Beispiel ist das Leben nach dem Tode eines *Schahid* (Märtyrers) eine unendliche, mit Freuden erfüllte Existenz im Paradies, wo sich siebzig Jungfrauen jedem Schahid widmen. Es ist nicht einfach nur das Versprechen der leichten unendlichen Seligkeit, die so attraktiv ist; es ist die *Vorstellung*, mit unendlicher Seligkeit zu verschmelzen, der vollkommene utopische Zustand, auf den Greenacre verwiesen hat. Aber es ist nicht eine psychotische Regression, die einen jungen Menschen dazu befähigt, sein Leben wegzuwerfen. Vielmehr ist es die enorme Macht und der glückselige Frieden, der aus der Verschmelzung mit einer höheren Sache entsteht – dies *ist* das Paradies. Es ist ein Geisteszustand, in dem keine Kalkulationen oder instrumentale Entscheidungen mehr benötigt werden. Dieser wird durch Ruhe und Gelassenheit gekennzeichnet, als ob man in ein anderes Reich des Seins versetzt worden wäre. Es ist der Zustand, in dem das eigene Selbst von etwas Größerem übernommen, aufgesogen und verschlungen wird – intern verehrt vom eigenen Ich-Ideal und extern von der Familie und der Gemeinschaft. Das bedeutet nicht unbedingt, dass die Familien dieser jungen Männer sie aktiv darin unterstützen, Selbstmordattentate auszuführen. In ihnen wirken die gleichen Bande der Liebe, Angst vor Verlust und Trauer wie in allen Menschen. Die Unterstützung erfolgt meistens erst später, aber der junge Mensch weiß, dass sie kommen wird, und dass neben dem Schmerz auch Akzeptanz, Zustimmung und Stolz bestehen werden. Im Gegensatz zu der üblichen westlichen Meinung werden diese Tode nicht als Selbstmorde angesehen (welche vom Islam, wie von anderen Religionen, verboten sind). Sie sind Märtyrertode, durch die die eigene persönliche Existenz auf ewig mit einer zeitlosen Gemeinschaft verschmolzen und zusammenschweißt wird – der großen Islamischen Ummah.

Eine vorherrschende Form, sich einer Ideologie zu unterwerfen, ist das Konzept der *Reinheit*. Ich glaube, dass in uns allen eine innere *Selbst-Reinheit* aufrechterhalten und vor Verunreinigung geschützt werden muss. Diese Reinheit geht ebenfalls aus der Dimension des *Seins* hervor (Erlich 1998). Sie *kann nicht* rational, funktionell oder instrumental verstanden oder angegangen werden. Sie hat nichts von Machtkämpfen oder territorialer Gier an sich, und alle Versuche, sie in solcher Hinsicht zu untersuchen, sind zum Scheitern verurteilt. Ideologien sind die Brutstätte für Vorstellungen von Reinheit sowie auch Unreinheit. Für Religionen ist Reinheit – der Seele, des Körpers und des Lebens – ein ausdrückliches Anliegen, und sie tragen dadurch in hohem Maße zur Entstehung von Vorurteilen bei. Jugendliche sind enorm besorgt um die Reinheit ihres Verstandes, ihrer Seele und ihres Körpers, in dem so viel vorgeht. Ihr Verlangen nach Reinheit ist mit dem Streben nach einem idealen Zustand verbunden und wird durch ideologische, pseudo-religiöse Visionen projiziert und unterstützt. Solches Streben ist ein äußerst bedeutsamer Ausdruck der Modalität des Seins und Verschmelzens, da es das Versprechen der Verschmelzung mit einem größeren, besseren und erhabenen Zustandes beinhaltet. Es gehört zu einem Reich, das mit der Logik und Rationalität der Modalität des *Tuns*-Getrenntseins nichts zu tun hat, und ist gegen solche Zugänge oder solches Verständnis immun. Ebenso ist es nicht von Trieb und Konflikt abgeleitet.

Abschließend möchte ich nahelegen, dass terroristische Anschläge nicht bloße Ausdrücke von Hass, Destruktivität und Benachteiligung sind, wenn diese auch eine Rolle spielen können. Vor allem dort, wo Jugendliche an terroristischen Aktivitäten beteiligt sind, begegnen wir dem Bedürfnis, seine eigene Grenzen auszulöschen und mit etwas Größerem zu verschmelzen. Dieser Wunsch und dieses Bedürfnis entstammen nicht in erster Linie dem Druck von Sexualität und Aggression, sondern einer anderen Sphäre: dem erlebnisbezogenen Bedürfnis, mit etwas Größerem und Reinerem vereinigt zu werden, etwas, das ewiges Sein verspricht. Dieses Streben wird durch die Verschmelzung mit einer Idee oder Ideologie ermöglicht und von dem Wunsch angetrieben, die Reinheit des Selbst von verunreinigender Unreinheit freizuhalten. Als Entwicklungsphase genießt es die stillschweigende Unterstützung und Billigung durch die Gemeinschaft, der der Jugendliche oder junge Erwachsene angehören möchte. Wo und wenn die religiöse, politische oder kulturelle Ideologie das Versprechen macht, Reinheit und Ewigkeit zu erlangen, wird der eigentliche Tod des Jugendlichen als Tor zu ewiger Einheit und Sein erlebt.

Anmerkungen

1 Dieser Beitrag wurde ursprünglich als Vortrag bei der Konferenz »Terrorism and the Psychoanalytic Space. International Perspectives from Ground Zero« des Institute for Psychoanalytic Training and Research (IPTAR) in New York gehalten. Übersetzung aus dem Englischen von Daniela Bone. Abdruck mit freundlicher Genehmigung des Autors.

2 Beide erlebende Modi stehen in nicht geringer Beziehung zu kognitiven Dimensionen. Dies bedingt und untermauert ihre Assoziation mit primären und sekundären gedanklichen Prozessen. Es ist jedoch beachtenswert, dass ich trotz stichhaltiger Übereinstimmung das Denken als von den Erlebensmodi abgeleitet und bestimmt ansehe, und nicht umgekehrt, so dass primäre und sekundäre Gedankenprozesse durch sie entstehen. Dies scheint beachtliche heuristische Vorteile zu haben: So wird der primäre Prozess zum Beispiel durch zwei Attribute definiert: Rohheit oder Primitivität, sowie Formalkriterien wie Ungenauigkeit, Mangel an Grenzen, usw. Er kann dadurch Eigenschaften beider Modalitäten an sich haben, und diese wiederum verfeinern das Konzept.

Literatur

Bion, W. R. (1967): Second Thoughts. London (Karnac).

Bohleber, W. (2002): Kollektive Phantasmen, Destruktivität, und Terrorismus. EPF Conference in Prague, April 2002, EPF Internet Website: http://www.epf-eu.org/pub/bulletinv04/bulltin_articles_liste_en.html

Erlich, H. S. (1978): Adolescent suicide: Maternal longing and cognitive development.

Psychoanal. Study Child 33, S. 261–277.
Erlich, H. S. (1988): The terminability of adolescence and psychoanalysis. Psychoanal. Study Child 43, S. 199–211.
Erlich, H. S. (1990): Boundaries, limitations, and the wish for fusion in the treatment of adolescents. Psychoanal. Study Child 45, S. 195–213.
Erlich, H. S. (1991): Die Erlebnisdimensionen »Being« und »Doing« in Psychoanalyse und Psychotherapie. Zeitschrift (J. Psychoanal. Theory & Practice) 3, S. 317–334.
Erlich, H. S. (1993): Reality, fantasy and adolescence. Psychoanal. Study Child 48, S. 209–223.
Erlich, H. S. (1995): Two kinds of change facilitating factors. Israel J. Psychiatry 32, S. 194–204.
Erlich, H. S. (1996): Ego and self in the group. Group Analysis 29, S. 229–243.
Erlich, H. S. (1998):On loneliness, narcissism, and intimacy. Amer. J. Psychoanal. 58, S. 135–162.
Erlich, H. S., und Blatt, S. J. (1985): Narcissism and object love: The metapsychology of experience. Psychoanalytic Study of the Child 40, S. 57–79.
Feldman, R. (1993): Rhythmicity and Synchronicity Between Mother and Infant in the First Year of Life. Unveröffentlichte Dissertation, The Hebrew University of Jerusalem.
Feldman, R., Greenbaum, C. W., Mayes, L. C., und Erlich, H. S. (1997): Change in Mother-Infant Interactive Behavior; Relations to Change in the Mother, the Infant, and the Social Context. Infant Behavior and Development 20, S. 151–163.
Ferenczi, S. (1933): Confusion of the Tongues Between the Adults and the Child (The Language of Tenderness and of Passion). Int. J. Psycho-Anal. 30, S. 225–230.
Freud, S. (1985): Project for a scientific psychology. S.E. 1, S. 295–387. Dt. Entwurf einer Psychologie.
Freud, S. (1915): Instincts and their vicissitudes. S.E. 14, S. 117–140. Dt. Triebe und Triebschicksale.
Freud, S. (1923): The ego and the id. S.E. 19, S. 12–59. Dt. Das Ich und das Es.
Freud, S. (1933): New introductory lectures, Lecture XXXI . S.E. 22, S. 57–80. Dt. Neue Folge der Vorlesungen zur Einführung in die Psychoanalyse.
Greenacre, P. (1970): Youth, growth, and violence. Psychoanal. Study Child 25, S. 340–359.
Guntrip, H. (1969): Schizoid Phenomena, Object Relations, and the Self. New York (Int. Univers. Press).
Mahler, M., Pine, F., und Bergman, A. (1975): The Psychological Birth of the Human Infant. New York (Basic).
Ostow, M. (1986): The psychodynamics of apocalyptic: Discussion of papers on identification and the Nazi phenomenon. Int. J. Psycho-Anal. 67, S.277–285.
Rizzuto, A. (1990): Deprivation and delinquency. J. Amer. Psychoanal. Assn. 38, S. 811–815.
Stern, D. N. (1985): The Interpersonal World of the Infant. New York (Basic Books). Dt. Die Lebenserfahrung des Säuglings. 6. Aufl. 1998.
Winnicott, D. W. (1971): Playing and Reality. Harmondsworth (Penguin Books). Dt. Vom Spiel zur Kreativität.

Zur Psychogenese der terroristischen Entschlossenheit[1]

Johannes Döser

Ein 12-jähriger Junge reagierte auf das Attentat vom 11.September mit der Bemerkung: »Ich frage mich, wie die das konnten – da einfach reinfliegen. Sich so umbringen – wie kann man das tun?«. Dieser Frage möchte ich anhand von biographischen Daten, Selbstzeugnissen und Schriftstücken Mohammed Attas, dem »Kopf« der Terroristengruppe, nachgehen. Ich beziehe mich dabei vor allem auf die Recherchen von Stefan Aust, Cordt Schnibben und Mitarbeitern (2002; ergänzendes Interviewmaterial enthält die Filmreportage mit dem Titel »Die Todespiloten«, gesendet in arte, 25. Juni 2002, 22.25 Uhr). Welches sind die psychischen Voraussetzungen zu einer solchen Tat? Wie reift der Entschluss, sich zu einer Bombe zu machen und das eigene Leben dabei zu opfern? Können wir mit Hilfe psychoanalytischer Erkenntnisse mehr Licht auf die seelischen Vorgänge eines Selbstmordattentäters werfen?[2] Auf der Suche nach einer Antwort möchte ich mich aus der Diskussion über die gesellschaftlichen, kulturellen und politischen Hintergründe etwas herauslösen, um einen genaueren Blick auf die unbewussten Motive dieses Todespiloten zu erhalten[3].

1. Atta – der Idealist und Perfektionist

Mohammed al-Amir Atta – der Name bedeutet ›Geschenk‹ – wurde 1968 in Ägypten geboren und wuchs in Kairo auf. Attas Gesicht ist aus dem immer gleichen Pressephoto bekannt: stolz erhoben, mit kalten, halb verschlossenen Augen und zusammengepresstem Mund. Sein Vater äußerte sich empört: die Ablichtung sei auf einen falschen Hals montiert und zu einer gefühllosen Fratze verzerrt worden, damit er wie ein diabolischer Terrorist aussehe. Andere haben ihn eher als kleinen, schmächtigen Mann in Pullover und Flanellhosen, mit klassischen, fast griechischen Gesichtszügen und festem, ruhigem Blick in Erinnerung. In den Wesenszügen seiner Persönlichkeit wird er charakterisiert als rational, sprachbegabt, perfektionistisch, hochintelligent, selbstbewusst, organisatorisch geschickt, in höchstem Maße belastbar, verhaltenskontrolliert, so dass nur selten Fanatismus und Antiamerikanismus durchgebrochen seien. Atta hätte gehorchen und gleichzeitig führen können. Schulkameraden und Kommilitonen hätten über ihn berichtet, dass er still und ernst gewesen sei, fleißig, und dass er immer der Beste sein und die besten Noten haben wollte, nie fehlte. Einer sagte: »Mohammed war anders als andere, er nahm das Leben schwer.« Sein Professor in Kairo meint: »Er war streng, mit sich und anderen.« Sein deutscher Professor attestiert: »Er war sehr wach, sehr aufmerksam, sehr klug, vielleicht etwas zu eifrig, sehr höflich und sehr puristisch«. Am meisten hätten ihn die US-Politik, die UN-Politik und der Konflikt in Palästina und im Irak aufgeregt. In Diskussionen sei er schnell wütend geworden, wenn er sich nicht habe durchsetzen können, ansonsten galt er als ein bescheidener Mann. Sein großes Thema: Städte! Er habe die ägyptische Kultur schützen, ihre islamische Identität wahren und seine Heimat nicht von Hochhäusern amerikanischer Art überstülpen und zerstören lassen wollen. Er habe in Seminaren über das Planen und Bauen in den Entwicklungsländern aus dem Stegreif begeisternde Vorträge gehalten, eloquent und gebildet. Er habe Fassadenhaftes und historisierende Rekonstruktionen verachtet.

1994 habe er sich für ein entwicklungspsychologisches Studienprogamm beworben. Darin schrieb er:

> »Da ich in einem Entwicklungsland geboren und aufgewachsen bin, habe ich selbst mehrere Seiten der Problematik miterlebt (...) Sozusagen als »neue Generation« haben wir Studenten uns mit Fragen über die Möglichkeiten, Chancen und Gefahren befasst und das Thema Entwicklung kritisch, aber hoffnungsvoll diskutiert (...) Seitdem ich in Deutschland bin, versuche ich – ob bewusst oder unbewusst – als Außenstehender zu erfahren, wie diese sogenannte »Erste Welt« uns betrachtet und wie sie sich unserer »Dritten Welt« gegenüber verhält (...) Sehr interessiert bin ich jetzt, wie die Zusammenarbeit von »westlichen« und »nationalen« Beteiligten funktionieren und erfolgreich sein kann. Die Menschen aus der »Dritten Welt« sollen sich auch selbst helfen. Dazu brauchen sie aber das Selbstvertrauen und die Erfahrung, bzw. das Know-How aus dem »Westen«. Wie man die Entwicklungspolitik in dieser Richtung steuern könnte, ist eine entscheidende Frage für die Zukunft – damit wir es wirklich schaffen, die Ursachen und nicht nur die Symptome der Problematik zu behandeln.«

Sind dies nicht eindringliche Worte, die nach Kommunikation, Kontakt, Verstehen und gutem Willen suchen? Wieso hat Atta, der angehende Architekt und Stadtplaner, die Entwicklungspolitik mit einer Todeswaffe vertauscht?

2. Atta – der Asket

Ab 1995 habe er sich zunehmend verändert: er sei angespannter geworden, habe auffällig mehr geraucht, sich vor allem immer stärker in einen religiösen Eifer hineingesteigert. Welche Faktoren könnten zur Radikalisierung beigetragen haben? Gibt es Anhaltspunkte? Eine Vorgeschichte?

Es wird gesagt, er habe ein asexuelles, asketisches Leben geführt, an Vergnügungen kaum Interesse gehabt, wenig Freunde. Kino, Musik, Tanzen, Feiern habe er verachtet. Manche betrachteten ihn daher als »ziemlich verklemmten Streber«. Ein deutscher Kommilitone erwähnte seine Verschlossenheit im Privatleben: Frauen gegenüber habe er sich unbehaglich gefühlt und schroff verhalten, Händedruck vermieden, den Blick abgewandt, einsilbige Antworten gegeben. Könnte man einen Zusammenhang vermuten zwischen dieser Scheu und seiner Furcht, an den Rand gedrängt zu werden? Schon in seinem ersten Jahr in Deutschland, als Atta 1992–1993 bei einem multikulturell engagierten Hamburger Lehrerehepaar wohnte, war er wegen seiner ängstlichen Verhaltenheit gegenüber dem weiblichen Geschlecht aufgefallen. Verführerische Situationen scheinen ihm hochproblematisch gewesen zu sein. Er habe die Augen geschlossen, wenn seine Gastgeberin im Nachthemd ins Schlafzimmer gegangen sei, und ihre Freundinnen habe er ignoriert. Sind hier Versuchung und religiöse Abwehr aufeinandergeprallt? Hat er in religiösen Ritualen Schutz und Rettung vor den sexuellen Aspekten des Lebens gesucht? Vor seinen Gebeten habe er Waschungen ausgeübt und sei mit hoch gereckten Armen in sein Zimmer gegangen, um den »unreinen« Haushund nicht zu berühren. Man könnte sich gut vorstellen, dass seine erotische Scheu auch mit einer Aggressionsgehemmtheit verknüpft war, und dass es stimmt, was sein Vater nach dem Attentat über ihn gesagt hat: »Wenn jeder auf der Welt ein Huhn schlachten könnte, wäre er dazu nicht in der Lage.« Die Psychoanalyse hat vielfach beschrieben, wie sich unter solcher Gehemmtheit durchaus eine Verzweiflung und narzisstische Wut anstauen können, die zwar das Huhn schont, aber die Welt schlachtet. Dass er unter seiner Hemmung gelitten haben muss, verrät eine Bemerkung, die er seiner Gastgeberin in einem Augenblick des Zweifelns geäußert habe: »Glaubst du, es fällt mir leicht, in meinem Alter noch enthaltsam zu sein?« Wir können nichts von seinen Alpträumen noch von sonstigen Träumen erfahren, aber von einer – vielleicht doch auch seelisch bedingten – körperlichen Not: nachts habe er kaum noch Luft bekommen und sich daher an der Nase operieren lassen. Niemand habe es erfahren dürfen, damit sich keiner Sorgen mache[4]. Was ist passiert, was hat ihm den Atem genommen?

Als er sich in eine flotte Stadtplanerin verliebte, habe er sich zurückgezogen mit der Bemerkung, das sei nicht »statthaft«. Warum hatte er solche Furcht vor der Liebe? Was liegt hier begraben, welches Leiden, welche Verletzlichkeit, und was hat es auf sich mit seiner Angst vor Überwältigung? Und wohin verschoben sich seine Verliebtheitsgefühle nach der Abwendung von dieser Frau? Alles ist hier Mutmaßung. Ich möchte aber Freuds Worte zitieren: »Niemals sind wir ungeschützter gegen das Leiden, als wenn wir lieben, niemals hilfloser unglücklich, als wenn wir das geliebte Objekt oder seine Liebe verloren haben« (Freud 1930, S. 214). Hat eine Liebesenttäuschung zu seinem Welthass mit beigetragen?

3. Atta – der gekränkte Prophet

Innerhalb desselben Jahres haben sich – durch Antipathien und Befremdlichkeiten – zwischen ihm und dem Lehrerehepaar Spannungen aufgebaut. Für seine Gastgeber seien die persönlichen und kulturellen Eigenheiten Attas schließlich unerträglich geworden, z. B. dass er für seine Waschungen so häufig das Bad blockierte oder nicht in Töpfen kochen wollte, in denen schon einmal Fleisch von Schweinen zubereitet worden ist. Wofür stehen Schweine? Auch diesseits des Religiösen sind diese Tiere mit der Bedeutung »sexuell« und »unrein« verknüpft. Nächtliches Kochen zur Zeit des Ramadan hätten 1993 zum Anlass gereicht, Atta hinauszukomplementieren. Er sei daraufhin in ein Studentenheim gezogen. Hier habe seine Wut auf den Westen zu lodern begonnen.

Wie ist der wachsende Hass entstanden, was hat ihn geschürt? Atta war sicherlich bemüht, wollte Gutes. Er habe in kurzer Zeit perfekt Deutsch gelernt und große Pläne gehegt. Er hatte eine altruistische Neigung, war hilfsbereit. Es wird erwähnt, wie er einem Kollegen mit Rückenschmerzen Naturheilmittel brachte. Ist Atta in seinem Bemühen, etwas Gutes zu tun, abgeblitzt? Hat er bei seinem Versuch, in Deutschland zu landen, die Erfahrung gemacht, dass er doch als ein Fremder gesehen, anders behandelt und in seinem Anderssein abgelehnt wurde? Fiel diese Erfahrung auf den brisanten Hintergrund eines biographischen Traumas, nie wirklich verstanden worden zu sein und nie verstanden werden zu können? Wurde dies zur Neuauflage einer unversöhnlichen Enttäuschung?

1995 erfolgen Reisen in die arabische Welt, die ihn erkennbar verändert hätten. Aus Mekka kehrt er mit einem Bart zurück. Einem Islamwissenschaftler, der ihn auf einer 3-monatigen Studienreise nach Ägypten begleitet, fällt zwischen ungewohnter Scherzlaune und clowneskem Übermut eine fundamentalistische Tendenz auf, etwa im Kommentar: »Der Koran ist nicht interpretierbar, der Koran ist absolut.« Zurück in Deutschland bemerken Glaubensbrüder in der Hamburger Kuds-Moschee seinen zunehmenden Starrsinn und seine mangelnde Bereitschaft, sich in gemeinsame Projekte einzufügen.

1996 setzt Atta ein Testament auf und lässt es von zwei Kommilitonen unterzeichnen. Darin heißt es unter anderem:

> »Ich (...) habe nicht den geringsten Zweifel, daß Gott alle Menschen aus ihren Gräbern wiederauferstehen läßt (...) Ich wünsche, daß meine Familie den allmächtigen Gott fürchtet und sich nicht durch das Leben ablenken läßt (...) Zu meinem

Angedenken sollen sie sich verhalten nach dem Vorbild Abraham, der seinem Sohn auftrug, als guter Muslim zu sterben (...) Niemand soll meinetwegen weinen (...) Niemand, der in der Vergangenheit nicht mit mir auskam, soll mich nach meinem Tod besuchen (...) Weder schwangere Frauen noch unreine Personen sollen von mir Abschied nehmen (...) Derjenige, der meinen Körper rund um meine Genitalien wäschst, sollte Handschuhe tragen, damit ich dort nicht berührt werde (...) Frauen sollen weder bei der Beerdigung zugegen sein noch irgendwann später sich an meinem Grab einfinden (...) Dreimal soll Erde auf meinen Körper geworfen werden mit dem Spruch: ›Du kommst aus Staub, bist Staub, und zum Staub kehrst du zurück. Und aus dem Staub wird ein neuer Mensch entstehen‹ (...) Alle, die an meiner Beerdigung teilnehmen, sollen für mich um Vergebung bitten (...) Wer den Anweisungen (...) nicht entspricht (...) oder zuwiderhandelt, wird (...) zur Verantwortung gezogen.«

4. Atta – der Stratege

1998 erfolgt der Umzug in die spätere konspirative Wohnung in der Marienstraße 54 in Hamburg. Er zieht sich vom Uni-Seminar immer mehr zurück. Im selben Jahr gründet er eine Islam-AG in der TU Harburg. Er sagt: *»Wenn ich nicht beten kann, kann ich nicht studieren.«* Er wird als verwandelt beschrieben, kaum mehr ein Lächeln, humorloser, unbeweglicher, in den Augen etwas glühender. 1999 bringt er seine Diplomarbeit über einen gefährdeten Teil einer islamischen Stadt zum Abschluss, mit den Noten 1,7 und 1,0. Er versieht die Arbeit mit der Widmung: *»Mein Gebet und meine Opferung und mein Leben und mein Tod gehören Allah, dem Herrn der Welten.«* Ist er der gefährdete Stadtteil, und antizipiert er hier bereits unbewusst seinen Tod?

1999 geht Atta erneut auf Reisen. Man nimmt an, dass ein ehemaliger Dschihad-Kämpfer aus Bosnien und Afghanistan, der hünenhafte und prahlerische Syrer Zammar, eine Verbindung zu Al Qaida hergestellt habe. Atta habe dann in einem Ausbildungskamp in Kandahar gewohnt und dort eine Schulung genossen, welche seine politisch-religiöse Überzeugung radikalisiert und das westliche Feindbild verstärkt hätte. Die Ausdeutung der Gegenwart als Kriegszustand, die Umdeutung der Selbsttötung zur militärischen Verteidigung, die Bewertung des Anschlags als gottgewollte Ehre, die Erhöhung des Täters zum Auserwählten sowie die Definition des Massenmords als einzig wirksame Aktion gegen den übermächtigen Feind werden als wichtige Schritte der Schulung vermutet, vor allem natürlich die Entwicklung des grandiosen Plans und die versprochene göttliche Aufwertung durch die globale Symbolwirkung der Tat, im paradiesischen Widerschein des Erlösungsglaubens. Mit diesen Prämissen habe sich die Zelle formiert. Gruppenkontrolle und ständiges Wiederholen alles

Gelernten hätten die Überzeugungen gestärkt, und – last but not least – finanzielle Unterstützung die Realisierung ermöglicht. Die Äußerung von Attas Vater, Atta habe eigentlich nicht Amerika gehasst, sondern Osama Bin Laden, erscheint als ein merkwürdiger und interessanter Widerspruch. »Wissen Sie warum? Weil mein Sohn ein echter Ägypter mit einem geraden Charakter ist. Bin Laden hat einen Sprengstoffanschlag auf die ägyptische Botschaft in Pakistan verübt. Das war ein Schlag auf die Ehre Ägyptens.« Nach der Reise besorgt sich Atta einen neuen Pass, um Spuren zu verwischen. Man nimmt an, dass ab diesem Zeitpunkt das »Netzwerk« arbeitet.

Nach der Rückkehr fiel die Gruppe um Atta in der Hamburger Moschee dadurch auf, dass sie oft abseits saß. Wer ihre Einstellung nicht teilte, sei aus ihrem Kreis ausgeschlossen worden. Es hätten sich hasserfüllte Äußerungen gehäuft: »Die Juden sollen verbrennen, und wir werden auf ihren Gräbern tanzen.«[5] Im Juni 2000 erfolgte die Einreise in die USA. In der Flugschule habe man Atta als unsympathisch empfunden. Er weckte Ärger durch ständig üble Laune, mürrisches Gesicht und ärgerliche Besserwisserei, und er wirkte unheimlich durch roboterhafte Mimik beim Fliegen. Sein Blick sei meist ausweichend gewesen, doch wenn er sich gestört fühlte, grimmig, kalt, durchdringend, irgendwie verächtlich, »ein bisschen sehr kühl«. Als Flugschüler erwies er sich als unbegabt und irritierte durch seine merkwürdige Vorliebe, vor allem Kurven zu üben und am Landen kein Interesse zu haben. Zum letzten Mal fällt er am 7. September auf: stundenlang habe er in einer Kneipe in Florida verbissen ein Computer-Golfspiel traktiert und danach einen Konflikt mit dem Kneipenwirt gehabt – wegen einer hohen Rechnung und dessen Bemerkung, ob sie nicht genug Geld dabei hätten. Seine beleidigte Antwort: »Wer denkst du, sind wir? Wir sind Piloten, von American Airlines.« Er habe ein Dollarbündel aus der Tasche gezogen, einen 50-Dollarschein auf den Tresen geknallt und sei gegangen. Das letzte Videobild zeigt ihn beim Check-In in Boston.

5. Die psychologischen Voraussetzungen des Terrors

Zur Kindheitsgeschichte Attas finden sich nur Andeutungen: Seine Familie kam ursprünglich vom Land, zog nach Kairo und partizipierte am Lebenstil der westlich beeinflussten Mittelklasse des Großstadtlebens. Atta sei ein kränkliches Kind gewesen, ein sanfter, braver Junge. Er hatte zwei ältere hübsche Schwestern. Seine Mutter erscheint in Abbildungen als eine modische, attraktive Frau, die an ihrem Sohn Gefallen findet[6] und sich später von ihrem Mann trennt. Sein Vater ist ein Rechtsanwalt in freier Praxis. Er tritt polterig und grob auf und ist erfüllt von Amerika- und Judenhass sowie zionistischen Verschwörungstheorien. Er betrachtet die USA als die Brutstätte des Terrors.

Nach dem 11. September verleugnet er den Anschlag seines Sohnes und schreibt dessen Tod dem israelischen und amerikanischen Geheimdienst zu: sie hätten ihn mit Säure getötet, »wie sie es immer machen«. Mehr habe ich über Attas Familie und Kindheit nicht in Erfahrung bringen können. Es fehlt für meine Überlegungen also die gesamte Früh- und Kindheitsgeschichte von Attas Leben, und so kann ich über seine innerpsychische Beziehungswelt nur mutmaßen. Um Attas tödliche Einbahnstraße zu rekonstruieren, bleibt mir einstweilen nichts anderes übrig, als die Lücken mit Erwägungen versuchsweise zu schließen.

Im ersten Schritt möchte ich – durch die Brille der Theorie[7] – die seelische Verfassung erkunden, die zu einer fundamentalistisch-terroristischen Bereitschaft führen kann, und im zweiten Schritt möchte ich die innerseelischen Vorgänge untersuchen, die die Durchführung der Tat selbst ermöglichen und unterstützen können.

Im Wesentlichen ist man sich in der Diskussion[8] einig, dass am Ursprung des fundamentalistischen Terrors die kränkende Desillusionierung einer Hoffnung steht, die als Schande erlebt wird – eine explosive Mischung aus Demütigung, Ehrverlust, Unterlegenheitsgefühl, Ohnmachtserfahrung und Ressentiment. Man muss diese Erfahrung zuallererst deutlich unterscheiden von den *direkten* Wirkungen des Leids und der Not, etwa des Hungers, der Armut, des Schmerzes, der Angst, der Erschöpfung der Energiequellen: diese enden eher in Niedergeschlagenheit, Resignation, Apathie und Passivität (vgl. Grunberger (1966), S. 272, Fußnote 2, sowie Grunberger (1964), S. 263, Fußnote 32). Die Wurzeln des Terrors, der aktiv tötet, liegen – so meine Überlegung – nicht einfach in der Realität, sondern im erwachenden Bewusstsein und im unerträglichen Bild von der Realität, also in der Desillusionierung im Sinne des Erkennens einer Täuschung. Das falsche Versprechen, die Kränkung darüber, wie der andere denkt, ist in der Regel der Anstoß, an dem sich der Hass entzündet, und aus dem der Terror seinen Elan und seine Rechtfertigung bezieht. Die Radikalisierung erfolgt in einem hochenergetischen Moment der enttäuschten Hoffnung, also in einer Situation, in der das Subjekt Zusammenhänge erkennt und zur Realitätsprüfung fähig ist. Hierbei erkennt es seine Gefährdung. Wenn es nun Perspektiven und Visionen entwickelt, Hilfe erwartet, und sich ausgerechnet von demjenigen, mit dem es am stärksten rechnet, auf den es am meisten angewiesen ist, im Stich gelassen, entwertet und als Schurke betrachtet fühlt, resultiert eine schmerzliche Wunde. Aus dem Begehren wird ein Aufbegehren, aus dem Aufbegehren Angriff[9].

Wenn diese Auffassung zutrifft, könnte man den Terrorismus als Entwicklungs-Entgleisung diskutieren, als Entbindung eines hohen Energiepotentials bei einem noch strukturell ungefestigten, ungesicherten Ich. Denn wenn ein instabiles, wenig bindungsfähiges Ich, das noch innig mit seiner Umwelt verflochten und in seinem Funktionieren von ihr abhängig ist, im Moment seines Aufbruchs in die Selbständigkeit keine aufwertende Stützung erfährt, sondern fallen gelassen wird, kommt es auf der psychischen Ebene zu einem ungeheuren, explosiven Zusammenprall divergenter seelischer Tendenzen, die einen radikalisierenden Zorn und eine massive Regression auslösen. Der Zorn entlädt sich zunächst nach innen, gegen das eigene Ich. Man stellt sich hier selbst infrage, erlebt Scham, Schuld und Schande, verliert Selbstwert und Selbstachtung und fühlt sich in der Würde und im Stolz verletzt. Ohne Hilfe von außen gerät das verletzte Ich immer mehr aus den Fugen, während es sehen muss, dass es aus eigener Kraft nicht in der Lage ist, sich Befriedigung und Halt zu verschaffen. Es droht ein Zustand der Depression, Lähmung und wachsenden Verzweiflung, den das Subjekt auf unterschiedliche Weise abzuwehren versucht. Ein Mensch in einer solchen Situation wird zunächst vielleicht alles tun, um nach außen hin nicht aufzufallen, und er kann dies lange durchhalten, auch wenn sein Lebensgefühl insgeheim von zunehmender Angst und Hoffnungslosigkeit erfüllt ist. Wenn dieser Zustand eine bestimmte Grenze überschreitet, kann ein kleines zusätzliches Ereignis genügen, um überraschend einen Zusammenbruch auszulösen oder aber die Verzweiflung in eine gewaltige Wut umschlagen zu lassen, die zu einer für andere oft unvorhersehbaren Mordtat oder Selbstmordhandlung führen kann. Manche Autoren betrachten die Tat als einen letzten und radikalen Versuch, sich und seine Ehre wiederherzustellen, seine Blöße vor seiner Gesellschaft zu reparieren, die Scharte seiner Lebensschuld auszuwetzen und den Missklang zwischen seinen Hoffnungen und der Realität zu beenden. Ob aus individueller Entscheidung oder übermächtigen Zwängen: Der Wunsch, eine als sinnlos empfundene Quälerei zu beenden, kann mit Gewalt erfüllt werden. In diesem Moment behält der Ohnmächtige am Ende doch seine Macht und lässt den anderen ohnmächtig zurück. Mit seiner Bombe kann der Selbstmordattentäter sein Problem mit der Macht über sich beenden. Auf unheimliche und gewaltsame Weise folgt er einem Motto Vergils (Aeneis), das Freud vor 100 Jahren dem kritischen Intellekt auf die Fahne geschrieben hatte: »Kann ich die Oberwelt nicht lenken, so will ich die Unterwelt bewegen.«[10]

Dass jeder Mensch eine latente Bereitschaft zur Verzweiflung und ihren Folgen in sich trägt, folgt aus den Gesetzmäßigkeiten der Entwicklung. Zugespitzt könnte man es so formulieren, dass wir im Grunde alle von Geburt verrückt sind, zumindest latent, und manche es bleiben. Verständlicher wird dies, wenn wir die natürliche unbewusste Erfahrung *vor* der Geburt und *vor* der Ichbildung zur *späteren* Bewusstseinsentwicklung in einen Bezug zueinander setzen. Wir müssen uns dazu vergegenwärtigen, dass wir einen grundlegenden und wesentlichen Teil unserer Entwicklung in der uterinen Wohnung verbringen, in der unsere physiologischen Bedürfnisse und Spannungen automatisch versorgt und optimal reguliert werden. Was wir aus dieser subjektiv zeitlosen und körperlosen, unbewusst bleibenden Epoche für das gesamte Leben zurückbehalten, sind die Hochstimmungsspuren, die in den Urphantasien vom Paradies ihre Entsprechung haben. Diese frühe Verfassung nennt Freud den »absoluten primären Narzissmus« (Freud 1938, S. 72), der eine wesentliche Komponente unseres Selbsterhaltungstriebs bleibt.

Bei der Entbindung[11] wird dieser Zustand abrupt beendet, und das Psychesoma, also der seelische Haushalt in seiner ganzen Leiblichkeit, muss sich tiefgreifend umstellen. Auch wenn die körperliche Geburt selbst aus verschiedenen Gründen nicht so traumatisch erscheint, wie man zeitweise dachte, wird sie doch ein Modell, eine Metapher bleiben, die für spätere schmerzliche Lebenseinschnitte, für die Vorgänge bei der psychischen und sozialen Geburt, im Grunde in jeder wirklich neuen Situation gültig und wirksam sind. Zu Beginn ist diese neue Situation belastend, so dass das Erleben der Bedürfnisse einen negativen Charakter bekommt, es sei denn, es wird durch psychische Zuwendung von außen ausgeglichen, aufgewertet und libidinös ausgebaut. Es ist in der Realität nicht selbstverständlich, dass diese Elternfunktion hinreichend gelingen kann. Aber das Kind ist auf sie tatsächlich leiblich und seelisch angewiesen, um in seiner fortschreitenden Entwicklung das erwachende und fordernde Triebleben mit seinem Narzissmus verbinden zu können, d. h. auch sein Sexualleben mit Selbstwert füllen und mit einem Gefühl von intimer Kontinuität und lustvoller Weite erleben zu können. Diese Verbindung wird zu einer wesentlichen Stütze des Ichs in der Welt und entschädigt das Subjekt im Falle seiner unvermeidlichen Enttäuschungen und Verlusterfahrungen. Wenn nun diese Versorgung nicht hinreichend gelingt, sei es aus inneren, sei es aus äußeren Gründen, kann es zu einer wachsenden Spaltung zwischen dem Triebleben und dem Narzissmus kommen, und das Selbstgefühl kann sich von Plus nach Minus umpolen, vom Behagen zum Unbehagen, von der Euphorie zur Dysphorie. Die resultierende Unverträglichkeit von Lustbefriedigung und Selbstwertempfinden wird begleitet von einer dauernd gereizten Empfindlichkeit und Angespanntheit. Aufgrund dieser Dünnhäutigkeit können sich Kränkungen leicht summieren.

Wenn eine anhaltende deprimierte Verfassung entsteht, können im Laufe des Lebens weitere Entwicklungshürden hinzukommen. Bei einer mangelnden Integration von Triebwelt und Narzissmus erscheint jeder kraftfordernde Einsatz schnell frustran. Vor allem aber: Die Beziehungen zu anderen Menschen erfolgen über eine vorwiegend narzisstische Wahl, im Sinne eines Spiegels seiner selbst. Der Depressive braucht ständigen Beifall von außen, um sein Funktionieren im Alltag einigermaßen aufrechtzuerhalten. Er wird hier auch empfänglich für solche massenpsychologische Angebote, die eine schnelle Reparatur seiner narzisstischen Wunde versprechen – ohne den mühsamen, ängstigenden und schmerzhaften Umweg über die psychische Arbeit, wie etwa in Zeiten der Trauer oder verunsichernder kreativer Auseinandersetzung. Darum geht die Rechnung nie wirklich auf. Der frustrane Kreislauf muss sich so endlos wiederholen wie das Spiegelbild eines Spiegelbilds und verleitet zum seelischen Rückzug. Die Beziehungen bleiben darüber unreif und undifferenziert und treiben das in ihnen gefangene Subjekt immer tiefer in den seelischen Konkurs. So staut sich im Laufe des Lebens die negative Libido. Die Verstimmungen vertiefen sich. Das Subjekt regrediert und kann am Ende, wenn dies irreversibel geschieht, mit archaischer, aggressiver Explosivität reagieren, um sich aus dieser hoffnungslosen Sackgasse doch noch frei zu sprengen.

6. Melancholie und Fundamentalismus

Welche Rolle spielt in diesem Ablauf der Fundamentalismus? Man könnte sagen, dass er die Anlehnung an eine absolute, also unverrückbare Lehre ermöglicht, die eine Abwehr der Verzweiflung bewirkt. Das zerrissene Subjekt kann sich in dieser Lehre wiedererkennen, und zwar in bestätigender, erlösungsverheißender Weise. Ein Paradebeispiel hierfür ist der Manichäismus, von dem hinsichtlich der Attentate ja so oft die Rede war. Dieser ist eine Ideologie, die die Spaltung des Ichs und das Scheitern der Integration verklärt bzw. die Polarisierung der narzisstischen und triebhaften Welt verherrlicht. Mani (der Wortklang erinnert an Manie), ein aristokratischer, gnostisch beeinflusster persischer Visionär und einflussreicher Offenbarungsprophet des 3. Jahrhunderts, sah sich als letzter Prophet nach Buddha und Jesus und predigte eine dualistische Teilung des Universums in ein göttliches Lichtreich des Geistes und eine satanische Finsternis der Materie. Nach seiner Lehre drang in einer Urkatastrophe das Reich Satans in das Reich des Guten ein, vermischte sich und gebar den Menschen, der fortan diese widerstreitenden Kräfte in sich birgt und erst erlöst ist, wenn durch die Zerstörung von Körper und Welt alle Anteile des göttlichen Lichtes wieder befreit sind und es zu einer erneuten, diesmal endgültigen Spaltung von Licht und Finsternis gekommen ist. Im Sinne der Psychoanalyse könnte man diese manichäische Spaltung als die systematische Hypostase einer paranoid-schizoiden Abwehr der Verzweiflung betrachten, die den Wirklichkeitsbezug progredient zersetzt. Der Manichäismus hat somit in struktureller Hinsicht einen exquisit melancholischen Kern. Im Unterschied zur Psychoanalyse, die ihre Theorie aus Erfahrung gewinnt, ist die Theorie des Manichäismus eine Rationalisierung, von der Schwermut und ihrer Abwehr erzwungen. Daher die Worte des Rabbi von Lublin: »Hüte dich vor allem vor der Schwermut, denn sie ist schlimmer und verderblicher als die Sünde. Was der böse Geist im Sinn hat, wenn er die Lüste im Menschen weckt, ist nicht, ihn in die Sünde, sondern ihn durch die Sünde in die Schwermut fallen zu lassen« (Buber 1949, S. 476).

War Atta also depressiv? Ich meine, dass die Indizien hinreichend sind, seine Hinwendung zum Fundamentalismus unter der Perspektive eines uns verborgenen depressiven Schmerzes zu betrachten, eines hilflosen Schmerzes angesichts seiner Sehnsüchte, seiner eigenen und fremden Vernichtungsimpulse und innerer wie äußerer Sinnlosigkeitserfahrungen. Um diesen Schmerz zu beenden, hat er sich – das wäre dann die Hypothese – dem »Glaubenskrieg« zur Verfügung gestellt und in der Beteiligung am Dschihad Befreiung gefunden.

7. Das »Determinationsplateau« und die inneren Vorgänge bei der finalen Tat

Ich komme nun zur Frage nach den innerpsychischen Vorgängen, die die Durchführung der Tat selbst ermöglicht und unterstützt haben. Wie können sich die Kaltblütigkeit, Nervenstärke, Spannungstoleranz und der Vernichtungswille aufbauen, die zu diesem Attentat notwendig sind?

Wir wissen nicht, was sich in Attas Gedanken auf seiner letzten Etappe abgespielt hat. Es gibt aber eine interessante Quelle, aus der wir Hinweise erhalten könnten: nämlich die »spirituelle Anleitung für den Selbstmordanschlag auf das World Trade Center«, ein anonymes 4-seitiges Dokument, das im zufällig fehlgeleiteten Reisegepäck Attas gefunden wurde (vgl. Aust & Schnibben 2002 sowie Hoffmann & Schoeller 2001). Ich gehe von der Annahme aus, dass sich Atta mit diesem Text autosuggestiv auf die Tat eingestimmt und sich mit den darin enthaltenen Formulierungen identifiziert hat, gewissermaßen als Leitfaden auf dem Weg zum Anschlag, als Instrument einer »Gehirnwäsche«. Ich stelle mir dabei die »spirituelle Anleitung« wie eine Software vor, welche der »seelische Apparat« in seiner spezifisch veränderten Verfassung eigenmotiviert und eigensinnig benutzt, ohne durch erkennbaren Druck von außen, wie etwa durch Folter, dazu gezwungen werden zu müssen. Eine schwere latente Depression und der Druck einer inneren Angst und Erlösungssehnsucht könnten für die Aufnahme dieser manichäischen Botschaft ausreichen, um den Attentäter in eine Verfassung zu heben, in der er – mit Kafka (Jäger Gracchus) gesprochen – in das »Totenhemd« schlüpft »wie das Mädchen ins Hochzeitskleid«.

Die »Anleitung für Selbstmordattentäter« geht von einem historischen Vorbild aus, einer beispielhaften Geschichte des Ali Ibn Abi Talib, des Schwiegersohns des Propheten Mohammed, der von einem Ungläubigen angespuckt worden sei und diesen aus Rache, zur Genugtuung, allem voran aber seinem erniedrigten Gott zuliebe, mit dem Schwert erschlug. Wir sehen hier die unverzeihliche narzisstische Kränkung und die Wut, die aus ihr resultiert.

Auf die Talib-Geschichte folgt eine Weisheit Gottes: Gott sagt, dass man auf Erden ohne Wünsche sein sollte, aber Gott will dich am Ende, wenn du stirbst, belohnen. Hier wird die transzendentale Hoffnung auf narzisstische Reparatur verknüpft mit der Ablehnung des Trieblebens. Der Rückbezug auf die pränatale Zeit wird dazu ins künftige Jenseits projiziert.

Wie funktioniert nun der weitere Weg zum finalen Akt? Wie kann man sich dabei die Überwindung des Selbsterhaltungstriebs vorstellen? Mein Versuch, mich in diesen Vorgang hineinzuphantasieren, suggeriert zwar einen linearen Ablauf. Ich vermute aber, dass sich die psychische Entschlossenheit allmählich und über viele Wiederholungen autosuggestiver, autohypnotischer Gedanken, die auf eine Endlösung ausgerichtet sind, anschichtet. Die »Anleitung« macht sich dies zunutze: »Entsinne dich der Aussagen des Allmächtigen, und du musst es eintausendmal sagen – und niemand wird es bemerken, ob du es sagst (...)« Das Beten erfährt eine unheimliche Aufwertung: das Gebet, das man »zum Ruhme Gottes (...) von Herzen sagt« wird zum konkreten Geländer in den Himmel, festigt die Überzeugung vom Auftrag Gottes und schützt vor Beunruhigung und Zweifel – auf typisch kindliche Weise[12]: »Vertraue darauf, dass Gott den Gläubigen stets beisteht und die Engel dich beschützen, obwohl du davon nichts bemerkst. Wenn du diese Gebete gesprochen hast, wird alles leicht für dich gehen.«

Immer wieder wird die Angst beschworen und durch rituelle Anweisungen, die körperlich spürbar sein müssen, eingegrenzt: »Die Gläubigen fürchten niemanden. Binde deine Schuhe sehr eng zu und trage Socken, so dass die Schuhe eng an deinen Füßen ansitzen.« Man kann von daher erahnen, wie groß die Versagens-Angst beim Näherrücken der Todesstunde sein muss, und wie schwer sie zu unterdrücken ist. Wir können durchaus annehmen, dass die Notlage des Ichs zunächst zunimmt und das Ich sich gegen seine Gefährdung wehrt. Unter dem zunehmenden Druck der göttlichen Forderungen wird es sich zunächst aufbäumen. Wahrscheinlich gibt es Phasen des Haderns, in denen sich der Konflikt zwischen dem Ich-Ideal, dem Willen Gottes, und dem Ich verstärkt. Dabei steigt nicht nur die Sorge um das persönliche Wohl, sondern zugleich auch die narzisstische Sorge, vor der gestellten Aufgabe zu versagen. Diese »Arbeit« ist ja »Sunna«, prophetische Überlieferung, und damit gleichzeitig eine Forderung des höchsten Ideals. Die Verdienste, die vor diesem zählen, können nur noch narzisstische Leistungen sein, also solche, die absolut sind, Ausdruck erhebender Erhabenheit: »Es reicht aus, (...) den Islam zu erheben.« »Die kleinere Gruppe wird über die ungläubigen Völker siegen.« »Gott wird deine Arbeit mit Erfolg krönen.« Das Gebet um Gottes Segen für die »Arbeit« und »den Sieg am Ende« dämpft die Furcht vor dem Scheitern und zerstreut die Zweifel am Fehlschlag des Projektes. »Die Brüder zollen gegenseitig Anerkennung, sollten damit zufrieden sein und einander trösten, und ihr Herz sollte mit Glück erfüllt sein.«

In die Angst, zu versagen, mischt sich die Angst vor dem Sterben. Diese wird durch Verleugnung bekämpft:»Betrachtet die Menschen, die im Namen Gottes gehandelt haben und dabei gestorben sind, nicht als tot.« Der Panikaffekt, der für den Todespiloten zur Gefahr und zum größten Hindernis würde, wird projiziert und buchstäblich verteufelt: »Diejenigen, die Angst haben, sind Söhne und Töchter des Teufels.« Da der Anschlag ein Gruppenprojekt ist, muss man hier auch die Mitbrüder im Auge haben: »Andere Brüder sollten nicht in Angst versetzt oder in Verwirrung gestürzt werden, sondern man sollte mit ihnen sprechen, sie beruhigen und ihnen Mut machen.« In der Tat ist es schwer vorstellbar, dass 19 Attentäter solche Ängste ertragen können, ohne dass Einzelne ausscheren. Es ist daher auch vermutet worden, dass nur die vier Piloten, nicht aber die »Kämpfer«, die den Nahkampf und Mord des Flugpersonals besorgten, in den Kamikaze-Plan eingeweiht waren.

Mit der Projektion und Verteufelung der Angst wird innerpsychisch auch das Ich suspendiert, als die Struktur, in der die Angst entsteht. Mit der Suspension des Ichs ist der Teufelskreis eingerichtet, die weitere Regression unumkehrbar[13]. Während das Ich in einem Vorgang fortschreitender Annullierung seine Bindungskapazität einbüßt und schwächer wird, übernimmt das Ich-Ideal allmählich den Platz des Ichs und seiner Regie. Je mehr es dessen Funktionen übernimmt, desto mehr verliert das Subjekt die Kontrolle über den persönlichen Teil seiner selbst und wird im konkretesten Sinne zum Werkzeug Gottes. Das Ich als Instanz, die Widerstand leisten kann, ist ausgeschaltet. Das Subjekt unterwirft sich der totalen Herrschaft des Ich-Ideals, der Gottespflicht. »Der einzige Weg, den es gibt, ist das Zuhören und 100prozentiger Gehorsam. Verstehe dies im Geiste. Gott sagte, dass du seine Befehle (...) befolgen sollst und keinen Widerstand leisten sollst, sonst wird es dir misslingen.«

In einem großen Kehraus werden nun alle seelischen Instanzen, die das Subjekt mit der irdischen Existenz verknüpfen, eliminiert. »Vergiss alles über dein weltliches Leben.« Die Vergangenheit als tatsächliche Quelle des Elends wird zusammen mit dem Ich zersetzt, verdaut und ausgeworfen. »Reinige dein Herz von allen schlechten Gefühlen (...) Du kommst nicht zur Erde zurück.« Die Restangst wird in die Feinde projiziert und mit einem strategischen Zweck verbunden: »Du pflanzt die Angst in die Herzen der Ungläubigen.« Die Gewissensinstanzen und Strafängste werden vom Ich-Ideal aufgehoben. »Gott sagt, dass du seine Vergebung hast und dir nichts Böses geschehen wird. Gott vergibt unsere Sünden. Deine Tat wird durch Gottes Wille befürwortet.« Die Verurteilung der Tat durch Dritte wird belanglos sein: »Die Taten und Worte der Ungläubigen werden ihnen nicht helfen und dir nicht schaden.« Die Tat folgt dem Willen des Ich-Ideals: »Eine Tat für Gott ist besser als die ganze Welt und alles auf der Welt.« Mit einem Abschiedsritual wird auch das Körper-Ich und seine Bedürfnisse entfernt: »Rasiere das gesamte überflüssige Haar von deinem Körper, parfümiere deinen Körper und wasche deinen Körper. Trage deine beste Kleidung, und folge damit dem Beispiel deiner Vorfahren, die vor dem Kampf gute Kleidung trugen. Verlasse deine Wohnung nicht, bevor du gewaschen und sauber bist, denn die Engel werden dir vergeben, wenn du sauber bist und zu Gott gebetet hast. Wie Gott sagt, ist es eine gute Angewohnheit, gut rasiert zu sein.« Solche für Selbstmordvorbereitungen typische Körperpflege-Rituale dienen allein narzisstischen Zwecken, also der Wohlgefälligkeit des Ich-Ideals. Die Selbsterhaltung der irdischen Existenz wird hier symbolisch aufgegeben. »Du solltest rezitieren, dass du für Gott stirbst, (...) da Gott gesagt hat, (...) dass man das, was man im jetzigen Leben hat, für ein anderes, besseres Leben im Himmel aufgeben sollte.« Die Erlösungsprämie leuchtet aus unmittelbarer Zukunft. »Das Ende steht bevor, und das Himmelsversprechen ist zum Greifen nahe. Öffne dein Herz, heiße den Tod im Namen Gottes willkommen. Denn du bist nur einen kurzen Moment entfernt von dem guten, ewigen Leben voller positiver Werte in der Gesellschaft von Märtyrern. Dies ist die beste Gesellschaft, in der man sich befinden kann. Wir sind optimistisch, denn der allmächtige Gott mag optimistische Menschen. Nun ist die Stunde gekommen, uns Gott hinzugeben.«

Mit dem Ich ist auch die Angst verlorengegangen, und die Nervosität und Gereiztheit weichen einer nie dagewesenen Ruhe und Entspanntheit. »Du kannst lächeln, während du die Worte Gottes rezitierst.« Dieses neue, selig lächelnde Gesicht spiegelt die narzisstische Instanz und das wiedergewonnene pränatal-narzisstische Elementargefühl. Die narzisstische Wunde ist annulliert und es gibt keine Relation mehr, nur noch Elation, narzisstische Zufriedenheit. Auf dieser Stufe der Regression ist die Spaltung der Persönlichkeit vollendet. Die Selbsterhaltungs- und Vernichtungstendenzen haben sich vollständig entmischt, und der Todesplan führt die Regie. Das Subjekt kann sich jetzt selbst schmerzlos zum Objekt nehmen und ist opferbereit. Die Würfel sind gefallen. Das Subjekt hat die Position der Allmacht erreicht und kann sich zur Willkür erheben. »Wenn man den Himmel und die Erde in eine Hand nimmt und Gott in die andere, wird die Hand, in der Gott ist, oben sein.« Das Subjekt steht nun in einer ausschließlichen Spiegelbeziehung zu Gott, ja lässt sich in diesem Bild sogar über Gott hinauswachsen und hat Gott buchstäblich in der Hand.

Die Feinde und die ganze Objektwelt hingegen werden entmenschlicht, materialisiert, entwertet und zur Zielscheibe umfunktioniert. »Die Tat ist besser als alles auf der Welt, weil der Ungläubige den wahren Gott nicht erkennt und du nichts mit ihm zu tun hast.« In dieser Verfassung kann die gesamte triebhafte Aggressivität einschließlich des Selbsthasses aus der Hemmung und Verdrängung freigesetzt werden und auf das Vernichtungsziel ausgerichtet werden. Der Narzissmus ist nun zu einer scharfen Waffe geworden. Die gesamte Energie, die der Welt, der Wirklichkeit entzogen ist, verstärkt diesen Antrieb. Die Psyche operiert auf der Ebene der Erbarmungslosigkeit. Wenngleich man auf dieser narzisstischen Funktionsebene einen gewissen Grad an euphorisch-halluzinatorischer Rauschhaftigkeit durch Entwertung der Sinnlichkeit annehmen muss, funktioniert der operative sensorische Apparat, der für die Tatausübung notwendig ist, aufgrund der völligen Konfliktfreiheit vermutlich besser denn je. Denn das emotionale Interesse ist von Menschen und Dingen abgezogen, und das Töten funktioniert nun kaltblütig, gleichgültig, aus der Distanz und mit dem Kalkül eines eingeübten mechanischen Schemas. »Sieh dir deinen Plan sehr gut an und kenne ihn, und erwarte eine Reaktion sowie auch Widerstand vom Feind. Sei geduldig. Sei immer auf der Hut.« Die Tötungsaktion ist ein letzter Reinigungsakt zur Freisetzung der »Schönheit der Worte Gottes«. Alle Skrupel sind gewichen. »Wenn du deine Tat beginnst, schlage hart wie ein Held zu, denn Gott mag Menschen nicht, die ihre begonnene Arbeit nicht beenden. Schlag sehr hart ins Genick, in dem Wissen, dass der Himmel auf dich wartet (...) und du dort ein besseres Leben führen wirst. Wenn die Arbeit (...) gut verlaufen ist, werden alle sich die Hände reichen und sagen, dass dies eine Aktion im Namen Gottes war.«

Der totalitäre Narzissmus ist hier aus allen Verbindungen befreit und hat seine endgültige Souveränität erreicht. Das Subjekt ist erhoben und erlöst und des Schmutzes seiner verhassten irdischen Triebhaftigkeit und Bedürftigkeit ledig. Nun kann es sich in seiner negativen Ekstase triumphal entladen. »Du wirst am Ende der Sieger sein. Engel rufen deinen Namen und tragen für dich ihre schönsten Kleider.« Im inneren Glanz des Endes, das von außen wie ein grauenvolles, erbärmliches Abgleiten in die Selbstzerstörung und den Massenmord imponiert, als reine Destruktion, Zerstörung jeden Sinns, als totalen Un-Sinn, als reine Kraft, als das Böse in der abgründigsten Form, geschieht die vollständige und irreversible Entbindung der tödlichen Explosion, die alles Bestehende in Feuer und Asche verwandelt und mit unvermuteter Meisterschaft jedes Verständnis überschreitet. Der Terrorist, der sich nun tötet, um mit seinen Brüdern glücklich zu werden, hat sich aus seiner melancholischen Defensive in die Rolle des Erlösers versetzt, in der unerschütterlichen Überzeugung, dass ihm die Welt die Ankunft eines neuen Zeitalters verdankt und seinen Platz im Paradies bereithält. »Der Himmel lächelt, mein junger Sohn, denn du marschierst zum Himmel.« Sein Größenwahn erlaubt nun jene große Triebbefriedigung, die bis dahin abgespalten und ins Unbewusste verschoben war. Die Lebensnot ist umgemünzt in einen grandiosen Sieg. Für Attas Tod könnte dasselbe gelten wie für den Suizid des Melancholikers. Ich zitiere dazu den Psychoanalytiker Bela Grunberger: »Er realisiert somit im letzten Moment, den er zum Höhepunkt, ja zur Apotheose umformt, die ersehnte und vorher nie erreichte Synthese zwischen seinem Narzissmus und seinen Trieben. So erreicht er im Tod die höchste Befriedigung, die sein – manchmal langes – Leben ihm stets verweigerte« (Grunberger 1966, S. 294).

8. Zurück zur Massenpsychologie

Die beiden hochaufragenden Türme mögen für Attas unbewusste Ambivalenz dagestanden haben wie verhasste, verächtliche, gierige und bedrohliche Eltern, als Symbol einer tiefen Enttäuschung[14], Denkmal einer narzisstischen Wunde. Seine psychische Veränderung in Richtung eines nivellierenden Fanatismus hat ihn dazu gebracht, »unglaubwürdig« durch »ungläubig« und »unvollkommen« durch »teuflisch« zu ersetzen. Ich zitiere noch einmal seine »spirituelle Anleitung«: »Alle westlichen Zivilisationen, die ihre Macht genießen, sind in ihrem Inneren schwach (...) und diejenigen, die Angst haben, sind Sklaven des Teufels.« Atta hat, statt die Enttäuschung zu verarbeiten, mit der Unglaubwürdigkeit zu leben und an der Veränderung und Verbesserung der menschlichen Verhältnisse mitzuwirken, seine Vernichtung gewählt. So hat er in seinem Gekränktsein die eigenen Entwicklungsziele verworfen. Er wollte des Guten zuviel bewirken. Dies hat sich ins Gegenteil verkehrt. Insofern war der 11. September kein Tag der Verbesserungen, sondern – ich wiederhole Susan Sontag (2001, S. 34) – »ein Tag der Niedertracht«. Hinterlassen hat er ein wertloses Testament und den Schutt einer grausamen Tat als Zeugnis eines grandiosen, naiven Erlösungsglaubens. Nach dem Zusammenbruch von Attas Hoffnung auf nordsüdliche Zusammenarbeit wurde das »Know-how aus dem Westen« benutzt, um einen urszenenhaften Zusammenprall von »Dritter« und »Erster Welt« zu inszenieren. Sein Ergebnis ist *Ground Zero*, die Verschmelzung mit dem Anderen zur homogenen, undefinierbaren Masse.

Es wäre naiv, Atta und seinen Mitbrüdern zuzubilligen, sie hätten denen, die weiterleben, ihre Botschaft von der Notwendigkeit einer globalen Veränderung ins Bewusstsein gebombt. Die psychoanalytische Erfahrung zeigt, dass sich Verdrängung niemals mit Gewalt aufheben lässt. Die Aufhebung der Verdrängung ist eine Leistung des Wortes, des bindenden Wortes und des unerwünschten Wortes, das man nicht wahrhaben will.

Ein solches Wort taucht im Begriff *Ground Zero* wieder auf, der nach dem 11. September im allgemeinen und offiziellen Sprachgebrauch zur Bezeichnung für das zerstörte World Trade Center aufgegriffen, verbreitet und bereitwillig und kritiklos akzeptiert wurde. Während zum Terrorakt von höchster Stelle sofort und fast reflexartig Pearl Harbour assoziiert wurde, blieb der andere Zusammenhang in der Öffentlichkeit weitgehend unbemerkt: *Ground Zero* (= Bodenstelle, über der eine Bombe explodiert; Oxford English Dictionary) wurde erstmals 1946 zur Beschreibung von Hiroshima und Nagasaki nach ihrer Zerstörung durch amerikanische Atombomben verwendet (vgl. Ray 2002). So mischt sich in die Resonanz dieses Begriffes und in die schmerzliche Trauer um die Opfer in Manhattan ein störendes, bitteres Moment der kollektiven Verleugnung einer unverarbeiteten Tat: spiegelt sich doch im *Ground Zero* die unrühmliche Entscheidung Amerikas zum atomaren Holocaust am Ende des Zweiten Weltkriegs, die dem allgemeinen amerikanischen Gedächtnis an die »best generation«, die »tugendhafteste Nation«, den »guten Krieg« und die »moralische Überlegenheit« bis heute zuwiderläuft[15]. Es erscheint wie eine Ironie der Geschichte, dass *Manhattan* analog für einen doppelten Kontext stehen muss, denn das *Manhattan-Projekt* war die Bezeichnung für das Entwicklungsprogramm der Atombomben, und mit *Manhattan* bezeichnete Truman ihren Abwurf über Japan[16], dem über 200.000 Menschen, größtenteils Zivilisten, zum Opfer fielen – vollkommen unnötig, wie man heute (entgegen dem hartnäckigen Exkulpations-Mythos von der beschleunigten Beendigung des Krieges und von der Rettung einer Million amerikanischer Soldaten) weiß. Auf dem *Ground Zero*, den die Atombomben des *Manhattan-Projekts* hinterlassen haben, war die amerikanische »Unschuld« verloren gegangen[17]. Indem die Aura dieses Begriffs das Attentat vom 11. September mit dem langen Schatten Hiroshimas und Nagasakis verknüpft, zeigt dieser Vorgang, wie das verdrängte Tätertrauma auf dem Hintergrund der traumatisierten amerikanischen Selbstsicherheit in der Sprachregelung unbewusst wiederkehrt. Man tut sich schwer, Bushs Rede zum Jahrestag wahrzuhaben, in der er mit merkwürdigem Pathos sich und sein Land als »Licht« der »Erlösung« in der »Dunkelheit« eines »großen Kampfes« definiert und den 11. September zum »Fixpunkt im Leben Amerikas« erklärt[18]. Der 11. September wird so ein halbes Jahrhundert nach dem nationalsozialistischen Holocaust zum Legitimations- und Gründungsdenkmal eines neuen Kreuzzuges in »eine Welt der Freiheit und der Sicherheit, die durch den Führungsstil Amerikas ermöglicht wird und durch die Art, wie Amerikaner leben.« Wenn man in der präsidialen Deklaration (»Dieses Ideal Amerikas ist die Hoffnung der ganzen Menschheit.«) Amerika durch Islam ersetzt, erinnert der ideologische Gestus an Attas spirituelle Anleitung und verrät die Tendenz und Verführung zur kollektiven Regression.

9. Zum Verhältnis von Entschlossenheit und Sinn

Welchen Sinn birgt nun die Tat? Nur den, den wir ihr geben. Diese subjektive Position kann von der Faszination bis zur Bestätigung latenter Befürchtungen reichen, gemäß dem Nachruf »Das musste ja so kommen!«. Für manche war der Feuerball in den Türmen ein ästhetisches Ereignis, dessen Hollywood-Dramatik und mediale Eleganz ihn von der dumpf-erbärmlichen Schwärze der Konzentrationslager unterscheidet. Bei mir hat die individualpsychologische Untersuchung eine Ernüchterung hinterlassen. Denn sie zeigt auch, dass es gerade der *banale* Aspekt dieses Wahnwitzes vom 11. September ist, der die irreale Atmosphäre erzwingt. Hannah Arendts (1950) Untersuchung der vollendeten Sinnlosigkeit der Vernichtungslager wirft auch ein Licht auf das New Yorker Attentat:

> »Dem von ihnen angerichteten Grauen liegt die unbeugsame Logik zugrunde, welche auch die Sichtweise von Paranoikern regiert, in deren Systemen alles mit absoluter Notwendigkeit folgert, wenn einmal die erste verrückte Prämisse akzeptiert worden ist. Der Wahnwitz solcher Systeme besteht in der ehernen Logik, die sich durchsetzt, und zwar (...) ohne Rücksicht auf die Wirklichkeit (...), die uns lehrt, dass es in der Praxis keine absolute Vollkommenheit geben kann.«

Das Adjektiv »beispiellos«, das nach Hannah Arendt den totalitären Terror charakterisiert, gewinnt auch im Attentat des 11. September seine volle Bedeutung. Auch hier wurden Menschen auf den kleinsten gemeinsamen Nenner identischer Reaktionen reduziert. Auch hier wurde, in der Kernzone des Terrors, nur noch gestorben. Aus dieser Sicht, objektiv und relativ, ist der 11. September die Fabrikation der »vollendeten Sinnlosigkeit«, eine Zerstörung von Sinn, außer für ihn, für Atta und seine »Mitbrüder« – aus der Logik ihrer gekränkten Seele und aus der Sicht meiner psychoanalytischen Überlegungen.

Allerdings – und diese Ergänzung ist wichtig – können wir der Frage nicht ausweichen, was wir selbst im Schatten der Tat empfinden, welche Wirkung die Tat in der Beziehung zu uns ausübt[19]. Die Machtpolitik argumentiert mit dem Satz: Wenn du den Frieden erhalten willst, so rüste zum Kriege. Bereits im Ersten Weltkrieg erschien es Freud notwendig, den Satz abzuändern: »Wenn du das Leben aushalten willst, richte dich auf den Tod ein« (Freud 1914a, S. 60). Die Empfehlung ist, wie man sieht, aktuell geblieben.

Die Fragen an uns, die sich daraus ergeben, lauten: Wollen wir überhaupt wissen, was es bedeutet, wirklich ohnmächtig zu sein? Können wir Ohnmacht aushalten, ohne eine Lösungsgewissheit zu haben? Können wir die Verkehrung der Ohnmacht ins Gegenteil sein lassen? Oder lassen wir uns zum Handeln zwingen? Unter dem Druck dieser Ohnmacht geraten imperatives Handeln und reflektierende Entwicklung in einen Gegensatz. Das imperative Handeln versucht, der Bedrohung zuvor zu kommen. Im Unterschied dazu ist Entwicklung ein langes Gespräch, das Zeit braucht. Dieses Phänomen ist den Psychoanalytikern vertraut. Freud: »Der Psychoanalytiker weiß, dass er mit den explosivsten Kräften arbeitet« (Freud 1914b, S. 230).

Mir fällt dazu die Therapie eines 12-Jährigen ein, der seine maßlose Enttäuschung an den Eltern über Suizidgedanken und massenmörderische Spiele aufzuheben versuchte. Es waren drei Jahre anstrengender Auseinandersetzungen nötig, bis seine Attacken und Bombenträume in den Hintergrund sanken. Mittlerweile ist aus ihm ein neugieriger Taucher geworden, und kürzlich kam er vom Roten Meer zurück mit Photos von seinem ägyptischen Freund und einer großartigen, farbigen, ozeanischen Fisch- und Korallenwelt.

Freud hat das Hören auf die leise Stimme des Intellekts als einen der wenigen Punkte bezeichnet, in denen man für die Zukunft der Menschheit optimistisch sein dürfe. Wir kennen noch gut die Bilder von den fallenden Menschen vor der Fassade des qualmenden World Trade Centers. Diesem Bild möchte ich zum Schluss den Gedanken einer Kollegin gegenüberstellen: »Der innere Halt – den wir inneres gutes Objekt nennen – entwickelt sich aus Beziehungserfahrungen mit Menschen (Mutter/Vater), die Liebe in sanfter wie in grenzziehender konsequenter Form praktizieren. Grenzensetzende Liebe hilft, Enttäuschungswut bis hin zu Vernichtungsimpulsen aufzufangen und zu regulieren, bis das Kind dieses Muster in sich entwickelt hat.«

Uns bleibt die Frage, wie es gelingen könnte, dieses oder ähnliche Bilder in unserer gesellschaftlichen Wirklichkeit nutzbar zu machen[20]. Wie bleiben wir in der Krise aufmerksam? Wie können wir darauf verzichten, das ungeliebte Eigene zu vernichten?

Anmerkungen

1 Erweiterte Fassung eines Vortrages im Rahmen der Vortragsreihe »Die Stimme der Vernunft ist leise, aber beharrlich« der Psychoanalytischen Arbeitsgemeinschaft Köln-Düsseldorf im Literaturhaus Köln am 14. September 2002

2 Es liegt nahe, von einem Psychoanalytiker eine Antwort zu erwarten. Ich möchte einschränkend darauf hinweisen, dass ein Psychoanalytiker für eine solche Untersuchung schlecht plaziert ist. Es ist kaum anzunehmen, dass sich ein Terrorist auf die Couch begäbe. Er verriete seine Mission. Dennoch kann das biografische Material, das Journalisten zusammengetragen haben, aus einem psychoanalytischen Blickwinkel beleuchtet werden, welcher das darin fremd Anmutende aus der Dimension des Unbewussten zu erschließen versucht. Dieses setzt sich aus anderen Elementen zusammen als aus den beob-

achteten Daten allein und muss auf die Gegenübertragung als Kompass in der Materialbehandlung zurückgreifen. Des weiteren ist es schwer, in einer Untersuchung des Terrorismus eine unvoreingenommene, neutrale, wertfreie Haltung einzunehmen, wie man sie sonst vom Analytiker erwartet. Die Tatsache, dass Terror und Krieg das Bestehende und Gewohnte entwerten, führt zu einer fast reflexhaften Verteidigung der angegriffenen Werte und damit leicht und unversehens zu reaktiven pathologisierenden Feindbildern. Ich kann nicht behaupten, dass meine Bemühungen frei davon wären. Terror und Krieg beeinträchtigen das Denkvermögen: Es gibt wohl kaum einen größeren Gegensatz als den zwischen der analytischen Situation und einer Bombe. Seine Wirkungskraft erhält der Terror aus dem Unerwarteten, Ungerichteten, Unverstandenen und Überraschenden. Er trifft am gründlichsten da und zu einem Zeitpunkt, wo niemand mit ihm rechnet. Er wird umso erschütternder, je hemmungsloser, brutaler und effizienter er seine Gewaltmittel einsetzen kann. Seine äußerst denkbare Form ist der selbstmörderische Massenmord – der »Omnizid« (Günter Anders). Er setzt alle Konventionen, Regeln und Schranken menschlichen Umgangs außer Kraft und zersetzt den Sinn des Politischen. Seine Realisierung erzeugt eine Wirklichkeit jenseits von Rechtsordnung, Moral, Dialog und der Suche nach Lösungen. Als apokalyptische Handlung mit entmenschlichter Perfektion löst er die elementaren Tabus der Zivilisation auf. Er unterscheidet nicht mehr zwischen zivilem Alltag und militärischem Schlachtfeld. Der »helle Schrecken« (G. Jappe) des Terrors ist das »Ungeheuerliche« schlechthin. Ihn verstehen zu wollen, bedeutet, ihn im Wesen des Menschen zu lokalisieren (Antigone: »Ungeheuer ist viel und nichts ungeheurer als der Mensch.« Sophokles, S. 18). Das Verstehen endet, wo wir nicht akzeptieren, dass wir massenmörderische Elemente in uns tragen, auch wenn sie unter normalen oder günstigen Umständen nicht zutage treten.

3 Bei den vielfältigen interdisziplinären Anstrengungen, diese neue Form des Terrors auf dem Hintergrund unserer Zeit und unserer Weltlage zu begreifen und einzuordnen, fällt auf, dass die Frage nach der konkreten Tat und die Frage nach den inneren Motiven der Todespiloten hinter dem Interesse am logistischen, kulturellen und politischen Hintergrund verschwunden ist. Die Angst vor weiteren Terror-Angriffen machte den militärischen Gegenschlag und die Jagd nach den »Schläfern« wichtiger als das Verstehen des Täters und der Tat. Wohl erscheint das menschliche Drama hinter der unmenschlichen Tat nebensächlich im Vergleich zur globalen Mission terroristischer Netzwerke und zu den gesellschaftlich-kulturellen Bedingungen ihrer Emanenz. Auch gibt es Bedenken und emotionale Hürden, für eine terroristische Tat von solcher gesellschaftlicher und massenpsychologischer Wirkung Erklärungen aus einzelbiographischen Details der Täter gewinnen zu wollen. Tatsache bleibt aber, dass das Attentat letztlich von einzelnen Menschen ausgeführt wurde, und so behält auch die individualpsychologische Frage neben der massenpsychologischen ihre Relevanz. Natürlich hilft es bei der Orientierung, sich dem Selbstmordattentat historisch und soziologisch, sozusagen von außen zu nähern. Dabei stellt sich heraus, dass das Selbsmordattentat in seiner

Häufigkeit, Verbreitung, Form und systematischen Verwendung ein »modernes Phänomen« ist. In einer befremdlichen Mixtur aus alten Mythen und neuen Strategien unterläuft es das monotheistische (Tötungs-)Verbot, sich selbst zu richten und sein Leben und Sterben selbst in die Hand zu nehmen. Die verunsichernde Wirkung des 11. September leitet sich nicht nur aus der hohen Zahl der Toten ab: denn die statistische Größe relativiert sich neben den 167 Millionen Todesopfer, die die totalitären Ideologien im 20. Jahrhundert gefordert haben (vgl. Brzezinski 1994), sowie den Tausenden von Hunger- und Aidstoten jeden Tag. Beim 11. September kommen zusätzliche Quellen des zivilisatorischen Unbehagens hinzu, nicht zuletzt unsere gewaltige und explosive technologische Abhängigkeit und die immanente Beschleunigung, die – wie Kritiker mahnen – gleichzeitig zu einer fortschreitenden Nivellierung und Fühllosigkeit unseres Erlebens führt (vgl. z. B. McLuhan 1968). Das Selbstmordattentat ist ein Gemeinschaftsprojekt von einflussreichen, intellektuellen, gebildeten Ideologen und Führern auf der einen Seite, die für ihre Machtinteressen die Legitimation, den logistischen Hintergrund, das spirituelle Design und die emotionalisierenden Verschwörungstheorien zusammenbauen, und von fanatisierten, meist spätadoleszenten, opferbereiten Attentätern auf der anderen Seite. Es ist anzunehmen, dass erst mit der identifikatorischen Verinnerlichung eines entsprechenden »Märtyrerbildes« eine ausreichende psychische Enthemmung für ein Selbstmordanschlag erreicht werden kann. Zeitgeschichtlich begann das heutige systematische Märtyrertum im Iran der 80er Jahre während Khomeinis Bedrängnis im Krieg gegen den Irak, in dem Tausende von Kindern und Jugendlichen als Selbstmordbataillone ihr Leben ließen. In den Folgejahren wurde der Opfertod von der libanesischen Hisbollah importiert, zum Selbstmordattentat ausgebaut, als »psychologische Atombombe« marketing- bzw. medienstrategisch aufbereitet und zur erfolgreichen Vertreibung der amerikanischen Besatzer eingesetzt. Dann, in den 90er Jahren, nach dem Scheitern des Osloer Friedensabkommens, hat die palästinensische Hamas das Selbstmordattentat zu einer »Kultur des Todes« ausgeweitet, um die Israelis an ihrem wundesten, schmerzlichsten Punkt, nämlich der inneren Sicherheit, zu treffen. Schließlich wurde der Selbstmordangriff ab Mitte der 90er Jahre von Bin Ladens Endzeitsekte Al Qaida, einem lockeren Netzwerk ungebundener afghanischer, pakistanischer, tschetschenischer, afrikanischer und arabischer Krieger technologisch optimiert, um das japanische Kamikaze-Element ergänzt und für ihre Globalmission gegen die westliche Zivilisation eingesetzt. Mit der politischen Veränderung und Entspannung im Iran und im Libanon verschwanden die Selbstmordattentate in diesen Ländern wieder. Die kurdischen und tamilischen Sonderwege tödlicher Emanzipationskulte lasse ich hier beiseite. Eine ausführliche Darstellung dieser Zusammenhänge findet sich bei Christoph Reuter (2002).

[4] Man könnte auch an eine Schamreaktion denken, die auf einer sexualisierten Verschiebung von unten nach oben gründet, etwa nach dem bekannten Sprichwort »An der Nase des Mannes erkennt man seinen Johannes.«

[5] Diese typische antisemitische Phrase findet sich in verschiedenen antisemiti-

schen Kontexten und ist wahrscheinlich übernommen worden.

6 Inwieweit dieses »Gefallen finden« eine inzestuöse Mutter-Sohn-Verwicklung beinhaltet, kann aus dem Material nicht belegt werden, bleibt also spekulativ, wenngleich nicht unwahrscheinlich.

7 Ich greife hier vor allem auf die Theorien Grunbergers (1964, 1966) und Greens (1988) zurück.

8 vgl. z. B. Christoph Reuter, aber auch Diskussion im Goethe-Forum München (27., 28. 10. 2001) sowie 28. Römerberggespräche in der Frankfurter Paulskirche (2., 3. 11. 2001), zusammengefasst von Hoffmann & Schöller (2001).

9 Die Formulierung ›Aus dem Begehren wird ein Aufbegehren‹ stammt von Karl Klüwer, Seminar am 4. 7. 2002 im Kölner Psychoanalytischen Institut über »Todesphänomene – Phänomene des ›Todestriebs‹.«

10 »Flectere si nequeo superos, Acheronta movebo.« Dieses Motto hat Freud der »Traumdeutung« vorangestellt.

11 im Doppelsinn von (sozialer) Geburt und libidinöser Freisetzung bzw. Triebentbindung

12 In der Diskussion dieser Arbeit (Vortrag am 14. 9. 2002 im Kölner Literaturhaus) wurde infrage gestellt, ob man hier – angesichts des rationalen Kalküls kaltblütig agierender Erwachsener – legitimerweise von »typisch kindlich« sprechen darf. Mit Freud (Ich-Spaltung im Abwehrvorgang) könnte man allerdings überlegen, ob beide Verfassungen im Sinne der Ich-Spaltung durchaus konfliktlos nebeneinander bestehen können. In vielen Kindergebeten und Gute-Nacht-Liedern, die über die Einschlafängste hinweghelfen, finden sich jedenfalls solche und ähnliche Formulierungen: »Guten Abend, gut Nacht, von Englein bewacht, die zeigen im Traum dir Christkindleins Baum. Schlaf nun selig und süß, schau im Traum 's Paradies.«

13 Man könnte diesen Vorgang im Unterschied zum spezifischen Oszillieren zwischen der paranoid-schizoiden und der depressiven Position (PS (⇛) D), wie sie von Klein und Bion für die psychische Entwicklung und ihre Störungen beschrieben wurden, mit der Chiffre PS (→) O (=Null, Tod) bezeichnen, als einen irreversiblen tödlichen Zersetzungprozess der Persönlichkeit.

14 Man könnte im Sinne einer psychoanalytischen Hypothese fragen, inwieweit für Attas Unbewusstes die Zwillingstürme die Verkörperung eines defizitären, unglaubwürdigen Containers darstellten. Häufig bezieht sich die Amerika-Kritik ja auf Amerikas brüchige »Container«-Funktion. Mit »Container« wurde von Bion und anderen Analytikern ein Hilfs-Ich beschrieben, das unsere Projektionen aufnehmen, aushalten und entgiften kann und uns Ich-Wachstum und Orientierung ermöglicht, also als ein sehr existentieller, realitätsbezogener und träumerischer Ort der Integration, der sich von konspirativen Festungen jeglicher Art unterscheidet und unsere Ich-Funktionen stützt und fördert. »Ich + Container« ergäben zusammen die ersehnte, wenigstens punktuell wirksame Instanz, die uns die disparaten und explosiven Konflikte

zwischen dem Vollkommenheitsdrang unseres Narzissmus und den Bedürftigkeiten und Unvollkommenheiten unserer triebhaften Körperlichkeit, zwischen Selbsterhalt und Vergänglichkeit, Wunsch und Realität, Aufwachen und Einschlafen, Euphorie und Dysphorie etc. ›unter einen Hut kriegen‹ und miteinander dauerhaft abgleichen hilft – also eine wohlwollende kritische Kraft und Vermittlungsinstanz und ein beharrliches Werkzeug lebendiger Vernunft, das uns ein auskömmliches Leben ermöglicht und uns über den manichäischen Spalt unserer apokalyptisch-egokosmischen Ur-Phantasien hinweghilft. Wenn man sich an die Diskussion in Deutschland erinnert, kann man feststellen, dass bei aller Solidarität mit Amerika seine Fragwürdigkeit als »Weltcontainer« zur Debatte stand und sich Ambivalenz und Enttäuschung darüber Luft machen mussten. Das säkulare Wunschideal nach einem vertrauenswürdigen »Containing« kann auch die USA, das Land Jeffersons und Franklins, diese großzügige Erfinderin der Demokratie, die nie von einer Schreckensherrschaft regiert wurde, die sich von der engstirnigen, antiquierten und zaudernden Winkelbourgeoisie Europas abgesetzt hat, dieses weite pragmatische Land »der unbegrenzten Möglichkeiten« und achtbare Vorbild in Wohlstand, Freiheit und Gleichheit vor dem Gesetz nicht erfüllen. Wieder hat Amerika – in seiner Reaktion – enttäuscht. Auch Amerika ist nur ein unzulänglicher Kompromiss, verletzlich und allzumenschlich-unmenschlich. Die Psychoanalytiker wissen, dass Freuds laut geäußerte Vorbehalte gegenüber dem Land der Dollars noch nüchterner, trockener und ironischer ausfielen als seine Religionskritik: »Amerika ist ein Irrtum. Ein gigantischer Irrtum zwar – aber eben doch ein Irrtum« (nach Jones). Und die Amerikakritik hat – gerade dank und aufgrund seiner Verdienste und Errungenschaften – bereits eine lange, ernstzunehmende Geschichte. Toqueville (1835) erkannte die größte Gefahr des amerikanischen Systems in seiner Neigung, die Herrschaft der Vernunft durch eine Tyrannei der Mehrheit zu ersetzen, welche die Kultur des Einzelnen, des Abweichenden gründlich und im Stillen eliminiert, indem sie sie – als Minderheit – mit großer Toleranz gewähren lässt, ihr aber alle Resonanz, jede Wirkungschance und vor allem die nötige Anerkennung verwehrt, sobald sie der Mehrheit widerspricht. Die Nivellierung zum Durchschnitt wäre dann die Schattenseite des Systems. Die breite Rezeption der Bush-Politik und die offenkundige Einflusslosigkeit des Protests der Pazifisten und Intellektuellen bestätigt diese Kritik. Zugleich mit dieser Nivellierung könnte der operationale Erfolg der Bush-Administration, ihr opportunistischer Isolationismus und vor allem der wachsende Unilateralismus zu Amerikas größter Falle werden, nicht technologisch, aber mental und psychisch, und schon heute kann man erkennen, wie sich das immanente, unbewusste Schuldgefühl und die innere Paranoia des »guten Amerika« und »guten Kriegs« von selbst intensivieren, gewissermaßen als ein Kollateralaffekt, der weder durch Patriotismus noch durch einen bomberbewehrten Militär- und Wirtschafts-Imperialismus bewältigt werden kann. Nähme man Hollywood als Barometer amerikanischer Befindlichkeit, wäre das gesteigerte Bemühen der letzten Jahre, serienweise Filme über Aliens zu inszenieren, ein beredtes Symptom des kollektiven paranoiden Drucks. So muss man, indem man in den Weltraum projiziert, die

Regulierung der sehr realen Nord-Süd-Bedrohung aus dem Alltag verdrängen, um mit sich im Gleichgewicht zu bleiben. Man muss eingestehen: Auch Amerika kann sich selbst kein Container sein. Es braucht den anderen. Deshalb wurde unser Entsetzen vor der Implosion der Türme auch durch die Ahnung potenziert, dass ein unrelativiertes Amerika und ein maßloser Neokapitalismus überraschend und mit wenig Aufwand an sich selbst zugrundegehen, implodieren, in sich selbst zusammensacken könnte wie die Zwillingstürme, und dass sich die Potentiale der Zivilisation gegen die Menschen selbst wenden und das kulturelle Profil der Welt schneller zu einem »Ground Zero« einebnen, als man zu denken wagt. Die unbewussten kollektiven Schuldgefühle findet man gewissermaßen auf dem Boden bzw. im Keller der Vorgänge. (vgl. Baudrillard, »Der Geist des Terrorismus – Das Abendland, das die Stelle Gottes eingenommen hat, wird selbstmörderisch und erklärt sich selbst den Krieg.« In: Hoffmann, Schoeller, s.Lit.)

[15] Während des Kalten Kriegs ist die offizielle Version der Hiroshima-Geschichte, dass ihre Führer mit Weisheit, Menschlichkeit und Verantwortung gehandelt hätten, zu einer indifferenten, verdrängenden Orthodoxie verhärtet. Das Vorhaben des Washingtoner Smithonian Institute und National Air and Space Museum, zum 50. Jahrestag des Bombenabwurfs (1995) mit Hilfe einer Ausstellung zur kritischen Auseinandersetzung mit der amerikanischen Pazifikgeschichte anzuregen und die amerikanische Öffentlichkeit zum ersten Mal mit dem Leid der zivilen Bombenopfer auf Ground Zero zu konfrontieren, wurde von Kriegsveteranengruppen, der Air Force Assoziation, der American Legion und anderen Gruppen erbittert zurückgewiesen. Der Streit mit den kritischen Historikern endete mit der Anordnung von 81 Kongressmitgliedern, den Direktor des Air und Space Museums, Martin Harwit, zu entlassen, und mit der Androhung, die staatlichen Subventionen des Smithonian empfindlich zu beschneiden. Die Ausstellung fand nicht statt, und Harwit trat zurück. (vgl. Ray 2002).

[16] Truman: »Ich bin sicher, sie (die Japaner; Anm. d. Verf.) werden [zusammenbrechen], wenn Manhattan über ihrer Heimat auftaucht.« (Tagebuch v. 18. 7. 1945, zit. in Alperovitz 1995, S. 595). In ihrer Begeisterung über den Machtzuwachs durch die Atombombe gaben Truman und sein Außenminister Byrnes auch auf diplomatischer Ebene das politische Bemühen um ein multilaterales Friedensgleichgewicht auf. Byrnes (Tagebuch General Arnolds vom 22. 7. 1945, zit. in Alperovitz 1995, S. 314): »Was wir jetzt zu tun haben, ist nicht, die Welt sicher für die Demokratie zu machen, sondern die Welt sicher für die USA zu machen.«

[17] Alperovitz 1995, S. 696: »Sind wir den wirklich so überrascht, wenn wir Gewalt und Androhung von Gewalt in unserer Nachbarschaft beobachten? Wir als Staat drohen seit nunmehr fünfzig Jahren mit unglaublicher Gewalt – ohne uns der Auswirkungen voll bewusst zu sein. Wenn es uns gelingt, zur menschlichen Wirklichkeit von Hiroshima vorzudringen, so schmerzlich diese auch ist, kann das auch ein Weg sein, für die Bedeutung unserer eigenen Worte sensibler zu werden. Den schlimmsten Schaden, vermutete auch

Hanson Baldwin, fügte Hiroshima ›unseren eigenen Seelen‹ zu.«

[18] George Bush, Rede an die Nation am 11. 9. 2002.

[19] Es wurde unter Analytikern anhand von Fallvignetten über die traumatischen Fernwirkungen des 11. September in die Analysen hinein diskutiert und auch darüber nachgedacht, was uns hilft, das Bild der zerstörten Zwillingstürme zu überwinden, und mit ihnen unsere Scham und Bestürzung im Gedenken an die fernen, zu Staub und Asche zermahlenen Toten. In meiner eigenen Erfahrung waren es zunächst kleine persönliche Einsichten, die die Auseinandersetzungen mit dem Attentat begleitet haben. Als unmittelbarer TV-Zeuge der Ereignisse zwischen den Analysestunden – wir hatten an jenem Dienstag unsere amerikanischen Verwandten zu Besuch – war ich in meiner Arbeitsfähigkeit als Analytiker vor allem deshalb gestört, weil es unter der Wucht dieser Realität deplaziert, absurd und widersinnig erschien, die Äußerungen meiner ebenfalls bestürzten Patienten auf eine innere Welt zu beziehen. Alles, was sonst in der individuellen Seele mehrfache Bedeutung für die innere Welt ihrer Objekte und Bezüge besitzt, war plötzlich eindimensional nach außen und auf den Terror zentriert. Ich nahm in dieser Situation vor allem ab dem Zeitpunkt eine Erleichterung wahr, als ich darauf aufmerksam wurde, wie jeder Patient seine eigene, jeweils unterschiedliche, sich individuell abhebende Wahrnehmung und Schilderung mit in die Stunden brachte. Es war vor allem dieser »Eros der kleinen Differenz«, der mir meine Lebendigkeit und Arbeitsfähigkeit wiedergewinnen half. Dies erinnert mich an Freuds Pantoffeltierchen-Analogie in »Jenseits des Lustprinzips«. Vielleicht teilen wir dieses Prinzip der Regeneration mit den primitiven Organismen, den Einzellern, den Pantoffeltierchen, die im eigenen Saft sehr schnell zugrundegingen, hätten sie nicht die Fähigkeit, aus einer Vermischung und Vereinigung mit anderen, sich geringfügig unterscheidenden Artgenossen, ja selbst durch die Aufnahme derer Stoffwechselabfälle gestärkt und vitalisiert hervorzugehen und so ihre Lebendigkeit über die Einführung »neuer Reizgrößen« und »Vitaldifferenzen« zu bewahren und den »Tod der Art« zu verzögern. Dieser Vorgang könnte von anderer Seite her auch als ein Aspekt einer relativen, wechselseitigen »Containing-Funktion« betrachtet werden, die uns ermöglicht, mit dem Konflikt zwischen dem Gutem, dem Bösen und dem Realen in Kontakt zu bleiben und dabei unsere Position in der Welt und unser seelisches Wohlgefühl zu bewahren, oder anders gesagt: in unserem Alltag den Wechsel-Rhythmus des Schöpferischen, in dem sich Auflösung und Bindung, Regression und Progression, Abbau und Aufbau ablösen, als notwendiges Element dauerhafter Lebendigkeit zu erhalten. Die Nutzung der »Containing-Funktion« würde bedeuten, dass wir das gesündere, reifere und stärkere Ich des anderen, sein Wirklichkeitssinn und seine Errungenschaften, die unsere Entwicklung anregen, in Gebrauch nehmen können. Dies impliziert die Fähigkeit und Bereitschaft, sich zu relativieren und auf dieses Ich des anderen beziehen zu können, um die traumatischen Wahrnehmungsverzerrungen durch eine realere Sicht der Dinge zu ersetzen. Vor allem Winnicott (1957) hat betont, dass es die Unterstützung und Anregung durch

den verlässlichen Anderen ist, der uns im kreativen Spiel des Lebens aufrechterhält und uns regenerieren hilft im Wechselspiel zwischen Ruhe und Angriff, Einkehr und Neugier, Verrücktheit und Ordnung, Misstrauen und Glauben, Rückzug und Verzeihen, Wut und Erbarmen, Bewahren und Verändern. Menschen, so Winnicott, müssen einander als Hilfs-Ich gebrauchen können, um gesund, wach und lebendig zu bleiben. Um das Grund-Gefühl von Geborgenheit und Wohlbefinden erhalten zu können, müssen wir – mit Villem Flusser (2000) gesprochen – diesen anderen in Schwellensituationen und Übergangszeiten »bewohnen« können. Dieser Vorgang ist in Zeiten der Unreife und Krise, wenn uns schmerzliche Einsichten und Enttäuschungen in chaotische Konfusionen stürzen, lebenswichtig. Bis zum (Wieder-/Neu-)Gewinn an Ich-Stärke tröstet die Zuwendung des anderen uns über den Schmerz der Veränderungen und Verluste hinweg. Diese Notwendigkeit ist im Anfang absolut. Der Ausfall dieses Containments führt zu Abwehrstrukturen, die das psychische Leben verstümmeln. Es kann lange dauern, bis wir ein individuelles Ich besitzen, das diese Lebens-Aufgabe selbst übernehmen kann, d. h. bis wir das Alleinsein ertragen können.

20 Welche Alternativen zum Töten aus ideologischen Motiven drängen sich nach dem 11. September auf? Die Antwort erscheint klar: die Rücknahme unserer idealisierenden Projektionen und Verächtlichkeit im Konzert der Kulturen, mit der Prämie einer vertieften Auffassung der erfahrbaren Welt, einer realistischeren Akzeptanz ihrer Unzulänglichkeiten und Unglaubwürdigkeiten und einer Besinnung auf die Notwendigkeit zur Freundlichkeit und Hilfsbereitschaft gegenüber den Mitmenschen. Was bedeutet dies? Um sich entwickeln zu können, braucht man nicht unbedingt eine Heimat, auch keine ideologische, aber jeder muss sich eine Wohnung herstellen können, in der er existieren kann. Der zeitgenössische Philosoph Villem Flusser hat diese Wohnung unseres Seins, der Container, der uns zivil werden lässt, auf den Punkt gebracht. Er schreibt in seinem Buch von der Freiheit des Migranten: »Man hält die Heimat für den relativ permanenten, die Wohnung für den auswechselbaren, übersiedelbaren Standort. Das Gegenteil ist richtig: Man kann die Heimat auswechseln oder keine haben, aber man muss immer, gleichgültig wo, wohnen. Die Pariser Clochards wohnen unter Brücken, die Zigeuner in Karawanen, die brasilianischen Landarbeiter in Hütten, und so entsetzlich es klingen mag, man wohnte in Auschwitz. Denn ohne Wohnung kommt man buchstäblich um. Dieses Umkommen lässt sich auf verschiedene Weisen formulieren, aber die am wenigsten emotional geladene ist dieses: Ohne Wohnung, ohne Schutz von Gewöhnlichem und Gewohntem, ist alles, was ankommt, Geräusch, nichts ist Information, und in einer informationslosen Welt, im Chaos, kann man weder fühlen noch denken noch handeln.« Wenn es keinen Ort und keine Zeit und keinen Körper gibt, in dem man sich aufhalten und wohlfühlen kann, wenn das Leben selbst nicht mehr lohnt und selbst zur Quelle des Unbehagens wird, ist der omnizidale Wahn eine letzte Wohnung, die – zu unserem Wohl und Übel – den himmlischen Glanz des Göttlichen und den teuflischen Abgrund der Wirklichkeit gleichermaßen in

sich birgt. Es wurde betont, dass es eben nicht allein die konstitutionelle Ausstattung des Einzelnen ist, die seine Ich-Entwicklung, ihre Integration und ihre Tiefe bestimmt, sondern in ganz bedeutsamem Maße ihre Hemmung oder Förderung durch die jeweilige Qualität ihres Containments. Und so bestimmt diese auch die friedliche und kriegerische Qualität seines Lebens mit. Die erste Wohnung ist der Leib der Mutter, die zweite die mütterliche Säuglingspflege und Kinderstube, vor allem ihre Fähigkeit, mit unbeirrbarer, gleichschwebender Zärtlichkeit und träumerischer Intuition die frühe Not des Kindes zu lösen und seinen Bewegungen einen ersten Sinn zu verleihen. Bald wird der Vater »bewohnt«. Wenn es gut geht, kann er ein phallisches Bild und mit diesem das Bild der Frau als wertvoll vermitteln und zur Aufrichtung und Eroberung einer lebendigen Welt ermutigen, die sich zeugend gestalten und erhalten lässt. Schließlich bewohnen wir die Kultur, als Welterbe und Container des Individuums, in die wir Hoffnung setzen, und die wir u.U. zur Religion überhöhen, sobald sie uns enttäuscht: das Allmächtig-gute, All-beschützende, Tiefst-beglückende und endgültig Aufwertende wird dann als Gottes-Container im Jenseits gesucht. Gemessen am Absoluten religiösen Glaubens sind die säkularen Container relativ und defizitär. Wenn Bush zwischen Terroristen und jenen, die ihnen eine Wohnung bieten, keinen Unterschied macht, mag dies als Verteidigungsstrategie, als militärische Drohung und als Einschüchterung nachvollziehbar sein, trägt aber nicht dazu bei, das tödliche Potential der vielen ambivalenten Anwärter des Terrorismus zu entschärfen. »Nicht die Taten sind es, welche die Menschen erschüttern, sondern die Worte über die Taten«, schrieb der griechische Feldherr und Historiker Thukydides schon vor über zweieinhalbtausend Jahren über den peleponnesischen Krieg. Was sich im Gefolge der Tat in der präsidialen Reaktion zeigte, war nichts Neues, keine Perspektive, sondern zuvor schon im feindseligen Amerikabild der Islamisten enthalten.

Literatur

Alperovitz, G. (1995): Hiroshima. Die Entscheidung für den Abwurf der Bombe. Hamburg (Hamburger Edition).

Arendt, H. (1950): Die vollendete Sinnlosigkeit. In: Ders. (1991) Israel, Palästina und der Antisemitismus. Berlin (Wagenbach).

Aust, S., & Schnibben, C. (Hg.) (2002): 11. September. Geschichte eines Terrorangriffs. Stuttgart, München (Deutsche Verlagsanstalt).

Brzezinski, Z. (1994): Macht und Moral. Neue Werte für die Weltpolitik. Hamburg (Hoffmann und Campe).

Buber, M. (1949): Die Erzählungen der Chassidim. Zürich (Manesse).

Bush, G. W. (11. 9. 2002): »Unsere Sache ist wichtiger als unser Land.« – Rede an die Nation. Süddeutsche Zeitung Nr. 212, Freitag, 13. 9. 2002, S. 8.

Flusser, V. (2000): Von der Freiheit des Migranten. Einsprüche gegen den Nationalismus. Berlin, Wien (Philo).

Freud, S. (1914): Zeitgemäßes über Krieg und Tod. G.W.X. Frankfurt (Fischer).

Freud, S. (1914): Bemerkungen über die Übertragungsliebe. Studienausgabe. Ergänzungsband. Frankfurt (Fischer).
Freud, S. (1920): Jenseits des Lustprinzips. Studienausgabe (1994). Frankfurt (Fischer).
Freud, S. (1930): Das Unbehagen in der Kultur. Studienausgabe (1994). Frankfurt (Fischer).
Freud, S. (1938): Abriß der Psychoanalyse. GW XVII. Frankfurt (Fischer).
Green, A. (1988): Warum Böses? In: Green, A. (2000): Geheime Verrücktheit. Gießen (Psychosozial-Verlag).
Grunberger, B. (1964): Studie über die Depression. In: Grunberger, B. (1982): Vom Narzißmus zum Objekt. Frankfurt (Suhrkamp-Verlag).
Grunberger, B. (1966): Der Selbstmord des Melancholikers. In: Grunberger, B. (1982): Vom Narzißmus zum Objekt. Frankfurt (Suhrkamp-Verlag).
Hoffmann, H., & Schoeller, F. (2001): Wendepunkt 11. September 2001. Terror, Islam und Demokratie. Köln (Dumont-Verlag).
Jones, E.: Sigmund Freud – Leben und Werk. Bd. 2. München (dtv).
Kafka, F. (1917): Der Jäger Gracchus. In: Kafka, F. (1970): Sämtliche Erzählungen. Frankfurt (Fischer).
McLuhan, M. (1968): Die magischen Kanäle. Understanding media. Düsseldorf, Wien (Econ).
Ray, G. (2002): Hiroshimas langer Schatten. Wiederkehr des Verdrängten. Freitag, 19, 3. Mai 2002, S. 11.
Reuter, Ch. (2002): Mein Leben ist eine Waffe. Selbstmordattentäter – Psychogramm eines Phänomens. München (Bertelsmann).
Sontag, S. (2001): Feige waren die Mörder nicht. In: Dienstag – 11. September – 2001. Hamburg (Rowohlt).
Sophokles (442 v. Chr.): Antigone. Stuttgart (Reclam).
Toqueville, A. (1835): Über die Demokratie in Amerika. Stuttgart (Reclam).
Winnicott, D. W. (1957): Die Fähigkeit zum Alleinsein. In: Ders. (1984) Reifungsprozesse und fördernde Umwelt. Frankfurt (Fischer).

Die innere Welt des Fundamentalisten/Terroristen

Die »Ausbildung« mittelöstlicher Selbstmordattentäter[1]

Vamik D. Volkan

Die Psychologie der islamistischen fundamentalistischen Selbstmordattentäter unserer Tage ist außerordentlich verwirrend. In unserer klinischen Arbeit sehen wir Individuen, die sich töten wollen oder es versuchen – allerdings in erster Linie deshalb, weil sie ein schwaches Selbstwertgefühl haben und unter intensiven Schuldgefühlen leiden. Die Selbstmordattentäter töten sich, um ihr Selbstwertgefühl zu erhöhen.

Ich begann 1991, über die Psychologie dieser Selbstmordattentäter nachzudenken. Damals lernte ich fünf Kinder kennen, welche die Massaker von 1982 in den palästinensischen Flüchtlingslagern Sabra und Shatila in Westbeirut überlebt hatten. Israelische Soldaten hatten die Lager umzingelt, die dann von ihren Verbündeten, den libanesischen christlichen Phalangisten, angegriffen wurden, wobei die gefangenen Zivilisten wahllos getötet wurden.

Die Kinder, die zur Zeit des Überfalls Säuglinge gewesen waren, konnten gerettet werden, weil ihre Mütter oder andere Betreuungspersonen sie versteckt hatten – vier wurden in Mülltonnen, eines unter einem Bett gefunden.

Ich begegnete ihnen in Tunesien, in einem Waisenhaus mit dem Namen Biet Atfal Al-Sommoud (*Das Heim der Kinder der Standhaftigkeit)*, das von der Palästinensischen Befreiungsorganisation (PLO) geleitet wurde. Da ihre wirkliche Identität nicht bekannt war, hatten sie alle den Familiennamen Arafat bekommen – nach dem PLO-Führer, der das Waisenhaus häufig besuchte. Ich untersuchte sie (und andere Waisen) eine Woche lang.

Als ich sie zum erstenmal miteinander spielen sah, wirkten sie auf mich »normal«. Dennoch fiel mir auch auf, dass sie als »Team« zusammen blieben. Wenn eines der Kinder von den anderen getrennt wurde, geriet es in Aufregung. Am fünften Tag unseres Besuchs versuchte ich, sie mit Hilfe eines Dolmetschers einzeln, nacheinander, zu interviewen. Jedes der Kinder begann, sich »anormal« zu verhalten – eines halluzinierte, ein anderes ramponierte buchstäblich den Raum, in dem das Gespräch stattfand. Sobald sie wieder beieinander sein konnten und das »Team« wiederhergestellt war, wirkten sie »normal« wie zuvor. Ich schloss daraus, dass sie offenbar Schwierigkeiten mit ihrem Identitätsgefühl hatten; wenn sie hingegen ein Team von »Arafats« waren, wirkten sie »normal«.

Großgruppenidentität

Ich habe durch diese Begegnung vieles gelernt. Sie machte mir klar, was passiert, wenn die individuelle Identität durch eine mit Ethnizität, Nationalität, Religion oder Ideologie assoziierte »Team«- oder Großgruppenidentität ersetzt wird. Bei den hier beschriebenen fünf Überlebenden war diese Entwicklung besonders deutlich ausgeprägt; in abgeschwächter Form habe ich sie jedoch auch bei den übrigen der insgesamt 52 Kinder beobachtet, die in jenem Waisenhaus lebten.

Das Biet Atfal Al-Sommoud sah seine Aufgabe darin, die Waisen zu versorgen, zu erziehen und ihnen zu helfen. Gleichwohl arbeiteten die palästinensischen erwachsenen Betreuerinnen und Betreuer – die durch den Konflikt im Mittleren Osten zumeist selbst direkt traumatisiert waren – gemeinsam daran, die (metaphorisch gesprochen) »Risse« in der persönlichen Identität der Kinder mit einem »Zement« aus Palästinensertum zu füllen, dem Element, das ihnen und den Kindern gemeinsam war. Dies erinnerte mich an eine andere Epoche der Geschichte, in der die individuelle Identität von Kindern gezielt manipuliert wurde – in der die »Risse« in der persönlichen Identität deutscher Kinder mit der Naziideologie gefüllt wurden. Offizielle Ratgeber wie das Erziehungshandbuch der Nazi-Ärztin Johanna Haarer (vgl. Haarer 1937; 1943; Volkan u. a. 2002) legten den Eltern nahe, ihre Kinder nach einem strengen Zeitplan zu füttern und nicht zu ihnen zu gehen, wenn sie weinten oder in ihrer Umwelt auf Schwierigkeiten stießen. Die Mütter wurden angewiesen, die natürlichen Abhängigkeitsbedürfnisse ihrer Kinder zu ignorieren, und ruinierten so deren Urvertrauen.

Kinder wurden dem Gefühl ausgesetzt, dass es keine wohlwollende, liebevolle Macht in ihrer Umwelt gab; sie wurden der Gelegenheit beraubt, sich mit einer liebevoll unterstützenden Elterngestalt zu identifizieren. Frustriert durch das Verhalten ihrer Mütter und Väter, projizierten sie ihre eigenen Wutgefühle auf diese Eltern, die ihnen folglich aggressiver erschienen, als sie es vielleicht in Wirklichkeit waren. Die einzige Möglichkeit, sich zu schützen, sahen diese Kinder darin, selbst zu Angreifern, zu »zähen« Burschen und Mädels, zu werden. Dieser Prozess ergänzte sich mit der Nazi-Propaganda: Die Risse in der Identitätsbildung dieser Kinder wurden direkt oder indirekt mit Propaganda angefüllt, um »zähe, harte« Erwachsene aus ihnen zu machen, die keine Reuegefühle empfanden, wenn sie »unerwünschte Elemente« wie die Juden vernichteten.

Ein ähnliches Phänomen kann auch ohne gezielt äußere Einwirkung auftauchen. Stellen wir uns einen jungen Erwachsenen vor, der eine Schizophrenie entwickelt: Dieser Mensch verliert seine Identität und ersetzt sie durch eine neue, wenngleich psychotische Identität – Joe ist nicht mehr Joe; er erlebt sich als Jesus Christus und nennt sich auch so. Manchmal wird die Identität solcher Individuen ganz offensichtlich durch eine religiöse, nationalistische oder ideologische Gruppenidentität ersetzt – Caroline ist nicht mehr Caroline, vielmehr beruht die Existenz ihrer Identität darauf, dass sie eine wahnhafte Missionarin ist, die ihre Großgruppenidentität schützt.

Die »Ausbildung« von Selbstmordattentätern

Wenige Jahre nach meinem Besuch in Tunis begann ich, Informationen über die Ausbildung von Selbstmordattentätern im Mittleren Osten zu sammeln. Meine Beobachtungen im Biet Atfal Al-Sommoud, unsere Erkenntnisse über die Erziehung von Kindern und Jugendlichen in der Nazi-Ära und meine Arbeit mit Schizophrenen (vgl. Volkan 1995) half mir, die Psychologie der Attentäter besser zu verstehen. Selbstmordattentäter sind nicht psychotisch. In ihrem Fall steht die konstruierte Identität in bestem Einklang mit der äußeren Realität; sie wird – dieser Aspekt ist wichtig – von Außenstehenden lobend gebilligt. Sie wirken »normal« wie die Sabra- und Shatila-Kinder beim Teamspiel und verfügen häufig über ein erhöhtes Selbstwertgefühl.

Die typische Technik, mit der Selbstmordattentäter im Mittleren Osten aufgebaut werden, besteht im wesentlichen aus zwei Schritten (vgl. Volkan 1997).

Erstens finden die »Lehrer« junge Leute, deren persönliche Identität bereits gestört ist und die nach einem äußeren »Element« suchen, um dieses zu internalisieren und ihre innere Welt dadurch zu stabilisieren. Zweitens entwickeln sie eine »Unterrichtsmethode«, welche die ethnische und/oder religiöse Großgruppenidentität in die »Risse« der beeinträchtigten oder unterdrückten individuellen Identität »hineinzwingt«.

Sobald Personen zu »*Attentatskandidaten*« werden, sind die üblichen »Regeln und Regulationen« der Individualpsychologie auf ihre Denk- und Handlungsmuster nicht mehr ohne weiteres anwendbar. Der prospektive Selbstmordattentäter ist nun ein Agent der Großgruppenidentität und wird versuchen, diese für sich selbst und für andere Angehörige der Großgruppe zu reparieren. Dabei zählt nicht das Töten des eigenen Selbst (und der eigenen persönlichen Identität) und »anderer« (Feinde). Was zählt, ist die Tatsache, dass der Akt des Attentats (Terrorismus) der Großgruppenidentität Selbstwert und Aufmerksamkeit sichert.

Direkt und indirekt wird diese Aktivität dadurch unterstützt, dass andere Mitglieder der traumatisierten Gesellschaft in diesen Individuen Träger der Gruppenidentität sehen. Obwohl der Islam den Suizid verbietet, mangelt es nicht an bewusster und unbewusster Billigung muslimischer Selbstmordattentäter seitens anderer Mitglieder ihrer Gesellschaften. David van Biema berichtet, dass »noch 1996 nur 20% der Palästinenser diese Praxis unterstützten. Heute sind es etwa 70%« (van Biema 2001).

In Gaza und an der West Bank gab es genügend junge Männer, die sich gezielt zu Selbstmordattentätern ausbilden lassen wollten. Sie fühlten sich durch wiederholte reale und durch erwartete Zwischenfälle gedemütigt, und ihre adaptiven Identifizierungen mit ihren Eltern waren beeinträchtigt, weil sich diese ebenfalls gedemütigt fühlen. Die mentalen Repräsentationen äußerer Ereignisse, das Gefühl der Hilflosigkeit und das Gefühl, als Mensch keinen Wert zu besitzen, erzeugen »Risse« in der Identität der Individuen.

Jene »Lehrer«, die Selbstmordattentäter auswählen, sind Experten, wenn es darum geht zu erspüren, wessen persönliche Identitäts»lücken« am besten geeignet sind, um mit Elementen der Großgruppenidentität gefüllt zu werden. Junge Männer zum Beispiel, die unter einem konkreten Trauma leiden (infolge einer realen demütigenden Erfahrung mit dem Feind, sei es, dass sie geschlagen oder gefoltert wurden oder einen Elternteil verloren haben), sind besser geeignet als jene mit einem eher generalisierten Trauma.

Religiöse Elemente

Die meisten Selbstmordattentäter werden schon als Teenager ausgewählt und »ausgebildet« und dann mit achtzehn oder neunzehn Jahren oder Anfang bis Mitte zwanzig ausgeschickt, um ihre Pflicht zu erfüllen. Die»Ausbildung« ist am effizientesten, wenn religiöse Elemente der Großgruppenidentität als Heilmittel für das persönliche Gefühl der Hilflosigkeit, Scham und Erniedrigung präsentiert werden. Die Ersetzung der eigenen inneren Welt durch geborgte, von Gott gut geheißene Elemente verleiht dem Individuum Allmacht und stärkt seinen Narzissmus.

Im allgemeinen erfolgte die »Ausbildung« palästinensischer Selbstmordattentäter in kleinen Gruppen, die kollektiv den Koran lasen und religiöse Lieder sangen. Im Unterschied zu den meisten pakistanischen und afghanischen »Studenten« der pakistanischen Madaris, die zu Mujaheddin für Afghanistan ausgebildet werden und später die Taliban unterstützen oder führen sollten, konnen die Palästinenser verstehen, was sie im arabischen Koran lesen, und deshalb wird ihre Lektüre sorgfältig ausgewählt. Die »Lehrer« veranlassen sie, fromm klingende, alber sinnlose Phrasen in endlosem Gesang zu wiederholen, beispielsweise: *»Ich werde geduldig sein, bis die Geduld der Geduld erschöpft ist«*. Kombiniert mit ausgewählten Koranversen, tragen solche mystischen Sprüche dazu bei, in den »Studenten« eine »andere innere Welt« aufzubauen.

Separation

Gleichzeitig greifen die »Lehrer« auch in die »realen weltlichen« Belange der Studenten ein, und zwar vor allem dadurch, dass sie jede sinnvolle Kommunikation verbieten und andere Bindungen, etwa an die Familie, kappen. Auch das Musikhören und Fernsehen ist untersagt, weil es die »Studenten« sexuell erregen könnte. Sex und Frauen sind erst nach einer »Passage« ins Erwachsenenalter erlaubt. Im Falle der Selbstmordattentäter jedoch besteht die »Passage« nicht in einer symbolischen Kastration, sondern im Selbstmord. Der ödipale Triumph wird ihnen erst nach dem Tod gewährt. Allah – dargestellt als strenges und primitives Über-Ich, das die Abkömmlinge der Libido unterdrückt und dem der junge Mann Gehorsam schuldet, solange er lebt – gestattet die Befriedigung libidinöser Bedürfnisse durch Houris (Feen, Engel) im Paradies.

Die »Lehrer« berufen sich auf die Anweisungen, die der Prophet Mohammed seinem Gefolge in der Schlacht im Wadi Badr (624) gab – sie werden gelegentlich als das erste Beispiel for Kriegspropaganda betrachtet –, um die Unsterblichkeitskarte vor ihren Studenten auszuspielen. Mohammed erklärte seinen Anhängern, dass sie, sollten sie in der Schlacht fallen, im Paradies weiter»leben« würden. Die jungen Menschen lernen, dass sich ihr Leben im Paradies fortsetzt; stirbt ein Selbstmordattentäter, so veranstalten seine Freunde und Familienangehörige ein »Hochzeitsfest«, um zu feiern, dass sich der tote Terrorist nun in den liebevollen Händen himmlischer Engel befindet.

Im allgemeinen werden die Attentatskandidaten angewiesen, ihre Eltern nicht über die Mission zu informieren. Vor Familienangehörigen Geheimnisse zu hüten vermittelt den jungen Menschen ein Gefühl der Stärke. So wird eine inauthentische »Separation-Individuation« (Mahler 1968) gefördert; die Geheimnisse symbolisieren den Bruch mit Bindungen der Abhängigkeit, die ersetzt werden, wenn der Jugendliche zum Repräsentanten oder »Aushängeschild« der Großgruppe wird.

Die Madaris

Islamische Schulen für Kinder und Jugendliche gibt es seit den Anfängen des Islam. Zeitgenössische pakistanische Madaris zeichnen sich jedoch dadurch aus, dass sie ihre Schüler auf künftige Gewalttaten vorbereiten. Solche Madaris existierten in Pakistan bereits, bevor Osama bin Laden ins benachbarte Afghanistan kam und bevor die Taliban die Macht übernahmen. Ihre Lehre stand unter dem Einfluss der Deobandi- und Wahabi-Bewegungen, die eine extreme religiöse »Ideologie« propagierten (vgl. Rashid 2000).

Zu dieser Zeit ähnelte die Ausbildung der (zumeist armen) Studenten der üblichen Ausbildung von Selbstmordattentätern im Mittleren Osten. Sie lasen jahrelang den Koran in der arabischen Sprache, die sie nicht beherrschten, so dass sie auf die »Interpretation« angewiesen waren, die ihre Lehrer ihnen lieferten. Wenn sie in Urdu lasen, lernten sie, dass die Silbe *jeem* for jihad stehe, *kaaf* for Kalashnikof und *khy* for khoon (Blut) (vgl. Ali 2001). So ging es in jenen Madaris zu, die finanziell von den USA und Großbritannien unterstützt wurden, um Mujaheddin zum Kampf gegen die Sowjetunion heranzuziehen. Die Saudis finanzierten vor allem die Expansion der Wahabi-Bewegung. Die»Absolventen« dieser Madaris schlossen sich später zusammen und dienten den Taliban und der Al-Qaida als Basis.

Ein neuer Typus

Die Ereignisse des 11. September veranlassten die Presse erstmals, über die Existenz eines neuen Typs islamistischer fundamentalistischer Selbstmordterroristen zu berichten. Es handelte sich nicht um »direkt« gedemütigte Palästinenser; vielmehr stammten die meisten von ihnen aus Ägypten und Saudi-Arabien. Ihre »Profile« entsprachen nicht dem des traditionellen palästinensischen Selbstmordattentäters, des jungen unzufriedenen Abkömmlings einer armen, traumatisierten Familie, der nie eine Schule besucht hat; die Attentäter waren im allgemeinen älter, verfügten über eine gute Ausbildung und waren in wohlhabenden, gebildeten Familien aufgewachsen.

In vielerlei Hinsicht gehören die allesamt aus dem Mittleren Osten stammenden Entführer vom 11. September (wie Mohammed Atta) offenbar einem neuen Typ an. Dennoch glaube ich, dass die bekannten Mechanismen zur Erziehung islamistischer fundamentalistischer Selbstmordattentäter auch für die neue Gruppe Gültigkeit haben. Wir werden dies natürlich nicht sicher sagen können, bevor nicht weitere Informationen über das Leben Attas und der übrigen Terroristen vorliegen, die, wie mittlerweile bekannt ist, zum Teil erst in letzter Minute erfuhren, dass sie in einer tödlichen Mission unterwegs waren. lch vermute jedoch, dass sie ein psychisches Trauma erlitten hatten, das zu »Rissen« in ihrer persönlichen Identität führte. Ihre Unterwerfung unter einen absoluten Führer (bin Laden), der als Repräsentant ihrer Großgruppenidentität und des »wahren« islamischen Glaubens auftritt, ist ein Aspekt des »Zements«, der diese »Risse« füllte.

Ein Dokument, das einer der Attentäter zurückließ, erhellt zumindest ein Bruchstück der Ausbildungs- und Befehlspraktiken der Al-Qaida. Abgesehen von praktischen Tipps zur Verschleierung ihrer wahren Identität enthält das Dokument auch ausgewählte Stellen aus dem Koran, die den Selbstmord und das Töten der Feinde im Namen Gottes zu erlauben scheinen. Erkennbar wird, dass diese Instruktionen zwischen den Zeilen ein Ritual entstehen lassen, das »Gottes Worte« mit praktischen Anweisungen zum Massenmord vermischt. Anweisungen zur Reinigung, welche die Schüler nicht nur zu »guten« Muslimen macht (die der göttlichen Macht nur »begegnen« können, wenn sie »rein« sind), stehen Seite an Seite mit praktischen Instruktionen, welche die reale »schmutzige Arbeit« des Selbstmordes und des Mordes an anderen betreffen. Die Schritte, die vom Verlassen der eigenen Unterkunft zur Entführung des Flugzeugs und Auslösung der tödlichen Explosion führten, wurden ritualisiert und psychologisch auf diese Weise erleichtert. Wir wissen nicht, wie bewusst die Ausbilder jener Attentäter die Instruktion ihrer Handlanger strategisch geplant haben; ich habe jedoch den Eindruck, dass allein diese Anweisungen eine durchaus meisterliche Beherrschung des psychologisch effizienten Rituals zu erkennen geben.

Anmerkung

1 Zuerst in deutscher Übersetzung erschienen im IPA Newsletter 11 (1), S. 29–31. Abdruck mit freundlicher Genehmigung des Herausgebers und des Autors.

Literatur

Ali, T. (2001): Former US policies allowed Taliban to thrive. Turkish Daily News, 25. Sept., S. 16.

Van Biema, D. (2001): Why the bombers keep coming. Time, 17. Dez., S. 54.

Haarer, J. (1937): Mutterschaft und Familienpflege im neuen Reich. In: Beiträge zur Volkslehre und Gemeinschaftspflege. Hg. von der Volksbildungskanzlei, München.

Haarer, J. (1943): Mutter, erzähl von Adolf Hitler. München (Q.F. Lehmanns Verlag).

Mahler, M. S. (1968): Symbiose und Individuation. Psychosen im frühen Kindesalter. Stuttgart (Klett-Cotta) 1992.

Rashid, A. (2000): Taliban: Islam, oil and the new great game in central Asia. London (IB Tauris).

Volkan, V. D. (1995): The Infantile Psychotic Self: Understanding and Treating Schizophrenics and Other Difficult Patients. Northvale, NJ (Jason Aronson).

Volkan, V. D. (1997): Bloodlines: From Ethnic Pride to Ethnic Terrorism. New York (Farrar, Straus, and Giroux).

Volkan, V. D., G. Ast und W. Greer (2002): The Third Reich in the Unconscious: Transgenerational Transmission and its Consequences. New York (Brunner-Routledge).

Der Terror und seine traumatischen Folgen

Beobachtungen von akuten Reaktionen kleiner Kinder und ihrer Familien auf die Anschläge auf das World Trade Center[1]

Das Eltern-Kind-Programm, Columbia University Center for Psychoanalytic Training and Research, New York, NY

Daniel S. Schechter, Susan W. Coates, Elsa First

Nach den Terroranschlägen auf das World Trade Center (WTC) untersuchten und behandelten Berufstätige aus den psychischen Bereichen Mitglieder betroffener Familien, die sehr kleine Kinder hatten, an vielen unterschiedlichen Orten: in Katastrophen-Hilfszentren, Notaufnahmen in Krankenhäusern und Kliniken, sowie in privaten Praxen.

Eine Freiwilligenorganisation solcher Berufstätiger, Disaster Psychiatry Outreach (DPO), die ihre Arbeit 1998 nach dem Absturz des Swissair-Fluges 111 aufnahm, begann Krisenintervention, Auswertungen und Überweisungen an Fachärzte für Familienmitglieder anzubieten, die geliebte Menschen, ihr Zuhause und/oder ihre Arbeit verloren hatten (Lagnado 2001). Das Familienhilfszentrum Family Relief Center, in welchem die DPO, das Rote Kreuz und andere Hilfsorganisationen sowie Ermittler des New York Police Department untergebracht waren, befand sich ursprünglich an dem Zeughaus Lexington Avenue (*the Armory*) an der Upper East Side von Manhattan, musste aber bald aufgrund der unerwartet hohen Nachfrage in ein erheblich größeres Gebäude im Pier 94 am Hudson River umwechseln. Pier 94 ist ein riesiger mit Aluminium verkleideter Bau, der mehrere Meilen nördlich des World Trade Centers liegt. Er sollte ursprünglich den Bedürfnissen der Schiffsindustrie dienen. In den Wochen nach dem 11. September beherbergte er viele Dutzend provisorischer Stände mit Mitarbeitern bundesweiter, bundesstaatlicher, städtischer und unabhängiger gemeinnütziger Organisationen. Es gibt dort auch eine Gedenkmauer von der Länge einer Schulaula mit Fotos der »Vermissten«, wo die Familien nach dem 11. September Briefchen und Blumen hinterließen. Diese Mauer wurde schließlich der »Weg der Bären« genannt, nachdem Hunderte von Teddybären unter den Fotos auf dem Boden platziert worden waren, die Kinder geschickt hatten, welche direkt von dem Oklahoma-City-Bombenanschlag 1998 betroffen gewesen waren. In den Tagen nach dem 11. September wurde das gesamte Innere des Pier 94 zu einer kollektiven Halt gebenden Umgebung für trauernde und überlebende Familien sowie für

Arbeiter der Bundesregierung, der Stadt und nichtstaatlicher Agenturen. Viele New Yorker Restaurants versorgten alle Besucher in zwei Cafeterias mit kostenlosem Essen. Man konnte trauernde Erwachsene und Kinder sowie andere Überlebende sehen, die während dieser ersten dunklen Tage oft nirgendwo sonst hingehen konnten. Sie schmusten mit Stofftieren und streichelten echte, speziell ausgebildete »Therapie-Hunde«, welche dort mit ihren liebenswürdigen Besitzern herumliefen, die sie aus dem ganzen Land hergebracht hatten.

The Kids' Corner und andere psychologische Oasen

Von Anbeginn der Reaktion der DPO auf die WTC-Anschläge beschloss der Kinderpsychiater Desmond Heath, dass dieses Projekt »eine sichere Ecke für die Kinder« brauchte. Er gründete The Kids' Corner als einen Ort, an dem die Kinder in einer verständnisvollen Atmosphäre spielen und bei Bedarf über ihre Reaktionen auf die Anschläge reden konnten – ein Traum, der im Pier 94 in vollem Umfang wahr wurde. The Kids' Corner war zentral gelegen, um sowohl Familien anzuziehen, die auf dem Weg zu anderen Organisationen vorbeikamen, als auch Familien, die von psychologisch ausgebildeten Freiwilligen ins Corner gebracht wurden. (Während Überlebende vermisste Personen meldeten, wurden sie oft von Freiwilligen begleitet, die an dem schweren Prozess teilnahmen, der vielleicht zu einer Identifizierung der Überreste führen würde, und sich in Fällen, in denen keine Leiche aufzufinden war, um Totenscheine kümmerten, damit die Familie finanzielle Unterstützung beanspruchen konnte.)

Angestellte des Eltern-Kind-Programms des Columbia Center for Psychoanalytic Training and Research arbeiteten ehrenamtlich im Kids' Corner, das für Eltern und Kinder zu einer psychologischen Oase wurde, wo sie spielen, reden und mit anderen Kindern zusammensein konnten, die das Trauma des WTC erlebt hatten. Der Raum für die Kinder hatte miteinander verbundene Spiel- und Sitzbereiche mit reichlich Spielgeräten, Büchern, Spielsachen und – auf unseren Vorschlag – Feuerwehrautos, Polizeiautos, Krankenwagen und Bauklötzen. Es gab auch einen Mal- und Basteltisch. Die Kinder sahen mit Befriedigung, dass ihre unterschriebenen Kunstwerke ringsum an den Wänden von Kids' Corner befestigt wurden; sie wussten, dass andere, die ähnlich betroffen waren, sie dort sehen würden. Eine angrenzende Familienberatungsecke war mit bequemen Sofas, Sesseln und einem Sofatisch mit Papiertaschentüchern ausgestattet. Die Eltern waren für diese Zuflucht außerordentlich dankbar – viele kamen sogar ohne ihre Kinder, um zu reden und sich darüber beraten zu lassen, was sie den Kindern sagen sollten. Dieser Hunger nach Rat war in den zwei Wochen direkt nach den Anschlägen am größten, als sich viele Menschen noch an die Hoffnung klammerten, dass ihr geliebter Mensch vielleicht zurückkehren würde, da keine Leiche gefunden worden war.

Abwehrreaktionen und Dilemmas

Während wir Erwachsenen zuhörten, die sehr kleine Kinder versorgten, welche ihre Eltern in den WTC-Anschlägen verloren hatten, begannen wir zu realisieren, dass diese Erwachsenen manchmal durch schützende psychologische Abwehrmechanismen – in erster Linie Schock und Ungläubigkeit – davon abgehalten wurden, angemessen auf die emotionalen Bedürfnisse der Kinder einzugehen. Zum Beispiel kam der Vater eines zweijährigen Mädchen, der seine Frau bei dem WTC-Anschlag verloren hatte, zu Dr. Schechter und erzählte, dass ihn die Trennungsangst, das Weinen und die Schlaflosigkeit seiner Tochter nicht losließen. »Ihre Großmutter (mütterlicherseits) hat ihr gesagt,« berichtete er, »dass Mami mit der U-Bahn steckengeblieben ist und nach Hause kommt, sobald sie wieder funktioniert. Ich bin mir nicht sicher, ob es richtig ist, ihr so etwas zu sagen.« Später berichtete der Vater, dass seine Tochter an keiner U-Bahn-Haltestelle vorbeigehen konnte, ohne zu fragen: »Ist Mami dort?«. Diese Frage ließ ihre Großmutter in Tränen ausbrechen. »Meine Tochter bringt ihre Großmutter noch um,« sagte er. Die Familie wurde für eine langfristige Behandlung überwiesen. Eine Tante, die sich um ihren zweijährigen Neffen kümmerte, erzählte uns, dass sie ihm gesagt hatte, seine Mutter, die im WTC umgekommen war, »sei geschäftlich fort... zu einer Besprechung.« Dann erzählte sie: »Der kleine Andy hat mir gesagt, ich soll aus dem Zimmer gehen, und hat einen Lastwagen nach mir geworfen – so etwas hat er noch nie gemacht.«

Diese kleinen Kinder wussten, dass sich ihr Leben grundlegend verändert hatte, auch wenn die Erwachsenen um sie herum, selbst noch im Schockzustand, versuchten, weiterzumachen »wie gewöhnlich«. Die rohe Angst, Wut und Verzweiflung sehr kleiner Kinder stand in krassem Widerspruch zu den schützenden Abwehrmechanismen der Erwachsenen. Die WTC-Tragödie half uns, zu verstehen, wie oft sich Eltern und andere Erwachsene nicht bewusst sind, wie sehr Babys und Kleinkinder auf die innere Welt ihrer »Versorger« eingestellt sind, auch wenn die Erwachsenen tapfer versuchen, »ein fröhliches Gesicht aufzusetzen«.

Tatsächlich nahmen mehrere Mütter, die mit Sorgen über ihre Kinder im Schulalter ins Kids' Corner kamen, an, dass ihre vier bis 12 Monate alten Babys »zu jung« waren, um unter irgendwelchen Auswirkungen der Tragödie zu leiden.

DPO-Krankenhausärzten fragten sie jedoch nach ihren Babys und boten ihnen Zeit zum Nachdenken sowie Hilfe zu ihren Schuldgefühlen darüber, dass sie für ihre Babys weniger verfügbar waren, solange sie so sehr mit ihren verlorenen Familienmitgliedern, Häusern, und Arbeitsstellen beschäftigt waren. Darauf stellten diese Mütter zu ihrer eigenen Überraschung eine Verbindung zwischen den deutlichen Schlaf-Unregelmäßigkeiten und anderen Verhaltensweisen ihrer Babys und ihrem eigenen Zustand der physiologischen Unregelmäßigkeit als Folge ihres plötzlichen Verlustes fest. Viele erwachsene Pflegepersonen merkten schuldbewusst, dass sie verärgert waren, daran erinnert zu werden, dass sehr kleine Kinder mit gutgemeinten, aber falschen Beruhigungsversuchen nicht zufriedengestellt werden konnten. Diese Beobachtungen werden in der folgenden Fallvignette eines dreijährigen honduranisch-amerikanischen Mädchens veranschaulicht, das Dr. Schechter und Ms. First im Kids' Corner kennen lernten. Diese Vignette zeigt auch die Komplexität einzelner auf ein Trauma abzielender Interventionen, in denen die Behandelnden keine Vorkenntnisse der hilfesuchenden Familie haben und nach deren Abschluss den Familien keine Sicherheit gegeben werden kann, dass man sich wiedersehen wird.

Maria: Das Zeichnen der Träume ihres Vaters[2]

Maria hatte sich an unserem Spieltisch mit Buntstiften und Papier niedergelassen, während ihr Vater, Mr. P., darauf wartete, mit einem Berater für Sozialhilfe an einem angrenzenden Stand zu sprechen. Er hatte seinen Arbeitsplatz als Koch wegen des Anschlags auf das WTC verloren. Maria war ein großäugiges Mädchen mit schulterlangem schwarzem Haar, das ein rosa Trägerkleid trug. Sie sprach lebhaft auf Spanisch. Marias Mutter war mit dem kleinen Bruder des Mädchens zu Hause.

Maria begann entschlossen in hellen, sich überlappenden Rot- und Gelbtönen und Schwarz zu kritzeln. Sie erklärte uns bereitwillig, dass sie die Gebäude zeichnete, die »gefallen und verbrannt« waren, und fügte hinzu, dass sie dies im Fernsehen gesehen habe. Wie so viele New Yorker sah sich ihre Familie die Wiederholungen der Anschläge auf das WTC wieder und wieder an, anfangs noch unsicher, ob sie auf dem Bildschirm gerade die Ermordung von Mr. P. mit verfolgen mussten. Maria erzählte uns, dass ihr Vater aus dem WTC, wo er gearbeitet hatte, entkommen war, als die Gebäude zusammenstürzten. Sie betonte, dass die Lungen ihres Vaters mit Rauch gefüllt gewesen waren, so dass er kaum atmen konnte. Während ihr Vater vom WTC wegrannte, um nach Hause zu kommen, wurde er von brennenden Gebäudeteilen getroffen, die ihm die Arme verbrannten – »Er hat Spuren von dem Feuer auf seinen Armen!«

Marias Vater erzählte uns später, dass Maria nachts aus Alpträumen erwachte und zuviel Angst hatte, um in ihrem eigenen Bett zu schlafen. Wie viele Kinder in New York City schlief sie seit dem 11. September im Bett ihrer Eltern. Eine zweite Zeichnung wiederholte das wilde Gekritzel des hellen Feuers mit einem Zusatz – einem dicken schwarzen Monolith, der sowohl ein verkohlter Turm als auch eine schwarze Leere war.

Mr. P. kam herüber, um nach seiner Tochter zu sehen, während er auf die Bearbeitung einiger Formulare wartete. Dr. Schechter fragte ihn nach dem Trauma, das seine Tochter beschrieben hatte. Er war erstaunt: »Ich war überhaupt nicht in der Nähe des WTC,« sagte er und fragte ungläubig: »Hat sie Ihnen gesagt, dass ich da war?« Mr. P. war tatsächlich als Koch bei Windows on the World angestellt gewesen (die alten Brandnarben kamen von heißem Fett, das ihm auf die Arme gespritzt war), aber er hatte die Frühstücksschicht in der Woche vor den Anschlägen mit einem Kollegen getauscht. Am Morgen des 11. September ging Mr. P., während seine Tochter mit ihrer Mutter zu Hause in Queens blieb, in die Stadt, um einige Besorgungen zu erledigen, aber kam nicht in die Nähe des WTC. Er musste allerdings zu Fuß über die 59th Street-Brücke gehen, um zurück nach Hause zu kommen, nachdem alle Brücken und Tunnel nach den Anschlägen geschlossen worden waren.

Dr. Schechter fragte Mr. P., wie es ihm ging. Zuerst wollte Mr. P. – ein junger Mann, schlank und mit leiser Stimme – jegliche Schwierigkeiten seinerseits herunterspielen. Erst nach zwei oder drei weiteren vorsichtigen Nachforschungen ließ er erkennen, dass er zutiefst erschüttert über den Verlust seiner Kollegen bei Windows on the World war. Er rang mit dem Gefühl, verantwortlich zu sein, weil er die Schicht getauscht und außerdem für einige seiner Freunde Arbeit bei Windows on the World gefunden hatte. Seine quälenden Schuldgefühle als Überlebender äußerten sich darin, dass er sich verpflichtet fühlte, sich lebhaft vorzustellen, wie seine Freunde umgekommen waren – das Feuer, den Rauch, und was sie gefühlt hatten. Wie seine Tochter hatte er Alpträume, aus denen er mehrmals pro Nacht erwachte, nur um über ihren Tod zu grübeln.

Nachdem Mr. P. dies erzählt hatte, rief Dr. Schechter aus: »Also zeichnet Ihre Tochter Ihre Träume!« Mr. P. schien schockiert, dass die Zeichnungen und Fantasien (und vielleicht Alpträume) seiner Tochter seinen eigenen Alpträumen so sehr glichen, da er diese nicht mit ihr besprochen hatte. Er sagte: »Jede Nacht, wenn ich meine Augen schließe, sehe ich all meine Kollegen im Rauch gefangen und verbrennen, und ich kann nichts tun, um sie zu retten.« Seine Augen füllten sich mit Tränen, als er sagte: »Ich schätze, ich habe Glück – es hätte mich treffen können. Aber ich vermisse all meine Freunde – es tut mir leid für den Kerl, der für mich eingesprungen ist – ich bete für seine Familie.«

Diese Unterhaltung zwischen Dr. Schechter und Marias Vater auf Spanisch wurde mit Ms. First auf Englisch fortgesetzt und in Hörweite von Maria gehalten, wobei sie ab und zu absichtlich mit einbezogen wurde. Danach begann Maria ein Bild ihres Kindergartens zu zeichnen, ein niedriges Rechteck mit vielen Fenstern und Türen. Sie betonte, dass es so viele Türen wie Fenster gäbe, und zählte sie. Ms. First bemerkte, dass sie vielleicht meinte, dass es viele Öffnungen gebe, viele Wege aus dem Kindergarten heraus, so dass dieser sicher wäre, falls es ein Feuer gäbe. Ms. First fragte sie, ob sie meinte, dass ihr Kindergarten sicher sei. »Ja,« antwortete Maria.

Wir meinen, dass diese Vignette zeigt, wie ein dreijähriges Mädchen sich eine Geschichte aus Einzelteilen der Realität zusammensetzte. Die Fantasie, dass ihr Vater von Rauch und Flammen verschlungen worden sei, bündelte offensichtlich ihr tiefes Erkennen und Mitleid mit der Schuld des Vaters als Überlebender zusammen mit der bedrückenden Angst, dass sie ihn hätte verlieren können – eine Art Übertragung des akuten traumatischen Stresses zwischen Generationen. Im Gegensatz zu den Befürchtungen ihres Vaters schien die Gelegenheit, seine psychische Realität zu hören sowie die Tatsache, wo er sich am 11. September aufgehalten hatte, einen therapeutischen Effekt auf Maria zu haben.

Wir gaben Mr. P. die Telefonnummer eines Netzwerks für psychische Überweisungen und baten ihn um Erlaubnis, ihn zur Nachfrage noch einmal anzurufen. Er war einverstanden. Wie versprochen rief ihn Dr. Schechter in der folgenden Woche an. Mr. P. ging ans Telefon und erzählte, dass seine Tochter und sein kleiner Sohn damit beschäftigt waren, zusammen zu spielen. Er berichtete, dass die Symptome des kleinen Mädchens seit unserer Begegnung nachgelassen hätten, auch wenn sie nach wie vor im Bett ihrer Eltern schlafen musste. Er sagte auch, dass seine eigenen Symptome besser geworden waren, er Sozialhilfe erhielt und Hoffnung hatte, eine neue Arbeitsstelle zu finden. Er hatte es nicht für notwendig gehalten, seine Tochter zu Kids' Corner zurück zu bringen und hatte zum Zeitpunkt unserer Nachfrage keine Pläne für weitere Auswertungen oder Behandlung für sich selbst, seine Frau oder seine Kinder.

Diese Vignette unterstützt die Nützlichkeit eines relational entwicklungsbasierten Konstruktes von Acute Stress Disorder (ASD), einer Störung, die Posttraumatic Stress Disorder (PTSD) sehr ähnlich ist, aber mit Betonung auf akuten dissoziativen Phänomenen und akutem Ausbruch innerhalb von 28 Tagen einhergeht, dem ein Verlauf folgt, der auf 2 bis 28 Tage beschränkt ist (American Psychiatric Association, 1994).

Tatsächlich kann »ASD oder PTSD à deux«, ein Ausdruck, der die 2-Personen-Natur mit berücksichtigt, die Effekte der WTC-Anschläge auf viele junge Kinder beschreiben, die sich nicht in der unmittelbaren Umgebung der

Anschläge befanden (Scheeringa u. a. 2001; Scheeringa u. a. 1995; Regehr u. a. 2001). Viele Pflegepersonen, die sowohl von dem plötzlichen Verlust als auch davon traumatisiert waren, dass sie die Anschläge erlebt oder gesehen hatten, waren vorübergehend nicht erreichbar oder »emotional verloren« für ihre Kinder, von denen viele bereits mit dem physischen Verlust eines Elternteils kämpften. Für einige Pflegepersonen, die traumatisch gestresst und deshalb nicht in der Lage waren, die Ängste der Kinder aufzufangen, war der Effekt der gleiche, wie ihren traumatischen Stress mit ihren Kindern zu teilen.

Wie durch das Kindergartenkind in der obigen Vignette beschrieben, wurde die auf die WTC-Anschläge folgende Situation dadurch weiter kompliziert, dass man wiederholt der Berichterstattung durch das Fernsehen ausgesetzt war. Es wurde auch nach dem Bombenattentat von Oklahoma City festgestellt, dass dieser Faktor zur Traumatogenese beitrug (Pfefferbaum u. a. 2001). Als Anmerkung: Die Medien wiederholten das Filmmaterial von den WTC-Anschlägen mehrmals aus verschiedenen Perspektiven, während die meisten New Yorker an ihren Fernsehern »klebten«. Und wie die meisten traumatisierten Menschen sprachen die New Yorker zwanghaft davon, was sie am 11. September erlebt hatten, wobei sich ihre Berichte oft mit dem vermischten, was sie im Fernsehen und Internet gesehen und gehört hatten. Während sich viele Eltern nach dem 11. September bemühten, den Zugang zu den Massenmedien für Kinder zu begrenzen, realisierten viele Eltern nicht, in welchem Maße die Unterhaltungen über das, was sie gesehen und gehört hatten, sogar von ganz jungen Kindern aufgenommen wurden, die oft die Quelle der Information oder die Sprecher nicht unterscheiden konnten. Dies galt für Familien mit sehr kleinen Kindern im Katastrophen-Hilfszentrum sowie in der Umgebung privater Praxen.

Schemata akuter Reaktionen aus Fällen in privaten Praxen

In ihrer privaten Praxis als klinische Psychologin, die auf die Behandlung kleiner Kinder spezialisiert war, beobachtete Dr. Coates unter ihren Patienten drei auffällige Schemata, die sich nach den Anschlägen auf das WTC herausbildeten. Erstens traten bei vielen Patienten – darunter sowohl Erwachsene als auch Kinder –, die ihre Symptome von Angst und Depression zuvor überwunden hatten, erneut Symptome auf. Zweitens zeigten viele Ehemänner und -frauen sehr verschiedene Reaktionen, was große Streite und Uneinigkeiten verursachte. Drittens hatten Kinder und Erwachsene, die näher an Ground Zero lebten, schwerere akute Stressreaktionen, mit viel mehr Flashbacks und schreckhaften Reaktionen auf Sirenen, als diejenigen, die im Norden der Stadt lebten. Diese drei Faktoren stimmen mit der

Traumaliteratur (Pfefferbaum u. a. 1999; Schechter & Tosyali 2001) überein und traten alle in der Familie A. auf, die nun beschrieben wird.

Sara und ihre Familie

Familie A., ein Ehepaar Mitte zwanzig mit einer zweijährigen Tochter, Sara, lebte ungefähr 25 Häuserblocks vom WTC entfernt. Am Morgen des 11. September war Mrs. A. mit ihrer Tochter und deren Kindermädchen zu Hause, als sie ein tief fliegendes Flugzeug und dann eine Explosion hörte. Sie schaltete den Fernseher ein und sah Bilder davon, wie erst das erste, dann das zweite Flugzeug das WTC angriffen. Sie versuchte verzweifelt, ihren Mann anzurufen, aber alle Telefonleitungen waren tot. Sie wusste, dass er in der Nähe und nicht in unmittelbarer physischer Gefahr war.

Mrs. A. ließ Sara bei ihrem Kindermädchen zurück und lief auf die Straße, wo sie sah, wie die WTC-Gebäude brannten und Hunderte von Menschen, die mit Asche und Schutt bedeckt waren, in den Norden der Stadt rannten. Eine ihrer Freundinnen rannte den ganzen Weg von einem Gebäude, das dem WTC gegenüber lag, bis zur Wohnung der Familie A. Sie kam völlig panisch und hysterisch dort an, schluchzend und durch die Asche, die sie bedeckte, fast nicht zu erkennen. Sara war im Zimmer, als diese Freundin eintraf, aber Mrs. A. erinnert sich nicht an ihre Reaktion. Mr. A. kam innerhalb der nächsten Stunde nach Hause.

Dr. Coates hatte bereits einmal mit dieser Familie gearbeitet, als ihre Tochter Sara zehn Monate alt war, weil diese »nie schlief«. Mrs. A. hatte unter einer Wochenbettsdepression gelitten, und die Eltern befürchteten, dass dies eine »Bindungsstörung« verursacht haben könnte. Sie waren besorgt, weil Sara sich nie beschwerte, wenn ihre Mutter das Zimmer oder die Wohnung verließ. Nach der Auswertung fand Dr. Coates keine Hinweise für eine ernsthafte Bindungsstörung. Sara war ein attraktives, robustes kleines Mädchen, das bereitwillig eine Beziehung zu der untersuchenden Ärztin herstellte, nur minimale Scheu vor Fremden zeigte und große Neugier angesichts der Spielsachen im Spielzimmer an den Tag legte. Die Auswertung ergab allerdings auch, dass Saras Sprachentwicklung um drei Monate verzögert war und sie subtile Bindungsschwierigkeiten hatte. So sah sie ihre Mutter nicht an, wenn sie eine neuartige Situation einschätzte, und machte keine Versuche, ihre Entdeckung neuer Spielsachen mit ihr zu teilen. Tatsächlich sah sie beide Elternteile kaum direkt an. Innerhalb eines Jahres der Eltern-Kind-Psychotherapie gingen Saras Symptome jedoch zurück. Sie konnte nachts schlafen, zeigte sehr viel mehr Interaktion mit ihrer Mutter, spielte gern Spiele mit ihr und begann zum ersten Mal zu protestieren, wenn ihre Mutter sie verließ.

Wenige Tage nach den WTC-Anschlägen rief Mrs. A. an, um einen Termin auszumachen, damit sie über ihre Erlebnisse am 11. September sprechen konnte; sie sagte, sie sei überwältigt. Dr. Coates schlug vor, dass sie und ihr Mann beide zu dem Termin kommen sollten. Während der ersten Sitzung schluchzte Mrs. A., während sie beschrieb, wie sie sich fühlte; sie befürchtete, dass sie sich und ihre Tochter nicht würde beschützen können. Zuhause hatte sie einen gepackten Koffer; sie war bereit, jederzeit die Stadt zu verlassen und zu ihren Eltern in New England zurückzukehren. Sie fühlte sich ständig für Schlimmes gewappnet und fürchtete den nächsten Anschlag. Sie beschwerte sich, dass sich ihre Tochter in »einen menschlichen Klettverschluss« verwandelt hatte und sie nicht einmal allein ins Bad gehen ließ. Sara jammerte und weinte andauernd und hatte erneut schwere Schlafprobleme entwickelt. Keiner der Eltern sah eine Beziehung zwischen den Reaktionen ihrer Tochter und den WTC-Anschlägen. Sie waren überzeugt, Sara sei zu jung, um zu verstehen, was vor sich ging. Sie verstanden nicht, dass Sara auf ihre eigenen Reaktionen reagierte.

Mr. und Mrs. A. waren wütend über die Reaktion des jeweils anderen auf die WTC-Anschläge. Er verachtete sie wegen ihrer Ängste und Panik. Er war dankbar, dass sie noch lebten, dass sie niemanden verloren hatten, der ihnen nahestand, und war der Meinung, sie sollten »es vergessen und ihr Leben weiter leben«. Er sah ihre Reaktion als hysterisch und verrückt an. Mrs. A. ihrerseits fand, dass ihr Mann verrückt sei, weil sie meinte, dass er anscheinend überhaupt keine emotionale Reaktion zeigte, kein Begreifen dessen, was passiert war, und kein Anerkennen der Gefahr, die sie für die Zukunft sah.

Dr. Coates traf das Paar in der ersten Woche für zwei Sitzungen ohne Sara. Während der ersten Sitzung beschrieb Mrs. A. die Einzelheiten des für sie grauenhaften Erlebnisses am 11. September; ihr Mann schwieg, sah aber besorgt aus. Dr. Coates hörte sich ihre Geschichte an, erkannte ihre Angst an und ließ sie wissen, dass jeder – sie selbst eingeschlossen – Angst hatte. Mr. A. meinte, das Erlebnis sei vorbei, sie hätten niemanden verloren und müssten nun ihr Leben weiter leben. Dr. Coates half ihm, einzugestehen, dass es tatsächlich auch für ihn beängstigend gewesen war. Sie versuchte, die Differenzen in ihren Reaktionen zu normalisieren, indem sie berichtete, dass viele Paare in der Stadt nun entdeckten, dass sie sehr unterschiedlich auf den 11. September reagierten. Sie kommentierte, dass diese Unterschiede Paaren überall in der Stadt Stress bereiteten, und versuchte, ihnen zu helfen, ein gewisses Verständnis für die Reaktionen des anderen zu entwickeln. Mrs. A. begann zu glauben, dass sie alle nach New England gehen sollten, um dort dauerhaft zu leben. Dr. Coates schlug vor, dies als Option offen zu halten, während sie in den nächsten Wochen versuchten, die Dinge zu ordnen. (Tatsächlich verließen viele Menschen mit kleinen Kindern – vor allem diejenigen, die in der Nähe des WTC lebten – direkt nach den WTC-Anschlägen New York City auf Dauer.) Am Ende der dritten Woche hielten die A.s es nicht mehr für wahrscheinlich, dass sie wegziehen würden.

Dr. Coates versuchte, Saras Verhalten als »menschlicher Klett« und ihre schlaflosen Aktivitäten mit dem WTC in Verbindung zu setzen. Die A.s sagten, dass sie an diese Möglichkeit nie gedacht hatten. Dr. Coates erzählte den Eltern, dass sie in einer Zeitung gelesen hatte, dass laut einer Umfrage 40 Prozent der amerikanischen Kinder im ganzen Land nach den Bombenanschlägen auf das WTC im Bett ihrer Eltern geschlafen hatten, und diese Rate ihrer Meinung nach in New York City sicherlich höher sein musste.

In der folgenden Woche (inzwischen drei Wochen nach den Anschlägen auf das WTC) traf Dr. Coates sich mit Sara in einer Spielsitzung. Sara begann, mit einer Alligator-Handpuppe zu spielen und intensiv eine Bären-Handpuppe anzugreifen, die ihre Mutter hielt. Dann versuchte Sara auf recht aggressive Art, mit der Alligator-Handpuppe den Arm und das Gesicht ihrer Mutter zu beißen. Die Mutter bat sie, den Alligator nicht in ihr Gesicht zu halten und behutsamer zu sein. Sara war in der Lage, sich daran zu halten. Dann bat Sara ihre Mutter, der Alligator zu sein. Sie tauschten die Rollen in ihrem Spiel hin und her. Wenn Mrs. A. die Angreiferin war, spielte sie mit Sara auf eine sehr sanfte und humorvolle Weise, wobei sie Sara vorsang: »Ich krieg' dich«. Die Mutter nahm vorsichtig die Alligator-Handpuppe und versuchte, die Bären-Handpuppe damit zu zwicken. Dr. Coates, Mrs. A. und Sara unterhielten sich zusammen darüber, wie es war, beängstigende, ängstliche und wütende Gefühle zu haben. Sara schien am Ende der Sitzung beruhigt.

In den folgenden Wochen verringerten sich Saras Symptome. Dr. Coates half den Eltern, zu verstehen, wie normal Trennung und aggressive Reaktionen nach einem Trauma dieser Größenordnung sind. Einige Wochen später beschloss die Familie, einen zweiwöchigen Urlaub zu nehmen, um »von allem wegzukommen«, und Mrs. A.s Familie in New England zu besuchen.

Zusätzliche Beobachtungen

Zusätzlich zu den drei Schemata von Reaktionen, die Dr. Coates beschrieben hat, haben alle drei Autoren dieses Berichtes bemerkt, dass viele Überlebende mit großem Kummer reagieren, wenn sie sich Ähnlichkeiten zwischen ihren Kindern oder anderen Familienmitgliedern und den am 11. September Getöteten bewusst werden. Die lebenden Verwandten dienen als traumatische Erinnerung an den Verlust. In einer Familie, die Dr. Schechter am Pier 94 traf, war die Schwester eines WTC-Opfers, die dem Opfer sehr ähnlich sah, nach New York gekommen, um sich um ihren Neffen und ihre Nichte im Kindergartenalter zu kümmern. Da sie nicht genug warme Kleidung mitgebracht hatte, trug die Tante der Kinder einen Pullover ihrer vermissten Mutter, was in der dreijährigen Nichte akuten Schmerz auslöste. Diese Reaktion kam für die Tante und den Vater des Kindes vollkommen überraschend. Wie in ZERO TO THREE's Diagnostic Classification of Mental Health and Developmental Disorders of Infancy and Early Childhood (DC: 0–3) beschrieben, ist eine der Manifestationen von »Stimmungsstörungen: Verlängerte Verlust/Trauer-Reaktion«: »Das Kind kann extrem empfindlich auf jede Erinnerung an die Bezugsperson reagieren und akute Verzweiflung zeigen, wenn ein Besitzstück der Bezugsperson von jemand anderem berührt oder weggenommen wird« (S. 24). Der Vater dieser Familie hatte besonders ambivalente Gefühle wegen des Abschieds von seiner Frau am Morgen des 11. September. Er konnte sich nur an den Austausch einiger knapper Worte durch die Badezimmertür erinnern, bevor seine Frau, die auf dem Weg zu einem Vortrag bei einem Geschäftsmeeting war und Angst hatte, zu spät zu kommen, zum WTC eilte. Nun hatte er wiederkehrende Träume, die voll von den Abschiedsworten waren, die er stattdessen hätte sagen können. Der Vater und die Kinder assoziierten ungesagte Abschiedsworte und das, was sich als falsche Vermutung herausgestellt hatte, nämlich, dass alles wie üblich sein würde, wenn die Mutter von der Arbeit nach Hause kam, mit dem Pullover der toten Frau. Wie der Vater sagte: »Dieser Cardigan musste so weit in den Schrank zurück gestopft werden, wie es nur ging – und auf dem Weg dorthin eine Menge Tränen aufsaugen.«

Wir haben viele schmerzliche Lektionen aus den terroristischen Anschlägen vom 11. September gelernt, an denen uns Babys und sehr kleine Kinder einen erheblichen Teil gelehrt haben: wie die Trennungsreaktionen dieser Kinder die Schock- und Betäubungsreaktionen der Erwachsenen durchbrachen, wie abgestimmt auf die inneren Zustände und Kommunikation ihrer Pflegepersonen die Kinder sind, und wie sie kämpften, um einen Sinn aus den Reaktionen ihrer Eltern und den Bruchstücken an Informationen, die sie hören durften, zu ziehen. Und wie sie einfach weinten und mit ihren Teddybären schmusten, wenn es keinen weiteren Sinn mehr gab.

Anmerkungen

[1] Zuerst in englischer Sprache veröffentlicht in: The Bulletin of Zero to Three: National Center for Infants, Toddlers, and Families, Ausgabe Jan/Feb 2002. Übersetzung aus dem Amerikanischen von Daniela Bone. Abdruck mit freundlicher Genehmigung des Autors.

[2] Diesen Fall greift auch Christine Anzieu-Premmereur in ihrem Beitrag zu diesem Buch auf. Wie die Autoren dieses Beitrags war sie im Pier 94 tätig.

Literatur

American Psychiatric Association (1994). Diagnostic and Statistical Manual of Mental Disorders – Fourth Edition (DSM-IV). Washington, D.C.: The Author.

Lagnado, L. (2001). Disaster psychiatry volunteers minister to the distraught. The Wall Street Journal. September 17, 2001: B9.

Pfefferbaum, B., Nixon, S.J., Tivis, R.D., Doughty, D.E., Pynoos, R.S., Gurwitch, R.H. & Foy, D.W. (2001). Television exposure in children after a terrorist incident. Psychiatry. 64(3): 202–211.

Pfefferbaum, B., Nixon, S.J., Tucker, P.M., Tivis, R.D., Moore, V.L., Gurwitch, R.H., Pynoos, R.S. & Geis, H.K. (1999). Posttraumatic stress responses in bereaved children after the Oklahoma City bombing. Journal of the American Academy of Child and Adolescent Psychiatry. 38(11): 1372–1379.

Regehr, C., Hemsworth, D. & Hill, J. (2001). Individual predictors of posttraumatic distress: A structural equation model. Canadian Journal of Psychiatry. 46(2): 156–161.

Schechter, D.S. & Tosyali, M.C. (2001). Posttraumatic stress disorder from infancy through adolescence: A review. In C. A. Essau & F. Petermann (Eds.). Anxiety Disorders in Children and Adolescents: Epidemiology, Risk Factors, and Treatment. London: Harwood Academic Publishers

Scheeringa, M.S., Peebles, C.D., Cook, C.A. & Zeanah C.H. (2001). Toward establishing procedural, criterion, and discriminant validity for PTSD in early childhood. Journal of the American Academy of Child and Adolescent Psychiatry. 40(1):52–60.

Scheeringa, M.S., Zeanah, C.H., Drell, M.J. & Larrieu, J.A. (1995). Two approaches to the diagnosis of posttraumatic stress disorder in infancy and early childhood. Journal of the American Academy of Child and Adolescent Psychiatry. 34(2): 191–200.

ZERO TO THREE: National Center for Infants, Toddlers, and Families (1994). Diagnostic classification of mental health and developmental disorders of infancy and early childhood. Washington, D.C.: The Author.

New York nach dem 11. September 2001[1]

Christine Anzieu-Premmereur

»Die Menschenbestie braucht doch vor allem Bändigung«.

Briefwechsel/Sigmund Freud – Lou Andreas-Salomé.
In: Pfeiffer (1966), S. 83

Dieser Artikel verdankt seine Entstehung der Arbeit der Mitglieder des Eltern-Kind-Programms der Columbia-Universität in New York. Ihnen gilt mein Dank.

Dienstag, den 11. September 2001 haben zwei als menschliche Bomben benutzte Flugzeuge die beiden Türme des World Trade Center in New York zerstört und dabei 2 870 Menschen getötet. Am selben Tag starben bei einem Angriff auf das Pentagon in Washington 184 Menschen und 40 in Pennsylvania beim Absturz eines anderen Flugzeuges, das von der Flugbahn abgedreht hatte, um ein weiteres Attentat zu begehen.

Man schätzt die Anzahl derer, die dem Tod im World Trade Center entkommen konnten, auf ungefähr 15 000; sie überlebten, weil sie sich rechtzeitig zur Flucht entschlossen, weil sie durch die Feuerwehr gerettet wurden oder weil sie ganz einfach Glück hatten.

Als Einwohnerin von Manhattan wurde ich Zeugin dieses Zerstörungsaktes, des Sterbens, der Angst und der Folgen des Schocks. Der emotionale Eindruck war derartig stark, dass es während langer Zeit unmöglich war, wieder Kraft zu finden, um seine überbordenden Gefühle zu zügeln, nachzudenken und analytische Elemente zu entwickeln. Die amerikanische Bevölkerung schritt unmittelbar zur Tat und bot alle erforderlichen Hilfsdienste an. Auch die Psychoanalytiker beteiligten sich an dieser Bewegung der Solidarisierung. Die Gruppe mit ihrer gemeinsame Aktion schuf Gelegenheit derart verwirrte Gefühle zu teilen und die Wucht der Reaktionen auszuhalten. Handeln, unterstützen, helfen, mitfühlen mit der intensiven Gefühlsaufwallung der gesamten New Yorker Bevölkerung, das war Erste Hilfe für den versagenden Verstand.

Neben dem empfundenen Entsetzen angesichts des Ausmaßes des Massakers, des Schmerzes und der Verzweiflung bestimmten Angst und das dringende Bedürfnis nach Information wochenlang die Atmosphäre. Auf einmal war Amerika nicht mehr länger das unbesiegbare und sichere Land. Das Symbol westlichen Wohlstandes wurde mit den beiden Türmen des World Trade Centers zu Boden geschlagen; ein Gefühl fortwährender Bedrohung war dadurch umso gegenwärtiger. Ständige Alarmbereitschaft angesichts möglicher Luftangriffe, Angst vor Bomben an öffentlichen Plätzen, wiederholte Warnungen vor einem drohend bevorstehenden weiteren Attentat erzeugten eine dauernde Spannung, die viele Bewohner New Yorks und seiner Umgebung in Unruhe versetzte.

Nach der Entdeckung von Anthrax in der Post wurde die Unsicherheit und das Gefühl der Bedrohung durch ein nicht identifizierbares Böses erst recht unerträglich. Zum Schmerz kam die Verfolgungsangst. Konnte man denn seine Briefe öffnen und zur Post gehen, nachdem man so sehr darunter gelitten hatte, wegen des Ausfalls des Telefonnetzes und der abgebrochenen Verbindungen zu seiner Familie und seinen Angehörigen keinen Kontakt aufnehmen zu können? Konnte man wagen, die U-Bahn, die Tunnels, die Unterführungen zu benutzen, ohne einen Angriff mit Bakterien befürchten zu müssen, konnte man Wasser aus dem Hahn trinken, ohne vergiftet zu werden, konnte man überhaupt gefahrlos atmen?

Der Qualm der Zerstörung des World Trade Centers hat Wochen gebraucht, um zu verfliegen und die Dämpfe von Metall und Asbest mit sich zu nehmen und mit ihnen die in der Luft liegenden Erinnerungen an die Qualen derer, die bei lebendigem Leibe verbrannt worden waren; der Gestank, an sich schon eine Quelle des Terrors, war nicht auszuhalten. Der katastrophale Anblick des »Ground Zero«, des mit riesigen Trümmern zugeschütteten Loches, und die überwältigende Abwesenheit der Türme weckten Angst und Trauer. Man konnte weder vergessen, noch an etwas Anderes denken: Da war die zermürbende Angst der Familien der Vermissten, die vor dem Leichenschauhaus für einen Hinweis Schlange standen, was aus dem oder der geworden war, die nicht nach Hause gekommen waren. Da war der Schock der Berufsverbände der Feuerwehrleute und ihrer Familien über die Unfähigkeit, selbst bei heroischstem Einsatz die große Zahl an Vermissten zu bewältigen. Da war die Hoffnungslosigkeit der Neueinwanderer, die nach dem Verlust des Familienernährers, der noch keine gültigen Papiere besessen hatte, vollkommen hilflos als mittellose Illegale zurückgelassen worden waren. Und zuletzt gab es die Kinder, die auf grausame Weise einen oder beide Eltern verloren hatten – ihre Zahl wurde mit etwa 10 000 angegeben.

Einige extreme paranoide oder wahnhafte Reaktionen entluden sich in gewalttätigen Racheakten an Leuten, die Talibans ähnlich sehen mochten. Auch Besessenheitsanfälle und wahnhafte Aufwallungen mit mystischem oder messianischem Inhalt kamen vor. Wer Kinder hatte, begriff sofort, dass er außer Stande war, die Seinen zu beschützen, und für viele war das, als ob sie ihre Kompetenzen als erwachsene Menschen verloren hätten. Gefangen im Chaos der teilweise zerstörten Stadt waren die meisten Eltern Panikattacken und überwältigenden Schuldgefühlen ausgesetzt. Wer keine Nachricht von seinem Kind bekommen konnte, das sich in einem Kindergarten oder einer Schule nahe des World Trade Centers aufhielt, oder wer nach der Schließung der Brücken und Tunnel nach Manhattan über Nacht weit weg von zu Hause festgehalten wurde, eben jeder, der aus der Nähe oder aus der Ferne über den Bildschirm die Flucht der Bewohner in Flammen, Staub und Rauch und die Evakuierung der Schulen durch Feuerwehr und Polizei miterlebt hatte, war versteinert vor Angst und hing irgendwo an einem Telefon, das nicht funktionierte. Die Trennungsangst war unerträglich. Überwiegend kennzeichnend für die ersten Reaktionen war die Unfähigkeit, sich von seinen Lieben zu trennen; Verzweiflung, Gram und vor allem Panik machten es unmöglich, auch nur den geringsten Abstand zu den Anderen zu finden. Kinder schliefen in den Betten ihrer Eltern und wurden nicht mehr zur Schule gebracht; für manche war es ungeheuer schwer, von zu Hause fort und wieder zur Arbeit zu gehen.

Im Allgemeinen funktionierten die Verkehrsverbindungen schlecht, die Straßen waren schwarz von Staus und die Autos wurden von Polizisten durchsucht, um die Identität ihrer Insassen festzustellen; die Telefone waren nicht mehr in Betrieb, da zu viele der Netze beschädigt waren. Konnte man es also noch wagen, von neuem die Spur der Seinen aus den Augen zu lassen? Aus je größerer Nähe man die Tragödie miterlebt hatte, umso weniger konnte man sein normales Leben wieder aufnehmen.

Zu den schwer traumatisierten Menschen gehörten nicht nur die wie durch ein Wunder Überlebenden, von denen jeder eine außergewöhnliche Geschichte von Flucht, glücklichem Zufall und Schuld zu erzählen hatte, und auch nicht nur diejenigen, die Augenzeugen des Sterbens und des Untergangs geworden und selbst, genauso unfähig zu begreifen, von der Panik des wilden Rennens zwischen Staub und Scherben mitgerissen worden waren. Auch diejenigen, die keine Wohnung, keine Arbeit, keine Schule für ihre Kinder mehr hatten und mitsamt ihrem völlig durcheinander geratenen Familien- und Sozialleben bei Freunden oder in Hotels untergebracht waren, konnten sich der traumatischen Erfahrung nicht stellen.

Am tiefsten waren diejenigen verletzt, die eine Wiederholung vergangener Dramen erlebten; sie waren unmittelbar und schutzlos den Schmerzen, Verlusten und Traumata der Vergangenheit ausgeliefert. Das Vertrauen in Sicherheit und Geborgenheit war zusammengebrochen. Dies brachte für manche psychische Schäden mit sich, die sich in ihrem Familienleben niederschlugen.

Die Erfahrung in der Gruppe

Inmitten des Chaos menschlicher Verzweiflung war die zwischenmenschliche Solidarität bemerkenswert. Sie umfasste Blutspenden, Geld, Nahrungsmittel und Hilfeleistungen; sie bot die kostenlose Unterstützung durch juristische, pädagogische, psychologische und religiöse Berater; sie organisierte die Mitarbeit in Unternehmen, Schulen und Feuerwehrkasernen. Dieser Zusammenhalt bot konkrete Antworten auf die bestehenden Bedürfnisse und damit gleichzeitig die Möglichkeit, in seinen aufgelösten Gefühlen und zerstörten Vorstellungen die Fassung wieder zu gewinnen. Die Auswirkung war unmittelbar in den Presseartikeln erkennbar, die von den Aufgaben aller dieser Helfer berichteten und dabei zeigten, wie weit man über die deskriptive Sprache hinaus in eine metaphorische vordringen musste, um den erfahrenen Schock in Worte fassen zu können.

Diejenigen, die sich ein Gefühl der Sicherheit bewahren konnten, waren in der Lage, die erlebten Gefühle und Empfindungen zu benennen und einen Diskurs über das Ereignis einzuleiten. Die Schwierigkeit dabei rührte nicht nur von dem Entsetzen angesichts der erfahrenen Gewalt her, sondern auch von ambivalenten und paradoxen Reaktionen auf einen absichtlich zugefügten Tod. Eine kriegerische oder rachlüsterne Antwort, die einen Graben zwischen Gut und Böse schuf und sie vom Opfer zum Täter werden ließ, konnte manchen Leuten helfen, sich in Sicherheit zu fühlen. Andere jedoch blieben in ihren Zweifeln darüber gefangen, womit sie sich identifizieren sollten.

Geradezu umgehend suchte man nach Symbolen: um ein Gefühl für die Macht solidarischen Gruppenhandelns zu geben, wurde das nationale Symbol der amerikanischen Flagge exzessiv und reichlich verwendet. Sehr rasch konnte man in New York auch nicht den allerkleinsten Wimpel mehr erstehen, die Lieferanten waren ausverkauft. Fahnen hingen aus den Fenstern, wehten über den Eingängen der Häuser, bedeckten die riesigen Gebäude des Börsenviertels, waren in die Autofenster gehängt oder zierten als kleine Broschen die Kragen der Kleidungsstücke. Diese Fahnen ehrten die Toten und boten die Gelegenheit, angesichts der Gefahr psychischer Desintegration Zusammenhalt stiftende Vorstellungen zu bilden.

Die Fotos der Vermissten an der Wand des Hospitals der New Yorker Universität, einer endlosen, ständig mit Blumen geschmückten Allee der Erinnerungen, oder die schriftlichen Widmungen an ihr früheres Leben dort, wo das World Trade Center gestanden war, und die Gedichte, die an den Plätzen oder an improvisierten, mit Blumen und Kerzen bedeckten Altären für die Passanten niedergelegt worden waren, sie alle waren Orte gemeinsamen Gedenkens, an denen sich das Vorstellungsvermögen wieder erholen konnte.

In Reaktion auf die Zerstörung versammelten sich im Central Park und am Washington Square hunderte von Menschen in Schweigezeremonien um das Licht von Kerzen, das Symbol von Einigkeit und Frieden. Die verschiedenen religiösen Gemeinden boten zusätzlich zu den Trauerzeremonien Gelegenheit zu Nachdenken und Gespräch.

Die Künstler setzten dem wiederholten Anbranden der Fernsehbilder, die bis ins Unendliche den Moment des Angriffs und der Zerstörung zeigten, ihre Fähigkeit entgegen, die Symbolkraft der Bilder zu erfassen. Ausstellungen zeigten Fotos, die nach ästhetischen und formalen Kriterien wie Stil, Ästhetik und Respekt gegenüber dem Geschehen ausgesucht waren und damit ein Gegengewicht gegen den »pornographischen« Gehalt der Reportagebilder setzten, die die Zerstörung zur Schau stellten. Zeichnungen, Gemälde und Skulpturen, deren Ausdruckskraft dem erlittenen Ereignis Bedeutung zu geben versuchte, haben Massen von Menschen angezogen, denen es an eigenen annehmbaren Vorstellungen fehlte.

Dennoch überwog der Glaube an die Möglichkeit erfolgreichen Handelns. Angesichts des Ausmaßes der Verwüstung und der gigantischen Arbeit, die in Staub und Rauch (Tag und Nacht, über Monate hinweg) zur Beseitigung der Trümmer geleistet wurde, zeigte sich die Kraft des amerikanischen Optimismus in seiner ganzen Größe. Handeln war ein Weg, das Verharren in der Verleugnung zu vermeiden. Handeln gab das Gefühl, mit den Zerstörungen der Gebäude auch die menschlichen Emotionen im Griff zu haben, und lenkte den Willen nach vorn. Da war die Tätigkeit der Retter, die nach Leichenresten suchten, um die Vermissten zu identifizieren, die Tätigkeit von Rettungsmannschaften und Bauarbeitern zur Durchführung der gewaltigen Aufräumarbeiten, die Tätigkeit der Feuerwehrleute zwischen dieser und der nächsten Beerdigung von Kollegen und die Tätigkeit von hunderttausenden Freiwilligen aus der ganzen USA und aller Herren Länder, um Lebensmittel heranzuschaffen, Hilfsdienste zu leisten, Expertenrat zu erteilen und den Leidenden Beistand zu spenden. Handeln und Freiwilligendienste als Antidepressiva: die alte Begeisterungsfähigkeit war wieder da! Aber wie soll man verstehen, dass dieser Tatendrang und diese Tüchtigkeit zugleich eine seelische Verarbeitung waren? Einige unserer Kollegen hatten daran ihre Zweifel und befürchteten einen Modus der Vermeidung.

Die gemeinsame psychische Arbeit, ein Kampf gegen das Chaos

In der Tat hat diese Energie auch die Welt der Psychiater, der Psychologen und Psychoanalytiker erfasst, die sich dazu veranlasst fanden, spezielle Tagungen über die Hilfe für Attentatopfer, über Traumata und ihre Folgen, über die Interventionsmöglichkeiten je nach den Bedürfnissen der verschiedenen Bevölkerungsgruppen, der Frauen, der Kinder, und der Neuzugewanderten abzuhalten. Vorträge über die Vielschichtigkeit des Islam und über die Motive der Terroristen boten Gelegenheit zu Begegnung und Gespräch.

Die Therapeuten wurden darum gebeten, sich an den Interventionskampagnen aller möglicher Anlaufstellen für Hilfesuchende zu beteiligen. An den Universitäten florierten Schnellkurse zur Katastrophenhilfe, die mit Unterstützung von Spezialisten für Kriegsverhältnisse aus dem Kosovo, aus Afrika und anderen regelmäßig von Zerstörung heimgesuchten Gebieten abgehalten wurden.

Es war wichtig, sich eine Vorstellung darüber zu bilden, in welcher Weise eine Tragödie dieses Ausmaßes das soziale und wirtschaftliche Gefüge verletzte, und herauszufinden, wo die verwundbaren und die stabilen Bereiche bei den einzelnen in das Drama involvierten Individuen lagen. Vor allem musste man schleunigst lernen, eine Verschlimmerung der pathogenen Auswirkung des Traumas durch unangemessene Interventionen zu vermeiden. Der Wert gruppentherapeutischer Kriseninterventionen stand zur Diskussion, denn die Erzählung von den dramatischen Ereignissen wiederholt zu hören konnte für die Überlebenden die Gefahr der Dekompensation heraufbeschwören.

Diese Zeit organisierter Rettungsmaßnahmen war für die Angehörigen psychotherapeutischer Berufe eine Art von Schutz und bot ihnen allen Zuflucht vor einem Großteil der Verwirrung. Erst in zweiter Linie wandelten sich die Reaktionen auf die Katastrophe in Depression und Selbstzweifel. Wozu war die eigene Arbeit gut? Konnte unmittelbares Handeln überhaupt heilsam sein, oder war es lächerlich? Und zuletzt: Wie konnte man bei einer so riesigen und geografisch so weit verbreiteten Bevölkerung chronischen Störungen vorbeugen? Zahlreiche Hilfs- und Forschungsprojekte wurden ins Leben gerufen.

Die Stadt New York forderte Psychoanalytiker, die Spezialisten für Trauer und Traumatisierungsfolgen, auf darüber nachzudenken, wie man Menschen helfen konnte, die um einen trotz aller Nachforschung spurlos Verschwundenen trauerten. Man hatte bereits die Erlaubnis erteilt, auch beim Fehlen eines Leichnams eine Todesurkunde auszustellen. Aber wie konnte man den Familien der Verschwundenen helfen? Diese Familien wurden zusammengerufen und, begleitet von Analytikern, gruppenweise in einem Boot an die Stelle des World Trade Centers gebracht, wo Festakte des Bezeugens und des gemeinsamen Gedenkens ein Ritual und damit ein Gewahrwerden des Todes in seinem kollektiven Aspekt anboten. Das Miteinander mit den offiziellen Vertretern der Stadt, den Feuerwehrleuten und den Sanitätern und der Einsatz psychologischer Hilfe sollten dem Prozess der Trauer Bahn brechen. Bei diesem Anlass erhielt jede Familie eine »leere« Bestattungsurne. Sie diente als Symbol für die Erinnerung an den Verschwundenen, die ein Psychoanalytiker nachgezeichnet und in einem Nachruf umrissen hatte.

Im Internet wurde ein Symposium von vorwiegend amerikanischen Analytikern mit ausländischen Gästen abgehalten, in dem man diskutierte, welchen Beitrag unserer Kenntnisse über die innerpsychische Welt zum Verständnis einer so undenkbaren Situation leisten konnten. Alle diese E-mails, der Austausch über Unsicherheit und Desillusionierung, das gemeinsame Nachdenken über die Folgen für die amerikanische Politik, die einander mitgeteilten Befürchtungen über die Tiefe der Schuldgefühle und gleichzeitig auch über die Schwierigkeit, den islamischen Extremismus objektiv zu analysieren, machten vor allem deutlich, dass der Verlust von Sicherheit und Allmacht uns alle anging, nämlich als der Verlust der Gewissheit, im Recht zu sein. Trotz der Versuche, die Welt in Gut und Böse aufzuteilen, blieb die Frage entscheidend, wie sich Hass und Zerstörungwille integrieren lassen. Solche manchmal höchst polemisch geführten Diskussionen unter den Kollegen gaben dem Chaos Struktur und uferlosen Gefühlen und leidenschaftlichen Reaktionen einen Halt.

In der Tat waren Leiden und die Erfahrung essentieller Ohnmacht anlässlich des traumatischen Ereignisses unser aller Schicksal. Reaktionen wie, sich auf die Kraft eines Ideals zu berufen, sich mit dem Aggressor zu identifizieren oder ihn zu verteufeln, oder in seinem sozialen Umfeld eine Situation der Verleugnung herzustellen, waren ziemlich allgemeine Regungen, die die Therapeuten und die durch die Katastrophe am meisten betroffenen Menschen oft miteinander teilten. New York ist eine Stadt von Einwanderern, die in ambivalenten Schwierigkeiten mit ihren Erinnerungen an ihre verlorenen, idealisierten und verleugneten Wurzeln leben... Die Psychoanalytiker mussten sich bereit finden, diese Häufung akuter und vergangener Traumata anzuhören und für ihre so dringend nötige Darstellbarkeit zu arbeiten.

Analytiker konnten aus ihrer rückblickenden Angst heraus, aus ihrem »Wiedererleben des schon Erlittenen« als unerwartetem Geschick und, um den erforderlichen Abstand zu finden, in ihrer Selbstanalyse als Spiegel für das seelische Befinden ihrer traumatisierten Patienten dienen. Oft konnte die Verarbeitung in gemeinschaftlicher Betroffenheit beginnen. Folglich war die Funktion kollegialer Gruppierungen und des Austausches unter ihnen wesentlich.

Ernüchterung und die durch das Erlebnis von Verzweiflung hervorgerufene Desillusionierung können depressive Gefühle forcieren. Deshalb konnten Gruppenideale ihre Schutzfunktion so gut erfüllen. »Die narzißtische Befriedigung aus dem Kulturideal gehört auch zu jenen Mächten, die der Kulturfeindschaft innerhalb des Kulturkreises erfolgreich entgegenwirken« schreibt Freud in *Die Zukunft einer Illusion*.

Weil ein traumatischer Einbruch zuallererst den Zusammenbruch des inneren Zeitgefüges zur Folge hat, ist die Wiederherstellung eines psychischen Raumes Grundbedingung für eine heilsame Wendung. Unter den Psychoanalytikern in New York bestand der Umgang mit dem traumatischen Erlebnis darin, dem Unvorstellbaren durch den schriftlichen und mündlichen Austausch innerhalb der Gruppe Gestalt und Gesicht zu geben.

Zudem war es für den Umgang nicht nur mit der persönlichen Erfahrung des 11. September, sondern auch mit der in der Konfrontation mit traumatisierten Patienten erlebten Gewalt manchmal heilsam, mit einer Gruppe, die Abstand zu dem Ereignis wahren konnte, zusammen zu arbeiten und Theorien zu entwickeln.

Das psychisch bedingte Verstummen, das mit einer Traumatisierung einhergeht, lässt den zeitlichen Fluss der Dinge erstarren und blockiert das nachträgliche Herstellen von Zusammenhängen. Die alles Maß überschreitende Erregung lässt sich mit keinen symbolisierbaren Vorstellungen mehr assoziieren und in ihren Rahmen einordnen. Der Schmerz bleibt gesichtslos und unveränderbar. Ohne Eingreifen von außen, aus dem Umfeld, ist es unmöglich, den inneren Zusammenbruch zu meistern.

Wie katastrophal die Gewalt des Traumas sich jeweils auswirkte, hing von der Verletzlichkeit des Einzelnen ab. Der grausame Zusammenprall mit einer Realität, die man sich nicht vorstellen kann, weckt generell frühere Traumen und ebenso die verblassenden Erfahrungen am ersten Objekt. Damit man der Gefahr des Zusammenbruchs etwas entgegenhalten konnte, durfte die Umwelt die Zerstörungskraft und Gewalttätigkeit des Ereignisses nicht verleugnen, sondern musste sie anerkennen und Verarbeitungsmöglichkeiten dafür bieten. Mit Hilfe ihrer Aktionen, ihrer unmittelbaren Reaktionen und ihrer Gesprächskreise hat die Mehrheit der New Yorker Bevölkerung versucht diesen Schutz zu geben.

Aber die Tragödie hat die Menschen auch plötzlich zu einer Vorstellung vom »Bösen« in sich selbst genau wie im Anderen gebracht. Das Tragische hält uns einen Spiegel unserer eigenen Gewalttätigkeit vor Augen. Das Trauma konfrontiert uns mit der Problematik von Tod und Hass. Und eine Gewalttätigkeit dieses Ausmaßes, ganz wie im Krieg, hat Unsicherheit über die Zukunft und den Sinn der Geschichte aufgestört. Nach Freud hat die Kraft des Kulturideals ihre Aufgabe in der Bindung der Aggressivität um den Preis des Ausschlusses von Fremdem. Wir kennen den Pessimismus Freuds hinsichtlich der Destruktivität des Menschen, die zwar durch Kultur und Überich in Schranken gehalten, aber eben nicht eliminiert ist. Die USA haben sich politisch in einen Krieg verwickelt. Aber die Mehrzahl der New Yorker haben alles getan, um Racheakte in Grenzen zu halten. Es ist noch zu früh, um die Auswirkungen der durch dieses Drama ausgelösten Feindseligkeiten und Hassgefühle zu erfassen. Um noch einmal Freud und seine Furcht vor der Kraft des Todestriebes zu zitieren:

»Wenn ich an der Bestimmung der Menschheit zweifle, auf dem Wege der Kultur zu einer größeren Vollkommenheit aufzurücken, wenn ich in ihrem Leben einen fortwährenden Kampf zwischen Eros und Todestrieb erblicke, dessen Ausgang mir unbestimmbar erscheint,....«. (In: Freud u. Meng 1983, S. 144)

Einige Geschichten über Kinder

Der Bedarf an Hilfe und Beistand war derart groß, dass die Stadt New York, unterstützt vom Roten Kreuz, ein spezielles Zentrum einrichtete, um alle versorgen zu können, die um die erforderlichen Hilfeleistungen baten. Familien in Trauer oder in der Not des Wartens auf Nachricht von einem Verschwundenen, die um Informationen oder polizeiliche Dokumente nachsuchten, Menschen, die nach einem Todesfall juristischen oder kirchlichen Rat brauchten, die nach dem Verlust von Arbeit oder Wohnung gegenüber den administrativen oder gerichtlichen Vorgängen allein auf sich gestellt waren, die wirtschaftlich nicht mehr weiter wussten, und zuletzt alle, die psychologischen Beistand brauchten, konnten sich zu dieser bestens organisierten und geleiteten Anlaufstelle begeben, der »Pier 94«, einem am Hudson eingerichteten Ponton.

Hier war die Stelle, wohin verzweifelte Familien Gegenstände aus dem Besitz eines vermissten Angehörigen brachten, um einen DNA-Test machen zu lassen, mit dessen Hilfe man nach identifizierbaren Überresten seiner Leiche in den Trümmern des World Trade Centers suchen konnte. Übersetzer in mehr als zwanzig Sprachen waren im Dienst, und Zugänge zu Telefon und Internet ermöglichten den Kontakt zu Familienmitgliedern überall auf der Welt. Es wurden Lebensmittel verteilt und psychotherapeutische Beratungsgespräche für Erwachsene und Kinder angeboten. Alle diese Dienstleistungen waren kostenlos.

Eine sehr lange Mauer diente als Stätte des Gedenkens. Sie war überdeckt mit Fotos von Vermissten und den Briefen derer, die an sie dachten. Dieser Ort war übersät von Teddybären, die von verschiedenen amerikanischen Unternehmen gestiftet worden waren, dabei insbesondere von Kindern, die den Verlust ihrer Angehörigen beim Attentat von Oklahoma City erlitten hatten, das 1998 ein öffentliches Gebäude zerstört und hunderte von Beschäftigten und ihre Kinder getötet hatte. Solidaritätsadressen aus aller Welt waren dort ausgehängt. An den unmittelbar auf das Attentat folgenden Tagen »spazierten« an diesem Ort hunderte von verwirrten und untätigen Menschen vorbei; es war ein Ort der Schmerzen und der Tränen.

Die Kinder von New York zeigten eindrückliche Verhaltensformen der Not; sie ertrugen auch nicht die geringste Trennung, schliefen schlecht und waren oftmals aggressiv. Aber sie waren auch voller Begeisterung für alles, womit sie zusammen mit ihren Eltern oder Erziehern eine symbolische oder konkrete Wiedergutmachung leisten konnten: Lebensmittel und Kleidungsstücke bringen, die Anlaufstellen einrichten, Fahnen aufhängen, die so unmenschlich von der Tragödie betroffenen Feuerwehrleute besuchen.

Ein »Kids Corner«, eine Anlaufstelle für Kinder, wurde inmitten des Gebäudes eingerichtet. Dorthin konnten sich die Mitglieder einer Familie begeben, um Hilfe in ihrer Not zu finden, und dort wurden ihre Kinder gehütet, während sie die notwendigen Erledigungen machten. Sie war komfortabel eingerichtet und überreichlich mit Spielen, Spielzeug, Zeichenstiften und Lebensmitteln ausgestattet. Für Therapeuten stand ein ruhigerer Raum zur Verfügung, wo, sei es aufgrund akuter Hilfsbedürftigkeit dieses oder jenes Kindes, sei es unmittelbar auf Nachfragen der Eltern nach einer Beratung, professionelle Sitzungen abgehalten wurden.

Es gab schreckensstarre Kinder und Kinder, die außer Rand und Band vor Aufregung und Bewegungsdrang waren, es gab Erwachsene mit höchst dramatischen Nervenzusammenbrüchen, die Besucher der ersten Tage standen unter Schock.

Im Allgemeinen dominierte die Reaktion der Verleugnung, außer bei Eltern, die gerade ein Kind verloren hatten (die Opfer der Zerstörung des World Trade Centers waren überwiegend junge Leute). Eltern und Großeltern waren im Stande, vom Tod des Vaters, der Mutter im Beisein des Kindes zu sprechen und dabei zu behaupten, das fragliche Kind verstünde davon nichts. Und dieses Kind zeichnete brennende Hochhäuser, umgeben von Gräbern... Der Tod der Vermissten wurde manchmal noch einen Monat später mit der leidenschaftlichen Hoffnung abgestritten, der- oder diejenige, die doch in Flammen »aufgegangen« war, tauche eines Tages unter den Trümmern wieder auf. Denn die Zeichnungen mancher Kinder zeigten, was die Anderen unterdrückten, zeigten die Leichen der Opfer, wie sie mit dem Rauch in den Himmel über den Türmen flogen, oder die Stürze derer, die ins Leere gesprungen und nun in Feuervögel verwandelt waren.

In den ersten Wochen galt es, Extremreaktionen zu beherrschen und zu behandeln: Die erbitterte Leugnung einer Jugendlichen, deren Vater, Feuerwehrmann, während der Rettungsarbeiten in dem Moment ums Leben kam, als die Türme einstürzten. Mit der Vorstellung, es könnte ihm helfen, sich mit ihm zu identifizieren, hatte sie aufgehört sich zu waschen, zu trinken und Nahrung zu sich zu nehmen.

Ebenso die Reaktion des Mitgefühls bei jener Frau, deren Wohnung direkt gegenüber dem World Trade Center lag. Sie wurde unmittelbare Augenzeugin des Dramas und beschloss, während ihr Mann die Koffer packte und die Kinder auf die Flucht vorbereitete, auf der Terrasse mitten in Rauch und Staub stehen zu bleiben, um denjenigen »beizustehen«, die sich aus den Fenstern stürzten und ins Leere fielen. In der Gewissheit ihres Schreckens und ihrer völligen Verlassenheit verharrte sie so und betete für jeden von ihnen, überzeugt von ihrer Aufgabe, als einzige fähig sein zu müssen, an sie zu denken und sie in ihrer Verzweiflungstat nicht im Stich zu lassen.

Das hartnäckige Schweigen der in Angst und Schmerz erstarrten Kinder war so groß, dass nur »Therapie-Hunde« sie aus ihrer Unansprechbarkeit herausholen konnten. Diese großen Hunde, die dazu erzogen waren, zärtlich und geduldig mit Menschen umzugehen, wurden mit ihren Besitzern aus allen Ecken der USA geholt, um den traumatisierten Opfern zur Verfügung zu stehen. Sie heiterten die Feuerwehrleute auf, die vor Schmerz wahnsinnig geworden waren, und manche von ihnen liefen die Gänge des Pier 94 auf und ab und waren liebenswürdig zu jedermann. Für Kinder war dies eine Möglichkeit, Kontakt zu einem lebenden Wesen aufzunehmen und Trost und gleichzeitig auch Verlässlichkeit in ihrer liebevollen und zärtlichen Berührung zu finden. Niemand verlangte von diesen Kindern, dass sie redeten. Sie durften unbeweglich auf ihrem Platz sitzen bleiben und mit dem Hund spielen, aber die meisten von ihnen waren in Gegenwart des Tieres sehr schnell wieder aufgeheitert und schufen eine Atmosphäre von Fröhlichkeit, die auch die anderen mit sich zog.

Auf diese Art fanden oft gerade diejenigen Kinder ihre Fähigkeit zur Kommunikation mit Erwachsenen wieder, die am tiefsten in Schweigen vergraben oder im Gegenteil am heftigsten beunruhigt gewesen waren. Nun musste man mit ihnen spielen, Geschichten erfinden, Türme aus Legosteinen bauen und schließlich Zugang zu ihrer Geschichte finden.

Es war besonders eindrucksvoll zu sehen, wie stark die meisten Kinder auf das innere Befinden ihrer Eltern reagierten. Die Schwierigkeiten der Erwachsenen, die Trennungen zu begreifen und von den Vermissten zu sprechen, auch der Kontrollverlust einiger von ihnen während der Schreckensmomente bedeutete für die Kinder das Erlebnis, ein Elternimago zu verlieren, einen wichtigen narzisstischen Halt. Manche Eltern, eingenommen von ihren eigener Schmerzen und ihrer eigenen Abwehr, reagierten derart, dass es für viele Kinder einer Leugnung dessen gleichkam, was sie erlebt hatten, und machten es ihnen unmöglich, sich das Ereignis und die zugehörigen Gefühle vorzustellen und sie auszudrücken. Ein Kind, das sich einer Umwelt gegenüber fand, die unfähig war sich in es einzufühlen und seine Bedürfnisse zu verstehen, erlebte gerade in dem Moment den völligen Verlust jeglicher Kommunikation, als es symbolischen Austausch notwendig brauchte, um die Geschehnisse erfassen und sich ein Bild davon machen zu können.

Daher fanden Gewalttätigkeit und Aggression, die durch die Zerstörung des World Trade Centers aufgepeitscht und von den bei den meisten Familien Tag und Nacht laufenden Fernsehapparaten endlos wiederholt wurden, keinen Weg in eine anderen Menschen mitteilbare Ausdrucksform und versetzten eine Reihe von Kindern in einen Zustand unkontrollierter motorischer Unruhe oder regressiver Verhaltensmuster.

Die drohende Aufhebung der Differenzierung wirkte chaotisierend auf ein Kind, das sich mitten in seiner seelischen Verarbeitung befand. Seine kindliche Fähigkeit, gedankliche Zusammenhänge herzustellen, war überfordert. Mehr noch, für einige von ihnen bedeutete die Gewalt der Tragödie des World Trade Centers den Kollaps ihres Phantasielebens. Diese extreme Situation hatte schon für sich allein genommen ein großes Erregungspotential, aber das Zusammentreffen von Realität und Phantasie blockierte für manche Kinder die Verarbeitung und brachte jede Möglichkeit der Sinngebung zum Erliegen. Es war schockierend zu sehen, wie völlig gelähmt die Spielfähigkeit der meisten Kinder war.

Aber die verletzendste Erfahrung bestand darin, die Erwachsenen die Ereignisse, etwa den Tod eines Angehörigen, leugnen zu sehen oder verboten zu bekommen, darüber zu reden. Das unterband die Möglichkeit zur Verarbeitung und beließ das Kind in dem typischen narzisstischen Gefühl, versagt zu haben und schuldig zu sein.

Frühere Verletzungen lebten wieder auf; alles, was an die ersten Gefährdungen im Leben erinnerte, alles, was an Trennungs- oder Verlusterfahrungen mit einem geliebten Menschen rührte, hinterließ ein Gefühl von Hoffnungslosigkeit. Die, um mit Bion zu sprechen, Brüche in der Übereinstimmung mit der umgebenden Welt, die in der Vergangenheit geschehen waren, schmerzten erneut.

Die Abwertung der Gefühle des Kindes durch den Erwachsenen und die Verleugnung der eigenen Empfindungen der Eltern stellten jene traumatisierende Situation her, von der Ferenczi spricht: Verständnislosigkeit für die Bedürfnisse und Gefühle des Kindes zieht Hoffnungslosigkeit nach sich und mit ihr einen Zustand »psychischer Lähmung«. Der gewaltsame Abbruch der Idealisierung des Elternbildes angesichts eines Objektes, das unfähig ist seine Aufgabe zu erfüllen, untergräbt den kindlichen Narzissmus und vermindert die Fähigkeit zur Symbolisierung (Winnicott).

Wenn die Kinder auch besonders verletzlich durch das Trauma waren, reagierten sie doch wesentlich mit Angst. Sehr wenige nur haben einen Zustand der Verzweiflung von der Art erfahren, wie ihn manche Erwachsene durchlebten. Solche Zustände werden von einigen Müttern berichtet, die ihre Babys zu einer Tagesstätte im Word Trade Center brachten und, umringt von völlig verständnislosen Leuten, in Panik gerieten, weil sie sich selbst in Sicherheit bringen und gleichzeitig ihr Kind retten mussten (die ersten Reaktionen ringsum waren Staunen und Ungläubigkeit, nur wenige Leute liefen davon, ja sogar die Angestellten der Sicherheitsdienste rieten nach dem Einschlag des ersten Flugzeugs davon ab, das Hochhaus zu verlassen). Nach ihrem panischen Lauf durch das Getümmel befanden sich einige in einem Zustand absoluter Verzweiflung und tiefer Verwirrung an der Grenze zum psychischen Zusammenbruch. Die Angst war ein Schutz gewesen, aber dann führte die Verlassenheit in einen Zustand von Lähmung, der von vollkommener Hoffnungslosigkeit rührte und von der Gewissheit, dass niemand helfen werde und nie mehr irgend etwas sicher sei.

Der Eindruck der Stille nach der Explosion der von den Flugzeugen angegriffenen Hochhäuser wurde von vielen Menschen als der Augenblick der tiefsten emotionalen Erschütterung beschrieben: als das Zeichen des völligen Fehlens jeder Hilfe und aller Sicherheit, als »Hilflosigkeit« im Wortsinn. Diese Stille war für die Überlebenden von Krieg und Deportation der »wunde Punkt«, der die verdrängten Erinnerungen an die Traumata der Vergangenheit ins Bewusstsein rief.

Indem es die psychische Leistung des Herstellens von Zusammenhängen angreift, berührt das Trauma auch die Beziehungsfähigkeit. René Roussillon weist darauf hin, dass die Einfühlungsfähigkeit getrübt ist: die Beziehung zu sich selbst und die Reflexivität sind betroffen und die Verhaltensweisen gegenüber Anderen sind im direkt oder indirekt traumatisierten Bereich zusammenhanglos und wirr.

Zum Beispiel konnten viele Eltern nicht ertragen, wenn ihre spielenden Kinder immer wieder Legotürme aufbauten und zerstörten; eine besonders tief erschütterte Mutter fing an zu schreien, wenn ihre zweijährige Tochter ihre Spielsachen in die Luft warf und damit an den Steinhagel und die Staubwolken erinnerte; die Großmutter eines Kindes, dessen Mutter bei der Tragödie ums Leben gekommen war, weigerte sich, dem Kind davon etwas zu sagen, und beklagte sich gleichzeitig über das »schlechte Benehmen« des kleinen Mädchens ihr gegenüber, denn es brachte seine Großmutter bei jedem Ausgang zum Weinen, indem es alle U-Bahnstationen nach seiner Mutter absuchte. Als dann die Androhung einer Milzbrandinfektion bestand, waren viele Eltern außer Stande, ihren Kindern Erklärungen zu geben, weil dies sie dazu genötigt hätte, ihre eigene Angst wahrzuhaben, und konnten keinen Zusammenhang mit den Phobien und Schlafstörungen erkennen, die zur selben Zeit bei ihren Kindern auftraten.

Soweit das möglich war, bestand die Intervention bei Familien in Not darin, einer Erzählung Gestalt zu geben, die die Erlebnisse der Familienmitglieder berichtete und auf diesem Wege die Aufregung und die Gefühle eines jeden in

Wechselwirkung mit denen der anderen verdeutlichen und eine für die Sinngebung hilfreiche metaphorische Ebene finden sollte.

Die übermäßige Erregung besänftigen, die Gefühle sammeln, die dramatischen Fakten benennen, kommunizieren ohne zu interpretieren, dies alles leistete das Spiel als Königsweg zum Kontakt mit den traumatisierten Kindern. So wie ein immer wiederkehrender Alptraum war das Spiel der meisten Kinder, die noch spielfähig waren, eine ständige Wiederholung dessen, was sie erlebt hatten: Sie bauten immer wieder Bauklötzchentürme und warfen sie ein, ließen Staub und Steine auf die Köpfe der Puppen regnen oder ihre Körper ins Leere fallen …

Alle Erwachsenen, die von nahe oder ferne in die Katastrophe einbezogen waren, hatten Alpträume, und viele Kinder hatten ebenfalls Schlafstörungen. Maßgeblich für die Kinder war jedoch das »posttraumatische Spiel«. Damit versuchten sie das Trauma zu erfassen und das nicht Integrierbare zu begreifen, dessen Erinnerung bei manchen sehr bedrängend, geradezu halluzinatorisch bestehen blieb.

Manche der Kinder schließlich, die unmittelbar in Lebensgefahr gewesen waren oder den Tod eines Angehörigen miterlebt hatten, waren niedergeschlagen und zurückgezogen und so tief unglücklich, dass keinerlei Kommunikation oder spielerische Aufnahme einer Beziehung möglich war.

Mit ganz einfachen Spielen (wie dem Hin- und Herrollen eines Balles, dem Blasen von Seifenblasen, dem Erzählen einer Geschichte) ist es mir gelungen, zu den meisten Kindern Kontakt zu finden, auch wenn sie vollkommen starr oder im Gegensatz dazu aufgekratzt und außer Rand und Band geraten waren.

Zwischen Trostlosigkeit und Aggression

Im Eingang des Kinderzentrums auf der Pier 94 rannten und sprangen zwei etwa zehnjährige Jungen herum und schrien vor lauter überdrehtem Lachen. Sie lehnten jeden Vorschlag ab, zum Zeichnen zu kommen oder sich zum Reden hinzusetzen, und fuhren in einer Art manischer Reaktion fort, lärmend herumzutoben.

Als ich einen Ball holte und begann, mit ihnen in den Gängen Fußball zu spielen, konnte ich ein Gespräch mit ihnen beginnen. Der wiederholte Ballabtausch regte den verbalen Austausch an. Ich fragte sie, was sie gerne spielten; komplizierte Computerspiele, war ihre Antwort und während wir weiter Ball spielten, sprachen wir über den Inhalt von virtuellen Gewaltspielen. Ich machte sie darauf aufmerksam, dass sie nicht den Eindruck machten, als seien sie heute zu dieser Art Spiel in der Lage, und dass sie ein »echtes« Spiel ohne Gewalt brauchten. Sie assoziierten über ihren gewohnten Spaß an Gewaltspielen und fragten sich, warum sie in diesem Moment keine Lust mehr dazu verspürten. Ich legte ihnen nahe, dass man sich nach dem, was am 11. September passiert war, bei Aggressivitäten unwohl fühlen könne.

Sofort hörten sie auf mit dem Fußballspiel und setzten sich, bauten Legotürme und versuchten sich zu erinnern. Aber die Erregung brach in Lachanfällen erneut hervor und brachte die erbauten Türme zum Einsturz.

Als ich ihnen den Zusammenhang zwischen ihrem Lachen und ihrer Furcht zeigte und ihnen sagte, dass wir alle uns zerbrechlich gefühlt hatten und wie groß unser aller Angst beim Einsturz der Türme gewesen war, beschloss der eine, einen architektonischen Plan zum Wiederaufbau der Hochhäuser zu erstellen, während der andere sich darauf stürzte, mit ausgeklügelten Berechnungen den Preis für die Rekonstruktion des Word Trade Centers zu kalkulieren. Diese Phase der Rationalität hatte sie beruhigt und ihre Abwehr stabilisiert, und sie wandten sie sich mir zu und begannen mir ihre Erlebnisse zu erzählen:

Sie waren seit frühester Kindheit miteinander befreundet und gingen zusammen mit dem Vater des einen Jungen zu ihrer Schule im Battery Park, einem unmittelbar an das World Trade Center anschließenden Viertel. Sie sahen, wie das erste Flugzeug in ein Hochhaus flog. Der Vater begann zu rennen und zu schreien. Sie dachten, er hätte den Verstand verloren, und begriffen nicht, was vor sich ging. Sie liefen mit ihm mit und sprangen trotz des damit verbundenen gefährlichen Falls aus großer Höhe auf sein Geheiß hin in ein Boot; sie hatten Angst, aber sie gehorchten. Dann flohen sie auf eine Insel gegenüber von Manhattan. Der Vater schrie immer weiter und wirkte völlig verstört; sein Sohn konnte die Angst nicht mehr vergessen, die er vor seinem eigenen Vater empfunden hatte.

Sie hatten weder Wohnung noch Schule mehr, der eine von ihnen lebte bei Freunden und der andere, dessen Vater mit ihnen die Flucht ergriffen hatte, in einem Hotel. Unterstützt von seinem Freund beklagte sich dieser letztere über sein neues Leben: über den Verlust des Alltags und darüber, mit seinen ständig streitenden Eltern in einem Hotelzimmer zu sitzen. Die miterlebte Gewalt innerhalb der Familie zusammen mit der Erinnerung an seinen in Panik aufgelösten Vater konfrontierten ihn mit widersprüchlichen Vaterimagines und mit seinen eigenen ambivalenten Gefühlen: Er hatte sich für seinen völlig aufgelösten Vater geschämt und jetzt hasste er ihn; aber er hatte auch das Gefühl der Geborgenheit verloren und konnte nicht mehr schlafen. Ich sprach mit ihm über die Verletzung, die er erlitten hatte, als er seinen Vater als nicht mehr vertrauenswürdig erkannte. Er stützte sich auf seinen Freund und begann unter Tränen von seinem riesigen Schuldgefühl zu sprechen, weil er in seinen Videospielen davon geträumt hatte, ein gefährlicher Terrorist zu sein, und jetzt unfähig war, wie ein

Held zu handeln. Sein Vater hatte ihn enttäuscht und er konnte kein Held mehr sein; er beneidete die Söhne der Feuerwehrleute, die mit dem Heldentum ihrer Väter angeben konnten – und brachte damit einen unüberhörbaren Todeswunsch seinem eigenen Vater gegenüber zum Ausdruck!

Sein Freund machte ihn darauf aufmerksam, wie wütend er war, und stritt dabei für sich selber auch die kleinste Gefühlsregung ab. Wir unterhielten uns zu dritt über die komplexen Gefühle, die diese Tragödie ausgelöst hatte.

Interessiert an den jüngsten Geschehnissen beschlossen beide, einen detaillierten Bericht ihrer Erinnerungen an das Ereignis zu verfassen und ihn aufzuschreiben. Ich half ihnen die Gefühle zu benennen, die mit den verschiedenen Etappen ihrer Flucht verbunden waren. Beruhigt und zufrieden mit ihrem Werk suchten sie ihre Eltern auf, die die Erledigungen für ihre Wohnungssuche machten.

Dieses Gespräch gab den beiden Kindern Halt und ermöglichte ihnen, ihre Symbolisierungsfähigkeit wiederzufinden. In ihren Reaktionen auf das Drama waren narzisstische und ödipale Elemente enthalten. Die Verschmelzung der Bilder der eingestürzten Hochhäuser und der zusammengebrochenen Vaterfigur sowie die Enttäuschung in der ödipalen Rivalität schufen den Nährboden für eine reaktive Depression. Ich war sofort auf das Ausmaß an manischer Abwehr und Verleugnung bei dem Jungen aufmerksam geworden, dessen Vater seine ideale Seite verloren hatte.

Als ich die Eltern kennenlernte, wurde ich mit der Verflechtung der traumabedingten Reaktionen von Vater und Sohn konfrontiert. Tatsächlich fragte mich die Mutter des Jungen sogleich nach der Adresse eines Therapeuten für ihren Mann, der in eine beachtliche Wut geriet und jegliche Hilfsbedürftigkeit weit von sich wies. Sie beklagte sich über die gewalttätige Atmosphäre in der Familie, die ihr Sohn schon beschrieben hatte, und machte sich Sorgen um ihren schlaflosen, aufgeregten und gegenüber dem Sohn ständig reizbaren Mann. Der Vater des Jungen willigte ein mit uns zu sprechen, weigerte sich dabei jedoch entschieden, sich zu setzen.

Er erschien als ein in seinen Erinnerungen an die Flucht gefangener »Überlebender«, der, durchdrungen von eminenten Schuldgefühlen, weil er die Opfer des Attentats nicht retten konnte, wütend war auf seinen Sohn, da dieser ihn an das Ereignis erinnerte, das er aus seinem Gedächtnis streichen wollte. Er hatte ein diffuses Bewusstsein davon, dass sein Sohn ihn gesehen hatte, als er die Fassung verlor. Und er reagierte auf seine Frau mit Zorn und permanenten Angriffen, wenn sie versuchte, das Kind zu schützen. Er gab sich als starker Mann und lehnte jegliche Hilfsbedürftigkeit demonstrativ ab; aber er konnte nicht mehr schlafen und nicht mehr essen und brachte es nicht fertig, seine Arbeit wieder aufzunehmen. Er hatte vor, seine Familie zu verlassen und alle

Brücken hinter sich abzubrechen. Seine Frau und sein Sohn brachen in Tränen aus, als sie das hörten.

Während er noch unaufhörlich seine Unabhängigkeit herausschrie, akzeptierte er zuletzt doch ein Gespräch mit mir, als ich ihm beteuerte, dass sein Sohn und er auf dieselbe Weise unter einer Kränkung ihrer Selbstachtung litten. Er erzählte von dem traumatischen Ereignis und von dem damit verbundenen Wiederaufleben eines Kindheitstraumas, als sein Großvater ihn aus einem brennenden Haus gerettet hatte.

Er fürchtete wahnsinnig geworden zu sein. Ich bestätigte ihm die Bedeutsamkeit der Verbindung, die er zu seiner Vergangenheit und zu seinen eigenen Vaterbildern gezogen hatte, und beschränkte mich darauf zu beteuern, dass er nicht anders als alle unmittelbaren Zeugen des Dramas reagiert hatte, eine Kleinigkeit, aber gefährlich für sein gegenwärtiges Gleichgewicht und für die Beziehungen zu seiner Familie. Endlich war er beruhigt und konnte unter großen Schmerzen seine Angst, seine Schuldgefühle und seine Fassungslosigkeit zur Kenntnis nehmen; und er willigte ein, »bloß zur Verschreibung von Medikamenten« zum Arzt zu gehen, während seine Frau die Adresse eines familientherapeutischen Zentrums notierte.

Die traumatische Reaktion des Vaters, der sich in seiner Katastrophenangst verhaltensunfähig und völlig außer Kontrolle zeigte, bildete die Ursache für das Leiden des Sohnes. Ihr Leben war in Sicherheit, aber sie dachten nicht daran. Sie hatten plötzlich das Vertrauen in den Halt durch eine Vaterfigur verloren und ihrer beider ödipale Konflikte hatten sich ineinander vermengt.

Trauer und Familiengeschichte

Zwei Mädchen saßen brav in ihren Sesseln. Sie waren von ihrer Mutter gebracht worden, die um eine Beratung für sie bat, ohne selber die Möglichkeit zum Bleiben zu haben. Sie musste Behördengänge erledigen und niemand wusste den Grund, warum die beiden Kinder dort wartend saßen.

Die Ältere, schon eine Jugendliche, machte einen aggressiven Eindruck; ihre jüngere Schwester wirkte eher erschöpft und traurig. Sie vermieden es mich anzusehen, wenn ich mich ihnen näherte, und kehrten jedem Kontaktangebot den Rücken. Als die Jüngere ein Fläschchen mit Seifenblasenlösung in der Hand hielt und es schüttelte, machte ich es genau so. Die Tische in der Kinderecke waren in der Tat beladen mit Spielzeug. Ich schüttelte mein Fläschchen in demselben Rhythmus wie sie das ihre. Sie schaute mich an, änderte den Rhythmus und ich machte es ihr nach. So fingen wir an, eine Art von Musik zu machen und die ältere begann zu lächeln. Dann machten wir alle zusammen Seifenblasen, ganz leise, so als sei es ein völlig sinnleeres Tun, dessen Bedeutung einzig darin bestand, dass wir es miteinander teilten. Ich begann, den Weg der Seifenblasen zu kommentieren und über sie eine Geschichte zu erfinden, wie sie versuchten, sich auf jede der beiden Schwestern zu setzen, ohne einer vor der anderen den Vorzug zu geben (die Ältere hielt ein scharfes Auge darauf).

Die Jüngere wollte, dass ich ein Märchen erzählte, und ich leistete ihr Folge mit den Seifenblasen als Unterstützung: die Feen versuchten, traurige Mädchen zum Träumen zu bringen, und schickten ihnen magische Kugeln. Sehr schnell wollten beide etwas zu der Geschichte beitragen, die Jüngere sprach von Prinzessinnen und davon, mit Hilfe der Feen die schönste Krone zu bekommen, und die Ältere spielte lachend die eifersüchtigen Rivalinnen. Ich fügte hinzu, dass es in Märchen oft auch böse und beängstigende Gestalten gibt, und sie erfanden Hexen... Ich sagte, als ich mich ihnen näherte, hätten sie so ausgesehen, als ob sie dächten, ich sei eine Hexe. Sie brachen in Lachen aus, aber die Jüngere kam dabei sofort auf ihre Alpträume zu sprechen. Sie klagte, unter immer wieder den gleichen schlimmen Träumen zu leiden.

Ich fragte mich mit lauter Stimme, ob die schlimmen Träume nicht etwas mit der Tragödie des 11. September zu tun haben könnten, und die Jugendliche erklärte mir, dass sie im brennenden World Trade Center gerade ihren Onkel verloren hätten. Es war der Bruder ihrer Mutter, sie liebten ihn sehr und konnten überhaupt nicht mehr aufhören zu weinen, so traurig waren sie.

Dann baten sie um ein Einzelgespräch, eine nach der anderen. Die Ältere wollte anfangen, während ihre Schwester bei ihren Seifenblasen und ihren Träumen zurück blieb.

Diese Jugendliche war schon mitten in ihrem Trauerprozess und beschrieb ihre Gefühle von Wut und Trauer und ihr tiefes Empfinden von Leere und Verlust. Sie erinnerte sich genau an ihre erste Reaktion, die Leugnung des Todes ihres geliebten Onkels, und dann an den langen schmerzlichen Weg zur Akzeptanz der Realität; sie hatte eine bemerkenswerte Fähigkeit, ihre eigenen inneren Gefühle wahrzunehmen, griff mit großem Interesse meine deren Komplexität betreffenden Deutungen auf und ließ sich so zum freien Assoziieren über ihre Träume und ihre Erinnerungen an ihren Onkel führen. Das war für sie eine richtige Entdeckung: Ihre innere Welt war angefüllt mit der Gegenwärtigkeit des Toten! Die Erinnerungen strömten zusammen mit den Tränen und mit frohem Erstaunen merkte sie, dass sie so die Beziehung zu ihm aufrecht erhalten konnte. Sie beschloss das Gespräch zu beenden und bedankte sich für die Erleichterung, die ihr unsere Unterredung gebracht hatte. Damit überließ sie den Platz ihrer Schwester.

Dieses achtjährige kleine Mädchen hatte Schwierigkeiten zu sprechen. Es begann mit der schüchternen Mitteilung, was für eine außerordentliche Bedeutung besagter Onkel für es habe. Es, das bislang noch gar nicht fähig gewesen war zu weinen, brach in Schluchzen aus und sagte, es müsse mir ein »Geheimnis« anvertrauen. Es näherte sich mir und flüsterte mir ins Ohr, dass es immer geglaubt hatte, er sei sein wirklicher Vater!

Dann erzählte es seine Geschichte und je mehr es seinen Bericht gestaltete, um so mehr gewann es seine Fassung zurück. Seine Eltern hatten sich scheiden lassen, als es noch ein Baby war, und es hatte keinerlei Erinnerung an das Leben mit seinem Vater. Die einzige männliche Vertrauensperson, die es lieben konnte, war sein Onkel mütterlicherseits, und es hatte sich die heimliche inzestuöse Phantasie geschaffen, dass er sein eigentlicher Vater sei.

Seit dem 11. September litt das Kind eine unsägliche seelische Not. Es war müde, lustlos, unfähig, irgend etwas zu machen, hatte keinerlei Vertrauen in seine Umgebung mehr, oder es fühlte sich überwältigt von Wut und Hass. Es konnte den Tod und die Leere, die an der Stelle des Onkels zurückgeblieben war, nicht zulassen. Indem es die Fähigkeit zu weinen wiedergefunden hatte und seine Wut aussprechen konnte, konnte es sich auch auf seine Beziehung zu seiner Mutter besinnen: Sie war es, die Hilfe brauchte und die seit dem Tod ihres Bruders nicht mehr wiederzuerkennen war; sie war überwältigt von Schmerz und Tränen und für ihre Töchter unansprechbar. Das Mädchen hatte bei seiner trauernden Mutter gesessen und endlos die Fernsehbilder von der Zerstörung der Hochhäuser angeschaut und versucht, sich an eine Wirklichkeit zu halten, die ihm unvorstellbar blieb und die es mit seiner in ihren eigenen Schmerz zurückgezogenen Mutter nicht teilen konnte. Jede Erinnerung an seinen Onkel war unmittelbar mit Terror und dem Anblick der brennenden Hochhäuser verknüpft. Es fand keinen Zugang mehr zu den Erinnerungen an die guten Momente mit ihm.

Der grausame Tod des Onkels ließ das erste traumatische Ereignis wieder aufleben, die Trennung der Eltern, und gab ihm eine neue Bedeutung, nämlich den Verlust einer Vaterfigur.

Während es den Faden seiner Erinnerungen und der damit verknüpften Gefühle wiederfand, hörte es auf zu weinen und wurde wütend. Ich sagte ihm, es gebe ganz sicher einen Zusammenhang mit dem, was es bei der Scheidung seiner Eltern erlebt hatte, und machte es darauf aufmerksam, dass sein Vater ja noch lebte. Das war eine Überraschung für das Kind. Übrigens verbrachte es sämtliche Wochenenden mit ihm... und konnte infolge einer akuten Spaltung weiterhin an seinen inzestuösen Ursprung glauben und sich als Frucht einer Paarbeziehung zwischen Schwester und Bruder sehen.

Am Ende des Gesprächs fragte es, ob es weiter über sich und seine Probleme sprechen dürfe. Die inzwischen zurückgekehrte Mutter teilte mir ihre Angst beim Anblick ihrer völlig gebrochenen Tochter mit. Ich schlug also eine Psychotherapie vor und nannte die erforderlichen Adressen und Telefonnummern.

Die Unterschiedlichkeit der Reaktionen bei den beiden Schwestern erhellt sehr gut, wie sich eine traumatische Verknüpfung entwickeln kann, die Begegnung von Realität und Phantasie. Die jüngere Schwester war aufgrund ihrer Unreife, der Gewaltsamkeit des Ereignisses und des Fehlens jeglicher Vorhersagbarkeit besonders gefährdet. Die Wiederkehr der narzisstisch disponierten und libidinös wie auf eine »Niederlage« reagierenden ambivalenten Gefühle anlässlich der Scheidung der Eltern führte zu einem Zustand der Desintegration.

Genau wie der Zusammenbruch des Vaterbildes bei dem jungen Fußballspieler wirkte hier der Zusammenbruch des Familienromans traumatisierend, als er auf die Gewalt der Realität und des kollektiven Traumas traf.

Ein anderes kleines Mädchen, drei Jahre alt, zeigte ebenfalls, wie tief das Trauma im Inneren einer Familie fortwirken konnte.[2] Zwei amerikanische Kollegen führten die Gespräche mit dieser Familie aus Honduras auf spanisch.

Das Kind hatte damit angefangen, brennende Türme zu zeichnen, und erklärte, es habe das Attentat im Fernsehen gesehen, das zu Hause ununterbrochen lief. Dann erzählte es, dass es und seine Mutter glaubten, sie seien beim Mord an ihrem Vater, einem Koch im World Trade Center, unmittelbar dabei gewesen, obwohl sie doch erfahren hätten, dass er direkt vor dem Zusammenbruch der Türme geflohen war. Es bestand auf seiner Schilderung, dass die Lungen des Vaters so sehr von Rauch erfüllt gewesen waren, dass er nicht mehr atmen konnte! Während er aus dem brennenden Hochhaus floh, fielen geschmolzene Metallstücke auf ihn, verschmorten seine Arme und hinterließen schreckliche Brandmale. Sie zeichnete dann den Rauch und die schwarz verbrannten Türme.

Als der Vater dieses kleinen Mädchens kam, um es abzuholen, sprachen die Therapeuten ihn auf das Erlebnis an, das er erlitten hatte und von dem seine Tochter eben erzählt hatte. Er war bass erstaunt; er war nur zum Pier 94 gekommen, weil er keine Arbeit mehr hatte, denn er war in der Tat Koch im World Trade Center gewesen. Aber an jenem Tag hatte er nicht gearbeitet, sondern er hatte einen Kollegen gebeten, ihn zu vertreten. Er hatte Behördengänge weit von zu Hause erledigt, musste zu Fuß über eine für den Verkehr geschlossene Brücke zurück gehen und war stundenlang unterwegs, während seine Familie auf ihn wartete. Stückchen für Stückchen kam seine tiefe Verzweiflung über den Verlust aller seiner Arbeitskollegen zur Sprache und das höllische Schuldgefühl, das ihn umtrieb, weil er denjenigen, der ihn an diesem Tag vertreten hatte, in den Tod geschickt hatte.

Nacht für Nacht hatte er Alpträume, in denen seine Kameraden in Rauch und Feuer erstickten, und stellte sich die Qualen vor, die sie erlitten hatten. »Die Tochter«, rief der Analytiker da aus, »zeichnet die Träume des Vaters!« Beide entdeckten, wie nahe sie einander waren, und der Vater verstand das Tun des Kindes als ein Zeichen der Verbundenheit, das ihm Geborgenheit geben sollte. Inzwischen zeichnete das Kind sein Haus, um dem Analytiker zu zeigen, dass es nun zusammen mit seinen beiden Eltern zu Hause in Sicherheit sei. Diese Familie kam danach noch mehrere Male zu den Leuten, denen sie ihre unerträglichen Fantasien anvertraut hatten, um ihnen zu sagen, dass die Alpträume verschwanden, und nach einer regulären Therapiemöglichkeit zu fragen.

Diese wenigen Vignetten erzählen in Kürze, wie vielfältig die unmittelbaren Reaktionen auf das Ereignis waren. Einige Monate später herrschten depressive Krankheitsbilder vor.

Diese traumatische Verknüpfung, das Aufeinandertreffen eines kollektiven Ereignisses mit dem Zusammenbruch der persönlichen Geschichte, wirkt um so mehr pathogen, je verletzlicher das Kind auf Grund seiner Unreife ist. Das vorzeitige Versagen der Umwelt nimmt dann einen traumatisierenden Charakter an, den es zu einem altersgerechten Zeitpunkt nicht gehabt hätte. Die Traumata scheinen alle die gleichen zu sein und bekommen die Bedeutung der »Folge einer Niederlage«.

Diese »akuten« traumatischen Situationen machen deutlich, welches Gewicht der Begegnung mit einer Realität zukommt, die weder umgeformt noch mit Sinn besetzt werden kann und – als wahr im Sinne von Lacan erkannt – nicht symbolisiert werden kann. Die Bedrohung konzentriert sich auf die Fähigkeit, die Unterscheidung zwischen psychischer und äußerer Realität aufrecht zu erhalten. Wenn das traumatische Ereignis mit einer Phantasie zusammentrifft, ist es unbedingt nötig, dafür einen genauen Rahmen zu setzen, um zu vermeiden, dass Wahrnehmung und Vorstellung ineinander verschwimmen. Das Trauma selbst rührt von der Koinzidenz von Phantasie und äußerer Realität her und der daraus entstehenden Unmöglichkeit, einen tragfähige Unterscheidung zwischen innerer und äußerer Realität beizubehalten. Das blockiert die seelischen Verarbeitungsmöglichkeiten und macht jedes Übergangs»spiel« unmöglich.

Die New Yorker Tragödie des 11. September hatte für manche Kinder die Bedeutung einer Wiederholung alter Traumata, zerschlug tragende Imagines für den Aufbau des Ich und beschwor so die Gefahr der Desintegration herauf.

Damit psychische Verarbeitung überhaupt stattfinden konnte, war es nötig, den Unterschied zwischen innerer und äußerer Realität aufrecht zu erhalten – die immer wiederkehrenden Träume, die herandrängenden Erinnerungen, wie auch die immer wieder gezeigten Fernsehbilder waren Zeichen des Bemühens darum. Aber genauso erforderlich war es, einen intermediären seelischen Raum, einen Übergangsraum für das Spiel mit Metaphern wiederzufinden, in dem die seelische Verarbeitung neu aufgenommen und Vorstellungen gebildet und umgeordnet werden konnten. Spielen war das beste Mittel, um diesen Prozess in Gang zu setzen.

Und was wird in einigen Jahren sein? Ein solcher Gewaltakt wird Spuren hinterlassen, die über Generationen reichen. Angeregt von einem Gedicht von Aragon könnte man voraussagen:

»Da leben die Menschen und ihre Leiden folgen ihnen von Ferne…«

Anmerkungen

1 Aus dem Französischen übersetzt von Kathrin Ehrenspeck.

2 Dieses Fallbeispiel wird ausführlicher in dem Beitrag von Schechter u. a. in diesem Buch geschildert. Wie die Autorin dieses Beitrags waren sie im Pier 94 tätig.

Literatur

Coates, S. W., Schechter, D. S., First, E., Anzieu-Premmereur, C., Steinberg, Z., Hamilton, V. (2002). Considerazioni in merito all'intervento di crisi con bambini di New York City dopo l'attentato alle Torri Gemelle. Infanzia E Adolescenza, S. 49-62.

Freud, S.: Die Zukunft einer Illusion, GW XIV, S. 334

Freud, S. (1929). Malaise dans la Civilisation. 1971, PUF.

Freud, E. L., und Meng, H. (1983). Briefe 1909 – 1939 / Sigmund Freud – Oskar Pfister. Frankfurt am Main (S. Fischer), S. 144.

Pfeiffer, E. (Hg.) (1966). Briefwechsel/Sigmund Freud – Lou Andreas-Salomé. Frankfurt a.M. (S. Fischer).

Die Arbeit des Psychoanalytikers in Zeiten des Terrors. Konzeptuelle Wegkreuzungen: Überlegungen zum psychoanalytischen Raum[1]

Shmuel Erlich

1. Einleitung

Zu Beginn möchte ich eine Geschichte erzählen, die eine klinische Vignette enthält. Während des ersten Golfkriegs 1990 in Israel wurden wir mit einer ungewissen und gefährlichen Drohung konfrontiert: irakische Raketen, die chemische oder biologische Sprengköpfe trugen. Ungewiss, da niemand sicher wusste, ob solche Sprengköpfe existierten, und ob der Irak über die Kapazitäten verfügte, diese auch einzusetzen. Mit solch einer ungewissen Drohung zu leben, machte alles schlimmer und heizte die Ängste und Phantasien an. Wir wurden angewiesen, Gasmasken bei uns zu tragen, wohin wir auch gingen, und versiegelte Räumen zum Schutz einzurichten und aufzusuchen, welche uns gegen das Einsickern tödlicher Gase absichern sollten (anstatt die gewöhnlichen obligatorischen Luftschutzkeller zu benutzen). Ein Anzeichen für das Ausmaß der enorm intensivierten Angst und Panik war die Tatsache, dass etwa ein Dutzend Menschen (kleine Kinder und Erwachsene) erstickten, weil sie es versäumt hatten, die Luftventile ihrer Gasmasken zu öffnen. Mehrere angespannte und angstvolle Wochen lang hielten sich die meisten Menschen an diese öffentlichen Sicherheitsbestimmungen, die sich später als falsch herausstellten. Wenn die Luftsirenen losgingen, griffen wir unsere Gasmasken und eilten in den Schutz des versiegelten Raumes.

Die meisten Analytiker und Psychotherapeuten in Israel praktizieren zu Hause und praktizierten auch während dieser schwierigen Zeit weiter. Ein neues und bis dato unbekanntes Dilemma entstand: Der versiegelte Raum zu Hause diente der ganzen Familie, oft noch ergänzt durch Verwandte und Freunde, die kamen, um Schutz zu suchen. Diese Räume – oft Wandschränke – waren typischerweise sehr klein und extrem überfüllt; manche Menschen mochten emotional mitgenommen und nicht vollständig angekleidet sein, oft weinten und quengelten kleine Kinder, und der Aufenthalt dort konnte Stunden dauern. Man kann sich sicher vorstellen, dass dies nicht die Art von Situation war, in die man mit einem Patienten gedrängt werden wollte, wobei sie auch für den Patienten nicht besonders angenehm war, obwohl (oder weil) sie eine tief liegende Neugier und das Bedürfnis befriedigen mochte, die/den

Analytiker/in und ihre/seine Familie in einer höchst persönlichen und privaten Situation zu beobachten.

Zu diesem Zeitpunkt hatte ich ein Erlebnis, aus dem ich eine Menge lernte. Aufgrund meines damaligen Verständnisses der Beziehung zwischen Analytiker und Patient schien es mir zunächst undenkbar, meine Patienten in den kleinen versiegelten Raum meiner Familie mitzunehmen. Stattdessen kaufte ich einen versiegelten Schutzanzug, den ich – glücklicherweise – nur einer Patientin anbot. Ihre Reaktion war zutiefst lehrreich: Sie war äußerst schockiert – nicht, weil ich sie nicht in meinen privaten Bereich mit meiner Familie lassen wollte, oder weil das, was ich ihr anbot, gegenüber einem versiegelten Raum minderwertig sein könnte, sondern weil es bedeutete, dass ich, falls etwas passierte, davonlaufen würde, um bei meiner Familie zu sein, und sie allein in meinem Behandlungszimmer zurücklassen würde. Dies war etwas, für das sie mich sehr scharf – und zu Recht – ausschalt. Im Nachhinein stimmte ich ihr zu. Sie half mir, meinen Konflikt auf den Punkt zu bringen: ob man in einem Moment der Katastrophe und des potentiellen Traumas bei seinem Patient bleiben oder bei seiner Familie sein sollte. Es war ein Augenblick schmerzlicher Klarheit, als ob die Tiefen plötzlich von einem – um Bions Ausdruck (Grotstein 1981, S. 10) zu benutzen – Strahl intensiver Dunkelheit beleuchtet wären. Was mit großer Klarheit deutlich wurde, war das Dilemma zwischen professioneller und persönlicher Verantwortung, zwischen Loyalität und Hingabe. Es erhellte die Zerbrechlichkeit und Flüchtigkeit der psychoanalytischen Situation und die Notwendigkeit, meine Auffassung vom psychoanalytischen Raum neu zu überdenken.

Bevor ich jedoch versuche, den psychoanalytischen Raum zu definieren, ist es wichtig, die derzeitige Krise in Israel zu beschreiben und zu erklären, worauf ich meinen Schwerpunkt setzen werde. Die meisten Israelis haben bereits widrige Umstände erfahren, darunter zahlreiche Kriege und Terroranschläge. Die mehr als 50 Jahre unserer Autonomie als Staat sind vom Kampf ums Überleben gekennzeichnet. Es wäre jedoch genau so wahr, zu sagen, dass diese Widrigkeiten die gesamten hundert Jahre jüdischer zionistischer Besiedlung des Landes kennzeichnen. Auch den dunklen Schaden, den der Holocaust auf das jüdische Leben geworfen hat, kann man nicht anzweifeln, ebenso wie der gegenwärtige Nachhall ferner Echos aus der jüdischen Geschichte. Momentan sind wir eine Gesellschaft, die nicht nur mit der furchtbaren Tortur durch täglichen Tod und Gemetzel konfrontiert wird, sondern auch mit tiefergehenden Fragen über unser derzeitiges und zukünftiges Leben, unser fundamentales Recht zu existieren, und die düsteren Aussichten einer endlosen Phase des Lebens mit Terror. Seit dem Zusammenbruch der Camp-David-Gespräche und dem Ausbruch der neuen

Intifada hat die israelische Gesellschaft eine akute Krise der wachsenden Gespaltenheit, der Armut an glaubwürdiger Führung und der zunehmenden Hoffnungslosigkeit durchlitten.

Die Auswirkungen dieser akuten Krise können als mehrere konzentrische Kreise dargestellt werden: Die direkten Opfer von Terroranschlägen, die persönlich oder durch Tod oder Verwundung eines nahestehenden Menschen Leid erfuhren; die, die Opfer wurden, indem sie persönlich Zeugen von Terroranschlägen wurden; die, die durch Arbeit und Hilfe für die Opfer traumatisiert wurden; und der Rest der Gesellschaft, der größtenteils (mit Ausnahme jener, die lautstark Taten fordern) von einer merkwürdigen Mischung aktiver Passivität betroffen zu sein scheint – die voller Sorge ihre Bewegungsfreiheit einschränken, sich um sich selbst, ihre Kinder, Verwandte und Freunde sorgen, und häufig unfähig sind, zu arbeiten und sich zu konzentrieren.

Die Arbeit mit Menschen, die zu den ersten drei Kreisen gehören, ist eine schwierige Aufgabe. Sich den Opfern einer Massen-Traumatisierung zu widmen ist ein wichtiges Thema, aber nicht das, auf das ich mich hier konzentrieren werde. Meine Bemerkungen stützen sich auf meine eigenen Erfahrungen und die anderer in täglicher psychoanalytischer und psychotherapeutischer Praxis mit Menschen der letzten Gruppe – die, die nicht direkt traumatisiert wurden, die zu ihren Sitzungen erscheinen, unmittelbar nachdem oder während Bomben hochgehen, das Heulen von Sirenen zu hören ist, und die Aufmerksamkeit sich auf die nächste Radiomeldung darüber heftet, wo ein Unglück passiert ist, während man versucht, sich in die Vorstellung zu rufen, wo sich Familienmitglieder und Freunde gerade aufhalten.

Meine Praxis liegt in Jerusalem, in der Nähe des Mount Scopus Hadassah-Krankenhauses und der nationalen Polizeizentrale, mit Blick auf eine der größten Verkehrsadern. Die Sitzungen werden oft von den Sirenen der Krankenwagen und Polizeiwagen begleitet, die zu oder von einem Terroranschlag eilen. Inzwischen wissen meine Patienten und ich, dass mehr als drei separate Sirenen hintereinander signalisieren, dass solch ein Anschlag passiert ist. Die externe Realität dringt in den geschützten psychoanalytischen Raum ein.

2. Über die Natur des psychoanalytischen Raumes

So viel ist bereits über die psychoanalytische Situation geschrieben und gesagt worden, dass es nahezu unmöglich ist, alles zusammenzufassen. Aron und Bushra (1998) führen in einem Überblick die wahrscheinlich wichtigsten Elemente auf: Arlow (1987) bezeichnete die psychoanalytische Situation als den vielleicht größten und originellsten Beitrag Freuds zum Studium der menschlichen Psychologie (ebd., S. 382). Winnicott (1971) war der Ansicht, dass die psychoanalytische Situation, mit ihren Ursprüngen in der Hypnose, die möglicherweise einzigartige Kapazität besitzt, als potentieller Raum zu dienen, als Zwischenbereich des Erlebens, in dem Menschen sich erlauben können, ihren veränderten Zustand zu akzeptieren, während sie von dem analytischen Rahmen und der Gegenwart des Analytikers gehalten werden, sowie als Übergangsbereich des Erlebens, der nach Bromberg (1996) als Selbst und auch als Nicht-Selbst wahrgenommen wird.

Sogar diese sensible Beschreibung ist jedoch zu grob und nicht fein genug für die Vielschichtigkeiten, die die psychoanalytische Situation bilden. Einige von diesen möchte ich gern kurz aufführen:

- Es gibt einen Unterschied zwischen der psychoanalytischen Situation und dem psychoanalytischen Raum. Eine Situation ist physisch und objektiv definierbar, beschreibbar und zu bewältigen. Das trifft auch auf den Raum zu, wenn es sich um physischen Raum handelt. Aber der psychoanalytische Raum ist eine Kreation, die von den beiden Teilnehmern hervorgebracht wird, die die psychoanalytische Situation in den psychoanalytischen Raum verwandeln (Viderman 1979). Er nutzt das Zusammenspiel von Kräften, Motiven und Absichten, um einen Kontext der Bedeutung und des Verständnisses zu erschaffen, der potenziell sowohl dem Patienten als auch dem Analytiker dienen kann. In diesem Sinne ist der psychoanalytische Raum nirgendwo sichtbar, obwohl er zugleich eine übersinnliche funktionale Realität ist. Das Ausmaß, in dem diese Verwandlung in einem beliebigen analytischen Prozess tatsächlich stattgefunden hat, ist Material für Studien und Betrachtungen.
- Ungeachtet der Differenzierung zwischen Situation und Raum beziehen sich beide Konzepte auf die physische Welt. Darin liegt ein wichtiger Hinweis: Er deutet darauf hin, dass die übersinnliche Realität nicht von der externen Realität abgetrennt und ihr feindselig gesonnen ist. So wie das Ich in erster Linie ein Körper-Ich ist, ist die psychische Realität im Grunde unsere Wahrnehmung und Konstruktion physischer Realität. Es muss keine Wahl zwischen kartesischem Dualismus und der transzendentalen Geschlossenheit von allem getroffen werden. In Maßen ausgedrückt und praktiziert ist dies ein Umwandlungsmodus, den wir als Analytiker anzuwenden und zu entwickeln beauftragt sind. Wir werden Experten darin, physische, konkrete Fakten in bedeutungsvolles übersinnliches Erleben umzuwandeln. Eine Zigarre ist in der Tat eine Zigarre, so lange sie nicht in etwas anderes umgewandelt und als solches erlebt worden ist.
- Wir befinden uns an der konzeptuellen Kreuzung von Subjektivität und Objektivität. Meine eigene Auffassung, die ich hier nicht weiter ausführen

kann, sieht alle internen Prozesse als durch Erlebnisse vermittelt an, in welchem Sinne sie alle subjektiv sind. Ich habe auf die meiner Meinung nach wichtige Unterscheidung zwischen zwei fundamentalen Modalitäten aufmerksam gemacht, die inneres Erleben verarbeiten, gestalten und organisieren (z. B. Erlich u. Blatt 1985; Erlich 2002a). Der Hauptunterschied stammt aus der *erlebten Einheit* von Subjekt/Objekt in einem Modus, wie gegen ihre erlebte *Getrenntheit* und Unverwechselbarkeit in dem anderen. Wir tendieren dazu, Erlebnisse als subjektiv zu bezeichnen, in denen Subjekt und Objekt als vereint und fusioniert erlebt werden; und wir betrachten Erlebnisse als objektiv, die sich durch klar definiertes, separates und unterscheidbares Subjekt und Objekt auszeichnen. Zugleich beeinflussen und bestimmen solche objektiven und subjektiven Modi unsere Haltung betreffend der Objektivität oder Subjektivität unserer Erfahrungen und der anderer. Ich schlage vor, dass wir den psychoanalytischen Raum als Erlebniskonstruktion betrachten, die von diesen *beiden* Erlebnismodi geformt und erschaffen worden ist. Uns um unser eigenes Erleben und das unserer Patienten zu kümmern, ist nicht abhängig davon, wie objektiv oder subjektiv dieses *ist*, sondern von dem Erlebnismodus, in dem wir dieses Erleben aufnehmen, absorbieren und verarbeiten.

3. Äußere Realität: Ihre Rolle in der psychoanalytischen Behandlung

Kollektive traumatische Horrorerlebnisse wie die des 11. Septembers oder die der täglichen terrorbeladenen Existenz in Israel wirken sich fundamental anders aus als die eines persönlich erlittenen Traumas. Der Unterschied liegt in der Tatsache, dass wir es bei diesen kollektiven Traumata, im Gegensatz zu individuell erlittenen Traumata, *mit traumatisierten Gemeinschaften und Gesellschaften zu tun haben, zu denen sowohl die Patienten als auch die Analytiker gehören*. Sowohl die traumatische Auswirkung als auch deren Verständnis müssen deshalb zu der Dynamik von Gruppen- und sozialen Prozessen gehören. Mehrere Konsequenzen sind für diese Ebene und dieses Ausmaß von Traumatisierung relevant:

1. Da beide Mitglieder der traumatisierten Gruppe oder Gesellschaft sind, betrifft das Trauma sowohl den Analytiker als auch den Patienten.
2. Das normale traumatische Erleben legt fest und definiert neu, was als externe Realität gilt – es bietet eine neue, gemeinsame, beiderseitig in der Realität getestete *Basis* für das Erleben. Dies steht im Gegensatz zu einer individuell erlittenen, isolierten traumatischen Erfahrung des Patienten oder Analysten,

die vom einen mitgeteilt oder nicht mitgeteilt und vom anderen empathisch oder nicht-empathisch aufgenommen wird.

3. Über die Definition von externer und interner Realität hinaus werden durch die geteilte Erfahrung neue, mit dem Trauma verbundene Gruppenidentifikationen und soziale Verbindungen geformt und gefestigt. Das in gewöhnlichen Fällen erlittene Trauma schmiedet die Mitgliedschaft in einer sozialen Gruppe, die sowohl den Patienten als auch den Analytiker als ihre Mitglieder umfasst und bestätigt. Diese neuen Verbindungen entstehen aus und basieren auf dem gemeinsam erlebten Trauma, und darüber hinaus – auf geteiltem Überleben und Schuldgefühlen, Depression und Wiedergutmachung, und manchmal Hoffnung.
4. Der neu gebildete soziale Gruppenverbund und seine Grenzen sind potenziell problematisch für den Analytiker wie auch für den Patienten. Eine Facette dieses Problems, das ihnen unvermittelt und von außen her quasi aufgedrängt wird, besteht darin, ob sie diese Kameradschaft anerkennen sollen, oder ihr widerstehen und sie verleugnen. Dies kann auch dann ein anderes Gesicht annehmen, wenn Analytiker und Patient sich auf unterschiedlichen Seiten des politischen Zaunes befinden und jeder den anderen beschuldigt und für die politische Krise verantwortlich macht. Ein israelisches Beispiel für ein solches Problem von Gegenübertragung ergibt sich, wenn sich der Analytiker mit der politischen Linken und der Friedensbewegung identifiziert und der Patient ein Siedler des Rechten Flügels ist, der in den besetzten Gebieten lebt. Solche Probleme sind immer im psychoanalytischen Raum vorhanden, aber normalerweise auf den Hintergrund beschränkt. Das gemeinsame Trauma drängt sie in den Vordergrund.

Diese Beobachtungen können vielleicht in einem gewissen Maß eine merkwürdige Tatsache erklären, die sowohl ich als auch viele Kollegen mit ähnlichen Erfahrungen beobachtet haben: Zum größten Teil sprechen unsere Patienten (vor allem analytische Patienten) nicht viel, oder überhaupt nicht, über die Ereignisse, die wir alle durchleben. Dies ist nicht einfach zu verstehen und erscheint recht verwirrend. Es erinnert an Winnicotts Erfahrungen im Krieg, als er den Blitzkrieg kaum bemerkte, weil er die ganze Zeit mit der Analyse psychotischer Patienten beschäftigt war, die berüchtigt dafür sind, dass sie Bomben, Erdbeben und Flutkatastrophen nicht wahrnehmen (1945, S. 145). Die Patienten, von denen ich hier spreche, sind allerdings nicht psychotisch. Wenn die äußere Realität psychotisch ist, wird der psychoanalytische Raum vielleicht zu einem willkommenen Hafen der Zurechnungsfähigkeit und persönlichen Integration. Natürlich gibt es in dieser Hinsicht auch deutliche

Unterschiede zwischen Analytikern – manche laden mehr dazu ein, über die äußere Realität zu sprechen, als andere.

Ich habe, meistens vergeblich, versucht, Hinweise auf die äußeren Ereignisse in Sitzungen zu entziffern, die nach besonders abscheulichen Anschlägen stattfanden. Die Patienten erwähnen manchmal zu Beginn der Sitzung sehr kurz die schreckliche Situation und konzentrieren sich dann auf die Themen, die sie privat sehr beschäftigen. Manchmal ist dies von Schuldgefühlen dafür begleitet, dass sie sich um ihre privaten belanglosen Sorgen und Schmerzen kümmern. In manchen Sitzungen meine ich, eine unbewusste Verknüpfung mit den Ereignissen entdecken zu können, aber frage mich letztendlich, ob es einen sinnvollen Zweck erfüllen würde, diese Ebene anzusprechen. Ich möchte diese kurz beschreiben, sowie eine dritte Art, in der die Situation vollständig im Blickfeld ist.

1. Eine Analysandin um die 50 kam in ihre Sitzung, Minuten nachdem eine Autobombe auf einer Jerusalemer Straße explodiert war und zwei Passanten getötet hatte. Ihre junge Tochter war gerade in eine Wohnung gezogen, die gleich um die Ecke von dem Unglück lag, und alle ihre Glasfenster waren zersprungen. Sie begann die Sitzung, indem sie mich mit zitteriger Stimme darüber informierte, mit einer Mischung aus Sorge und Erleichterung. Gewöhnlich ist sie sehr besorgt über diese Tochter – ihr Bedürfnis nach Autonomie, ihre Beziehung zu ihr und zu Männern, usw. Die reale äußere Gefahr, die sie anerkannte und dann dankbar verwarf, schien nicht real im Vergleich zu ihren inneren Sorgen.
2. Ein höchst narzisstischer junger Mann, der sich in langer, ausgedehnter Behandlung befand, kam nach einem Wochenende voller Gewalt und Terroranschläge zu mir, aber erwähnte nichts davon. Er sprach von seiner Nachlässigkeit und Unordnung und dem Chaos in seinem Leben und seinem privaten Raum – in seinem Auto, seinem Zuhause, und seinem Studium. Er möchte sich am liebsten dem Studium der Philosophie widmen, welches alles einschließt. Ihm fehlt die Kapazität seines Vaters für komplette Hingabe. Er fühlt ein Bedürfnis, sich herausragenden Männern anzunähern, wie Nietzsche und Schopenhauer. Alles im Leben ist ein Kompromiss, eine Frage des Erfüllens von Verpflichtungen. Er sucht nach einer Idee, mit der er sich verbinden kann. Er fragt sich, ob ich all dies verstehen kann – tue ich das? Er erwähnt Yona Wallach[2] und fragt sich, ob ich in der Lage gewesen wäre, sie zu behandeln? Er glaubt, das hätte ich tatsächlich tun können. Sie ist den Weg bis zum Ende gegangen und hat Orte erreicht, die niemand sonst gesehen hat. Aber es ist so schwer, so zu leben. Vielleicht ist es am besten, das Leben aufzugeben? Dabei *bedeutet* seine Lebensweise, das Leben aufzugeben. – Ich

wies ihn auf sein enormes Bedürfnis hin, »den Weg bis zum Ende zu gehen«, etwas in dem Chaos und der Unordnung zu finden, das rein und größer als er ist, und sich daran festzuhalten, wobei ich auch sein ernsthaftes, lebenslanges Dilemma des Lebens und Nicht-Lebens anerkannte. Er stimmte dem zu und ging mit einem Lächeln.

3. Ein hochintelligenter, zwanghafter Mann, der sich gewöhnlich schuldbeladen, deprimiert und in seiner Kompetenz erheblich gefährdet fühlt, kam während einer ungewöhnlich traurigen und schwierigen Woche mit einer unvorhergesehenen Anzahl von Toten, Israelis und Palästinensern, recht zufrieden und glücklich herein. Er bemerkte vergnügt, dass seine Frau gesagt hätte, dass er im Moment der einzige glückliche Mensch in Israel zu sein schien. Sein Beruf bringt ihn in engen Kontakt mit Menschen und Themen der beiden verfeindeten Parteien. Als erfahrener Veteran mehrerer vorheriger Psychotherapien interpretierte er seine gute Laune bereitwillig als unrealistisch und verrückt und schrieb sie seinen neurotischen Bedürfnissen zu: Die furchtbaren äußeren Umstände dienen dazu, sein inneres Schuldgefühl zu erleichtern. Wenn die äußeren Dinge wirklich so schlimm sind, kann er sich innerlich weniger schuldbeladen und traurig fühlen. In der Entwicklung der Sitzung stellte sich heraus, dass er sich mit Menschen und Gesprächen beider Seiten beschäftigt hatte und dabei über ihre Vernünftigkeit gestaunt hatte. Ich legte nahe, dass er, statt lediglich neurotische Bedürfnisse zu bedienen, ein winziges bisschen gesundes Urteilsvermögen und Hoffnung in sich trug, die aus seiner Erfahrung in dieser Woche stammten und den meisten anderen in der Gesellschaft nicht zugänglich waren. Trotzdem war dieses bisschen Urteilsvermögen und Hoffnung genauso real wie alles andere, was vor sich ging. Er konnte einsehen, dass, wenn noch mehr Menschen seine spezielle Erfahrung geteilt hatten, sie ebenso gut auch seinen Optimismus und seine gute Laune geteilt haben konnten.

Diese Vignetten unterscheiden sich völlig voneinander, jedoch spielen sie sich alle vor dem Hintergrund der gleichen externen Schrecken und des Terrors ab. Alle drei befassen sich mit der äußeren Realität, wenn auch in sehr unterschiedlicher Weise: Die erste Patientin nimmt sie kurz zur Kenntnis und geht dann mit voller Kraft weiter in ihre innere Welt. Der zweite Patient erwähnt sie nie bewusst oder explizit. Ich glaube jedoch, dass sie symbolisch und unbewusst in seiner langjährigen Sehnsucht nach einem reinen Zustand, der größer ist als das Selbst, mit welchem er verschmelzen kann, und ohne welchen das Leben nicht vollständig als gelebt wahrgenommen wird. Ich sehe dieses Streben als inhärenten Teil terroristischer Anschläge an (Erlich 2002b), und es kann auch durchaus in Menschen erweckt werden, die aufgrund ihrer persönlichen Veranlagung und Pathologie dafür empfänglich sind. Der dritte Patient bringt die äußere Realität als realen Wert ein, interpretiert sie aber mit seinen neurotischen Konflikten und intellektuellen Abwehr. Meine Interpretation bestätigte und erweiterte seine Realität auf eine Weise, die ihm vielleicht erlaubte, sich weniger isoliert und mehr als Teil einer sozialen Gruppe zu fühlen, und gleichzeitig seine individuelle Stimme darin zu übernehmen.

Diese Fälle sollen keine definitive Auswahl oder vorgeschriebene Methoden für den Umgang mit einer furchtbaren äußeren Realität darstellen. Sie unterstreichen lediglich die endlos reiche, verblüffende Vielfalt, in der die äußere Realität ihren Weg in den psychoanalytischen Raum findet, wo man mit ihr arbeiten kann. Dieser Raum ist keine einzelne, überspannende, gigantische Einheit, die allen drei Patienten angeboten wird. In jedem Fall ist dieser Raum ein einzigartiger, der vom jeweiligen spezifischen Paar geschaffen wurde. In jedem Fall wird die äußere Realität im Kontext eines einzigartigen und vorherrschenden psychoanalytischen Raumes anders behandelt und verstanden.

4. Die Verantwortung des Analytikers für das Wohlergehen des Patienten

Die psychoanalytische Situation und der psychoanalytische Raum sind fundamentaler Ausdruck der technischen und professionellen Kompetenz des Analytikers. Damit machen sie die Sphäre der professionellen Verantwortung des Analytikers aus. Dies bedeutet eindeutig, das Beste zu geben, um dem Patienten dabei zu helfen, aus dem Wandel externer Einflüsse und interner Motive und Fantasien schlau zu werden. Diese Arbeit wird wie immer am besten von der Erschaffung und Erhaltung des psychoanalytischen Raumes gefördert. Aber es stellen sich zusätzliche Fragen, wie z. B.: die Notwendigkeit und Verantwortung für fortgesetzte psychoanalytische Arbeit angesichts äußerer Bedingungen; der relative Anteil an der Verantwortung, den Analytiker und Patient dafür tragen, was passieren kann; und die technischen Fragen, die sich als Resultat daraus ergeben. Zum Beispiel, wenn der Weg zur Sitzung und zurück den Patienten gefährdet – sollte der Analytiker ihn darauf aufmerksam machen? Ist es allein die Entscheidung des Patienten, ob er weiterhin zu den Sitzungen kommt? Was, wenn dies selbstzerstörerisch wird? Berechnen wir den Patienten Sitzungen, die sie aufgrund gefährlicher Umstände versäumt haben? Wann kollidieren wir mit den aggressiven Fantasien eines Patienten, oder mit Fantasien seiner eigenen Unzerstörbarkeit? Wie weit reicht unsere Verantwortung, wenn es darum geht, ob wir ihm erlauben oder verbieten können, uns aufzusuchen? Betrachten wir den Besuch der Analyse oder Therapie unweigerlich als die vernünftigste und psychologisch konstruktivste Verhaltensweise?

Das Beispiel aus dem Golfkrieg, mit dem ich diesen Bericht begonnen habe, hat mich auf das aufmerksam gemacht, was ich heute als ethische und professionelle Haltung verstehe: Solange ich praktiziere und Patienten einlade, mich aufzusuchen, bin ich während ihres Aufenthaltes bei mir für ihr Wohlergehen verantwortlich. Mein Konflikt, bei meiner Familie oder aber meinem Patienten zu sein, ist zwar verständlich, aber trotzdem fehl am Platze: Während ich praktiziere, besteht meine primäre Verpflichtung gegenüber meinem Patienten, nicht gegenüber der Familie. In vieler Hinsicht ist dies die Essenz meiner professionellen Haltung und Verantwortung. Wenn ich diese Verpflichtung ändern möchte oder spüre, dass ich bei meiner Familie sein sollte, sei es, um zu beschützen oder selbst Schutz zu suchen, sollte ich zumindest zeitweise Urlaub von der Praxis nehmen. Ich sollte definitiv nicht dem Patienten diesen Konflikt aufladen. Das Dilemma besteht darin, ob es unter solchen Spannungen überhaupt möglich ist, weiterhin als therapeutischer »Container« zu fungieren und den psychoanalytischen Raum aufrecht zu erhalten. Offensichtlich erlaubt dieses Dilemma keine standardisierte Antwort und Lösung.

5. Brüderlichkeit – Bruderschaft im Angesicht von Gefahr und äußerer Bedrohung

Wenn Sie so wollen, habe ich bereits über Freiheit (der letzte Punkt hat mit der Freiheit, verantwortliche ethische Entscheidungen zu treffen, zu tun) und Gleichheit gesprochen (das von allen gleich erlebte externe Trauma). Es ist nur natürlich, dass Brüderlichkeit als nächstes folgt. Ich beziehe mich damit auf das Gefühl von Kameradschaft und Bruderschaft, das durch die gemeinsam erlebte äußere Bedrohung im Analytiker sowie im Patienten direkt oder indirekt hervorgerufen wird. Es ist mit narzisstischen Identifikationen und Belohnungen verbunden, wie in Shakespeares »[Wir] wen'ge, [wir] beglücktes Häuflein Brüder« (Henry V). Über die Schuldgefühle der Überlebenden hinaus entsteht ein besonderes Band dadurch, dass man die gleichen entsetzlichen Ereignisse erlebt hat und sich jetzt als Waffenbrüder fühlt. Im Gegensatz zu den meisten Beziehungen kann diese Brüderlichkeit in der Analyse eine Flucht vor der Übertragung und, paradox, das Untergraben des psychoanalytischen Raumes beinhalten. Gleichzeitig muss der Analytiker bereit sein, die zutiefst beunruhigenden Ereignisse anzuerkennen, die sowohl er als auch der Patient durchlebt haben. Es handelt sich hierbei um eine feine Trennlinie, die man mit Wärme, Verständnis und Mitgefühl beschreiten sollte, aber ohne den Verlust der generellen analytischen Absicht und Aufgabe.

Dies ist mit Sicherheit nicht nur ein Problem des Patienten. Auch der Analytiker kann das Bedürfnis verspüren, seine Erlebnisse zu teilen und Trost in der brüderlichen Repräsentation der Gemeinschaft zu finden, die seine Beziehung mit dem Patienten darstellt. Wir sprechen nicht oft über die Einsamkeit des Psychoanalytikers (Erlich 1998). Zweifellos verlangt das Aufrechterhalten der analytischen Haltung und das Erschaffen, Anbieten und Aufrechterhalten des analytischen Raumes nach einer Anstrengung, die den Analytiker häufig mit dem Gefühl zurücklässt, allein und isoliert zu sein. Unsere Patienten können dann die Verbindung zur Kommunikation mit der äußeren Welt werden. Sie versorgen uns mit Informationen, Beweisen und einem Gefühl, in Verbindung mit den Menschen und der sozialen Realität zu sein. Dieses Bedürfnis verstärkt sich in Zeiten äußerer Bedrohungen und Katastrophen und lässt uns noch mehr dazu neigen, unsere Patienten als Verbindungsstücke zu brauchen und benutzen, durch die wir uns dem sozialen Netzwerk anschließen wollen, wenn unsere Einsamkeit intensiv und unerträglich wird.

6. Die Auswirkung politisch-religiöser Ansichten

Der Zusammenprall mit der Realität verlangt nach realistischen Antworten. Die Art und das Ausmaß der Antworten wird davon bestimmt, dass man die Quelle und Bedeutung der Ereignisse versteht. Ein solches Verstehen beinhaltet Interpretationen und ist durch die eigenen politischen Ansichten gefärbt. Dieses Thema verdiente eine ausführliche Diskussion. Ich kann hier nur wenige Punkte ansprechen, wobei ich mich wiederum auf meine Erfahrungen in Israel verlasse:

1. Analytiker und Psychotherapeuten gehören typischerweise zu jenem soziopolitischen Milieu, das man als liberal oder linksgerichtet charakterisieren könnte. Unsere Patienten sind weniger klar definierbar. Größtenteils scheinen sie eine ähnliche politische Orientierung zu haben. In Israel suchen rechtsgerichtete, ultrareligiöse oder bis vor kurzem national-religiöse Menschen nur selten eine psychoanalytische Behandlung auf. Arabische Patienten sind ebenfalls gewöhnlich nicht daran interessiert. Es gibt jedoch einige rechtsgerichtete, religiöse und sogar arabische Patienten, die einzigartige Themen eröffnen. Eins davon ist eine höchst andersartige, politisch inspirierte und identifizierbare Sicht der externen Realität. Dies kann leicht zum Ursprung für eine therapeutische Sackgasse werden, wenn nicht sehr sensibel und geschickt damit umgegangen wird.
2. Psychoanalytiker tendieren dazu, Gewalt ideologisch abzulehnen und zu verurteilen. Sie glauben an die Effizienz von Diskussionen und die Macht des Dialogs, vor allem unter dem wohltätigen Einfluss persönlichen

Zusammenhangs. Diese Überzeugungen basieren auf unserer Erfahrung in einer verlängerten Eins-zu-Eins-Situation, wo der psychoanalytische Raum ideale Entwicklungsbedingungen bereit stellt. Sie rechnet aber nicht die enormen, Gruppen und Über-Gruppenprozessen inhärenten Kräfte mit ein, die sehr unterschiedliche dynamische Ebenen repräsentieren, welche über das Intra-psychische hinausgehen. Auf Bions (1961) Arbeit mit Gruppen und seine Integration mit der Theorie der offenen Systeme im Tavistock-Institut zurückgehend, gibt es Fortschritte im Verstehen der Prozesse, die sich in großen und kleinen Gruppen sowie in Organisationen abspielen. Diese Synthese führt zu einem mächtigeren Verständnis der Themen, die zum Umgang mit Gegnern und Feinden gehören (Erlich 1997). Obwohl dieses Verständnis vollständig aus psychoanalytischen Einsichten und Werkzeugen entwickelt wurde, tendieren Psychoanalytiker dazu, ihm gegenüber misstrauisch zu sein und es als die Legierungen angewandter Psychoanalyse zu betrachten, im Gegensatz zu dem puren Gold psychoanalytischer Behandlung.

3. Gewisse theoretische Zwänge, die der psychoanalytischen Theorie, vor allem auf dem Gebiet der frühen Entwicklung und des Narzissmus, inhärent sind, beeinflussen uns dahingehend, dass wir das inbrünstige Festhalten an Ideologien als unreif, regressiv und pathologisch ansehen. Dies schränkt nicht nur unser Verständnis der Adoleszenz ein, sondern steht vor allem einem volleren Verständnis der Rolle religiöser, politischer und ideologischer Hingabe im Erwachsenenleben im Weg. Es macht es beinahe unmöglich, eine Selbstopferung durch Selbstmord zu verstehen, die unter bestimmten religiösen und sozialen Umständen tatsächlich normativ sein kann (Erlich 2002b). Unsere Sicht wird von westlichen Werten verdunkelt, die stark zu einer individuellen, autonomen, eingegrenzten Existenz als Hauptleistung und Bedingung für Glück und Erfüllung tendieren. Diese Ansicht hat die Psychoanalyse zutiefst beeinflusst und ihre theoretische Struktur bestimmt. Wenn wir mit anderen Orientierungen und Werten konfrontiert werden, neigen wir dazu, sie als pathologisch und regressiv zu charakterisieren, anstatt unsere Theorien und unser Verständnis dem Umgang mit ihnen anzupassen. Dieser Knotenpunkt ist wert, weiter untersucht zu werden – er ist der Punkt, an dem unsere Theorien unsere Politik und Religion werden.

7. Schluss

Als Analytiker sind wir darauf eingestellt, besonders die Seite der Realität wahrzunehmen, die den meisten Menschen unpraktisch und unpragmatisch erscheint, der Stoff, aus dem die Träume sind. Die aktuelle Diskussion versucht die Auswirkungen harter und ungewöhnlich grausamer Realitäten auf uns und unsere Patienten und den Raum, in dem wir uns treffen und arbeiten, zu bewerten. Müssen wir unseren analytischen Raum und unsere Technik ändern oder vergrößern? Oder wurden sie bereits auf eine Weise verändert, die bestätigt und erforscht werden muss? Meine eigene Ansicht ist die, dass es nicht der psychoanalytische Raum ist, der revidiert werden muss. Angesichts der entsetzlichen externen Ereignisse muss er beibehalten und angeboten werden. Wir müssen jedoch wachsam gegenüber den Vielschichtigkeiten und Gefahren sein, die ich aufgezeigt habe, sowie gegenüber den sozialen und politischen Horizonten, in denen wir arbeiten. Ich hoffe, dass unsere Erfahrungen hier geeigneten Ausdruck in unserer Theorie und Praxis finden.

Anmerkungen

1 Dieser Beitrag wurde ursprünglich im Rahmen der Konferenz »Terrorism and the Psychoanalytic Space. International Perspectives from Ground Zero« des Institute for Psychoanalytic Training and Research (IPTAR) in New York gehalten. Der Abdruck der deutschen Übersetzung erfolgt mit freundlicher Genehmigung des Autors.

2 Eine berühmte israelische Poetin, die in psychiatrischer Behandlung war und in eine psychiatrische Anstalt eingewiesen wurde.

Literatur

Arlow (1987): The dynamics of interpretation. In: Psychoanalysis: Clinical Theory and Practice. Madison, CT. (International Universities Press) 1991, S. 381–396.

Aron, L. and Bushra, A. (1998): Mutual regression: altered states in the psychoanalytic situation. J. Amer. Psychoanal. Assn. 46, S. 389–412.

Bion, W. R. (1961): Experiences in Groups. London (Tavistock). Dt. Erfahrungen in Gruppen und andere Schriften.

Bromberg (1996): Standing in the spaces: The multiplicity of self and the psychoanalytic relationship. Contemp. Psychoanal. 32, S. 509–535.

Erlich, H. S. (1997): On Discourse with an Enemy. In: Shapiro, E. R. (Hg.): The Inner World in the Outer World: Psychoanalytic Perspectives. New Haven (Yale University Press), S. 123–142.

Erlich, H. S. (1998): On loneliness, narcissism, and intimacy. American Journal of Psychoanalysis 58, S. 135–162.

Erlich, H. S. (2002a): Experience – what is it? (Unveröffentlichtes Manuskript).

Erlich, H. S. (2002b): Reflections on the terrorist mind. IPA Newsletter, June 2002.

Erlich, H. S., und Blatt, S. J. (1985): Narcissism and object love: The metapsychology of experience. Psychoanalytic Study of the Child 4, S. 57–79. Dt. Narzißmus und Objektliebe. Zur Metapsychologie des Erlebens. Psyche 11/1990, S. 995–1018.

Grotstein, J. S. (1981): Do I Dare Disturb the Universe? London (Karnac).
Heimann, P. (1950): On counter-transference. Int. J. Psycho-Anal. 31, S. 81–84.
Klein, M. (1952): The origins of transference. Int. J. Psycho-Anal. 33, S. 433–438.
Viderman, S. (1979): The analytic space: meaning and problems. Psychoanal Q. 48, S. 257–291.
Winnicott, D. W. (1945): Primitive Emotional Experience. In: Through Paediatrics to Psycho-Analysis. New York (Basic Books) 1975, S. 145–156.
Winnicott, D. W. (1971): Playing and Reality. Harmondsworth (Penguin Books). Dt. Vom Spiel zur Kreativität.

Nationale und internationale Folgen und Folgerungen aus dem 11. September

Die Angst vor dem Terror im Spiegel deutscher Repräsentativbefragungen[1]

Burkhard Brosig und Elmar Brähler

1. Einleitung

Von Galea u. a. (2002) konnten in Telefoninterviews im Stadtteil Manhattan von New York, NY gezeigt werden, dass die Terroranschläge auf das World Trade Center am 11. September massive psychologische Folgen hatten. Von den 1.008 interviewten Personen zeigten 7,5 % Symptome einer akuten traumatischen Neurose sowie 9,7 % Zeichen einer depressiven Erkrankung im Sinne der ICD-10 Klassifikation seelischer Störungen. Einwohner Manhattans, die südlich der Canal-Street lebten und damit räumlich näher an den Ereignissen waren, zeigten sogar in 20,0 % Zeichen einer posttraumatischen Belastungsstörung.

Die Terroranschläge auf das World Trade Center in New York, NY und das Pentagon in Washington, DC hinterließen nicht nur bei den unmittelbar Betroffenen, sondern auch in der Öffentlichkeit der westlichen Welt einen Schock. Es wäre banal, auf die mediale Vervielfältigung des individuellen Leidens hinzuweisen, die eine globale Öffentlichkeit informierte, miterleben ließ und gleichzeitig in immer neu sich reproduzierenden Bildsequenzen »unterhielt« und dabei das ikonographische Register einer »Ästhetik« von Katastrophen bediente.

Neben der luziden Bebilderung der Katastrophe wuchs in den Zuschauern, den globalen Zaungästen der Anschläge, so etwas wie eine unbestimmbare Angst. Dieses untergründige, bodenlose, auf »ground-zero« gebrachte Gefühl einer namenlosen Bedrohung wird zum Gegenstand unserer Untersuchung.

Die vorliegende Arbeit beschäftigt sich also mit der Frage, ob der Terroranschlag vom 11. September 2001 Spuren in Bezug auf Ängste und politische Einstellungen in der deutschen Bevölkerung hinterlassen hat. Falls dies, im Sinne eines gesellschaftlichen Klimawechsels, der Fall wäre, müsste es sich auch in repräsentativen Erhebungen zwischen Frühjahr 2001, Herbst 2001 sowie Frühjahr 2002 nachweisen lassen.

Niemand wartet auf den Krieg. Es scheint deshalb nicht verwunderlich, dass Daten zu psychischen Veränderungen im Verlauf der Phase einer Zunahme politischer Spannungen und dem Übergang zur Auslösung eines Krieges prospektiv nicht gewonnen wurden. Dennoch gibt es im Rahmen von Längsschnittstudien zu diesem Themenbereich gelegentlich Befunde, wie sie beispielsweise in einer empirischen prospektiven Einzelfallstudie zu einer psychosomatischen Fragestellung von Brosig (1998) vorgelegt wurden. Hier wurde durch ARIMA-Impact-

Analyse in Form eines vektorautoregressiven Modells untersucht, inwieweit der Ausbruch des Golfkrieges mit den spürbar mobilisierten Ängsten in der Bevölkerung emotionale Spuren bei einem Paar hinterlassen hatte. Es konnte gezeigt werden, dass die in Frage stehende psychosomatische Symptomatik der Partner im Zusammenhang mit den Ereignissen am persischen Golf zunächst sistierte und gleichzeitig von einem Ansteigen empfundener Ängste begleitet war. Danach folgte, insbesondere beim Ehemann, eine Periode der Lähmung und Hoffnungslosigkeit, etwa in dem Tenor, dass man gegen weltpolitische Veränderungen ohnedies nichts unternehmen könne. Auch die Frau reagierte mit einer raschen Abnahme der von ihr angegebenen Ängste, so dass nach etwa drei Wochen keine wesentlichen Reaktionen im Spiegel dieser Tagebuchdaten zu bemerken waren.

Wie die folgenden Ergebnisse zeigen werden, war dies im Gefolge der Terroranschläge auf das World Trade Center und auf das Pentagon in Washington deutlich anders. Silver u. a. (2002) beschrieben einen abfallenden Trend von psychischer Beeinträchtigung als Reaktion auf den 11. September 2001. Waren es zwei Monate nach dem Terroranschlag noch 17% aller Befragten einer Internet-Umfrage, die Symptome einer posttraumatischen Belastungsstörung zeigten, so fiel der Anteil sechs Monate später auf 5,8%. Prädiktoren für ein hohes Maß an Trauma-Symptomatik waren weibliches Geschlecht, erlebte Ehe-Scheidung, prämorbide Befunde von Depression oder Angststörung, persönliche Betroffenheit durch die Anschläge und bestimmte, unreife Coping-Strategien.

Die vorliegende Arbeit beschäftigt sich nun mit der Frage, ob, im Spiegel von Repräsentativerhebungen in der deutschen Bevölkerung, Veränderungen bezüglich wahrgenommener Ängste empirisch nachzuweisen wären.

Wir konnten vier repräsentative Befragungen ermitteln, bei denen jeweils mit zumindest teilweise identischen Fragen zu Ängsten vor und nach dem 11. September eine Wiederholungsbefragung stattfand. Bei allen vier wiederholten Erhebungen handelt es sich jedoch nicht um echte Längsschnittuntersuchungen, sondern jeweils um wiederholte Querschnittuntersuchungen. Zusätzlich wurden zwei Repräsentativbefragungen direkt nach dem 11. 9. 2001 bzw. einen Monat später herangezogen, die sich mit dem Ereignis befassten. Somit werden Daten aus fünf verschiedenen Quellen beschrieben.

2. Ergebnisse

Zunächst werden die Befragungen unmittelbar nach dem 11. 9. 2001 vorgestellt. Es folgen die Ergebnisse der repräsentativen Erhebungen, die jeweils aus unterschiedlichen Blickwinkeln, Meinungsänderungen und Stimmungswechsel in der deutschen Bevölkerung im Zusammenhang mit den Terroranschlägen am 11. September anzeigen.

2.1 Am Tag danach

Auf der Basis von mehr als 500 Telefoninterviews am 12. September 2001 wurden Stimmungen und Einstellungen der Bevölkerung zum Anschlag auf das World Trade Center durch das Institut für Demoskopie in Allensbach (Noelle-Neumann & Köcher 2002, S. 991 ff.) ermittelt.

Es zeigte sich, dass knapp die Hälfte (47% der Befragten) von den Terroranschlägen aus dem Fernsehen erfahren hatten. 33% der Befragten gaben an, Amerika werde sich durch Luftanschläge rächen, 45% der Bevölkerung glaubten, es werde zu Anschlägen auf Terroristen oder Terroristengruppen kommen. Auf die Frage, ob die Befragten annehmen, dass die Anschläge vom 11. September 2001 das Ende einer Periode des Friedens sei, glaubten immerhin 39% der Interviewten, dass dies der Fall sei, 33% waren unentschieden und nur 28% glaubten, alles bleibe so wie vorher. Der Aussage des amerikanischen Präsidenten Bush, es stehe nun ein »monumentaler Kampf des Guten gegen das Böse« an, stimmten 44% der Bevölkerung zu, 47% der Bevölkerung würden das so nicht ausdrücken und 9% blieben unentschieden oder machten keine Angaben. Bei den Befragten hatten nur 35% der Bevölkerung Vertrauen in das Handeln des amerikanischen Präsidenten, 47% der Bevölkerung äußerten, »eher nicht« Vertrauen in das Handeln Amerikas setzen zu können.

Das Institut in Allensbach führte dann im Oktober 2001 im Rahmen einer Mehrfachthemenumfrage an etwa 1000 Mitbürgern im Westen Deutschlands sowie an ebenfalls ca. 1000 Bürgern in den Neuen Bundesländern eine differenzierter angelegte Befragung zu den Motiven und den möglichen Folgen der Terroranschläge durch. Fragt man also differenzierter nach Motiven für diese Terroranschläge auf World Trade Center und Pentagon, so zeigt sich, dass etwa 60% der Deutschen in der Politik der Vereinigten Staaten gegenüber den islamischen Nationen etwas Herausforderndes sehen. Am stärksten sind dieser Meinung die Anhänger der PDS, danach sind es die Parteianhänger der Grünen und der FDP, die diese Meinung vertreten, gefolgt von jenen der SPD und CDU/CSU (vgl.Tabelle 1).
Fragt man nach möglichen Reaktionen, so zeigt sich im Oktober 2001 das folgende Bild: 36% der Befragten glaubten, es sollte überhaupt keine Militärschläge als Reaktion auf die Terroranschläge geben. 45% der Befragten waren der Ansicht, die Deutschen müssten gemeinsam mit den USA militärische Gegenmaßnahmen ergreifen, 14% der Bevölkerung insgesamt waren der Ansicht, dass dies eine rein amerikanische Angelegenheit sei und etwa 5% machten keine Angaben.

Die Befürworter militärischer Gegenmaßnahmen waren vor allen Dingen Westdeutsche, Männer mehr als Frauen, CDU/CSU-Anhänger mehr als Anhänger anderer Parteien, wobei die Anhänger von Bündnis 90/Die Grünen und die Anhänger der PDS mit 27% bzw. immerhin noch 10% der Befürworter das Schlusslicht bildeten.

Friedliche Mittel favorisierten insbesondere die Anhänger von Bündnis 90/Die Grünen. Die Frauen waren mit 43% der Befragten mehr für den Einsatz friedlicher Mittel zur Lösung von Konflikten als die Männer, die dies mit 29% favorisierten. Die Ergebnisse sind in Tabelle 2 zusammengefasst.

Frage: »Jemand sagte kürzlich: ›Man muss auch die Vorgeschichte der Terroranschläge sehen. Die Amerikaner haben Truppen in islamischen Staaten und haben gegen mehrere islamische Staaten Krieg geführt. Damit haben sie auch Gegenmaßnahmen herausgefordert.‹
Würden Sie sagen, da ist was dran, oder sind Sie da anderer Meinung?« (Befragung Okt. 2001, Zahlen in Prozent)

	Politische Orientierung				Bevölkerung insg.		
	CDU/ CSU	SPD	FDP	Bündn.90/ Grüne		PDS	
Da ist was dran	60	54	64	60	64	64	83
Bin anderer Meinung	25	30	26	24	26	28	6
Unentschieden	15	16	16	16	10	8	11
Summe	100	100	100	100	100	100	100

Tab. 1: Vorgeschichte berücksichtigen

Frage: »Es wurde ja viel darüber diskutiert, wie man auf die Terrorschläge reagiert. Hier sind einmal drei Meinungen dazu aufgeschrieben. Welcher davon würden Sie am ehesten zustimmen?« (Zahlen in Prozent, Befragung im Okt. 2001)

	»Der Anschlag galt der ganzen zivilisierten Welt, deshalb müssen die europäischen Staaten und andere Länder auch gemeinsam mit den USA militärische Gegenmaßnahmen ergreifen.«	»Es sollte überhaupt keine Militärschläge geben. Der Konflikt sollte ausschließlich mit friedlichen Mitteln gelöst werden.«	»Der Anschlag galt in erster Linie den Amerikanern, deshalb müssen die Amerikaner damit fertig werden und militärische Gegenmaßnahmen ergreifen.«	Keine Angaben	Summe
Bevölk. Insg.	45	36	14	5	100
Westdeutschland	50	34	12	4	100
Ostdeutschland	25	46	21	8	100
Männer	54	29	12	5	100
Frauen	37	43	15	5	100
Politische Orientierung					
CDU/CSU	53	33	12	2	100
SPD	48	33	13	6	100
FDP	41	40	14	5	100
Bündnis 90/ Die Grünen	27	60	11	2	100
PDS	10	49	31	10	100

Tab. 2: Mögliche Reaktionen

2.2 LBS-Kinderbarometer

Das »LBS-Kinderbarometer« untersucht Stimmungen, Einstellungen und Meinungstrends von Kindern und Jugendlichen in Nordrhein-Westfalen. Die Erhebung erfolgt jeweils jährlich in Zusammenarbeit mit dem Ministerium für Frauen, Jugend, Familie und Gesundheit des Landes NRW. Es wurde in der hier referierten Studie untersucht, ob in Anbetracht der Terroranschläge vom 11. September 2001 und der darauf folgenden militärischen Einsätze in Afghanistan, die Erlebniswelt von Kindern durch die beschriebenen weltpolitischen Ereignisse tangiert wurde. Nachdem (Klöckner & Beisenkamp 2002, S. 112) die Haupterhebung des LBS-Kinderbarometers im Frühjahr 2001 abgeschlossen war, wurde kurzfristig eine zweite Erhebungswelle im gleichen Kalenderjahr gestartet und 1221 Kinder wurden nachbefragt. Die Ergebnisse der verschiedenen Themenbereiche der Befragung sollen kurz skizziert werden.

Angst vor Krieg und Terror: Es zeigte sich, dass das allgemeine Wohlbefinden der befragten Kinder und Jugendlichen im Mittel von einem Wert von 5,7 auf 5,4 Punkte abgefallen war (ebd., S. 115). Die befragten Kinder hatten nunmehr nach dem 11. September 2001 vermehrt Angst vor Krieg und Terroranschlägen. Unmittelbar ins Auge fielen die massiven Ängste vor einem möglicherweise herannahenden Krieg, die nun von etwa 41 % der befragten Kinder geäußert wurden. Auf dieselbe Frage gaben im Frühjahr 2001 lediglich 1 % (!) der Befragten Kriegsangst an, eine Befindlichkeit, die somit fast nicht fassbar war. Auch die Angst vor Terroranschlägen (11 % im Herbst 2001 gegenüber 0 % im Frühjahr 2001), die Angst, Freunde bzw. Freundinnen zu verlieren (7 % im Herbst 2001 gegenüber 5 % im Frühjahr 2001), sowie die Angst vor dem eigenen Tod (3 % im Herbst 2001 gegenüber 2 % im Frühjahr 2001) nahm zu. Umgekehrt nahm die Angst vor einem Schulversagen (dies äußerten noch 29 % der Befragten im Frühjahr 2001 gegenüber nur 18 % im Herbst 2001) ab, ebenso die Angst vor dem Tod oder einer Krankheit von Familienangehörigen (10 % im Frühjahr 2001 gegenüber nur 5 % im Herbst 2001). Im Sinne einer Gegenprobe wurde gefragt, ob gegebenenfalls gar keine Ängste von den Kindern wahrgenommen würden. Dies äußerten noch 14 % der befragten Kinder im Frühjahr 2001 gegenüber nur 5 % im Herbst 2001. Auch die Antwortkategorie »weiß nicht« wurde weniger stark verwendet; hier kreuzten noch im Frühjahr 2001 13 % der Kinder an, im Herbst 2001 keine Kinder mehr (Klöckner & Beisenkamp 2002, S. 17). Somit war eine Zunahme von Kriegsangst und von Angst vor Verlusten nahestehender Personen zu konstatieren, bei einer gleichzeitigen Abnahme von Ängsten bezüglich Schule und einer Reduktion von allgemeinen Krankheits- und Todesängsten. Gleichzeitig nahm die Angstbereitschaft, als reziproker Wert gemessen über die Abwesenheit von Ängsten bzw. über die Nicht-Berücksichtigung der »Unentschieden«-Kategorie, ab.

Wie die Autoren ausführen, unterscheiden sich Jungen und Mädchen in der Angst vor Terroranschlägen nicht, auch war kein Alterseffekt in Bezug auf diese Ängste bei den befragten Kindern nachzuweisen. »Üblichere« Ängste bei Kindern, etwa die Angst, Freundinnen und Freunde zu verlieren (bei Mädchen stärker als bei Jungen), die Angst, in der Schule zu versagen (bei Jungen stärker als bei Mädchen, bei älteren Kindern stärker als bei jüngeren), zeigten dagegen deutlichere Alters- und Geschlechtseffekte. Kinder aus Migrantenfamilien scheinen weniger Ängste vor Terroranschlägen (5%) als deutsche Kinder (12%) zu äußern. Diese Kinder sehen sich jedoch, wie auch im Frühjahr 2001, stärker in der Gefahr, in der Schule zu versagen.

Zentrale Wertvorstellungen der Kinder vor und nach dem 11. September: Befragt wurden die Kinder auch in Bezug auf ihre Haltung gegenüber zentralen Aussagen zu sozialen Werten und moralischen Einstellungen. Es zeigte sich, dass keine Unterschiede in Bezug auf Ehrlichkeit, Freundschaft, Hilfsbereitschaft bezüglich anderer Menschen oder Offenheit anderen gegenüber nachweisbar waren. Die Kinder glaubten nach wie vor, dass es wichtig sei, eine eigene Meinung zu haben, anderen Menschen zu helfen, mit Anderen Dinge zu teilen, auch zu Menschen offen zu sein, die anders sind; es war für sie weiterhin wichtig, die Umwelt zu schützen, ehrlich zu sein und Freunde zu haben. Sie wollten auch nach wie vor, jedoch in einem leicht reduzierten, statistisch noch nicht signifikant niedrigerem Ausmaß, »Spaß haben.« Lediglich die Einstellung zu materiellen Werten (»viel Geld haben«) war signifikant (auf $p < 0{,}001$-Niveau) reduziert. Dies deutet auf eine deutliche Reduktion einer rein materiell orientierten Haltung von Kindern in der »Spaß- und Erlebnisgesellschaft« nach dem Schock durch den 11. September 2001 hin (ebd., S. 119).

Befragt wurden die Kinder auch in Bezug auf das von ihnen favorisierte Verhalten in Streits und Auseinandersetzungen. Es zeigte sich, dass die Mittelwerte bezüglich dreier Aspekte der Beurteilung von Streits zwischen dem Frühjahr und Herbst 2001 verändert waren. Kinder waren weniger geneigt sich zu streiten, um Dinge durchzusetzen, die wirklich wichtig seien. Zwar sagten die Kinder nach wie vor, dass Streiten manchmal einfach dazugehöre (keine Veränderungen der Mittelwerte), doch meinten sie statistisch signifikant häufiger ($p < 0{,}001$), dass gute Freunde nie streiten sollten. Somit wurde zwar anerkannt, dass Streit auch in guten Freundschaften möglich sei, die Tendenz zum Streiten war insgesamt jedoch weniger stark ausgeprägt.

Gefragt nach dem Verhalten in Streitfällen zeigte sich, dass das Wehren mit Worten in der Gunst der Kinder deutlich reduziert war. Die Kinder meinten vielmehr häufiger, dass Hilfe von Erwachsenen zu holen sei und auch Hilfe bei anderen Kindern gesucht werden müsse. Wehren mit Prügeln oder Sich-Zurückziehen wurde gleich häufig im Frühjahr 2001 bzw. Herbst 2001 angegeben, wobei hier die Mittelwerte nahe der mittleren Ankreuz-Kategorie lagen (»teils-teils« in Ordnung sich so zu verhalten).

Politikfelder: Dramatische Veränderungen zeigten sich auch in Bezug auf die Beurteilung des wichtigsten Politikfeldes in der aktuellen historischen Situation. Hier antworteten 24 % der befragten Kinder im Herbst 2001, dass Frieden das wichtigste Politikthema sei, gegenüber nur 5 % im Frühjahr 2001 und etwa 8 % im Frühjahr 1998. Waren 1998 noch Umweltschutz und Arbeitslosigkeit Hauptthemen der Kinder, so reduzierten sich die Angaben zu diesen Politikfeldern im Herbst 2001. Angst hatten die Kinder vermehrt auch vor Armut (8 % gegenüber 0 % in den Vorbefragungen). Die Themenbereiche Steuern und Staatsfinanzen sowie Kinderrechte blieben von den aktuellen politischen Ereignissen nahezu unberührt (ebd., S. 124).

Gewalt als Mittel der Politik: Auf die Frage, ob, um Frieden zu bewahren, manchmal Gewalt eingesetzt werden müsse, stimmten 38 % der Mädchen und 22 % der Jungen dezidiert *nicht* zu (»stimme gar nicht zu«). Weiterhin antworteten 25 % der Mädchen gegenüber 21 % der Jungen in der Kategorie »stimmt wenig«. In den Antwortkategorien, die zu mehr »Gewaltbereitschaft im Konfliktfall« hin gerichtet waren, antworteten schließlich zunehmend mehr Jungen als Mädchen mit Zustimmung, so auf die Antwortalternative »stimmt teils/teils« (37 % der Jungen gegenüber 27 % der Mädchen); bei Antwortmöglichkeit »stimmt ziemlich« antworteten immerhin 10 % der Jungen gegenüber 6 % der Mädchen, und bei »stimmt völlig« meinten 11 % der Jungen und nur 5 % der Mädchen, dass dies richtig sei. Hier zeigt sich also ein deutlicher Geschlechtseffekt hinsichtlich der Bereitschaft, politische Konflikte nötigenfalls auch mit Mitteln der Gewalt zu lösen, um so die gesellschaftliche Ordnung aufrecht zu erhalten.

2.3 Ängste der Erwachsenen

Im April 2001 wurden im Auftrag der »Apotheken Umschau« im Rahmen einer Mehrthemenumfrage durch die Gesellschaft für Marktforschung (GfK) 2452 persönliche Interviews durchgeführt. Die Grundgesamtheit der repräsentativen Befragung war die deutschsprachige Bevölkerung ab 14 Jahren in Privathaushalten (Apotheken Umschau 11/2001). Die Umfrage befasste sich mit Ängsten, Folgen der Ängste für die Betroffenen, Medikamentengebrauch und Arztinanspruchnahme.

Um mögliche Veränderungen nach den Ereignissen vom 11. September 2001 festzustellen, wurde die Frage 1 der obigen Untersuchung, die sich auf allgemeine Ängste bezog, identisch wiederholt und noch um eine Frage ergänzt: »Haben Sie seit dem 11. September mehr Angst?«. Die Befragung wurde wiederum von der GfK im Auftrag der »Apotheken Umschau« in einer repräsentativen Befragung in der Grundgesamtheit der deutschsprachigen Bevölkerung ab 14 Jahren in Privathaushalten mit 2490 Personen durchgeführt (Apotheken Umschau 2/2002). Tabelle 3 zeigt Ergebnisse der Befragung im April 2001 gegenüber den Ergebnissen vom November 2001, jeweils getrennt für Männer und für Frauen.

Tabelle 3: Frage: »Angst um die eigene Gesundheit, um die Familie, oder Furcht vor kommenden wirtschaftlichen, sozialen oder politischen Entwicklungen ist für viele Menschen heutzutage ein Thema. Wovor haben Sie persönlich am meisten Angst, was sind Ihre größten Befürchtungen?« (Mehrfachantworten, Angaben in Prozent)

	April 2001		**Nov. 2001**	
(Vorlage Liste)	**m**	**w**	**m**	**w**
Ich habe am meisten Angst, dass ...				
1. ich unheilbar krank werde	51	60	54	61
2. ich in wirtschaftliche Not gerate	25	25	29*	31***
3. meinem(r) Lebenspartner(in)/Ehepartner(in) etwas zustößt	33	36	37*	46***
4. ich bzw. mein Partner arbeitslos werde/wird	9	9	15***	13**
5. ich ein Opfer von Kriminalität/körperlicher Gewalt werde	17	26	19	26
6. ich im Alter zum Pflegefall werde	39	47	47***	52**
7. ich bei einem Verkehrsunfall schwer verletzt werde	26	24	30*	30***
8. politischer Extremismus von rechts oder links zu Gewaltausschreitungen führt	13	13	17*	19***
9. in meine Wohnung/mein Haus eingebrochen wird	12	17	13	19
10. wir in einen militärischen Konflikt oder einen Krieg verwickelt werden	19	22	32***	37***
11. meine Rente im Alter nicht ausreicht	24	23	25	23
12. unsere Umwelt lebensbedrohlich zerstört wird	23	26	23	26
13. meine Partnerschaft/Ehe zerbricht	14	15	18*	16
14. ich beim zunehmenden technischen Fortschritt im Alltag und Beruf nicht mehr mithalten kann	7	8	7	7
15. uns vermeintlich längst ausgerottete oder neue unheimliche Krankheiten bedrohen	14	18	18**	25***
16. ich keine Familie und Freunde (mehr) habe, einsam bin/werde	17	23	26***	29***
17. durch die Einführung des Euro und die geplante Erweiterung der EU eine große Wirtschaftskrise auf uns zukommt	17	17	17	18
18. ich nicht mehr weiß, was ich noch ohne Gesundheitsrisiko essen kann	12	20	10	12***
19. Anderes	2	3	2	2
20. Nichts davon/k. A.	15	9	10**	5***

November 2001 gegen April 2001 (Chi-Quadrat-Test) mit
* $p < 0.05$, ** $p < 0.01$, *** $p < 0.001$

Bei Männern und Frauen nehmen die Ängste deutlich zu bei der Frage »Ich habe am meisten Angst, dass wir in einen militärischen Konflikt und einen Krieg verwickelt werden«. Ebenso nimmt bei Männern und Frauen die Angst davor deutlich zu, keine Familie, keine Freunde mehr zu haben und einsam zu werden. Auch diese Frage ist im Kontext einer Kriegsbedrohung zu verstehen. Bei den Männern nehmen noch besonders deutlich Ängste davor zu, dass der Befragte selbst bzw. dessen Partnerin arbeitslos werden oder im Alter zum Pflegefall werden könnte. Bei den Frauen zeigt sich auch in diesen Fragebereichen ein Anstieg, der aber nicht ganz so deutlich ausgeprägt ausfällt.

Bei Frauen zeigt sich eine Zunahme von Ängsten, die bei den Männern nur wenig ausgeprägt sind. Es sind die Ängste davor, in wirtschaftliche Not zu geraten, bei einem Verkehrsunfall schwer verletzt zu werden, und die Angst, dass der politische Extremismus von rechts oder links zu Gewaltausschreitungen führt und dass »uns längst ausgerottete oder neue unheimliche Krankheiten bedrohen« könnten. Bei einigen weiteren Fragen bleiben die Ängste auf gleichem Niveau, während bei einer Frage die Angstbereitschaft sogar bei den Frauen zurückgeht. Es geht hier um die Frage »Ich weiß nicht mehr, was ich noch ohne Gesundheitsrisiko essen kann«. In der Befragung sind somit fast durchgehend deutliche Geschlechtseffekte nachweisbar, wobei auch schon bei der Erstbefragung generell Frauen mehr Ängste als Männer äußerten. Im Herbst 2001 hat sich diese Tendenz aber noch verstärkt. Die Ängste bei den Frauen haben mithin durchschnittlich noch mehr zugenommen als die bei den Männern.

Die Angst, in einen militärischen Konflikt oder Krieg verwickelt zu werden, hat im November 2001 andere Sorgen-Bereiche, die im Frühjahr 2001 noch im Vordergrund standen, überholt, z. B. die Sorge vor der lebensbedrohlichen Umweltzerstörung, der fehlenden Altersrente und außerdem die Sorge, bei einem Verkehrsunfall schwer verletzt zu werden und Opfer von Kriminalität und körperlicher Gewalt zu werden.

In der Wiederholungsbefragung wurde noch eine zusätzliche Frage gestellt: »Wie ist das bei Ihnen persönlich, haben Sie jetzt seit dem 11. September mehr Angst?« Die Tabelle 4 zeigt die Ergebnisse dieser Befragung.

Tabelle 4: Frage: »Nach den Anschlägen auf das World Trade Center in New York und das Pentagon in Washington am 11. September 2001, sowie dem anschließenden Krieg in Afghanistan hat sich die politische Weltlage ja grundlegend geändert. Wie ist das bei Ihnen persönlich: Haben Sie jetzt seit dem 11. September mehr Angst?« (Mehrfachantworten, Angaben in Prozent)

(Vorlage Liste)	**gesamt**	**m**	**w**
Ja, und zwar davor, dass ...			
1. ich selbst oder ein enger Angehöriger oder Freund durch neue Attentate zu Schaden komme/kommt	24	20	27***
2. ich, falls ich fliege, Opfer einer Flugzeugentführung werden könnte	23	21	24
3. auch wir in Deutschland durch Anschläge mit biologischen Waffen wie z. B. dem Milzbranderreger (Anthrax) zu leiden haben werden	51	47	56***
4. auch Deutschland in einen langen und schweren Krieg verwickelt wird, in dem Soldaten der Bundeswehr getötet werden	46	42	50***
5. die wirtschaftlichen Folgen des Kampfes gegen den internationalen Terrorismus unser Einkommen mindern und die Arbeitslosigkeit erhöhen werden	31	32	33
6. unsere bürgerlichen Freiheitsrechte in Deutschland wegen des Kampfes gegen den internationalen Terrorismus empfindlich beschnitten werden	25	25	26
7. unser Zusammenleben mit ausländischen Mitbürgern von Misstrauen und Vorurteilen überschattet wird	32	28	36***
8. wir auf einen »Krieg der Kulturen« mit den islamischen Ländern zusteuern	34	31	36**
9. Anderes	2	3	1***
10. Nein. Nicht mehr Angst	19	23	16***

Frauen gegen Männer (Chi-Quadrat-Test) mit
* $p < 0.05$, ** $p < 0.01$, *** $p < 0.001$

Am deutlichsten wurde die Sorge geäußert, dass wir auch in Deutschland durch Anschläge mit biologischen Waffen, wie z. B. durch Anthrax, zu leiden haben werden. Dies befürchtet sogar die Hälfte der Deutschen. Ähnliche Ausmaße haben die Werte, dass Deutschland in einen langen und schweren Krieg verwickelt wird, in dem Soldaten der Bundeswehr unter Umständen getötet werden. Jeweils ein Drittel der Befragten ängstigt sich, dass wir auf einen Krieg der Kulturen mit islamischen Ländern zusteuern, dass unser Zusammenleben mit ausländischen Mitbürgern von Misstrauen und Vorurteilen überschattet wird und dass die wirtschaftlichen Folgen des Kampfes gegen den internationalen Terrorismus unser Einkommen mindern und die Arbeitslosigkeit erhöhen werden. Rund ein Viertel befürchtet, dass die bürgerlichen Freiheitsrechte in Deutschland wegen des Kampfes gegen den internationalen Terrorismus empfindlich beschnitten werden. Die Sorge, dass man selbst oder Angehörige bzw. Freunde Opfer einer Flugzeugentführung werden könnten, oder durch neue Attentate selbst zu Schaden zu kommen, haben weniger als ein Viertel. Dies sind die am wenigsten geäußerten neuen Ängste seit dem 11. September. Bei allen geäußerten neuen Ängsten dominieren die Angaben der Frauen; dies spiegelte sich ja auch schon in der Tabelle 3 wieder, wo bei den Frauen die stärksten Anstiege zu sehen waren. Nur eine Minderheit von einem Sechstel der Frauen und weniger als einem Viertel der Männer gibt an, seit dem 11. September keine größeren Ängste zu haben.

2.4 Die Ängste der Deutschen im Trend der Epoche

Das R+V-Infocenter für Sicherheit und Vorsorge gibt seit 1991 jährlich eine Untersuchung zu den Ängsten der Deutschen in Auftrag. Im Befragungszeitraum vom 15. Juni bis 12. Juli 2002 wurden in einer repräsentativen Stichprobe 2442 Personen ab 14 Jahren befragt. Die Methode entsprach einer Quotenstichprobe auf der Basis amtlicher Statistiken und Berechnungen der Gesellschaft für Konsumforschung (GfK), Nürnberg. Es wurden strukturierte persönliche Interviews mit geschlossenen Fragen durchgeführt (R+V-Versicherung 2002).

Frage 1 betraf die Angst vor Straftaten, wie Raubüberfällen, Einbruch, Auto-Diebstahl, aber eben auch vor Terror-Anschlägen.
Frage 2 beschäftigte sich mit Ängsten bezüglich allgemeiner Lebensrisiken. Hier wurde unter anderem die Angst vor Krankheit, Verkehrsunfall, Arbeitslosigkeit, Partnerschafts-Krise, politischem Extremismus, Ausländer-Zuzug und die Angst vor kriegerischen Auseinandersetzungen in Deutschland abgefragt. In beiden Fragen waren Antwortmöglichkeiten zwischen 1 (keine Ängste) und 7 (sehr große Angst) vorgegeben. Die Befragten wurden ermuntert, ggf. auch die Kategorien dazwischen zu verwenden.

Es zeigte sich, dass die Anschläge vom 11. September 2001 tiefe Spuren im Sicherheitsempfinden der Bundesbürger hinterlassen haben: Die Angst vor terroristischen Anschlägen habe im Vergleich zu den Jahren zuvor drastisch zugenommen und liege jetzt erstmals auf Platz zwei der Kriminalitätsfurcht der

Deutschen (R+V-Pressetext). Jeder vierte Befragte äußerte »große oder sehr große Angst« vor dieser Bedrohung (Kategorie 6 und 7 der Antwortskala zusammengefasst). Damit kletterte sie auf Rang 2 im Angstprofil der Deutschen, nachdem sie in den Jahren zuvor immer die geringste Sorge der Bundesbürger war.

Vergleicht man die Ängste der Deutschen 2002 mit den Antworten 2001 (siehe Abb. 1), so hat die Angst vor Krieg mit deutscher Beteiligung mit einer Zuwachsrate von 0,37 am stärksten zugenommen, gefolgt von der Angst vor fehlender Bürgernähe der Politiker und der Angst vor Spannungen durch Zuzug von Ausländern nach Deutschland. Abgenommen haben dagegen besonders Ängste vor Verkehrsunfällen oder auch davor, Opfer einer Straftat zu werden.

Abb. 1: Die Ängste der Deutschen in der R+V-Umfrage 2002 im Vergleich zu den Angaben 2001
© R+V-Infocenter für Sicherheit und Vorsorge

Im Vergleich zwischen den Geschlechtern und im Ost-West-Vergleich sind diese oben angesprochenen Ängste gleich verteilt, so dass keine Geschlechts- bzw. Ost-West-Effekte auftreten.

Betrachtet man die Ängste der Deutschen über die letzten elf Jahre hinweg, so ist das Ausmaß, die Intensität der Angst in dieser Dekade erheblich angewachsen. War das sogenannte Angst-Barometer 1991 noch bei 3,75, so ist seit 1996 ein Überspringen der 4,0-Marke zu bemerken. Von 2001 auf 2002 konnte ein Ansteigen der allgemeinen Angst von 3,99 auf 4,07 festgestellt werden (vgl. Abb. 2). Der Befund war statistisch signifikant. Der lineare Trend dieses Angstpegel-Anstiegs erklärte immerhin fast 50% der gesamten Varianz dieser Variable.

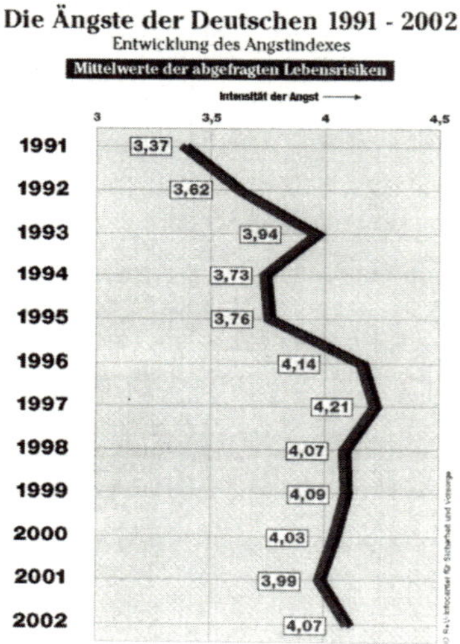

Abb. 2: Die Ängste der Deutschen in den Umfragen der R+V-Versicherung von 1991–2002 (r=.73**, **p<0.01)
© R+V-Infocenter für Sicherheit und Vorsorge

Insgesamt wurde die Studie von den Autoren so interpretiert, dass die Angst vor Terror und Krieg in der Bevölkerung der Bundesrepublik, im Osten wie im Westen, deutlich angestiegen sei. Persönliche Ängste, wie etwa die Angst vor schweren Erkrankungen, traten in diesem Kontext eher in den Hintergrund.

2.5 Repräsentativbefragung zur sozialen Distanz

Im Sommer 2001 wurden im Rahmen eines DFG-geförderten Projektes zur Stigmatisierung psychisch Kranker in einer repräsentativen Befragung in Deutschland 5025 Personen in Face-to-Face-Interviews durch Mitarbeiter des Meinungsforschungsinstitutes USUMA befragt. Bei dieser Befragung ging es auch um soziale Distanz, operationalisiert durch die Frage: »Auf der Liste stehen eine ganze Reihe verschiedener Personengruppen. Könnten Sie einmal alle heraussuchen, die Sie nicht gern als Nachbarn hätten?«.

Diese Frage wurde auch in eine für Ost- und Westdeutschland repräsentative Befragung im April 2002 aufgenommen, die eine Mehrthemenuntersuchung darstellte. Hier ging es u. a. um Einstellungen zu Menschenrechten (Sommer, Stellmacher & Brähler 2003, vgl. auch Brähler & Angermeyer 2002), zu politischen Einstellungen (Brähler & Richter 2002) und zu Rechtsextremismus (Decker, Niedermayer & Brähler 2003). Eine genauere Stichprobenbeschreibung findet sich z. B. bei Brähler & Richter (2003). Die Ergebnisse sind in Tabelle 5 aufgeführt. Hochsignifikante Veränderungen wurden markiert.

Tabelle 5: Frage: »Auf der Liste stehen eine ganze Reihe verschiedener Personengruppen. Könnten Sie einmal alle heraus suchen, die Sie nicht gerne als Nachbarn hätten.« (Brähler & Angermeyer 2002, Angaben in Prozent)

	Juni 2001 (n = 5.025)	April 2002 (n = 2.051)	
Neonazis	77	65	- 12***
Drogenabhängige	62	55	- 7***
Alkoholiker	55	47	- 8***
Linksextremisten	46	36	- 10***
Zigeuner	35	32	- 3
Schizophrene	28	31	+ 3
Vorbestrafte	26	25	- 1
Moslems	12	19	+ 7***
Aids-Kranke	18	18	± 0
Homosexuelle	18	17	- 1
Depressiv-Kranke	10	16	+ 6***
Ausländer/Gastarbeiter	11	11	± 0
Juden	7	10	+ 3***
Kinderreiche	8	7	- 1

*** $p<0.001$ im Chi-Quadrat-Test.

Wir hatten damit gerechnet, dass die soziale Distanz zu Ausländern/Gastarbeitern, Zigeunern, Moslems, Juden, Neonazis und Linksextremisten ansteigen würde und dass die Werte bei den anderen Gruppen, wie Drogenabhängigen, Alkoholikern, Schizophrenen, Vorbestraften, AIDS-Kranken, Homosexuellen und Kinderreichen gleich bleiben würden. Die Ergebnisse zeigen erwartungskonform, dass bei Moslems und bei Juden ein starker Anstieg der so gemessenen sozialen Distanz stattfindet, wenn auch noch auf einem nicht sehr hohen Niveau. Für Zigeuner, Ausländer und Gastarbeiter finden wir gleich bleibende bzw. leicht fallende Werte, außerdem finden wir, nicht erwartungskonform, einen starken Rückgang der sozialen Distanz zu Linksextremisten und Neonazis.

Dagegen zeigt sich, ebenfalls nicht erwartungskonform, ein deutlicher Anstieg der sozialen Distanz zu Depressiv-Kranken und auch ein Anstieg bei den Schizophrenen. Zudem lässt sich ein Absinken der sozialen Distanz bei Drogenabhängigen und Alkoholikern registrieren, was auch nicht erwartungskonform ist. Bei Vorbestraften, AIDS-Kranken, Homosexuellen und Kinderreichen bleiben die Werte nahezu unverändert.

3. Diskussion

Schon am Tage danach, die Befragten hatten die Ereignisse um den 11. September vor allem durch das Fernsehen erfahren, wuchs die Angst vor einem Ende des Friedens in der westlichen Welt. Knapp 80% der Befragten der Allensbacher Telefonumfrage gaben an, militärische Reaktionen zu befürchten. 66% der Bevölkerung hatten Vertrauen in die Besonnenheit der Bundesregierung, aber nur 35% setzten ein ebensolches Vertrauen in die möglichen Reaktionen der amerikanischen Administration. 60% der Bevölkerung sahen die, von vielen (71%) als »durch nichts zu rechtfertigenden«, Anschläge als in einem politischen Kontext stehend an (Noelle-Neumann & Köcher 2002, S. 991 ff).

Die Ereignisse des 11. September haben somit eine deutliche Reaktion in den Einstellungen, den Ängsten und dem Wohlbefinden der deutschen Bevölkerung verursacht. In der LBS-Studie »Kinderbarometer« zeigen sich Auswirkungen der Ereignisse in der Abnahme des Wohlbefindens und in der Zunahme von vielen verschiedenen Ängsten, aber auch in einer Verschiebung der Bedeutung verschiedener Lebensbereiche, die Angst machen. So ging z. B. die Angst vor Schulversagen stark zurück. Auch bei den zentralen Wertvorstellungen der Kinder kam es zu einer interessanten Änderung, die Betonung der Bedeutung materieller Werte war reduziert, die Lust nach Streit vermindert und umgekehrt wurde der Wunsch nach Solidarität und Gemeinschaft mit anderen gestärkt. Der

Schock des 11. Septembers hat die Bewertung der Gefährlichkeit verschiedener Ereignisse bei den Kindern stark verändert. Das elementare Grundbedürfnis nach Überleben und Abwesenheit von schlimmen Ereignissen, wie Krieg, war sicherlich auch schon vor dem 11. September vorhanden, aber durch die Bedrohung der Ereignisse des 11. Septembers hat die Angst in diesem Bereich stark zugenommen.

Die Ängste der Kinder werden auch in den Befragungen der Erwachsenen widergespiegelt. Die Umfrage der R+V-Versicherung zeigt deutlich die seit 2001 nach den Ereignissen angestiegene Angst vor einem Krieg mit deutscher Beteiligung. Auch der allgemeine Angst-Pegel steigt erneut an, Zeichen einer zunehmend um sich greifenden Verunsicherung. An deutlichsten ist die Zunahme der Angst vor einem Terroranschlag. Ganz parallel zu den Vorbefunden bei der LBS-Kinderbarometer-Befragung war diese Angst in den Vorjahren kaum wahrnehmbar, wurde jedoch durch die aktuellen politischen Ereignisse aktiviert.

Auch bei den von der Apotheken-Umschau in Auftrag gegebenen Befragungen der Erwachsenen vor und nach dem 11. September zu diesen Ängsten zeigen sich parallele Ergebnisse. Am stärksten stieg die Zahl der Befragten, die Angst vor einem militärischen Konflikt haben, von 20 % im April auf 35 % im November 2001 an. Aber nicht nur die mit kriegerischen Auseinandersetzungen verbundenen Ängste stiegen deutlich an, sondern auch die Ängste um wirtschaftliche Not bis hin zu der Angst, im Alter zum Pflegefall zu werden, und sogar die Angst vor Verkehrsunfällen stieg an.

Die Untersuchung zur sozialen Distanz hat ebenfalls eine Veränderung im Gefüge von Werten und in der Wahrnehmung von Bedrohungen der Deutschen gebracht. Während man Moslems und Juden verstärkt *nicht* zu Nachbarn haben will – es handelt sich immer noch um eine sehr kleine Gruppe, die das nicht will –, so zeigt sich ein Rückgang der Angst vor verschiedenen Nachbarn bei vielen potentiell stigmatisierten Nachbargruppen.

Auch Ausländer und Migranten fürchtet man nicht mehr als bisher. Diese Ergebnisse stehen allerdings im Gegensatz zu den Daten der R+V-Versicherung, die eine verstärkte Angst vor dem Zuzug der Ausländer angibt. Dagegen nimmt die Angst vor Depressiven oder Schizophrenen als Nachbarn stark zu. Die Tat vom 11. September wird möglicherweise als etwas rational Unbegreifbares verstanden, d. h. die Täter versteht man in ihren Motiven nicht, und man möchte sich auch nicht mit deren Gedankenwelt befassen und möchte solche »irr-rationalen« Menschen nicht als Nachbarn haben.

Welche Folgen dieser Einstellungswandel für die psychisch Kranken in unserem Lande hat, die ja im Durchschnitt nicht gewalttätiger sind als die sogenannten Normalen, können wir an dieser Stelle nicht abschätzen. Es ist zu befürchten, dass die Ereignisse des 11. September, durch die dabei mit ausgelösten Ängste, auch zu einer höheren Stigmatisierung psychisch Kranker führen könnten. Auch zeigen die Ergebnisse der Wiederholungsbefragung zur Einstellung zu Ausländern und Juden, dass sich die Einstellung zu Juden verschlechtert hat. Eine parallele Entwicklung findet sich in der Untersuchung von Decker, Niedermayer und Brähler (2003). Hier lässt sich ein rapider Anstieg des Antisemitismus nachweisen, vor allem in den alten Bundesländern, so z. B. bei der Frage »Die Juden haben so etwas Eigentümliches und Fremdes an sich und passen eigentlich nicht zu uns«. Demgegenüber hat sich die Einstellung gegenüber Ausländern, im Gegensatz zu Juden, offenbar liberalisiert. Die Angst vor dem Fremden in Aussehen, Sitten und Gebräuchen hat sich relativiert in Anbetracht des Schrecklich-Unvorstellbaren der Tat vom 11. September 2001. Die Reduktion der »Angst vor Ausländern« erscheint insofern interessant, als im Gefolge des 11. Septembers 2001 ein »Kampf der Kulturen« befürchtet wurde. So sieht Enwezor (2002) den letztlich emanzipatorischen postkolonialistischen multikulturellen Diskurs durch die sozialpsychologischen Folgen der Ereignisse vom 11. September gefährdet.

Die psychische Tiefendimension dieser Ereignisse wird von den psychoanalytisch orientierten Autoren in seinem symbolischen Gehalt ausgelotet. Hanna Segal spricht von massiven »desintegrierenden« Ängsten, die von den Terroranschlägen ausgingen: »Meiner Meinung nach besitzt der 11. September einen hohen Symbolgehalt. Wir wurden jählings in eine Welt der Fragmentierung gestürzt, mitunter auch in vollständige Desintegration und psychotische Ängste – und gleichzeitig sahen wir uns von absoluter Verwirrung umgeben: Wer sind unsere Freunde? Wer sind unsere Feinde? (...) Die zersprengten Fragmente eines zusammenbrechenden Imperiums wurden überall auf der Welt wahrgenommen; sie schienen erfüllt mit dem Bösen, dem pestartigen Übel (...)« (Segal 2002, S. 34 f.; vgl. Segals Beitrag in diesem Buch).

Richter (2002) betont in diesem Kontext die Verleugnung der mutuellen Abhängigkeit in den Ländern des Westens. Terrorismus sei zu verstehen als das »Negativ« der Globalisierung mit seinen oft filigranen, nicht immer bewusst spürbaren Abhängigkeitsstrukturen. Die Fehlwahrnehmung des »Westens« beziehe sich nun darauf, dass die Abhängigkeit nur unidirektional gedacht werde, als hierarchische Beziehung, so wie sie zwischen Schuldner- und Geberländern, zwischen militärisch Starken und Schwachen zu existieren scheint. Die Minderheit der Starken sei aber nicht unverwundbar.

Zusammenfassend erscheint es plausibel, dass die Terroranschläge am 11. September enorme Auswirkungen auf das politische und sozialpsychologische Klima in der Bundesrepublik hatten. Auch wenn, wie einleitend problematisiert, nicht alle hier vorgestellten Veränderungen allein auf die Terroranschläge zu beziehen wären – politische Stimmungen sind ja komplex determiniert und keineswegs unikausal begründbar –, so zeugen insbesondere Studien in den Abschnitten 2.1 und 2.2, die ja in einem konkreten Zusammenhang mit den Ereignissen vom 11. September 2001 durchgeführt wurden und auch die Ereignisse direkt ansprachen, von einem solchen Bezug. Parallel dazu sind die Daten von Galea u. a. (2002) und Silver u. a. (2002) im Kontext des Terror-Traumas generiert und interpretiert worden. Silver u. a. (2002) erfasst zudem differenziert die Co-Faktoren, die zu einer erhöhten Angst-Wahrnehmung im Kontext der Anschläge führten und im Sinne eines Modells der kumulativen Traumatisierung interpretiert werden können. Die wahrgenommene Bedrohung scheint dabei nicht allein durch die konkreten Befürchtungen um den Ausbruch eines Krieges angeheizt worden zu sein. Viel mehr muss der Anschlag auf das World Trade Center in New York in seinem ganzen symbolischen Gehalt als Anschlag mitten ins Herz einer Hegemonialmacht gewürdigt werden. Die Abhängigkeit der Deutschen und die damit verbundene Ambivalenz den USA gegenüber schlägt sich zum einen in einem erhöhten Angstpotenzial nieder: Die Schutzmacht USA ist in ihrer phantasierten »Unverwundbarkeit« getroffen. Gleichzeitig kommt es zum anderen zu einer regressiven Abwehr-Bewegung mit Wiederbelebung alter, historisch längst überwunden geglaubter Positionen antisemitischen Gepräges. Zwar haben die Deutschen nach dem 11. September 2001 vor Ausländern im Allgemeinen (inwieweit hier soziale Erwünschtheit im Antwortverhalten eine Rolle spielt, mag dahingestellt bleiben) nicht mehr Angst, doch ist, neben den Muslimen und den Juden, eine erhöhte Angst spürbar gegenüber den Randgruppen psychisch Kranker, die für »irr-rationale« Taten stehen dürften. Von einer »Regression« sprechen wir somit in einer doppelten Bedeutung: Historisch erscheint, zumindest in der Tendenz, eine Wiederbelebung alter Positionen, nicht zuletzt antisemitischen Anstrichs, spürbar. Sozialpsychologisch, in der Tradition der Psychoanalyse gedacht, wird diese historisch rückwärtsgewandte Bewegung gleichzeitig von einer intrapsychischen Regression begleitet, die durch Spaltungsprozesse sich der namenlosen Angst, die vom 11. September ausgeht, annimmt. »Wer sind unsere Feinde, wer sind unsere Freunde?« war die Frage, die Segal (2002) sich nach dem 11. September stellte. Diese Frage erscheint, zumindest partiell, historisch wie psychisch regressiv beantwortet zu werden.

Anmerkung

1 Erweiterte, überarbeitete Fassung des Artikels von Brosig & Brähler 2002

Literatur

Apotheken Umschau (2001): Angst – Wovor sich die Deutschen am meisten fürchten. Apotheken Umschau 11/2001, S. 28–35.

Apotheken Umschau (2002): Wovor die Deutschen Angst haben. Apotheken Umschau 2/2002, S. 10–13.

Brähler, E. & Richter, H.-E. (2000): Zukunftserwartungen und Einstellungen zu politischen Fragen der Deutschen an der Schwelle des neuen Jahrhunderts. In: Decker, O. & Brähler, E. (Hrsg.) Deutsche – 10 Jahre nach der Wende. Psychosozial 80. Gießen: Psychosozial-Verlag, S. 39–45.

Brähler, E. & Richter, H.-E. (2003): Einstellungen zu Juden, Amerikanern und Arabern und andere politische Einstellungen in Deutschland – Ergebnisse einer repräsentativen Befragung im Frühjahr 2002. In: Auchter, Th., Büttner, Ch., Schultz-Venrath, U., & Wirth, H.-J. (2003): Der 11. September. Gießen: Psychosozial-Verlag (im Druck), S. 338–356.

Brähler, E. und Angermeyer, M. (2002): Rechtsextremistische Einstellungen in Deutschland – Ergebnisse einer repräsentativen Erhebung im Sommer 2001. Verhaltenstherapie und Psychosoziale Praxis, 34, S. 847–857.

Brosig, B. (1998): Der Krieg und das Paar. Der Ausbruch des Golfkrieges aus der Sicht einer psychosomatischen Paartherapie. In: Haland-Wirth, T., Spangenberg, N. & Wirth, H.-J. (Hg.): Unbequem und engagiert. Horst-Eberhard Richter zum 75. Geburtstag. Gießen: Psychosozial Verlag, S. 51–60.

Brosig, B., Brähler, E. (2002): Die Angst vor dem Terror. Daten aus deutschen Repräsentativerhebungen vor und nach dem 11. September 2001. Journal für Konflikt- und Gewaltforschung 4, S. 77–94.

Decker, O., Niedermayer, O. und Brähler, E. (2003): Rechtsextreme Einstellungen in Deutschland. Ergebnisse einer repräsentativen Erhebung im April 2002. Zeitschrift für Psychotraumatologie und Psychologische Medizin, 1, S. 65–77.

Enwezor, O. (2002): Großausstellungen und die Antinomien einer transnationalen globalen Form. Berliner Thyssen Vorlesung zur Ikonologie der Gegenwart. München: Wilhelm Fink Verlag.

Galea, S., Ahern, J., Resnik, H., Kilpatrick, D., Bucuvalas, M., Gold, J. & Vlahov, D. (2002): Psychological Sequalae of the September 11 Terrorist Attacks in New York City. New England Journal of Medicine 346, S. 982–987.

Klöckner, C. & Beisenkamp, A. (2002): LBS-Kinderbarometer 2001. Stimmungen – Meinungen – Trends von Kindern und Jugendlichen in NRW. Ergebnisse der Erhebung im Schuljahr 2000/2001. LBS-Initiative Junge Familie, Münster.

Noelle-Neumann, E. & Köcher, R. (2002): Allensbacher Jahrbuch der Demoskopie 1998 – 2002. Band 11. K. G. München: Saur Verlag.

Richter, H.-E. (2002): Zeit zum Umdenken. Einführung zum attac-Kongress am 19. 10. 2001.

R+V-Versicherung (2002): Infocenter für Sicherheit und Vorsorge. http://www.ruv.de

Segal, H. (2002): Durch Erfahrung lernen: Hiroshima, der Golfkrieg und der 11. September. IPA Newsletter 11, S. 33–35.

Silver, R. C., Holman, E. A., McIntosh, D. N., Poulin, M., Gil-Rivas, V. (2002): Nationwide Longitudinal Study of Psychological Responses to September 11. JAMA 288, S. 1235–1244.

Sommer, G., Stellmacher, J, & Brähler, E. (2003): Menschenrechte: Wissen, Wichtigkeit und Einsatzbereitschaft – Ergebnisse einer repräsentativen Befragung in Deutschland. Verhaltenstherapie und Psychosoziale Praxis.

Einstellungen zu Juden, Amerikanern und Arabern und andere politische Einstellungen in Deutschland

Ergebnisse einer repräsentativen Befragung im Frühjahr 2002

Elmar Brähler und Horst-Eberhard Richter

Einleitung

Die Ereignisse des 11. September 2001 haben bei vielen Menschen in New York massive psychologische Folgen gehabt, vor allem posttraumatische Störungen (Galea et al. 2002). Auch in Deutschland zeigten sich starke Auswirkungen der Geschehnisse.

In einer Untersuchung an über 1.100 Schulkindern in Nordrhein-Westfalen am Jahresanfang 2001 und am Jahresende 2001 ergab sich eine deutliche Verminderung des Wohlbefindens und die Zunahme von Ängsten vor Krieg, Terroranschlägen und dem Verlust von Freunden und nahestehenden Personen (Klöckner u. Beisenkamp 2002). Auch bei einer repräsentativen Wiederholungsbefragung von ca. 2.500 Personen im Frühjahr 2001 und im Spätherbst 2001 ergab sich eine starke Zunahme von Ängsten vor Krieg, Verlust von Familie und Freunden, unheilbaren Krankheiten, extremistischen Gewaltausschreitungen, aber auch vor wirtschaftlicher Not, Arbeitslosigkeit und Pflegebedürftigkeit (Apotheken Umschau 2/2002).

Im April 2002 hatten wir die Möglichkeit, 1.001 Ostdeutsche und 1.050 Westdeutsche durch das Meinungsforschungsinstitut USUMA befragen zu lassen. Neben verschiedenen Fragebögen wie z. B. zu beruflichen Gratifikationskrisen, zur sozialen Kompetenz und zur Einstellung gegenüber Menschenrechten haben wir eine Reihe von politischen Einstellungen erfragt:

1. über Einstellungen zu Juden, Amerikanern und Arabern
2. über deutschen Ethnozentrismus
3. über Reaktionen nach dem 11. September zu Militäraktionen, Einschränkungen der Bürgerrechte
4. über Entwicklung von Ausländerängsten.

Dabei haben wir einige Fragen in identischer Weise gestellt wie bei früheren Erhebungen 1994 bzw. 1999 (Brähler u. Richter 1995; 2000).

		Gesamtgruppe (n = 2.051)	Westdeutsche (n = 1.050)	Ostdeutsche (n = 1.001)
Alter	Mittelwert (Streuung)	48,5 (17,8)	48,1 (17,0)	49,0 (18,6)
	Spanne	14 - 92	14 - 90	14 - 92
Altersgruppen	bis 24 Jahre	242 (11,8 %)	105 (10,0 %)	137 (13,7 %)
	25 bis 34 Jahre	281 (13,7 %)	150 (14,3 %)	131 (13,1 %)
	35 bis 44 Jahre	344 (16,8 %)	204 (19,4 %)	140 (14,0 %)
	45 bis 54 Jahre	344 (16,8 %)	185 (17,6 %)	159 (15,9 %)
	55 bis 64 Jahre	396 (19,3 %)	191 (18,2 %)	205 (20,5 %)
	65 bis 74 Jahre	315 (15,4 %)	166 (15,8 %)	149 (14,9 %)
	ab 75 Jahre	129 (6,3 %)	49 (4,7 %)	80 (8,0 %)
Geschlecht	Männlich	999 (48,7 %)	496 (47,2 %)	503 (50,3 %)
	Weiblich	1.052 (51,3 %)	554 (52,8 %)	498 (49,8 %)
Familienstand	Verheiratet/zusammenlebend	1.093 (53,3 %)	606 (57,7 %)	487 (48,7 %)
	Verheiratet/n. zusammenlebend	18 (0,9 %)	7 (0,7 %)	11 (1,1 %)
	Ledig	473 (23,1 %)	222 (21,1 %)	251 (25,1 %)
	Geschieden	203 (9,9 %)	81 (7,7 %)	122 (12,2 %)
	verwitwet	264 (12,9 %)	134 (12,7 %)	130 (13,0 %)
Partnerschaft	Mit Partner zusammen	1.255 (61,2 %)	669 (63,7 %)	586 (58,5 %)
	Nicht mit Partner zusammen	796 (38,8 %)	381 (36,3 %)	415 (41,5 %)
Schulabschluss	ohne Abschluss	42 (2,1 %)	27 (2,6 %)	15 (1,5 %)
	Hauptschule/8.Klasse	890 (43,4 %)	552 (52,6 %)	338 (33,8 %)
	mittlere Reife/Realschule	397 (19,4 %)	301 (28,7 %)	96 (9,6 %)
	POS 10. Klasse	350 (17,1 %)	9 (0,9 %)	341 (34,1 %)
	Fachschule	98 (4,8 %)	31 (3,0 %)	67 (6,7 %)
	Abitur/o. abgeschl. Studium	131 (6,4 %)	71 (6,8 %)	60 (6,0 %)
	abgeschl. Hoch-/FH-Studium	143 (7,0 %)	59 (5,6 %)	84 (8,4 %)
Berufstätigkeit	Berufstätig	893 (43,5 %)	541 (51,5 %)	352 (35,2 %)
	in Schul-Berufsausbildung/ Wehr-Zivildienst	168 (8,2 %)	66 (6,3 %)	102 (10,2 %)
	arbeitslos/0-Kurzarbeit	189 (9,2 %)	27 (2,6 %)	162 (16,2 %)
	Rente/Vorruhestand	650 (31,7 %)	284 (27,1 %)	366 (36,6 %)
	nicht berufstätig	151 (7,4 %)	132 (12,6 %)	19 (1,9 %)
Haushaltseinkommen	weniger als 750 EUR/Monat	156 (8,1 %)	36 (3,6 %)	120 (12,9 %)
	750 bis 1.250 EUR/Monat	498 (25,8 %)	217 (21,7 %)	281 (30,2 %)
	1.250 bis 2.000 EUR/Monat	746 (38,6 %)	392 (39,2 %)	354 (38,0 %)
	2.000 EUR/Monat und mehr	531 (27,5 %)	355 (35,5 %)	176 (18,9 %)
Kirchen zugehörigkeit	Nein	776 (38,0 %)	87 (8,3 %)	689 (69,2 %)
	Ja	1.268 (62,0 %)	961 (91,7 %)	307 (30,8 %)

Tab. 1: Soziodemografische Merkmale der Untersuchungspopulation

Stichprobe und Fragebogen

Die Daten der vorliegenden Untersuchung entstammen einer im April 2002 durchgeführten bevölkerungsrepräsentativen Befragung, an der insgesamt 2.051 Personen teilnahmen. Die demografischen Angaben sind Tabelle 1 zu entnehmen. Die Datenerhebung erfolgte durch ein Meinungsforschungsinstitut in Form einer Mehrthemenumfrage (je 210 Sample-Points in Ost- und Westdeutschland), wobei die in die Studie aufgenommenen Personen von geschulten Interviewern zu Hause aufgesucht und dort befragt wurden (Face-to-Face-Interviews). Im Rahmen der Interviews wurden den Probanden mehrere Fragebögen zur selbständigen Beantwortung vorgelegt. Die Zufallsauswahl der Haushalte erfolgte nach dem Random-Route-Verfahren, wobei die im Haushalt zu befragende Zielperson ebenfalls nach dem Zufallsprinzip (nach dem sog. Schwedenschlüssel) ermittelt wurde. Aus jedem Haushalt wurde somit nur eine Person befragt. Die Repräsentativität der Stichprobe wurde durch die Ziehung von ADM-Stichproben gesichert (ADM 1994). Die Grundgesamtheit in der von uns durchgeführten Erhebung stellte die deutschsprachige, in Privathaushalten lebende Wohnbevölkerung ab 14 Jahren dar. Die Ausschöpfungsquote der Bruttostichprobe betrug in der Erhebung ca. 68%. Sie ist damit annähernd mit den entsprechenden Quoten anderer bevölkerungsrepräsentativer Umfragen (wie z. B. ALLBUS oder Wohlfahrtssurvey) vergleichbar (Koch 1997). Für die Höhe der Ausschöpfung sind neben qualitätsneutralen Ausfällen (Wohnung unbewohnt, keine Person der Grundgesamtheit im Haushalt) vor allem systematische Ausfälle (im Haushalt trotz zweimaligen Besuchs niemanden angetroffen/Haushalt verreist, Haushalt verweigert Auskunft, Zielperson trotz dreimaligen Besuchs nicht angetroffen, Zielperson krank/nicht in der Lage, dem Interview zu folgen, Zielperson verweigert Interview) verantwortlich zu machen.

Fragebogen

Die Fragen wurden bipolar formuliert und konnten mit Hilfe einer Skala von –3 bis +3 beantwortet werden. Der Fragebogen enthielt folgende Aussagen:

- Ich kann es gut (...) gar nicht verstehen, dass manchen Leuten Juden unangenehm sind.
- Ich finde, die Juden sind daran schuld (...) eher nicht schuld, dass wir so große Weltkonflikte haben.
- Die Losung »Deutschland den Deutschen« ist mir sehr sympathisch (...) sehr zuwider.
- Ich kann es gut (...) gar nicht verstehen, dass manchen Leuten US-Amerikaner unangenehm sind.
- Ich kann es gut (...) gar nicht verstehen, dass manchen Leuten Araber unangenehm sind.
- Die US-Amerikaner sind daran schuld (...) eher nicht daran schuld, dass wir so viele Weltkonflikte haben.

- Zur Bekämpfung des Terrorismus ist es notwendig (...) nicht notwendig, zu militärischen Maßnahmen zu greifen.
- Zur Bekämpfung des Terrorismus müssen auch deutsche Soldaten zu ausländischen Kriegseinsätzen bereit (...) nicht unbedingt bereit sein.
- Zur Bekämpfung des Terrorismus müssen Bürgerrechte stark (...) nicht stark eingeschränkt werden.
- Die Ausländer im Land machen mir eher viel (...) eher weniger Angst.

Ergebnisse

Einstellung zu Juden

Wir haben jetzt, wie schon in einer früheren Befragung Ende 1999 (Brähler u. Richter 2000), gefragt: »Ich kann es gut (...) gar nicht verstehen, dass manchen Leuten Juden unangenehm sind.« Abbildung 1 zeigt die Antworten für die Jahre 1999 und 2002.

Während 1999 noch eine deutliche Mehrheit von 56% aller Deutschen es unverständlich fand, dass manchen Leuten Juden unangenehm sind, so finden heute bereits 36% der Deutschen die Äußerung verständlich gegenüber 20% im Jahre 1999.

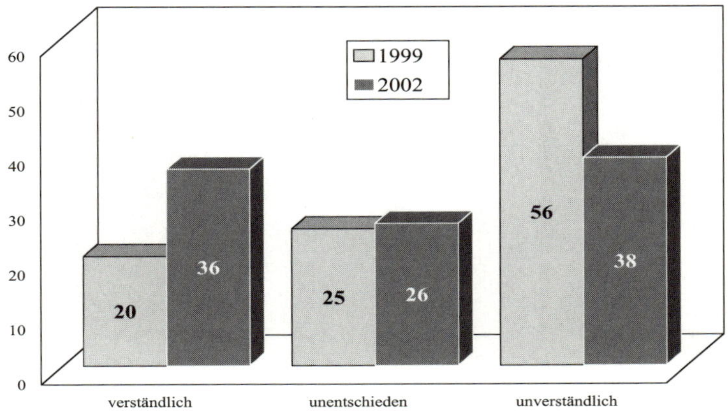

Abb 1: Vergleich 1999 und 2002 bei der Frage »Ich kann es gut verstehen, dass manchen Leuten Juden unangenehm sind« (in Prozent).

Abbildung 2 zeigt die Zustimmungsrate dafür, dass manchen Leuten Juden unangenehm sind getrennt nach Ost und West für die Befragungen 1999 und 2002. Besonders deutlich ist die Zunahme in der Altbundesrepublik mit 37% im Jahre 2002 gegenüber 21% 1999. Im Osten war der Ausgangswert 1999 mit 18% schon um 3% niedriger als im Westen, die Zunahme ist ebenfalls 3% geringer ausgefallen, sodass inzwischen ein ausgeprägter Ost-West-Unterschied besteht.

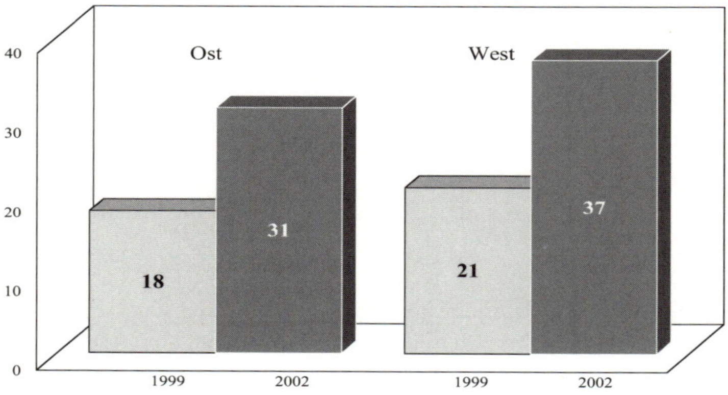

Abb 2: Ost-West-Unterschiede bei der Zustimmung zu der Frage »Ich kann es gut verstehen, dass manchen Leuten Juden unangenehm sind« (in Prozent).

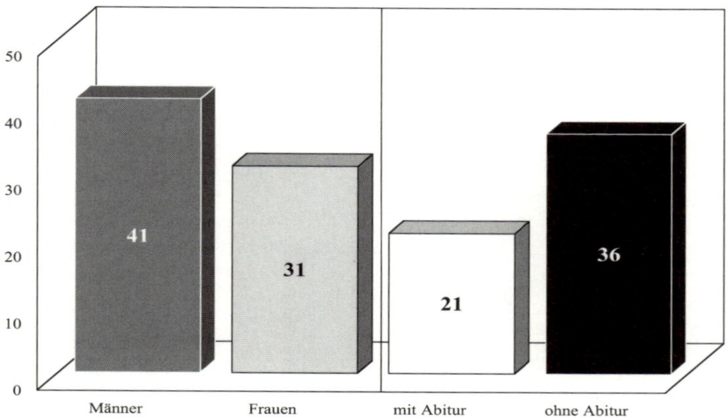

Abb 3: Geschlechts- und Bildungsdifferenz bei der Zustimmung zu »Ich kann es gut verstehen, dass manchen Leuten Juden unangenehm sind« (in Prozent).

Abbildung 3 veranschaulicht die Ergebnisse nach Geschlechtern und Bildungsgrad getrennt.
Das Verständnis für die Ablehnung von Juden ist sehr stark bildungsabhängig. Höhere Bildung führt zu mehr Akzeptanz von Juden. Ebenso zeigen sich die Frauen nicht so verständnisvoll für die Ablehnung von Juden wie die Männer.

Abbildung 4 zeigt die Ergebnisse in Abhängigkeit von der Parteipräferenz.

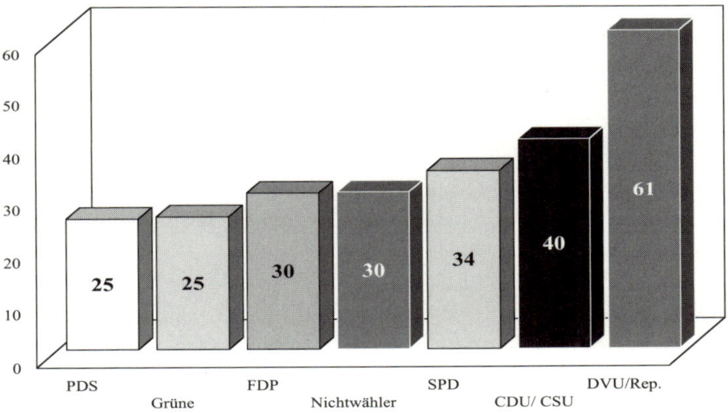

Abb 4: Zustimmung zur Frage »Ich kann es gut verstehen, dass manchen Leuten Juden unangenehm sind« nach Parteipräferenz (in Prozent).

Bei den Parteianhängern zeigt sich ein großes Gefälle. Die Anhänger rechter Parteien zeigen erwartungsgemäß großes Verständnis für die Ablehnung von Juden, jedoch sind die FDP-Anhänger noch toleranter als die Anhänger der SPD und vor allem der CDU/CSU. Die Nichtwähler liegen hier in der Mitte. Dies deutet darauf hin, dass diese in ihrer Mehrheit nicht mehr tendenziell rechts eingestellt sind, sondern eher inhomogen in ihrer Zusammensetzung sind.

Schuld der Juden an Weltkonflikten

Wir haben weiterhin gefragt: »Die Juden sind daran schuld (...) nicht daran schuld, dass wir so große Weltkonflikte haben.« Jeder Fünfte in Deutschland teilt die Schuld an großen Weltkonflikten den Juden zu. Bedeutende Ost-West-Unterschiede ergeben sich hier nicht, jedoch deutliche Unterschiede nach Bildungsgrad (vgl. Abbildung 5). Nur knapp die Hälfte der Personen ohne Abitur lehnt die Aussage ab.

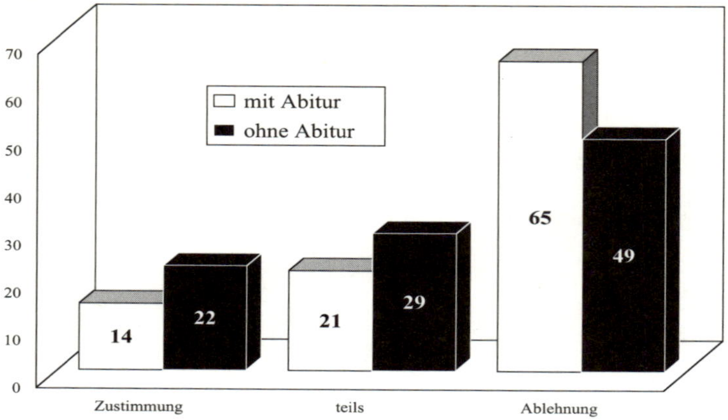

Abb 5: Beantwortung der Frage »Die Juden sind daran schuld, dass wir so große Weltkonflikte haben« nach Bildungsabschluss (in Prozent).

Abbildung 6 zeigt die Ergebnisse nach Parteipräferenz.

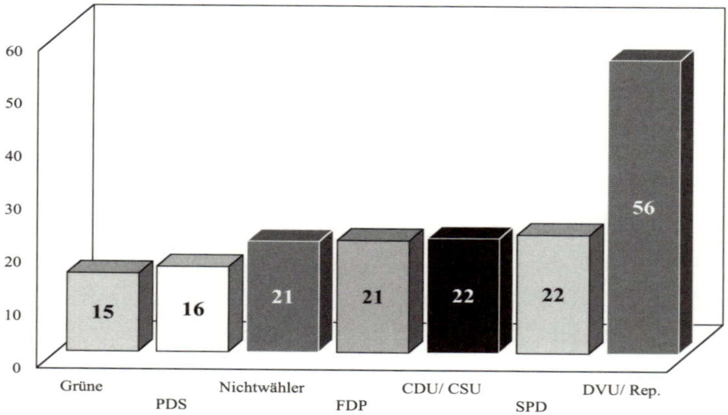

Abb 6: Zustimmung zur Frage »Die Juden sind daran schuld, dass wir so große Weltkonflikte haben« nach Parteipräferenz (in Prozent).

»Deutschland den Deutschen«

Wir haben jetzt, wie schon in unserer früheren Befragung Ende 1994 gefragt: »Die Losung ›Deutschland den Deutschen‹ ist mir sehr sympathisch (...) sehr zuwider.« (vgl. Brähler u. Richter 1995). Die Abbildung 7 macht deutlich, dass inzwischen ein großer Prozentsatz der Deutschen, vor allem aber der Männer, dieser Losung zustimmt.

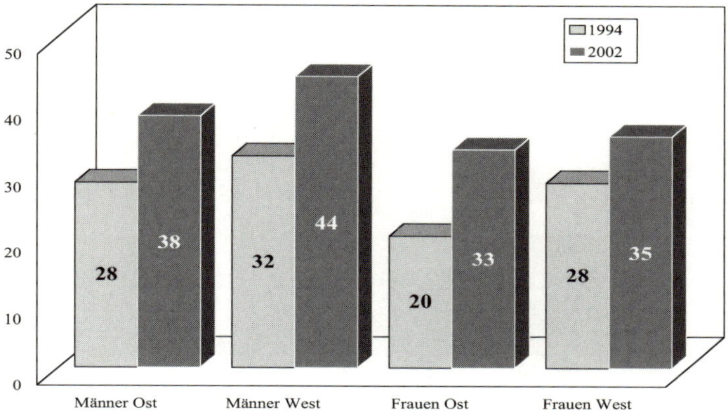

Abb 7: Zustimmung zur »Losung ›Deutschland den Deutschen‹ ist mir sympathisch« nach Geschlecht und Ost/West 1994 und 2002 (in Prozent).

Die Zustimmung zur Losung »Deutschland den Deutschen« hat beträchtlich zugenommen, für Deutschland insgesamt von 28% im Jahre 1994 auf 38% im Jahre 2002. Die Abbildung 8 zeigt, dass die Zustimmung zu dieser Losung vor allem in den Altersgruppen ab 45 Jahren zugenommen hat.

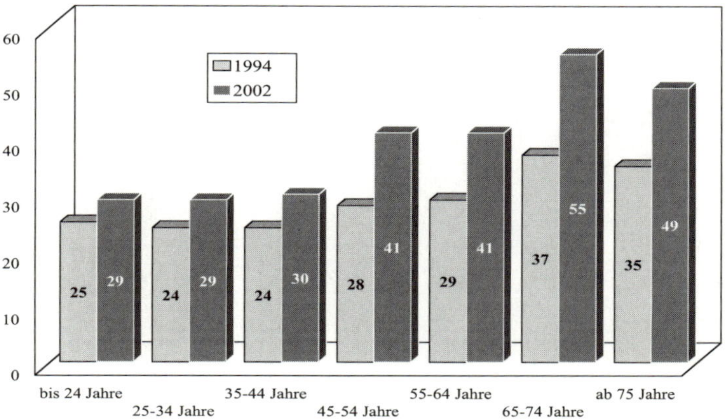

Abb 8: Zustimmung zu der »Losung ›Deutschland den Deutschen‹ ist mir sympathisch« nach Altersgruppen (in Prozent).

Die Abbildungen 9 und 10 zeigen die Abhängigkeit der Zustimmung zur Losung von der Parteipräferenz bzw. vom Beschäftigungs- und Bildungsstatus.

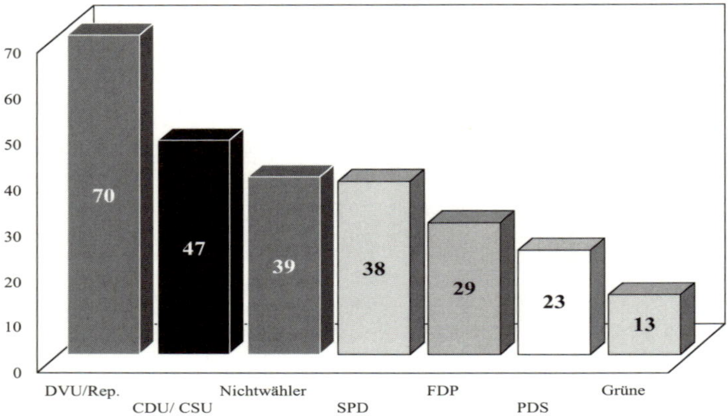

Abb 9: Zustimmung zu der »Losung ›Deutschland den Deutschen‹ ist mir sympathisch« nach Parteipräferenz (in Prozent).

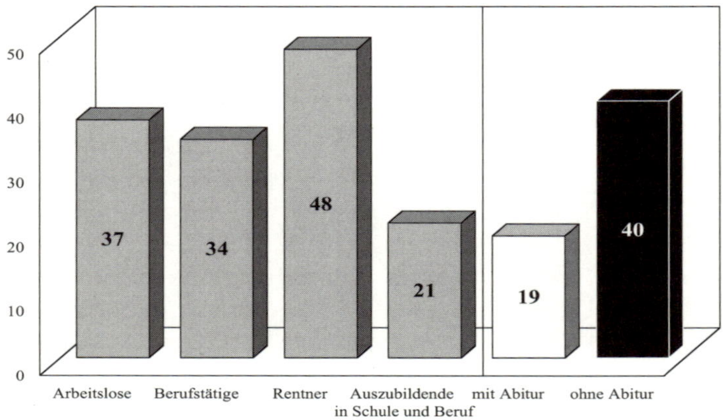

Abb 10: Zustimmung zu der ›Losung Deutschland den Deutschen‹ ist mir sympathisch« nach Erwerbsstatus und Bildungsgrad (in Prozent).

Erstaunlich ist zum einen, dass die FDP-Anhänger hier geringere Zustimmungswerte zeigen als die Anhänger von CDU/CSU und SPD. Immerhin stimmen auch 23% der PDS-Anhänger der Losung zu und selbst bei den Grünen tun dies 13%. Die Zustimmung zur Losung ist deutlich bildungsabhängig, fast 40% der Personen ohne Abitur stimmen der Losung zu, die Arbeitslosen sind kaum mehr als die Berufstätigen für die Losung anfällig, jedoch fast jeder zweite Rentner stimmt der Losung zu, während Auszubildende der Losung am wenigsten zustimmen.

Der 11. September und die Folgen

Wir haben gefragt: »Ich kann gut (...) nicht verstehen, dass manchen Leuten US-Amerikaner unangenehm sind.« Diese Frage wurde analog auch über Araber gestellt. Abbildung 11 zeigt die Ergebnisse.

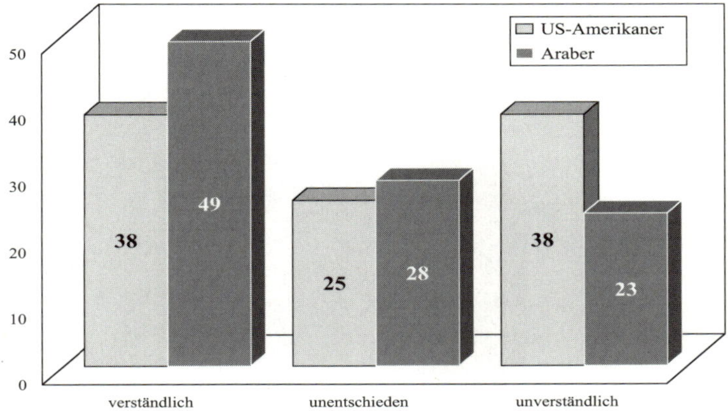

Abb 11: Beantwortung der Frage »Ich kann gut verstehen, dass manchen Leuten US-Amerikaner bzw. Araber unangenehm sind« (in Prozent).

Das Verständnis für die Ablehnung von US-Amerikanern (38%) ist niedriger als für die von Arabern (49%). Das Verständnis für die Ablehnung von Juden ist mit 36% immer noch niedriger als für die Ablehnung von Amerikanern (vgl. Abbildung 1). Die Abbildungen 12 und 13 zeigen die Ablehnung von US-Amerikanern bzw. Arabern nach Parteipräferenz.

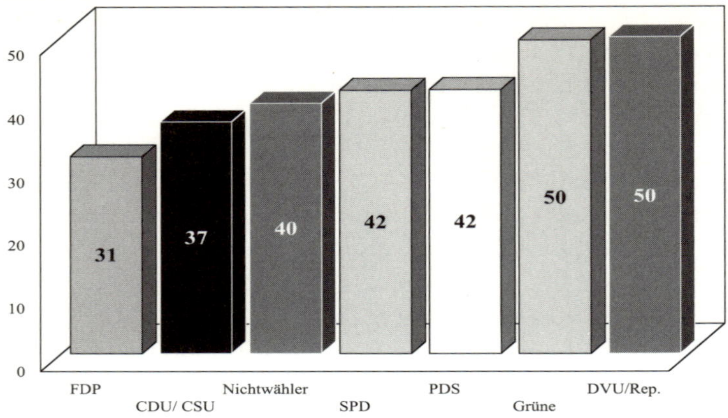

Abb 12: Zustimmung zu »Ich kann es gut verstehen, dass manchen Leuten US-Amerikaner unangenehm sind« nach Parteipräferenz (in Prozent).

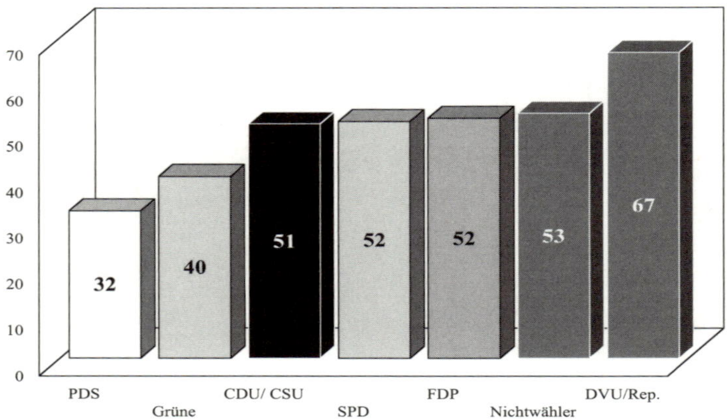

Abb 13: Zustimmung zu »Ich kann es gut verstehen, dass manchen Leuten Araber unangenehm sind« nach Parteipräferenz (in Prozent).

Auffallend ist bei den FDP-Anhängern, dass sie sehr US-Amerika-freundlich sind, aber weniger Araber-freundlich. Dies ist bei den Grünenanhängern und PDS-Anhängern umgekehrt. Die Grünenanhänger sind in ähnlicher Höhe wie die Anhänger rechter Parteien voll Vorbehalten gegenüber US-Amerikanern.

Schuld der Amerikaner an großen Weltkonflikten

Sehr deutliche Ost-West-Unterschiede zeigen sich bei der Beantwortung der Frage »Die US-Amerikaner sind daran schuld (...) nicht daran schuld, dass wir so viele Weltkonflikte haben« (vgl. Abbildung 14). Über die Hälfte der Ostdeutschen geben den US-Amerikanern die Schuld daran, dass wir so viele Weltkonflikte haben, während der Anteil bei den Westdeutschen nur rund ein Viertel ausmacht.

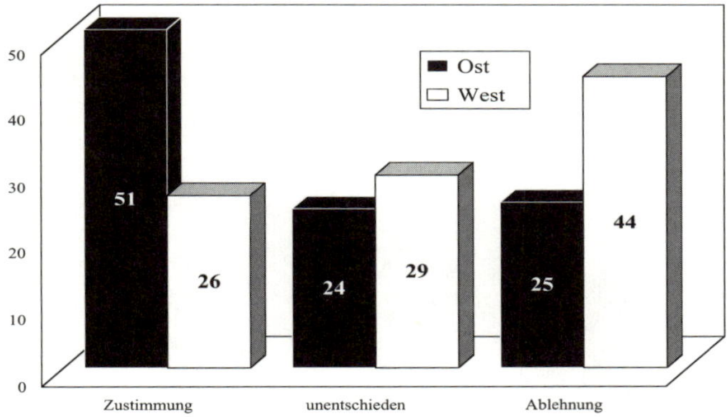

Abb 14: Beantwortung der Frage »Die US-Amerikaner sind daran schuld, dass wir so viele Weltkonflikte haben« nach Ost/West-Wohnsitz .

Sehr deutlich unterscheiden sich die Anhänger der verschiedenen Parteien bei der Beantwortung dieser Frage (vgl. Abbildung 15).

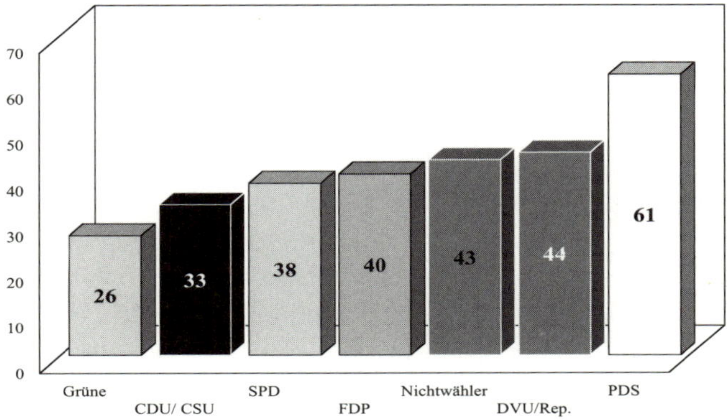

Abb 15: Zustimmung zu »Die US-Amerikaner sind daran schuld, dass wir so viele Weltkonflikte haben« nach Parteipräferenz (in Prozent).

Auffallend ist hier die geringe Schuldzuschreibung bei den Grünenanhängern, während sie sich gleichzeitig den US-Amerikanern nicht besonders nahe fühlen (vgl. Abbildung 12). Bei den hohen Werten der PDS-Anhänger spiegelt sich die hohe Schuldzuschreibung an die Amerikaner durch die Ostdeutschen wider.

Notwendigkeit militärischer Maßnahmen zur Bekämpfung des Terrorismus

Weiterhin haben wir gefragt »Zur Bekämpfung des Terrorismus ist es notwendig (...) nicht notwendig, zu militärischen Maßnahmen zu greifen.« Hier zeigen sich sehr deutliche Unterschiede zwischen Personen mit und ohne Abitur (vgl. Abbildung 16).

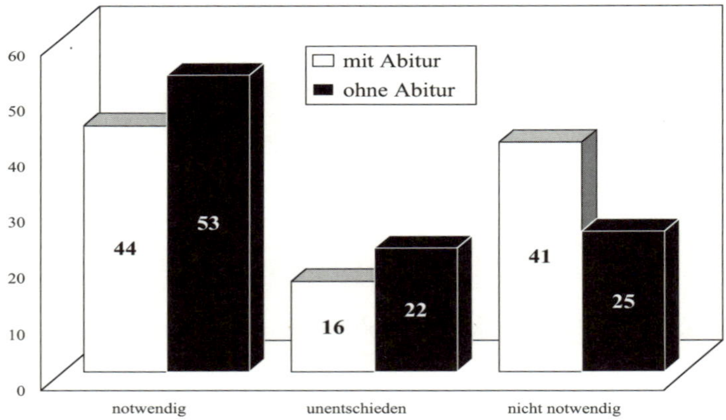

Abb 16: Beantwortung der Frage »Zur Bekämpfung des Terrorismus ist es notwendig, zu militärischen Maßnahmen zu greifen« nach Bildungsabschluss (in Prozent).

Bei den Personen mit Abitur gibt es eine fast ausgeglichene Meinungsbildung, während bei den Personen ohne Abitur militärische Maßnahmen eindeutig befürwortet werden. Frauen tendieren eher weniger (49%) zur Notwendigkeit militärischer Maßnahmen als Männer (55%) und Ostdeutsche (45%) weniger als Westdeutsche (59%). Die Abbildung 17 zeigt die Zustimmung zur militärischen Terrorismusbekämpfung nach Parteipräferenz.

Erstaunlich sind die sehr hohen Werte bei den FDP-Anhängern, die fast an die Werte für die Anhänger der Rechtsparteien reichen. Das Gefälle zwischen den Anhängern verschiedener Parteien ist erheblich.

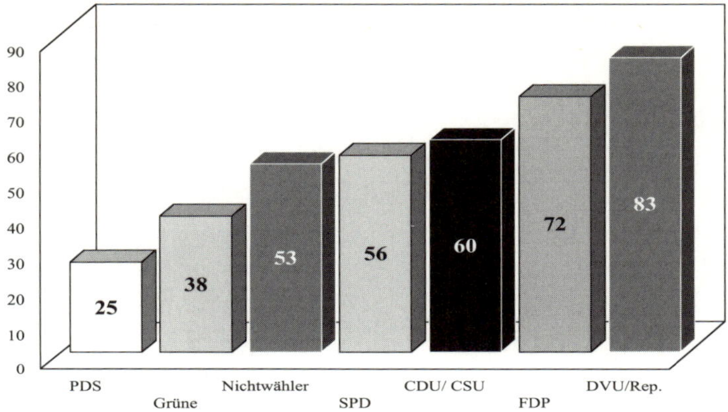

Abb 17: Zustimmung zu »Zur Bekämpfung des Terrorismus ist es notwendig, zu militärischen Maßnahmen zu greifen« nach Parteipräferenz (in Prozent).

Einsatz deutscher Soldaten

Spezifischer auf den Einsatz deutscher Soldaten ausgerichtet war die nächste Frage »Zur Bekämpfung des Terrorismus müssen auch deutsche Soldaten zu ausländischen Kriegseinsätzen bereit (...) nicht bereit sein.« Abbildung 18 zeigt das Antwortverhalten auf diese Frage nach Ost und West getrennt.

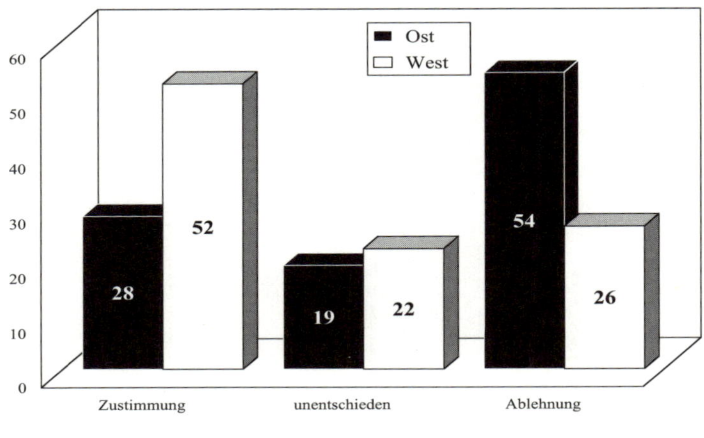

Abb 18: Beantwortung der Frage »Zur Bekämpfung des Terrorismus müssen auch deutsche Soldaten zu ausländischen Kriegseinsätzen bereit sein« getrennt nach Ost/West (in Prozent).

Hier zeigt sich eine große Ost-West-Spaltung: Ostdeutsche lehnen den Einsatz deutscher Soldaten mehrheitlich ab, während Westdeutsche mehrheitlich zustimmen. Frauen lehnen den Einsatz eher ab als Männer (43% zu 37%) und Personen mit Abitur eher als Personen ohne Abitur.

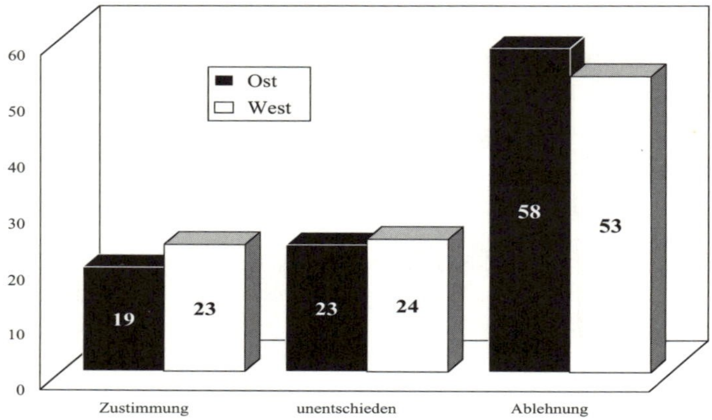

Abb 19: Beantwortung der Frage »Zur Bekämpfung des Terrorismus müssen Bürgerrechte stark eingeschränkt werden« getrennt nach Ost/West (in Prozent).

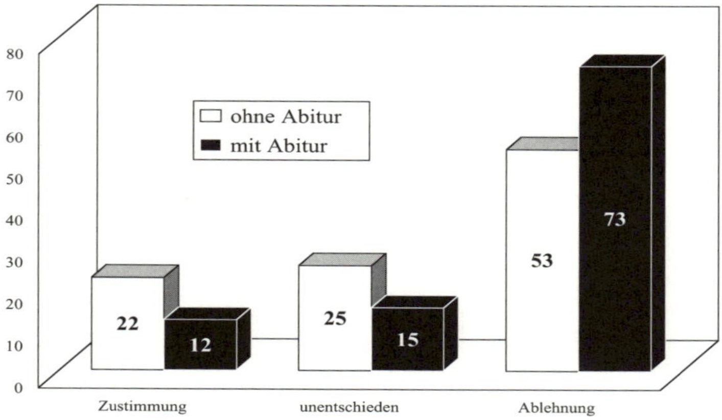

Abb 20: Beantwortung der Frage »Zur Bekämpfung des Terrorismus müssen Bürgerrechte stark eingeschränkt werden« nach Bildungsgrad (in Prozent).

Einschränkung der Bürgerrechte

Nach dem 11. September 2001 wurde in Deutschland wie in anderen Ländern die Frage diskutiert, ob die Bürgerrechte stark eingeschränkt werden sollten. Wir haben daher auch danach gefragt. Abbildung 19 zeigt die Ergebnisse getrennt nach Ost/West, Abbildung 20 nach Schulbildung aufgeschlüsselt.

Ängste vor Ausländern im Land

Wir haben jetzt, wie schon 1999, danach gefragt, wie viel Angst vor Ausländern im Land besteht (vgl. Brähler u. Richter 2000). Abbildung 21 zeigt die Ergebnisse 1999 und 2002 aufgeschlüsselt nach Ost und West.
Die Angst der Deutschen vor den Ausländern im Land hat deutlich abgenommen. In Ostdeutschland ist der Rückgang mit 14% noch deutlicher als in Westdeutschland mit 10%.

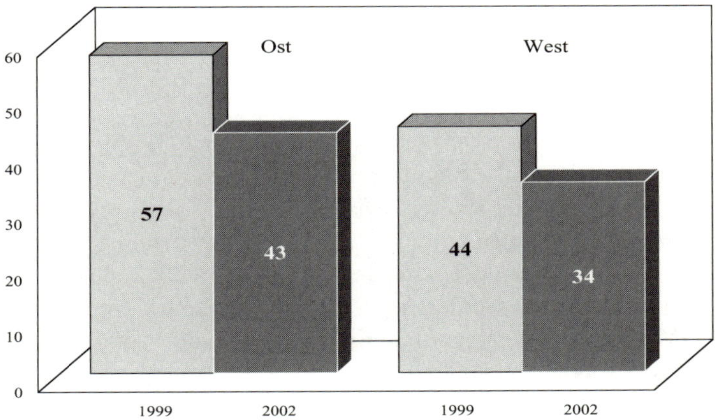

Abb 21: Zustimmung zu »Die Ausländer im Land machen mir eher viel Angst« getrennt für Ost/West 1999 und 2002 (in Prozent).

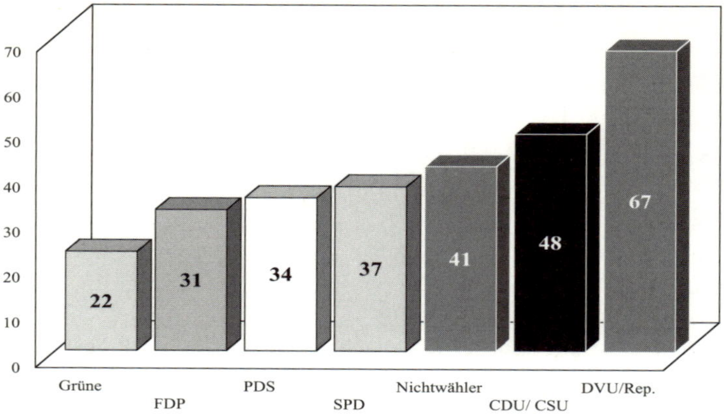

Abb 22: Zustimmung zu »Die Ausländer im Land machen mir eher viel Angst« nach Parteipräferenz (in Prozent).

Hier zeigen sich die FDP-Anhänger von ihrer liberalen Seite und äußern fast so wenig Angst vor Ausländern wie die Grünenanhänger, während fast jeder 2. CDU/CSU-Anhänger Angst verspürt.

Zusammenfassung

Das Zugeständnis antijüdischer Gefühle hat sich von 20% 1999 bis auf 36% 2002 deutlich vermehrt. Allerdings lässt sich aus diesen Zahlen nicht unmittelbar ein Einstellungswandel ablesen. Wir wissen nicht, inwieweit neuerdings nur ungenierter eingestanden wird, was zuvor noch als peinlich verschwiegen wurde. Übrigens liegen antijüdische Gefühle im April 2002 immer noch 2% unter antiamerikanischen Gefühlen (38%) und weit unter Antipathie gegen Araber (49%). Deutlich weniger für antijüdische Regungen anfällig sind Frauen und Abiturabsolventen.

Jeder fünfte Deutsche ist geneigt, den Juden Schuld an den großen Weltkonflikten zuzuteilen. Zugleich mit der Antipathie gegen Juden hat sich in Deutschland eine ethnozentristische Einstellung verstärkt. Der Losung »Deutschland den Deutschen« stimmen 2002 38% zu gegenüber 28% 1994. Am meisten Anklang findet die Losung bei den älteren Jahrgängen, am wenigsten bei den Jungen, bei den Auszubildenden in Schule und Beruf und wiederum bei den Abiturabsolventen.

Interessant ist, dass die FDP-Anhänger deutlich weniger als die Anhänger der großen Volksparteien für antijüdische Gefühle wie für die Losung

»Deutschland den Deutschen« empfänglich sind. Demnach stehen sie dem rechten Rand deutlich ferner als die Sympathisanten der Großen, insbesondere derjenigen der Union. Die damaligen Kritiker Möllemanns, wie Leutheusser-Schnarrenberger, Hirsch, Baum und Hamm-Brücher repräsentierten im Frühjahr 2002 also weit mehr die Haltung der FDP-Basis als der ehemalige Vize-Vorsitzende.

Ein anderer interessanter Befund ist die gespaltene Einstellung zu den aktuellen Kriegseinsätzen und zur deutschen Beteiligung daran. Abiturabsolventen verneinen zur Hälfte grundsätzlich die Notwendigkeit von militärischen Maßnahmen gegen den Terrorismus. Dass deutsche Soldaten zu ausländischen Kriegseinsätzen bereit sein sollten, findet bei den Frauen und den Ostdeutschen eine klare Ablehnung. Insgesamt halten sich Ablehnung und Zustimmung etwa die Waage. Die verbreitete Skepsis ist deshalb ungewöhnlich, weil internationale Erfahrung zeigt, dass nach einem Kriegseintritt in der Regel ein patriotischer Konsens entsteht, um den eigenen Soldaten Rückhalt zu geben.

Noch weniger Zustimmung findet beim Durchschnitt der Deutschen die mit der Bekämpfung des Terrorismus begründete erhebliche Einschränkung der Bürgerrechte. Dafür haben im Westen nur 23%, im Osten gar nur 19% Verständnis, nachdem in Deutschland ohnehin schon seit langem Rasterfahndung, Kontaktsperre, Vorbeugehaft, elektronisches Belauschen erlaubt sind und Telefonkontrollen in einem Umfang wie sonst in keiner anderen Demokratie durchgeführt werden, allein im Jahre 2001 bei 1,4 Millionen Verbindungen.

Wer meint, die intensivierten staatlichen Überwachungsmaßnahmen seien vielleicht zur Beschwichtigung der Angst vor Ausländern im Land nützlich, muss zur Kenntnis nehmen, dass gerade diese Ängste seit 1999 bis 2002 markant zurückgegangen sind, und zwar von 44% auf 34% im Westen und von 57% auf 43% im Osten. Die Vermutung, die Ereignisse vom 11. September und die aufgedeckten Terroristen-Schlupfwinkel in hiesigen Städten hätten stereotypen Argwohn gegen ausländische Mitbürger verstärkt, geht also in die Irre. Das Zusammenleben mit hiesigen Ausländern hat sich nach einer kurzen hysterischen Beunruhigung offensichtlich entspannt.

Wieder einmal bestätigt sich, dass Bildungsdefizite für die Entstehung fataler Vorurteile besonders ins Gewicht fallen. Geringeres Bildungsniveau begünstigt das Klischée vom unsympathischen, gar an den großen Weltkonflikten schuldigen Juden, ferner das Klischée vom finsteren Islam, schließlich das Haften an dem bornierten Dogma »Deutschland den Deutschen« – wahrlich kein Argument für die neuerdings empfohlene Kürzung des gesellschaftskundlichen Unterrichtes in den Schulen mit Ausrichtung allein auf Leistungsstärke und zu wenig auf gesellschaftliches Bewusstsein.

Literatur

Apotheken Umschau (2002): Repräsentativbefragung zum Thema »Ängste nach New York, 11. September« durch die GfK. In: Apotheken Umschau 2/2002, S. 10–13.

Arbeitsgemeinschaft ADM-Stichproben und Bureau Wendt (1994): Das ADM-Stichprobensystem (Stand 1993). In: Gabler, S.; Hoffmeyer-Zlotnik, J. H. P.; Krebs, D. (Hg.): Gewichtung in der Umfragepraxis. Opladen (Westdeutscher Verlag), S. 188–202.

Brähler, E.; Richter, H.-E. (1995): Deutsche Befindlichkeiten im Ost-West-Vergleich. In: Aus Politik und Zeitgeschichte B 40-41/95, S. 13–20.

Brähler, E.; Richter, H.-E. (2000): Zukunftserwartungen und Einstellungen zu politischen Fragen der Deutschen an der Schwelle des neuen Jahrhunderts. In: Decker, O.; Brähler, E. (Hg.): Deutsche – 10 Jahre nach der Wende. In: Psychosozial 80, S. 39–45.

Galea, S.; Ahern, J.; Resnik, H.; Kilpatrick, D.; Bucuvalas, M.; Gold, J.; Vlahov, D. (2002): Psychological Sequalae of the September 11 Terrorist Attacks in New York City. In: New England Journal of Medicine 346, S. 982–987.

Klöckner, C.; Beisenkamp, A. (2002): LBS-Kinderbarometer 2001. Stimmungen – Meinungen – Trends von Kindern und Jugendlichen in NRW. Ergebnisse der Erhebung im Schuljahr 2000/2001. Münster (LBS-Inititative Junge Familie).

Koch A. (1997): ADM-Design und Einwohnermelderegister-Stichprobe. Stichproben bei mündlichen Bevölkerungsumfragen. In: Gabler, S.; Hoffmeyer-Zlotnik, J. H. P. (Hg.): Stichproben in der Umfragepraxis. Opladen (Westdeutscher Verlag), S. 99–116.

Die Reparatur der Ohnmacht – Zur politischen Psychologie des 11. Septembers[1]

Gudrun Brockhaus

Der Terror-Anschlag vom 11. September 2001 war für viele Menschen auf der ganzen Welt ein traumatisches Erlebnis, das ihr Lebensgefühl in Frage stellte und ihr gesamtes Denken und Fühlen veränderte. Nach dem Anschlag war die allgemein geteilte Diagnose, ein neues Zeitalter sei angebrochen, niemand werde sich in Zukunft mehr sicher fühlen können.

Knapp zwei Jahre später sind die intensiven Gefühle von Angst und Entsetzen, Ohnmacht und Wut, Trauer und weltweiter Solidarität in den Wochen und Monate nach dem 11. September nur noch eine ferne Erinnerung[2]. Der 11. September ist verblasst zu einem Stichwort und markiert nur noch bestimmte Positionen in den Debatten um die Legitimität der geopolitischen Machtverschiebungen in der Welt. Fungierte die terroristische Bedrohung im Afghanistan-Krieg noch als unverzichtbare Legitimationsfigur, ist inzwischen selbst diese eingeschränkte Bedeutung obsolet geworden, wie die Austauschbarkeit der Begründungen für den Irak-Krieg zeigten.

Ob man als Ursachen für den Irak-Krieg den vollendeten Zynismus eines puren Machtkalküls oder den Weltverbesserungseifer neokonservativer Ideologen oder den politischen Vollzug privatwirtschaftlicher Interessen sieht – in jedem Fall scheinen die Motive »rationaler« geworden zu sein, wie immer man sie ethisch einschätzen mag.

Im Unterschied zu den hier dominanten machtpolitischen und ökonomischen Kalkülen waren nach dem 11. September emotionale Motive so bedeutsam, dass sie die politischen Entscheidungen in Richtung Krieg mitbestimmten. Die starken und von großen Kollektiven geteilten Gefühle nach dem 11. September wirkten sich massiv darauf aus, welche Bedeutung dem Anschlag zugemessen wurde, wie der Gegner eingeschätzt und bekämpft wurde. Der Druck der Öffentlichkeit in Richtung bestimmter politischer und militärischer Antworten auf die Terroranschläge entstand auch durch das von den Medien verstärkte Bedürfnis nach Reparatur eines traumatischen Erlebens von Ohnmacht und Demütigung.

1. Ursachen für das traumatische Erleben des 11. Septembers

Der 11. September stellte für sehr viele Menschen ein traumatisches Ereignis dar. Als traumatisches Ereignis gilt die Konfrontation mit lebensbedrohenden

Verletzungen oder Gefahren für sich selbst oder andere Personen, auf die mit intensiver Furcht, Hilflosigkeit und Entsetzen reagiert wird[3]. Auch das Mitanschauen-Müssen des schrecklichen und grotesken Todes von Mitmenschen während eines katastrophalen Ereignisses hat eine traumatische Qualität, stellt eine Erfahrung existentieller Bedrohung dar, die die eigenen Verarbeitungsmöglichkeiten überfordert und die Grundfesten des Vertrauens in die eigene Fähigkeit zur Gestaltung des Lebens und in die Sicherheit, Verlässlichkeit und Gerechtigkeit der Welt erschüttert und den Menschen auch nach dem Ereignis mit intensiven Gefühlen überschwemmt (vgl. Flatten u. a. 2001, S. 3).

Am 11. September wurden wir alle über die Präsenz und Penetranz der Medien zu Beobachtern und Teilnehmern des Geschehens. Wir sahen hundertfach die Bilder der zusammenbrechenden Türme, der sich in den Tod stürzenden Menschen, der herumirrenden Desorientierten, hörten die überschnappenden Stimmen der in Panik Fliehenden, die verzweifelte Ungläubigkeit der New Yorker Bürger. Durch diese Überflutung mit dem existenziellen Ensetzen der Opfer wurden wir selbst in das Geschehen hineingezogen und zu einem Teil davon.

Die Bedeutsamkeit und Schockwirkung des Ereignisses wurde gesteigert durch die weltweite und zeitgleiche Medienpräsenz. Die Symbolkraft des Ereignisses als Anschlag auf das Herz der westlichen Wirtschaftsmacht reduzierte uns alle auf unsere Kollektivzugehörigkeit und markierte uns als potentielle Opfer oder Täter – als »Westler«, als Muslim, als Angehöriger der »Dritten Welt«. Unabhängig von der eigenen politischen Position, Religionszugehörigkeit, Nationalität war man plötzlich in das terroristische Geschehen mit einbezogen und konnte die Bedrohung nicht mehr als unbedeutend für das persönliche Leben abschieben, weil ihre Begrenzung nicht möglich war. Die normalen Bewältigungsmechanismen von Angst mittels Verdrängung, Verleugnung, einer aktiven Politik der kleinen Schritte funktionierten angesichts der Präsenz und Massivität der Ereignisse nicht.

Aus all diesen Gründen kam den Terroranschlägen eine traumatische Wirkung zu. So scheint es sinnvoll, die Entwicklungen nach dem 11. September unter dem Aspekt anzusehen, wie sehr sie dem Versuch dienten, der traumatischen Erfahrung zu entkommen. Nachdem diese Erfahrung von so vielen geteilt und durch die Medien weiter homogenisiert wurde, scheint es gerechtfertigt, die aus der Individualpsychologie gewonnen Einsichten über den Umgang mit Traumata für eine Betrachtung der gesellschaftlichen und politischen Reaktionen auf den Terroranschlag heranzuziehen.

Ob und wie stark ein katastrophisches Ereignis traumatisierend wirkt, ist nicht durch seine »objektiven« Merkmale – wie die Zahl der Toten und Verletzten, das Ausmaß der Zerstörungen – zu erklären. Diese Merkmale werden durch das subjektive Erleben gefiltert. Die traumatische Wirkung ist abhängig von der persönlichen Wahrnehmung und Deutung des Ereignisses, die von der eigenen Lebensgeschichte, den persönlichen Ressourcen, den Wertvorstellungen etc. sowie von der Interpretation dieses Ereignisses in Medien und Politik geprägt sind.

Der 11. September hat seine spezifische traumatische Bedeutung durch seine Qualität als ein quasi universelles Medienereignis gewonnen. Mehr noch als sonst kam den Medien Deutungsmonopolmacht zu.

Innerhalb von wenigen Stunden glichen sich in Aufmachung und Tenor der Berichterstattung die Fernsehsender einander an, später folgten die Printmedien. Die Bezeichnung des Anschlags als Krieg gegen Amerika und den Westen, die Interpretation als Jahrhundertkatastrophe wurde durch die Art der Präsentation unterstrichen: die zusammenbrechenden Türme als Hintergrund, eingeblendetes Logo »attack on America«, laufende Nachrichtenzeile selbst bei Werbeblöcken, Absetzen von Unterhaltungsprogrammen, Dauerkonfrontation mit den Opfern, deren Verwandten und Freunden, Präsentation heftiger Emotionen auch von sonst zu affektiver Neutralität verpflichteten Reportern, Experten, Politikern. Als Medienspektakel unterlag der 11. September damit von vornherein der Inszenierungs-Logik der Unterhaltungsindustrie: Spannungssteigerung, eindeutige Zeichnung der Täter und Opfer, dramatische Zuspitzungen, Action-Orientierung, Drängen nach neuen Nachrichten, Bildern, Helden, Benennung und Verfolgung der Täter. Das Resultat war eine ungeheure Dynamisierung des Geschehens, ein enormer Druck hin zur Definition und zur Aktion.

Die Labilisierung und die Regression auf primitivere psychische Funktionsmechanismen, die das Erleben und Miterleben extremer Gewalt bei Opfern wie Zuschauern immer auslösen, wurden durch die mediale Präsentation verstärkt. Eine weltweite Öffentlichkeit war in den Gefühlsstrudel mit einbezogen, kaum einer konnte sich der Emotionalisierung entziehen. Daraus entstand ein Sog, auf Kosten einer realistischen Einschätzung der Situation und der terroristischen Bedrohung diesen starken kollektiven Bedürfnissen nach schneller Reparatur der traumatischen Verletzungen nachzugeben.

Hinzu kommt, dass die westliche Welt nicht für einen rationaleren Umgang mit einem Terroranschlag gerüstet war. Zwar bezeichnen wir die Welt, in der wir leben, aufgrund der ökologischen, technologischen, atomaren, terroristischen Bedrohungen, der Erosion von beruflichen, sozialen und ökonomischen Sicherheiten als »Risikogesellschaft« (Beck 1986). Das kognitive Wissen um das hohe Bedrohungspotential kann aber emotional nicht eingeholt werden: gerade die Stärke und Permanenz des Bedrohtseins befördert Verleugnungsmechanismen, so dass uns der 11. September bei allem Wissen auch psychisch unvorbereitet traf.

Die globalisierte Ökonomie und ihre Krise, das Versagen staatlicher Kontrollmechanismen, technologische Entwicklungen, Umweltkatastrophen, unabsehbare Verwicklungen in Krieg und Terror haben in den letzten Jahrzehnten die Stabilität und Planbarkeit des Lebens auch in den westlichen Industrienationen erodieren lassen.

Diese Risiken bedrohen potentiell jeden und selektieren nicht nach sozialen, räumlichen oder anderen Kriterien, so dass Schutzvorkehrungen kaum möglich sind. Der Umgang mit diesen potenzierten Bedrohungen ist von Verleugnung bestimmt: Wir wiegen uns in einer Pseudo-Sicherheit, die

> »uns eine Dauerkonfrontation mit unseren Ängsten und Panikgefühlen erspart hat. Wir haben Lebensschablonen entwickelt, deren Funktion es ist, uns das Gefühl der ›psychologischen Unwirklichkeit der Gefahr‹ zu vermitteln. (...) Einer totalen Verleugnung der Gefahr und Bedrohung unterliegen jedoch die wenigsten Menschen. Gefahr und Bedrohung (...) sind uns als unterschiedlich differenzierte Information zugänglich, aber wir haben sie von der tiefgreifenden emotionalen Erschütterung, die sie bei uns permanent auslösen müssten, abgetrennt.« (Keupp 1987, S. 21)

Eine angemessene Reaktion auf permanente Bedrohung scheint psychisch nicht möglich: Auch bei Andauern der Bedrohung vermindert sich das Gefühl des Bedrohtseins. Mit der Zeit – ganz ungeachtet der Weiterexistenz oder gar Steigerung der realen Bedrohung – schwindet die psychische Bedeutung, wie uns Kriege, permanenter Bombenterror oder Seuchen lehren. Es treten Normalisierungsvorgänge ein, die uns vorher wie nach Ende der Bedrohung völlig unglaublich erscheinen. So wenig wir eingerichtet scheinen, der Kontinuität einer Bedrohung mit der dauerhaften Präsenz eines Bedrohtheitgefühls zu entsprechen, so wenig entspricht das Ausmaß unserer Angst der Größe der Gefahr.

Bedrohungen, die nicht sinnlich und emotional auf die für uns bedeutungsvolle Umwelt zu beziehen sind, lösen kaum Angst aus, selbst wenn sie real ungleich gefährlicher sind – dies ist das Problem aller Atomkraftgegner, aller Umweltschützer, aller Organisationen, die die Mitmenschen für Kriege und Hunger in der Dritten Welt interessieren wollen. Übrigens gilt diese Bindung unserer Gefühle an die sinnliche und emotionale Nähe nicht nur für Angst, sondern ebenso für Mitgefühl – was bekanntlich den Kampf um die mediale Präsenz der Opfer im Afghanistan- wie in den Golfkriegen stimuliert hat. Die Zensur enthielt uns die Bilder der Opfer aus der Zivilbevölkerung weitgehend vor: Wenn wir sie nicht sehen, gibt es sie nicht, auch wider unser besseres Wissen.

Auch aus anderen Gründen ist die westliche Kultur besonders schlecht für den Umgang mit terroristischer Bedrohung gerüstet.

Für Amerika speziell gilt, dass es kein kulturelles Erfahrungsmuster des Umgangs mit einem so dramatischen Angriff auf die eigene territoriale und kulturelle Integrität gab (»schlimmer als Pearl Harbour...«) und deshalb das Trauma besonders intensiv und schutzlos erlebt wurde. Zudem ist das westliche säkulare Muster zur Krisenbewältigung orientiert auf selbstbestimmtes, aktives Handeln, auf Lösungen. Gerade in der amerikanischen Tradition werden Krisen als Chancen einer Wendung zum Positiven begriffen. Dieses aktivistische, lösungsorientierte, optimistische Weltbild bereitet nicht vor auf passives Aushaltenmüssen von Leiden und Ungewissheit, auf geduldiges Abwarten, auf Abwägen der Vor- und Nachteile eines Gegenangriffes.

Allen traumatischen Ereignissen ist gemeinsam, dass wir ihnen nicht durch eine zielgerichtete Aktivität begegnen können, sondern ihrer Übermacht und Willkür hilflos ausgesetzt sind.

Viel schlimmer als Naturkatastrophen sind von Menschen verursachte Desaster – zumindest für den westlichen säkularen Menschen, der sie nicht als gottgegebenes, in einen ewigen Schicksalskreislauf sinnvoll eingebettetes Geschehen begreifen kann, sondern als vermeidbare und damit tendenziell sinnlose Akte.

Ganz wichtig in der Traumaverarbeitung ist die Rückgewinnung des für das westliche Lebensverständnis zentralen Motivs der Selbstgestaltbarkeit des Schicksals. Jede Katastrophe führt uns vor, wie illusionär diese Vorstellung der Kontrollierbarkeit unserer Lebensumstände ist. Religiöse und normative Orientierungen, die dieser Kontrollvorstellung weniger anhängen, ermöglichen einen gelasseneren Umgang mit der Hilflosigkeit in der Katastrophe. Dagegen macht die »vom Tellerwäscher zum Millionär«-Phantasie der eigenen Verantwortung für Erfolg und Misserfolg im Leben das Aushalten von Katastrophen schwer. Von der Tendenz her ist der »Westler« zunächst besonders schlecht zum Ertragen von Ohnmachts- und Hilflosigkeitssituationen geschaffen, weil er von Kind an gelernt hat, jede Situation als prinzipiell lösbar zu begreifen. Diese Haltung zeigen auch Berichte der New Yorker Psychotherapeuten, die sich nach dem 11. September den Opfern und Angehörigen zur Verfügung stellten (vgl. die in der Zeitschrift »psychotherapy networker« November/ December 2001 abgedruckten Erfahrungsberichte).

2. Reaktionen auf den Terroranschlag als Reparaturversuche von Ohnmacht und Demütigung

Den Analogien aus der Untersuchung von psychischen Reaktionen auf Traumata soll im Folgenden weiter nachgegangen werden. Ich konzentriere meine Überlegungen über die Reaktionen auf die Terroranschläge vom 11. September im Folgenden um zwei Begriffsbündel.

a Das Erleben von Angst, Hilflosigkeit, Ohnmacht und Entsetzen, der Verlust von Kohärenz, Sicherheit, Perspektive, Sinn und Kontrolle und
b davon nur künstlich abtrennbar: Das Erleben von Demütigung, Entehrung, Schuld und Beschämung

Dieses Motiv möchte ich nicht nur in seiner Bedeutung für die »westlichen« Reaktionen auf den Terror untersuchen, sondern am Beispiel einer Rede von Bin Laden einen Seitenblick auf die Relevanz dieses Motivs für den islamistischen Terrorismus werfen.

Die Wichtigkeit des Motivs von Demütigung und Beschämung wird in letzter Zeit sowohl in der Klinischen Psychologie als auch in der Politischen Psychologie immer mehr gesehen. In der psychotherapeutischen Praxis finden sich deutlich häufiger Patienten, deren Probleme um Gefühle von mangelnder Anerkennung, um Kränkung und Demütigung und die selbst- wie fremddestruktive Bearbeitung dieser Gefühle kreisen. Es wird diskutiert, ob der sogenannte Symptomwandel hin zu diesen narzisstischen Störungen ein Ausdruck zeittypischer gesellschaftlicher Konfliktlagen ist (Hohl 1989).

Die Politische Psychologie, die den Erfolg der NS-Bewegung (Brockhaus 1997), politischer Sekten (Krause 1998) oder Terrorgruppen untersucht, konzentriert sich auf das Motiv einer eskalierenden Spirale von Demütigungserfahrung und destruktiven Racheimpulsen[4], ohne die die bereitwillige Akzeptanz von Gewalt, Terror und Krieg nicht verständlich zu machen ist (vgl. Mentzos 1993; Volkan 1999).

Was kann diese Perspektive für das Verständnis der Reaktionen auf den Terroranschlag vom 11. September erbringen? Wie setzten sich diese Gefühle von Ohnmacht und Demütigung in Deutungen des Terroranschlages um? Wie beeinflusste dieses Erleben die Maßnahmen zur Bekämpfung des Terrors?

Traumatische Erfahrungen implizieren nicht nur, extremer Angst vor der Bedrohung des eigenen Lebens ausgesetzt zu sein. Sie zerstören Grundlagen unseres Selbstverständnisses, mit denen wir überhaupt nur die Anforderungen des Lebens bewältigen können. Kognitiv würden wir diese Sicherheitsvorstellungen gewiss nicht als realistische Annahmen über das Funktionieren der Welt verteidigen wollen. Aber die totale Erschütterung unseres Selbst- und Weltverständnisses in der traumatischen Erfahrung lehrt uns, dass unser Normalleben auf fiktiven Sicherheits-Vorstellungen basiert. Die Traumaexperten schließen aus den intensiven Verlust-Erfahrungen, dass durch das katastrophische Ereignis ein Fundament von kontrafaktischen emotionalen Überzeugungen erschüttert wird:

1. *Wir gehen davon aus, dass uns nichts geschehen kann, wenn wir uns vernünftig und vorsichtig verhalten.*
   Die Terrorkatastrophe lehrt uns, dass wir unabhängig von unserem Tun, unabhängig von unseren Merkmalen jederzeit und an jedem Ort Opfer werden können.
2. *Die Welt ist ein sicherer, geordneter, voraussehbarer Ort, an dem mein Handeln bestimmte Effekte hat.*
   Durch den Terroranschlag erfahre ich die Welt als einen Ort voller unbeeinflussbarer Schrecken, denen ich hilflos ausgeliefert bin.
3. *Ich kann mich prinzipiell aufgehoben fühlen in der Verbundenheit mit anderen Menschen.*
   Ich erlebe, dass ich für die Terroristen ein Objekt von Hass, Verachtung oder Gleichgültigkeit bin, das sie für lebensunwert erklären. Das Erleben von Terror geht mit einem dramatischen Verlust von Vertrauen in die Menschen einher.
4. *Ich bin ein wertvoller, guter Mensch.*
   Traumatische Erlebnisse verändern das Selbstverständnis, die Menschen erleben sich selber nicht nur als schwach und hilflos, sondern auch als moralisch unwert: Good things happen to good people – bad things happen to bad people. Im Umkehrschluss heißt es dann: mir passierte etwas Böses, also bin ich auch böse (vgl. Hodgkinson/Stewart 1998, S. 25/6).

Solche Erschütterungen des Selbst- und Weltverständnisses und die anderen Symptome der posttraumatischen Belastungsreaktion klingen bei den meisten, die nicht selbst direkt Betroffene eines Anschlages oder einer Katastrophe sind, nach einiger Zeit ab (vgl. Flatten u. a. 2001, S. 3). Tiefergehend und länger anhaltend kann die Belastungsreaktion sein, wenn der Terrorangriff nicht als ein einmaliges Ereignis schockhafter Überwältigung eingegrenzt werden kann, sondern als eine zukünftig weiterwirkende Bedrohung eines ungreifbaren Feindes eingeschätzt wird, die mich in den Kreis der potentiellen Opfer einschließt. Sicher ist diese Einschätzung eine realistische Annahme über das Bedrohungspotential. Psychisch scheinen jedoch zumindest an der Oberfläche die Verleugnungsmechanismen zu wirken, bzw. der Schrecken des Terrorismus durch andere Bedrohungen abgelöst.

2.1. Politische Reaktionen auf den 11. September als Reparatur traumatischer Verletzungen

Im folgenden sollen acht Dimensionen des traumatischen Erlebens nach dem 11 September beschrieben und gezeigt werden, welche politischen Reaktionen auf den Terroranschlag sie nahegelegt haben – Reaktionen, die der Reparatur der psychischen Verletzungen, die der Anschlag zur Folge hatte, dienten.

1. Angst lässt Gefühle kindlicher Hilflosigkeit und des Angewiesenseins auf schützende Autoritäts- und Elternfiguren wieder lebendig werden.

Es entsteht die Sehnsucht nach eindeutigen Führern. Nach dem 11. September wurde in den Medien enormer Druck auf den amerikanischen Präsidenten George W. Bush ausgeübt, diese autokratische Führerolle einzunehmen.

In den psychischen Erschütterungen durch das traumatische Ereignis versucht man, Sicherheit in Anlehnung an eine überlegene und fürsorgliche Elternfigur zurückzugewinnen, die die Situation definiert und Verantwortung übernimmt. Weil man das hilflose Ausgeliefertsein nicht aushalten kann, kehrt man zu der kindlichen Illusion zurück, es gäbe die Autorität, die Sicherheit und Schutz wiederherstellen könnte.

Daran lag es, dass Bush seine mangelnde Präsenz in den ersten beiden Tagen nach den Anschlägen, sein offensichtlicher Schock, sein eingezogener Kopf, sein ängstlich und unsicher wirkendes Stammeln allgemein als Nervenschwäche ausgelegt und schwer übelgenommen wurde. Er durfte nicht unsere eigene Hilflosigkeit teilen, sondern sollte Souveränität und Siegesgewissheit zeigen, und es brachte ungeheure Erleichterung, als er diese Rolle dann fand.

2. Angst und Unfähigkeit zur Kontrolle der Umwelt bedingen die Sehnsucht nach einer überschaubaren, familienähnlichen Welt mit eindeutigen Rollenzuschreibungen.

Es kommt zu einer Personalisierung und einer Verkindlichung der Weltsicht. Unsere globalisierte, von äußerst komplexen Verzahnungen bestimmte Welt kann nicht mehr mit Kategorien von einzelnen Akteuren oder religiösen oder politischen Systemen verstanden werden. Obwohl wir das wissen, fällt es uns schon zu Normalzeiten sehr schwer, dieser Entwicklung kognitiv und gar erst emotional nachzukommen. Schockhafte Erlebnisse wie der 11. September lösen die Einsicht in die Abstraktheit und Komplexität der Wirkungsgesetze auf und erzeugen einen Hunger nach Personen, die als Täter oder Opfer benannt werden und an denen sich die Gefühle festmachen können. Hass auf das anonyme Netz von Geldanlagen der Al-Qaida ist unmöglich.

Zu der Rückkehr in die kindliche Welt gehört auch die Zeichnung der Helden- und – komplementär – Schurkendarsteller. Deshalb war die frühe Festlegung auf Bin Laden und die Konzentration auf seine Person statt auf die Organisation der Terrornetze in der Öffentlichkeit so dringlich. Deshalb machte die Western-Nummer von Bush (»Bin Laden gesucht – tot oder lebendig«), ebenso Sinn wie seine Ankündigung, die Höhlen Bin Ladens auszuräuchern (sozusagen ein Karl-May-Szenario); ebenso wie auf der anderen Seite die Anbetung der Feuerwehrmänner als der Helden – statt z. B. der Experten, die Geldtransfer-Wege der Terroristen aufdeckten und kappten.

Dieser Psycho-Logik liegt natürlich auch ein Krieg näher als ein Kampf mit abstrakten Dingen wie Geld; zusätzlich gilt der Krieg als sauber, der Kampf mit Geld (Schmiergeld, Erkaufen von Loyalität oder Verrat) hingegen als schmutzig, so dass er – obwohl Geldzahlungen an die Unterstützer-Staaten, an Oppositionsparteien und -militär, an war-lords etc. eine ausschlaggebende Rolle im Afghanistan oder im Irak-Krieg spielten – der Öffentlichkeit so weit wie möglich verschwiegen wurde.

3. Terror erzeugt mit der existentiellen Bedrohung große Angst vor Einsamkeit und Ausgestoßensein und die Unfähigkeit, sich der Anstrengung von Uneinigkeit und Tolerierung von Fremdem zu unterziehen. Die archaische Gleichung von Fremder und Feind wird wieder gültig.

Folge ist die Suche nach Schutz in der harmonischen Herkunftsfamilie, die Aufgehobensein, Schutz und Stärke garantiert. Es entsteht ein starker Druck zur Homogenisierung der Eigengruppe und eine aggressive Ausgrenzung von Abweichlern.
Die Ohnmachtserfahrung stimuliert Wünsche, Schutz und Stärke in der Identität der Eigengruppe (USA, der Westen) zu suchen: wir sind alle gleich, wir wollen alle dasselbe, wir haben alle trennenden Interessendifferenzen hinter uns gelassen, sind eine zusammengeschmiedete verschmolzene Gemeinschaft, in der einer für den anderen eintritt. Der Sog, den die Vorstellung des Einsseins mit allen, der Wunsch nach Gleichheit, Symbiose, Verschmelzung auf uns ausübt, ist groß, verbunden mit dem äußerst lustvollen Erleben der Macht des Kollektivs.

4. Der Terroranschlag verletzt die Kohärenz des eigenen Sinnsystems. Das traumatische Erleben stellt einen unverständlichen Einbruch in die Geordnetheit und Zweck-Mittel Rationalität unserer inneren Weltordnung dar. Dazu gehörte auch die Bedrohung durch die Unsichtbarkeit, Unfassbarkeit der Quelle der Bedrohung. Wer und wo ist der Feind?

Um dem zu entgehen, liegt die Konstruktion und Visualisierung eines eindeutigen Feindbildes nahe. Mit dem Freund-Feind-Schema, dem antinomischen Denken von »wer nicht für mich ist, ist wider mich« entstehen Klarheit und Einfachheit[5]. Außerdem versucht man, Sicherheit durch den Rückgriff auf vertraute Deutungsmuster wieder zu gewinnen: Der Anschlag wird als Krieg definiert, der mit einem militärischen Angriff auf einen Staat beantwortet wird.

Wer ist der Feind? Traumatisch wirkt, wenn eine Katastrophe keinem Verursacher zugeschrieben werden kann. So löste es nach dem 11. September enorme Verunsicherung aus, dass die Zahl der Opfer und die materiellen wie symbolischen Schäden unermesslich hoch waren, der Gegner jedoch ungreifbar war und keine Person oder Staat als souveräner Auftraggeber für die Taten verantwortlich gemacht werden konnte.

Dennoch wurden schnell einzelne Verantwortliche benannt: Bin Laden als Person, Afghanistan und andere Länder als »Schurkenstaaten« und »Achse des Bösen«. Entgegen der Einsicht in die canceröse, dezentrale Struktur der Terrornetzwerke wurde ein Feind definiert und verantwortlich gemacht. »Hat man in Ermangelung eines wirklichen, eines satisfaktionsfähigen, eines staatsförmigen Gegners nicht Afghanistan als Stellvertreter benutzt?« (A. Nassehi in »Süddeutsche Zeitung«, 26.11.01).

Zusätzlich – notwendig in unserer visuellen Kultur – wurden die Schuldigen durch Bilder präsent gemacht: Riesige Fotos – drapiert wie Fahndungsfotos – gaben dem Terror Gesichter.

Wo ist der Feind? Ebenso schwer zu verarbeiten wie die Ungewissheit über die Verursacher ist es, die Quelle der Bedrohung nicht verorten bzw. den Ort nicht eingrenzen zu können.

Zwar sagte der amerikanische Außenminister Colin Powell unmittelbar nach dem 11. September: »Dieser Krieg ist anders. Der Feind steht an vielen Orten, versteckt, sehr häufig mitten in unserem eigenen Land.« Aber auch hier war der Druck zu stark. Die Einsicht, dass eine räumliche Eingrenzung des Gegners unmöglich ist, konnte ebenfalls nicht aufrechterhalten werden. Der Gegner musste auch räumlich ein- und ausgegrenzt werden, Orte außerhalb Amerikas wurden als Sitz des Feindes und damit als Angriffsziele festgelegt. Die Idee, man könnte den Terror vernichten durch Ausräuchern der Höhlen in Afghanistan, entspringt derselben Psycho-Logik wie die Personifizierung des Terrors.

Diese Behauptung, der Terror sei eindeutig identifizierbar und zurechenbar, stellte eine massive Verharmlosung der Bedrohung dar, aber sie linderte den psychischen Druck, der durch die Ungreifbarkeit entstanden war.

Traumatisierend wirkt, wenn ich die Bedrohung in ihrem Funktionsmechanismus nicht verstehen kann. Erfolgversprechende Gegenmaßnahmen werden unmöglich.

In bezug auf den 11. September wurde immer wieder fassungslos die Sinnlosigkeit des Terroranschlages konstatiert. Nach dem Terroranschlag gab es kein Bekennerschreiben, keine Forderungen. Politische Zwecksetzungen, auslösende Anlässe waren nicht erkennbar. Auch später, als der fundamental-islamistische Hintergrund deutlicher wurde, entzog sich weiterhin die reine Symbol-Bedeutung der Selbstmordattentate einer herkömmlichen Zweck-Mittel-Rationalität, Ursachen-Forschung und -Bekämpfung.

Diese große Verunsicherung wurde durch die Anwendung vertrauter Schemata still gestellt.

Die Definition als kriegerischer Angriff, die unmittelbar nach dem Anschlag einsetzte, war zwar eine ungeheure Aufwertung der Terroristen und der Dimension ihres Anschlags, nahm der Bedrohung gleichzeitig aber viel von ihrem Schrecken, indem sie sie als bekanntes Phänomen einordnete, das mit vertrauten Mitteln zu bekämpfen ist: mit militärischem Einsatz gegen das Territorium eines Staates.

Präsident Bush: »Wir sind im Krieg, man hat uns diesen Krieg erklärt.« – »Attack on America«: tagelang sahen wir diese Schlagzeile als Hintergrund der Sendungen im Fernsehen. Auch in Deutschland war die Definition als Krieg (Bundeskanzler Schröder sprach immer wieder von dem Angriff auf die Zivilisation) und die Ablehnung von Begriffen wie Terroranschlag schnell Allgemeingut. Die Diskriminierung anderer Positionen zeigte sich daran, dass sogar der Begriff »Topterrorist« zu einem der Unworte des Jahres 2001 gewählt wurde: Die Verwendung des Begriffes »Topterrorist« stelle eine unerträgliche Verharmlosung des Geschehens dar.

Umgekehrt – und weit einleuchtender – bezeichnete der französische Philosoph Baudrillard die Einordnung des Anschlages als militärischen Angriff auf Amerika als Verleugnung und Verharmlosung, die der neuen Qualität der Bedrohung nicht gerecht werde. »US-Präsident Bush versucht, die Symmetrie Freund-Feind wiederzufinden, er strebt auf vertrautes Terrain zurück. Die Amerikaner führen diesen Krieg so, als müssten sie sich gegen ein Rudel Wölfe verteidigen« (Baudrillard in »Der Spiegel« 3/2002).

5. Terrorerfahrungen zerstören das Vertrauen in die Zukunft, v. a. wenn sie nicht als einmalige, extrem unwahrscheinliche Ereignisse verstanden werden können. Der 11. September machte die prinzipielle und wachsende Bedrohtheit der westlichen Welt deutlich.

Die Reaktion auf diese Ausdehnung des Bedrohtseins in eine unabsehbare Zukunft hinein war das Versprechen wider besseres Wissen, den Terror in einigen Jahren vollständig zu vernichten.

Nach den ersten vollmundigen Versprechungen, der Feind werde vollständig ausgelöscht, wurde zurückgerudert: der Kampf werde sehr lange dauern – Jahre, womöglich Jahrzehnte, aber er werde zum Schluss siegreich und vollständig sein. Nach dem Afghanistan-Feldzug gelang es erstaunlich gut, das Scheitern vollständig zu verschleiern, indem nachträglich als Ziel der Sturz der Taliban angegeben wurde. Dann wurde das Versprechen, ein einmaliger, vernichtender Schlag werde die Erlösung vom Feind bringen, ersetzt durch die Benennung immer neuer Feinde auf der Achse des Bösen, die nacheinander erledigt werden sollen. Nach dem Sieg über den Irak ist inzwischen deutlich geworden, dass die Liste potentiell unabschließbar ist. Immer noch wird aber das unhaltbare Versprechen gegeben, die Ausschaltung der »Achse des Bösen« bedeute das Ende der Bedrohung durch Terror.

6. Die Erfahrung von Ohnmacht und Hilflosigkeit führen zu einer extremen Idealisierung von Macht und Potenz:

Jenseits aller Erfolgseinschätzungen muss deshalb unbedingt das Gesetz des Handelns auf die eigene Seite gebracht werden: Die militärische Aktion stellte eine symbolische Geste der Stärke und Unbesiegbarkeit Amerikas dar, unabhängig von ihrer strategischen oder taktischen Bedeutung als Maßnahme im Kampf gegen den Terror. Die Politik wird auf die Bekämpfung des Terrors reduziert, der wiederum aus seinen sozioökonomischen, politischen und ideologischen Kontexten herausgelöst und als monolithischer Block begriffen wird.

In unserer Kultur hat selbstbestimmtes Handeln eine zentrale Bedeutung für den Selbstwert der Menschen. Hier wirken Ohnmachtserfahrungen und der Verlust von Kontrolle besonders gravierend und bedrohen die Integrität der Menschen. Terrorangriffe, noch dazu, wenn sie mit so viel unklarem Bedrohungspotential für die Zukunft einhergehen wie der 11. September, stellen ein besonderes Extrem traumatischer Ohnmachtserfahrungen dar. Wenn das Individuum traumatischen Erfahrungen ausgesetzt ist, versucht es unter Aufgebot aller Kräfte, das passive Ausgesetztsein wieder in selbstbestimmtes Handeln umzusetzen. Wie zentral für die Identität dieser Rückgewinnung von Aktivität ist, zeigt, dass dabei auch die Schädigung der eigenen Person in Kauf genommen wird: Man nimmt z. B. die bedrohliche Realität einfach nicht mehr wahr, spaltet sich in verschiedene Persönlichkeitsanteile auf, macht sich unempfindlich gegen alle Gefühle, verletzt sich selber, oder wird vom Opfer zum Täter und ähnliche Maßnahmen, die dem Schutz der eigenen Integrität gelten sollen, selbst wenn dabei Teile der eigenen Person oder andere Menschen geopfert werden.

Nicht nur bei psychisch Kranken und Traumaopfern lässt sich beobachten, welche selbst- und fremddestruktiven Folgen die Unfähigkeit zum Ertragen von Ohnmachtsgefühlen hat. Diese Mechanismen spielen, wie sich am Beispiel des 11. Septembers zeigt, auch in der politischen Psychologie eine Rolle.

Der Schrecken der ersten Stunden und Tage nach dem 11. September rührte z. T. aus Ohnmachtserfahrungen her: Nicht nur galt es auszuhalten, dass etwas Entsetzliches geschehen war, eine Katastrophe unvorstellbaren Ausmaßes, zusätzlich musste man mit weiteren Anschlägen rechnen. Warten zu müssen auf ein ungewisses Schicksal, alle Nerven auf eine mögliche Bedrohung hin angespannt, die jedoch ungreifbar und nicht lokalisierbar war und der man nicht begegnen konnte, ließ die Menschen überwältigt von hilflosem Entsetzen zurück.

Die Reaktionen auf den 11. September scheinen mir zu einem großen Teil erklärbar mit dem Nicht-ertragen können, dass diese Qualität von Bedrohung – ihre Ungreifbarkeit – die westlichen Zivilisationen begleiten wird und durch keine Maßnahme zum Verschwinden gebracht werden kann. Dies verlieh der Suche nach klaren, eindeutigen Feindbildern, gegen die sich die Aktivität im Vergeltungsschlag bündeln konnte, besondere Dynamik und reduzierte die Bereitschaft, geduldig den feinen Netzen des Terrors und seiner Verflochtenheit in die islamischen wie westlichen Gesellschaften nachzuspüren.

Hinzu kommt, dass die Opfer von Terror und Gewalt auf unerträgliche Weise mit der eigenen Hilflosigkeit und tödlichen Bedrohtheit konfrontiert sind. Deshalb entsteht – bei allem willentlichen Bemühen und trotz der totalen moralischen Tabuisierung dieser Tendenzen – ein Sog zu den Tätern hin. Gewaltsituationen erzeugen bei den Zuschauern potentiell eine Identifikation mit den Tätern, weil scheinbar nur dies aus Ohnmacht und Hilflosigkeit herausführt (vgl. Anna Freuds Untersuchung an KZ-Kindern und ihrer Idealisierung der SS, sowie Sofsky 2002). Diese Neigungen zur Identifikation mit dem Aggressor werden mit starken Schuld- und Schamgefühlen beantwortet und müssen deshalb vollständig verleugnet werden. Spürbar werden sie nur in der exzessiven Beschäftigung mit dem Täter.

Die abgewehrte Identifikation mit der Tätermacht wird in dessen negativer Überhöhung (Idealisierung) deutlich: immer wieder wird die ungeheure Perfektion der Tat gerühmt, Bin Laden als Teufel dargestellt, die Mächte des Bösen mit überirdischen Potenzen ausgestattet.

Zudem beantwortet man dieses drängende Verlangen, auf der Seite der Macht und der siegreichen Gewalt zu stehen, mit einer Überhöhung der Symbole der Macht auf der eigenen Seite. Das führte zu einer schwärmerischen und sentimentalen überwertigen Beschäftigung mit den Helden und Rettern der eigenen Seite, vor allem denen, deren Hilfeaktionen mit dem Einsatz des eigenen Körpers und des eigenen Lebens geschah und deren Mut, Geschicklichkeit und rasches Reaktionsvermögen dem Bedürfnis nach sinnlicher Partizipation an der Rettungsaktivität entgegenkamen. Ihre Verehrung und Ikonisierung entsprach wieder dem Bedürfnis, der neuen, ungreifbaren Qualität der Bedrohung durch den Rückgriff auf archaische Heldenbilder auszuweichen.

7. Traumatisierende Angst wird ausgelöst, wenn die Quelle der Bedrohung in uns selber sitzt.

Reaktion auf diese Bedrohung der Integrität ist die Produktion eines Außenfeindes. Der Kampf gegen einen mithilfe von Verachtung und Ekel dehumanisierten Feind soll die eigene verletzte Grenze wieder herstellen.

Freud beschreibt, dass das Unheimliche deshalb so bedrohlich ist, weil es in Wirklichkeit das Heimliche, Heimische ist. Weil es eigentlich ein Teil von uns selbst ist, bekommen wir es nicht zu fassen und können uns nicht abgrenzen. Besonders bedrohlich nach dem 11. September war es deshalb, die »Immanenz des Terrors« (Enzensberger, »Frankfurter Allgemeine Zeitung« vom 18. 9. 2001) wahrnehmen zu müssen.

Die Angriffe stellten eine traumatische Verletzung der territorialen Souveränität dar, trafen mit der Vernichtung zentraler Symbole der Macht das Innerste, das Herz Amerikas. Aber die bedrohliche Verletzung der Integrität geht weit über das Eindringen in die territoriale Souveränität hinaus – der Terror und seine Netze sind auch in Amerika und Europa, jeder könnte ein Schläfer sein, jeder ist verdächtig (Baudrillard, »Süddeutsche Zeitung« vom 12. 11. 2001).

Terrorismus ist wie Viren, so Baudrillard. Die »Viren sind längst in uns. Es gibt keine Front und keine Demarkationslinie mehr, der Feind sitzt im Herzen der Kultur, die ihn bekämpft« (Baudrillard, »Der Spiegel« 3/2002). Er verwendet ihre Techniken, die Finanzströme, das Design, die mediale Bild- und Filmlogik, indem er den Anschlag als Medienspektakel wie nach einem Hollywood-Fimskript inszeniert. Selbst auf der ideologischen Ebene, wo der Islamismus vormoderne Werte und Ziele propagiert, bleibt er doch in jeder Faser reaktiv auf die säkulare Moderne bezogen: seine Kernaussagen und sein Affekt beziehen sich auf die Abwehr des westlichen Modells, nicht auf einen unabhängigen Gegenentwurf.

D. h. er dringt nicht nur von außen, als etwas Fremdes in die westliche Integrität ein, sondern ist uns angeglichen – wie Viren, welche Zellen des Wirtes zur eigenen Vermehrung nutzen.

Die Nähe des Bösen, seine Ähnlichkeit mit uns wird immer sehr stark abgewehrt. Obwohl z. B. bei Vergewaltigungen jeder weiß, dass die meisten Täter Verwandte und Freunde sind, fürchtet man sich lieber weiter vor dem Fremden, redet vom Dunklen Mann. So musste auch nach dem 11. September unbedingt und ohne allen Zweifel glaubhaft gemacht werden, dass der Angriff von außen kam. Weil der Feind einem unerträglich nahe gerückt war, mussten alle Abwehrkräfte mobilisiert werden, Tat und Täter mussten fremd gemacht werden. Sie durften nichts, aber auch gar nichts, mit uns gemein haben. Dies erklärt die ungeheure Wut auf alle, die die Nähe, die Ähnlichkeit der Terroristen zu uns betont haben. Die Grenze, die gezogen wurde, war absolut und sollte jeden zu einem Bekenntnis zwingen. Präsident Bush ließ nur scheinbar eine Wahl: »Entweder man ist für uns, oder man ist für die Terroristen«.

Die Terroristen sind Fremde, feige, finsterstes Mittelalter, Wahnsinnige, von archaischen Stammesriten geprägt, abwegigen Ideen Verfallene, brutale, unmenschliche Wesen, die nur Verachtung und Ekel verdienen, in Höhlen hausen wie Tiere. Den Taliban, Bin Laden etc. wird die Artgenossenschaft entzogen, sie sind Bestien, Teufel, die nicht zur menschlichen Gemeinschaft gehören und deshalb vernichtet werden dürfen und müssen.

Was zunächst für absurd gehalten wurde, macht unter dieser psychologischen Prämisse wieder Sinn: zunächst bestand Einigkeit, dass ein Raketenschutzschild keinerlei Schutz vor Terrorangriffen bieten und deshalb dieses Projekt nach dem 11. September obsolet geworden sei. Wenn man die überragende Bedeutung der Vorstellung eigener Integrität sieht, die kontrafaktisch den Feind in ein territoriales Außen einfriedet, wird jedoch verständlicher, welchen Reiz die Idee ausübt, es gäbe eine undurchdringliche Schutzhaut über dem eigenen Staatskörper.

8. Bei einem Terroranschlag gilt es auch die moralische Infragestellung zu verarbeiten: Am schwersten zu verarbeiten sind Traumata, an denen man sich selber mitschuldig weiß.

Zur Schuldentlastung muss unbedingt der eigene Status des unschuldigen Opfers betoniert werden: Wir sind die vollständig sinnlos und ungerechtfertigt Angegriffenen, die anderen sind die teuflischen, wahnsinnigen Angreifer. Wer die Motive der Terroristen mit dem politischen Handeln der eigenen Seite in Verbindung zu bringen versucht, wird umstandslos mit dem Feind selbst gleichgesetzt.

Naturkatastrophen können von den Menschen sehr viel eher als Schicksalsschlag hingenommen werden als technische Desaster, Kriege oder als Gewaltverbrechen, an deren Zustandekommen man Mitmenschen oder gar sich selbst eine Mitschuld zusprechen muss.

Eigentlich hätte die Deutung des Terroranschlages als – wenngleich verbrecherische – Reaktion auf die Politik der westlichen Industrienationen die beunruhigende Unverständlichkeit des Geschehens (»Warum hassen sie uns so?«) lindern können, indem sie den Terror in einen Sinnzusammenhang stellt. Motive für den verletzten Stolz, für Verbitterung und Hass liegen in der einseitigen Profitmaximierung, die die globalisierte Ökonomie dem Westen ermöglicht, in dessen Indifferenz und Arroganz gegenüber den kulturellen und religiösen Traditionen in den Ländern der Dritten Welt. Solche naheliegenden Zusammenhänge herzustellen war in der emotionalisierten Situation nach den Attentaten offenbar nicht als sachliche Beschreibung von Machtungleichgewichten denkbar. Vielmehr galt jeder Versuch, Zusammenhänge zur Politik der westlichen Welt herzustellen, sogleich als masochistische und verlogene Selbstbezichtigung oder wurde als Rechtfertigungsversuch des Terroranschlages diskriminiert. Stattdessen galt es, unbedingt den eigenen

Opferstatus zu betonen und zu fixieren und aus ihm ein Recht auf schuldfreie Vergeltungsfeldzüge abzuleiten, die damit als Verteidigung des Opfers von vornherein moralisch legitimiert erschienen.

In unserer Kultur war bisher für die Rechtfertigung eines Krieges die Herstellung des Opferstatus unverzichtbar: es muss die Vorstellung erzeugt werden, dass die eigene Gruppe einem existenzbedrohenden Angriff ausgesetzt wird. Nur als Verteidigung ist die eigene Solidarisierung und Gegenaggression erlaubt. Das weisen die Autoren in einer Untersuchung über mentale Kriegsvorbereitung in unterschiedlichsten Kriegen der westlichen Welt in diesem Jahrhundert nach (van der Linden und Mergner 1991)[6]. Zusätzlich ist das Opfer per se immer rein und unschuldig (vgl. Behrenbeck 1991).

Auch diese der Schuldentlastung dienende Strategie hatte zur Folge, eine differenzierende Wahrnehmung beider Seiten zu verhindern. Auf der eigenen Seite bedeutete die extreme Dämonisierung aller selbstkritischen Positionen den raschen Abbau einer öffentlichen Streitkultur und das aggressive Einverständnis mit Zensurmaßnahmen und massiven Einschnitten in rechtsstaatliche Garantien für die Individuen. In Amerika und Deutschland konnten Gesetze ohne Widerspruch und in unglaublicher Geschwindigkeit realisiert werden, die demokratische Grundrechte außer Kraft setzten. Die Ausgrenzung abweichender, liberaler Positionen entsprach im öffentlichen Klima wie in den organisatorischen Maßnahmen der McCarthy-Ära in den 50er Jahren bis hin zur Wiederbelebung des Komitees für antiamerikanische Umtriebe.

In bezug auf die arabische Welt und die muslimischen Staaten führte die moralische Selbstgerechtigkeit zu einer Fehleinschätzung der Gegner, indem man deren Anliegen moralisch vollständig disqualifizierte. Die gesamte muslimische Welt geriet unter Generalverdacht und musste ihre Unterwerfungsbereitschaft und absolute Loyalität gegenüber dem Westen öffentlich demonstrieren, ein aufs Neue erniedrigendes Zwangsritual, das den populistischen Anti-Amerikanismus stärkte und damit die demokratischen und reformerischen Kräfte in den arabischen Ländern schwächte.

2.2. Demütigungs- und Rachemotive in der Psychologie der Opfer und Täter

Der Terrorangriff hatte nicht nur die Folge von Angst, Schrecken und Hilflosigkeit. Er vermittelte auch eine Erfahrung von Unwert und extremster Demütigung. Dass das eigene Leben den Tätern nichts galt, dass die eigenen Symbole der Macht in sich zusammensanken, löste Gefühle von Beschämung aus.

Weil das Schutzschild durchbrochen ist, hat jedes Trauma zur Folge, dass der Umgang des Täters mit dem Opfer – die Überwältigung – in das Selbstbild übernommen wird: man fühlt sich klein, erniedrigt, nichts mehr wert. Dies löst ungeheure Wut aus und das unabweisbare Verlangen, die eigene Entwürdigung und Demütigung dem Täter zuzufügen. Die Übernahme und meist Steigerung der Täterrolle scheint der einzige Weg zur Reparatur der Entwürdigung.

Unser Selbstbild als von unseren Mitmenschen anerkanntes Wesen ist die zentrale Basis unserer Existenz. Wenn wir mit unseren Bedürfnissen und Wertvorstellungen nicht gesehen oder sogar für vernichtenswert erklärt werden, ist das eine der am schwersten auszuhaltenden Erfahrungen für jeden Menschen. Immer wieder Beschämung und Demütigung ausgesetzt zu sein, hat mit hoher Wahrscheinlichkeit schwere psychische Störungen mit auto- und fremddestruktiver Symptomatik zur Folge (vgl Krause 1998; 2001). Selbsthass, Selbstverachtung und Selbstekel als Folge solcher Erfahrungen von Unwert durchbrechen die Schutzschranken und bedrohen die Identität in ihrem Kern. Alles tut man deshalb, um sie aus dem Inneren der eigenen Person wieder herauszubefördern, vor allem, indem man andere zu den Bösen macht, die man nun selber beschämen, verachten, mit vernichtendem Hass verfolgen und an denen man sich für alles rächen kann. »(...) eine der wenigen Möglichkeiten, chronische Schamgefühle wenigstens temporär zu mindern, (besteht) darin, in einem Anfall narzisstischer Wut das Ideal bzw. das idealisierte Objekt zu zerstören« (Krause 2001, S. 948). In dieser Situation braucht man den Feind zum Überleben, ist deshalb – wie ein Süchtiger auf seinen Stoff – auf ihn angewiesen und stellt neue Feinde her, wenn die alten nicht mehr taugen. So »dienen die allerschlimmsten Formen der Zerstörung oft dem vergeblichen Versuch, die ›Würde‹ wiederherzustellen« (Krause 2001, S. 939).

Gefühle von Demütigung, Entehrung, Schändung zu erzeugen, ist mit dem Terroranschlag auf das World-Trade-Center und das Pentagon gelungen. Wie tief die Verletzung ging, zeigen die Wogen von Wut und Rachewünschen, denen man sich ungebremst überließ. So schien auch nach dem 11. September die Wiederherstellung von Stolz und Ehre nur durch einen auf physische Vernichtung des dehumanisierten Gegners abzielenden Vergeltungsschlag möglich. Experten meinten, der Krieg gegen Afghanistan mache militärisch oder politisch vielleicht wenig, psychologisch jedoch sehr viel Sinn.

Eine Rachefeldzug hat andere Ziele als ein »normaler«, auf territoriale Erweiterung oder Abwehr von Angriffen zielender Krieg: Die Rache begnügt sich nicht mit der Unschädlichmachung des Gegners, ihr Sieg ist erst vollständig mit seiner totalen Entwürdigung.

Das Motiv von Demütigung und Rache spielt in der Psychologie aller fundamentalistischen oder terroristischen Gruppen eine überragende Rolle. Die Reaktionen auf den 11. September zeigen – was wir aus der Individualpsychologie schon lange wissen –, wie rasch und widerstandslos sie von den Opfern terroristischer Gewalt übernommen werden können.

Welche Rolle die Umwandlung von Demütigungsgefühlen in die Grandiosität der Racheposition in der Psychologie des islamistischen Terrors spielt, kann im Folgenden am Beispiel einer Rede Bin Ladens nur noch angedeutet werden. Ehrverletzung, Beschämung, Demütigung, Entwürdigung: das sind die Ziele, die Bin Laden in einer Rede 1996 seinem Kampf gegen die »Kreuzfahrer USA« – wie er sie nennt – gibt.

Das ist ein Hinweis darauf, wie subjektiv ernst zu nehmen das eigene Gefühl von Verratenworden-Sein durch die »Unreinen« der eigenen Seite, von Beschämung durch die permanente Konfrontation mit der ökonomischen, kulturellen, technischen und militärischen Überlegenheit der westlichen Welt und deren Ignoranz gegenüber der arabisch-muslimischen Identität ist. Keineswegs wird dieses subjektive Gefühl, in einem Überlebenskampf der eigenen religiös-kulturellen Welt gegen die Annektierungspolitik des Westens zu stehen, entkräftet durch den Verweis auf den objektiven Reichtum und das reale Profitieren vom westlichen Kapitalismus bei Bin Laden, Saddam Hussein oder anderen.

Freimütig gibt Bin Laden in der genannten Rede einen Blick in die Ausschließlichkeit einer destruktiven narzisstischen Rachewelt. In jedem Satz geht es um Ohnmacht und Erniedrigung. Bin Laden macht sich zunächst lustig über die Feigheit der Amerikaner und zitiert als »beschämendsten« Fall Somalia. Als dort ein paar Amerikaner umkamen,

> »seid ihr aus der Gegend verschwunden und habt Enttäuschung, Demütigung, Niederlage und Eure Toten mitgenommen. Clinton trat mit Drohungen und Racheschwüren vor die Welt, aber diese Drohungen waren nur Vorbereitung zum Rückzug. Ihr wurdet von Allah entwürdigt und ihr zogt euch zurück; das Ausmaß eurer Impotenz und Schwäche wurde sehr deutlich. Es war eine Freude für das Herz jedes Muslim und eine Linderung für die Brust gläubiger Nationen…«. Bin Laden 9.4.96 (zit. nach »Die Woche«, 14.9.2001)

Man spürt fast körperlich die ungeheure Giftigkeit, das Strömen dieses vernichtenden Hasses, für den Linderung des Schmerzes und Freude nur darin bestehen, die Entwürdigung und Impotenz des Feindes zu sehen. Man spürt auch, wie ungeheuer lustvoll und das Selbstgefühl aufblähend es ist, Demütigung und Beschämung mit Vernichtungshass zu beantworten.

Diese Hassergüsse erinnern nicht nur an Hassorgien anderer politischer Massenführer, insbesondere natürlich Hitlers Flut von Schmähungen gegen die Alliierten, gegen die Juden, gegen die Verräter in den eigenen Reihen. Es sind – in eine politische Sprache gegossen – die identischen Formulierungen vieler Menschen mit narzisstischen Störungen, die das eigene Gefühl, zu kurz gekommen und nie anerkannt worden zu sein, in Rache- und Vernichtungswut ummünzen und das Gefühl eigener Stärke nur in der Phantasie oder im realen Kampf gegen die übermächtigen Figuren gewinnen können, von denen sie sich gänzlich abhängig fühlen. So ist bei Bin Laden die Fixierung auf den Feind deutlich, es scheint kein eigenes, vom Feind unabhängiges Zentrum des Selbst und politischer Zielvorstellungen zu geben. Die Selbstdarstellung Bin Ladens als großartiger, tapferer, uneigennütziger, reiner Krieger ist eine defensive Selbstidealisierung, sie bleibt in jedem Motiv immer auf die Feinde bezogen, nur deren Schwäche lässt das eigene Licht strahlen. Selbst die politischen Forderungen – Abzug von den heiligen Stätten, freies Palästina, Vernichtung der korrumpierten islamischen Regimes – sind im wesentlichen negative, defensive Ziele.

Bei Bin Laden hängt die Fixierung auf die USA wohl auch mit seiner eigenen Karriere zusammen: zuerst groß gemacht und dann, als die Unterstützung der Al-Qaida gegen die Russen nicht mehr wichtig war, rasch und vollständig aus der Aufmerksamkeit der Amerikaner fallen gelassen zu werden. Zusätzlich mögen bei ihm – wie bei anderen Terroristenführern und Diktatoren – Merkmale der persönlichen Herkunftsgeschichte eine Rolle spielen, die die besondere Bereitschaft erklären, Demütigungserfahrungen aggressiv zu externalisieren und in eine politischen Saga zu überhöhen[7]. Angesichts des wenigen, extrem Stilisierten und historisch nicht Abzusichernden, was über die Familiengeschichte solcher Figuren bekannt ist, scheinen jedoch Erklärungen des narzisstischen Destruktionspotentials aus der individuellen Genese wenig erfolgversprechend. Zudem ist – von Stalin und Hitler über Bin Laden und Saddam Hussein – immer zu beobachten, wie die paranoide Abschottung in den eigenen Zirkeln der Macht die narzisstische Störung aufrechterhält und verstärkt. Lebt man in einer paranoiden Welt ohne Zugang zu anderen Stimmen, ist man der unablässigen Überhöhung durch die eigene Gruppe und dem ebenso unaufhörlichen Verfolgungsdruck durch die Feinde ausgesetzt, setzt eine sich selbst verstärkende Spirale von Radikalisierung und Realitätsverkennung ein.

Vor allem aber kann kein Ansatz an der Individualpsychologie der Führer verständlich machen, worin die Wirkungsmacht der Destruktionsszenarios dieser Personen besteht.

Wie konnte z. B. Bin Laden zu einer von der Massenbegeisterung getragenen Heldengestalt werden? Warum ist für so viele eine Weltsicht einleuchtend, die die westliche Hegemonie als Ursache des eigenen Elends ansieht und sich im Recht glaubt, gegen diese Welt mit allen Mitteln von Gewalt und Terror anzugehen? Dies muss mit kulturellen, in der islamischen Welt geteilten Erfahrungen zusammenhängen. In den Äußerungen der muslimischen Politiker findet sich immer wieder derselbe Bezug auf die Geschichte: v. a. seit dem Ende des Kalifats 1924 ist die muslimische/arabische Welt mit einer Serie von Niederlagen und Bedeutungsverlusten geprägt. Die Welt scheint seither nur durch Erfahrungen von Aufgabe der eigenen Traditionen und Scheitern der halbherzigen Übernahme westlicher Modelle bestimmt. Die technische und kapitalistische Modernisierung bei Beibehaltung korrupter autoritärer Regime und Schwäche säkularer staatlicher Institutionen hatte zur Folge, dass kein eigener, islamische Traditionen bewahrender selbstbewusster Weg in die moderne Weltgesellschaft gefunden werden konnte und man sich weiter abhängig von der westlichen Welt sah, der jedoch die muslimischen Länder nur als Manövriermasse der eigenen geopolitischen und ökonomischen Interessen gelten.

Resultat ist ein Gefühl von Beschämung, Entwürdigung, fehlendem Selbstvertrauen in den arabischen Gesellschaften. »Es ist also nicht das Trauma allein, sondern die mit ihm verbundenen Demütigung und ein verbliebener Rest Stärke, die das höchste Destruktionsrisiko produzieren« (Krause 2001, S. 953): Diese auf das Individuum gemünzte Erklärung für die Bedeutung von Demütigungserfahrungen kann m. E. auch zum Verständnis von Gruppenreaktionen verwendet werden. Die Schuldprojektion auf die Amerikaner – gestützt durch die reale Machtpolitik der USA – konnte deshalb einsetzen, weil das eigene Selbstbewusstsein nicht ausreichte, um Versäumnisse auf der eigenen Seite anerkennen zu können. Die ganze Schuld muss draußen sein und bleiben, weil sonst der eigene Unwert droht. Der Hass ist gerade deshalb so groß und so vernichtend, weil die Projektion so labil ist.

Die eigene Schwäche- und Opferposition wird mit Verrat begründet: Deshalb gilt der fast noch größere Hass (als auf die USA) den »Verrätern« der eigenen Sache, d. h. den arabischen Potentaten – auch dieses Motiv ähnelt bis ins Detail den nationalsozialistischen Hassorgien gegen die »Erfüllungsgehilfen des Versailler Schandvertrages«.

Die positiven Vorstellungen eigener Größe gelten der fernen Vergangenheit der siegreichen Kämpfe aus der Frühzeit des Islam bzw. einer fernen, nicht realpolitisch zu greifenden Zukunft. In negativer Weise sind die eigenen Größenvorstellungen auch in der Hassprojektion auf Amerika untergebracht, in der Unterstellung, das einzige Ziel der USA läge in dem Kreuzzug gegen die islamische Welt.

Auf der muslimischen Seite zeigt sich derselbe Mechanismus der Projektion wie am Beispiel der Feindproduktion des Westens nach dem 11. September: je größer die Annäherung an den »Feind«, je realistischer seine Wahrnehmung, umso mehr wächst die Gefahr, die eigene Verantwortung und Schuld wahrnehmen zu müssen und mit dem Zusammenbruch der Projektion der eigenen Misere schutzlos ausgeliefert zu sein.

Inzwischen sind nicht nur die eigenen traumatischen Gefühle nach dem 11. September zu Schemen verblasst, sondern auch die damalige fanatische Ursachensuche nach den Motiven des Terrors. Die neuen Terroranschläge können diese Gleichgültigkeitsschranke nicht mehr durchbrechen. Sie treffen nicht die eigene Kernidentität, weil das Schlimmste schon geschehen ist und die neuen Anschläge nur als bedeutungsarme »Remakes« erlebt werden, weil sie – auch psychisch – im Ausland geschahen, weil die Siege in Afghanistan und im Irak – wider besseres Wissen – doch als Beweise der eigenen Überlegenheit und Unverletzlichkeit verbucht werden.

Ein Rückblick in die Geschichte zeigt, wie oft solche Prozesse der heftigen politischen Emotionalisierung und Entwicklung einer destruktiven Rachelogik einem raschen Vergessen anheimfallen – das gilt z. B. für die Kriegsbegeisterung zu Beginn des Ersten Weltkriegs, für die massenhafte Faszination von der NS-Ideologie, oder auch für die Hassorgien während des ersten Golfkrieges. Freud hat während des Ersten Weltkrieges diese lustvolle Regression beschrieben, wenn im Krieg die früher verbotenen antizivilisatorischen Impulse plötzlich erlaubt und als Heldentaten gefeiert werden (vgl. Freud 1915). So mag das Vergessen dieser Lust auch mit Beschämung zu tun haben.

Die Politische Psychologie der Reaktionen auf den 11. September erinnert daran, wie verführerisch es immer noch ist, auf traumatische und demütigende Erfahrungen als einzelner wie als Kollektiv mit Hilfe von Feindkonstruktionen und Rache zu antworten.

Anmerkungen

1 Der Artikel ist eine überarbeitete Fassung eines Beitrags in »Politische Studien« Heft 386, 53. Jg., Nov/Dez.2002, S. 42–60.

2 Eine britische Psychologin und Trauma-Expertin meinte im September: »Niemand wird sich in Zukunft mehr sicher fühlen.« Aber inzwischen (Frühjahr 2003) sind, was anfänglich undenkbar erschien, das Schockerleben, die Angst und Unsicherheit trotz einer ganzen Serie von erneuten Terroranschlägen in verschiedenen Ländern und zwei Kriegen, durch eine ziemliche Gelassenheit und emotionale Distanz ersetzt worden.

3 Sie geht mit einem »basalen psychotraumatischen Belastungssyndrom« einher, das u. a. durch folgende Merkmale gekennzeichnet ist: Wiedererleben der traumatischen Situation, intensive psychische Belastung und körperliche Reaktionen bei Hinweisreizen, Vermeiden von auch nur entfernt ähnlichen Situationen, Entfremdungsgefühle, Reiz- und Schreckbarkeit, Affekt- und Kontakteinschränkungen, Depressionen, Dissoziationen und viele andere psychische und körperliche Symptome (vgl. Fischer/Riedesser 1988, S. 42/43).

4 Demütigung und Rache spielen in der politischen Psychologie des Nationalsozialismus eine entscheidende Rolle, ohne die die Vernichtungspraxis und ihre Duldung durch die Bevölkerung nicht zu verstehen ist. Die zentralen Parolen der Nazis sind keineswegs – wie es die nachträgliche Deutung (»Aber die Autobahnen...«) will, um positive Themen wie Beseitigung der Arbeitslosigkeit und wirtschaftlicher Aufbau zentriert. Vielmehr dominiert das Motiv der Rache für Schande und Entehrung: der Schandvertrag von Versailles, der Betrug der tapferen, im Felde unbesiegten Helden der Nation durch die jüdischen Erfüllungspolitiker (Dolchstoß), die sich in die Entehrung durch das schreiend ungerechte Diktat der Siegermächte fügten – Deutschland wehrlos dem Zangengriff aus jüdischem Weltfinanzkapital und Bolschewismus preisgegeben, Entehrung und Erniedrigung durch den herrschenden entarteten Kunstbetrieb, etc.

5 Gerade für die Intellektuellen scheint es besonders reizvoll, die Last des ewigen Räsonierens, der Zweifel, des niemals beendbaren Abwägens von Für und Wider, und die Tatenarmut und Gedankenschwere hinter sich zu werfen und sich endlich in dem nationalen Kollektiv zugehörig und heimisch zu fühlen. Auch während des Golfkrieges wie nach dem 11. September wurde v. a. von Seiten der Intellektuellen gegeifert, wenn Zweifel und Kritik an der Regierungspolitik laut wurden.

6 Selbst das NS-Regime legitimierte seinen Angriffskrieg als durch einen polnischen Angriff erzwungenen Verteidigungskampf. Der Verzicht auf die Herstellung selbst einer solchen Fiktion bei dem Angriff der amerikanischen und britischen Alliierten auf den Irak stellt deshalb einen schockierenden Bruch mit dieser Tradition dar.

7 »Die Idealisierung der eigenen Person beispielsweise als Krieger oder Tugendwächter dient dazu, chronische Scham- und Unwertgefühle fernzuhalten. In der defensiven Selbstsicht dieses Typus von narzisstisch Gedemütigten ist das utopische Projekt der Idealität in seiner eigenen Person in Erfüllung gegangen. Die Aufrechterhaltung dieser Phantasie ist ohne Projektionsfläche für das abgewehrte Schamvolle nicht zu leisten. In bestimmten, meist auch politisch regressiven Umständen gelingt es diesen Personen, eine Klientel von ebenfalls Gedemütigten in ihr phantasmatisches System einzubeziehen. Im allgemeinen sind dies nicht die wirklich Entrechteten, die um ihre Freiheit und um ihr Leben kämpfen, sondern diejenigen, die glauben einen Rechtsanspruch auf eine verlorengegangene Größe, die ihnen meist durch Verrat genommen wurde, zu haben. Die Gedemütigten werden von ihrem Führer in ihrem Glauben bestärkt.« (Krause 2001, S. 948)

Literatur

Beck, U. (1986): Risikogesellschaft. Auf dem Weg in eine andere Moderne. Frankfurt a. M. (Suhrkamp).

Behrenbeck, S. (1991): Heldenkult und Opfermythos. Mechanismen der Kriegsbegeisterung 1918–1945. In: Linden u. Mergner (1991), S. 143–160.

Brockhaus, G. (1997): Schauder und Idylle. Faschismus als Erlebnisangebot. München (Kunstmann).

Fischer, G., und Riedesser, P. (1999): Lehrbuch der Psychotraumatologie. München/Basel (Ernst Reinhardt).

Flatten, F., u. a. (2001): Posttraumatische Belastungsstörungen. Leitlinie und Quellentext. Stuttgart (Schattauer).

Freud, S. (1915): Zeitgemäßes über Krieg und Tod. In: GW Band X. Frankfurt a. M. (Fischer), S. 323–356.

Hodgkinson, P., und Stewart, M. (1998): Coping with Catastrophe. London und New York (Routledge).

Hohl, J. (1989): Zum Symptomwandel neurotischer Störungen: Sozialhistorische und sozialpsychologische Aspekte. In: Keupp, H., und Bilden, H. (Hg.) (1989): Verunsicherungen. Das Subjekt im gesellschaftlichen Wandel. Göttingen u. a. (Hogrefe), S. 103–124.

Keupp, H. (1987): Das Ende der atomaren Gelassenheit. In: Redaktion Psychologie heute (Hg.): Wieviel Katastrophe braucht der Mensch? Weinheim u. a. (Beltz), S. 21–34.

Krause, R. (1998a): Zur Psychologie repressiver Utopien. Saarbrücker Hefte 79/80, S. 35–42.

Krause, R. (1998b): Allgemeine Psychoanalytische Krankheitslehre Band II. Stuttgart u. a. (Kohlhammer).

Krause, R. (2001): Affektpsychologische Überlegungen zur menschlichen Destruktivität. In: Psyche 9/10 2001, S. 934–960.

Linden, M. van der, und Mergner, G. (1991): Kriegsbegeisterung und mentale Kriegsvorbereitung. Berlin (Duncker & Humblot).

Mentzos, S. (1993): Der Krieg und seine psychosozialen Funktionen. Frankfurt a. M. (Fischer).

Sofsky, W. (2002): Zeiten des Schreckens. Terror, Amok, Krieg. Frankfurt a. M. (Fischer).

Volkan, V. D. (1999): Das Versagen der Diplomatie. Zur Psychoanalyse nationaler, ethnischer und religiöser Konflikte. Gießen (psychosozial).

Weiterführende Literatur

Butollo, W., u. a. (1999): Kreativität und Destruktion posttraumatischer Bewältigung. Stuttgart (Pfeiffer bei Klett Cotta).

Erdheim, M. (1988): Kriegsräusche und Untergangsängste. In: H.-J. Althaus u. a. (Hg.) (1988): Der Krieg in den Köpfen. Tübingen (Tübinger Verein für Volkskunde), S. 47–52.

Fest, J. (1987): Hitler. Eine Biographie. Frankfurt a. M./ Berlin (Ullstein).

Gay, P. (1996): Kult der Gewalt. Aggression im bürgerlichen Zeitalter. München (C. H. Beck).

Horn, K. (1983): Die insgeheime Lust am Krieg, den niemand wirklich will. In: Passett, P., und Modena, E. (1983): Krieg und Frieden aus psychoanalytischer Sicht. Frankfurt a. M. (Stroemfeld/Roter Stern), S. 59–78.

van der Kolk, B. A., u. a. (Hg.) (2000): Traumatic Stress. Grundlagen und Behandlungsansätze. Paderborn (Junfermann).

Holocausterinnerung und Terror im globalen Zeitalter[1]

Natan Sznaider

Steht Amerika stellvertretend für die »Menschheit ohne Erinnerung«, wie einst Adorno annahm? Lässt sich das Gleiche auch noch nach dem 11. September sagen? Hat es je gestimmt?

Weiter: Kann Erinnerung überhaupt mit Globalisierung in Zusammenhang gebracht werden? Ist nicht gerade die »kollektive Erinnerung« bestimmend für das »Lokale« das sich der Globalisierung Widersetzende?

Es gibt eine kennzeichnende Form kollektiver Erinnerung im Zeitalter der Globalisierung. Ein Phänomen ist der amerikanische Fall und die besondere Bedeutung der Erinnerung an den Holocaust – beziehungsweise an das, was häufig die »Amerikanisierung des Holocaust« genannt wird. Dies in Hinsicht auf Identität im globalen Zeitalter zu untersuchen, ist das Anliegen des Beitrages.

Was den weitreichenderen Zusammenhang dieser Debatte betrifft, so hat im Verlauf der letzten zehn Jahre der Begriff der »Globalisierung«, und gleichzeitig natürlich der »Amerikanisierung«, den öffentlichen Diskurs geprägt – und zwar vor allem hinsichtlich der Aspekte Konsum und Popkultur. Die heutigen Ängste bezüglich des »Globalen« entsprechen vergleichbaren Ängsten, die vor 100 Jahren und auch heutzutage bezüglich der »Amerikanisierung« bestanden. Damals wie heute ist das Thema einer »globalen Kultur« zum Ziel politischer, ideologischer und wissenschaftlicher Kontroversen geworden. Viele dieser Debatten sind in dichotomischen Begriffen angelegt, die nationale und postnationale Modelle einander gegenüberstellen: So nimmt das nationale Modell die Globalisierung nur als einen oberflächlichen Ersatz für nationale Werte wahr. Diese so genannten »nationalen Werte« werden in Zeiten des Post-Nationalismus häufig als »authentisch« bezeichnet. »Alle Kultur ist lokal« heißt der Slogan dieser Bewegung. In diesem Zusammenhang spielt die Entstehung des Massenkonsums – und die Identifikation über Konsum – eine entscheidende Rolle. Dabei wird die Existenz transnationaler Identifikationsformen oft mit einem bevorstehenden Ende der Nation gleichgesetzt. Es wird vermutet, dass das Konsumverhalten quer durch die Nationen zu einer weltweiten Homogenisierung führt. Deshalb steht bei Gegnern der Moderne Amerika für alles Böse: für Seelenlosigkeit, Entfremdung, Einsamkeit, einen wahnsinnigen Egoismus. Amerika sei eine Nation ohne historisches Bewusstsein mit Menschen ohne Erinnerung – so Theodor W.

Adorno Ende der fünfziger Jahre. Folglich geht es hier nicht nur um den Konsum von Lebensmitteln, Kleidung und anderen Gütern. Es geht auch um den Konsum von Erinnerungen.

1. Kosmopolitische Erinnerung

Derzeit ist die Entstehung eines bestimmten Typus von kollektiver Erinnerung zu beobachten, der über die Grenzen des Nationalstaats hinausgeht, ohne dabei zwangsläufig nationale Erinnerungen zu ersetzen. Diese Art von Erinnerung lässt sich als »global« oder sogar »kosmopolitisch« bezeichnen. Es handelt sich dabei um Erinnerungen, die von einer bestimmten Gruppe von Leuten geteilt und verbreitet werden, deren Forderungen nach kollektiven Identitäten sich nicht mehr in spezifischen nationalen, sondern in universalistischen Begriffen ausdrücken. Auch hier spielt Amerika eine entscheidende Rolle.

»Globale« oder »kosmopolitische« Erinnerung ist unter anderem das Produkt eines Zusammenstoßes zwischen verschiedenen räumlichen Identifikationsformen und sich in der Zeit verändernden Ängsten. Die geteilten Erinnerungen an den Holocaust – der Begriff, der verwendet wird, um ein prägendes Ereignis des 20. Jahrhunderts, die Vernichtung des Europäischen Judentums durch Nazi-Deutschland in den Jahren 1941 bis 1945, zu beschreiben – schaffen die Grundlagen für eine neue kosmopolitische Erinnerung: eine Erinnerung, die über ethnische und nationale Grenzen hinausgeht. Aber ist es möglich, sich an ein Ereignis, das von Vielen als der Wendepunkt in der europäischen Geschichte bezeichnet wird, außerhalb der ethnischen und nationalen Grenzen der jüdischen Opfer und der deutschen Täter zu erinnern? Kann dieses Ereignisses durch Menschen gedacht werden, die keine direkte Verbindung dazu haben? Und welche Rolle spielt Amerika in dieser neuen Erinnerungsbildung?

Die Wahl des Holocausts erfolgt nicht willkürlich. Der Holocaust – oder eher die Darstellungen, die gemeinsame Erinnerungen produzieren – ist ein beispielhafter Fall für das Verhältnis von Erinnerung und Moderne. Die Moderne, die noch bis vor kurzem eines der wesentlichen analytischen und normativen Grundgerüste für das intellektuelle Selbstverständnis war, wird nun durch die Erinnerungen an den Holocaust selbst in Frage gestellt. Aus dieser Sicht wird der Massenmord an den Europäischen Juden durch die Nazis nicht als eine deutsch-jüdische Tragödie verstanden, sondern als eine Tragödie der Vernunft oder der Moderne selbst. Jedoch sind diese Erinnerungen, jenseits der Kritik an der Moderne, in einem Zeitalter der ideologischen Ungewissheit zu einem Maß für humanistische und universalistische Identifikationen geworden.

Man könnte sogar behaupten, dass es eine Verwandtschaft zwischen den Erinnerungen an den Holocaust und seine Folgen sowie den Ereignissen und Debatten nach dem 11. September dieses Jahres gibt. Die Erinnerungen an den Holocaust ermöglichen zu Beginn des dritten Jahrtausends die Entstehung von transnationalen Erinnerungskulturen, die wiederum das Potenzial besitzen, die kulturelle Grundlage für eine globale Menschenrechtspolitik zu werden. Menschenrechte bedeuten, dass der Völkermord einen weiteren Grad an Universalität erhält. Denn die Idee des Völkermords enthält die Ermahnung, dass eine moralische Welt nicht untätig zusehen kann. Die Anklage wegen »Völkermords« beinhaltet inzwischen eine Reihe von Handlungen, die mit dem Holocaust vergleichbar sind. Die Menschenrechte, die ihre modernen rechtlichen Ursprünge in den gleichen Resolutionen der Vereinten Nationen aus dem Jahr 1948 haben, hängen in der Praxis mit der sogar noch stärkeren Behauptung zusammen, dass der Holocaust ein rutschiger Abhang sei – so dass jeder Akt ethnischer Unterdrückung die Lawine zum nächsten Holocaust ins Rollen bringen könnte, falls er nicht kontrolliert würde. Wenn zudem die Menschenrechts- und Völkermordkonventionen der Vereinten Nationen ernst genommen werden – was getan werden muss, wenn sie als Berechtigung zum militärischen Eingreifen dienen –, führt die Entwicklung dieser Doktrin unausweichlich zur Generalisierung von Völkermord, über Massenmord hinaus.

2. Diskurs der Krise

Schaut man auf die jüngsten Terrorangriffe, lassen sich ähnliche Erklärungsmuster finden. Das Verhältnis, welches der Holocaust zum Völkermord einnimmt, wird auch im Verhältnis des Anschlages am 11. September zu anderen Terroranschlägen festgestellt. Dieses kulturelle Trauma wird von einigen Leuten ebenfalls im Rahmen von »Verbrechen der Moderne«, der Barbarei der Vereinigten Staaten und der Hybris der Ersten gegen die Dritte Welt gedeutet. Innerhalb dieses Diskurses spielt der Holocaust im Vergleich zum Übel des Kolonialismus eine untergeordnete Rolle. Der »Diskurs der Krise« ist mit vielen Mythen über die Globalisierung sowie die Amerikanisierung verknüpft. Einer der hartnäckigsten ist der Mythos vom Markt als allumfassend und als einer zerstörerischen Einheit, die außer Kontrolle gerät. Aber ist dies wirklich wahr? Denken wir wieder an die Menschenrechte. Sie entwickelten sich von der Vorstellung der »Verbrechen gegen die Menschlichkeit« in Nürnberg hin zur Entstehung des Internationalen Gerichtshofs und dem Kampf – wenn auch nicht auf vollkommene Art und Weise – gegen den Völkermord. Dieses Verständnis wurde nach dem Holocaust und dem Zweiten Weltkrieg zum

Ausdruck gebracht und war stark von diesen Ereignissen geprägt. Können wir daher von der Erinnerung an den Holocaust und seinen direkten Nachwirkungen lernen? Sagt uns Nürnberg irgend etwas darüber, wie die Welt auf das neue Übel oder sogar Böse reagieren kann, das sie trifft – das Übel des Terrorismus?

Die Nürnberger Prozesse definierten ein neues Verbrechen: »Verbrechen gegen die Menschlichkeit«. Ein utopisches Konzept, doch bei genauerem Nachdenken nicht utopischer als das Böse, das es zu übertrumpfen versuchte – den Völkermord. In erster Linie war damit ein Verbrechen gegen die Zivilbevölkerung gemeint und dass es jenseits von Staatstreue eine persönliche Verantwortung für begangene Verbrechen gibt. Nürnberg machte deutlich, dass auch Einzelpersonen, die innerhalb des Rechtsrahmens ihres eigenen Staates handelten, als Kriminelle vor Gericht gestellt werden konnten – dass es eine persönliche Verantwortung gibt. Dies war neu im Jahr 1945 und das Trauma dessen, was die Nazis den Juden und der Welt antaten, sorgte für den Rückhalt. Nachdem dieser kurze kosmopolitische Augenblick schon bald vom Kalten Krieg abgelöst und von nationalen Mustern verdrängt wurde, kam es nach dem Kalten Krieg zu seiner Wiederbelebung. Sie stellt das kulturelle Fundament der massiven – und kosmopolitischen – Reaktion dar, mit der die Geschehnisse um das World Trade Center verarbeitet werden. Auch die Art der supranationalen Rhetorik, deren Zeugen wir heute sind – wie zum Beispiel: »Angriff auf die Zivilisation«, und nicht gegen die Amerikaner und ihre Macht allein, sondern Amerikaner gleichstehend mit Menschlichkeit usw. – entsteht tatsächlich langsam durch die Erinnerung an den Holocaust.

Für viele war der Anblick der einstürzenden Türme ein Eingriff in die eigene Welt. Diese hat sich seit dem Fall der Mauer verändert. Diese Veränderungen haben sich ebenso auf die Innenpolitik wie auf die zwischenstaatlichen Beziehungen ausgewirkt. Das Modell des Nationalstaats, gleich ob auf normative Modelle der ethnischen Zugehörigkeit gegründet oder auf Staatsbürgerschaft, wird durch die täglichen Bräuche und Gewohnheiten von Einzelpersonen in Frage gestellt. Das soll nicht heißen, dass es keine ethnischen Konflikte mehr gibt – jeder weiß, dass dies sicherlich noch der Fall ist –, sondern vielmehr, dass es für eine zunehmende Zahl von »Weltbürgern« unmöglich ist, ihren Sinn zu verstehen. Immer mehr wird davon ausgegangen und es scheint sich zunehmend zu bestätigen, dass es einen Zusammenhang zwischen dem innenpolitischen Demokratisierungsprozess, den Prozessen der Globalisierung sowie der Befriedung der Beziehungen zwischen Staaten und ethnischen Gruppen gibt. Eine neue Grundlage für Frieden ist entstanden.. Und genau dies wird in diesen Tagen durch den Terror herausgefordert.

3. Staatsbürger und Weltbürger

Wenn die Denker der Aufklärung im 18. Jahrhundert von kosmopolitischen Bürgern sprachen, bezogen sie sich auf Weltbürger, deren Geburtsort ein reiner Zufall war und deren bestimmende Gruppenzugehörigkeit aus einer universellen Gemeinschaft im Geiste bestand. Es gäbe viel über dieses universelle Zugehörigkeitsgefühl zu sagen. Es fordert für alles Verantwortung, ungeachtet von Herkunft und Ort. In seinen Auswirkungen zu Ende gedacht, führt es zur Schaffung internationaler Gesetze und Institutionen, um diese Prinzipien zu garantieren. Doch in unseren globalen Zeiten brauchen wir eine Vorstellung von Staatsbürgertum, das auf einem Ethos von individueller Selbstverwirklichung und Leistung gegründet ist. Dazu müssen wir die Schranken zwischen den banalen individualistischen Erklärungen des täglichen Lebens und der hohen Theorie von Staatsbürgerschaft beseitigen.

Deshalb spielt die Erinnerung an den Holocaust als einer generalisierten Katastrophe in einer globalen und individualisierten Gesellschaft so eine wichtige Rolle. Es ist auch kein Zufall, dass der Holocaust bei der Neugestaltung der Welt nach dem Ende des Kalten Krieges eine Hauptrolle spielt. Grund dafür ist sein Status als ein unbestrittener moralischer Wert, in dem scheinbar alle Leute übereinstimmen können.

Dennoch sollte Universalisierung nicht als ein einheitliches Konzept wahrgenommen werden. Es gibt mindestens vier Wege, um den Holocaust zu generalisieren:

- hinsichtlich der Opfer, d. h. waren es die Juden oder war es eine Vielzahl von Menschen?
- hinsichtlich der Täter, d. h. waren die Nazis einzigartig grausam oder waren sie nur effizienter als andere Massenmörder?
- hinsichtlich der Zukunft, d. h. besteht die Lehre daraus, dass Ähnliches niemals mehr den Juden angetan werden darf oder überhaupt Niemandem mehr?
- hinsichtlich des Gegenstands der Erinnerung, d. h. kann Amerika der entscheidende Zeuge sein, obwohl es keine Lager errichtet und nur sehr wenige Opfer unter der Bevölkerung hatte?

Genau aus diesem letzten Grund muss offensichtlich die universelle Bedeutung des Holocaust in Amerika vorherrschen – eine genauere Betrachtung würde eine Vorrangstellung verweigern. Doch die besonderen Umstände, durch die der Holocaust in Amerika eine Bedeutung erlangte, führte zu der eigenartig wirksamen Verknüpfung, dass angenommen wird, der Holocaust sei einzigartig in der Vergangenheit und universell in der Zukunft. Das bedeutet konkret: Der vergangene Holocaust betraf überwiegend die Juden, während der künftige Holocaust jeden treffen könnte.

4. Antiamerikanismus und Antisemitismus

Natürlich gibt es einen Zusammenhang zwischen der Art der Erinnerung an den Holocaust und den jüngsten Ereignissen. Für seine Feinde ist Amerika vor dem Hintergrund des derzeitigen Stadiums der Globalisierung ein Repräsentant des »Kosmopolitischen«, das einst mit den Juden assoziiert wurde. Es genügt ein Blick auf die Ähnlichkeiten zwischen Antiamerikanismus und Antisemitismus, die häufig beide vereint im Diskurs der Globalisierungsgegnerschaft anzutreffen sind. Für die Terroristen symbolisiert »Amerika« eine Art seelenlosen, materialistischen und entwurzelten Lebensstil, den sie verabscheuen. Amerika ist das Sinnbild für die Verhinderung sozialer Veränderungen – dafür steht es seit seiner Entstehung. Die Vereinigten Staaten sind die »Nicht-Nation« – eine formlose Masse, ohne tiefere Verpflichtung hinsichtlich ihrer Vergangenheit und nur individualistisch und egoistisch mit ihrer Zukunft beschäftigt, kurz gesagt: ohne jede Erinnerung. Das klingt so, als wäre Amerika ein Staat, dessen bloße Existenz beklagt werden sollte, weil er uns von edleren Zielen abhält. Somit ist der Angriff auf Amerika zugleich ein Angriff auf die globale Kultur, und er kann ebenfalls als Angriff auf die Juden verstanden werden. Darüber hinaus handelt es sich um einen Angriff auf das, wofür Amerika, die globalisierte Welt und die Juden nach Meinung ihrer Feinde stehen: Geld. Betrachtet man diese Teilbeziehung zwischen Amerika und den Juden, wäre es als würde man persönliche Verbindungen durch unpersönliche ersetzen. Genau das erscheint ihren Feinden als Herabsetzung, als eine Entpersönlichung. Und wenn die Gegenwart unpersönlich und schlecht ist, verführt uns das dazu zu glauben, die persönlichere Welt der Vergangenheit sei besser gewesen.

Vor diesem Hintergrund lässt sich die Verunglimpfung des Geldes verstehen. Wird Gesellschaft als etwas gesehen, das einst durch persönliche Beziehungen zusammengehalten wurde, dann bekommt Geld die Rolle eines Vertreters der Entpersönlichung, ja der Entfremdung. Doch ist es paradoxerweise nie schwer gefallen, diesen Entpersönlichungsvertreter zu personalisieren. Wir alle wissen um die Identifizierung der Juden mit Geld und wissen, wie diese Identifizierung auf Amerika und die Amerikaner projiziert wurde.

Unser Denken muss sich in diesen Dingen jetzt der Realität anpassen. Denn die beschriebenen Einstellungen herrschen noch immer in der Haltung gegenüber Kosmopolitismus, Globalisierung und Konsum vor, ohne dass ihre Wurzeln reflektiert werden. Die Klagen, die über die Globalisierung auftauchten – dass sie homogenisiere, dass sie alle nationalen Besonderheiten beseitige und dass sie wertvolle Traditionen und unersetzbare soziale Bindungen auflöse – sind denen ähnlich, die einst hinsichtlich der ursprünglichen und lokalen Kultur gegen Geld erhoben wurden. Und ebenso wie Geld mit der Korrumpierung der aristokratischen Hochkultur durch die Bourgeoisie und die Juden verbunden wurde, wird Globalisierung oft als Synonym für die Verbreitung der »Massenkultur« außerhalb Amerikas verstanden. Es besteht also mehr als nur eine kleine Überschneidung zwischen diesen beiden Sichtweisen. Angriffe auf die angloamerikanische Kultur – und besonders auf London, New York und Hollywood – waren in der Vergangenheit häufig eine vornehmer klingende Art, antisemitische Gefühle auszudrücken. Ersetzt man Amerikaner für Juden, sind diese Parallelen bemerkenswert nah. Die Antisemiten verbanden auf die gleiche Weise Juden mit Handel wie Leute die Amerikaner als Menschen ansehen, die »alles auf Geld reduzieren«. Und die Antisemiten sahen die Juden als Überbringer der Moderne, die den Zusammenbruch der traditionellen Gesellschaft repräsentierte. Die Antisemiten betrachteten das modernistische Projekt als etwas Fremdes und brandmarkten es als jüdisch, rationalistisch, individualistisch und säkular. Sie strebten danach, wieder tiefere, geistige, organische Werte zu erreichen – und über allem den Nationalstaat.

Intellektuelle sollten nicht in diese Falle tappen. Heute gibt es eine andere, weitaus positivere Seite der Dynamik der globalisierten Welt, um sich mit neuen Realitäten zu arrangieren. Die globalisierte Welt des 21. Jahrhunderts ist auf der Suche nach einem neuen Selbstbild. Sie versucht, über ihre Identifizierung als Alte Welt, als Geburtsort des Nationalismus und als nachfolgende Grabstätte von Hunderten Millionen Menschen hinauszugehen. Sie versucht, sich selbst neu zu erschaffen, um über das 20. und 19. Jahrhundert zurück ins 18. Jahrhundert wieder das Zeitalter der Aufklärung zu erreichen. Dieses war ein kurzer und glorreicher und sehr europäischer Moment des intellektuellen Kosmopolitismus. Allerdings war er völlig unwirksam bei der Verringerung von Kriegen und dürfte den entscheidenden Grundstock für die Schrecken der folgenden beiden Jahrhunderte gelegt haben. Der kurze Traum von der Weltgesellschaft, der während der Aufklärung erblühte, wurde nahezu völlig durch den Nationalismus zerstört, den er gleichzeitig geboren hatte.

5. Neue Identitäten

Heute beklagen Antimodernisten oft, dass ethnisches Selbstverständnis nicht mehr »authentisch«, sondern statt dessen oberflächlich sei – gebildet aus Musik- und Kleidungsstilen sowie übertriebenen Gesten, die nicht von Generation zu Generation überliefert, sondern vielmehr durch den Einfluss der

Massenmedien geprägt würden. Aber genau diese Veränderung ermöglicht es den Menschen, aus unterschiedlichen kulturellen Traditionen zu wählen und daraus eine neue Identität zu bilden. Der gleiche Prozess erleichtert es den Menschen auch, von ihren »Original«-Identitäten abzuweichen – und sich somit in die größere, kosmopolitischere Gesellschaft einzufügen. Unveränderte ethnische Identitäten sind für Außenstehende geschlossen und erhöhen die Kosten für das Überwinden ihrer Mauern: Entweder jemand gehört dazu oder nicht. Dies ist eine enorme Entscheidung. Doch je mehr akzeptiert wird, dass Identität ausreichend durch symbolische Gesten ausgedrückt werden kann, umso eher können Menschen große Teile der Tradition ablegen, ohne die Gruppenzugehörigkeit zu verlieren. Je mehr ethnische Identitäten angepasst werden, umso mehr Menschen haben die Möglichkeit zu experimentieren, ohne gleich zu riskieren, ihrer Wurzeln beraubt zu werden. Je niedriger die Kosten der Individualisierung sind, umso mehr Menschen werden sich ihr zuwenden, und je niedriger die Einsätze, umso weniger Menschen werden sich deswegen bekämpfen. Diese neuen Identitäten sind nicht zwangsläufig schwächer als die alten. Und wir sollten uns nicht für sie schämen. Nirgendwo geht dies besser als in der Metropole, der Weltstadt, Orten wie New York beispielsweise. Die Analyse der Großstadt sagt viel aus. Zum einen kann »Metropole« als ein Ort der Freiheit verstanden werden, die durch die kommerzialisierten und unpersönlichen zwischenmenschlichen Beziehungen gefördert wird, wie zum Beispiel bei Georg Simmel. Aber gleichzeitig wurde »Metropole« von deutschen Denkern wie Sombart, Tönnies und Spengler vor einem Jahrhundert als die Stätte entfremdeter und kalter Beziehungen beurteilt, als ein Ort wo die Juden regieren. So führte Sombart aus: »Die moderne Stadt ist nun nichts anderes als eine große Wüste, so weit von der warmen Erde entfernt, wie es die Wüste ist, und wie die Wüste zwingt sie ihre Einwohner, zu Nomaden zu werden.« Selbstverständlich glaubte Sombart auch, dass die Juden natürliche Bewohner der Wüste und, weiter gedacht, der Städte seien. Der Angriff auf »die Stadt« ist daher auch ein Angriff auf den Kosmopolitismus, d. h. ein Angriff auf die Juden.

Wie hängt dies mit der Erinnerung an den Holocaust zusammen? War der Holocaust nicht der radikalste und extremste Versuch, diese Kultur der Diaspora, die versuchte, den Raum zu überwinden, auszulöschen? Die Kosmopolitisierung in ihrer amerikanisierten Form kann auch bedeuten, dass im Schrecken die Möglichkeit der Rettung und der Pfad zu einer besseren Zukunft liegt. Man denke nur an Schindler und an die Art wie Steven Spielberg ihn erschaffen hat. Oder an den Iman Pasha, der beim Gedenken im Yankee Stadion in New York am 23. September 2001 für Toleranz warb und erklärte: »Wir sind Moslems, aber wir sind Amerikaner.«

Was lässt sich daraus lernen? Diese zukunftsorientierte Dimension von Erinnerung, die sich aus den USA nach draußen verbreitet, ist ein bestimmendes Merkmal der kosmopolitischen Erinnerung. Dies ist keine Erinnerung, die einzig in die Vergangenheit blickt, um neue prägende Mythen zu schaffen. Die Diskussionen über postnationale Kollektive konzentrieren sich überwiegend auf die Zukunft. Die postnationale Solidarität sollte größtenteils auf dem Erkennen und dem Wunsch nach der Verhinderung oder Begrenzung künftiger Katastrophen fußen. Durch den Terror ist eine neue Bedrohung aufgetaucht: Jeder kann zum Opfer werden. Die kosmopolitische Erinnerung beinhaltet folglich ebenfalls, dass die Zukunft nicht mehr durch die Vergangenheit kontrolliert werden kann. Wie die Gegenwart kann auch sie nicht länger geplant werden. Der Holocaust und die anhaltende Kosmopolitisierung von Erinnerungen werden zu einem Symbol für eine Welt voller Ungewissheiten. Ebenso wie zu einer Welt zunehmender Individualisierung. Mit anderen Worten: Es ist eher möglich, zum Holocaust eine individuelle und psychologische Beziehung herzustellen – die enorme Erinnerungsliteratur über den Holocaust zeigt, dass dies mehr und mehr Menschen tun – als eine kollektive oder politische. Natürlich wird jemand, der die Entpolitisierung grundsätzlich für etwas Schlechtes hält, auch dies falsch finden. Dies erklärt zum Teil die Verärgerung, die das Holocaust Museum oder Steven Spielberg hervorrufen. Dabei ist die Entpolitisierung des Holocaust einfach ein Spiegelbild der Entpolitisierung Amerikas – oder, aus einem anderen Blickwinkel betrachtet, der Individualisierung und Entkollektivierung seiner Kultur. Der Holocaust ist in Amerika deshalb in erster Linie eine Identitätsfrage, weil dann alles eine Identitätsfrage ist, wenn die Kollektivität durch die Individualität als grundlegender Bezugsrahmen ersetzt wird.

Dies bedeutet ganz einfach, dass die neue kollektive Identität in globalen Zeiten individualistisch ist. Viele Intellektuelle stören sich am individualisierten Vokabular des Opfertums – zum Beispiel bezüglich Überlebender, die Alkoholismus, Kindesmissbrauch, Waise zu sein oder das Leben in einem Armenviertel überstehen, das heißt die typischen Themen der »Ophra Winfrey-Show«. Was sie stört, ist natürlich die Demokratisierung von Psychologie – einer Psychologie, die jeder anwenden kann. Das ist eine Psychologie, die keine Therapeuten braucht – eine Religion, die keine Priester nötig hat. Kritiker, welche die Opferlehre des Holocaust schlecht machen, machen Menschen schlecht, die historische Ereignisse eher als eine persönliche als eine kollektive Erfahrung ansehen, was einfach der täglichen Wahl in einer entkollektivierten Gesellschaft entspricht. Außerdem machen sie die Art der Menschen schlecht, die ihre persönlichen Erfahrungen in »ungebildeten« Klischees ausdrücken. Und sie nennen dies »trivial« oder »amerikanisiert«.

Doch genau hieraus ergeben sich die Chancen: Die kollektive Erinnerung hat das Potenzial, sich von eingebürgerten Kategorien wie der Nation zu befreien und in Symbolen wie dem Holocaust ausgedrückt zu werden, die für einen bedeutungsvollen Rahmen sorgen, um sich einer unsicheren Zukunft zu stellen. Der Holocaust steht für den Bruch der Zivilisation in der Moderne und die trennende Linie zur Barbarei. So entspricht er den Ungewissheiten über unsere eigene Welt und vor allem den Diskontinuitäten, die den Übergang zur globalen Moderne veranschaulichen. Genau das abstrakte Wesen von »Gut und Böse« symbolisiert den Holocaust, der zu einer außerterritorialen Qualität der kosmopolitischen Erinnerung beiträgt. Und genau dies teilt er mit den Terrorangriffen in der letzten Zeit.

Anmerkung

1 Zuerst erschienen in: Aus Politik und Zeitgeschichte 50/2001. Abdruck mit freundlicher Genehmigung der Redaktion und des Autors.

Durch Erfahrung nicht lernen: Hiroshima, der Golfkrieg und der 11. September[1]

Hanna Segal

Der Bereich, den Studien zu Terrorismus umfassen, ist so groß, dass ich mich in meinem Beitrag lediglich auf einen Aspekt beschränken möchte, nämlich auf die außerordentlichen Auswirkungen, die die Tragödie des 11. Septembers auf die gesamte Welt, insbesondere jedoch auf Amerika und Großbritannien gehabt hat. Ich werde diesen Ausschnitt noch weiter eingrenzen, nämlich auf die Auswirkungen auf die westliche Welt, weil diese »uns« betreffen.

In seiner Ernest-Jones-Vorlesung, die im September 2001 von der Britischen Psychoanalytischen Gesellschaft veranstaltet wurde, fragte Richter Richard Goldstone, weshalb der 11. September derart massive Auswirkungen gehabt habe. So schrecklich diese Ereignisse waren, lassen sie sich, so Goldstone, doch nicht mit den Verbrechen vergleichen, die zum Beispiel am Bosnischen Volk verübt wurden. Und er beschrieb weitere Verbrechen, die er in seiner Funktion als Chef-Ankläger des Internationalen Gerichtshofes der Vereinten Nationen in Ruanda und im ehemaligen Jugoslawien untersucht hatte, Verbrechen, denen Hunderttausende zum Opfer fielen.

Die Frage, die Goldstone stellte, ist sehr wichtig. Warum wirkte dieses spezifische Trauma derart überwältigend? Zweifellos hat jener massive Angriff das Sicherheitsgefühl grundlegend erschüttert – ähnlich wie die Auslöschung der eigenen Familie und des Zuhauses. Aber an der Traumatisierung durch einen terroristischen Anschlag ist noch ein weiterer Faktor beteiligt: die niederschmetternde Erkenntnis nämlich, dass es irgendwo da draußen jemanden gibt, der einen so sehr hasst, dass er vor Mord nicht zurückschreckt – und die Bestürzung, die diese Erkenntnis hervorruft.

Warum wir?

Eine der ersten Reaktionen Präsident Bushs war die Frage: »Warum? Wir sind gute Menschen.« Menschen in anderen traumatischen Situationen empfinden häufig ähnliche Gefühle – zum Beispiel die Überzeugung nach einem Vulkanausbruch: »Irgend jemand ist darauf aus, mich zu erwischen.« Aber dies ist ein wahnhafter Trugschluss, der aufgeklärt werden kann. Ein Terroranschlag hingegen ist ein Faktum – er lässt die schlimmsten Albträume Wirklichkeit werden.

Es gibt jedoch noch einen weiteren Faktor, der für den 11. September spezifisch ist, nämlich der Symbolgehalt der Zwillingstürme und des Pentagon: »Unsere Waffen, unsere Finanzmacht und Technik machen uns allmächtig; wir können euch vollständig beherrschen.« Die Selbstmordattentäter hinterließen eine ähnlich omnipotente Botschaft: »Mit meinem kleinen Messer kann ich eure hochfliegenden Ballons durchbohren und euch vernichten. « *So* wurden wir in eine Welt hineingestoßen, in der Terror gegen Terror steht, eine Welt der Desintegration und Verwirrung. Der Anschlag hat unsere primitivsten Ängste um uns selbst und um die Gruppe der Weltbewohner aktiviert, der wir angehören. Es ist die intensivste Angst eines hilflosen Säuglings und eines Schizophrenen. Die Bestürzung ist ein wichtiges Element – »Was ist mir zugestoßen?« Doch schon bald nach dem ersten Schock tauchte in mir ein anderes Gefühl auf – ein sehr vertrautes Gefühl, das mich an die Chronik eines vorhergesagten Todes gemahnte.

Wenn ich Bin Laden und Bush zuhöre, wie sie sich gegenseitig durch Prahlereien und Drohungen zu beeindrucken versuchen, muss ich an ähnliche Wortgefechte zwischen Bush sen. und Saddam Hussein denken. Jene, die sich ihrer eigenen Geschichte nicht erinnern, sind dazu verurteilt, sie zu wiederholen. Kissinger sagte über Saddam: »Wir wissen, dass er ein Hurensohn ist, aber wir haben gedacht, dass er unser Hurensohn sei.« Seither haben wir viele arabische, extremistische Fundamentalisten unterstützt, weil wir sie für »unsere Hurensöhne« hielten. Wir haben nicht gelernt, dass es sich nicht auszahlt. Kissinger sagte: »Wir werden Kambodscha in die Steinzeit zurückbomben. « Wir haben es getan, und dann bekamen wir Pol Pot. Jetzt haben wir uns in die Idee verbissen, dass eine massive Bombardierung Afghanistans den Weg in eine neue Welt der Freiheit, des Friedens und der Demokratie bahnen wird.

Die Geschichte verstehen

Es ist nicht damit getan, die Geschichte zu erinnern – wir müssen sie auch verstehen. Häufig erinnern wir uns nur allzu gut an das reale oder eingebildete Unrecht, das uns in der Vergangenheit zugefügt wurde, und suchen nach Möglichkeiten, uns zu rächen. Ich glaube nicht, dass wir das Chaos und Entsetzen der heutigen Lage verstehen können, wenn wir seine Ursprünge nicht verstehen. 1987 habe ich einen Beitrag mit dem Titel *»Schweigen ist das eigentliche Verbrechen«*[2] geschrieben, in dem ich untersuchte, wie sich unsere Mentalität durch die Erfindung der Atomwaffen verändert hat.

Glover schrieb 1947:

> »Das erste Versprechen des atomaren Zeitalters ist das, dass es einige unserer Albträume wahrwerden lassen kann. Die vom gewöhnlichen Menschen hart erworbene Fähigkeit, zwischen Schlaf, Halluzination, Wahnvorstellungen und der objektiven Wirklichkeit des wach erlebten Lebens zu unterscheiden, ist zum ersten Mal ernsthaft geschwächt worden.«

Wir stellten die Behauptung auf, dass die drohende Gefahr einer nuklearen Auslöschung den Charakter unserer kollektiven Ängste zutiefst veränderte, indem sie die normale Angst vor dem Tod und verständlicher Aggression in den Schrecken einer tatsächlichen totalen Auslöschung verwandelte. Ich habe behauptet, dass die Gefahr einer atomaren Vernichtung zu einer tiefgreifenden Veränderung der Art unserer kollektiven Ängste führte, indem sie normale Todesangst und verständliche Aggression in die panische Angst vor einer tatsächlichen absoluten Auslöschung verwandelte. Ich vertrat die Ansicht, dass unserem Gruppendenken und unseren Gruppenreaktionen ein tiefer psychotischer Prozess zugrunde liegt, und untersuchte daran anschließend das Funktionieren von Gruppen.

Von Anbeginn unserer Existenz leben wir in Gruppen. Dies beginnt mit unserer Abhängigkeit von der Mutterbrust und setzt sich in unserer Kernfamilie sowie schließlich in immer größeren Gruppen fort – einige von diesen wählen wir selbst, in andere – wie unsere Nationalität und manchmal unsere Religion – werden wir hineingeboren. Freud behauptete, dass wir Gruppen aus konstruktiven libidinösen Gründen bilden, um uns aneinander zu binden und uns an der Realität zu orientieren (Naturkräfte), aber auch, um unsere psychischen Probleme zu lösen – so als fusionierten wir unser Über-Ich mit einem Gruppen-Über-Ich, das uns die Fähigkeit vermittelt, jedes Verbrechen zu begehen, sofern es von der Gruppe gebilligt wird. Nach 1920 zog er auch die destruktiven Impulse in Betracht, und zwar unter zweierlei Blickwinkeln: er schrieb, dass die konstruktiven Prozesse durch störende, aus dem Todestrieb resultierende Angriffe beeinträchtigt werden, und dass Gruppen gebildet werden, um gegen die Zerstörung des Menschen durch den Menschen zu kämpfen.

Nach dem Zweiten Weltkrieg entwickelte Bion eine umfassendere Theorie der Gruppe. Er war der Meinung, dass eine ihrer Hauptaufgaben darin bestehe, Schwierigkeiten zu containen und zu lösen, die wir in uns selbst nicht containen können.

Auch er beschrieb zwei Funktionen der Gruppe: *die Arbeitsgruppe* (die zusammenkommt, um Aufgaben zu erfüllen) *und die »Grundannahmengruppe«*. Er behauptete, dass wir psychotische Ängste in die Gruppe projizieren, die wir allein nicht bewältigen können, und dass eine der wichtigsten

Funktionen der Gruppe darin bestehe, diese Ängste zu containen und unter Kontrolle zu halten, indem sie ihnen auf weniger schädliche Weise Ausdruck verleiht. Zum Beispiel dürsten wir alle nach Rache, wenn wir oder unsere Liebsten verletzt sind, aber es ist eine Funktion der größeren Gruppe, wahnsinnige Racheakte zu verhindern und zum Vorteil der Gruppe insgesamt für Gerechtigkeit zu sorgen.

Psychotische Gruppen

Alle Gruppen tendieren zu Selbstzentriertheit, Narzissmus und Paranoia. Wenn sich Individuen wie Gruppen verhielten, würde man sie als wahnsinnig bezeichnen. Insgesamt gesehen richtet es keinen großen Schaden an, dass sich die Franzosen für die klügsten der Welt halten, die Briten für die fairsten und die Amerikaner für die großartigsten. Wenn sich die Gruppe jedoch einer solchen wahnsinnigen Grundannahme unterwirft, wird die Situation gefährlich. Manchmal verlagern wir unsere wahnhaften Annahmen auf Untergruppen – unsere Paranoia z. B. auf die Armee, unseren Glauben an Allmacht, Allwissenheit, das absolut Gute und das absolut Böse auf die Kirche. Diese Phantasien werden jedoch von der gesamten Gruppe kontrolliert. Sobald aber eine psychotische Grundannahme eine Gruppe beherrscht (wobei die Kombination von militärischen mit religiösen Faktoren vielleicht die verheerendsten Folgen hat), verhält sich die ganze Gruppe dieser Annahme gemäß und produziert Führer, die jenen Wahnsinn repräsentieren; durch eskalierende projektive Prozesse treibt die Gruppe diese Führer immer weiter in den Wahnsinn hinein und von der Realität fort.

Wir müssen diese Gruppenprozesse verstehen. Mit einer Gesellschaft verhält es sich nicht wie mit einem Patienten auf der Couch, und wir müssen die Gruppenprozesse begreifen, um ein gewisses Verständnis für die gegenwärtige chaotische Situation zu entwickeln. In einem weiteren, 1995 entstandenen Beitrag mit dem Titel »Hiroshima, the Gulf War and after«[3] habe ich die These vertreten, dass die Welt nach Hiroshima einer psychotischen Grundannahme entsprechend agierte: die UDSSR und die von den USA geführten Regionen produzierten eine paranoid-schizoide Welt, in der sie einander als das Reich des Bösen betrachteten und mit totaler Vernichtung drohten. Mit dieser Grundannahme traten wir in den Kalten Krieg ein und agierten typische schizoide Mechanismen der Spaltung, Projektion, Entpersonalisierung, Entmenschlichung und Fragmentierung – begleitet vom um sich greifenden »Nukespeak«, der Sprachverzerrung und der glatten Lügen.

Lehren des Kalten Krieges

Der Kalte Krieg ist eine Geschichte der Drohungen. Sie kulminierten in einem nuklearen Rüstungswettlauf und schließlich in dem System, das als MAD (mutual assured destruction) bezeichnet wurde. Man behauptete, dass es keinen Krieg geben würde, weil jeder allzu große Angst vor der absoluten Vernichtung habe. Doch der Kalte Krieg war nicht gar so kalt, und die nukleare Bedrohung war immer real. Sich auf den Krieg einzustellen weckt Angst und Hass und kann zum Krieg führen. So McNamara 1982 über seine eigenen Ratschläge in den 60er Jahren: »Bis 1962 war der Vorsprung des amerikanischen Bestandes an Raketen gegenüber dem der Sowjets derart angestiegen, dass die Air Force meinte, wir hätten die Kapazitäten, um einen ersten militärischen Schlag auszuführen, und könnten – und sollten – diese auch behalten. Wenn die Air Force so dachte, stellen Sie sich vor, was in den Sowjets vorging ... und ... lesen Sie noch einmal dieses Memo an Präsident Kennedy. Es bereitet mir heute noch Angst, das verdammte Ding auch nur zu lesen.« Währenddessen plante im Hintergrund jeder einen Krieg. Wie aus einem US-National-Security-Dokument (NSC 68) hervorgeht: »Die einzige Abschreckung, die wir dem Kreml entgegensetzen können, liegt darin, zu demonstrieren, dass wir jegliche kritischen Angelegenheiten in der Welt, für die wir keine Ursache erkennen können, in einen globalen Vernichtungskrieg verwandeln können.«

In demselben Beitrag von 1995 habe ich mich auch mit der Gefahr des Fundamentalismus beschäftigt; allerdings war islamischer Fundamentalismus damals seltsamerweise nicht von großem Interesse, und die größte Gefahr schien von christlichen Fundamentalisten auszugehen. Ich untersuchte den verheerenden Einfluss der Sekte der Wiedergeborenen Christen auf die US-Politik und bezog mich dabei auf Literatur, die die Sehnsucht nach einem Armageddon in Gestalt eines Atomkriegs feierte, der das Werk des Teufel (repräsentiert durch Sowjetrussland) zerstören würde – Armageddon als Gotteskrieg, der alles Böse von der Erde tilgen und einer strahlenden, glücklichen neuen Ordnung den Weg ebnen würde. Und ich bin sicher, dass sich Bin Laden dieser Vorstellung anschlösse!

Ein weiterer und heute relevanter Aspekt des (gar nicht so kalten) Kalten Krieges ist die stellvertretende Kriegsführung. Es stand außer Frage, dass die USA und Russland einander direkt angreifen würden, anderswo aber wurden Kriege und Terroranschläge von Stellvertretern geführt; sie erzeugten Fragmentierung und Angst und bereiteten dem Terrorismus die Wiege.

Suche nach einem neuen Feind

Das Quasigleichgewicht zwischen dem Sowjetblock und der von den USA geführten Welt brach mit der Perestroika zusammen. Nun konnten wir, wenn auch nur kurz, erkennen, dass unser Bild des bösen, mächtigen Feindes tatsächlich wahnhaft war. Alle Seiten konnten auf die Paranoia verzichten und sich ihren eigenen, inneren Angelegenheiten widmen. Perestroika war eine Zeit der Hoffnung, eine Möglichkeit, Einstellungen zu verändern. Aber oftmals wurde auch gewarnt, dass sie eine Zeit möglicher neuer Gefahren werden und die Suche nach einem neuen Feind in Gang bringen könnte. In seiner Aussage vor dem House Services Committee sagte Edward Heath im Dezember 1990:

> »Nachdem wir den Kalten Krieg hinter uns haben, diskutieren wir nun darüber, wie wir die NATO dazu bringen können, in einen anderen Teil der Welt zu eilen, in dem es ein Problem zu geben scheint. Dann heißt es: ›Gut, ihr müsst das einfach in Ordnung bringen; wir mögen diese Leute nicht; oder sie benehmen sich anders als wir und deshalb ziehen wir los, um uns darum zu kümmern.‹«

Die NATO ging auf die Suche nach einem neuen Feind, um den Fortbestand ihrer Militärmacht rechtfertigen zu können. George Kennan war schockiert, als er bei Besuchen in westlichen Hauptstädten entdeckte, dass der Abbau der Nuklearwaffen für die westlichen Länder unvorstellbar war, obwohl die Sowjetgefahr, die angebliche Rechtfertigung für das Atomwaffenarsenal, nicht mehr bestand. Es sei, so meinte Kennan, wie eine Sucht. Und obwohl sich mit der Perestroika scheinbar viel verändert hatte, blieb eines gleich: Im Rahmen der sogenannten Modernisierung wuchs und wuchs der Bestand an Atomwaffen.

Manische Abwehrmechanismen

Was war geschehen? Aus unserer klinischen Praxis kennen wir jene Momente der Hoffnung, in denen ein paranoider Patient sich von seinen Wahnvorstellungen zu distanzieren beginnt oder ein Süchtiger auf die Droge verzichtet und sich erholt. Die Verbesserung ist genuin, aber während sie sich erholen, müssen sich diese Patienten mit der psychischen Realität konfrontieren. Ihre Omnipotenz wird schwächer, und sie müssen sich mit ihrer Abhängigkeit, möglicherweise mit ihrer Hilflosigkeit auseinandersetzen – und mit der Tatsache, dass sie krank sind. Der Rückzug ihrer Projektionen zwingt sie, sich ihre eigene Destruktivität bewusst zu machen, ihre inneren Konflikte und Schuldgefühle, ihre innere Realität. Darüber hinaus müssen sie sich oft realen, durch ihre Krankheit herbeigeführten Verlusten in der äußeren Realität stellen. Gegen diesen depressiven Schmerz können beachtliche manische Abwehrmechanismen mobilisiert werden, die zu einem Wiederaufleben der Megalomanie führen und damit zur Rückkehr der Paranoia.

Als wir aufhörten, an das »Reich des Bösen« zu glauben, mussten wir uns auf ganz ähnliche Weise unseren inneren Problemen zuwenden: dem wirtschaftlichen Niedergang, der Arbeitslosigkeit, Schuldgefühlen angesichts der Verhältnisse in der Dritten Welt. In Großbritannien und vor allem in den USA mussten wir uns mit den Folgen des Raubbaus auseinandersetzen, den wir mit unseren Ressourcen betrieben hatten, mit den Schuldgefühlen, die frühere Kriege wie etwa der in Vietnam hinterlassen hatten. Fornari vertrat in zahlreichen Beiträgen die Ansicht, dass verdrängte Schuldgefühle und Trauer ein wichtiger Faktor bei der Entstehung unnötiger Kriege seien.

Angesichts der Möglichkeit, uns mit unserer inneren Realität konfrontieren zu müssen, flüchteten wir in die manische Abwehr – den Triumph. Wir empfanden die Perestroika als einen Triumph unserer Überlegenheit. Unsere nukleare Mentalität erfuhr keine Veränderung. Das megalomane Machtstreben, von dem Heath sprach, und das süchtige Festhalten an der Bombe, das Kennan beschrieb, mussten neue Feinde erzeugen, die den Platz Sowjetrusslands einnehmen konnten – erstens, weil eine solche Haltung tatsächlich neue Feinde schaffen, und zweitens, weil wir ein neues »Reich des Bösen« brauchten, um unseren eigenen depressiven Problemen ausweichen zu können.

Während der Perestroika haben meine Kollegen und ich in verschiedenen Beiträgen über das Risiko geschrieben, einen neuen Feind zu suchen – diesmal einen, den wir wirklich würden zerschmettern können. Der Irak erfüllte die Bedingungen perfekt, zumal auch er einen Feind (den Iran) verloren und mit unerträglichen inneren und wirtschaftlichen Spannungen zu kämpfen hatte. Dies hat uns in den Golfkrieg mit all den Opfern und all der Zerstörung hineingeführt. Wir haben ihn offenkundig gewonnen, aber jener Pyrrhussieg geriet schon bald in Vergessenhelt und wich einer massiven Verleugnung. Ein Jahr später wurde der Krieg trotz der nahezu täglichen Bombardierung des Irak kaum noch erwähnt. Eine derart massive Verleugnung ist nicht nur destruktiv, sondern auch selbstdestruktiv; sie zerstört unsere Erinnerung, unsere Fähigkeit zur realistischen Wahrnehmung und jenen Anteil unserer selbst, der zu Einsicht und Liebe, zu Mitleid und Wiedergutmachung fähig wäre. Und wir lernen nicht durch Erfahrung.

Omnipotenzwahn

Nach dem Golfkrieg haben einige von uns erneut Beiträge über die wachsende Gefahr eines weiteren Kriegs verfasst; alarmierend wirkte eine Veränderung des Musters: Der Triumph wuchs sich zur Megalomanie aus. Diese Veränderung fand ihren präzisen Ausdruck in General Powells Erklärung: »Amerikanische Soldaten werden nicht als Unterpfand im globalen Interessenkonflikt dienen.« Wenn er damit meinte, dass Menschen nicht als Unterpfand in globalen Machtkämpfen instrumentalisiert werden dürfen, hätte er eine wirklich wunderbare Erklärung abgegeben. Aber er hat etwas ganz anderes gemeint. Er meinte, dass wir eine so große Macht besitzen, dass wir die Arbeit durch Bomben erledigen lassen können, die wir aus der Luft abwerfen. Wenn sich uns jemand entgegenstellt, kann er aus der Luft zerstört werden, während wir selbst unantastbar bleiben. Dieser Mythos der Unbesiegbarkeit wurde am 11. September zerstört. Zutage traten die ungeheure Angst, die Unsicherheit und, vielleicht, auch die Schuldgefühle, die dem Verlangen nach Grandiosität zugrunde lagen, das zur Errichtung der Zwillingstürme und des Pentagons geführt hatte.

Meiner Meinung nach besitzt der 11. September einen hohen Symbolgehalt. Wir wurden jählings in eine Welt der Fragmentierung gestürzt, mitunter auch in vollständige Desintegration und psychotische Ängste – und gleichzeitig sahen wir uns von absoluter Verwirrung umgeben. Wer sind unsere Freunde? Wer sind unsere Feinde? Aus welcher Ecke müssen wir mit Aggression rechnen? Alte Feinde wie Sowjetrussland und die fundamentalistischen Gruppen der Nordallianz, die einst von der UDSSR unterstützt wurden, sind nun unsere Freunde. Alte Freunde sind zu Feinden geworden – Tschetschenien zum Beispiel. Und sitzen Feinde womöglich auch im Innern? Die gleiche Verwirrung lässt sich in der arabischen Welt beobachten.

Die zersprengten Fragmente eines zusammenbrechenden Imperiums wurden überall auf der Welt wahrgenommen; sie schienen erfüllt mit dem Bösen, dem pestartigen Übel. Diesem Szenarium gilt die primitivste panische Angst in unserer persönlichen Entwicklung – nicht der gewöhnliche Tod, sondern die Vision der persönlichen, durch Feindseligkeit herbeigeführten Desintegration ruft diese Angst hervor. Und die Situation wird noch weit schlimmer, wenn Gott ins Spiel kommt. Der Armageddon-Sehnsucht fundamentalistischer Christen entspricht heute der islamistische Fundamentalismus. Unsere geistige Gesundheit wird durch eine wahnhafte innere Welt der Omnipotenz und des absolut Bösen und absolut Heiligen bedroht. Und auch Gott Mammon gibt bedauerlicherweise Anlass zu gewalttätigen Auseinandersetzungen.

Was kommt als nächstes?

Wir stehen erneut am Scheidewege. Die Panik hat nachgelassen. Es sieht so aus, als würden wir den Krieg gegen die Taliban »gewinnen« – einen weiteren Pyrrhussieg erringen. In diesem Moment haben wir noch die Wahl, uns an die Lehre des Golfkriegs zu erinnern oder unsere verheerenden Fehler blind zu wiederholen.

»Terrorismus« ist ein weiter Begriff. Ich sehe große Unterschiede zwischen staatlichem Terrorismus und dem Terrorismus von Rebellen. Es gibt sogar Unterschiede zwischen dem säkularen Terrorismus z. B. der Palästinenser in der Vergangenheit und dem Terrorismus von Fanatikern. Ich habe mich jedoch mehr auf die wahnsinnigen Prämissen konzentriert, die ihnen gemeinsam sind. Jeder Terrorismus ist mörderisch und selbstzerstörerisch. Die Furcht vor Auslöschung, die in uns allen existiert, ist die Furcht vor unserem eigenen Todestrieb mit seinem Ziel, das Leben zu unterbrechen, in Unordnung zu bringen und zu vernichten. Unser primärer Abwehrmechanismus liegt darin, diesen nach außen zu projizieren und dort zu zerstören. Aber das funktioniert nicht. Wir können das Böse und den Terror nicht restlos vernichten, ohne uns selbst zu zerstören, weil es Teil unserer selbst ist.

Ein »Kreuzzug gegen den Terrorismus« im Dienste von Freiheit und Demokratie ist genauso gefährlich und illusorisch wie andere fundamentalistische Überzeugungen, die uns vorgaukeln, dass wir das Paradies erlangen können, wenn wir das Böse, das wir anderen zuschreiben, zerstören.

Der eigentliche Krieg findet zwischen dem auf wechselseitigen Projektionen beruhenden Wahnsinn und der geistigen Gesundheit statt, die auf Wahrheit beruht. Einige Menschen, z. B. Massenmörder, unterliegen dem Wahnsinn, aber sie stellen eine sehr geringe Minderheit dar. Die überwiegende Mehrheit von uns findet andere Wege, mit unseren psychotischen Anteilen umzugehen. Warum kann der Terrorismus eine derart massive Unterstützung finden? Meiner Ansicht nach besteht ein Teil des Problems darin, dass wir uns der Tyrannei unserer eigenen Gruppen unterwerfen. Wenn wir zuviel in unsere Gruppe projizieren, suspendieren wir unsere eigenen Erfahrungen, und die Gruppe tyrannisiert uns. Wir folgen wie blinde Schafe, die zur Schlachtbank geführt werden. Das bedeutet nicht, dass wir uns auf eine einsame Insel zurückziehen und uns im Elfenbeinturm an unseren Einsichten delektieren sollten; wir alle sind Mitglieder dieser oder jener Gruppen und sind verantwortlich für das, was »unsere Gruppe« tut. Wenn wir passiv sind und uns distanzieren, überlassen wir die Gruppe durch unsere Teilnahmslosigkeit ihrem Schicksal. Unsere Meinung zu sagen aber erfordert Mut, denn Nonkonformisten, die kein Blatt vor den Mund nehmen, sind bei Gruppen nicht beliebt. Dann heißt es: »Es ist nicht unsere Aufgabe, nach den Gründen zu fragen, sondern aktiv zu werden [zu töten] und zu sterben.« Aber wir können selbständig denken. Wir könnten sagen: »Es ist unsere Aufgabe, nach den Gründen zu fragen, es ist unsere Aufgabe, zu leben und zu kämpfen.«

Anmerkungen

1 Zuerst in deutscher Übersetzung erschienen im IPA Newsletter 11 (1), S. 33–35. Abdruck mit freundlicher Genehmigung des Herausgebers und der Autorin.

2 »Schweigen ist das eigentliche Verbrechen«. *Jahrbuch der Psychoanalyse* 19 (1986): S. 194–210.

3 In: Psychoanalysis in Context. E. Elliot und S. Frosch (Hg.) (1995). London (Routledge).

Warum Krieg?[1]

Horst-Eberhard Richter

1930 beendete Sigmund Freud seine berühmte Schrift »Das Unbehagen in der Kultur« mit einer Schreckensvision. Er schrieb: »Die Menschen haben es jetzt in der Beherrschung der Naturkräfte so weit gebracht, dass sie es mit deren Hilfe leicht haben, einander bis auf den letzten Mann auszurotten. Sie wissen das, daher ein gut Stück ihrer gegenwärtigen Unruhe, ihres Unglücks, ihrer Angststimmung.«

Das war eine prophetische Warnung, noch vor der Erfindung der Atombombe. Aber wie kann man verstehen, dass diese Angst vor gemeinsamer Selbstvernichtung die Herstellung immer schlimmerer Massenvernichtungswaffen nicht verhindert hat? Warum hat das angerichtete Unheil von Hiroshima mit 200.000 Toten der Nuklearrüstung kein Ende setzen können?

Warum hat es sogar neuerdings die internationale Öffentlichkeit kaum berührt, aus dem Munde des Ex-Oberkommandeurs der amerikanischen Nuklearstreitkräfte General Lee Butler zu vernehmen, dass die Menschheit im Kalten Krieg einem atomaren Holocaust wohl eher durch himmlische Gnade als durch menschliche Vorsicht entgangen sei?

Ich stellte mir diese Frage einen Tag, nachdem die Amerikaner ihre neue Superbombe, die sie die »Mutter aller Bomben« nennen, der Welt vorgestellt haben. Es ist die stärkste aller je gebauten konventionellen Bomben, die im Umkreis von 1 1/2 km alles Leben auslöscht. Warum schreckt die Vorstellung von der Vernichtungsgewalt derartiger Waffen nicht davon ab, solches Teufelszeug unentwegt weiter zu produzieren und damit zu drohen?

Ich wage als Antwort eine kulturpsychologische Hypothese, die ich ausführlich in dem Buch »Der Gotteskomplex« erläutert habe und hier nur in wenigen Stichworten skizzieren kann: Und zwar sehe ich das Wirken einer Angst vor Schwäche und Ohnmacht, die mit der Obsession verknüpft ist, man müsse mit eigener Macht allen anderen überlegen sein. Noch tiefer lotend, nehme ich an, dass diese Angst mit der Introjektion derjenigen Allmacht zusammenhängt, in deren Schutz sich der Mensch lange Zeit sicher geglaubt hat. Jetzt, nach Schwund dieser Glaubensgewissheit, wähnt er, selber ein Maximum an Stärke erobern zu müssen, um so etwas wie eine allmächtige Unverletzbarkeit zu gewinnen. *Das hieße, der suchtartige Zwang zu immer noch höherer Rüstung entstamme letztlich der Angst vor unerträglicher Schwäche.*

So kann man vielleicht der unheilvollen Selbstverstärkung der destruktiven Dynamik auf den Grund kommen, die mich als Psychiater an die Krankheit der

Manie erinnert, in der Menschen am Abgrund des Absturzes in die Depression immer noch höher ohne alle Hemmungen hinauf wollen, bis sie irgendwann, wenn sie keine fachliche Therapie finden, von Verzweiflung, mitunter sogar von Suizidimpulsen überwältigt werden. Können wir diese Gefahr für uns selber erkennen, um ihr heilsam entgegenzuwirken?

Eigentlich hätte der 11. September die Amerikaner und uns alle davon überzeugen können, dass kein noch so gewaltiger Machtvorsprung jemals Unverletzlichkeit zu garantieren vermag. Man kann alle anderen mit einem Übergewicht an Vernichtungswaffen bedrohen und sich überdies mit einem gigantischen Raketenschild wappnen – es genügen, wie demonstriert wurde, einige fast unbewaffnete selbstmordbereite Männer, um die Illusion von machbarer Unverwundbarkeit mit einem Schlage zu zerstören. Das lehrt ja auch schon seit Jahren die Tragödie in Israel/Palästina, wo ebenfalls eine extreme Überlegenheit militärischer Machtmittel die Selbstmordanschläge der Intifada nicht stoppen kann.

Die zitierte Hypothese scheint mir geeignet, die hartnäckige Unbelehrbarkeit einigermaßen zu verstehen, mit der Amerikaner und maßgebliche Israelis nicht wahrhaben wollen, was vor ihren Augen abläuft. Wer mit seinem ganzen Streben an die narzisstische Hoffnung fixiert ist, sich mit einem Maximum an Stärke aller Abhängigkeiten entledigen zu können, der wandelt ebenso blind über dem Abgrund wie der Maniker vor der Depression. Er fällt einer wahnhaften Egomanie zum Opfer, die ich in meinem so benannten letzten Buch näher zu analysieren versucht habe. Die Vorstellung von der Selbsterhöhung als Einzelner oder als Nation zu gottähnlicher Unangreifbarkeit entstammt der Ausrichtung am Bilde des einen und einzigen Gottes, aber eines Wesens, von dem nur die Attribute Allwissenheit und Allmacht in die Identifizierung eingegangen sind – daher der auf die Wissenschaft gestützte unbegrenzte Bemächtigungsdrang.

Der Wisstrieb selbst, das erkannte schon Freud, ist nur ein Abkömmling des Machttriebes. So ist in die vom westlichen Menschen erstrebte Selbstvergöttlichung nicht das Bild desjenigen Gottes eingeflossen, der alles Leben miteinander verbindet, der grenzenloses Mitfühlen möglich macht und die universale Verkettung von Helfen und Hilfsbedürftigkeit. In Wahrheit heißt Leben aber ein durchgängiges Aufeinander-Angewiesensein. Dies wird westlichen Ich-Menschen oft nur noch für Augenblicke bewusst – in Katastrophen wie Erdbeben oder Überschwemmungen oder gegen Ende von Weltkriegen –, und sichtbar an der Sehnsucht nach Zusammenschlüssen wie im Völkerbund oder den Vereinten Nationen. Aber gerade in diesen Tagen erfahren wir, wie schwer es die Wahrheit der Vernetzung des Lebens hat, sich gegen entsolidarisierenden Machtehrgeiz zu behaupten.

Unmittelbar nach dem 11. September hatte es so ausgesehen, als gingen den Menschen die Augen auf, als viele wieder in die Kirchen strömten und in gemeinsamem Trauern etwas von der mitmenschlichen Nähe über alle Grenzen hinweg verspürten. Von überall her floss den Amerikanern jenes Mitleid zu, in dem Schopenhauer die Offenbarung unseres weltweiten Verbundenseins erkennt. Für einen Moment schwand die Mauer des Argwohns, die das Bild von dem Homo clausus aufrecht erhält, das Bild von der Seele, die der einzelne wie in einer Kapsel mit sich herumträgt, das Bild von dem seelischen Apparat, der sich als eine eigenständige Realität gegenüber der abgespaltenen äußeren Realität behaupten soll. Für kurze Zeit lebte das Vertrauen auf, dass wir alle miteinander zusammengehören, dass die anderen nicht bloß ein »Nicht-Ich« sind, wie Schopenhauer geschrieben hat, sondern tausendfach ein »Ich noch ein Mal«. Im Schatten der Atombombe müssten die Menschen doch endlich erkennen, so wünschte es sich Albert Einstein, dass sie allesamt Brüder bzw. Geschwister sind.

Wie man indessen sieht, verwandeln sich die Geschwister regelmäßig bald wieder in einander Fremde zurück. Das rührt von der schon zur Tradition gewordenen inneren Unterdrückung derjenigen psychischen Anteile her, die mit Bindung und Abhängigkeit zu tun haben. Der Bemächtigungswille, der zum Motor des westlichen Fortschrittsstrebens wurde, verträgt sich nicht gut mit den seelischen Befindlichkeiten, in denen sich der Mensch anheimgibt, in denen er sich ungeschützt öffnet, in denen er seine Gebundenheit auslebt. Schon im 17. Jahrhundert lehrte Descartes, dass der Wille sich nur auf den Intellekt stützen und sich nicht von emotionalen Regungen beeinflussen lassen solle, die er als Störungen des rationalen Denkens abwertete. Davon kann man noch dreihundert Jahre später Spuren im Werk Freuds finden. Der hat in der schon zitierten Schrift »Das Unbehagen in der Kultur« sehr deutlich anhand der Sublimationstheorie davor gewarnt, die Kulturarbeit durch unsublimierte Bindungsgefühle beeinträchtigen zu lassen. So mahnte er ausdrücklich die Männer, ihre in die Kulturarbeit investierte Energie gegen die Bindungswünsche der angeblich weniger sublimierungsfähigen Frauen zu schützen. Wörtlich: »Da der Mensch (eigentlich meinte Freud den Mann, H.-E. R.) nicht über unbegrenzte Quantitäten psychischer Energie verfügt, musste er seine Aufgaben durch zweckmäßige Verteilung der Libido erledigen. Was er für kulturelle Zwecke verbraucht, entzieht er größtenteils den Frauen und dem Sexualleben.«

Deutlicher kann man die auf die Geschlechterbeziehung projizierte Unterdrückung der Bindungsgefühle bzw. die Angst vor deren Übermächtigwerden kaum ausdrücken. Aber eben diese Abspaltung enthüllt die Gefahr, dass der Machtwille nicht durch die Gegenkräfte des Sozialen, des Mitfühlens, der

Geschwisterlichkeit und der Liebe gebändigt wird. Andererseits hält die Entwertung dieser Regungen speziell innerhalb des Politikbetriebes unvermindert an.

Eine Probe von solcher Entwertung hat uns unlängst US-Außenminister Powell geliefert. Als er im Vorfeld des Krieges in einem Gespräch mit seinem französischen Amtskollegen Villepin zu hören bekam, dass dieser die militärische Invasion ablehnte, konnte er sich anschließend nicht verkneifen, wie durchsickerte, den Franzosen als *weichlich* und *weibisch* abzutun. Man denke: Es geht um Krieg oder Frieden und um die Verteidigung oder den Bruch der Charta der Vereinten Nationen, die vielleicht die bedeutendste zivilisatorische Errungenschaft des 20. Jahrhunderts darstellt, und da wird dies als Männlichkeitsprobe interpretiert von keinem Geringeren als einem der Hauptverantwortlichen in Washington. Kriegsgeist als so etwas wie ein postpubertärer Mutbeweis!

* * *

Vor kurzem wurde nun von den Amerikanern ein Krieg mit der Begründung geführt, die Bedrohung des eigenen Landes und der ganzen Welt durch irakische Massenvernichtungswaffen abwenden zu müssen. Herausgestellt hat sich aber, dass derartige Waffen bei über 500 Inspektionen nicht gefunden wurden und dass Saddam Hussein keine einzige dieser Art eingesetzt hat. Alle vielfach behaupteten Beweise für das Vorliegen entsprechender Arsenale erwiesen sich als erfunden oder gefälscht. Erstaunlicherweise hält sich der Verdruss über die nachgewiesenen Schwindeleien in engen Grenzen. Bush darf weiterhin darauf schwören, das vergeblich Gesuchte müsse doch noch irgendwo versteckt sein.

Warum lässt man ihm dies durchgehen? Es sieht ganz so aus, als ob die Welt an das absolut Unwahrscheinliche dennoch glauben möchte. Aber warum bloß? Fürchtet man vielleicht die schreckliche Entdeckung, dass die Saddam Hussein zugeteilte Bedrohung aus dem eigenen Inneren stammt? Fürchtet man etwa das Aufleben jener Angst und Unruhe, die schon Sigmund Freud mit der Versuchung zur gemeinsamen Selbstzerstörung erklärt hatte? Muss die Weltbedrohung nach wie vor unbedingt außerhalb gefunden werden, damit sie nicht als die eigene erkannt wird?

Es ist indessen in der Tat wohl so, dass die Massenvernichtungswaffen die in Technik verwandelte destruktive Energie bedeuten, die aus unserem eigenen Inneren stammt. Was ist nun aber, wenn die entlastende Projektion auf äußere Feinde misslingt? Sie *darf* eben nicht misslingen, und deshalb soll an dem Mythos der geheimen Massenvernichtungs-Arsenale im Irak nicht gerüttelt werden. Das verfolgende äußere Böse ist unentbehrlich. Ist es am Ende im Irak nicht mehr festzumachen, muss es anderswo gesucht und besiegt werden, um immer wieder die verfolgende innere Aggression an äußeren Gegnern abreagieren zu können.

In diesem Zusammenhang verdient ein peinliches Vorkommnis im UNO-Gebäude in der Nacht vor der Sicherheitsrats-Sitzung des 5. Februar Erwähnung. Es stand Außenminister Powells große Rede zur Begründung des Krieges bevor. Irgendjemand entschloss sich, die dort an der Wand hängende monumentale Tapisserie, die Picassos Guernica-Gemälde nachgebildet ist, mit einem blauen Vorhang zuzudecken. Die Sicherheitsrats-Mitglieder sollten Picassos dramatische Anklage gegen den Krieg nicht sehen. Aber Guernica, das war ja kein x-beliebiger Krieg, sondern Hitlers barbarische Bombardierung der »Heiligen Stadt des Baskenlandes«. Offenbar zogen die Zensoren genau den Vergleich, der zur Zeit das strengste aller Denkverbote bedeutet, nämlich den Vergleich zwischen dem einen und dem anderen Kriegsherrn, woraus erkennbar wird, wie nahe in Wirklichkeit das Böse ist, das in der feindlichen Fremde ausgetilgt werden soll.

Als Freud vor 70 Jahren die verbreitete Angst in den Menschen entdeckte, das eigene Geschlecht mit einer den Naturgewalten entlehnten Technik auszurotten, hoffte er auf die Gegenkraft von schützenden *Gemeinschaftsgefühlen*. Aber diesen Gedanken brachte er nur recht zaghaft hervor, da er im übrigen den Fortschritt nur durch Bändigung dieser Gefühle zugunsten wissenschaftlichen Machtstrebens gesichert sah. In dieser Widersprüchlichkeit sind wir ja immer noch befangen. Weil der Machtwille als kultureller Antrieb nach wie vor ungebrochen dominiert, ist das Dauerrisiko der gemeinsamen Selbstvernichtung unvermindert aktuell. Als der 11. September die Illusion entlarvte, überlegene Stärke könne unverletzlich machen, hätte es so etwas wie Krankheitseinsicht geben können. Denn es *ist* eine Krankheit mit manischen Zügen, die Gefahren eines grenzenlosen Machtstrebens zu verleugnen, dessen Siege in Wahrheit die Gefahr der gemeinsamen Selbstvernichtung stetig erhöhen. Aber dieser Machtwille hat sich in unsere neoliberalen Strukturen derart eingegraben, dass die Erfolgreichsten in der Konkurrenz mit ihrem Egoismus geradezu automatisch die Bindungen zerreißen, die auf Dauer den Bestand unseres Geschlechtes sichern müssen. Daher kommt es, dass die Amerikaner als die Mächtigsten Gemeinschaftsverpflichtungen aufgeben, die für die Erhaltung des Ganzen unentbehrlich sind. So scheren sie aus der Klima-Konvention der Völkergemeinschaft aus und erlauben dem neuen Internationalen Strafgerichtshof nur die Ahndung solcher Kriegsverbrechen, die nicht von Amerikanern verübt worden sind. Dass solche antisozialen Eigenmächtigkeiten nicht nur die Gemeinschaft, sondern letztlich auch die Eigeninteressen der Amerikaner schädigen müssen, liegt auf der Hand.

Ähnlich unheilvoll ist das Streben, die mit den »Vereinten Nationen« 1945 geschaffene Weltordnung zu lädieren, in der allen Nationen Gleichberechtigung garantiert ist. Gerade die Amerikaner hatten sich besonders für die UNO-Charta eingesetzt, die künftig schwächere Nationen vor militärischer Machtwillkür Stärkerer schützen sollte. Jetzt haben sie durch den Irak-Krieg ohne UN-Mandat genau die Vereinbarung gebrochen, an der ihnen einst so sehr gelegen war.

* * *

Umso mehr scheint es zur Zeit geboten, sich an Beispiele dafür zu erinnern, dass und wie kriegerische Gewalt, die fast unabwendbar scheint, dennoch verhindert werden kann, nämlich unter Beherzigung der vorhin genannten Krankheitseinsicht.

Erstes Beispiel: Schon über Jahre schien festzustehen, dass am Ende des Apartheidsregimes in Südafrika ein blutiger Rachekrieg der Schwarzen unabwendbar sei. Zu viel von Unterdrückung und von rassistischen Massakern war dem Volk Mandelas zugemutet worden, als dass man der Verhinderung eines verheerenden Gemetzels noch eine Chance geben mochte. 27 Jahre hatte Mandela, einst Anführer des zunächst selbst terroristisch aktiven ANC, im Kerker gesessen. Aber dort war ihm klar geworden, dass die Ausübung von Gewalt stets Selbsterniedrigung und Beschädigung von Selbstachtung bedeutet. Sogar seinen Gefängniswärtern merkte er an, dass sie insgeheim darunter litten, was ihnen zu tun aufgegeben war. Mandela hat aufgeschrieben, dass ihn der Glaube daran stützte, dass in allen menschlichen Wesen die Kraft zur Mitmenschlichkeit angelegt sei. Nach deren Spuren fahndete er auch bei seinen Wärtern unermüdlich und war manchmal erleichtert, wenn er bei diesen eine solche Regung – wenn auch nur für Sekunden – wahrnehmen konnte. Und dann entdeckte er, dass befreundete Häuptlinge und Bischof Tutu seine Einsicht teilten, dass sie gemeinsam die Kette der Gewalt nicht mit entwürdigender Rache fortsetzen durften, sondern einen Versöhnungsprozess wagen müssten. So gelangten sie zu dem weltweites Aufsehen erregenden Experiment der Wahrheitskommissionen, das zwar auf manche Schwierigkeiten stieß, aber durch seine wegweisende Ausstrahlung zu einem der bedeutendsten humanistischen Projekte der Zeit wurde.

Zweites Beispiel: Michail Gorbatschow. Er glich Mandela in einem wesentlichen Punkt: *der Kraft zu vertrauen*. Auch er war überzeugt, dass man nur mit Mut zu Vertrauen eine Verfolgungsmentalität überwinden könne und müsse. Ich hatte die Chance, diesen Mann in einer Reihe von Begegnungen über mehrere Jahre genauer zu beobachten, denn er begleitete betreuend einen Kreis von spontan zusammengekommenen Wissenschaftlern und Kirchenleuten aus Ost und West von 1987 bis zum Ende seiner Amtszeit. Der Kreis hatte sich noch mitten im Kalten Krieg nach Gorbatschows denkwürdigem Friedensforum in Moskau gebildet. Zu den 30 Mitgliedern gehörten u. a. US-Ex-Verteidigungsminister McNamara, der von Gorbatschow aus der Verbannung befreite Atomphysiker Andrej Sacharow, Susan Eisenhower, die Enkelin des Generals, David McTaggart, der Gründer und Chef von Greenpeace und der Physiker Hans Peter Dürr. Gorbatschows Sympathie für unsere Initiative hing mit seiner Idee zusammen, dass die Kompliziertheit der Weltprobleme einen Grad erreicht habe, dass deren Regelung nicht mehr der politischen Klasse allein überlassen werden dürfe, sondern dass alle gesellschaftlichen Gruppen aus Wissenschaft, Kunst, Medizin, Kirche z. B. in die Gestaltung der politischen Prozesse mehr als bisher hineinwirken müssten. So schätzte er auch den Anteil der westlichen Friedensbewegung an der Überwindung des atomaren Abschreckungsdenkens als wichtig ein, jedenfalls als wichtiger im Vergleich zur offiziellen Meinung im Westen.

Gorbatschow leitete den Verständigungsprozess damit ein, dass er mit einer einseitigen Abrüstung der konventionellen Waffen und mit einem verlängerten Atomtest-Stopp die Amerikaner einlud, ihren Argwohn zu revidieren. Schon seit Jahren war er entschlossen, die Idee einer *gemeinsamen* Sicherheit durchzusetzen. Ihm erschien es absurd, das weitere Schicksal der hochbrisanten Ost-West-Krise praktisch an das *Machtverhältnis der Waffen* zu delegieren, anstatt sich bewusst zu werden, dass es Sache *der Menschen* sei, ihr Verhältnis zueinander zu ändern. Wie Mandela setzte er auf das allgemein menschliche Bedürfnis, in gegenseitigem Verständnis zusammenzuleben. Wie glaubwürdig diese seine Haltung war, erkannte ich schon daran, wie er in unserem Kreis mit dem bislang hartnäckigsten Dissidenten und Regime-Kritiker Sacharow umging, auch für die Amerikaner eine Symbolfigur, auf die sie bislang ihre Verurteilung des vermeintlich auf alle Zeiten menschenfeindlichen Moskauer Regimes gestützt hatten. Ich habe auf mehreren Veranstaltungen unserer Gruppe in den USA miterlebt, wie sehr dieser einst verfemte und verbannte Kritiker die Amerikaner zunehmend als Friedensbotschafter zu überzeugen vermochte. Die Amerikaner merkten, dass Gorbatschow dafür stand, was er sagte. Von den Menschen in West und Ost fiel damals die Angst ab, die durch die propagandistisch geschürte Verfeindung und die eskalierte wechselseitige nukleare Bedrohung ein Maximum erreicht hatte. Sie wich noch stärker im Westen als im Osten einer regelrechten Euphorie, die vor allem von der Erlösung aus dem neurotischen Verfolgungsdenken herrührte, das gewissermaßen die psychologische Infrastruktur des makabren atomaren Wettlaufs gebildet hatte. Dass jemals ein Rückfall in solchen Wahn, wie ihn der damalige UN Generalsekretär Perez de Quelliar nannte, möglich sein würde, schien seinerzeit unvorstellbar.

Niemand wäre zu der Zeit des heilbringenden Wirkens von Mandela und Gorbatschow darauf verfallen, die beiden in der Art von Powell als weibische Weichlinge zu denunzieren. Man war im eigentlichen Sinne »heil-froh«, vorläufig eine Rehabilitation der psychischen Kräfte zu erleben, die das traditionell eingeimpfte Macht- bzw. Bemächtigungsdenken sonst niederhält, nämlich die Sehnsucht nach Versöhnung, Offenheit, der Entdeckung der Geschwisterlichkeit, wie sie sich Einstein als unerlässlich im Atomzeitalter gewünscht hatte. Das bereitliegende Bedürfnis, sich von einsuggerierten negativen Vorurteilen zu befreien, die den Kalten Krieg begleitet und in gewisser Weise abgesichert hatten, bekamen Hans-Jürgen Wirth und ich ebenso wie befreundete Moskauer SozialwissenschaftlerInnen zu spüren, als wir 1989 eine umfassende russisch-deutsche Vergleichsstudie durchführten (veröffentlicht in »Russen und Deutsche«, Hoffmann und Campe 1990). Je über 1000 russische und westdeutsche Studenten bewiesen in einem ausführlichen psychologischen Fragebogentest, dass sie jeweils deutlich mehr von den anderen als von sich selbst hielten. Vielleicht gelang die politische Verständigung damals so leicht, weil die Menschen bereits auf Versöhnung gestimmt waren.

* * *

Es sollte vielleicht bedacht werden, dass sowohl Mandela als Gorbatschow ihre Befriedungsleistungen aus Völkern heraus vollbringen konnten, die durch schweres Leiden hindurch gegangen waren, durch den Terror der Apartheid und den Terror des Stalinismus. Besonders Mandela konnte in seiner Autobiographie eindrucksvoll beschreiben, wie die Eigenerfahrung brutaler Unterdrückung den Blick freimachen kann für die Verkettung des Leidens der gequälten Opfer mit dem Leiden der sich selbst entwürdigenden Täter.

Eine ganz andere psychologische Biographie hat diejenigen Amerikaner geprägt, die zur Zeit imstande sind, das Leiden der zivilen Kriegsopfer im Irak als Kollateralschäden zu relativieren, um den Triumph des eigenen hundertfach überlegenen Militärs mit allen destruktiven Folgen als heroische Befreiungsaktion feiern zu können. Die Amerikaner haben nie eine Unterdrückung im eigenen Lande erlebt. Vietnam hat in ihnen keine schmerzenden Narben hinterlassen. Und Hiroshima mit den auf einen Schlag getöteten 200.000 Menschen steht vor ihren Augen noch immer als ruhmeswürdige patriotische Leistung, gerechtfertigt als Beitrag zum Kriegserfolg. Allerdings gibt es Zeichen für die Mühe, die es sie kostet, Schuldangst zu verdrängen. Als eine große Ausstellung zum 50. Jahrestag des Bombenabwurfs auf Hiroshima im

Smithanian-Museum in Washington lange vorbereitet worden war, erhoben sich Bedenken, die zunächst dadurch beschwichtigt werden konnten, dass man die Ausstellung konsequent nach patriotischen Bedürfnissen ausrichtete. Aber auch das reichte nicht aus, um die Furcht vor der Schockwirkung von Zerstörungsbildern zu eliminieren. Die Proteste schwollen derart an, dass die Ausstellung schließlich verboten werden musste. (R. J. Lifton hat diese Geschichte ausführlich zusammen mit G. Mitchell in »Hiroshima in America«, Grosset & Putnam 1995 dokumentiert.)

Diese amerikanische Verdrängungsgeschichte muss man sich vor Augen führen, um besser zu verstehen, warum dort ein Präsident einen Großteil seines Volkes für eine patriotische Kriegsbegeisterung mitreißen und sich dabei wie der heilige Ritter Georg im Kampf mit einem Feuer speienden Drachen aufführen kann. Er trifft offenbar auf so starke Bedürfnisse im Publikum, ein solches Heldendrama vorgeführt zu bekommen, dass ihm ein großes heimisches Gefolge gern nachsieht, was er alles an wenig glaubwürdigen Anklagen vorbrachte, um die vermeintliche Weltbedrohung durch den in Wahrheit militärisch hochgradig geschwächten Herrscher in Bagdad glaubhaft zu machen. Da musste sich der Präsident aus Kreisen des eigenen Geheimdienstes vorhalten lassen, dass er entlastende CIA-Berichte in Anklagebeweise verdrehe, dass er zu Unrecht Saddam Hussein, den Erzfeind des Islamismus, mit den Anschlägen vom 11. September in Verbindung bringe. Er hat die Lüge zu verantworten, Saddam Hussein sei im Begriff gewesen, sich aus Afrika Uran zur Nuklearwaffenproduktion zu besorgen. Keiner seiner verkündeten Beweise, der Diktator verstecke im Land atomare Anlagen, erwies sich als stichhaltig. Den erfolgreich mit den Irakern zusammenarbeitenden Inspektor Blix stoppte er, weil der nicht fand, was er hätte finden sollen. UNO-Charta hin oder her – wenn die Weltorganisation nicht wunschgemäß mitspiele, sei es ihr eigenes Verschulden, wenn sie nicht länger gefragt werde. Man stelle sich vor, solches Benehmen würde uns im bürgerlichen Alltagsleben begegnen! Würde die Gesellschaft derartige soziale Auffälligkeiten klaglos und widerstandslos hinnehmen? Am Ende hat der Sicherheitsrat ja auch nicht mehr mitgemacht, musste indessen erkennen, dass der Präsident die Freiheit, für die er in den Krieg zieht, genau so versteht, wie er sie immer verstanden hat: nämlich als das Recht des Stärksten, zu machen, was er will.

Aber was geht in den Menschen vor, mit denen so umgesprungen wird? Zum Teil hat sich lähmende Angst ausgebreitet. Auf andere Art als durch den 11. September wird gespürt, dass die Welt nicht mehr verlässlich ist. Es ist nicht die Ohnmacht, die Naturkatastrophen oder ein terroristisches Großverbrechen hervorrufen. Es ist das Entsetzen, dass die gemeinsame rechtliche und moralische Ordnung von einem Regime verletzt wird, das in besonderem Maße zu ihrem Schutz verpflichtet ist. Einer an der Spitze der Macht, sich selbst vergöttlichend, aber offensichtlich ohne ausreichende persönliche Selbstkontrolle, ist dabei, wichtigste zivilisatorische Errungenschaften, voran die Charta der Vereinten Nationen, außer Kraft zu setzen. Es ist die Angst der Fassungslosigkeit, die da aufsteigt, die Stimmung eines ohnmächtigen Ausgeliefertseins. In einem Augenblick, da die Weltwirtschaft krankt, da eine gerechtere Handhabung der Globalisierung höchste gemeinsame Anstrengungen verlangen würde, lässt sich die internationale Gemeinschaft – die auf dem Wege schien, eine solche zu werden – in einen Dauerkrieg verwickeln, der das Gesicht des Terrors anzunehmen droht, den er auszurotten vorgibt.

Aber zugleich geschieht etwas in der Welt wie in Familien, in denen Kinder angstvoll miterleben, wie rücksichtslose Eltern unverlässlich werden. Da kann man als Familientherapeut gar nicht so selten miterleben, wie Kinder ihre passive Ohnmacht überwinden, die Eltern mit eigenem Verantwortungsanspruch herausfordern und dadurch mitunter ein drohendes Chaos abzuwenden helfen.

In vielen Ländern wurde jüngst ein Erwachen von ähnlicher Art spürbar. Es meldete sich die Verantwortung für den Schutz eines Volkes, das stellvertretend für seinen tyrannischen Führer mit unsäglichem Leid bestraft werden sollte. Günther Anders nennt die in solchem Falle mitschwingende Angst eine *liebende Angst.* Die menschengemachte Katastrophe mobilisiert eine aktive Solidarisierung und Kraft, der verordneten irrationalen Gewalt zu widerstehen. Die Millionen, die schon am 15. Februar auf allen Kontinenten aufstanden, meldeten ihren Anspruch zu Mitverantwortung an, der zwar als Grundprinzip in allen Verfassungen steht, aber durch Delegationsmechanismen praktisch so blockiert ist, dass eine Machtwillkür an der Spitze möglich ist. Die sichtbare liebende Angst verleitet nicht zur Flucht oder Resignation, sondern weckt Kräfte, den Prozess einer gemeinsamen humanen Zivilisierung aktiv zu schützen. Das verleiht ein Bewusstsein von Selbstachtung, das alle Veranstaltungen der internationalen Friedensbewegung kennzeichnete. Dies war keine Sonderbewegung ideologischer Pazifisten mehr, sondern ein Aufstand von Menschen, die sich schlicht in ihrem Verständnis von Humanität verletzt bzw. zu deren Verteidigung aufgerufen fühlten. Deshalb durchwehte die massenhaften Friedensveranstaltungen ein Geist von Selbstsicherheit und moralischer Überlegenheit über die egomanische Machtwillkür der Kriegspolitik, die auch von einfachen Leuten als unanständig, ja als erbärmlich erlebt wurde. Die Menschen fühlen sich noch immer getäuscht und missbraucht. Das gibt ihnen Sicherheit, mit ihrer Kritik im Recht zu sein. Es war also nicht das Gift des Ressentiments, das sie auf die Straßen trieb – sie sind ihrer Sache sicher.

Man könnte auf den Gedanken kommen, dass sich hier ein dialektischer Wandel vorbereite. Als stecke ein tieferer Sinn darin, dass das Streben nach egomanischer Allmacht bis zu dem derzeitigen Gipfel wahnwitziger Unverantwortlichkeit eskalieren müsse, um die Gegenkräfte der Menschlichkeit, des Friedenswillens, der sozialen Gerechtigkeit und der ökologischen Fürsorge entscheidend zu stärken. In dem Augenblick, da der Präsident der Hegemonialmacht gegen den Willen der Mehrheit der Völker einen High-Tech-Krieg entfesselte, der angesichts des Kräfteverhältnisses eher einer Exekution glich, steht er da von aller moralischen Glaubwürdigkeit entblößt, vor sich die selbst heraufbeschworene Gefahr eines wachsenden Terrorismus und einer Gewaltkette, die im Weltmaßstab das Drama in Israel/Palästina zu kopieren sich anschickt.

Unter solcher Herrschaft wollen die Menschen nicht leben, auch viele nicht in den USA, wo 140 Städte Resolutionen gegen den Krieg gefasst hatten und wo allein in New York 75 Prozent das Übergehen des Weltsicherheitsrates mit einem eigenmächtigen Kriegsbeschluss abgelehnt hatten. Bemerkenswert übrigens, dass ausgerechnet die Menschen am Ort der schwersten terroristischen Traumatisierung überdurchschnittlich kritisch reagierten – wie zur Bestätigung, dass eigenes Leiden vielfach die Bereitschaft zum Mitleiden fördert. Die Regierung Bush steht vor einem moralischen Scherbenhaufen, zugleich vor einer unerwartet mobilisierten Gegenmacht, für welche der widerspenstige Weltsicherheitsrat bereits ein unmissverständliches Symptom lieferte. Diese Gegenmacht bietet mehr als Protest. Sie schöpft aus einer alternativen Vorstellung von der Welt, in der nicht länger die Unabhängigkeit der Stärksten auf Kosten der Ohnmacht der Schwächeren das Ziel sein darf, sondern umgekehrt die Entwicklung der Einzelnen wie der Völker auf der Basis von Ebenbürtigkeit und Gleichberechtigung. Wenn diese moralische Gegenmacht weiter erstarkt, so aus dem Innern der Menschen heraus, aus der gemeinsamen Sorge, die Humanität zu schützen, die nur in einer solidarischeren Gemeinschaft gedeihen kann. Die wachsende Millionenzahl der aktiv gewordenen Kriegsgegner kann die Hoffnung fundieren, dass diese Gegenmacht sich immer mehr verstärken könnte. Aber langjährige Erfahrung lehrt, dass Hoffnung laufend gepflegt werden muss – durch Engagement statt bloß durch bangendes Zuschauen. Es liegt nicht an der Angst, ob sie schwach macht oder aktive Heilungskräfte mobilisiert. Der Einzelne entscheidet darüber, ob er sich aufgibt oder ob er seine Hoffnung auf die Möglichkeit einer besseren Welt persönlich und in der Gemeinschaft durch aktiven Einsatz praktisch bestätigt.

Anmerkung

[1] Vortrag vom 13. 06. 2003 auf einer Veranstaltung der Psychoanalytischen Arbeitsgemeinschaft Köln-Düsseldorf

Autorinnen und Autoren

Martin Altmeyer, Dipl. Psych., Dr. rer. med., langjährige Arbeit in der Gemeindepsychiatrie und Entwicklungszusammenarbeit, heute in eigener Praxis. Autor und Publizist, Veröffentlichungen in Tages- und Wochenzeitungen. Wissenschaftl. Hauptwerk: Narzissmus und Objekt – ein intersubjektives Verständnis der Selbstbezogenheit. Göttingen (Vandenhoeck & Ruprecht) 2000.

Christine Anzieu-Premmereur, Dr., französische Psychiaterin für Kinder und Erwachsene, ausgebildet in Paris. Psychoanalytikerin für Erwachsene und Kinder, Mitglied der Societé Parisienne de Psychanalyse und der Psychoanalytic Association of New York (IPA). Lebt und praktiziert in New York City.

Thomas Auchter, Dipl. Psych., Psychologischer Psychotherapeut und Psychoanalytiker (DPV/IPA, DGPT, DAGG), Dozent u. Lehrtherapeut der Psychoanalytischen Arbeitsgemeinschaft Köln-Düsseldorf, umfangreiche Vortrags- und Publikationstätigkeit. Schwerpunkte: Frühstörungen, Traumatisierungen, Anwendungen der Psychoanalyse, intensive Auseinandersetzung mit dem Werk von D. W. Winnicott. Publikation: zusammen mit L. V. Strauss »Kleines Wörterbuch der Psychoanalyse«, Göttingen 2003, 2. Auflage.

Elmar Brähler, Prof. Dr., Leiter der selbständigen Abteilung für Medizinische Psychologie und Medizinische Soziologie der Universität Leipzig. Prodekan der Medizinischen Fakultät der Universität Leipzig. Forschungsschwerpunkte u. a.: Psychodiagnostik, Psychologische Aspekte von Fruchtbarkeitsstörungen, Verarbeitung chronischer Erkrankungen, Geschlechtsspezifische Aspekte von Gesundheit und Krankheit, Gesundheitliche Identität von Spätaussiedlern und türkischen MigrantInnen.

Gudrun Brockhaus, Dr., geb. 1947, Diplompsychologin und Diplomsoziologin. Sie arbeitet in freier Praxis als Psychoanalytikerin und als wissenschaftliche Angestellte im Institutsbereich Sozialpsychologie der Ludwig-Maximilians-Universität München. Forschungsschwerpunkt ist die Sozialpsychologie des Nationalsozialismus und der Nachkriegszeit sowie aktuelle Themen der Politischen Psychologie wie die Zwangsarbeiterdebatte. Inhaltsanalytische Arbeiten zur Psychotherapie in der NS-Zeit, zu »Mein Kampf«, zu Kriegsbriefen von Frauen und Kindern, Erziehungsratgebern, NS-Filmen und Literatur.

Burkhard Brosig, Psychoanalytiker, Privatdozent. Hochschuldozentur für Analytische Psychosomatik an der JLU Gießen, Geschäftsführer des Gießener Psychoanalytischen Instituts. Veröffentlichungen zur Psychotherapie psychosomatischer Erkrankungen und zur psychoanalytisch orientierten Kulturkritik.

Christian Büttner, Prof. Dr. phil. Christian Büttner ist Projektleiter der Hessischen Stiftung für Friedens- und Konfliktforschung und Honorarprofessor an der Ev. Fachhochschule Darmstadt. Langjährige Forschung und zahlreiche Publikationen zu Jugend, Medien und Gewalt.

Susan W. Coates, Ph. D., ist Direktorin des Eltern-Kind-Programms (Parent-Infant Program) des Columbia University Center for Psychoanalytic Training & Research in New York City. Zusätzlich zu ihrer analytischen Praxis schließen ihre Aktivitäten ausführliche Forschung sowie klinische und theoretische Veröffentlichungen über die Wechselbeziehung von Gender-Identitätsstörungen im Kindesalter, intergenerationalem Trauma und Bindung ein.

Johannes Döser, Jg.1957, Dr. med., Psychoanalytiker und Facharzt für pychotherapeutische Medizin sowie Kinder- und Jugendpsychiatrie in freier Praxis in Essen-Werden. Dozent am Institut der psychoanalytischen Arbeitsgemeinschaft Köln-Düsseldorf (DPV/IPA). Langjährige Tätigkeit als Klinikarzt, insbesondere Behandlung schwerer psychischer Erkrankungen bei Erwachsenen sowie bei Kindern und Jugendlichen und ihren Familien. Forschungsinteressen u.a.: traumatische Störungen, Sexualität und Ich-Pathologie, das Wesen kreativer Prozesse und die Frage, wie Gewalt gebunden, verarbeitet und in lebensfördernde Aktivität umgeleitet werden kann.

Shmuel Erlich, Ph. D., ist Sigmund Freud Professor für Psychoanalyse und Direktor des Sigmund Freud Center for Psychoanalytic Study and Research an der Hebrew University of Jerusalem. Ausbildender Analytiker und Supervisor sowie Immediate Past President der Israel Psychoanalytic Society. Gründungsmitglied des OFEK, der Israelischen Vereinigung für Studien über Gruppen- und Organisationsprozesse.

Elsa First, M.A., ist praktizierende Psychoanalytikerin und Spezialistin für die Beobachtung von Säuglingen als festes Fakultätsmitglied im Eltern-Kind-Programm (Parent-Infant Program) des Columbia University Center for Psychoanalytic Training & Research sowie der Freud-Gesellschaft New York.

Rolf Haubl, Professor für Soziologie und Sozialpsychologie an der J.W. Goethe-Universität Frankfurt und Direktor des Schwerpunkts Psychoanalyse und Gesellschaft am Sigmund-Freud-Institut Frankfurt.

Ludwig Janus, Dr. med., ist Psychoanalytiker und ärztlicher Psychotherapeut in eigener Praxis in Heidelberg seit 1975, außerdem Lehranalytiker am Institut für Psychoanalyse Frankfurt. Zahlreiche Veröffentlichungen vor allem zur pränatalen Psychologie und zur Psychohistorie.

Jerry S. Piven, Ph. D., lehrt die Psychologie von Religion an der New School University und New York University. Der Schwerpunkt seiner Kurse liegt auf Tod, Sexualität und psychoanalytischen Untersuchungen von Kultur und Geschichte. Ausbilder bei der National Psychological Association for Psychoanalysis. Dozent bei der International Psychohistorical Association, der American Academy of Religion und der Ernest Becker Foundation.

Horst-Eberhard Richter, Dr. phil. und Dr. med.; 1973 bis zu seiner Emeritierung im Jahre 1992 Geschäftsführender Direktor des Zentrums für Psychosomatische Medizin in Gießen. Bis 2001 Leiter des Sigmund-Freud-Institutes in Frankfurt a. M., Mitbegründer und Vorstand der Deutschen Sektion der Internationalen Ärzte für die Verhütung des Atomkrieges (IPPNW).

Klaus Röckerath, Dr. med., Facharzt für Psychiatrie und Psychotherapeutische Medizin, Psychoanalytiker, Lehranalytiker und Supervisor (DPV/IPA), niedergelassen in freier Praxis in Köln. Dozent und Lehrtherapeut am Institut der Psychoanalytischen Arbeitsgemeinschaft Köln-Düsseldorf. Verschiedene Veröffentlichungen, u. a. zum Thema Trauma, psychoanalytische Prozessforschung, psychoanalytische Arbeit mit hirngeschädigten Patienten, Forschungen im Bereich der Neuropsychoanalyse.

Daniel S. Schechter, M. D., ist Assistant Professor für Klinische Psychiatrie (in Kinderheilkunde) am Columbia University College of Physicians & Surgeons in New York City sowie praktizierender Psychoanalytiker beim Eltern-Kind-Programm (Parent-Infant Program) des Columbia University Center for Psychoanalytic Training & Research. Der Schwerpunkt seiner Forschung liegt auf den Auswirkungen von posttraumatischem Stress bei Eltern auf ihre Wahrnehmung und ihre Interaktion mit ihren kleinen Kindern.

Ulrich Schultz-Venrath, Prof. Dr. med., Jahrgang 1952, Arzt für Psychotherapeutische Medizin und Nervenheilkunde, Psychotherapie/Psychoanalyse (DPV/IPA) und Gruppenanalyse/Organisationsanalyse (GRAS/DAGG). Chefarzt der Klinik für Psychiatrie, Psychotherapie und Psychosomatik im Evangelischen Krankenhaus Bergisch Gladbach, Fakultätsmitglied und Fachvertreter für Psychotherapeutische Medizin an der Universität Witten/Herdecke. Veröffentlichungen zur Psychosomatik und Psychotherapie neurologischer Erkrankungen.

Laura Viviana Strauss, liz. in Psychologie, Psychoanalytikerin, Lehranalytikerin und Supervisorin (DPV/IPA), niedergelassen in freier Praxis in Düsseldorf. Dozentin und Lehrtherapeutin am Institut der Psychoanalytischen Arbeitsgemeinschaft Köln-Düsseldorf. Mitautorin des »Kleinen Wörterbuches der Psychoanalyse«. Verschiedene Veröffentlichungen im Fachbereich Psychoanalyse. Interdisziplinäre Tätigkeit und Veröffentlichungen, u. a. zum Thema Rechtsradikalismus und Fremdenfeindlichkeit. Forschung im Bereich der Neuropsychoanalyse.

Natan Sznaider, Prof. Dr., Studium der Sozialwissenschaften in Israel und den USA, Promotion an der Columbia Universität New York; Professor für Soziologie und Kulturwissenschaften am Academic College in Tel Aviv, Israel.

Vamik D. Volkan, Psychiater und Psychoanalytiker am Washingtoner Psychoanalytischen Institut und Fakultätsmitglied des University of Virginia Health Sciences Center. Er hält Vorträge auf der ganzen Welt und hat zahlreiche Bücher veröffentlicht.

Hans-Jürgen Wirth, Priv.-Doz. Dr., Dipl.-Psych., Psychologischer Psychotherapeut, arbeitet als Psychoanalytiker in eigener Praxis in Gießen und als Privat-Dozent an der Universität Bremen. Er ist Verleger des Psychosozial-Verlages.